KLAUS STOHRER

Informationspflichten Privater gegenüber dem Staat in Zeiten von Privatisierung, Liberalisierung und Deregulierung

Beiträge zum Informationsrecht

Herausgegeben von Prof. Dr. Hansjürgen Garstka,
Prof. Dr. Michael Kloepfer,
Prof. Dr. Friedrich Schoch

Band 22

Informationspflichten Privater gegenüber dem Staat in Zeiten von Privatisierung, Liberalisierung und Deregulierung

Ein Beitrag zur Systematisierung und Vereinheitlichung des Allgemeinen Informationsrechts

Von

Klaus Stohrer

Duncker & Humblot · Berlin

Die Rechtswissenschaftliche Fakultät
der Albert-Ludwigs-Universität Freiburg hat diese Arbeit
im Wintersemester 2005 / 2006 als Dissertation angenommen.

Bibliografische Information der Deutschen Nationalbibliothek

Die Deutsche Nationalbibliothek verzeichnet diese Publikation in
der Deutschen Nationalbibliografie; detaillierte bibliografische Daten
sind im Internet über http://dnb.d-nb.de abrufbar.

D 25

Alle Rechte vorbehalten
© 2007 Duncker & Humblot GmbH, Berlin
Fremddatenübernahme und Druck:
Berliner Buchdruckerei Union GmbH, Berlin
Printed in Germany

ISSN 1619-3547
ISBN 978-3-428-12317-9

Gedruckt auf alterungsbeständigem (säurefreiem) Papier
entsprechend ISO 9706 ♾

Internet: http://www.duncker-humblot.de

Vorwort

Diese Untersuchung wurde von der Rechtswissenschaftlichen Fakultät der Albert-Ludwigs-Universität Freiburg im Wintersemester 2005/2006 als Dissertation angenommen. Rechtsprechung und Literatur konnten noch bis Mitte April 2006 berücksichtigt werden.

Das Verfassen einer Doktorarbeit ist zwar ein sehr individuelles Unterfangen, aber trotzdem ohne vielfache Förderung, Unterstützung und Hilfe nicht möglich. Es ist mir ein großes Bedürfnis, mich auch an dieser Stelle dafür zu bedanken.

Mein verehrter Doktorvater, Herr Professor Dr. Friedrich Schoch, steht dabei an erster Stelle. Er hat nicht nur meine Promotion, sondern – in fast acht Jahren meiner Mitarbeit an seinem Institut als Student, Referendar und Doktorand – meinen juristischen Werdegang insgesamt nicht unmaßgeblich zu verantworten, und ich bin ihm sehr dankbar dafür. Herrn Professor Dr. Andreas Voßkuhle habe ich Dank zu sagen für die Erstellung des Zweitgutachtens und die damit verbundenen wertvollen Anregungen. Den Herausgebern der „Beiträge für Informationsrecht" gilt mein Dank für die Aufnahme meiner Dissertation in diese Reihe, dem Bundesministerium des Inneren für die großzügige Gewährung eines Druckkostenzuschusses.

Frau Dr. Wibke Kretschmann, M.C.L., hat meine Arbeit nicht nur fachlich, orthographisch und motivierend, sondern auch sonst in jeder Hinsicht begleitet. Danke für alles! Von Herzen danken möchte ich auch meinen Eltern, Frau Dr. Gabriele Heinrich und Herrn Professor Dr. Wolf-Dieter Stohrer. Ohne ihre vorbehaltlose Unterstützung wäre nicht nur meine Promotion nicht möglich gewesen.

Gewidmet ist diese Dissertation dem Gedenken an meinen verstorbenen Großvater, Herrn Präsidenten des Landgerichts Karl Stohrer. Nicht zuletzt sein Vorbild hat mich den Beruf ergreifen lassen, der mich begeistert und erfüllt.

Freiburg, im April 2006 *Klaus Stohrer*

Inhaltsübersicht

A. **Einleitung** 23

    I. Gegenstand der Untersuchung 23

    III. Gang der Darstellung 26

B. **Information und Informationsrecht in der Informationsgesellschaft** 28

    I. Information als „Rohstoff" der Informationsgesellschaft 28

    II. Das Informationsrecht als Rechtsdisziplin 44

C. **Der Staat in der Informationsgesellschaft** 50

    I. Informationsbedarf des Staates 50

    II. Der staatliche Informationsbestand 57

    III. Möglichkeiten staatlicher Informationsgewinnung 60

    IV. Zugang Privater zum staatlichen Informationsbestand 72

D. **Staatliche Informationsbeschaffung in Zeiten von Privatisierung, Liberalisierung und Deregulierung** 75

    I. Der „schlanke Staat" als Ziel: Privatisierung, Liberalisierung und Deregulierung als aktuelle Tendenzen der Politik 76

    II. Die Steigerung des externen staatlichen Informationsbedarfs als Folge von Privatisierung, Liberalisierung und Deregulierung 111

    III. Bedeutungszunahme von Informationspflichten Privater als Folge von Privatisierung, Liberalisierung und Deregulierung 119

    IV. Exemplifizierung an ausgewählten Rechtsgebieten 123

    V. Analyse 197

E. **Informationspflichten Privater gegenüber dem Staat im geltenden Recht** 203

    I. Bereichsspezifische Regelungen im geltenden Recht 204

    II. Uneinheitlichkeit der Nomenklatur 205

    III. Grenzen staatlicher Informationsgewinnung im geltenden Gesetzesrecht 215

IV. Aktualisierung und Erfüllung staatlicher Informationsansprüche 226

V. Richtigkeitsgewähr 242

VI. Pflichten zur privaten Informationsvorsorge 245

VII. Unzulänglichkeiten und Ungereimtheiten des geltenden Rechts 246

VIII. Folgerungen 248

F. **Verfassungs- und europarechtliche Rahmenbedingungen staatlicher Informationsansprüche** 249

    I. Verfassungsrechtliche Legitimation staatlicher Informationsgewinnung bei Privaten 249

    II. Verfassungsrechtliche Anforderungen an die staatliche Informationsbeschaffung bei Privaten 259

    III. Vorgaben des Europäischen Gemeinschaftsrechts für die informationelle Inpflichtnahme Privater 302

G. **Konzept zur Normierung staatlicher Informationsansprüche** 324

    I. Systematisierung und Nomenklatur 324

    II. Voraussetzungen staatlicher Informationsansprüche 337

    III. Aktualisierung staatlicher Informationsansprüche 339

    IV. Grenzen staatlicher Informationsansprüche 347

    V. Erfüllung staatlicher Informationsansprüche 362

    VI. Informationsvorsorgepflichten 371

    VII. Zwangsweise Durchsetzung staatlicher Informationsansprüche 373

    VIII. Weitere Regelungen 374

    IX. Regelungsvorschlag im Gesamtüberblick 374

    X. Zur Verortung des Regelungsvorschlags 380

H. **Ausblick** 385

J. **Ergebnisse** 389

Literaturverzeichnis 397

Sachregister 437

Inhaltsverzeichnis

A. Einleitung	23
I. Gegenstand der Untersuchung	23
II. Gang der Darstellung	26
B. Information und Informationsrecht in der Informationsgesellschaft	28
I. Information als „Rohstoff" der Informationsgesellschaft	28
1. Entwicklung und Perspektiven der „Informationsgesellschaft"	28
a) Technologische Neuerungen	29
b) Privatisierung, Liberalisierung und Deregulierung	32
c) Gesellschaftliche Auswirkungen	33
d) Herausforderungen für die Rechtsordnung	34
2. Begriff der Information	37
a) Mehrdimensionalität von Information	38
b) Abgrenzung zu verwandten Begriffen	43
c) Verknüpfung	43
II. Das Informationsrecht als Rechtsdisziplin	44
1. Entwicklung des Informationsrechts	44
2. Gegenstand und Systematisierung des Informationsrechts	46
C. Der Staat in der Informationsgesellschaft	50
I. Informationsbedarf des Staates	50
1. Allgemeine Informationsabhängigkeit bei der Wahrnehmung staatlicher Aufgaben	51
a) Informationsabhängigkeit der Legislative	51
b) Informationsabhängigkeit der Exekutive	52
c) Informationsabhängigkeit der Judikative	54
2. Staatliche Informationsvorsorge	54

II. Der staatliche Informationsbestand	57
III. Möglichkeiten staatlicher Informationsgewinnung	60
1. Unmittelbare staatliche Informationsgewinnung	60
2. Rückgriff auf das Wissen Privater	61
a) Heranziehung externen unabhängigen Sachverstands	61
b) Verfahrensakzessorische Öffentlichkeitsbeteiligung	62
c) Beteiligung von Interessengruppen und von Einzelpersonen	63
aa) Beteiligung von Interessengruppen	63
bb) Beteiligung Einzelner	65
d) Informationelle Inpflichtnahme Privater	66
aa) Privater	67
bb) Staat	68
cc) Verpflichtung	70
dd) Information	71
ee) Erteilung	71
IV. Zugang Privater zum staatlichen Informationsbestand	72
D. Staatliche Informationsbeschaffung in Zeiten von Privatisierung, Liberalisierung und Deregulierung	75
I. Der „schlanke Staat" als Ziel: Privatisierung, Liberalisierung und Deregulierung als aktuelle Tendenzen der Politik	76
1. Der überforderte Staat und seine Entlastung	76
2. Die Begriffe „Privatisierung", „Liberalisierung" und „Deregulierung"	79
a) Privatisierung	79
aa) „Privatisierung" als Sammelbegriff	79
bb) Erscheinungsformen der Privatisierung	80
α) Organisationsprivatisierung	81
β) Aufgabenprivatisierung	83
γ) Funktionale Privatisierung	83
δ) Vermögensprivatisierung	85
cc) Teilprivatisierung	86
b) Liberalisierung	86

c) Deregulierung 89
   aa) Begriff 89
   bb) Mittel der Deregulierung 93
      α) Abbau von Wettbewerbsbeschränkungen 93
      β) Übertragung staatlicher Aufgaben auf Private 94
      γ) Abbau präventiver Kontrolle 95
      δ) Beschleunigung präventiver Kontrolle 95
      ε) Vereinfachung von Rechtssätzen 96
d) Das Verhältnis von Privatisierung, Liberalisierung und Deregulierung .. 96

3. Hintergründe von Privatisierung, Liberalisierung und Deregulierung 98
   a) Neuausrichtung der nationalen Wirtschafts- und Wettbewerbspolitik ... 99
   b) Europarechtliche Hintergründe von Privatisierung, Liberalisierung und Deregulierung 101
      aa) Europarecht und Privatisierung 103
      bb) Europarecht und Liberalisierung 105
      cc) Europarecht und Deregulierung 107
   c) Implikationen des internationalen Rechts 109
   d) Herausforderungen der Informationsgesellschaft 109

II. Die Steigerung des externen staatlichen Informationsbedarfs als Folge von Privatisierung, Liberalisierung und Deregulierung 111

1. Der Verlust staatlicher Informationsquellen durch Privatisierung 111
   a) Privatisierung von Informationen durch Privatisierung von Aufgabenwahrnehmung 111
   b) Entbehrlichkeit oder Unentbehrlichkeit privatisierter Informationen? ... 113

2. Zusätzlicher staatlicher Informationsbedarf durch Privatisierung und Liberalisierung 116

3. Auswirkungen der Deregulierung auf den staatlichen Informationsbedarf .. 117

III. Bedeutungszunahme von Informationspflichten Privater als Folge von Privatisierung, Liberalisierung und Deregulierung 119

1. Informationspflichten Privater als Privatisierungsfolgenrecht 119

2. Informationspflichten Privater als Liberalisierungsfolgenrecht 121

3. Informationspflichten Privater als Deregulierungsfolgenrecht 121

IV. Exemplifizierung an ausgewählten Rechtsgebieten 123

   1. Rundfunk 124

      a) Entwicklung der Rundfunkordnung der Bundesrepublik Deutschland ... 124

         aa) Entstehung des öffentlich-rechtlichen Rundfunkmonopols 124

         bb) Privatisierung des Rundfunks und „duale Rundfunkordnung" 125

      b) Informationspflichten Privater im Rundfunkrecht 126

         aa) Informationszugang des Staates im öffentlich-rechtlichen Rundfunkmonopol 127

         bb) Informationszugang des Staates in der dualen Rundfunkordnung ... 129

            α) Informationspflichten im Zulassungsverfahren 130

            β) Informationspflichten im Rahmen der laufenden Veranstaltungskontrolle 131

            γ) Informationspflichten zur Regulierung der Übertragungskapazitäten 132

         cc) Fazit 133

   2. Telekommunikation 133

      a) Privatisierung und Liberalisierung des Telekommunikationswesens 134

         aa) Ausgangslage 134

         bb) Aufhebung des Telekommunikationsmonopols durch die Postreformen 135

         cc) Änderungen durch das neue Telekommunikationsgesetz 137

      b) Informationspflichten Privater im Telekommunikationsrecht 138

         aa) Staatliche Informationsbeschaffung vor Privatisierung und Liberalisierung 138

         bb) Staatliche Informationsbeschaffung nach Privatisierung und Liberalisierung 140

            α) Staatlicher Zugriff auf Bestandsdaten der Telekommunikationsteilnehmer 142

            β) Staatlicher Zugriff auf Verkehrsdaten der Telekommunikation .. 143

            γ) Staatlicher Zugriff auf Inhalte der Telekommunikation 144

            δ) Staatlicher Zugriff auf Informationen zur Regulierung der Telekommunikationsmärkte 147

                (1) Gewährleistung flächendeckender Telekommunikation 147

                (2) Gewährleistung von Datenschutz, Fernmeldegeheimnis und Netzsicherheit 148

                (3) Gewährleistung wirtschaftlichen Wettbewerbs 149

         cc) Fazit 151

Inhaltsverzeichnis

3. Post 152
   a) Privatisierung und Liberalisierung des Postwesens 152
      aa) Ausgangslage 152
      bb) Aufhebung des Postmonopols 153
   b) Informationspflichten Privater im Postrecht 155
      aa) Staatliche Informationsbeschaffung vor Privatisierung und Liberalisierung 155
      bb) Staatliche Informationsbeschaffung nach Privatisierung und Liberalisierung 156
          α) Staatlicher Zugriff auf privatisierte Informationen 156
          β) Staatlicher Zugriff auf Informationen zur Regulierung der Postmärkte 157
              (1) Gewährleistung einer flächendeckenden Grundversorgung 158
              (2) Gewährleistung des Datenschutzes und des Postgeheimnisses 158
              (3) Gewährleistung wirtschaftlichen Wettbewerbs 159
      cc) Fazit 161

4. Eisenbahn 161
   a) Privatisierung und Liberalisierung des Eisenbahnwesens 162
      aa) Ausgangslage 162
      bb) Privatisierung und Liberalisierung durch die Bahnreform 164
      cc) Weitere Liberalisierung durch Umsetzung der EU-Eisenbahnpakete 166
   b) Informationspflichten Privater im Eisenbahnrecht 168
      aa) Staatliche Informationsbeschaffung vor Privatisierung und Liberalisierung des Eisenbahnwesens 168
      bb) Staatliche Informationsbeschaffung nach Privatisierung und Liberalisierung des Eisenbahnwesens 169
      cc) Fazit 171

5. Versicherungen 171
   a) Privatisierung, Liberalisierung und Deregulierung des Versicherungswesens 172
      aa) Ausgangslage 172
      bb) Liberalisierung der Gebäudeversicherung 174
      cc) Deregulierung des Versicherungsrechts im Übrigen 174
      dd) Erweiterungen der staatlichen Aufsicht in Teilbereichen 177

b) Informationspflichten Privater im Versicherungsaufsichtsrecht 178

    aa) Staatliche Informationsbeschaffung vor Privatisierung, Liberalisierung und Deregulierung 178

    bb) Informationelle Auswirkungen der Liberalisierung der Gebäudefeuerversicherung 179

    cc) Informationelle Auswirkungen der Deregulierung des Versicherungswesens 179

    dd) Einführung und Verschärfung von Informationspflichten – „Re-Regulierung" 181

    ee) Fazit 182

6. Arbeitsvermittlung 183

  a) Privatisierung, Liberalisierung und Deregulierung in der Arbeitsvermittlung 183

    aa) Ausgangslage: Vermittlungsmonopol der Bundesanstalt für Arbeit 183

    bb) Liberalisierung der Arbeitsvermittlung 184

    cc) Weitere Deregulierung 185

  b) Informationelle Auswirkungen der Privatisierung, Liberalisierung und Deregulierung der Arbeitsvermittlung 186

    aa) Staatliche Informationsbeschaffung zu Zeiten des Staatsmonopols 186

    bb) Staatliche Informationsbeschaffung zur Zeit der Erlaubnispflichtigkeit 187

    cc) Staatliche Informationsbeschaffung nach der weiteren Deregulierung 188

    dd) Fazit 189

7. Gentechnik 189

8. Öffentliches Baurecht 191

  a) Deregulierung des Öffentlichen Baurechts 191

  b) Informationelle Auswirkungen der Deregulierung 192

9. Immissionsschutz und Umweltaudit 192

  a) Deregulierung durch Einführung des Umweltaudit-Verfahrens 193

  b) Informationelle Auswirkungen des Öko-Audits im Immissionsschutzrecht 195

  c) Fazit 196

Inhaltsverzeichnis 15

V. Analyse 197

   1. Vielfältige Entstehung von Informationspflichten durch Privatisierung und Liberalisierung 197

   2. Ambivalentes Verhältnis zwischen Deregulierung und Informationspflichten Privater 198

E. Informationspflichten Privater gegenüber dem Staat im geltenden Recht 203

   I. Bereichsspezifische Regelungen im geltenden Recht 204

   II. Uneinheitlichkeit der Nomenklatur 205

      1. Auskunftspflichten 206

      2. Aufklärungspflichten 207

      3. Anzeigepflichten 207

      4. Melde-, Anmelde- und Abmeldepflichten 208

      5. Benachrichtigungs-, Erklärungs- und Unterrichtungspflichten 209

      6. Mitteilungspflichten 210

      7. Angabe- und Informationspflichten 210

      8. Einsendungs-, Übersendungs-, Übermittlungs- und Einreichungspflichten 211

      9. Vorlagepflichten 212

      10. Vorzeige-, Aushändigungs- und Überlassungspflichten 213

      11. Nachweispflichten 214

      12. Begriffskombinationen 215

   III. Grenzen staatlicher Informationsgewinnung im geltenden Gesetzesrecht 215

      1. Übermaßverbot 216

      2. Informationsverweigerungsrechte 217

         a) Auskunftsverweigerungsrechte wegen Gefahr sanktionsrechtlicher Verfolgung 218

            aa) Voraussetzungen der zulässigen Auskunftsverweigerung 218

            bb) Ausnahmetatbestände 218

        b) Auskunftsverweigerung wegen Berufsgeheimnisschutzes 219

           aa) Ausdrückliche Auskunftsverweigerungsrechte 219

           bb) Zur Bedeutung sonstiger Vorschriften über Berufsgeheimnisse 220

        c) Informationspflichten ohne Informationsverweigerungsrechte 222

           aa) Gesetzliche Auskunftspflichten ohne Auskunftsverweigerungsrechte 223

           bb) Vorlagepflichten ohne Vorlageverweigerungsrechte 224

           cc) Informationspflichten unmittelbar kraft Gesetzes ohne Informationsverweigerungsrechte 225

IV. Aktualisierung und Erfüllung staatlicher Informationsansprüche 226

    1. Aktualisierung staatlicher Informationsansprüche 227

        a) Form der Informationsanforderung 228

        b) Angabe der Rechtsgrundlage 228

        c) Angabe des Gegenstands des Informationsverlangens 229

        d) Angabe des Zwecks des Informationsverlangens 230

        e) Aufklärung über die Reichweite der Informationsverpflichtung 230

        f) Belehrung über Informationsverweigerungsrecht 230

        g) Fristsetzung 232

        h) Belehrung über Sanktionen einer Informationsverweigerung 233

    2. Erfüllungsvoraussetzungen staatlicher Informationsansprüche 233

        a) Wahrheitsmäßigkeit und Vollständigkeit der Informationen 234

        b) Form der Informationserteilung 235

        c) Zeitpunkt der Informationserteilung 236

    3. Kennzeichnung von Betriebs- und Geschäftsgeheimnissen 238

    4. Zwangsweise Durchsetzung staatlicher Informationsansprüche 239

    5. Kosten der Informationserteilung 241

V. Richtigkeitsgewähr 242

    1. Richtigkeitsgewähr durch Formulierung der Informationspflicht 242

    2. Richtigkeitsgewähr durch gesonderte Nachweispflichten 243

VI. Pflichten zur privaten Informationsvorsorge 245

VII. Unzulänglichkeiten und Ungereimtheiten des geltenden Rechts 246

VIII. Folgerungen 248

F. **Verfassungs- und europarechtliche Rahmenbedingungen staatlicher Informationsansprüche** 249

   I. Verfassungsrechtliche Legitimation staatlicher Informationsgewinnung bei Privaten 249

      1. Verfassungsrechtliche Legitimation des staatlichen Informationsbedarfs ... 250

         a) Rechtsstaatsprinzip 250

            aa) Das Gesetz als Steuerungsmedium des Staates 250

            bb) Gesetzesbindung von Exekutive und Judikative 252

         b) Staatszielbestimmungen 253

         c) Grundrechtliche Schutzpflichten des Staates 254

            aa) Informationsbedarf zur Erfüllung staatlicher Schutzpflichten im Allgemeinen 254

            bb) Zur informationellen Schutzpflicht des Staates in der Informationsgesellschaft 256

      2. Verfassungsrechtliche Legitimation der staatlichen Informationsgewinnung bei Privaten 258

         a) Informationserteilung als verfassungsrechtliche Grundpflicht? 258

         b) Grundrechtsschranken als Anknüpfungspunkt 259

   II. Verfassungsrechtliche Anforderungen an die staatliche Informationsbeschaffung bei Privaten 259

      1. Grundrechtsberechtigung informationspflichtiger Privater 259

      2. Betroffene Grundrechte 262

         a) Negative Meinungsfreiheit 263

         b) Allgemeines Persönlichkeitsrecht 265

            aa) Grundsätze des Allgemeinen Persönlichkeitsrechts 266

            bb) Schutz personenbezogener Daten durch das Recht auf informationelle Selbstbestimmung 270

            cc) Verfassungsrechtlicher Schutz vor Selbstbelastungspflichten 273

α) Verfassungsrechtliche Verortung des „nemo tenetur"-Satzes 273
(1) Vertretene Lösungsansätze im Überblick 274
(2) Die Gemeinschuldnerentscheidung des Bundesverfassungsgerichts 275
(3) Allgemeines Persönlichkeitsrecht und Menschenwürdegarantie als Anknüpfungspunkte des Schutzes vor Selbstbelastungszwang 276
(4) Zur Ausweitung des „nemo tenetur"-Schutzes auf enge Angehörige 278
β) Inhalt und Reichweite des „nemo tenetur"-Satzes 280
(1) „Nemo tenetur" im ordnungswidrigkeitenrechtlichen Verfahren 280
(2) „Nemo tenetur" für Informationspflichten unmittelbar kraft Gesetzes 281
(3) „Nemo tenetur" in Bezug auf Nachweispflichten und Informationsvorsorgepflichten 282
(4) Kriterien der Abwägung zwischen dem Schweigerecht des Informationspflichtigen und dem Informationsinteresse des Staates 286
(5) Hinweispflicht auf Informationsverweigerungsrecht 288
(6) Schutz vor Selbstbelastung für juristische Personen 289
γ) Konsequenzen für Informationspflichten Privater gegenüber dem Staat 290

c) Sonstige Freiheitsrechte 290
aa) Berufsfreiheit 291
bb) Eigentumsfreiheit 292
cc) Presse- und Rundfunkfreiheit 294
dd) Wissenschaftsfreiheit 296
ee) Bekenntnisfreiheit 296
ff) Versammlungsfreiheit 297
gg) Fernmeldegeheimnis 299
hh) Allgemeine Handlungsfreiheit als Auffanggrundrecht 299

d) Allgemeiner Gleichheitssatz 300

3. Folgerungen 300

III. Vorgaben des Europäischen Gemeinschaftsrechts für die informationelle Inpflichtnahme Privater 302

1. Vorgaben des primären Gemeinschaftsrechts 302
a) Grundfreiheiten 303
aa) Grundlagen 303

   bb) Vorgaben der Grundfreiheiten für Informationspflichten Privater ... 305
    α) Diskriminierung durch Informationspflichten Privater 305
    β) Beschränkungen durch Informationspflichten Privater 306
  b) Europäische Grundrechte 308
   aa) Entwicklung und Begründung des europäischen Grundrechtsschutzes 308
   bb) Anwendungsbereich der europäischen Grundrechte 309
   cc) Inhaltliche Vorgaben für Informationspflichten Privater im Einzelnen 311
    α) Meinungsfreiheit 311
    β) Recht auf Achtung des Privatlebens 312
    γ) Schutz vor Selbstbelastungspflichten 313
    δ) Sonstige Grundrechte 317
  c) Unionsbürgerrechte 318
   aa) Grundlagen und dogmatische Einordnung der Unionsbürgerrechte 318
   bb) Vorgaben der Unionsbürgerrechte für Informationspflichten Privater gegenüber dem Staat 318
 2. Vorgaben des sekundären Gemeinschaftsrechts 319
 3. Folgerungen 322

G. Konzept zur Normierung staatlicher Informationsansprüche 324

 I. Systematisierung und Nomenklatur 324

  1. Möglichkeiten der Systematisierung 325
   a) Differenzierung nach dem Zweck der Informationspflicht 325
   b) Differenzierung nach der Aufgabenstellung des Staates 326
   c) Differenzierung nach der Art der Erfüllung der Informationspflicht 328
   d) Differenzierung nach der Art der Aktivierung der Informationspflicht .. 328
  2. Nomenklatur bei Systematisierung nach der Art der Informationspflicht ... 329
   a) Ausgangslage: Bezeichnungen im geltenden Recht und Vorschläge der Literatur 330
   b) Kriterien für eine einheitliche Begrifflichkeit 330
   c) Vorschlag: Anzeigepflicht und Auskunftspflicht 331
   d) Systematische Bedeutung von Informationsvorsorgepflichten 332

3. Konsequenzen für eine Kodifikation 334

   a) Legaldefinition der „Informationspflicht" 334

   b) Legaldefinition der „Anzeigepflicht" 335

   c) Legaldefinition der „Auskunftspflicht" 335

   d) Legaldefinition des „Privaten" 336

   e) Legaldefinition der „staatlichen Stelle" 336

II. Voraussetzungen staatlicher Informationsansprüche 337

III. Aktualisierung staatlicher Informationsansprüche 339

   1. Aktualisierung von Auskunftspflichten 339

      a) Form der Auskunftsanforderung 340

      b) Fristsetzung zur Auskunftserteilung 341

      c) Informationspflichten bei Auskunftsanforderung 341

         aa) Schriftliche oder elektronische sowie schriftlich oder elektronisch bestätigte Auskunftsverlangen 343

         bb) Mündliche Auskunftsverlangen 344

   2. Aktualisierung von Anzeigepflichten 345

IV. Grenzen staatlicher Informationsansprüche 347

   1. Übermaßverbot 347

   2. Informationsverweigerungsrechte zum Schutz vor Selbstbelastungspflichten 350

      a) Informationsverweigerungsrecht oder Verwertungsverbot bei Selbstbelastungspflichten? 351

      b) Geltendmachung von Informationsverweigerungsrechten 356

      c) Inhaltliche Gleichbehandlung von Auskunftspflichten und Anzeigepflichten 357

   3. Geheimnisschutz 360

V. Erfüllung staatlicher Informationsansprüche 362

   1. Informationserteilung 362

      a) Wahrheitsmäßigkeit und Vollständigkeit der Informationen 363

      b) Form der Informationserteilung 363

   c) Zeitpunkt der Informationserteilung 364

   d) Kosten der Informationserteilung 365

  2. Kennzeichnung von Betriebs- und Geschäftsgeheimnissen 365

  3. Richtigkeitsgewähr 367

   a) Grundsätzliche Überlegungen 367

   b) Arten der Nachweise 369

   c) Grenzen der Nachweispflichten 369

   d) Anfertigung von Abschriften und Ablichtungen 370

   e) Verhältnis zu sonstigen Überprüfungsrechten 370

 VI. Informationsvorsorgepflichten 371

 VII. Zwangsweise Durchsetzung staatlicher Informationsansprüche 373

 VIII. Weitere Regelungen 374

 IX. Regelungsvorschlag im Gesamtüberblick 374

 X. Zur Verortung des Regelungsvorschlags 380

H. Ausblick 385

J. Ergebnisse 389

Literaturverzeichnis 397

Sachregister 437

A. Einleitung

I. Gegenstand der Untersuchung

Wir leben inzwischen in der Informationsgesellschaft.[1] Mit dieser lapidaren Feststellung lassen sich fundamentale gesellschaftliche, wirtschaftliche und politische Entwicklungen der vergangenen beiden Jahrzehnte schlagwortartig zusammenfassen, die darauf gründen, dass dem „Rohstoff Information"[2] insbesondere angesichts revolutionärer technologischer Entwicklungen eine immer größere Bedeutung für Staat und Gesellschaft zukommt.[3] Wegen der Grenzenlosigkeit des Informationsflusses ist die Entwicklung der Informationsgesellschaft dabei fast zwangsläufig ein globaler Befund; nicht nur die Bundesrepublik Deutschland hat sich mit „Deutschlands Weg in die Informationsgesellschaft"[4] zu befassen, sondern auch die Europäische Union muss die Herausforderungen durch „Europa und die globale Informationsgesellschaft"[5] annehmen, während die Vereinten Nationen die Errichtung der Informationsgesellschaft sogar als „globale Herausforderung des neuen Jahrtausends"[6] bezeichnen.

Die nationalen, supranationalen und globalen Veränderungen im gesellschaftlichen, wirtschaftlichen und politischen Realbereich werfen in der Folge eine Vielzahl von rechtlichen Fragestellungen auf,[7] mit denen sich umfassend das Informationsrecht als das spezifische Recht der Informationsgesellschaft befasst.[8] Die Bedeutung der angedeuteten Entwicklungen (auch) für das Recht erklärt sich

---

[1] Vgl. etwa *Hoffmann-Riem*, in: ders. / Schmidt-Aßmann, Verwaltungsrecht in der Informationsgesellschaft, S. 9 (10 f.); *Kloepfer*, Informationsrecht, § 1 Rdn. 1; *Pitschas*, Die Verwaltung 33 (2000), 111; *Schink*, Die Informationsgesellschaft, S. 301.

[2] *Schoch*, VVDStRL 57 (1998), 158 (168, 179); *Spinner*, Die Wissensordnung, S. 19. Von der Information als „Sauerstoff der Gesellschaft" spricht *Pitschas*, Die Verwaltung 33 (2000), 111.

[3] Umfassend unten B. I. 1.

[4] Vgl. den Bericht der Bundesregierung „Info 2000 – Deutschlands Weg in die Informationsgesellschaft", BT-Drs 13 / 4000.

[5] Vgl. den sogenannten „Bangemann-Report" vom 26. 6. 1994, abrufbar unter http: // europa.eu.int / ISPO / infosoc / backg / bangeman.html.

[6] So der Titel der Grundsatzerklärung des „Weltgipfels über die Informationsgesellschaft" in Genf 2003, Dokument WSIS-03 / GENEVA / DOV / 4-E, abrufbar unter http: // www.itu. int / wsis / documents / doc_multi.asp?lang=en&id=1161|1160.

[7] Näher unten B. I. 1. d).

[8] Überblick zum Informationsrecht bei *Hoeren*, JuS 2002, 947 ff.; siehe ausführlich unten B. II.

insbesondere und vor allem daraus, dass die Informationsgesellschaft nicht nur auf technologische Neuerungen zurückzuführen ist, sondern in erheblichem Maße auch mit einem „Rückzug des Staates" in Form von Privatisierungen, Liberalisierungen und Deregulierungen im Bereich der mit Informationen handelnden Märkte korrespondiert,[9] auf die das Recht ebenfalls reagieren muss, will es mit den neuen Entwicklungen Schritt halten. So ist etwa der Staat nach Privatisierungen, Liberalisierungen und Deregulierungen immer stärker auf Informationen des privaten Sektors angewiesen.[10] Daher kann es kaum verwundern, wenn in der Rechtswissenschaft die Frage nach Möglichkeiten und Grenzen einer rechtlich verfassten Informationsordnung gestellt und kontrovers diskutiert wird.[11]

Vor diesem Hintergrund wendet sich die vorliegende Untersuchung einem Teilbereich des Allgemeinen Informationsrechts zu und befasst sich mit den Informationspflichten Privater gegenüber dem Staat.[12] Dieses Rechtsinstitut ermöglicht es dem Staat, seinen gewaltigen Informationsbedarf durch die Inanspruchnahme von Privatpersonen zu befriedigen,[13] und gewinnt in der Rechtspraxis eine ständig wachsende Bedeutung auch und gerade für massenhafte Vorgänge des täglichen Lebens. So hat der Gesetzgeber in den letzten Jahren vielfach Veranlassung dazu gesehen, Informationspflichten Privater gegenüber dem Staat einzuführen oder auszuweiten. Einige markante Beispiele verdeutlichen den Befund: Zur Bekämpfung rechtswidriger Finanztransaktionen wurden Finanzinstitute dazu verpflichtet, Dateien mit den von ihnen verwalteten Konten vorzuhalten und der Bundesanstalt für Finanzdienstleistungsaufsicht den elektronischen Zugriff hierauf zu ermöglichen.[14] Über das Bundesamt für Finanzen steht der Zugriff auf diese Dateien inzwischen auch den Finanzbehörden im Rahmen der regulären steuerlichen Veranlagung (sowie anderen Behörden) offen[15] und dient in diesem Kontext der Durchsetzung einer umfassenden Kapitalertragbesteuerung sowie der Bekämpfung von Steuerverkürzungen.[16] Ebenfalls den letztgenannten Zweck verfolgte die Einführung der sogenannten „Umsatzsteuer-Nachschau", durch die den Finanzbe-

---

[9] Vgl. nur *Kloepfer,* Informationsrecht, § 1 Rdn. 16; *Schoch,* in: Leipold, Rechtsfragen des Internet und der Informationsgesellschaft, S. 83 (84); ausführlich unten B. I. 1. b).

[10] Ausführlich unten D. II.

[11] Siehe etwa *Schmidt-Aßmann,* Das allgemeine Verwaltungsrecht als Ordnungsidee, S. 278 ff.; *Schoch,* VVDStRL 57 (1998), 158 ff.; *Trute,* VVDStRL 57 (1998), 216 ff.; *Vesting,* in: Badura/Dreier, Festschrift 50 Jahre Bundesverfassungsgericht, 2. Bd., S. 219 (227 ff.); *Zöllner,* Informationsordnung und Recht, S. 8 ff.; zum Teilbereich des Informationsverwaltungsrechts auch *Gurlit,* DVBl. 2003, 1119 ff.; *Pitschas,* Die Verwaltung 33 (2000), 111 ff.

[12] Zu diesen als Teil des Informationsrechts vgl. *Kloepfer,* K&R 1999, 241 (243 ff.); *Schmidt-Aßmann,* Die Verwaltung Beiheft 4 (2001), 253 (268).

[13] Näher unten B. I.–III.

[14] § 24c KWG, eingeführt durch das Vierte Finanzmarktförderungsgesetz vom 21. 6. 2002 (BGBl. I, S. 2010); hierzu näher *Kokemoor,* BKR 2004, 135 ff.; *Müller,* DuD 2002, 601 ff.

[15] § 93 Abs. 7, Abs. 8, § 93b AO, eingeführt durch das Gesetz zur Förderung der Steuerehrlichkeit vom 23. 12. 2003 (BGBl. I, S. 2928).

[16] Vgl. BT-Drs 15/1309, S. 7; *Göres,* NJW 2005, 253.

hörden unter anderem ein Auskunftsanspruch gegenüber Personen, die eine gewerbliche oder berufliche Tätigkeit selbständig ausüben, ohne vorherige Ankündigung und außerhalb einer Außenprüfung eingeräumt wurde.[17] Das Erfordernis einer effektiveren Terrorismusbekämpfung hat zur Schaffung eines erweiterten Auskunftsrechts der Nachrichtendienste gegenüber Kreditinstituten und Finanzdienstleistern, Erbringern von Telekommunikations- und Telediensten, Luftfahrtunternehmen sowie Erbringern von Postdienstleistungen geführt.[18]

Die Zunahme von Informationspflichten Privater gegenüber dem Staat nach Zahl und Bedeutung hat zwangsläufig auch die Beschränkungen der Freiheitssphäre hiervon betroffener Privatpersonen in den Mittelpunkt des Interesses gerückt und (auch) gerichtliche Streitigkeiten zur Folge gehabt. So hatten sich die höchsten deutschen Gerichte in der jüngeren Vergangenheit – ausgehend von dem „Volkszählungsurteil"[19] als der Leitentscheidung des Bundesverfassungsgerichts zur informationellen Inanspruchnahme des Bürgers durch den Staat – wiederholt mit den Voraussetzungen und Grenzen des Zugriffs staatlicher Stellen auf Informationen Privater zu befassen. Das Bundesverfassungsgericht etwa nahm zu der Frage Stellung, unter welchen Voraussetzungen eine Journalistin hinzunehmen hat, dass Telekommunikationsunternehmen von staatlichen Stellen zur Auskunftserteilung über ihre Verbindungsdaten verpflichtet werden.[20] Ebenfalls das Bundesverfassungsgericht befand darüber, ob die Verpflichtung eines Energieversorgungsunternehmens, gegenüber dem Finanzamt über Kundenkonten Auskunft zu erteilen, mit der Verfassung in Einklang steht.[21] Das Bundesverwaltungsgericht entschied, inwieweit die Anbieter von Telekommunikationsdiensten zur Erhebung von Kundendaten und Führung von Kundendateien verpflichtet sind, die anschließend dem automatisierten Abruf durch die Bundesnetzagentur für Elektrizität, Gas, Telekommunikation, Post und Eisenbahnen unterliegen.[22] Der Bundesfinanzhof befand über die Zulässigkeit von Sammelauskunftsersuchen der Steuerfahndung gegenüber einem Geldinstitut.[23]

Bereits diese aktuellen Beispiele aus Gesetzgebung und Rechtsprechung zeigen deutlich, dass bei der informationellen Inanspruchnahme Privater durch den Staat gegenläufige und legitime Interessen des Staates (an der Informationsgewinnung)

---

[17] § 27b UStG, eingeführt durch das Gesetz zur Bekämpfung von Steuerverkürzungen bei der Umsatzsteuer und anderen Steuern vom 19. 12. 2001 (BGBl. I, S. 3922); dazu näher *Dißars*, BB 2002, 759 ff.

[18] Die Neuregelungen durch das Terrorismusbekämpfungsgesetz vom 9. 1. 2002 (BGBl. I, S. 361) finden sich in § 8 Abs. 5–12 BVerfSchG, § 10 Abs. 3 MADG sowie § 2 Abs. 1a, § 8 Abs. 8a BNDG; siehe auch *Nolte*, DVBl. 2002, 573 (574); *Rublack*, DuD 2002, 202 (203); *Saurer*, NVwZ 2005, 275 (276); *Stohrer*, BayVBl 2005, 489 (490).

[19] *BVerfGE* 65, 1 ff.; dazu noch näher unten F. II. 2. b) bb).

[20] *BVerfGE* 107, 299 ff.; näher dazu unten F. II. 2. c) gg).

[21] *BVerfG*, NJW 2001, 811; siehe auch unten F. Fn. 258.

[22] *BVerwGE* 119, 123 ff.; siehe auch unten D. Fn. 397.

[23] *BFHE* 198, 42 ff.

sowie der betroffenen Privaten (an einem Schutz vor der staatlichen Informationssammlung) widerstreiten und folglich zu einem Ausgleich gebracht werden müssen. Zu den Verpflichtungen Privater zur Informationserteilung gegenüber staatlichen Stellen auf der einen Seite müssen auf der anderen Seite Schutzrechte treten, die die Bürger vor einem übermäßigen „Informationshunger" des Staates bewahren.

Die vorliegende Untersuchung greift diese Fragen auf und ordnet sie in die Zusammenhänge der neuen (auch) rechtlichen Herausforderungen durch die Entwicklung einer Informationsgesellschaft ein. Sie beschränkt sich daher nicht auf die isolierte Auseinandersetzung mit Informationspflichten Privater gegenüber dem Staat, sondern verdeutlicht mit deren Hilfe insgesamt die spezifische Rolle des Staates in der Informationsgesellschaft. Indem nach den Möglichkeiten (und den Limitierungen) staatlicher Stellen gefragt wird, sich die für die Erfüllung ihrer Aufgaben erforderlichen Informationen unter der Inpflichtnahme von Privatpersonen zu beschaffen, wird zugleich generell das veränderte Verhältnis zwischen Staat und Bürger in der Informationsgesellschaft thematisiert. Die die Informationsgesellschaft mitprägenden Maßnahmen der Privatisierung, Liberalisierung und Deregulierung haben auch zu einem „informationellen Rückzug" des Staates geführt, der die Verteilung von Informationen zwischen Staat und Gesellschaft und damit auch den Zugriff auf Informationen grundlegend gewandelt hat.[24] Dies nachzuweisen, zu begründen und Folgerungen daraus zu ziehen, ist ein wesentliches Anliegen der vorliegenden Untersuchung, die sich damit nicht nur als Beitrag zur Erforschung des Allgemeinen Informationsrechts versteht, sondern auch den Bereich des Privatisierungs-, Liberalisierungs- und Deregulierungsfolgenrechts einbezieht.

Die so gewonnenen Erkenntnisse können gemeinsam mit den Vorgaben des nationalen Verfassungs- wie des Europäischen Gemeinschaftsrechts Prüfsteine für das geltende Recht der Informationspflichten Privater gegenüber dem Staat bilden, das sich einer gründlichen Bestandsaufnahme zu unterziehen hat. An diese schließt sich eine Kritik der vorgefundenen Rechtsvorschriften an, die die Möglichkeiten und Grenzen einer allgemeingültigen Kodifikation eines zeitgemäßen Rechts der Informationspflichten Privater gegenüber dem Staat untersucht und hierfür einen konkreten und ausformulierten Regelungsvorschlag unterbreitet. Hierdurch will die vorliegende Arbeit auch einen Beitrag zur Systematisierung und Vereinheitlichung des Allgemeinen Informationsrechts leisten und so die rechtliche Verfassung der Informationsordnung vorantreiben.

II. Gang der Darstellung

Entsprechend ihrem Anspruch, das Rechtsinstitut der Informationspflichten Privater gegenüber dem Staat umfassend und unter Berücksichtigung aktueller Phänomene der Rechtsentwicklung zu behandeln, wendet sich die vorliegende Unter-

---

[24] Ausführlich unten D. II.

suchung zunächst grundlegend der Entwicklung und den Perspektiven der Informationsgesellschaft zu und behandelt deren Gegenstand, die Information, ebenso wie ihre spezifische Rechtsdisziplin, das Informationsrecht (B.). Hieran anknüpfend fragt sie nach der Rolle des Staates in der Informationsgesellschaft; sie begründet dabei den Informationsbedarf des Staates ebenso, wie sie sich dem staatlichen Informationsbestand und den Möglichkeiten staatlicher Informationsgewinnung zuwendet (C.). Vor diesem Hintergrund wird in der Folge die staatliche Informationsbeschaffung in Zeiten von Privatisierung, Liberalisierung und Deregulierung fokussiert. Diese Prozesse führen zu einer Steigerung des externen staatlichen Informationsbedarfs und damit auch zu einer Bedeutungszunahme der Informationspflichten Privater gegenüber dem Staat, was anhand ausgewählter Rechtsbereiche verdeutlicht wird. Das hier untersuchte Rechtsinstitut erweist sich so als besondere Erscheinungsform des Privatisierungs-, Liberalisierungs- und Deregulierungsfolgenrechts (D.). Die anschließende Bestandsaufnahme des geltenden Rechts belegt, wie defizitär der Gesetzgeber bisher auf die aktuellen Entwicklungen der Informationsgesellschaft einerseits und der Privatisierungen, Liberalisierungen und Deregulierungen andererseits reagiert hat; dies beginnt mit einer vollkommen uneinheitlichen Nomenklatur und endet bei unvollständigen und inhaltlich oft nur schwer nachvollziehbaren Rechtsnormen im Einzelfall (E.). Die deswegen rechtspolitisch wünschenswerte Schaffung eines zeitgemäßen Rechts der Informationspflichten Privater gegenüber dem Staat muss auf dem Fundament der verfassungs- und europarechtlichen Vorgaben aufbauen, die danach in den Blick zu nehmen sind (F.). Auf dieser Grundlage und unter Verwendung der zuvor gewonnenen Erkenntnisse kann dann ein Konzept zur Normierung staatlicher Informationsansprüche erstellt werden, das den Anspruch erhebt, sowohl rechtssystematischen Grundsätzen und den Vorgaben des höherrangigen Rechts als auch den veränderten Erfordernissen des Realbereichs besser gerecht zu werden als das geltende Gesetzesrecht (G.). Ein rechtspolitischer Ausblick rundet die Untersuchung ab (H.), bevor deren Ergebnisse abschließend thesenartig zusammengefasst werden (J.).

B. Information und Informationsrecht in der Informationsgesellschaft

Informationspflichten Privater gegenüber dem Staat sind kein Phänomen, das isoliert beschrieben und analysiert werden könnte. Sie sind Bestandteil der größeren Entwicklung hin zu einer „Informationsgesellschaft", deren Grundlage der Bestand und der Austausch ihres „Rohstoffs"[1] Information ist (I.). Informationspflichten sind dabei nur *ein* Rechtsinstitut, mit dem sich das „Informationsrecht" als neu entstehende Rechtsdisziplin zu beschäftigen hat (II.).

I. Information als „Rohstoff" der Informationsgesellschaft

1. Entwicklung und Perspektiven der „Informationsgesellschaft"

In den achtziger Jahren des zwanzigsten Jahrhunderts ist eine „stille Revolution"[2] ausgebrochen, die andauert und an Stärke zunimmt. Die „Informationsgesellschaft" ist im Entstehen,[3] eine Wirtschafts- und Gesellschaftsform, in der der produktive Umgang mit Informationen eine herausragende Rolle für Staat und Gesellschaft spielt.[4] Die Entwicklung der Informationsgesellschaft beruht auf einer rasanten Fortentwicklung der Informations- und Kommunikationstechnologien sowie der Privatisierung, Liberalisierung und Deregulierung der Rundfunk- und

---

[1] Nachweise oben Fn. 2.

[2] *Spinner*, Die Wissensordnung, S. 51, 60; *Würtenberger*, in: Leipold, Rechtsfragen des Internet und der Informationsgesellschaft, S. 3.

[3] Umfassend dazu *Schink*, Die Informationsgesellschaft; *Tauss/Kollbeck/Mönikes*, Deutschlands Weg in die Informationsgesellschaft. Siehe auch die Nachweise oben Fn. 1.

[4] Vgl. die Definition des Berichts der Bundesregierung „Info 2000 – Deutschlands Weg in die Informationsgesellschaft", BT-Drs 13/4000, S. 16; siehe auch *Hoffmann-Riem*, in: ders./Schmidt-Aßmann, Verwaltungsrecht in der Informationsgesellschaft, S. 9 (10 f.); *Kloepfer*, DÖV 2003, 221; *Kugelmann*, DVBl. 2005, 851 (852); *Kupfer*, Die Verteilung knapper Ressourcen im Wirtschaftsverwaltungsrecht, S. 67. Nach *Mayer-Schönberger*, Information und Recht, S. 5, ist das Entscheidende der Informationsgesellschaft dabei nicht die Bedeutung von Information als Motor der Veränderung selbst, sondern die Tatsache, dass Information und Kommunikation erstmals dazu verwendet werden, wieder Information und Kommunikation zu erzeugen und zu verarbeiten. Näher zur Informationsabhängigkeit gerade des Staates unten C. I.

Telekommunikationsmärkte und hat einen grundlegenden Wandel vieler Lebensbereiche zur Folge.[5]

a) Technologische Neuerungen

Die Informationsgesellschaft gründet auf umwälzenden Entwicklungen neuer Technologien im Bereich der Information und Kommunikation[6], die zum Teil mit der Erfindung des Buchdrucks verglichen[7] oder als „zweite industrielle Revolution"[8] bezeichnet werden. Zentrale Bedeutung hat dabei das Verfahren der *Digitalisierung,* das die Knappheit von Übertragungskapazitäten weitgehend beseitigt hat.[9]

Konventionell wurden Daten *analog* der Schwingungsbreite von Licht- und Schallwellen übermittelt. Bei der *Digitalisierung* werden Daten demgegenüber in Form *binärer Zeichen* verschlüsselt und können danach ohne Qualitätsverlust in Form von elektrischen Impulsen durch Kupferkoaxialkabel oder in Form von Lichtimpulsen durch Glasfaserkabel übermittelt werden. Die Digitalisierung erlaubt nicht nur eine störungsfreie Übertragung und wesentliche Erhöhung der Empfangsqualität, sondern ermöglicht auch die entscheidende Reduzierung der für die Übertragung notwendigen Signale. Anders als bei analogen Übertragungsformen müssen etwa bei der Übertragung bewegter Bilder nicht für jedes Bild alle Punkte ständig neu übertragen werden, sondern „unwichtige" Signale können entfallen – etwa jene, die das bloße Auge nicht wahrnimmt, oder solche, die in einer Bildfolge gleich bleiben. Indem sich die Übertragung auf die relevanten und jeweils veränderten Punkte eines Bildes beschränken kann, findet eine *Datenreduktion* und *Datenkompression* statt, die den Kapazitäts- und Speicherbedarf von Übertragungstechniken gegenüber der analogen Technik um bis zu 95 % verringert und zu einer beträchtlichen Vermehrung elektronischer Dienstleistungen und Programmangebote genutzt werden kann.[10]

Die Digitalisierung war zunächst Grundlage der Erfindung des Großrechners für wissenschaftliche und industrielle Zwecke und dessen Weiterentwicklung zum *Personal Computer* (PC), der seit Anfang / Mitte der 1980er-Jahre Einzug in die Haushalte der Industriestaaten gehalten hat und heute in der Bevölkerung weit verbreitet ist;[11] die Endgeräte sind dabei zunehmend miniaturisiert und mobilisiert worden.[12]

---

5 Vgl. auch *Kloepfer,* Informationsrecht, § 1 Rdn. 5, 16 f.

6 Bericht der Bundesregierung „Info 2000 – Deutschlands Weg in die Informationsgesellschaft", BT-Drs 13/4000, S. 16; *Holznagel,* in: Büllesbach/Dreier, Konvergenz in Medien und Recht, S. 1; *Stransfeld,* in: Tauss/Kollbeck/Mönikes, Deutschlands Weg in die Informationsgesellschaft, S. 684 ff.; *Voßkuhle,* in: Hoffmann-Riem/Schmidt-Aßmann, Verwaltungsrecht in der Informationsgesellschaft, S. 349 (351 f.).

7 *Bullinger,* ZUM 1996, 749 (750); siehe auch *Würtenberger,* in: Leipold, Rechtsfragen des Internet und der Informationsgesellschaft, S. 3 (4).

8 *Sieber,* Jura 1993, 561 (562).

9 Vgl. nur *Kloepfer,* Informationsrecht, § 1 Rdn. 5; *Schoch,* VVDStRL 57 (1998), 157 (169 f.).

10 Zum Ganzen *Fechner,* Medienrecht, Rdn. 1054 f.; *Paschke,* Medienrecht, § 1 Rdn. 9; *Wilke,* in: ders., Mediengeschichte, S. 751 f.

11 Im Jahre 2003 waren 61 % der privaten Haushalte in Deutschland mit Personalcomputern ausgestattet, so *Statistisches Bundesamt,* Informationstechnologie in Haushalten, S. 7,

Die „Computerisierung" und damit einhergehend die „Digitalisierung" der Gesellschaft haben zum Aufbau leistungsfähiger *Datenübertragungsnetze* geführt.[13] Diese stellten nicht nur den konventionellen Fernsprechverkehr auf eine digitale Grundlage,[14] sondern ermöglichten auch und vor allem die Verbindung von PCs zu Netzwerken jeglicher Größe, die nicht nur die Ausbreitung eines Mediums zu vielen Empfängern gestatten, sondern auch einen Austausch von Informationen zulassen.[15] Besondere Bedeutung hat das *Internet* als erdumspannendes „Netzwerk der Netzwerke"[16], das den Informationsfluss globalisiert und zugleich der nationalstaatlichen Hoheitsausübung weitgehend entzogen hat.[17]

Der Aufbau der Infrastruktur für die digitale Datenübertragung ermöglichte eine Ausweitung und Ausdifferenzierung des Angebots an Informationsdienstleistungen, bis hin zur Entstehung neuer, *multimedialer Dienstleistungen*.[18] Der Begriff „Multimedia" beschreibt dabei die Verknüpfung oder gar Verschmelzung verschiedener Informations- und Kommunikationsformen und elektronischer Dienstleistungen.[19] Dabei werden zum Teil bestehende Muster elektronisch reproduziert (z. B. elektronische Presse, elektronische Post – „E-Mail" etc.),[20] zum Teil entstehen völlig neuartige Angebote.[21]

Die technologische Entwicklung wird weitergehen und nach vielfacher Prognose zur *„Konvergenz der Medien"* führen; durch die einheitliche Darstellung der in der analogen Übertragung getrennten Signale werden Telekommunikation, Informationstechnologie und Rundfunk auf den Ebenen der Übertragungswege, der Endgeräte, der Märkte und der Dienste miteinander verschmelzen.[22] Bereits heute ist

---

gegenüber 47,3 % am 1. 1. 2000 und 39,8 % am 1. 1. 1998, zu diesen Zahlen *Statistisches Bundesamt*, Datenreport 2002, S. 130 f.

[12] Vgl. *Kloepfer*, Informationsrecht, § 1 Rdn. 6.

[13] Näher *Kloepfer*, Informationsrecht, § 1 Rdn. 9.

[14] Zur Digitalisierung der Telekommunikation näher *Eisenberg/Nischan*, JZ 1997, 74 ff.

[15] *Fechner*, Medienrecht, Rdn. 1057; *Kloepfer*, Informationsrecht, § 1 Rdn. 9.

[16] Vgl. *Hoeren*, Grundzüge des Internetrechts, S. 9; *Kloepfer*, Informationsrecht, § 1 Rdn. 9 ff.; zu den technischen Grundlagen umfassend, aber auch für den Juristen verständlich *Sieber*, in: Hoeren/Sieber, Handbuch Multimedia-Recht, Teil 1.

[17] *Schoch*, VVDStRL 57 (1998), 158 (171 f.); *Trute*, VVDStRL 57 (1998), 216 (244 f.); *Wahl*, in: Leipold, Rechtsfragen des Internet und der Informationsgesellschaft, S. 37 ff.; *Weiss*, Das Internet und die klassischen Medien, S. 74 ff.; *Würtenberger*, in: Leipold, Rechtsfragen des Internet und der Informationsgesellschaft, S. 3. Zu den mit der Entterritorialisierung des Informationsflusses verbundenen Problemen *Engel*, in: Dicke u. a., Völkerrecht und Internationales Privatrecht in einem sich globalisierenden internationalen System, S. 353 ff.; *Hoeren*, NJW 1998, 2849 (2850 f.); *Roßnagel*, MMR 2002, 67 ff.

[18] *Kloepfer*, Informationsrecht, § 1 Rdn. 13; *Paschke*, Medienrecht, § 1 Rdn. 9.

[19] *Fechner*, Medienrecht, Rdn. 1053; *Wilke*, in: ders., Mediengeschichte, S. 751 (752).

[20] Zu Veränderungen „alter Medien" *Wilke*, in: ders., Mediengeschichte, S. 751 (757 ff.).

[21] *Kloepfer*, Informationsrecht, § 1 Rdn. 13.

[22] Umfassend das „Grünbuch zur Konvergenz der Branchen Telekommunikation, Medien und Informationstechnologie und ihren ordnungspolitischen Auswirkungen" der *Europäi*-

I. Information als „Rohstoff" der Informationsgesellschaft

es möglich, Spielfilme und ganze Rundfunkprogramme[23] über das Telefonnetz auf den Computermonitor zu übertragen, Telefongespräche über das Breitbandkabel zu führen oder am Fernsehbildschirm im Internet zu „surfen".[24] Über die Geschwindigkeit der weiteren technologischen und wirtschaftlichen Entwicklung herrscht Uneinigkeit.[25] Für die Ebene des Rechts hat diese Frage indes nur insoweit eine Relevanz, als die Dringlichkeit der damit verbundenen Rechtsfragen betroffen ist. *Dass* die fortschreitende Konvergenz der Medien auf absehbare Zeit zu einem Verschwimmen der konventionellen Trennungslinie zwischen Individual- und Massenkommunikation[26] mit zwangsläufigen Folgen auch für den rechtlichen Ordnungsrahmen des Medienrechts[27] führen wird, ist von der Geschwindigkeit der Entwicklung unabhängig.[28]

Erste Schritte auf diesem Weg sind heute schon erkennbar: So hat das Bundesministerium für Wirtschaft und Arbeit den „Entwurf eines Gesetzes zur Vereinheitlichung von Vorschriften über bestimmte elektronische Informations- und Kommunikationsdienste (Elektronischer-Geschäftsverkehr-Vereinheitlichungsgesetz – ElGVG)"[29] vorgelegt, durch das Tele- und Mediendienste unter dem Begriff „Telemedien" zusammengefasst werden sollen.[30]

---

schen Kommission, KOM-(97) 623, sowie das Gutachten zum 64. Deutschen Juristentag 2002 in Berlin *Gounalakis,* Konvergenz der Medien – Sollte das Recht der Medien harmonisiert werden?; siehe auch *Blaue,* ZUM 2005, 30 ff.; *Gounalakis,* NJW-Beilage 23/2002, 20 ff.; *Hoffmann-Riem/Schulz/Held,* Konvergenz und Regulierung, S. 10 ff.; *Holznagel,* NJW 2002, 2351 ff.; *Petersen,* Medienrecht, § 1 Rdn. 21; *Rosenthal,* TMR 2002, 181 ff.; *Schoch,* JZ 2002, 798 ff.; *Ulbrich,* K&R 1998, 100 ff.

[23] Siehe nur die „Livestreams" bei http://www.n-tv.de (Fernsehen) oder http://www.ndr2.de (Hörfunk).

[24] Vgl. *Holznagel,* in: Büllesbach/Dreier, Konvergenz in Medien und Recht, S. 1 (3); *Michel,* MMR 2005, 284.

[25] Instruktiv zu den Visionen der Zukunft der Tagungsband von *Eberspächer/Ziemer,* Digitale Medien und Konvergenz.

[26] Die bisherige kategoriale Unterscheidung zwischen Rundfunk, Telekommunikation, Printmedien, Mediendiensten und Telediensten ist in Deutschland nicht nur für das Maß an inhaltlicher Regulierung, sondern bereits für die Verteilung der Gesetzgebungskompetenzen maßgebend, vgl. *Holznagel,* in: Büllesbach/Dreier, Konvergenz in Medien und Recht, S. 1 (4 f.); *Schoch,* in: Leipold, Rechtsfragen des Internet und der Informationsgesellschaft, S. 83 (89 f.).

[27] Zu möglichen Folgen für das medienrechtliche Regulierungskonzept der Bundesrepublik Deutschland näher *Gersdorf,* RTkom 1999, 75 (82 ff.); *Gounalakis,* NJW-Beilage 23/2002, 20 (21 ff.); *Holznagel,* NJW 2002, 2351 (2352 ff.); *Schoch,* JZ 2002, 804 ff.; *Stürner,* AfP 2002, 283 (286 f.). Auf europarechtlicher Ebene wurde bereits ein einheitlicher Rechtsrahmen für elektronische Kommunikationsnetze und -dienste geschaffen, der der fortschreitenden Konvergenz Rechnung trägt; näher dazu *Dörr/Zorn,* NJW 2001, 2837 (2839 f.); *Rosenthal,* TMR 2002, 181 (182 ff.); *Schütz/Attendorn,* MMR-Beilage 4/2002, 1 (4 ff.).

[28] In diese Richtung auch Holznagel, NJW 2002, 2351 (2352); *Schoch,* JZ 2002, 798 (800).

[29] Abrufbar unter http://www.iukdg.de/050419_Entwurf_Anhoerung.pdf.

[30] Vgl. auch *Dörr/Zorn,* NJW 2005, 3114 (3119); *Gola/Klug,* NJW 2005, 2434 (2437).

b) Privatisierung, Liberalisierung und Deregulierung

Mit dem technologischen Entwicklungsprozess eng verbunden und ebenfalls wichtiges Kennzeichen der Informationsgesellschaft ist der Bedeutungszuwachs privater Wirtschaftssubjekte und damit der Einzug der Marktkräfte in den Bereich des Rundfunk- und Telekommunikationswesens, die konventionell durch (staats-)monopolistische Strukturen geprägt waren.[31] Diese haben sich jedoch mit der dargestellten Globalisierung des Informationsflusses, der an Staatsgrenzen nicht halt macht, als unvereinbar erwiesen[32] und wurden daher im Wege einer intensiven Politik der Privatisierung, Liberalisierung und Deregulierung[33] weitgehend beseitigt.[34] Der Staat hat sich dadurch aus der Wahrnehmung von Aufgaben als Infrastruktur- und Diensteanbieter („Verwaltungsmodell") weitgehend zurückgezogen und überlässt diese nunmehr dem Wettbewerb privater Wirtschaftssubjekte („Marktmodell").[35] In der Folge sind Information, Wissen und Kommunikation zu Wirtschaftsgütern geworden[36] – mit allen damit verbundenen Problemen, wenn die Marktkräfte versagen und es zu ungesunden Konzentrationsprozessen kommt,[37] die mit Gemeinwohlinteressen kollidieren.[38]

Das Verhältnis zwischen technologischen Fortschritten und Privatisierungen, Liberalisierungen und Deregulierungen bei der Entwicklung hin zur Informationsgesellschaft ist dabei nicht einfach zu beschreiben. Schwerlich bedingt einer dieser Faktoren den anderen zur Gänze. Vielmehr dürften vielfache Wechselwirkungen in dem Sinne bestehen, dass die technologischen Entwicklungen Privatisierungs- und Liberalisierungsbestrebungen angestoßen haben, umgekehrt aber auch diese Maßnahmen technologische Entwicklungen durch Private lukrativer gemacht und dadurch beschleunigt haben.[39]

---

[31] Hierzu noch ausführlich unten D. IV. 1. a) aa) und 2. a) aa).

[32] Siehe auch *Kämmerer,* Privatisierung, S. 549 ff.; *König/Benz,* in: dies., Privatisierung und staatliche Regulierung, S. 13 (43 f.).

[33] Zu den Begrifflichkeiten noch ausführlich unten D. I. 2.

[34] *Schoch,* VVDStRL 57 (1998), 158 (172); *Wahl,* in: Leipold, Rechtsfragen des Internet und der Informationsgesellschaft, S. 37 (38 f.).

[35] *Schoch,* in: Leipold, Rechtsfragen des Internet und der Informationsgesellschaft, S. 83 (84).

[36] *Kugelmann,* DVBl. 2005, 851 (852); *Schoch,* VVDStRL 57 (1998), 158 (172); vgl. auch *Kloepfer,* Informationsrecht, § 1 Rdn. 55; *Voßkuhle,* in: Hoffmann-Riem/Schmidt-Aßmann, Verwaltungsrecht in der Informationsgesellschaft, S. 349 (351 f.); ausführlich *Ott,* Information, S. 225 ff.

[37] Zum Stand der Medienkonzentration umfassend *Kommission zur Ermittlung der Konzentration im Medienbereich,* Fortschreitende Medienkonzentration im Zeichen der Konvergenz. Zum Medienkartellrecht als dem Instrument zur Sicherung des ökonomischen Wettbewerbs *Gounalakis,* AfP 2004, 394 ff.; *Paschke,* Medienrecht, Rdn. 465 ff.; *Petersen,* Medienrecht, § 9; *Storr,* ThürVBl 2003, 169 ff.; *Trafkowski,* Medienkartellrecht, S. 21 ff.

[38] *Voßkuhle,* in: Hoffmann-Riem/Schmidt-Aßmann, Verwaltungsrecht in der Informationsgesellschaft, S. 349 (352).

c) Gesellschaftliche Auswirkungen

Beide Gesichtspunkte – die technologische Entwicklung und die Liberalisierung der betroffenen Märkte – haben einen Wandel vieler Lebensbereiche zur Folge, in dessen Mittelpunkt die Bedeutungszunahme von Informationen steht. Die Informationsgesellschaft führt zur Entstehung neuer Wirtschaftszweige, die Arbeitswelt wandelt sich ebenso grundlegend wie das Freizeitverhalten, Bildung und Wissenschaft stehen vor neuen Herausforderungen; die Informationsgesellschaft hat zudem erhebliche Auswirkungen auch auf Gesetzgebung, Verwaltung und Justiz sowie den Kontakt zwischen Staat und Bürger.[40] Dabei bietet die Informationsgesellschaft vielfältige Chancen für Staat, Wirtschaft und Gesellschaft, sie birgt jedoch auch erhebliche Risiken.[41] Insbesondere lässt die inflationäre Informationsvermehrung befürchten, dass der gesellschaftliche Preis des Informationierungsprozesses in einer Aufspaltung der Gesellschaft in Informierte und Nichtinformierte, dem sogenannten „Digital Divide", liegen könnte.[42] Namentlich das Internet wird heute überwiegend von jungen, gut ausgebildeten und besserverdienenden Menschen genutzt.[43] Dieser Befund macht die Entstehung einer informationellen Zwei-Klassen-Gesellschaft in dem Maße immer wahrscheinlicher, in dem mehr und mehr Dienstleistungen der Wirtschaft oder auch des Staates online abgewickelt werden.[44] Dieser sowohl aus sozial- als auch aus gesamtstaatlicher Perspektive inakzeptablen Entwicklung[45] entgegenzuwirken, ist eine der zentralen Herausforderungen für Politik, Wirtschaft und Wissenschaft.[46]

Die Gefahr eines „Digital Divide" lässt sich über die innerstaatliche Perspektive hinaus ebenso als (auch) insoweit drohende Disparität zwischen Industrie- und Entwicklungsländern interpretieren.[47] Beispielsweise entfielen im Jahre 2003 von den weltweit etwa 580 Millionen

---

[39] Vgl. auch *Kämmerer*, Privatisierung, S. 550; *Kloepfer*, Informationsrecht, § 1 Rdn. 16; ferner *Schatzschneider*, NJW 1989, 2371.

[40] Näher Bericht der Bundesregierung „Info 2000 – Deutschlands Weg in die Informationsgesellschaft", BT-Drs 13/4000, S. 16 ff.; *Kloepfer*, Informationsrecht, § 1 Rdn. 20 ff.

[41] Näher *Merten*, in: Tauss/Kollbeck/Mönikes, Deutschlands Weg in die Informationsgesellschaft, S. 82 ff.

[42] *Kloepfer*, Informationsrecht, § 1 Rdn. 17; *Schoch*, in: Leipold, Rechtsfragen des Internet und der Informationsgesellschaft, S. 83 (85).

[43] *Holznagel/Verhulst/Grünwald/Hahne*, K&R 2000, 425; *Kloepfer*, Informationsrecht, § 1 Rdn. 17.

[44] Siehe auch *Holznagel/Verhulst/Grünwald/Hahne*, K&R 2000, 425; nach der Studie der Prognos AG „Werbemarkt 2011" wird im Jahr 2011 ein Drittel der deutschen Bevölkerung der „digitalen Spaltung" zum Opfer gefallen sein, vgl. epd-medien Nr. 61/2002, 18 (19).

[45] Zutreffend BT-Drs 14/6374; *Holznagel/Verhulst/Grünwald/Hahne*, K&R 2000, 425 f.; *Kloepfer*, Informationsrecht, § 1 Rdn. 17; siehe auch *Freund*, MMR 2002, 666.

[46] Zu möglichen Maßnahmen *Holznagel/Verhulst/Grünwald/Hahne*, K&R 2000, 425 (427 ff.); *Kloepfer*, Informationsrecht, § 1 Rdn. 18; rechtsvergleichend *Freund*, MMR 2002, 666 (667 ff.); für eine „informationelle Gewaltenteilung" *Tinnefeld*, MMR 2006, 23 ff.

[47] *Dowe/Märker*, Aus Politik und Zeitgeschichte B 49–50/2003, 5 ff.; *Glotz*, IP 12/2003, 1 f.; vgl. auch Mitteilung der Europäischen Kommission betreffend den Weltgipfel

Internetnutzern fast 80 % auf die Staaten der OECD.[48] Die damit zusammenhängenden Fragen waren das zentrale Thema des ersten Teils des Weltgipfels über die Informationsgesellschaft in Genf vom 10. bis 12. 12. 2003,[49] der von der Internationalen Fernmeldeunion, einer Sonderorganisation der Vereinten Nationen, organisiert[50] und von der Generalversammlung der Vereinten Nationen begrüßt und unterstützt wurde.[51] Abgeschlossen wurde der Weltgipfel mit der Verabschiedung einer Grundsatzerklärung[52] und eines Aktionsplans.[53] Der zweite Teil hat im November 2005 in Tunis stattgefunden.[54]

d) Herausforderungen für die Rechtsordnung

Die beschriebenen Entwicklungen im technologischen Bereich, die Bedeutungsverschiebungen zwischen dem Staat und den privaten Wirtschaftssubjekten durch Maßnahmen der Privatisierung, Liberalisierung und Deregulierung sowie die damit verbundenen gesellschaftlichen Auswirkungen fordern auch die Rechtsordnung in vielfacher Hinsicht heraus. Sie muss Antworten auf neue und veränderte Fragestellungen finden, die die Entwicklung der Informationsgesellschaft aufgeworfen hat.[55]

Essentielle Bedeutung in der Informationsgesellschaft hat zunächst der *Zugang zu Informationen*. Ein regelmäßig freier Informationsfluss ist Grundvoraussetzung

---

über die Informationsgesellschaft vom 19. 5. 2003, abgedruckt in IP 12/2003, 89 ff.; BT-Drs 15/1988, S. 2 f.

[48] BT-Drs 15/1988, S. 2; weitere statistische Daten zum globalen „Digital Divide" finden sich in der OECD-Studie „Understanding the Digital Divide", abrufbar unter http://www.oecd.org/dataoecd/38/57/1888451.pdf.

[49] Hierzu *Kleinwächter*, MMR 2/2004, XXXI ff.; *Kugelmann*, DVBl. 2005, 851 f.; siehe auch die Bewertung der EU-Kommission, KOM (2004) 111 endgültig; vgl. ferner epd-medien Nr. 98/2003, S. 23; F.A.Z. Nr. 290 vom 13. 12. 2003, S. 14. Zu den Themen des Gipfels in dessen Vorfeld *Dowe/Märker*, Aus Politik und Zeitgeschichte B 49–50/2003, S. 5 ff.

[50] Res. 73 zur Einberufung eines Weltgipfels über die Informationsgesellschaft, verabschiedet auf der Konferenz der Regierungsbevollmächtigten der Internationalen Fernmeldeunion (ITU) vom 12. 10.–6. 11. 1998, abgedruckt in IP 12/2003, 80 f.

[51] Vgl. Res. 56/183 der 56. Generalversammlung der Vereinten Nationen vom 21. 12. 2001, abgedruckt in IP 12/2003, 81 ff.; Res. 57/238 der 57. Generalversammlung der Vereinten Nationen vom 20. 12. 2002, abgedruckt in IP 12/2003, 87 f.

[52] Document WSIS-03/GENEVA/DOC/4-E, abrufbar unter http://www.itu.int/wsis/documents/doc_multi.asp?lang=en&id=1161|1160.

[53] Document WSIS-03/GENECA/DOC/5-E, abrufbar unter http://www.itu.int/wsis/documents/doc_multi.asp?lang=en&id=1161|1160.

[54] Siehe die offizielle Internetseite der Internationalen Fernmeldeunion http://www.itu.int/wsis (in englischer Sprache) sowie die Internetseite der Heinrich-Böll-Stiftung http://www.worldsummit2005.de/index.html (in deutscher Sprache); ferner epd-medien Nr. 89/2005, S. 21; *Grewlich*, K&R 2006, 156 ff.; vgl. auch die Vorschläge der EU-Kommission für die zweite Phase des Weltgipfels, KOM (2004) 480 endgültig.

[55] Zum Folgenden ausführlich *Kloepfer*, Informationsrecht, § 1 Rdn. 38 ff.; vgl. ferner die Beiträge bei *Hoeren/Queck*, Rechtsfragen der Informationsgesellschaft, sowie bei *Leipold*, Rechtsfragen des Internet und der Informationsgesellschaft.

I. Information als „Rohstoff" der Informationsgesellschaft

der Informationsgesellschaft, wenn nicht bereits der menschlichen Existenz insgesamt.[56] Das Recht muss sich daher grundsätzlich mit den Voraussetzungen und der Sicherstellung des freien Informationszugangs befassen.[57] Dies betrifft den Informationsverkehr zwischen Privaten[58] ebenso wie den Zugang Privater zum Informationsbestand des Staates,[59] aber auch den Zugang des Staates zu bei Privatpersonen vorhandenen Informationen,[60] mit dem sich die vorliegende Untersuchung vorrangig befasst.

Der regelmäßig freie Informationsfluss kann angesichts der Sensibilität vieler Informationen jedoch nicht grenzenlos gewährleistet werden. Gleichsam spiegelbildlich zu Regelungen über den Informationszugang muss die Rechtsordnung daher *Informationsrestriktionen* vorsehen und so den notwendigen Schutz von personenbezogenen Daten sowie von Geheimnissen und staatlichen Geheimhaltungsinteressen in der Informationsordnung sicherstellen.[61] Die gegenläufigen Ziele eines freien Informationskreislaufs in und zwischen Staat und Gesellschaft sowie des Schutzes besonders sensibler Informationen müssen dabei zu einem angemessenen Ausgleich gebracht werden.[62]

Mit der Bedeutungszunahme von Informationen einher geht zugleich deren Anfälligkeit für Gefährdungen ihrer Integrität und Authentizität, sei es durch unbeabsichtigte Störungen oder beabsichtigte Angriffe Dritter.[63] (Auch) die Rechtsordnung sieht sich in der Folge vor die Frage gestellt, wie die erforderliche *Informationssicherheit* gewährleistet werden kann.[64] Eine mögliche Lösung liegt in der Anerkennung, Standardisierung und – daraus folgend – der Etablierung insoweit entwickelter technologischer Neuerungen.[65]

---

[56] So *Kloepfer*, Informationsrecht, § 1 Rdn. 40; siehe auch *Schoch/Kloepfer*, Informationsfreiheitsgesetz (IFG-ProfE), Einleitung Rdn. 26; *Wahl*, in: Leipold, Rechtsfragen des Internet und der Informationsgesellschaft, S. 37 (53 f.).

[57] Vgl. auch *Hoffmann-Riem*, in: ders./Schmidt-Aßmann, Verwaltungsrecht in der Informationsgesellschaft, S. 9 (49 ff.); *Kugelmann*, DVBl. 2005, 851 (853); *Schoch*, in: Leipold, Rechtsfragen des Internet und der Informationsgesellschaft, S. 83 (93).

[58] Vgl. dazu unten C. III. 2. d) bb).

[59] Siehe dazu unten C. IV.

[60] Zu den verschiedenen Dimensionen des freien Informationsflusses siehe auch *Kloepfer*, in: ders., Die transparente Verwaltung, S. 9 (29); *ders.*, DÖV 2003, 221 (230 f.).

[61] Vgl. auch *Hoffmann-Riem*, in: ders./Schmidt-Aßmann, Verwaltungsrecht in der Informationsgesellschaft, S. 9 (55 ff.); *Kloepfer*, in: ders., Die transparente Verwaltung, S. 9 (12 f.); *Tinnefeld*, DuD 2005, 328 ff.

[62] Zu den Widersprüchen zwischen Informationszugangsfreiheit und Datenschutz siehe auch *Kloepfer*, DÖV 2003, 221 (224 f.).

[63] Näher *Holznagel*, Recht der IT-Sicherheit, § 3 Rdn. 9 ff.; *Kloepfer*, Informationsrecht, § 1 Rdn. 43.

[64] Siehe auch BT-Drs 14/6374, S. 4 f.; *Schoch*, in: Leipold, Rechtsfragen des Internet und der Informationsgesellschaft, S. 83 (93).

[65] Siehe etwa die Möglichkeit, durch den Einsatz elektronischer Signaturen Rechtssicherheit zu erreichen (dazu *Kröger*, in: ders./Nöcker/Nöcker, Sicherheit und Internet, S. 67), und

Sind Informationen in der Informationsgesellschaft zu Wirtschaftsgütern geworden,[66] so bedürfen sie auch unter diesem Gesichtspunkt des gesteigerten Schutzes. Die Rechtsordnung muss sich demzufolge mit dem *geistigen Eigentum* an Informationen näher auseinandersetzen und die urheber- und patentrechtlichen Probleme zu lösen suchen, die namentlich im Bereich der Internet- und Computernutzung auftreten können.[67]

Weiter stellt die Ausweitung des elektronischen Rechtsverkehrs („*E-Commerce*") die Rechtsordnung vor neue Herausforderungen. Sie muss Regeln über den Abschluss elektronischer Rechtsgeschäfte entwickeln, die mit internationalprivatrechtlichen Fragen des anwendbaren Rechts im globalen „Cyberspace" beginnen[68] und mit konkreten schuldrechtlichen Fragestellungen – etwa hinsichtlich der Voraussetzungen eines Vertragsabschlusses im Internet[69] – noch nicht ihr Bewenden haben. Die verhältnismäßig aufwandlose Möglichkeit des Abschlusses elektronischer Rechtsgeschäfte fordert zugleich den *Verbraucherschutz* zu Reaktionen heraus; die „Verbraucherdimension" der Informationsgesellschaft[70] wird insbesondere in der Gewährung von Widerrufsrechten deutlich, die die Rechtsordnung im Bereich des „E-Commerce" eingeführt hat.[71]

Schließlich können auch die *Informationsinhalte* namentlich im multimedialen Kontext der Informationsgesellschaft spezifische Gefahren bergen, auf die das Recht zu reagieren hat. Angesprochen sind in diesem Zusammenhang der Schutz des Staates, der Jugend sowie der persönlichen Ehre insbesondere vor politischem Extremismus, Gewalt und Pornografie.[72] Die (rechtliche) Verantwortlichkeit für solche gefährlichen Inhalte muss in diesem Zusammenhang ebenso geklärt werden[73]

---

die hieran anknüpfende Regulierung der elektronischen Signaturen durch das Signaturgesetz (BGBl. I 2001, S. 876); vgl. hierzu *Roßnagel,* NVwZ 2001, 1817 ff.

[66] Siehe oben B. I. 1. b).

[67] Überblick bei *Kloepfer,* Informationsrecht, § 6 Rdn. 52 ff.; zu urheberrechtlichen Fragestellungen des Computerrechts vgl. *Junker/Benecke,* Computerrecht, Rdn. 4 ff.; zum Urheberschutz im Internet siehe *Boehme-Neßler,* CyberLaw, S. 219 ff.; *Hoeren,* Grundzüge des Internetrechts, S. 62 ff.

[68] Näher dazu *Hoeren,* Grundzüge des Internetrechts, S. 181 ff.; *Mehrings,* in: Hoeren/Sieber, Handbuch Multimedia-Recht, Teil 13.1 Rdn. 1 ff.; *Müller,* in: Hoeren/Queck, Rechtsfragen der Informationsgesellschaft, S. 259 ff.; *Spindler,* in: Hohloch, Recht und Internet, S. 9 (15 ff.).

[69] Hierzu etwa *Ann,* in: Leipold, Rechtsfragen des Internet und der Informationsgesellschaft, S. 175 ff.; *Boehme-Neßler,* CyberLaw, S. 140 ff.; *Hahn,* in: Hoeren/Queck, Rechtsfragen der Informationsgesellschaft, S. 146 (150 ff.).

[70] So *Kloepfer,* Informationsrecht, § 1 Rdn. 48; vgl. auch *Boehme-Neßler,* CyberLaw, S. 163 f.; *Merkel,* in: Hoeren/Queck, Rechtsfragen der Informationsgesellschaft, S. 167.

[71] Siehe etwa die Regelung in § 312d BGB zum Widerrufsrecht bei Fernabsatzverträgen; hierzu näher *Boente/Riehm,* Jura 2002, 222 (225); *Grigoleit,* NJW 2002, 1151 (1153 ff.); *Schmittmann,* K&R 2004, 361 (364 ff.).

[72] Vgl. *Kloepfer,* Informationsrecht, § 1 Rdn. 45.

[73] In diesem Zusammenhang zur Haftung von Internet-Providern siehe etwa *Boehme-Neßler,* CyberLaw, S. 70 ff.; *Sieber,* in: Hoeren/Sieber, Handbuch Multimedia-Recht, Teil 19 Rdn. 219 ff.

I. Information als „Rohstoff" der Informationsgesellschaft 37

wie die Möglichkeiten staatlicher Behörden, gegen die Verbreitung derartiger Informationen vorzugehen.[74]

Alle diese – hier nur angedeuteten – Gesichtspunkte zeigen, dass der Kreislauf, in dem sich der „Rohstoff" Information bewegt, vielfältiger rechtlicher Steuerung sowohl in Bezug auf den privaten als auch in Bezug auf den öffentlichen Sektor bedarf. Hiergegen lässt sich keineswegs einwenden, die besonderen Spezifika der Information – wie ihre Grenzenlosigkeit oder ihre besonderen Wirkungen – stünden einer rechtlichen Regelung des Informationskreislaufs von vornherein entgegen.[75] Auch unter der – selbstverständlich erforderlichen – Berücksichtigung der genannten Besonderheiten ist der Informationsfluss rechtlicher Regelung grundsätzlich zugänglich,[76] wie nicht zuletzt diese Untersuchung zeigen wird;[77] ein Absehen von rechtlicher Ordnung in diesem Bereich ist daher keine realistische, schon gar nicht aber eine wünschenswerte Perspektive.[78] Die Speicherung, die Verarbeitung, die Nutzung, die Verteilung sowie die Verbreitung von Informationen müssen ebenso rechtlichen Regeln unterstellt werden wie die Generierung der Informationen.[79] Letztere ist in den Mittelpunkt der vorliegenden Untersuchung gestellt, soweit die informationelle Inpflichtnahme Privater durch den Staat betroffen ist.

2. Begriff der Information

Die Beschreibung von Entwicklung und Perspektiven der Informationsgesellschaft führt zur näheren Bestimmung ihrer Grundlage. Wenn die Bedeutungszunahme von Informationen entscheidendes Kennzeichen der Informationsgesellschaft ist,[80] stellt sich zwangsläufig die Frage, was genau unter „Information" zu verstehen ist. Die Antwort auf diese Frage fällt schwer, teilweise wird der Begriff „Information" sogar für nicht definierbar gehalten.[81] Es wäre jedoch äußerst unbe-

---

[74] Hierzu ausführlich *Greiner*, Die Verhinderung verbotener Internetinhalte im Wege polizeilicher Gefahrenabwehr, S. 44 ff.; vgl. auch *Mairgünther*, Die Regulierung von Inhalten in den Diensten des Internet, S. 211 ff.

[75] In diese Richtung etwa *Hoeren*, JuS 2002, 947 (951); siehe auch BVerfGE 105, 279 (304 f.), zum staatlichen Informationshandeln.

[76] Siehe auch *Kugelmann*, DVBl. 2005, 851 (859); *Schoch*, VVDStRL 57 (1998), 158 (181); ebenso (für die staatliche Informationstätigkeit) *Huber*, JZ 2003, 290 (294 f.); *Klement*, DÖV 2005, 507 (511 ff.).

[77] Siehe den Entwurf eines allgemeinen Rechts der Informationspflichten Privater gegenüber dem Staat unten G.

[78] Ebenfalls für eine Kodifikation des Informationsrechts *Kloepfer*, Informationsrecht, § 1 Rdn. 93; vgl. auch *Petersen/Schoch*, Jura 2005, 681 (682).

[79] Zu der an diese Fragestellungen anknüpfenden Disziplin des Informationsrechts näher unten B. II.

[80] Siehe oben bei Fn. 4.

[81] Vgl. *Hoeren*, JuS 2002, 947: „Niemand weiß, was Information ist. In der Tat scheint jeder zu wissen, was Information ist, ohne es jedoch konkret benennen zu können." Siehe auch *Garstka*, DVBl. 1998, 981 Fn. 1.

friedigend, aus der (anerkannten) Entwicklung einer Informationsgesellschaft konkrete Folgerungen ziehen und sogar das „Informationsrecht" als neues Rechtsgebiet statuieren zu wollen,[82] den zugrunde liegenden Gegenstand „Information" aber allenfalls zu erahnen.[83] Der Versuch, „Information als Gegenstand des Rechts"[84] zu erfassen, muss daher unternommen werden. Die Informationsbegriffe anderer Fachdisziplinen können dabei – abgesehen davon, dass sie unüberschaubar sind[85] – zwar nicht unbesehen übernommen werden, wohl aber Anknüpfungspunkte für einen juristischen Informationsbegriff liefern, der die Mehrdimensionalität von Information zugrunde legt.[86]

a) Mehrdimensionalität von Information

Die juristische Perspektive knüpft bei der Annäherung an den Informationsbegriff häufig[87] an die Theorie der Zeichen von *Morris* an, der zwischen syntaktischer, semantischer und pragmatischer Ebene der Information differenziert.[88] Die Anknüpfung eines juristischen Informationsbegriffs an diese Mehrebenenbildung überzeugt auch deshalb, weil die semiotische Dreidimensionalität als wichtigste Charakterisierung des Informationsbegriffs heute im informationstheoretischen Schrifttum weitgehend anerkannt ist[89] und so eine Kongruenz des juristischen Begriffsverständnisses mit den dortigen Erkenntnissen hergestellt werden kann.

Auf der *syntaktischen* Ebene des Informationsbegriffs geht es alleine um den Vorgang der Informationsvermittlung; die Betrachtung beschränkt sich auf den Informationskanal zwischen Sender und Empfänger, die selbst keine Rolle spielen.[90] Information ist in diesem Sinne ein *Zeichengebilde,* das aus Text (Ziffern,

---

[82] Mehr zum Informationsrecht unten B. II.

[83] Ähnlich *Spinner,* in: Schweizer/Burkert/Gasser, Festschrift für Jean Nicolas Druey zum 65. Geburtstag, S. 947 (956); weniger streng *Hoffmann-Riem,* in: ders./Schmidt-Aßmann, Verwaltungsrecht in der Informationsgesellschaft, S. 9 (12).

[84] So der Titel der grundlegenden Arbeit von *Druey* zum angesprochenen Problemkreis.

[85] Siehe hierzu *Mayer-Schönberger,* Information und Recht, S. 10 ff.; *Steinmüller,* Informationstechnologie und Gesellschaft, S. 189 ff.; zusammenfassend *Ott,* Information, S. 325 f.

[86] Vgl. auch *Druey,* Information als Gegenstand des Rechts, S. 3; *Gasser,* Kausalität und Zurechnung von Information als Rechtsproblem, S. 39; *Lenk,* in: Hoffmann-Riem/Schmidt-Aßmann, Verwaltungsrecht in der Informationsgesellschaft, S. 59 (68 ff.).

[87] *Decker,* Die externe Informationsgewinnung in der deutschen öffentlichen Verwaltung, S. 3; *Druey,* Information als Gegenstand des Rechts, S. 6 ff.; *Gasser,* in: Schweizer/Burkert/Gasser, Festschrift für Jean Nicolas Druey zum 65. Geburtstag, S. 727 (734 ff.); *Hoeren,* JuS 2002, 947 (948); *Kloepfer,* Informationsrecht, § 1 Rdn 53; *Sieber,* NJW 1989, 2569 (2572); siehe auch *Dreier,* in: Bizer/Lutterbeck/Rieß, Freundesgabe Büllesbach, S. 65 (69); *Garstka,* DVBl. 1998, 981 Fn. 1.

[88] *Morris,* Grundlagen der Zeichentheorie, Ästhetik der Zeichentheorie, S. 23 ff.

[89] Siehe etwa *Lyre,* Informationstheorie, S. 16 f.; *Ott,* Information, S. 30 ff.

[90] *Druey,* Information als Gegenstand des Rechts, S. 7; *Hoeren,* JuS 2002, 947 (948).

Buchstaben etc.), Bildern (Formen, Farben etc.), Tönen (Laute, Sprache, Musik) oder sonstigen, nicht audiovisuellen Sinneseindrücken besteht.[91] Die syntaktische Ebene der Information betrifft allein die Häufigkeit, die Anzahl und die Möglichkeit von Zeichen sowie deren gegenseitige Beziehungen und Abhängigkeiten.[92] Diese Beschränkung der Sichtweise erlaubt es, quantitative Aussagen über die zwischen zwei Subjekten bewegte Information zu machen, die an der Unwahrscheinlichkeit gemessen wird: je unwahrscheinlicher der Inhalt der übermittelten Nachricht ist, desto höher ist ihr Informationsgehalt.[93]

Bei der *semantischen* Dimension geht es dagegen primär um den *Sinngehalt* der übermittelten Zeichen. Sie stellt die Bedeutung der Informationseinheiten und ihre Beziehungen untereinander in den Mittelpunkt.[94] Die semantische Sichtweise konzentriert sich folglich auf den Vorgang der Kodierung bzw. Dekodierung beim Sender und Empfänger, also die Umsetzung von Sinn in Zeichen und umgekehrt.[95] Hierdurch wird das *subjektive* Element von Information sichtbar.[96] Information bedingt das Bestehen einer zweiten Informationsebene, weil unter den Beteiligten Klarheit über den verwendeten Code bestehen muss. Eine bestimmte Zeichenfolge ist nur dann eine Information, wenn der jeweilige Empfänger sie verstehen und verarbeiten kann.[97]

Die Ebene der *Pragmatik* schließlich stellt den *Zweck* der Information in den Vordergrund, also die von ihr geleisteten Dienste und erzeugten Wirkungen.[98] Sie verweist darauf, dass der Sender einen bestimmten Zweck mit dem Informationsakt verfolgt oder verfolgen kann, wie auch der Informationsakt bei einem Empfänger eine bestimmte Wirkung erzielt, indem er geeignet ist, das Verhalten oder den Zustand des Empfängers zu beeinflussen.[99] Nicht erforderlich ist dabei, dass tatsächlich ein Empfänger vorhanden ist, den der Informationsakt erreicht; dessen potentielle Existenz genügt.[100]

---

[91] *Kloepfer*, Informationsrecht, § 1 Rdn. 53.

[92] *Lyre*, Informationstheorie, S. 16; *Ott*, Information, S. 33.

[93] Näher *Druey*, Information als Gegenstand des Rechts, S. 7; *Kloepfer*, Informationsrecht, § 1 Rdn. 53; grundlegend *Shannon/Weaver*, Mathematische Grundlagen der Informationstheorie, S. 18 ff.; siehe auch *Lyre*, Informationstheorie, S. 17 f.

[94] Vgl. auch *Lyre*, Informationstheorie, S. 16; *Ott*, Information, S. 33.

[95] *Druey*, Information als Gegenstand des Rechts, S. 7 f.; *Hoeren*, JuS 2002, 947 (948); *Kloepfer*, Informationsrecht, § 1 Rdn. 55.

[96] Vgl. *Mayer-Schönberger*, Information und Recht, S. 17.

[97] Vgl. *Druey*, Information als Gegenstand des Rechts, S. 8; *Sieber*, NJW 1989, 2569 (2572 f.); *v. Weizsäcker*, Die Einheit der Natur, S. 351.

[98] *Druey*, Information als Gegenstand des Rechts, S. 8 f.; *Kloepfer*, Informationsrecht, § 1 Rdn. 55.

[99] Näher *Druey*, Information als Gegenstand des Rechts, S. 8; siehe auch *Hoffmann-Riem*, in: ders./Schmidt-Aßmann, Verwaltungsrecht in der Informationsgesellschaft, S. 9 (12); *Schoch*, VVDStRL 57 (1998), 158 (166 f.); *Sieber*, NJW 1989, 2569 (2573).

[100] *Dreier*, in: Bizer/Lutterbeck/Rieß, Freundesgabe Büllesbach, S. 65 (68).

Diese pragmatische Ebene steht bei der rechtlichen Befassung mit Informationen im Mittelpunkt des Interesses.[101] Ihre *Wirkung* daher genauer in den Blick nehmend, wird die Information im juristischen Schrifttum neuerdings und unter Rückgriff auf Erkenntnisse der Kommunikationstheorie[102] teilweise auch als *Differenz*[103] oder sogar als „Differenz zweier verknüpfter Differenzen"[104] beschrieben. Diese zunächst wenig eingängige Formulierung stellt die *Selektionsvorgänge* im Rahmen des Kommunikationsprozesses in den Mittelpunkt der Begriffsfindung: Der Aussagegehalt einer Mitteilung resultiere aus der Differenz zwischen dem möglichen Inhalt der Mitteilung (auf Basis des gesamten Fundus des Senders) und dem tatsächlichen Inhalt der Mitteilung.[105] Hieran schließe sich eine Deutungs- und Rekonstruktionsleistung des Empfängers an, bei der der (durch Selektion gebildete) Inhalt der Mitteilung in einem weiteren Selektionsprozess (auf Basis des gesamten Fundus des Empfängers) entschlüsselt werde.[106] Durch diese Beschreibung werden sowohl die Kontextabhängigkeit als auch die Prozessabhängigkeit von Informationen verdeutlicht: Informationen bilden sich stets in einem bestimmten Wissens- und Handlungskontext und in Abhängigkeit von den jeweiligen Interpretationsbedingungen, sie werden – in der Zeitdimension betrachtet – im Verlauf von Prozessen ständig neu gebildet und in ihrem Gehalt verändert.[107] Werden durch die Betonung dieser Besonderheiten von Informationen deren Wirkungen näher beschrieben und wird so die pragmatische Ebene des Informationsbegriffs spezifiziert,[108] stellt das Verständnis von Information als Differenz eine wertvolle Ergänzung des konventionellen Begriffsverständnisses dar.[109]

---

[101] *Hoeren,* JuS 2002, 947 (948); *Kloepfer,* Informationsrecht, § 1 Rdn. 55; vgl. auch *Gasser,* Kausalität und Zurechnung von Information als Rechtsproblem, S. 43; *Sieber,* NJW 1989, 2569 (2573).

[102] Vgl. etwa *Luhmann,* Soziale Systeme, S. 112; *Merten,* Kommunikation, S. 49 f.; zum Informationsbegriff der Soziologie näher und ihn in andere Informationsbegriffe einordnend *Ott,* Information, S. 231 ff., insbesondere S. 239 ff.

[103] *Dreier,* in: Bizer/Lutterbeck/Rieß, Freundesgabe Büllesbach, S. 65 (70); *Vesting,* in: Badura/Dreier, Festschrift 50 Jahre Bundesverfassungsgericht, 2. Bd., S. 219 (220 f.).

[104] *Albers,* Informationelle Selbstbestimmung, S. 90 f.; *dies.,* Rechtstheorie 33 (2002), 61 (68).

[105] *Albers,* Informationelle Selbstbestimmung, S. 90; *dies.,* Rechtstheorie 33 (2002), 61 (68 f.).

[106] Näher *Albers,* Informationelle Selbstbestimmung, S. 90 ff.

[107] Hierzu *Albers,* in: Haratsch/Kugelmann/Repkewitz, Herausforderungen an das Recht der Informationsgesellschaft, S. 113 (122 f.); *Lyre,* Informationstheorie, S. 206 ff.; *Vesting,* in: Badura/Dreier, Festschrift 50 Jahre Bundesverfassungsgericht, 2. Bd., S. 219 (221); zur Subjektivität von Informationen siehe auch *Lenk,* in: Hoffmann-Riem/Schmidt-Aßmann, Verwaltungsrecht in der Informationsgesellschaft, S. 59 (71 f.); ausführlich *Ott,* Information, S. 104 ff. (zum Informationsbegriff der Psychologie).

[108] So etwa bei *Aulehner,* Polizeiliche Gefahren- und Informationsvorsorge, S. 235; *Dreier,* in: Bizer/Lutterbeck/Rieß, Freundesgabe Büllesbach, S. 65 (69 f.).

[109] Vgl. auch *Lyre,* Informationstheorie, S. 18 ff., der auf die Notwendigkeit einer Verschränkung semantischer und pragmatischer Aspekte der Information zur „Semantopragma-

Zu weit geht es allerdings, mit dem Verständnis von Information als Differenz zugleich von der Dreidimensionalität des Informationsbegriffs abzurücken und diesen vollständig von dem (der Information zugrunde liegenden) Datum bzw. Zeichen zu lösen.[110] Diese Aufgabe der syntaktischen Dimension von Informationen ist zu sehr von einer kommunikationstheoretischen Perspektive geprägt und berücksichtigt nicht, dass das Recht Informationen nicht ausschließlich im Kontext des menschlichen Kommunikationsprozesses behandeln kann.[111] Zwar trifft es zu, dass das Informationsrecht „als Recht im Dienste der Menschheit [...] auf die Bedeutung von Information für den Menschen und nicht auf die Syntax der Daten" zielt.[112] Die Erkenntnis, welchen *Zweck* die rechtliche Befassung mit Informationen verfolgt, muss jedoch nicht zu einer Beschränkung schon des *Begriffs* von Informationen auf einen rein prozesshaften Vorgang führen, der ausschließlich die soziale Ebene anspricht.[113] Eine solche begriffliche Beschränkung gerät für die Befassung mit informations*rechtlichen* Fragestellungen denn auch zu eng. So basiert etwa die gesamte *Nachrichtentechnik* auf einem vorrangig syntaktischen Verständnis von Informationen, indem sie Kanalkapazitäten und Übertragungseigenschaften technischer Sende-Empfangsgeräte in den Mittelpunkt ihres praktischen Interesses stellt.[114] Will das (Informations-)Recht diesen Komplex nicht von vornherein ausklammern, was angesichts der praktischen und wirtschaftlichen Bedeutung der Nachrichtentechnik kaum verständlich wäre, kann der juristische Informationsbegriff von dem (der Information vorausgehenden) Datum bzw. Zeichen nicht vollständig absehen.[115]

---

tik" hinweist und auf dieser Grundlage erläutert, dass Information „nur relativ in Bezug auf die Differenz zweier semantischer Ebenen" existiert; ferner dazu *Ott,* Information, S. 33 ff.

[110] In diese Richtung aber *Albers,* Informationelle Selbstbestimmung, S. 89 sowie S. 141 ff.; *dies.,* Rechtstheorie 33 (2002), 61 (74 f.); wohl auch *Vesting,* in: Badura/Dreier, Festschrift 50 Jahre Bundesverfassungsgericht, 2. Bd., S. 219 (221).

[111] Zutreffend *Lenk,* in: Hoffmann-Riem/Schmidt-Aßmann, Verwaltungsrecht in der Informationsgesellschaft, S. 59 (69), der den Unterschied zwischen dem Informationsbegriff und dem – für die Soziologie vorrangigen – Kommunikationsbegriff betont und festhält: „Will man aber verstehen, wie die Informationstechnik von Menschen genutzt wird und wie sie für diese eine neue Realität schafft, dann liegt im Ausgehen von der Kommunikation eine Verkürzung, die das Verständnis mancher Leistungen der Informationstechnik erschwert."

[112] So *Sieber,* NJW 1989, 2569 (2573).

[113] So aber *Albers,* Informationelle Selbstbestimmung, S. 89 sowie S. 141 ff.; im Ergebnis wie hier *Druey,* Information als Gegenstand des Rechts, der zwar darauf hinweist, dass der Begriff der Information für das Rechtssystem deshalb von Relevanz sei, weil Information als Element der Kommunikation im „menschlichen und damit auch im Rechts-Verhältnis fließt" (S. 27), jedoch ebenfalls von dem mehrdimensionalen Verständnis von Information ausgeht (S. 6 ff.); vgl. auch *Lyre,* Informationstheorie, S. 16 f., mit der überzeugenden These, dass eine Ausklammerung von Syntax, Semantik oder Pragmatik stets zu einer verkürzten Sichtweise von Information führt und daher zum vollständigen Konzept von Information jeweils alle drei Aspekte gemeinsam beitragen müssen.

[114] Näher *Lyre,* Informationstheorie, S. 23; vgl. auch *Gasser,* Kausalität und Zurechnung von Informationen als Rechtsproblem, S. 45 f.

[115] Andernfalls wäre beispielsweise die Zugangsregulierung im Telekommunikationsrecht, die sich mit der Zuteilung von Kanälen zur Übertragung von Zeichen befasst, nicht als informationsrechtliche Fragestellung zu definieren, da sie mit dem Kommunikationsprozess zwischen Sender und Empfänger zunächst nichts zu tun hat, sondern diesen lediglich (technisch) ermöglicht. Jeder Informationsrechtler wird die Frage der Zugangsregulierung im Telekommunikationsrecht aber ohne Zögern zu seinem Rechtsgebiet zählen, siehe nur *Kloepfer,* Informationsrecht, § 11 Rdn. 125 ff.

Auch ein Verständnis der Information als *Wirtschaftsgut* mit allen daran anknüpfenden (auch) rechtlichen Fragestellungen[116] scheidet von vornherein aus, wenn der kommunikative Prozess zwischen Sender und Empfänger isoliert in den Blick genommen wird; denn auf dieser (beschränkten) Grundlage können Verfügungsrechte an Informationen im Sinne der Zuordnung zu einer Person nicht existieren.[117] Aus kommunikationstheoretischer Sicht mag diese Vorstellung angesichts der Flüchtigkeit und Subjektivität von kommunikativen Prozessen in der Tat fern liegen. Der Jurist aber muss sich auch mit urheber- und patentrechtlichen Problemen der Informationsgesellschaft[118] oder mit Rundfunkübertragungsrechten an Fußballspielen[119] befassen. Das Recht kann Informationen daher nicht ausschließlich vor dem Hintergrund kommunikativer Prozesse deuten, sondern muss ihre syntaktische Ebene mit einbeziehen.[120]

Zusammenfassend lässt sich damit festhalten, dass die in der Informationstheorie gängige Beschreibung der Dreidimensionalität von Informationen in Anknüpfung an *Morris* taugliche Grundlage auch für ein juristisches Begriffsverständnis ist, während ein rein kommunikationstheoretischer Ansatz, der den Informationsbegriff vom zugrunde liegenden Datum vollständig lösen will, für die rechtliche Befassung mit Informationen weniger geeignet erscheint. Verbindet man auf dieser Grundlage die drei Dimensionen Syntax, Semantik und Pragmatik zu einem ersten Definitionsansatz des Informationsbegriffs, so ist eine Information ein *Zeichengebilde mit einem bestimmten Sinngehalt für einen potentiellen Empfänger, das geeignet ist, dessen Verhalten oder Zustand zu beeinflussen.*[121]

---

[116] Siehe bereits oben B. I. 1. b).

[117] Ausdrücklich gegen „eigentumsanaloge Denkweisen" *Albers,* Informationelle Selbstbestimmung, S. 144 f.; gegen die Möglichkeit einer Übertragung von Informationen „jedenfalls als Komponente sozialer Kommunikation" auch *Vesting,* in: Badura/Dreier, Festschrift 50 Jahre Bundesverfassungsgericht, 2. Bd., S. 219 (221).

[118] Siehe hierzu nur *Boehme-Neßler,* CyberLaw, S. 219 ff.; *Kloepfer,* Informationsrecht, § 6 Rdn. 52.

[119] Hierzu *BVerfGE* 97, 228 ff.; *Gersdorf,* Grundzüge des Rundfunkrechts, Rdn. 220 ff.; *Lenz,* NJW 1999, 757 ff.

[120] *Albers,* Informationelle Selbstbestimmung, räumt denn auch selbst ein, dass es sich bei den meisten der rechtlich zu beurteilenden Konstellationen um komplexe Vorgänge handele, die durch eine Verflochtenheit von Informationsprozessen und Datenverarbeitung gekennzeichnet seien (S. 96 f.), und dass die Datenebene auf die Informationsebene bezogen und nur unter Berücksichtigung dieses Bezugs als eigenständiger Regelungsgegenstand fassbar sei (S. 145).

[121] Ähnlich *Petersen/Schoch,* Jura 2005, 681 (682); *Schoch,* VVDStRL 57 (1998), 157 (166): Information als ein „an einen anderen oder mehrere Empfänger adressierter Sachverhalt [...], der geeignet ist, das Verhalten oder den Zustand des Adressaten zu beeinflussen"; vgl. auch *Hoffmann-Riem,* in: ders./Schmidt-Aßmann, Verwaltungsrecht in der Informationsgesellschaft, S. 9 (12); *Zöllner,* Informationsordnung und Recht, S. 18.

b) Abgrenzung zu verwandten Begriffen

In einem weiteren Schritt wird der Begriff „Information" deutlicher, wenn man ihn von anderen, verwandten Begriffen abgrenzt. „Information" ist Bestandteil der Begriffsreihe „Zeichen", „Datum", „Information" und „Wissen".[122]

Ein *Datum* ist danach eine Einheit von – potentiell informationstragenden – *Zeichen*, ohne dass ihr ein bestimmter Sinn innewohnen müsste.[123] Daten liegen der *Information* voraus und können als deren Grundlage dienen;[124] sie werden zur Information, wenn der (zumindest potentielle) Empfänger dem Inhalt des Datums oder auch mehrerer Daten durch Interpretation einen Sinngehalt zumessen kann.[125] *Wissen* schließlich ist die organisierte und systematisierte Form von Informationen, die Verstehens- und Interpretationsvorgänge erlaubt.[126]

Geht man von dieser Abgrenzung der Information zu anderen Begriffen aus, lässt sich die Information als *„geordnete Datenmenge, die Grundlage für Wissen, Meinungen, Wertungen und Entscheidungen sein kann"*,[127] verstehen. Diese Definition bettet die Information in benachbarte Begriffe ein und erleichtert so das Begreifen des spezifischen Gehalts des Informationsbegriffs.

c) Verknüpfung

Beide Ansätze – die „dimensionsbezogene Definition" wie auch die „abgrenzende Definition" – erlauben ein sachgerechtes Erfassen des Informationsbegriffs. Als noch tragfähiger, weil die Vorzüge beider Herangehensweisen vereinigend, erweist sich die Verknüpfung beider Gesichtspunkte, die sowohl die verschiedenen Dimensionen der Information einbezieht als auch auf die Möglichkeit und das Erfordernis ihrer Abgrenzung zu verwandten Begriffen hinweist. In dieser Untersuchung wird „Information" deshalb verstanden als *geordnete Datenmenge mit einem bestimmten Sinngehalt für einen potentiellen Empfänger, die geeignet ist, dessen Verhalten oder Zustand zu beeinflussen, und Grundlage für die Entstehung von Wissen sein kann.*

---

[122] Siehe auch *Dreier*, in: Bizer/Lutterbeck/Rieß, Freundesgabe Büllesbach, S. 65 (68, 70 f.); *Hoffmann-Riem*, in: ders./Schmidt-Aßmann, Verwaltungsrecht in der Informationsgesellschaft, S. 9 (12); *Schoch*, VVDStRL 57 (1998), 158 (167); *Sieber*, NJW 1989, 2569 (2572).

[123] *Dreier*, in: Bizer/Lutterbeck/Rieß, Freundesgabe Büllesbach, S. 65 (70).

[124] *Druey*, Information als Gegenstand des Rechts, S. 23; *Kloepfer*, Informationsrecht, § 1 Rdn. 58; *Schoch*, VVDStRL 57 (1998), 158 (167), auch zur undifferenzierten Legaldefinition in § 3 Abs. 2 UIG (Fn. 31).

[125] Vgl. *Steinmüller*, Informationstechnologie und Gesellschaft, S. 212.

[126] *Schoch*, VVDStRL 57 (1998), 158 (167 Fn. 32); *Welsch*, Globalisierung, neue Technologien und regionale Qualifizierungspolitik, S. 23 f.; unzutreffende Gleichsetzung von „Information" und „Wissen" demgegenüber bei *Bitter*, Spieltheorie und öffentliche Verwaltung, S. 20.

[127] So *Ebsen*, DVBl. 1997, 1039.

II. Das Informationsrecht als Rechtsdisziplin

Die als wesentliche gesellschaftliche und auch rechtliche Entwicklung erkannte Bedeutungszunahme von Informationen auf dem Weg zu einer Informationsgesellschaft hat zur Entstehung eines neuen Rechtsgebiets geführt:[128] Das „Informationsrecht" als das spezifische informationsbezogene Recht der Informationsgesellschaft[129] ist eine Querschnittsmaterie,[130] die bisher nebeneinander stehende Materien wie das Datenschutz-, Telekommunikations- und Medienrecht unter einem gemeinsamen Dach zusammenführt,[131] aber auch nach den allgemeinen Leitlinien einer rechtlichen Informationsordnung[132] und dadurch nach den Auswirkungen der Informationsgesellschaft auf bestehende Rechtsgebiete fragt.[133]

1. Entwicklung des Informationsrechts

Als historischer Ausgangspunkt eines eigenständigen Informationsrechts kann die *Rechtsinformatik* angesehen werden.[134] Diese versuchte seit Ende der 1940er-Jahre, juristische Informationssysteme auf EDV-Basis zu entwickeln und mittels moderner Logik die juristische Entscheidungsfindung zu formalisieren.[135] Die Erkenntnis jedoch, dass die juristische Entscheidungsfindung elektronisch kaum zu simulieren ist, führte dazu, dass die Forschung auf dem Gebiet der Rechtsinformatik inzwischen zum Erliegen gekommen ist.[136] Der Rechtsinformatik kommt dennoch der Verdienst zu, erstmals ein abgegrenztes Rechtsgebiet in direkten Bezug zu Informationsprozessen gesetzt zu haben.[137]

---

[128] Zu den Kriterien für die Konstituierung eines selbständigen Rechtsgebiets in der Wissenschaftsgeschichte, -soziologie und -theorie *Sieber,* NJW 1989, 2569 Fn. 1; vgl. auch *Stolleis,* in: Bauer / Czybulka / Kahl / Voßkuhle, Umwelt, Wirtschaft und Recht, S. 1 (2 ff.).

[129] *Kloepfer,* Informationsrecht, S. V; vgl. auch *Druey,* Information als Gegenstand des Rechts, S. 42 f.

[130] *Hoeren,* JuS 2002, 947 (948); *Kloepfer,* Informationsrecht, § 1 Rdn. 67; *Sieber,* NJW 1989, 2569 (2579); *Weber,* in: ders., Informations- und Kommunikationsrecht, S. 1 (15).

[131] *Kloepfer,* Informationsrecht, § 1 Rdn. 80.

[132] Dazu aus öffentlich-rechtlicher Sicht *Schmidt-Aßmann,* Das allgemeine Verwaltungsrecht als Ordnungsidee, S. 278 ff.; *Schoch,* VVDStRL 57 (1998), 158 ff.; *Trute,* VVDStRL 57 (1998), 216 ff.

[133] Etwa *Voßkuhle,* in: Hoffmann-Riem / Schmidt-Aßmann, Verwaltungsrecht in der Informationsgesellschaft, S. 349 ff.

[134] Vgl. *Hoeren,* JuS 2002, 947 (949 f.).

[135] Überblick bei *Bund,* Einführung in die Rechtsinformatik, S. 11 f.; siehe auch *Sieber,* Jura 1993, 561 (563 ff.).

[136] *Bizer,* in: Taeger / Wiebe, Information – Wirtschaft – Recht, Regulierung in der Wissensgesellschaft, Festschrift für Wolfgang Kilian zum 65. Geburtstag, S. 39 (46 ff.); *Hoeren,* JuS 2002, 947 (949).

[137] Zum Verhältnis zwischen Rechtsinformatik und Informationsrecht siehe auch *Bizer,* in: Taeger / Wiebe, Information – Wirtschaft – Recht, Regulierung in der Wissensgesellschaft,

II. Das Informationsrecht als Rechtsdisziplin

Ein nächster Schritt hin zum Informationsrecht ging mit der Bedeutungszunahme der Elektronischen Datenverarbeitung im täglichen Leben einher.[138] Ab Ende der 1960er-Jahre gerieten die Gefahren der zunehmenden Technisierung für den Schutz personenbezogener Daten in den Mittelpunkt der öffentlichen Diskussion, was zur Schaffung von Datenschutzgesetzen auf Bundes- und Länderebene und zur Geburt des *Datenschutzrechts* führte.[139] Auf der anderen Seite warf die Computertechnologie neue Rechtsfragen auf, die namentlich die Anwendung konventioneller zivil-, straf- und öffentlich-rechtlicher Regeln auf Software und Hardware betrafen – das *Computerrecht* beschäftigt sich mit derartigen Problemfeldern.[140] Die Bedeutungszunahme der Computertechnologie führte damit zur Entstehung von Rechtsfragen und Antworten darauf, die heute – in Gestalt des Datenschutzrechts und des Computerrechts – einen wesentlichen Bestandteil des Informationsrechts ausmachen.

In denselben Kontext ist das Auftauchen von neuen Rechtsfragen durch Multimedia und Internet ab Ende der achtziger Jahre des zwanzigsten Jahrhunderts zu stellen. Auch hier geht es in erster Linie um die Anwendbarkeit klassischer Rechtsregeln auf neue tatsächliche Gegebenheiten, etwa um die Anwendung der im Bürgerlichen Gesetzbuch enthaltenen Regeln zum Vertragsschluss im Bereich des „E-Commerce"[141] oder die Anwendbarkeit des traditionellen Werberechts auf Online-Marketing.[142] Daneben stellen sich schwierige Fragen im Bereich des Kollisionsrechts.[143] Mit diesen Gesichtspunkten befasst sich das *Multimediarecht*.[144]

Schließlich hat das *Telekommunikationsrecht* durch die geschilderten bahnbrechenden technologischen Neuerungen wie auch durch die Liberalisierung der Märkte eine erheblich gesteigerte Bedeutung gegenüber dem früheren Fernmelderecht erlangt.[145] Ähnliches gilt für das klassische *Medienrecht;* die Beseitigung der Knappheit von Übertragungskapazitäten und die Zulassung privaten Rundfunks waren (auch rechtlich) revolutionär und haben in Verbindung mit der

---

Festschrift für Wolfgang Kilian zum 65. Geburtstag, S. 39 (48 ff.); *Dreier,* in: Bizer/Lutterbeck/Rieß, Freundesgabe Büllesbach, S. 65 (67 f.); *Sieber,* Jura 1993, 561.

138 *Hoeren,* JuS 2002, 947 (949); *ders.,* Grundzüge des Internetrechts, S. 2; vgl. auch *Albers,* Rechtstheorie 33 (2002), 61 (63).

139 Näher *Kloepfer,* Informationsrecht, § 8 Rdn. 1; *Tinnefeld/Ehmann/Gerling,* Einführung in das Datenschutzrecht, S. 75 ff.

140 Umfassend das Lehrbuch von *Junker/Benecke,* Computerrecht.

141 Dazu *Boehme-Neßler,* CyberLaw, S. 140 ff.; *Köhler/Arndt,* Recht des Internet, S. 63 ff.

142 Dazu *Körner/Lehment,* in: Hoeren/Sieber, Handbuch Multimedia-Recht, Teil 11.

143 Überblick bei *Rüßmann,* in: Tauss/Kollbeck/Mönikes, Deutschlands Weg in die Informationsgesellschaft, S. 709 ff.

144 Umfassend *Hoeren/Sieber,* Handbuch Multimedia-Recht; siehe auch *Fechner,* Medienrecht, Rdn. 1052 ff.

145 Vgl. *Holznagel/Bysikiewicz/Enaux/Nienhaus,* Grundzüge des Telekommunikationsrechts, S. 26 ff.

in Aussicht stehenden Konvergenz der Medien zu einer verstärkten Forschung geführt.[146]

Die Idee des neuen Rechtsgebiets *„Informationsrecht"* ist aus dem Gedanken heraus entstanden, die neuartigen rechtlichen Entwicklungen in einen allgemeineren Kontext zu stellen und unter einem gemeinsamen Dach zusammenzuführen.[147] Die Entstehung des Informationsrechts als neuer Rechtsdisziplin findet ihren Niederschlag in der Gründung informationsrechtlicher Forschungsinstitute,[148] dem Angebot spezifisch informationsrechtlicher Ausbildungsgänge[149] sowie in spezieller informationsrechtlicher Literatur.[150] Als Perspektive steht – im Anschluss an die Empfehlung des 62. Deutschen Juristentags[151] – die Kodifikation eines Informationsgesetzbuches im Raum.[152] Ein erster Teil dieses Projektes ist bereits veröffentlicht und zur Diskussion durch die (Fach-)Öffentlichkeit gestellt worden.[153]

2. Gegenstand und Systematisierung des Informationsrechts

Wenn auch die Existenz des Informationsrechts als neue Rechtsdisziplin kaum mehr bestritten werden kann,[154] fällt doch eine genaue Definition und Abgrenzung des Gegenstands des Informationsrechts schwer.[155] In einem ersten Zugriff ist Informationsrecht das Recht der Informationsbeziehungen.[156] Dieser Begriff bedarf

---

[146] Vgl. *Kloepfer,* Informationsrecht, S. V; *Paschke,* Medienrecht, Rdn. 5 ff.

[147] Siehe etwa *Sieber,* NJW 1989, 2569 (2574); vgl. auch *Bull,* in: Hohmann, Freiheitssicherung durch Datenschutz, S. 173 (180): „Informationsrecht" statt bloßem „Recht der Informationstechnik".

[148] In der Bundesrepublik Deutschland namentlich das Institut für Informations-, Telekommunikations- und Medienrecht an der Universität *Münster,* das Institut für Informationsrecht an der Universität *Karlsruhe,* die Gerd-Bucerius-Stiftungsprofessur für Kommunikationsrecht an der Universität *Rostock,* der Lehrstuhl für Strafrecht, Informationsrecht und Rechtsinformatik an der Universität *München,* der Lehrstuhl für Strafrecht, Strafprozessrecht und Informationsrecht an der Universität *Bayreuth* sowie der Lehrstuhl für Strafrecht und Strafprozessrecht, Informationsrecht und Rechtsinformatik an der Universität *Würzburg.*

[149] An der Fachhochschule Darmstadt wird ein eigenständiger Studiengang „Informationsrecht" angeboten. Zum Informationsrecht als „Schwerpunktbereich" in der Juristenausbildung vgl. *Petersen/Schoch,* Jura 2005, 681 ff.

[150] Umfassend *Kloepfer,* Informationsrecht; dort auch Nachweise zur übrigen Literatur (§ 1 Rdn. 83 ff.).

[151] Vgl. die Beschlüsse des 62. DJT in Bremen 1998, Abteilung Öffentliches Recht, DVBl. 1998, 1217 (1218).

[152] Dazu *Kloepfer,* K&R 1999, 241 ff.; *ders.,* Informationsrecht, § 1 Rdn. 93.

[153] *Schoch/Kloepfer,* Informationsfreiheitsgesetz (IFG-ProfE).

[154] Kritisch noch *Eberle,* CR 1992, 757 (761).

[155] Zum Problem *Hoeren,* Grundzüge des Internetrechts, S. 1 f.; *Vesting,* in: Badura/Dreier, Festschrift 50 Jahre Bundesverfassungsgericht, 2. Bd., S. 219 (222 ff.).

[156] So *Bull,* in: Hohmann, Freiheitssicherung durch Datenschutz, S. 173 (181); ähnlich *Mayer-Schönberger,* Information und Recht, S. 23.

jedoch einer Eingrenzung, weil er andernfalls vollkommen konturenlos wäre.[157] Es kann schon deshalb kein allumfassendes Recht sämtlicher Information(sbeziehung)en geben, weil Recht selber eine von vielen Arten von Information ist und daher unmöglich alle Informationen zum Gegenstand haben kann.[158] Informationsrecht kann nur das *spezifische* Recht der Gewinnung, Verarbeitung, Speicherung, Nutzung, Veränderung, Verteilung und Verbreitung von Informationen sein,[159] und zwar gerade im Lichte der Entwicklung einer Informationsgesellschaft,[160] also vor dem Hintergrund der geschilderten technologischen Entwicklungen, wirtschaftlichen Prozesse und gesellschaftlichen Veränderungen.[161]

Als Ausgangspunkt für die Eingrenzung des Informationsrechts kann eine Aufzählung der vom Informationsrecht behandelten Fragen dienen. Danach kann Informationsrecht etwa verstanden werden als eine Querschnittsmaterie, in deren Mittelpunkt Phänomene wie das Internet, Soft- und Hardware, der Kunsthandel, Hörfunk und Fernsehen, Musik, Theater, Film, Foto und Presse, Post, Telekommunikation, Satellitenkommunikation und Kabelnetze stehen.[162] Eine derartige Aufzählung kann die Annäherung an den Gegenstand des Informationsrechts erleichtern, wenn auch über den genauen Normenbestand, der zum Informationsrecht zu zählen beziehungsweise nicht zu zählen ist, kaum je Einigkeit zu erzielen sein wird.[163]

Soll das Informationsrecht als neue Rechtsdisziplin eine Existenzberechtigung haben, muss es jedoch mehr sein als die bloße Summe seiner Teile, die in Gestalt (mehr oder weniger) altbekannter Rechtsgebiete daherkommen. Den konventionellen Rechtsfragen in Bezug auf Informationen muss ein gemeinsamer Überbau gegeben werden; es ist eine Einbettung in allgemeine Probleme und Fragestellungen der Informationsordnung erforderlich.[164] Konstituierend für die Zugehörigkeit

---

[157] Vgl. *Hoeren*, Grundzüge des Internetrechts, S. 1.

[158] *Druey*, Information als Gegenstand des Rechts, S. 32; *Mastronardi*, in: Schweizer/Burkert/Gasser, Festschrift für Jean Nicolas Druey zum 65. Geburtstag, S. 833 f.; siehe auch *Pitschas*, in: Hoffmann-Riem/Schmidt-Aßmann/Schuppert, Reform des Allgemeinen Verwaltungsrechts, S. 219 (228): „Recht als Kommunikationsform".

[159] Vgl. auch *Dreier*, in: Bizer/Lutterbeck/Rieß, Freundesgabe Büllesbach, S. 65 (71); *Kloepfer*, Informationsrecht, § 1 Rdn. 67; *Petersen/Schoch*, Jura 2005, 681 (682); *Sieber*, NJW 1989, 2569 (2574).

[160] *Kloepfer*, Informationsrecht, S. V.

[161] Siehe oben B. I. 1.

[162] Aufzählung nach *Hoeren*, Grundzüge des Internetrechts, S. 1; vgl. auch *Kloepfer*, Informationsrecht, der in den §§ 11 ff. Telekommunikationsrecht, Postrecht, das Recht der elektronischen Informations- und Kommunikationsdienste, Rundfunkrecht und Presserecht behandelt, sowie *Weber*, in: ders., Informations- und Kommunikationsrecht, S. 1 (17 f.).

[163] *Dreier*, in: Bizer/Lutterbeck/Rieß, Freundesgabe Büllesbach, S. 65 (66); pointiert *Vesting*, in: Badura/Dreier, Festschrift 50 Jahre Bundesverfassungsgericht, 2. Bd., S. 219 (223): „Am Ende weiß man vor allem nicht, was *nicht* zum Informationsrecht gehören soll!"

[164] Siehe auch *Bull*, in: Hohmann, Freiheitssicherung durch Datenschutz, S. 173 (180 f.); *Dreier*, in: Bizer/Lutterbeck/Rieß, Freundesgabe Büllesbach, S. 65 (76); *Pitschas*, in: Hoff-

einer Rechtsfrage zum Informationsrecht ist daher weniger, ob ein bestimmtes Rechtsgebiet – insbesondere eines mit Bezug zur (modernen) Technologie der Informationsverarbeitung – einschlägig ist; entscheidend ist vielmehr, dass es um die Ordnung spezifischer Informationsbeziehungen und deren Gerechtigkeitsgehalt geht.[165]

Gesonderte Rechtsfragen etwa des Internet, der Telekommunikation oder des Rundfunks taugen von daher nur als *Besonderer Teil* des Informationsrechts. Dem Besonderen muss ein *Allgemeiner Teil* vorausgehen, in dem einzelfachübergreifende Fragen beantwortet werden[166] – auch und vor allem hier muss das besondere Erkenntnisinteresse des Informationsrechtlers liegen und ist große systematisierende Kraft gefragt! Gegenstand des Allgemeinen Teils sind zum einen Rechtsfragen, die den im Besonderen Teil verorteten Materien gemeinsam sind und damit „vor die Klammer gezogen" werden können, zum anderen müssen jedoch auch die Fragen in den Blick genommen werden, die – ohne zwingende Anknüpfung an ein Gebiet des „Besonderen Teils" – die Informationsordnung *unmittelbar* betreffen, also spezifischen Bezug zu dem oben angesprochenen Kreislauf aus Gewinnung, Verarbeitung, Speicherung, Nutzung, Veränderung, Verteilung und Verbreitung von Informationen haben. Knüpft man zur Systematisierung des Allgemeinen Informationsrechts an die Eckpunkte dieses Informationskreislaufs an, so lässt sich zwischen rechtlichen Regelungen zur Informationsgenerierung, zur Informationsverarbeitung, zur Informationsverbreitung sowie zu den Folgen informationellen Handelns differenzieren.[167]

Zur *Informationsgenerierung* zählen Fragen nach der Gewinnung und Erzeugung von Informationen aus dem privaten wie dem öffentlichen Sektor. In diesen Bereich fallen – neben der grundrechtlich geschützten Unterrichtung des Bürgers aus allgemein zugänglichen Informationsquellen und der freiwilligen Übermittlung von Informationen durch staatliche Stellen oder Private – insbesondere die Rechtspflichten zur Informationserteilung.[168] Diese können im staatlichen Binnenbereich[169] oder zwischen Privaten,[170] aber auch im Verhältnis zwischen

---

mann-Riem / Schmidt-Aßmann / Schuppert, Reform des Allgemeinen Verwaltungsrechts, S. 219 (241 f.); *Sieber*, Jura 1993, 561 (570).

[165] Zutreffend *Dreier*, in: Bizer / Lutterbeck / Rieß, Freundesgabe Büllesbach, S. 65 (67); vgl. auch *Mayer-Schönberger*, Information und Recht, S. 9; *Sieber*, NJW 1989, 2569 (2574); ders., Jura 1993, 561 (568). Zum Umweltrecht als „umweltbezogenem Informationsrecht" *Kloepfer*, UPR 2005, 41.

[166] So der Vorschlag von *Kloepfer*, K&R 1999, 241 (243 ff.), in Bezug auf die Kodifikation des Informationsrechts in einem Informationsgesetzbuch.

[167] Zum Folgenden *Petersen / Schoch*, Jura 2005, 680 (683); ferner *Kloepfer*, Informationsrecht, § 1 Rdn. 67 Fn. 29, der auch andere Möglichkeiten der Systematisierung nennt und selbst ein Vier-Säulenmodell mit den Eckpfeilern Informationsrestriktion, Informationsfreiheit, Individualkommunikation und Massenkommunikation vorschlägt.

[168] *Petersen / Schoch*, Jura 2005, 681 (683); *Sieber*, NJW 1989, 2569 (2575); vgl. auch *Kloepfer*, K&R 1999, 241 (249 f.).

[169] Nähe unten B. II.

[170] Hierzu noch unten C. III. 2. d) bb).

Bürger und Staat bestehen. Letzteres gilt sogar in beiden Richtungen des Informationsflusses; das Informationsrecht fragt sowohl nach dem Recht Privater auf Zugang zu staatlichen Informationen[171] als auch nach den Informationspflichten Privater gegenüber dem Staat, die im Zentrum der vorliegenden Untersuchung stehen.

Die *Informationsverarbeitung* in Gestalt der Speicherung, Nutzung und Veränderung von Informationen wird rechtlich durch die Vorschriften des Datenschutzrechts sowie des Geheimnisschutzes bestimmt, die wesentliche Informationsrestriktionen vorgeben, insbesondere wenn es um personenbezogene Daten geht.[172] Das Registerrecht, das Archivrecht und das Statistikrecht enthalten zudem rechtliche Vorgaben für besonders relevante staatliche Informationssammlungen[173] und stellen so ebenfalls Teilgebiete des allgemeinen Informationsrechts dar.[174]

Die *Informationsverbreitung* kann sowohl in Form individualbezogener Übermittlung von Informationen als auch in Form informationellen Handels auftreten, das an einen unbestimmten Adressatenkreis oder sogar die Allgemeinheit gerichtet ist. In dieser Hinsicht ist insbesondere die staatliche Informationstätigkeit in Form von Öffentlichkeitsarbeit, Berichterstattung, Unterrichtung der Öffentlichkeit, Aufklärung der Öffentlichkeit, Hinweisen, Empfehlungen und Warnungen problematisch.[175]

Zu den *Folgen informationellen Handelns* schließlich zählen Gesichtspunkte des Rechtsschutzes, des privaten und des öffentlichen Haftungsrechts sowie der (sanktionsrechtlichen wie gefahrenabwehrrechtlichen) Verantwortlichkeit für Informationsprozesse.[176]

Führt man sich diese Inhalte und Perspektiven des allgemeinen Informationsrechts vor Augen, so wird unschwer deutlich, dass die neuen technologischen und rechtlichen Entwicklungen, die zur Entstehung des Informationsrechts als Rechtsdisziplin geführt haben, zwar Anlass für dessen Statuierung gewesen sind; erschöpft wird der Gegenstand des Informationsrechts davon jedoch nicht.

---

[171] Hierzu unten C. IV.
[172] *Kloepfer*, Informationsrecht, § 4 Rdn. 21; *Petersen/Schoch*, Jura 2005, 6781 (684 f.); *Sieber*, NJW 1989, 2569 (2575 f.).
[173] Vgl. hierzu unten C. II.
[174] Vgl. *Kloepfer*, K&R 1999, 241 (249).
[175] Zur Typologie umfassend *Schoch*, in: Isensee/Kirchhof, Handbuch des Staatsrechts, Bd. III, 3. Aufl., § 37 Rdn. 76 ff.; vgl. auch *Gröschner*, DVBl. 1990, 619 (620 ff.); *Leidinger*, DÖV 1993, 925 (926 f.).
[176] *Petersen/Schoch*, Jura 2005, 681 (683).

C. Der Staat in der Informationsgesellschaft

Konzentriert man sich im Kontext der Informationsgesellschaft auf die Informationsbeschaffung des Staates mittels einer Inpflichtnahme Privater, bedarf die Rolle des Staates in der Informationsgesellschaft einer gesonderten und genaueren Betrachtung. Ausgehend von der Diagnose eines Informationsbedarfs des Staates (I.) müssen der vorhandene staatliche Informationsbestand (II.) und die Möglichkeiten staatlicher Informationsgewinnung (III.) in den Blick genommen werden. Zur Abrundung kann die Erörterung des Zugangs Privater zum staatlichen Informationsbestand dienen (IV.).

I. Informationsbedarf des Staates

Auch aus Sicht des Staates gilt: „Wissen ist Macht". Das ist nicht neu, der alte Grundsatz[1] gewinnt in der Informationsgesellschaft aber noch an Wahrheit hinzu; Informationen – also die Vorstufe des „Herrschafts"-Wissens[2] – haben und bekommen eine immer größere Bedeutung. Das Lebensgesetz des Gemeinwesens im Informationszeitalter lautet: Information ist nicht alles, aber ohne Information ist alles nichts.[3] Dementsprechend ist (auch) der Staat existentiell auf das Vorhandensein von Informationen angewiesen. Er benötigt sie zum einen zwingend zur Wahrnehmung seiner eigenen Aufgaben, zum anderen besteht ein Bedarf an Informationen zum Zwecke der Informationsvorsorge.[4]

---

[1] Die Wendung geht zurück auf *Francis Bacon,* Essays oder andere praktische Ratschläge. In der ersten, 1597 in lateinischer Sprache als „Mediationes sacrae" veröffentlichten Ausgabe heißt es im 11. Artikel „De heresibus": „Nam et ipsa scientia potestas est." Dies wird in der englischen Fassung von 1598 als „For knowledge itself is power" übersetzt; zum Ganzen *John,* Reclams Zitaten-Lexikon, S. 520.

[2] Siehe oben B. I. 2. b).

[3] *Kloepfer,* DÖV 2003, 221.

[4] Vgl. auch *Pitschas,* in: Hoffmann-Riem / Schmidt-Aßmann / Schuppert, Reform des Allgemeinen Verwaltungsrechts, S. 219 (239 ff.); *Schweizer / Burkert,* in: Weber, Informations- und Kommunikationsrecht, 2. Teil Rdn. 9 ff.

1. Allgemeine Informationsabhängigkeit bei der Wahrnehmung staatlicher Aufgaben

Ohne Informationen ist der Staat nicht in der Lage, seine Aufgaben wahrzunehmen. Staatliches Handeln besteht – wie jedes Handeln – maßgeblich aus dem Treffen von Entscheidungen, und das ist ohne Wissen um die tatsächlichen Grundlagen, das wiederum das Vorhandensein von Informationen voraussetzt, nicht möglich.[5] Dass der Staat informationsabhängig ist, gilt für alle drei Staatsgewalten.[6]

a) Informationsabhängigkeit der Legislative

Bereits die Legislative muss die tatsächlichen Grundlagen kennen, von denen abhängt, ob Gesetze erlassen werden und welchen Inhalt sie gegebenenfalls haben müssen; ohne ausreichende Kenntnis dieser Fakten kann beispielsweise der Deutsche Bundestag die ihm aus Art. 42 GG obliegenden Pflichten, zu verhandeln und Beschlüsse zu fassen, nicht erfüllen.[7] Auch die Kontrolle der Regierung kann das Parlament effektiv nur ausüben, wenn die Abgeordneten über sachdienliche Informationen verfügen.[8]

Dementsprechend hat der Deutsche Bundestag umfassende *Informationsrechte gegenüber der Bundesregierung*.[9] Nach Art. 43 Abs. 1 GG können der Bundestag und seine Ausschüsse die Anwesenheit jedes Mitglieds der Bundesregierung verlangen;[10] damit werden (auch) ein Fragerecht des Parlaments und eine Auskunftspflicht der Regierung bereits verfassungsverbindlich festgestellt.[11] Auf der Ebene der Geschäftsordnung des Deutschen Bundestages ist das *Zitierrecht* aus Art. 43 Abs. 1 GG umgesetzt durch § 42 GO BT, nach dem der Bundestag auf Antrag einer Fraktion oder von anwesenden fünf vom Hundert der Mitglieder des Bun-

---

[5] Vgl. *Hoffmann-Riem*, in: ders./Schmidt-Aßmann, Innovation und Flexibilität des Verwaltungshandelns, S. 9 (22); *Luhmann*, Theorie der Verwaltungswissenschaft, S. 69; *Pitschas*, in: Hoffmann-Riem/Schmidt-Aßmann/Schuppert, Reform des Allgemeinen Verwaltungsrechts, S. 219 (231); *Schmidt-Aßmann*, Das allgemeine Verwaltungsrecht als Ordnungsidee, S. 278; *Spieker genannt Döhmann*, DVBl. 2006, 278.

[6] Siehe auch *Voßkuhle*, in: Isensee/Kirchhof, Handbuch des Staatsrechts, Bd. III, 3. Aufl., § 43 Rdn. 1 ff.

[7] BVerfGE 70, 324 (355); *Keller/Raupach*, Informationslücke des Parlaments?, S. 57 ff.; *Linck*, DÖV 1983, 957 (958); *Magiera*, in: Schneider/Zeh, Parlamentsrecht und Parlamentspraxis, § 52 Rdn. 77; vgl. auch BayVerfGH, NVwZ 2002, 715 (716).

[8] *Klein*, in: Isensee/Kirchhof, Handbuch des Staatsrechts, Bd. III, 3. Aufl., § 50 Rdn. 36; *Steffani*, in: Schneider/Zeh, Parlamentsrecht und Parlamentspraxis, § 49 Rdn. 21.

[9] Ausführlich *Steffani*, in: Schneider/Zeh, Parlamentsrecht und Parlamentspraxis, § 49 Rdn. 21 ff.

[10] Zur (inhaltlich identischen) Rechtslage in den Bundesländern siehe *Brüning*, Der Staat 43 (2004), 513 (519); *Hölscheidt*, DÖV 1993, 593.

[11] So die ganz herrschende Auffassung, siehe nur BVerwGE 73, 9 (10); *Hölscheidt*, DÖV 1993, 593 (595 f.); *Pieroth*, in: Jarass/Pieroth, Grundgesetz, Art. 43 Rdn. 3; *Magiera*, in: Sachs, Grundgesetz, Art. 43 Rdn. 6.

destags die Herbeirufung eines Mitglieds der Bundesregierung beschließen kann. Die Ausübung des *Fragerechts* ist in der Geschäftsordnung des Bundestags differenziert geregelt:[12] §§ 100–103 GO BT behandeln die „Große Anfrage", § 104 GO BT normiert die „Kleine Anfrage", § 105 GO BT (mit Anlage 4) betrifft die Fragen einzelner Abgeordneter zu Einzelpunkten und § 106 Abs. 2 GO BT (mit Anlage 7) schließlich die mündlichen Fragen einzelner Abgeordneter an die Bundesregierung zu Themen von aktuellem Interesse, insbesondere im Anschluss an die Kabinettssitzung.

Neben dem von Art. 43 Abs. 1 GG eingeräumten Recht auf Fremdinformation (durch die Bundesregierung) stehen dem Bundestag weitergehende *Rechte auf Selbstinformation* zu; verfassungsrechtlich ausdrücklich normiert sind das Enqueterecht aus Art. 44 GG, das Informationsrecht des Petitionsausschusses aus Art. 45c i.V.m. Art. 17 GG sowie die Institution des Wehrbeauftragten nach Art. 45b GG.[13] Des Weiteren kann der Bundestag etwa Anhörungen durchführen (§ 70 GO BT) oder Technikfolgenanalysen veranlassen (§ 56a GO BT).[14] Schließlich gehört es zu den Aufgaben der Bundestagsverwaltung, durch die *Wissenschaftlichen Dienste* Informationen für die Abgeordneten zu beschaffen, um diesen auf Anfrage eine tatsächliche Grundlage für ihre Aufgabenerfüllung vermitteln zu können.[15]

b) Informationsabhängigkeit der Exekutive

Auch die Exekutive muss zur Wahrnehmung ihrer Aufgaben über Informationen verfügen. Das gilt sowohl für die politische Staatsführung durch die Regierung als auch für die tätige Verwirklichung der staatlichen Aufgaben im Einzelfall durch die Verwaltung.[16] Beide Facetten exekutivischer Tätigkeit setzen Informationen zwingend voraus.

Schöpferische, zukunftsgerichtete Entscheidung und politische Initiative, die das Handeln der *Regierung* prägen, erfordern die Kenntnis von den tatsächlichen Grundlagen, die Ausgangspunkt der heutigen und zukünftigen Staatslenkung sein müssen.[17] Gerade das durch Planung und Koordination gekennzeichnete Regierungssystem beruht auf einem Entscheidungsverhalten, das auf dem Empfang, der Speicherung, der Weiterleitung, der Verarbeitung und dem Austausch von Informationen basiert.[18]

Der Informationsbedarf der Regierung wird in der Praxis durch eine umfangreiche Ministerialverwaltung befriedigt.[19] Jedes Bundesministerium verfügt zu diesem Zweck neben einer

---

[12] Siehe zum Ganzen auch *Maurer,* Staatsrecht I, § 13 Rdn. 129.

[13] Vgl. *Morlok,* in: Dreier, Grundgesetz, Bd. II, Art. 43 Rdn. 8.

[14] Vgl. *Dicke,* in: Umbach/Clemens, Grundgesetz, Bd. II, Art. 43 Rdn. 14.

[15] Siehe dazu *Schindler,* in: Schneider/Zeh, Parlamentsrecht und Parlamentspraxis, § 29 Rdn. 72 ff.; *Schick/Hahn,* Wissenschaftliche Dienste des Deutschen Bundestages, S. 7 ff.

[16] Zur Unterscheidung von Regierung und Verwaltung instruktiv *Hesse,* Grundzüge des Verfassungsrechts der Bundesrepublik Deutschland, Rdn. 536.

[17] Vgl. *Busse,* Bundeskanzleramt und Bundesregierung, S. 65.

[18] Näher *König,* Verwaltete Regierung, S. 283.

[19] Vgl. *Kevenhöster,* Aus Politik und Zeitgeschichte 19/1989, 15 (17 ff.).

I. Informationsbedarf des Staates

Zentralabteilung und sonstigen Arbeitseinheiten für Angelegenheiten des Ressorts im Ganzen über Fachabteilungen für alle dem Ministerium obliegenden Aufgaben.[20] Beispielsweise verfügen die Zentrale des Auswärtigen Amtes über 2.150 und seine Auslandsvertretungen über weitere 10.700 Mitarbeiterinnen und Mitarbeiter,[21] im Bundesministerium für Umwelt, Naturschutz und Reaktorsicherheit arbeiten ca. 810 Menschen,[22] das Bundesministerium für Wirtschaft und Arbeit beschäftigt 2.190 Mitarbeiterinnen und Mitarbeiter.[23]

Ebenso bedarf die Vollziehung der Gesetze durch die *Verwaltung* einer vorherigen Ermittlung des Sachverhalts. Eine materiell richtige Rechtsgestaltung ist nur möglich, wenn die Sachentscheidung an den wahren Sachverhalt gebunden ist;[24] eine behördliche Entscheidung, die nicht von den zutreffenden Tatsachen ausgeht, ist „auf Sand gebaut".[25] Weil die Verwaltung ohne Informationen demzufolge eine nur brüchige Basis für die Erfüllung ihrer Aufgaben hätte,[26] sind Informationsgewinnung und -verarbeitung zentrale Aufgaben des Verwaltungsverfahrens.[27] Dies gilt in noch gesteigerter Weise in Zeiten von Privatisierung, Liberalisierung und Deregulierung, in denen sich das Tätigkeitsfeld der Verwaltung immer stärker weg von der unmittelbaren Erfüllung von Aufgaben und hin zur Regulierung der Aufgabenerfüllung durch Private gewandelt hat.[28]

Die Ermittlung des Sachverhalts durch die Verwaltung ist aus Sicht des Allgemeinen Verwaltungsrechts in § 24 und §§ 26 f. VwVfG, wenn auch nur rudimentär, geregelt. § 24 Abs. 1 VwVfG geht vom Grundsatz der Amtsermittlung aus, §§ 26 f. VwVfG befassen sich mit den zur Verfügung stehenden Beweismitteln.[29] Daneben ist die Sachverhaltsermittlung durch die Verwaltung aber auch Regelungsgegenstand etlicher spezialgesetzlicher Vorschriften;[30] nicht

---

[20] *Busse*, Bundeskanzleramt und Bundesregierung, S. 66.

[21] http://www.auswaertiges-amt.de/www/de/aamt/zentrale/mitarbeiter_html.

[22] http://www.bmu.de/de/1024/js/aufgaben/bmu/?id=1022.

[23] Auskunft des Ministeriums gegenüber dem Verfasser.

[24] *Engelhardt*, in: Obermayer, Kommentar zum Verwaltungsverfahrensgesetz, § 24 Rdn. 7; vgl. auch *Bitter*, Spieltheorie und öffentliche Verwaltung, S. 19; *Martens*, JuS 1978, 99 (101); *Peters*, JuS 1991, 54; *Pitschas*, in: Hoffmann-Riem/Schmidt-Aßmann/Schuppert, Reform des Allgemeinen Verwaltungsrechts, S. 219 (283); *Scholz/Pitschas*, Informationelle Selbstbestimmung und staatliche Informationsvorsorge, S. 103; *Voßkuhle*, VerwArch 92 (2001), 184 (199).

[25] *Foerster*, VR 1989, 226 (227).

[26] *Schoch*, VVDStRL 57 (1998), 158 (168, mit anschaulichen Beispielen in Fn. 36).

[27] *Brühl*, JA 1992, 193 (194); *Martens*, JuS 1978, 99 (101); siehe auch *Schoch*, Die Verwaltung 25 (1992), 21 (23 f.); *Scholl*, Behördliche Prüfungsbefugnisse im Recht der Wirtschaftsüberwachung, S. 56; *Voßkuhle*, in: Hoffmann-Riem/Schmidt-Aßmann, Verwaltungsrecht in der Informationsgesellschaft, S. 349 (353). *Lenk*, in: Hoffmann-Riem/Schmidt-Aßmann, Verwaltungsrecht in der Informationsgesellschaft, S. 59 (66 ff.), beschreibt gar Verwaltungsarbeit insgesamt als „Umgehen mit Informationen".

[28] Hierzu noch ausführlich unten D. II.

[29] Näher dazu *Bitter*, Spieltheorie und öffentliche Verwaltung, S. 22 ff.; *Foerster*, VR 1989, 226 (230 ff.); zu den Folgen der Nichtaufklärbarkeit eines Sachverhalts ebd., 229.

[30] Beispiele bei *Classen*, JA 1995, 608; *Petri*, DÖV 1996, 443 (447 ff.); *Stelkens/Kallerhoff*, in: Stelkens/Bonk/Sachs, Verwaltungsverfahrensgesetz, § 24 Rdn. 9.

zuletzt ist insoweit eine Vielzahl von Informationspflichten Privater gegenüber der Verwaltung zu nennen, auf die im Laufe dieser Arbeit näher zurückzukommen sein wird.[31]

c) Informationsabhängigkeit der Judikative

Schließlich kann auch die Judikative ihre Entscheidungen nur treffen, wenn sie den Sachverhalt kennt, der unter das anwendbare Recht subsumiert werden muss. Alle Prozessordnungen sehen dementsprechend Vorschriften über die Beweiserhebung vor und müssen sich mit den Folgen auseinandersetzen, die die Unaufklärbarkeit eines Sachverhalts auf die zu treffende Entscheidung hat.[32]

Am Beispiel des Zivilprozesses: Entscheidungserhebliche Tatsachen, die zwischen den Parteien umstritten sind, sind beweisbedürftig, soweit sie nicht offenkundig sind (§ 291 ZPO), soweit keine gesetzliche Vermutung für sie besteht (§ 292 ZPO) und soweit sie nicht nach den Grundsätzen des Anscheinsbeweises zunächst feststehen.[33] Die Beweisaufnahme erfolgt nach Maßgabe der §§ 355 ff. ZPO, die als Beweismittel den Beweis durch Augenschein (§§ 371 ff. ZPO), den Zeugenbeweis (§§ 373 ff. ZPO), den Beweis durch Sachverständige (§§ 402 ff. ZPO), den Beweis durch Urkunden (§§ 415 ff. ZPO) sowie den Beweis durch Parteivernehmung (§§ 445 ff. ZPO) abschließend[34] aufzählen. Steht nach der Würdigung der erhobenen Beweise durch das Gericht (§ 286 ZPO) die betreffende Tatsache oder ihr Gegenteil fest, legt das Gericht dies dem Urteil zugrunde; ergibt die Beweiswürdigung demgegenüber ein „non liquet", d. h. ist der Sachverhalt nicht hinreichend aufklärbar, muss das Gericht nach den Grundsätzen über die Beweislastverteilung entscheiden.[35]

2. Staatliche Informationsvorsorge

Der Informationsbedarf des Staates hat mit der geschilderten Informationsabhängigkeit aller drei Staatsgewalten im Hinblick auf die Wahrnehmung ihrer Aufgaben noch nicht sein Bewenden. Vielmehr besteht in der Informationsgesellschaft auch ein Bedarf des Staates an Informationen, die er nicht unmittelbar zum Zwecke der Erfüllung (anderer) Aufgaben benötigt: Die Sammlung und Vorhaltung von Informationen im Wege der staatlichen Informationsvorsorge ist bereits als solche staatliche Aufgabe, soweit sie der Gewährleistung einer informationellen Grundversorgung sowohl des Staates als auch der Bevölkerung dient.[36]

---

[31] Ausführliche Auflistung unten E. II.

[32] Vergleichende Betrachtungen bei *Grunsky*, Grundlagen des Verfahrensrechts, S. 421 ff.; *Wolf*, Gerichtliches Verfahrensrecht, S. 213 ff.

[33] Überblick bei *Knöringer*, Die Assessorklausur im Zivilprozess, S. 365; näher *Rosenberg / Schwab / Gottwald*, Zivilprozessrecht, § 111.

[34] Im Zivilprozess gilt grundsätzlich der sogenannte „Strengbeweis", vgl. nur *Prütting*, in: Lüke / Wax, Münchener Kommentar zur Zivilprozessordnung, Bd. 1, § 284 Rdn. 26 ff.

[35] Siehe nur *Rosenberg / Schwab / Gottwald*, Zivilprozessrecht, § 114 Rdn. 1 f.

[36] Vgl. dazu *Kloepfer*, Informationsrecht, § 4 Rdn. 37 ff., § 10 Rdn. 87 ff.; *Scherzberg*, Die Öffentlichkeit der Verwaltung, S. 341 ff.; *Scholz / Pitschas*, Informationelle Selbstbestim-

I. Informationsbedarf des Staates

Beispiele hierfür sind etwa der Einsatz informationeller Mittel der polizeilichen Gefahrenvorsorge wie die Rasterfahndung, die Schleierfahndung, die Videoüberwachung oder das Kennzeichenscanning,[37] der Aufbau einer Informationsinfrastruktur, die es dem Bürger ermöglicht, sich ohne unzumutbaren Aufwand zu informieren,[38] sowie die Weitergabe vorhandener Informationen an die Öffentlichkeit, um diese zu warnen, sie aufzuklären oder ihr Empfehlungen zu geben.[39]

Staatliche Informationsvorsorge kann dabei zum einen verstanden werden als die Sammlung und Aufbewahrung von Informationen, die zwar aktuell noch nicht zur Wahrnehmung bestimmter staatlicher Aufgaben erforderlich sind, die aber möglicherweise irgendwann in Zukunft einmal erforderlich sein werden.[40] In diesem Sinne bedeutet Informationsvorsorge die Schaffung einer *Informationsbasis*, die Gefahren frühzeitig erkennen lässt, Zusammenhänge offenbart und Verknüpfungen in den gesellschaftlichen Entwicklungslinien sichtbar macht – sozusagen „Prävention durch Information",[41] also die Sicherung künftiger Aufgabenerfüllung durch heutige informationelle Betätigung.[42] Informationsvorsorge im Vorfeld regulierender Staatstätigkeit ist bei diesem Verständnis notwendiger Annex der jeweiligen Staatsaufgabe.[43]

Daneben kann staatliche Informationsvorsorge aber auch als staatliche Aufgabe zugunsten der Bevölkerung und insoweit als spezielle Ausprägung der *Daseinsvorsorge* verstanden werden.[44] Sie beschreibt aus dieser Perspektive die Aufgabe des Staates, darüber zu wachen, dass die Allgemeinheit hinreichend mit Informationen versorgt wird; staatliche Informationsvorsorge ist damit eines der Mittel,

---

mung und staatliche Informationsverantwortung, S. 103 ff.; *Schuppert,* Verwaltungswissenschaft, S. 106; *Voßkuhle,* in: Hoffmann-Riem / Schmidt-Aßmann, S. 349 (386 ff.); sehr kritisch zur Informationsvorsorge als staatlicher Aufgabe demgegenüber *Denninger,* in: Hohmann, Freiheitssicherung durch Datenschutz, S. 127 (128 f.).

[37] Hierzu *Saurer,* NVwZ 2005, 275 (277 f.); *Schoch,* Der Staat 43 (2004), 347 (355 ff.).

[38] *Voßkuhle,* in: Hoffmann-Riem / Schmidt-Aßmann, Verwaltungsrecht in der Informationsgesellschaft, S. 349 (386); vgl. auch *Kloepfer,* Informationsrecht, § 10 Rdn. 89.

[39] *Kloepfer,* Informationsrecht, § 10 Rdn. 121; *Voßkuhle,* in: Hoffmann-Riem / Schmidt-Aßmann, Verwaltungsrecht in der Informationsgesellschaft, S. 349 (387 f.).

[40] Vgl. zum Gefahrenabwehrrecht *Aulehner,* Polizeiliche Gefahren- und Informationsvorsorge, S. 545; *Knemeyer,* in: Arndt u. a., Völkerrecht und deutsches Recht, Festschrift für Walter Rudolf zum 70. Geburtstag, S. 483 (488); *Schoch,* Der Staat 43 (2004), 347 (353 f.).

[41] *Pitschas,* in: Hoffmann-Riem / Schmidt-Aßmann / Schuppert, Reform des Allgemeinen Verwaltungsrechts, S. 219 (283).

[42] Vgl. *Kloepfer,* Informationsrecht, § 10 Rdn. 88.

[43] *Di Fabio,* in: Maunz / Dürig, Grundgesetz, Art. 2 Abs. 1 Rdn. 179.

[44] Vgl. *Roßnagel,* in: Hoffmann-Riem / Schmidt-Aßmann, Verwaltungsrecht in der Informationsgesellschaft, S. 257 (273 f.); *Voßkuhle,* in: Hoffmann-Riem / Schmidt-Aßmann, Verwaltungsrecht in der Informationsgesellschaft, S. 349 (386); *Windthorst,* CR 2002, 118 f.; siehe auch *Hufen,* VVDStRL 47 (1989), 142 (165). Zu Begriff und Erscheinungsformen der Daseinsvorsorge *Doerfert,* JA 2006, 316 ff.; *Rüfner,* in: Isensee / Kirchhof, Handbuch des Staatsrechts, Bd. III, 2. Aufl., § 80 Rdn. 6 ff.; grundlegend *Forsthoff,* Die Verwaltung als Leistungsträger, S. 6.

um eine Spaltung der Bevölkerung in eine „Zwei-Klassen-Informationsgesellschaft" („Digital Divide")[45] zu verhindern oder wenigstens abzuschwächen.[46] In diesem Zusammenhang ist Informationsvorsorge der Schutz der informations- und kommunikationsrechtlichen Teilinhalte der Freiheitsgrundrechte und damit Grundrechtsvoraussetzungsschutz.[47] In der Informationsgesellschaft, die durch eine vielfache Liberalisierung der informationsbezogenen Tätigkeiten geprägt wird,[48] geschieht die Informationsvorsorge in erster Linie durch die Wahrnehmung einer informationellen Infrastrukturverantwortung und einer Informations- und Kommunikationsverantwortung.[49] Staatliche Informationsvorsorge ist also nicht zwingend eine Erbringung von Sach- und Dienstleistungen durch den Staat selbst; der Staat kann gleichermaßen die rechtlichen Rahmenbedingungen für private Sach- und Dienstleistungen dergestalt ordnen, dass dem Bedarf der Allgemeinheit an Informationen Rechnung getragen wird.[50] Dadurch wird die Erfüllungsverantwortung im Sinne einer „infrastrukturellen Daseinsvorsorge" vielfach zur Regulierungsverantwortung,[51] ohne dass das Ziel – die Versorgung der Bevölkerung mit Informationen – sich ändern würde.

Dieser Befund kann jedoch nicht darüber hinwegtäuschen, dass der unmittelbaren Bereithaltung einer Informationsinfrastruktur etwa in Gestalt von Archiven, Bibliotheken, Registern etc. noch immer eine gewichtige Bedeutung zukommt. Man wird jedenfalls zum heutigen Zeitpunkt nicht davon ausgehen können, dass der Staat sich bei der Versorgung der Bevölkerung mit Informationen vollständig auf eine steuernde Rolle im Hintergrund zurückziehen kann.[52] Es besteht weiterhin ein Informationsbedarf des Staates auch und gerade zu dem Zweck, für eine Versorgung der Bevölkerung mit Informationen zu sorgen, wie sich an den vielfältigen staatlichen Informationssammlungen zeigt, die etwa der Erleichterung des Rechtverkehrs dienen;[53] ein vollständiger Verzicht darauf wäre gegenwärtig nicht vorstellbar.

---

[45] Hierzu oben B. I. 1. c).

[46] Vgl. *Windthorst*, CR 2002, 118.

[47] *Kloepfer*, Informationsrecht, § 4 Rdn. 39; *Scherzberg*, Die Öffentlichkeit der Verwaltung, S. 341 ff.; *Schoch*, VVDStRL 57 (1998), 158 (190); vgl. auch *Degenhart*, in: Dolzer/Vogel/Graßhof, Bonner Kommentar zum Grundgesetz, Art. 5 Abs. 1 und 2 Rdn. 362. Zur verfassungsrechtlichen Grundlage der staatlichen Informationsvorsorge siehe noch näher unten F. I. 1. c) bb).

[48] Siehe bereits oben B. I. 1. b).

[49] Vgl. *Roßnagel*, in: Hoffmann-Riem/Schmidt-Aßmann, Verwaltungsrecht in der Informationsgesellschaft, S. 257 (271); *Schoch*, VVDStRL 57 (1998), 158 (198 f.).

[50] Siehe *Degenhart*, in: Dolzer/Vogel/Graßhof, Bonner Kommentar zum Grundgesetz, Art. 5 Abs. 1 und 2 Rdn. 362; vgl. auch *Windthorst*, CR 2002, 118 (119), der aus diesem Grund den Begriff der Informationsvorsorge ablehnt und die (wohl begrifflich zu engen) Modelle einer Grundversorgung und Universaldienstleistung vorzieht.

[51] *Schoch*, VVDStRL 57 (1998), 158 (199).

[52] Vgl. *Roßnagel*, in: Hoffmann-Riem/Schmidt-Aßmann, Verwaltungsrecht in der Informationsgesellschaft, S. 257 (273 f.); *Trute*, VVDStRL 57 (1998), 216 (254 f.).

[53] Näher *Kloepfer*, Informationsrecht, § 10 Rdn. 89.

Informationen haben damit für den Staat nicht nur eine Bedeutung als Basis für die Erfüllung unmittelbar anstehender Aufgaben der Legislative, Exekutive und Judikative. Sie sind daneben im Sinne einer staatlichen Informationsvorsorge sowohl zur Vorbereitung künftiger Staatstätigkeit als auch zur Sicherstellung einer Versorgung der Bevölkerung mit Informationen erforderlich.

Die Sammlung und Vorhaltung von Informationen zum Zwecke der Informationsvorsorge ist rechtlich allerdings nicht unbegrenzt zulässig. Bezüglich *personenbezogener* Daten gilt im Gegenteil das grundsätzliche Verbot der sogenannten *Vorratsdatenspeicherung*. Dieses vom Bundesverfassungsgericht im Volkszählungsurteil aufgestellte[54] und in § 14 BDSG teilweise niedergelegte[55] Prinzip folgt daraus, dass eine Speicherung personenbezogener Daten dem Grundsatz der *Zweckbindung* unterliegt: Eine Speicherung zu unbestimmten Zwecken ist unzulässig; der Gesetzgeber selbst muss den Zweck bestimmen, zu dem Daten gespeichert und genutzt werden dürfen; eine Zweckänderung bedarf ebenfalls gesetzlicher Grundlage.[56] Das Prinzip, dass eine Vorratsdatenspeicherung grundsätzlich verboten ist, gerät allerdings insbesondere aufgrund supranationaler Entwicklungen und der Herausforderungen der Informationsgesellschaft zunehmend unter Druck. So gibt es auf europäischer Ebene derzeit Bestrebungen, die Vorratsdatenspeicherung von Verkehrsdaten der Telekommunikation zuzulassen,[57] und es wird sogar generell behauptet, dass der Grundsatz der Zweckbindung mit einer Welt allgegenwärtiger Datenverarbeitung unvereinbar sei.[58]

II. Der staatliche Informationsbestand

Wenn der Staat zur Erfüllung einer konkreten Aufgabe oder zum Zwecke der Informationsvorsorge einer bestimmten Information bedarf, ist nicht zwingend eine Generierung der betreffenden Information erforderlich. Vielmehr kann der Staat häufig auf den bereits vorhandenen staatlichen Informationsbestand zurückgreifen, der ausgesprochen umfangreich ist.

Der Staat dürfte sogar der größte Informationsbesitzer überhaupt sein;[59] in vielen Bereichen besteht de facto ein staatliches Wissens- und Informations-

---

54 *BVerfGE* 65, 1 (46); siehe auch *BVerfGE* 100, 313 (360).

55 Zu dieser Vorschrift noch näher unten C. II.

56 Hierzu näher *Gola/Schomerus*, BDSG, § 14 Rdn. 8 ff.; *Kühling*, K&R 2004, 105 (108 f.); *Kutscha*, ZRP 1999, 156 (157 ff.); *Simitis*, BDSG, § 14 Rdn. 37 ff.; *Ulmer/Schrief*, DuD 2004, 591.

57 Vgl. den gemeinsamen Entwurf Frankreichs, Großbritanniens, Dänemarks und Schwedens für einen Rahmenbeschluss über die Vorratsspeicherung von Daten, die in Verbindung mit der Bereitstellung öffentlicher elektronischer Kommunikationsdienste verarbeitet und aufbewahrt werden, oder von Daten, die in öffentlichen Kommunikationsnetzen vorhanden sind, für die Zwecke der Vorbeugung, Untersuchung, Feststellung und Verfolgung von Straftaten, einschließlich Terrorismus (Ratsdokument 8958/04 vom 28. 4. 2004); kritisch dazu *Alvaro*, RDV 2005, 47 ff.; *Ulmer/Schrief*, DuD 2004, 591 ff.; vgl. auch *Büllingen*, DuD 2005, 349 (350).

58 So *Roßnagel*, MMR 2005, 71 (72).

59 Vgl. *Burkert*, MMR 6/1999, V; *Kloepfer*, in: ders., Die transparente Verwaltung, S. 9 (29); *Schoch/Kloepfer*, Informationsfreiheitsgesetz (IFG-ProfE), Einleitung Rdn. 1; siehe

monopol.[60] Ein riesiges Arsenal an Informationen stellt bereits der Bestand an Akten der Verwaltungen und Gerichte dar, die alle möglichen Lebensbereiche abdecken und über erhebliche Zeiträume aufbewahrt werden.[61] Bei der Erfüllung der staatlichen Aufgaben fällt mithin – gewissermaßen als „Abfallprodukt" – eine Menge an Informationen an, die ihresgleichen sucht. Dazu kommen vielfältige Informationssammlungen, die der Staat zur Erleichterung des Rechtsverkehrs, aber auch zur Sicherung seiner Aufgabenerfüllung vorhält.[62]

Exemplarisch: Der Staat führt *Register*, in denen Informationen gesammelt, aufbewahrt und bereitgestellt werden (zum Beispiel das Bundeszentralregister nach dem BZRG, das Handelsregister nach §§ 8 ff. HGB, das Melderegister nach § 1 Abs. 1 S. 3 MRRG, das Verkehrszentralregister nach §§ 28 ff. StVG),[63] *Verzeichnisse* (zum Beispiel das Schuldnerverzeichnis nach §§ 915 ff. ZPO, das Baulastverzeichnis nach Landesrecht, etwa § 72 LBO BW), *Bücher* (zum Beispiel das Wasserbuch nach § 37 WHG, das Grundbuch nach der GBO), *Rollen* (zum Beispiel die Handwerksrolle nach § 6 Abs. 3 HwO), *Kataster* (zum Beispiel das Emissionskataster nach § 46 BImSchG), *Inventuren* (zum Beispiel die Bundeswaldinventur nach § 41a BWaldG), *Statistiken* (zum Beispiel die Wahlstatistik nach dem WStatG, die Agrarstatistik nach dem AgrStatG, die Umweltstatistik nach dem UmwStatG, jeweils i. V. m. dem BStatG),[64] und er betreibt *Archive* (zum Beispiel das Bundesarchiv nach dem BArchG).[65]

Ein Missverständnis ist jedoch zu vermeiden: Dass der Staat – als Ganzes betrachtet – eine bestimmte Information irgendwo bereits vorrätig hat, bedeutet nicht zwingend, dass jede staatliche Stelle ihren Informationsbedarf durch Zugriff darauf befriedigen darf. Der Staat ist insoweit kein „großes Ganzes", und sein Informationsbestand ist es schon gar nicht. Der riesige Informationsfundus, über den der Staat verfügt, stellt einen derart gewaltigen Machtfaktor dar, dass ein gewichtiges Korrektiv erforderlich ist: Dementsprechend beschränkt das *Datenschutzrecht* den Austausch der personenbezogenen Daten (auch) innerhalb des Staates.[66]

---

auch *Schwan*, VerwArch 66 (1975), 120 (123): „Wenn es wahr ist, dass Wissen Macht ist, dann ist zweifelsohne der Staat der Mächtigste"; ferner *Tinnefeld*, MMR 2006, 23 (26).

[60] *Schoch/Kloepfer*, Informationsfreiheitsgesetz (IFG-ProfE), Einleitung Rdn. 1.

[61] Beispielhaft die „Ausführungsbestimmungen für Akten und sonstiges Schriftgut der Dienststellen des Landes Hessen" vom 20. 10. 1996 (StAnz, S. 2107), die detailliert regeln, welche Dokumente dauerhaft bzw. für 50, 30, 20, 10, 5, 3 oder 1 Jahr(e) bzw. für 6 oder 3 Monate aufzubewahren sind.

[62] *Kloepfer*, Informationsrecht, § 10 Rdn. 89.

[63] Näher *Herrmann*, Informationspflichten gegenüber der Verwaltung, S. 201; *Keidel/Krafka/Willer*, Registerrecht; *Kloepfer*, Informationsrecht, § 10 Rdn. 90 ff.; *Schwaratzki*, VR 1991, 163 ff.

[64] Siehe *Kloepfer*, Informationsrecht, § 9 Rdn. 51 ff.

[65] Dazu *Kloepfer*, Informationsrecht, § 10 Rdn. 99 ff., sowie (umfassend) *Manegold*, Archivrecht; *Nau*, Verfassungsrechtliche Anforderungen an Archivgesetze des Bundes und der Länder.

[66] Zum Konflikt zwischen Amtshilfe und Datenschutz ausführlich *Simitis*, NJW 1986, 2795 ff.; vgl. auch *Kloepfer*, Informationsrecht, § 10 Rdn. 89.

II. Der staatliche Informationsbestand

Die Möglichkeit eines freien Austauschs personenbezogener Daten zwischen staatlichen Stellen im Wege der Amtshilfe ist nicht etwa der Regelfall, sondern die begründungsbedürftige Ausnahme. Aus Sicht des allgemeinen Datenschutzrechts trifft § 15 Abs. 1 BDSG die einschlägige Regelung. Danach ist eine Übermittlung personenbezogener Daten an andere öffentliche Stellen nur zulässig, wenn sie zur Erfüllung der Aufgaben der übermittelnden Stelle oder des Empfängers erforderlich ist und die Voraussetzungen einer Nutzung nach § 14 BDSG vorliegen. Damit wird wiederum der *Grundsatz der Zweckbindung* in Bezug genommen: Eine Nutzung personenbezogener Daten ist grundsätzlich nur zu dem Zweck zulässig, für den die Daten erhoben bzw. gespeichert worden sind (§ 14 Abs. 1 BDSG).[67] Eine Nutzung für andere Zwecke ist nur ausnahmsweise, nämlich in den in § 14 Abs. 2 BDSG aufgeführten Fällen, zulässig; die wichtigsten Fallgruppen bilden insoweit spezielle gesetzliche Ermächtigungen (§ 14 Abs. 2 Nr. 1 BDSG) sowie eine Einwilligung oder mutmaßliche Einwilligung des Betroffenen (§ 14 Abs. 2 Nrn. 2, 3 BDSG).[68] Für spezielle Arten personenbezogener Daten enthält § 14 Abs. 4, Abs. 5 BDSG eine noch restriktivere Regelung. Wenn die Voraussetzungen einer Ausnahme vom datenschutzrechtlichen Grundsatz der Zweckbindung fehlen, kann eine staatliche Stelle nicht von einer Information profitieren, die bei einer anderen staatlichen Stelle vorliegt, aber zu einem anderweitigen Zweck erhoben oder gespeichert worden ist.[69]

Zudem kann – auch bei nicht personenbezogenen Daten[70] – das *Geheimnisschutzrecht* einer Weitergabe von Informationen innerhalb des Staates Grenzen setzen.[71]

Für das Allgemeine Verwaltungsrecht hält § 5 Abs. 2 S. 2 VwVfG ausdrücklich fest, dass eine Behörde nicht zur Weitergabe von Informationen im Wege der Amtshilfe (sogenannte „Informationshilfe"[72]) verpflichtet (und berechtigt[73]) ist, wenn die Vorgänge nach einem Gesetz oder ihrem Wesen nach geheimgehalten werden müssen. Eine gesetzliche Verpflichtung zur Geheimhaltung in diesem Sinne stellt nach zutreffender Auffassung etwa § 30 VwVfG dar, nach dem die Geheimnisse der Verfahrensbeteiligten, insbesondere auch die Betriebs- und Geschäftsgeheimnisse, nicht unbefugt offenbart werden dürfen.[74]

---

[67] Siehe bereits die Nachweise oben Fn. 56.

[68] Vgl. *Kloepfer*, Informationsrecht, § 8 Rdn. 128.

[69] So darf etwa die Referendarspersonalakte einer Rechtsanwältin nicht zusammen mit den Rechtsanwaltsakten beim Landgericht weitergeführt werden, sondern muss bei dem Oberlandesgericht verbleiben, in dessen Bezirk die Referendarszeit abgeleistet worden ist (*BVerwGE* 75, 351 [353]), und die Besoldungsstelle darf einen gegen einen Beamten ergangenen und ihr zugeleiteten Pfändungs- und Überweisungsbeschluss nicht an die Beschäftigungsstelle weitergeben (*BVerwGE* 75, 17 [18 ff.]).

[70] Zum Verhältnis zwischen Datenschutzrecht und Geheimnisschutzrecht instruktiv *Kloepfer*, Informationsrecht, § 9 Rdn. 4 f.

[71] Siehe *Clausen*, in: Knack, Verwaltungsverfahrensgesetz, § 5 Rdn. 23; *Hoffmann*, in: Obermayer, Kommentar zum Verwaltungsverfahrensgesetz, § 5 Rdn. 54; *Kloepfer*, Informationsrecht, § 9 Rdn. 40.

[72] *Hoffmann*, in: Obermayer, Kommentar zum Verwaltungsverfahrensgesetz, § 5 Rdn. 38; *Kopp/Ramsauer*, Verwaltungsverfahrensgesetz, § 5 Rdn. 20; vgl. auch *Kretschmann*, Versorgungsausgleich auf der Grundlage eines ausländischen Rechts, S. 152 ff.

[73] *Bonk/Schmitz*, in: Stelkens/Bonk/Sachs, Verwaltungsverfahrensgesetz, § 5 Rdn. 28; *Ule/Laubinger*, Verwaltungsverfahrensrecht, § 11 Rdn. 24.

Nur soweit weder Datenschutzrecht noch Geheimnisschutzrecht entgegenstehen, dürfen Informationen im Wege der Amtshilfe (§§ 4 ff. VwVfG) innerhalb des Staates weitergegeben werden.

III. Möglichkeiten staatlicher Informationsgewinnung

Wenn ein staatlicher Informationsbedarf besteht, der aus tatsächlichen oder rechtlichen Gründen nicht mittels eines vorhandenen Bestandes befriedigt werden kann, muss die betreffende staatliche Stelle versuchen, die benötigte Information zu generieren. Hierfür stehen grundsätzlich zwei verschiedene Wege zur Verfügung: Der Staat kann die betreffende Information unmittelbar und selbst ermitteln, oder er kann sie sich mittels eines Rückgriffs auf das Wissen Privater beschaffen.[75]

1. Unmittelbare staatliche Informationsgewinnung

Der Staat hat vielfältige Möglichkeiten, selbst und unmittelbar die Informationen zu generieren, die er zur Wahrnehmung seiner Aufgaben benötigt. Unmittelbare staatliche Informationsgewinnung erfolgt, indem eine staatliche Stelle[76] ohne Mitwirkung privater Akteure selbst etwas wahrnimmt.

So können die Verwaltungsbehörden, die nach § 24 Abs. 1 S. 1 VwVfG den Sachverhalt von Amts wegen zu ermitteln haben, nach § 26 Abs. 1 S. 2 Nr. 4 VwVfG den Augenschein einnehmen, sich also selbst ein Bild von den Tatsachen machen, die sie ihrer Entscheidung zugrunde zu legen haben. Gleiches gilt für die Gerichte; die Prozessordnungen sehen den Augenschein als Beweismittel ausdrücklich vor (siehe etwa §§ 371 ff. ZPO, §§ 86 ff. StPO, § 96 Abs. 1 S. 2 VwGO). Ebenfalls zur unmittelbaren Informationsgewinnung durch den Staat sind die Ermittlungstätigkeit der Staatsanwaltschaften sowie die Tätigkeit der Nachrichtendienste zu rechnen, soweit sie sich auf die eigene Wahrnehmung der für den Staat handelnden Person beschränken. In einem weiteren Sinne dient auch die eigene Forschungstätigkeit des Staates der unmittelbaren Generierung von Informationen;[77] § 207 UGB-KomE hält dies ausdrücklich fest, indem der Paragraph über die staatliche Umweltforschung dem Kapitel über staatliche Umweltinformationen zugeordnet ist.[78]

---

[74] Überzeugend *Bonk/Kallerhoff*, in: Stelkens/Bonk/Sachs, Verwaltungsverfahrensgesetz, § 30 Rdn. 23; *Kloepfer*, Informationsrecht, § 9 Rdn. 40; anderer Auffassung etwa *Clausen*, in: Knack, Verwaltungsverfahrensgesetz, § 5 Rdn. 26.

[75] Vgl. *Voßkuhle*, in: Hoffmann-Riem/Schmidt-Aßmann, Verwaltungsrecht in der Informationsgesellschaft, S. 349 (373).

[76] Präziser: Ein Bediensteter einer staatlichen Stelle, dessen Wahrnehmung unmittelbar der staatlichen Stelle zuzurechnen ist.

[77] Vgl. auch *Kloepfer*, Informationsrecht, § 10 Rdn. 88.

[78] Näher *Bundesministerium für Umwelt, Naturschutz und Reaktorsicherheit*, Umweltgesetzbuch (UGB-KomE), S. 816 ff.

2. Rückgriff auf das Wissen Privater

Trotz der vielfältigen Möglichkeiten unmittelbarer staatlicher Informationsgewinnung gelingt es dem Staat in der Informationsgesellschaft immer weniger, seinen Bedarf an Informationen selbst hinreichend zu befriedigen.[79] Allein die Fülle der verfügbaren Informationen kann der Staat mit eigenen Mitteln kaum noch bewältigen. Die Globalisierung der Informationstätigkeiten erschwert die unmittelbare staatliche Informationsgewinnung zusätzlich, indem der Informationsfluss vom Staatsgebiet als räumlicher Bezugsgröße der Staatsgewalt entterritorialisiert wird.[80] Nicht zu unterschätzen sind weiter die Auswirkungen der Liberalisierung vormals staatlicher Organisationen und Leistungen, die den Wandel hin zur Informationsgesellschaft entscheidend prägen;[81] auf die Folgen dieser Maßnahmen für die staatliche Informationsbeschaffung wird ausführlich zurückzukommen sein.[82]

Im Zusammenhang mit der schwindenden Möglichkeit des Staates, sich die benötigten Informationen unmittelbar zu beschaffen, ist bereits eine „Informationskrise" der Verwaltung diagnostiziert worden.[83] Diese kann nur beseitigt werden, wenn der Staat auf das Wissen Privater zurückgreift, das er auf unterschiedliche Arten mobilisieren kann.[84]

a) Heranziehung externen unabhängigen Sachverstands

Zum Ausgleich eigener Wissensdefizite und zur Reduzierung des eigenen Aufwands bei der Sachverhaltsermittlung greift der Staat vielfach auf bei Privaten vorhandenen Sachverstand zurück, indem er sachverständige Personen dafür bezahlt, dass diese ihm ihr Wissen quasi im Wege der Dienstleistung zur Verfügung stellen.[85]

---

[79] Zum Folgenden bereits *Stohrer*, BayVBl 2005, 489 (490); siehe auch *Voßkuhle*, in: Hoffmann-Riem/Schmidt-Aßmann, Verwaltungsrecht in der Informationsgesellschaft, S. 349 (355); ders., in: Isensee/Kirchhof, Handbuch des Staatsrechts, Bd. III, 3. Aufl., § 43 Rdn. 6. Vgl. ferner Anl. D I. 1.1 zu den Richtlinien für das Strafverfahren und das Bußgeldverfahren (RiStBV): „Zur Erfüllung ihrer Aufgaben sind Polizei und Staatsanwaltschaft in zunehmendem Maße auf Informationen und Hinweise aus der Öffentlichkeit angewiesen."

[80] Zur Globalisierung in der Informationsgesellschaft siehe bereits oben B. I. 1. a).

[81] Siehe dazu oben B. I. 1. b).

[82] Unten D. II.

[83] *Voßkuhle*, in: Hoffmann-Riem/Schmidt-Aßmann, Verwaltungsrecht in der Informationsgesellschaft, S. 349 (353).

[84] Zum Folgenden *Voßkuhle*, in: Hoffmann-Riem/Schmidt-Aßmann, Verwaltungsrecht in der Informationsgesellschaft, S. 349 (373 ff.).

[85] Vgl. *Decker*, Die externe Informationsgewinnung in der deutschen öffentlichen Verwaltung, S. 166 ff.; *Kloepfer*, UPR 2005, 41 (42); *Scherzberg*, NVwZ 2006, 377 (378); *Voßkuhle*, in: Hoffmann-Riem/Schmidt-Aßmann, Verwaltungsrecht in der Informationsgesellschaft, S. 349 (376); ausführlich *Voßkuhle*, in: Isensee/Kirchhof, Handbuch des Staatsrechts, Bd. III,

Das Parlament hört Sachverständige an (siehe etwa § 70 Abs. 1 S. 1 GO BT) oder beauftragt sachverständige Institutionen mit der Durchführung von Technikfolgenanalysen (§ 56a Abs. 1 S. 2 GO BT). Die Gerichte haben die Möglichkeit, Beweis durch Sachverständige zu erheben (zum Beispiel §§ 402 ff. ZPO, §§ 72 ff. StPO, § 96 Abs. 1 S. 2 VwGO). Die Verwaltung überträgt Prüfungs- und Planungsaufgaben vielfach auf neutrale private Sachverständige, wenn und weil sie bei „komplexen Verwaltungsentscheidungen"[86] nicht über ausreichende Kenntnisse für die erforderlichen komplizierten technischen oder wissenschaftlichen Prognosen verfügt.[87] Beispiele hierfür sind die Erstellung von Standortgutachten für die Errichtung von Abfallentsorgungsanlagen[88] oder sicherheitsrechtliche Gutachten im Vorfeld von staatlichen Genehmigungsentscheidungen (§ 13 9. BImSchV, § 24 AMG,[89] § 20 AtG). Auch im Allgemeinen Verwaltungsrecht ist die Möglichkeit der Hinzuziehung von Sachverständigen in § 26 Abs. 1 S. 2 Nr. 2 VwVfG eigens erwähnt.

b) Verfahrensakzessorische Öffentlichkeitsbeteiligung

Namentlich in Verwaltungsverfahren, die eine planende Entscheidung zum Ziel haben, beteiligt der Staat die Öffentlichkeit häufig bereits zu einem Zeitpunkt, zu dem das Verfahren noch läuft.[90] Teilweise ist diese Beteiligung auf die Interessenten beschränkt,[91] teilweise die Öffentlichkeit insgesamt zur Teilnahme eingeladen.[92] Die Öffentlichkeitsbeteiligung verfolgt verschiedene Ziele.[93] Sie dient

---

3. Aufl., § 43; *Scholl,* Der private Sachverständige im Verwaltungsrecht. Allerdings ist zu berücksichtigen, dass im Verhältnis zwischen dem Staat und dem Sachverständigen nicht zwingend Vertragsfreiheit besteht. Vor allem im gerichtlichen Verfahren kann eine (öffentlich-rechtliche) Verpflichtung des Sachverständigen zur Erstattung seines Gutachtens bestehen (siehe etwa §§ 407, 408a ZPO, §§ 75 f. StPO). In diesen Fällen nähert sich der Rückgriff des Staates auf sachverständiges Wissen Privater deren informationellen Inpflichtnahme an; zu dieser näher unten C. II. 2. d).

[86] Begriff von *Schmidt-Aßmann,* VVDStRL 34 (1976), 221 (222 ff.); siehe auch *Di Fabio,* VerwArch 81 (1990), 193 (194); *Hoppe,* in: Bachof / Heigl / Redeker, Verwaltungsrecht zwischen Freiheit, Teilhabe und Bindung; Festgabe aus Anlass des 25jährigen Bestehens des Bundesverwaltungsgerichts, S. 295 ff.

[87] Vgl. *Di Fabio,* VerwArch 81 (1990), 193 (194); *Schmidt-Aßmann,* VVDStRL 34 (1976), 221 (224); *Voßkuhle,* in: Hoffmann-Riem / Schmidt-Aßmann, Verwaltungsrecht in der Informationsgesellschaft, S. 349 (376).

[88] Dazu *Hoppe,* DVBl. 1994, 255 ff.

[89] Dazu näher *Di Fabio,* VerwArch 81 (1990), 193 (200 f.).

[90] Umfassend dazu *Fisahn,* Demokratie und Öffentlichkeitsbeteiligung, S. 117 ff., 176 ff.

[91] Zum Beispiel in § 73 Abs. 4 VwVfG, nach dem im Planfeststellungsverfahren „jeder, dessen Belange durch das Vorhaben berührt werden" während des Anhörungsverfahrens Einwendungen gegen den Plan erheben kann.

[92] Zum Beispiel in § 3 Abs. 1 BauGB, der die frühzeitige Beteiligung der „Öffentlichkeit" im Bebauungsplanverfahren vorschreibt.

[93] Siehe zum Folgenden auch *Hett,* Öffentlichkeitsbeteiligung bei atom- und immissionsschutzrechtlichen Genehmigungsverfahren, S. 79 ff., der sogar sieben verschiedene Funktionen unterscheidet: Informationsfunktion, Interessenvertretungsfunktion, Befriedungsfunktion, Legitimationsfunktion, Kontrollfunktion, Rechtsschutzfunktion, Förderungsfunktion.

zum einen der Offenlegung der Absichten des Vorhabenträgers, um ein transparentes Verfahren zu ermöglichen und eine Befriedung divergierender Interessen zu erreichen.[94] Daneben möchte sie den Betroffenen frühzeitig Gehör verschaffen und den Bürgern dadurch vorgezogenen Rechtsschutz gewähren.[95] Im vorliegenden Zusammenhang interessiert besonders die dritte Funktion der Öffentlichkeitsbeteiligung: Sie führt einen Informationsaustausch zwischen Verwaltung und Bürgern über alle tatsächlichen und rechtlichen Auswirkungen des geplanten Vorhabens herbei und setzt die Verwaltung dadurch in die Lage, ihre Entscheidungsgrundlage zu optimieren und die eigentliche Entscheidung erforderlichenfalls nachzubessern.[96] Indem der Staat den Bürgern den Anreiz bietet, Einfluss auf die staatliche Entscheidung zu nehmen, kann er sich zugleich wichtige Informationen verschaffen, die er für seine Tätigkeit benötigt. Dadurch ist die Beteiligung der Öffentlichkeit an Verwaltungsverfahren (auch) ein wirksames Mittel zur Generierung von Informationen durch Rückgriff auf das Wissen Privater.

c) Beteiligung von Interessengruppen und von Einzelpersonen

Eng mit der Öffentlichkeitsbeteiligung verwandt ist die Beteiligung von Interessengruppen oder von Einzelpersonen an der staatlichen Entscheidungsfindung. Auch in diesen Fällen bietet der Staat privaten Gruppen und Personen die Möglichkeit, Einfluss auf staatliche Entscheidungen zu nehmen, und verschafft sich so (auch) Informationen, die er zur Wahrnehmung seiner Aufgaben benötigt.

aa) Beteiligung von Interessengruppen

Es ist ständige Übung, dass Verbände und sonstige Interessengruppen auf die Staatsorgane einwirken, um so die Verwirklichung der eigenen Ziele voranzutreiben.[97] Die „Techniken" der pluralistischen Einflussnahme haben sich dabei im Laufe der Zeit gewandelt. Während in früheren Zeiten das Gespräch unter vier

---

[94] *Bonk/Neumann*, in: Stelkens/Bonk/Sachs, Verwaltungsverfahrensgesetz, § 73 Rdn. 9; *Mecking*, NVwZ 1992, 316 (317).

[95] *BVerwGE* 90, 255 (263); *Bonk/Neumann*, in: Stelkens/Bonk/Sachs, VwVfG, § 73 Rdn. 9; *Dürr*, in: Knack, Verwaltungsverfahrensgesetz, § 73 Rdn. 8; *Kühling/Herrmann*, Fachplanungsrecht, Rdn. 500; *Mecking*, NVwZ 1992, 316 (318); grundlegend zum Gedanken des „Grundrechtsschutzes durch Verfahren" *BVerfGE* 53, 30 (59 f.).

[96] *BVerwG*, NJW 1981, 239 (241); *Badura*, in: Erichsen/Ehlers, Allgemeines Verwaltungsrecht, § 39 Rdn. 33; *Bonk/Neumann*, in: Stelkens/Bonk/Sachs, Verwaltungsverfahrensgesetz, § 73 Rdn. 12; *Dürr*, in: Knack, Verwaltungsverfahrensgesetz, § 73 Rdn. 7; *Kühling/Herrmann*, Fachplanungsrecht, Rdn. 500; *Mecking*, NVwZ 1992, 316 (318); *Voßkuhle*, in: Hoffmann-Riem/Schmidt-Aßmann, Verwaltungsrecht in der Informationsgesellschaft, S. 349 (374); sehr zurückhaltend gegenüber der Bedeutung der Informationsfunktion dagegen *Fisahn*, Demokratie und Öffentlichkeitsbeteiligung, S. 210 f.

[97] Vgl. *Zippelius*, Allgemeine Staatslehre, § 26 III. (S. 249).

Augen mit dem Abgeordneten in der Wandelhalle des Parlaments, der sogenannten „Lobby",[98] gesucht wurde, stellen heute etwa die Stäbe der Interessengruppen Informationshilfen für die parlamentarischen Ausschüsse zusammen, spenden Verbände und Unternehmen an die Parteikassen, unterhalten ihre Vertreter gute „Verbindungen" zu oder „Netzwerke" mit Regierungsmitgliedern oder Schlüsselstellen der Bürokratie und wirken in Beiräten mit, die die staatlichen Entscheidungsträger beraten.[99] Solange man sich der Gefahren eines ausufernden „Lobbyismus" bewusst ist und Vorkehrungen dagegen trifft,[100] ist die Beteiligung von Interessengruppen am staatlichen Entscheidungsprozess etwas durchaus Positives; sie dient dem Informationsaustausch zwischen den staatlichen Entscheidungsträgern und den von der Entscheidung Betroffenen und verschafft dem Staat die Möglichkeit, an Informationen zu gelangen, die er selbst nicht oder nur schwer generieren könnte.[101]

Teilweise wird die Beteiligung von Interessengruppen an der staatlichen Entscheidungsfindung sogar ausdrücklich gesetzlich geregelt. Beispiele hierfür sind etwa der Heimfürsprecher im Sozialrecht (§ 7 Abs. 4 HeimG), die Anhörung beteiligter Kreise im Rahmen der Normsetzung (z. B. §§ 48, 51 BImSchG) sowie das Mitwirkungsrecht anerkannter Naturschutzverbände bei bestimmten naturschutzrechtlich relevanten Vorhaben (etwa §§ 58 ff. BNatSchG).[102]

Eine besondere Spielart der Beteiligung von Interessengruppen an der staatlichen Entscheidungsfindung ist die Übernahme von technischen Standards in das Öffentliche Recht, die von privaten oder halbstaatlichen und oftmals mit Verbandsvertretern besetzten Sachverständigenausschüssen entwickelt wurden.[103]

Zum Beispiel ermöglicht es § 7 Abs. 5 BImSchG, wegen der Anforderungen an genehmigungsbedürftige Anlagen in § 7 Abs. 1 Nrn. 1–4, Abs. 4 BImSchG auf jedermann zugängliche Bekanntmachungen sachverständiger Stellen zu verweisen. Damit wird insbesondere auf private Regeln der Technik Bezug genommen,[104] also etwa die Festlegungen des Deutschen Instituts für Normung (DIN) oder des Vereins Deutscher Ingenieure (VDI).[105]

---

[98] Daher der Begriff des „Lobbyismus"; siehe *Geiger/Santomauro*, NJW 2003, 2878 (2879).

[99] *Zippelius*, Allgemeine Staatslehre, § 26 III. (S. 249).

[100] Dazu allgemein *Zippelius*, Allgemeine Staatslehre, § 26 IV.-VI. (S. 250 ff.); kritisch zum status quo *v. Hippel*, JZ 1998, 529 (533 f.), sowie *Hoeren*, NJW 2002, 3303 f., der „zehn Verfahrensgebote der Informationsgerechtigkeit" aufstellt.

[101] Vgl. auch *Dach*, in: Schneider/Zeh, Parlamentsrecht und Parlamentspraxis, § 40 Rdn. 63; *Geiger/Santomauro*, NJW 2003, 2878 f.; *Grimm*, in: Benda/Maihofer/Vogel, Handbuch des Verfassungsrechts, § 15 Rdn. 4 ff.; *Stern*, Das Staatsrecht der Bundesrepublik Deutschland, Bd. II, § 37 III. 3. (S. 615 ff.).

[102] Vgl. *Voßkuhle*, in: Hoffmann-Riem/Schmidt-Aßmann, Verwaltungsrecht in der Informationsgesellschaft, S. 349 (374 f.)

[103] *Voßkuhle*, in: Hoffmann-Riem/Schmidt-Aßmann, Verwaltungsrecht in der Informationsgesellschaft, S. 349 (374 f.).

[104] *Jarass*, Bundes-Immissionsschutzgesetz, § 7 Rdn. 25.

[105] *Jarass*, Bundes-Immissionsschutzgesetz, § 48 Rdn. 62; vgl. auch *Voßkuhle*, in: Isensee/Kirchhof, Handbuch des Staatsrechts, Bd. III, 3. Aufl., § 43 Rdn. 42 f.

bb) Beteiligung Einzelner

Vielfach werden Einzelne an staatlichen Entscheidungsprozessen beteiligt. Diese Beteiligung dient primär dazu, den Betroffenen in die Lage zu versetzen, seine Sicht der Dinge darzustellen; der von einer staatlichen Entscheidung Betroffene soll nicht bloßes „Objekt" der staatlichen Handlung sein, sondern als Rechtssubjekt wahrgenommen werden, das vorher zu Wort kommen und auf das Verfahren und dessen Ergebnis Einfluss nehmen kann.[106] In dieser rechtsschutzbezogenen Funktion erschöpft sich der Zweck individueller Beteiligungsrechte jedoch nicht. Diese sollen gleichzeitig dem Staat Informationen verschaffen, um eine richtige Entscheidung zu ermöglichen,[107] und sind in diesem Sinne ein Mittel des Staates, seinen Informationsbedarf extern zu befriedigen.

Das gilt bereits für das allgemeine und voraussetzungslos gewährte Petitionsrecht aus Art. 17 Abs. 1 GG, nach dem sich jedermann mit Bitten oder Beschwerden an staatliche Stellen wenden kann. Das Petitionsrecht hat nicht nur eine Interessen- und Rechtsschutzfunktion, indem der Petent Interessen und Rechte mit dem Ziel der Beseitigung von Beeinträchtigungen, Mängeln oder Ungerechtigkeiten geltend machen kann, und eine Integrations- und Partizipationsfunktion, weil sie dem Bürger die Chance zur aktiven Teilnahme am politischen Geschehen und zur Einwirkung auf staatliche Entscheidungsprozesse bietet; Petitionen sind vielmehr auch ein Forum des Dialogs zwischen Bürger und Staat, in dem zur Artikulation durch den Bürger die Information des Staates hinzutritt (Artikulations- und Informationsfunktion).[108]

Für den ebenfalls verfassungsrechtlich gewährleisteten Anspruch auf rechtliches Gehör vor den Gerichten (Art. 103 Abs. 1 GG) gilt Entsprechendes: Auch diese Vorschrift dient in erster Linie dem Schutz des individuellen Interesses der Beteiligten an einer aktiven Teilnahme an dem gerichtlichen Verfahren, sie soll aber zugleich (gesetzes)richtige und gerechte Entscheidungen ermöglichen,[109] indem das Gericht die Informationen erhält, die es für eine zutreffende Entscheidung benötigt.

Schließlich dienen auch die einfachgesetzlichen Beteiligungsrechte neben ihrer Rechtsschutzfunktion der Information des Staates. Namentlich die in § 28 VwVfG[110] vorgeschriebene Anhörung des Beteiligten vor Erlass eines belastenden Verwaltungsakts soll nicht nur dem Schutz der Individualsphäre dienen, dem Beteiligten eine Einflussnahme auf das Verfahren und das Ergebnis der Entscheidung ermöglichen sowie eine Überraschungsentscheidung vermeiden helfen, sondern auch auf eine materiell-rechtlich richtige Entscheidung hinwirken, indem der zugrunde liegende Sachverhalt vervollständigt wird.[111]

---

[106] So für Art. 103 Art. 1 GG *BVerfGE* 9, 89 (95); *Pieroth,* in: Jarass/Pieroth, Grundgesetz, Art. 103 Rdn. 1.

[107] Vgl. *BVerfGE* 55, 72 (93); *Schulze-Fielitz,* in: Dreier, Grundgesetz, Bd. III, Art. 103 I Rdn. 11.

[108] Zum Ganzen *Bauer,* in: Dreier, Grundgesetz, Bd. I, Art. 17 Rdn. 13; *Stettner,* in: Dolzer/Vogel/Graßhof, Bonner Kommentar zum Grundgesetz, Art. 17 Rdn. 21 ff.

[109] *BVerfGE* 9, 89 (95); 55, 72 (93); *Schmidt-Aßmann,* in: Maunz/Dürig, Grundgesetz, Art. 103 Abs. 1 Rdn. 2; *Schulze-Fielitz,* in: Dreier, Grundgesetz, Bd. III, Art. 103 I Rdn. 11.

[110] Zu § 28 VwVfG vorgehenden Anhörungsvorschriften in Spezialgesetzen *Bonk/Kallerhoff,* in: Stelkens/Bonk/Sachs, Verwaltungsverfahrensgesetz, § 28 Rdn. 9.

d) Informationelle Inpflichtnahme Privater

Viertens hat der Staat die Möglichkeit, Private dazu zu verpflichten, ihm Informationen zu verschaffen. Hier verlässt sich der Staat nicht darauf, dass ihm Private ihr Wissen gegen Bezahlung (wie Sachverständige) oder wegen ihres Wunsches, auf den staatlichen Entscheidungsprozess Einfluss zu nehmen (im Wege der Beteiligung der Öffentlichkeit, von Interessengruppen oder von Einzelpersonen), freiwillig zur Verfügung stellen. Vielmehr will der Staat seine Informationsversorgung auf jeden Fall sicherstellen und nimmt die Privaten daher *verbindlich* informationell in die Pflicht. Dies geschieht zum einen durch die Statuierung von *Genehmigungs- und sonstigen Zulassungsvorbehalten*, die (auch) die Befriedigung des staatlichen Informationsbedarfs fördern.[112] Insbesondere dient diesem Zweck jedoch das Rechtsinstitut der *Informationspflicht Privater gegenüber dem Staat*,[113] die im Mittelpunkt der vorliegenden Arbeit steht.

Nähert man sich dem Phänomen der Informationspflicht Privater gegenüber dem Staat, so stellt man sofort fest, dass diese in sehr verschiedenen Erscheinungsformen auftreten kann. An dieser Stelle zunächst nur einige Beispiele:[114] Der Bürger kann allein wegen der unter Umständen rein zufälligen Kenntnis von einer bestimmten Tatsache gesetzlich verpflichtet sein, ohne weitere Aufforderung eine staatliche Stelle zu informieren;[115] eine entsprechende Pflicht kann aber auch an die Kenntnis von einer bestimmten Tatsache gerade aus Anlass der Berufsausübung[116] oder an die Aufnahme einer bestimmten Tätigkeit geknüpft sein.[117] Die Pflicht zur Information des Staates kann des Weiteren erst durch eine ausdrückliche Aufforderung seitens einer staatlichen Stelle begründet werden; auch in dieser Konstellation kann der Anlass sehr verschieden sein, etwa die bloße Anwesen-

---

[111] Vgl. *OVG Berlin*, NVwZ 1996, 926; *Bonk/Kallerhoff*, in: Stelkens/Bonk/Sachs, Verwaltungsverfahrensgesetz, § 28 Rdn. 6, 16; *Decker*, Die externe Informationsgewinnung in der deutschen öffentlichen Verwaltung, S. 162 ff.; *Fengler*, Die Anhörung im europäischen Gemeinschaftsrecht und deutschen Verwaltungsverfahrensrecht, S. 43 f.; *Kopp/Ramsauer*, Verwaltungsverfahrensgesetz, § 28 Rdn. 3.

[112] Näher dazu unten C. III. 2. d) ee).

[113] Vgl. auch *Herrmann*, Informationspflichten gegenüber der Verwaltung, S. 186 ff.; *Scholl*, Behördliche Prüfungsbefugnisse im Recht der Wirtschaftsüberwachung, S. 16; *Voßkuhle*, Die Verwaltung 34 (2001), 347 (358).

[114] Umfassend zur Bestandsaufnahme der Informationspflichten Privater gegenüber dem Staat unten E. II.

[115] Zum Beispiel ist nach § 138 StGB jede Person – strafbewehrt – verpflichtet, es der Behörde (oder dem Bedrohten) anzuzeigen, wenn bestimmte schwere Straftaten geplant oder ausgeführt werden.

[116] Nach § 6 Abs. 1, § 8 Abs. 1, § 9 IfSG ist beispielsweise der feststellende Arzt zur namentlichen Meldung bestimmter Krankheiten an das zuständige Gesundheitsamt verpflichtet.

[117] Etwa nach § 14 Abs. 1 S. 1 GewO, der vorschreibt, dass die Aufnahme des Betriebs eines stehenden Gewerbes der zuständigen Behörde anzuzeigen ist.

heit an einem bestimmten Ort,[118] aber auch der Besitz gefährlicher Gegenstände[119] oder eine bestimmte berufliche Betätigung.[120] Zudem kann bereits vor der Pflicht zur Informationserteilung als solcher eine vorbereitende Pflicht zur Sammlung möglicherweise benötigter Informationen bestehen.[121]

Wegen dieser hier nur angedeuteten sehr verschiedenen Fallgruppen fällt bereits die eindeutige Eingrenzung der „Informationspflicht Privater gegenüber dem Staat" schwer. Jedenfalls geht es darum, dass (1.) Private (2.) verpflichtet sind, (3.) dem Staat (4.) Informationen (5.) zu erteilen. Die genannten Merkmale bedürfen der genaueren und konkretisierenden Betrachtung. Diese soll hier der Abgrenzung von verwandten Rechtserscheinungen dienen, die nicht zum Untersuchungsgegenstand dieser Arbeit zählen. Auf Möglichkeiten der weiteren Systematisierung von Informationspflichten Privater gegenüber dem Staat wird demgegenüber an späterer Stelle zurückzukommen sein.[122]

aa) Privater

Verpflichteter des Informationsanspruchs des Staates muss ein „*Privater*" sein. Unter diesen Begriff fallen zunächst und unproblematisch natürliche und juristische Personen des Privatrechts.

Unschädlich ist es, wenn der Anspruchsverpflichtete eine juristische Person des Privatrechts ist, an der der Staat ganz oder überwiegend beteiligt ist. Wenn der Staat sich am Privatrechtsverkehr beteiligt und sich dabei einer Rechtsform des Privatrechts bedient, treffen ihn dieselben Pflichten wie juristische Personen, die nicht vom Staat beherrscht werden.[123] Der Informationsanspruch, den der Staat etwa aus § 29 Abs. 1 GewO gegen Gewerbetreibende hat, trifft beispielsweise auch die Badische Staatsbrauerei Rothaus AG, deren Anteile zur Gänze im Eigentum des Landes Baden-Württemberg stehen.[124]

---

[118] So kann beispielsweise die Bundespolizei nach § 22 Abs. 1a, Abs. 2 BPolG in Zügen, die erfahrungsgemäß zur unerlaubten Einreise in das Bundesgebiet genutzt werden, Personen befragen, die zur Angabe ihrer persönlichen Daten verpflichtet sind.

[119] Nach § 39 Abs. 1 S. 1 WaffG ist etwa der Besitzer von Waffen oder Munition zur Auskunft gegenüber der zuständigen Behörde verpflichtet.

[120] Zum Beispiel § 17 Abs. 1 S. 1 HwO: Auskunftspflicht der in die Handwerksrolle eingetragenen oder einzutragenden Gewerbetreibenden gegenüber der Handwerkskammer über Art und Umfang des Betriebs etc.

[121] Etwa § 76 Abs. 2 AMG: Pflicht des Pharmaberaters, über die Empfänger von Mustern von Fertigarzneimitteln Nachweise zu führen und auf Verlangen der zuständigen Behörde vorzulegen.

[122] Unten G. I.

[123] Vgl. (aus steuerrechtlicher Sicht) *Storg/Vierbach*, BB 2003, 2098. Der Gegenschluss greift übrigens nicht: Wenn der Staat sich der Rechtsform einer juristischen Person des Privatrechts bedient, hat er nicht unbedingt dieselben Rechte wie andere juristische Personen des Privatrechts; so sind Eigengesellschaften der öffentlichen Hand nach herrschender Ansicht nicht grundrechtsfähig (siehe etwa *Schoch*, Jura 2001, 201 [206]), für gemischtwirtschaftliche Unternehmen ist die Grundrechtsfähigkeit umstritten (siehe einerseits *BVerfG*, NJW 1990, 1783, andererseits *v. Arnauld*, DÖV 1998, 437 [450 f.]).

Unter den Begriff des „Privaten" sind daneben auch solche rechtsfähigen oder teilrechtsfähigen Personenvereinigungen zu fassen, die zwar keine juristischen Personen sind,[125] im Einzelfall aber ebenfalls zur Informationserteilung verpflichtet sein können; als mögliche Anspruchsgegner sind etwa Gesellschaften bürgerlichen Rechts oder offene Handelsgesellschaften zu nennen.[126] Demgegenüber kommt ein Informationsanspruch des Staates gegen nicht rechtsfähige Personenvereinigungen – wie etwa Bürgerinitiativen oder Verbände – als solche nicht in Betracht; nicht rechtsfähige Personenvereinigungen können schon begrifflich nicht Träger von Rechten und Pflichten und daher auch niemals Verpflichtete eines Anspruchs sein.[127] Der Staat muss und kann in solchen Fällen aber ohne weiteres die hinter der Personenvereinigung stehenden natürlichen Personen in Anspruch nehmen.

Weil ein Privater Anspruchsgegner sein muss, scheiden an dieser Stelle Informationspflichten des Staates gegenüber Privaten[128] ebenso aus wie der Informationsaustausch innerhalb des Staates.[129] Dazu zählt auch die informationelle Inanspruchnahme juristischer Personen des Öffentlichen Rechts durch andere staatliche Stellen, die schon deshalb besonderen Rechtsregeln unterliegt, weil die Verpflichtung zur Informationsgewährung grundsätzlich keine Grundrechtsrelevanz hat.[130]

bb) Staat

Berechtigter der hier untersuchten Informationsansprüche ist der *„Staat"* (im weit verstandenen Sinne[131]). Dieses Merkmal dient der Abgrenzung von Informationsbeziehungen unter Privatrechtssubjekten.

---

[124] Näher zur Anwendbarkeit der Gewerbeordnung auf die wirtschaftliche Betätigung der öffentlichen Hand, bei der die Gewinnerzielung im Vordergrund steht, *Tettinger,* in: ders./ Wank, Gewerbeordnung, § 1 Rdn. 24 (unter ausdrücklicher Nennung staatlicher Brauereien); siehe auch *Fuchs/Demmer,* GewArch 1995, 325 (326 f.), zur Anzeigepflicht gemäß § 14 GewO für die Nachfolgeunternehmen der Deutschen Bundespost.

[125] Zur „Begriffsverwirrung im deutschen Gesellschaftsrecht" *Beuthien,* JZ 2003, 715 ff.

[126] Beispielsweise sind gemäß § 17 Abs. 1 S. 1 HwO die in der Handwerksrolle eingetragenen oder einzutragenden Gewerbetreibenden gegenüber der Handwerkskammer zur Auskunft verpflichtet. Zu den danach Auskunftspflichtigen können gemäß § 1 Abs. 1 HwO auch Personenhandelsgesellschaften sowie Gesellschaften des bürgerlichen Rechts zählen.

[127] Anders in Bezug auf die Anspruchs*berechtigung* Privater gegenüber dem Staat § 2 Abs. 1 S. 2 IFG-ProfE; siehe dazu *Schoch/Kloepfer,* Informationsfreiheitsgesetz (IFG-ProfE), § 2 Rdn. 20.

[128] Dazu noch unten C. IV.

[129] Hierzu oben B. II.

[130] Vgl. nur *Krüger/Sachs,* in: Sachs, Grundgesetz, Art. 19 Rdn. 89 ff.

[131] Zum „Staat" zählen im vorliegenden Zusammenhang alle staatlichen Stellen im weiteren Sinne, d. h. nicht nur Behörden der unmittelbaren, sondern auch Träger der mittelbaren Staatsverwaltung; zur Abgrenzung vgl. *Burgi,* in: Erichsen/Ehlers, Allgemeines Verwaltungsrecht, § 52 Rdn. 10 ff.; *Maurer,* Allgemeines Verwaltungsrecht, § 22 Rdn. 1, § 23 Rdn. 1.

III. Möglichkeiten staatlicher Informationsgewinnung

Auch unter Privaten besteht eine Vielzahl von Informationsansprüchen. Diese ergeben sich vielfach aus Spezialgesetzen, etwa aus § 6 TDG, § 10, § 20 MDStV, § 19 MarkenG oder § 101a UrhG. Daneben sieht auch das Bürgerliche Gesetzbuch etliche Informationspflichten vor; exemplarisch können § 312c, § 482, § 666, § 1698 Abs. 1, § 2027 oder § 2215 BGB genannt werden.[132] Ein allgemeiner Auskunftsanspruch wird zudem aus Treu und Glauben (§ 242 BGB) hergeleitet, wenn zwischen den Beteiligten eine Sonderverbindung besteht, der Anspruchsberechtigte sich nicht in zumutbarer Weise selbst informieren kann, seine Unkenntnis entschuldbar ist und der Anspruchsverpflichtete die Information unschwer erteilen kann.[133]

Bereits diese am Merkmal „Staat" zu leistende Abgrenzung macht deutlich, dass es für einen Informationsanspruch „des Staates" – konkreter: einer staatlichen Stelle[134] – im hier untersuchten Zusammenhang nicht genügen kann, dass eine allgemein zur Ausübung hoheitlicher Macht berufene Stelle Inhaberin eines konkreten Informationsanspruches ist.[135] Vielmehr muss der Informationsanspruch gerade Ausdruck der Ausübung von Staatsgewalt sein, er muss der staatlichen Stelle *„als solcher"* zustehen. Dieses von der Abgrenzung zwischen Zivilrecht und Öffentlichem Recht her bekannte[136] Merkmal stellt sicher, dass nur solche Informationsansprüche erfasst werden, bei denen die Anspruchsinhaberschaft einer staatlichen Stelle zwingend ist.[137] Der Gleichlauf der hier gewählten Begrifflichkeit mit der Abgrenzung von Zivilrecht und Öffentlichem Recht bedeutet zugleich, dass nur die *öffentlich-rechtlichen* Informationsansprüche des Staates gegenüber Privaten erfasst werden. Diese Beschränkung des Untersuchungsgegenstands ist dadurch gerechtfertigt, dass das Erkenntnisinteresse gerade den Spezifika des Informationsverhältnisses zwischen Staat und Bürgern gilt.

Wenn eine staatliche Stelle einen Informationsanspruch gegen einen Privaten hat, der ihr nicht aufgrund staatlichen Sonderrechts zusteht, sondern weil sie wie ein „Jedermann" – etwa am allgemeinen Wirtschaftsverkehr teilnehmend – tätig geworden ist, besteht kein spezifisch staatlicher Informationsanspruch.[138] In solchen Fällen liegt vielmehr ein privatrechtlicher

---

132 Siehe auch den Überblick von *Lorenz,* JuS 1995, 569 ff. (allerdings zur Rechtslage vor der Schuldrechtsmodernisierung).

133 Näher *Lorenz,* JuS 1995, 569 (572 ff.); *Heinrichs,* in: Palandt, BGB, § 261 Rdn. 8 ff.; aus der Rechtsprechung vgl. etwa *BGHZ* 81, 21 (24); 95, 274 (278 f.); 126, 109 (113); 141, 307 (318). Laut *BGHZ* 125, 322 (329), ist der allgemeine Auskunftsanspruch aus § 242 BGB mittlerweile Gewohnheitsrecht.

134 Vgl. zur Begrifflichkeit noch unten G. I. 3. e).

135 Die Möglichkeit, Staatsgewalt auszuüben, ist eines der konstituierenden Elemente des Staates: Nach der heute gültigen „Drei-Elementen-Lehre", die auf *Georg Jellinek* zurückgeht, ist der Staat ein menschlicher Verband, der sich zu einem Staatsvolk zusammengefunden hat, ein bestimmtes Staatsgebiet bewohnt und über eine auf Organisation beruhende Staatsgewalt verfügt; näher dazu *Doehring,* Allgemeine Staatslehre, Rdn. 39 ff.

136 Siehe nur *Ehlers,* in: Erichsen / Ehlers, Allgemeines Verwaltungsrecht, § 2 Rdn. 26 ff.

137 Hierzu zählen auch Beliehene, die zwar Privatpersonen sind, aber dennoch hoheitliche Macht ausüben; siehe nur *Burgi,* in: Erichsen / Ehlers, Allgemeines Verwaltungsrecht, § 54 Rdn. 24.

138 Vgl. *Ehlers,* in: Erichsen / Ehlers, Allgemeines Verwaltungsrecht, § 2 Rdn. 28.

Informationsanspruch vor, dessen Anspruchsberechtigte nur „zufällig" eine staatliche Stelle ist. Derartige Informationsansprüche werden im Folgenden nicht weiter behandelt.

cc) Verpflichtung

Weiteres Merkmal der Informations*pflicht* ist das Bestehen eines verbindlichen und durchsetzbaren Anspruchs des Staates. Der Staat muss den verpflichteten Privaten – vorbehaltlich bestimmter Grenzen[139] – zur Erteilung der Information zwingen können.

Eine *Verpflichtung* des Privaten liegt demgegenüber nicht vor, wenn der Staat bloß Anreize zur Informationserteilung bietet, ohne diese aber durchsetzen zu können; Beispiele hierfür sind die Informationsbeschaffung bei strafbaren Personen mittels der Gewährung eines Straferlasses oder einer Strafmilderung bei Informationserteilung sowie die Auslobung einer Belohnung für die Informationserteilung.[140] Ebenso reicht es nicht aus, wenn an die Nichterteilung der Information durch den Privaten rechtliche Nachteile geknüpft sind, also gewissermaßen eine Obliegenheit[141] zur Informationserteilung besteht. Zu dieser Fallgruppe gehört etwa die Mitwirkungslast im Verwaltungsverfahren.[142] Nach § 26 Abs. 2 S. 1 und S. 2 VwVfG sollen zwar die Beteiligten an der Ermittlung des Sachverhalts mitwirken und insbesondere ihnen bekannte Tatsachen und Beweismittel angeben. Bei unterlassener Mitwirkung ist jedoch keine zwangsweise Durchsetzung möglich, sondern es treten lediglich mittelbare Rechtsfolgen ein; namentlich kann die Beweiswürdigung durch die Behörde zum Nachteil des Beteiligten ausfallen, der die Mitwirkung verweigert hat.[143] Ein weiterer Fall einer Obliegenheit zur Informationserteilung gegenüber einer staatlichen Stelle ist § 33 Abs. 1 S. 1 BBergG; nach dieser Norm kann unter weiteren Voraussetzungen ein Aufwendungsersatzanspruch entstehen, wenn die Entdeckung eines „bergfreien Bodenschatzes" der zuständigen Behörde unverzüglich angezeigt wird. Sogar ausdrücklich als „Obliegenheit" war die Mitwirkung des Ausländers nach § 70 Abs. 1 S. 1 AuslG in § 70 Abs. 1 S. 4 AuslG bezeichnet.[144]

---

[139] Siehe unten E. IV. 4.

[140] Zu diesen Möglichkeiten staatlicher Informationserlangung ausführlich *Pohl*, Informationsbeschaffung beim Mitbürger, S. 70 ff.

[141] Allgemein zu den Begriffen „Pflicht" und „Obliegenheit" *Brox*, Allgemeiner Teil des BGB, Rdn. 614 ff.

[142] Ausdrücklich als „Obliegenheit" bezeichnet von *Badura*, in: Erichsen/Ehlers, Allgemeines Verwaltungsrecht, § 37 Rdn. 3; *Leist*, BayVBl 2004, 489 (491); *Maurer*, Allgemeines Verwaltungsrecht, § 19 Rdn. 25; *Schink*, DVBl. 1989, 1182 (1185); kritisch zu diesem Begriff im vorliegenden Zusammenhang jedoch *Grupp*, VerwArch 80 (1989), 44 (66), mit (zu) sehr auf das Privatversicherungsrecht beschränkter Sichtweise.

[143] Vgl. *Grupp*, VerwArch 80 (1989), 44 (50 ff.); *Leist*, BayVBl 2004, 489 (491); *Maurer*, Allgemeines Verwaltungsrecht, § 19 Rdn. 25; *Peters*, JuS 1991, 54 (58 f.); *Stelkens/Kallerhoff*, in: Stelkens/Bonk/Sachs, Verwaltungsverfahrensgesetz, § 26 Rdn. 55 f.

[144] Der an die Stelle dieser Vorschrift getretene § 82 Abs. 3 AufenthG spricht demgegenüber nunmehr von einer „Verpflichtung" des Ausländers. Dies ist begrifflich unzutreffend, da die Mitwirkungs„pflicht" des § 82 Abs. 1 S. 1 AufenthG weiterhin nicht zwangsweise durchsetzbar ist, sondern gemäß § 82 Abs. 1 S. 3 AufenthG nicht oder zu spät geltend gemachte Umstände lediglich unberücksichtigt bleiben können. Die Gesetzesbegründung geht auf die geänderte Nomenklatur mit keinem Wort ein, siehe BT-Drs 15/420, S. 96.

dd) Information

Gegenstand des staatlichen Anspruchs gegen den Privaten muss die Erteilung einer *Information* sein. Dabei gilt gemäß der bereits erarbeiteten Definition: Eine Information ist eine geordnete Datenmenge mit einem bestimmten Sinngehalt für einen potentiellen Empfänger, die geeignet ist, dessen Verhalten oder Zustand zu beeinflussen, und Grundlage für die Entstehung von Wissen sein kann.[145]

ee) Erteilung

Das Merkmal der Informations*erteilung* erlaubt zunächst die Abgrenzung zu Verpflichtungen des Privaten, die im Vorfeld der eigentlichen Informationspflicht bestehen und die Sammlung, Aufbewahrung oder Bereithaltung von Informationen zum Gegenstand haben. Der Staat beschränkt sich in diesen Fällen nicht darauf, auf den großen privaten Informationsbestand zuzugreifen, sondern er nimmt die betroffenen Privaten darüber hinaus in Anspruch, indem diese zu einer zusätzlichen Ausweitung ihres Informationsbestandes verpflichtet werden. Derartige *Informationsvorsorgepflichten* stellen selbst keine Informationspflichten dar; sie verpflichten (noch) nicht zur Übermittlung der Information an eine staatliche Stelle. Wegen des engen Zusammenhangs mit Informationspflichten wird in dieser Untersuchung aber mehrfach auf die Informationsvorsorgepflichten zurückzukommen sein.[146]

Daneben lassen sich in diesem Zusammenhang *Genehmigungspflichten* aus dem Begriff der Informationspflicht ausscheiden. Genehmigungspflichten haben zwar mit Informationspflichten gemeinsam, dass der Private vor Aufnahme etwa einer bestimmten Tätigkeit den Staat davon unterrichten muss, also – in Gestalt des Antrags – die Übermittlung einer Information zu erfolgen hat; auch sollen Genehmigungspflichten mindestens in zweiter Linie durchaus dazu dienen, dem Staat Informationen über den Gegenstand der Genehmigungspflicht zu verschaffen.[147] Genehmigungspflichten haben aber die Besonderheit, dass die Behörde auf einen Genehmigungsantrag zu reagieren hat, indem sie ihm stattgibt oder ihn ablehnt. Das Verhältnis zwischen Behörde und Privaten erschöpft sich nicht in der Informationsübermittlung, sondern verlangt eine nachfolgende Reaktion der Behörde. Derartige Konstellationen, in denen ein zwingendes korrespondierendes Verhalten des Staates im Raume steht, sind aus dem Begriff der Informationspflicht auszuscheiden, soll dieser nicht uferlos werden. Trotz gewisser Gemeinsamkeiten sind Genehmigungspflichten eine strukturell andere Pflichtenkategorie.

---

[145] Dazu umfassend oben B. I. 2.

[146] Unten E. VI. sowie G. I. 2. d).

[147] *Bitter*, Spieltheorie und öffentliche Verwaltung, S. 85; *Jarass*, Wirtschaftsverwaltungsrecht, § 11 Rdn. 2; *Kloepfer*, UPR 2005, 41 (43); *Spieker genannt Döhmann*, DVBl. 2006, 278 (280); *Thiel*, GewArch 2001, 403 (408).

Ebenfalls keine Informationspflichten Privater gegenüber dem Staat sind schließlich die häufig im Zusammenhang mit Informationspflichten normierten *sonstigen Überprüfungsrechte* der zuständigen staatlichen Stelle. Etliche Vorschriften bestimmen, dass es der informationsberechtigten Stelle auch gestattet ist, bestimmte Räumlichkeiten zu betreten und zu besichtigen oder Untersuchungen vorzunehmen.[148] Diese „Annex-Überprüfungsrechte" haben zwar ebenfalls den Zweck, dem Staat Informationen zu verschaffen, es handelt sich aber wiederum nicht um die Verpflichtung des betroffenen Privaten, Informationen zu *erteilen*. Der Private ist lediglich zur Duldung der entsprechenden Maßnahme verpflichtet.

IV. Zugang Privater zum staatlichen Informationsbestand

Bei der Betrachtung des Informationsverhältnisses zwischen Privaten und Staat lohnt der Blick auch auf die gegenüber der bisher behandelten umgekehrte Situation. Der Zugang Privater zum staatlichen Informationsbestand folgt zwar teilweise anderen (rechtlichen) Regeln als der Zugang staatlicher Stellen zu bei Privaten vorhandenen Informationen. Zumindest strukturelle Gesichtspunkte und inhaltliche Fragestellungen (z. B. Art und Weise der Informationserteilung, Behandlung von Betriebsgeheimnissen etc.) treten aber in beiden Richtungen des Informationsflusses in vergleichbarer Weise auf, so dass Erkenntnisse aus dem Recht der Informationspflichten des Staates gegenüber Privaten für die Befassung mit Informationspflichten Privater gegenüber dem Staat durchaus nutzbar gemacht werden können.[149]

Der Zugang Privater zum staatlichen Informationsbestand ist relativ unproblematisch hinsichtlich solcher Informationsquellen, die der Staat ohnehin für die Öffentlichkeit zugänglich hält.[150] Angesprochen sind damit Veröffentlichungspflichten des Staates – insbesondere in Bezug auf gesetzgeberische Akte,[151] aber

---

[148] Etwa § 18 Abs. 1 BerBiFG; § 22 Abs. 1 Nr. 3 BtMG; § 25 Abs. 3 Nr. 1 GenTG; § 26 Abs. 3 S. 1 Nrn. 1, 2 MPG; § 54a Abs. 1 S. 2 PBefG; § 9 Abs. 2 S. 2–4 GGBefG; § 21 Abs. 4 ChemG; § 60c Abs. 1 S. 2 GewO; § 22 Abs. 2 GastG; § 38 Abs. 2 PflSchG; § 73 Abs. 1 TierSG. Vgl. auch die Überblicke bei *Decker,* Die externe Informationsgewinnung in der deutschen öffentlichen Verwaltung, S. 148 ff.; *Scholl,* Behördliche Prüfungsbefugnisse im Recht der Wirtschaftsüberwachung, S. 133 ff.

[149] Siehe hierzu näher die Erarbeitung eines allgemeinen Rechts der Informationspflichten Privater gegenüber dem Staat unten G., bei der vielfach auf Normen des Informationszugangsrechts Privater gegenüber dem Staat zurückgegriffen werden kann.

[150] Vgl. auch *Kloepfer,* Informationsrecht, § 10 Rdn. 7, nach dem „die Veröffentlichung von Staatsakten ... ein Individualrecht auf staatliche Informationen im konkreten Fall entbehrlich" macht.

[151] Die Veröffentlichung von Rechtsnormen ist bundesverfassungsrechtlich durch Art. 82 Abs. 1 GG und europarechtlich durch Art. 254 EGV gewährleistet; näher *Pieroth,* in: Erb-

auch auf bestimmte Maßnahmen der Verwaltung[152] oder Gerichtsentscheidungen[153] – sowie Vorschriften über die (grundsätzliche) Sitzungsöffentlichkeit der Parlamente (zum Beispiel Art. 42 Abs. 1 S. 1 GG)[154] und Gerichte (§ 169 S. 1 GVG).[155] Der Zugang zu diesen Informationsquellen ist sogar verfassungsrechtlich durch Art. 5 Abs. 1 S. 1 GG abgesichert, soweit sie staatlicherseits als allgemein zugänglich bestimmt sind.[156]

Weniger stark dagegen ist die Rechtsposition des Privaten, wenn es um nicht „allgemein zugängliche" Informationsquellen geht, namentlich um Dokumente der Verwaltung oder der Gerichte. Insoweit gilt in der Bundesrepublik Deutschland traditionell der *Grundsatz der „beschränkten Aktenöffentlichkeit"*, nach dem Private einen Zugang zu staatlichen Informationen nur haben, wenn sie Verfahrensbeteiligte sind (vgl. nur § 29 VwVfG, § 100 VwGO, §§ 299 f., 760 ZPO, § 147 StPO).[157] Auf der Ebene des Bundesrechts sahen lange Zeit lediglich einige bereichsspezifische Regelungen einen weitergehenden Informationszugangsanspruch des Bürgers vor.[158] Am bedeutsamsten ist insoweit das Umweltinformationsgesetz (UIG),[159] das die europarechtlichen Vorgaben der Umweltinformations-Richtlinie[160] umsetzt

---

guth / Oebbecke / Rengeling / Schulte, Planung, Festschrift für Werner Hoppe zum 70. Geburtstag, S. 195 (204 f.).

[152] Insbesondere im Planungsrecht, siehe etwa § 74 Abs. 4 S. 2 VwVfG zur Auslegung von Planfeststellungsbeschlüssen.

[153] Bestimmte Entscheidungen des Bundesverfassungsgerichts, insbesondere Normenkontrollen mit Gesetzeskraft, sind gemäß § 31 Abs. 2 S. 3, S. 4 BVerfGG im Bundesgesetzblatt zu veröffentlichen. Zur staatlichen Veröffentlichung weiterer Gerichtsentscheidungen – insbesondere in den „Amtlichen Sammlungen" der Bundesgerichte – vgl. *Kirchner*, in: Zeidler / Maunz / Roellecke, Festschrift Hans Joachim Faller, S. 502 ff.; siehe auch *Tiedemann*, NVwZ 1997, 1187 f.

[154] Dazu näher *Kloepfer*, in: Isensee / Kirchhof, Handbuch des Staatsrechts, Bd. III, 3. Aufl., § 35 Rdn. 54.

[155] Dazu näher *Kloepfer*, Informationsrecht, § 10 Rdn. 62 ff.

[156] Vgl. *Gurlit*, DVBl. 2003, 1119 (1121).

[157] Siehe *Gurlit*, DVBl. 2003, 1119 (1126); *Erdelt*, DuD 2003, 465 (467); *Kloepfer*, Informationsrecht, § 10 Rdn. 8; *Schoch / Kloepfer*, Informationsfreiheitsgesetz (IFG-ProfE), Einleitung Rdn. 13 f.

[158] Dazu näher *Schoch / Kloepfer*, Informationsfreiheitsgesetz (IFG-ProfE), Einleitung Rdn. 15 ff., die zwischen Informationszugangsrechten für Betroffene (zum Beispiel § 19 BDSG, § 9 UHG) und dem Informationszugang zu öffentlichen Registern (zum Beispiel §§ 21, 22 MRRG, § 61 PStG, § 12 GBO) unterscheiden.

[159] Umweltinformationsgesetz vom 22. 12. 2004 (BGBl. I, S. 3704). Hierdurch wurde das Umweltinformationsgesetz vom 8. 7. 1994 (BGBl. I, S. 1490) in der Fassung der Bekanntmachung vom 23. 8. 2001 (BGBl. I, S. 2218) außer Kraft gesetzt.

[160] Richtlinie 2003 / 4 / EG des Europäischen Parlaments und des Rates vom 28. 1. 2003 über den Zugang der Öffentlichkeit zu Umweltinformationen und zur Aufhebung der Richtlinie 90 / 313 / EWG des Rates, ABl EU 2003, Nr. L 41, 26. Diese Richtlinie hat die Richtlinie 90 / 313 / EWG des Rates vom 7. 6. 1990 über den Zugang der Öffentlichkeit zu Umweltinformationen, ABl EG 1990, Nr. L 158, 56, ersetzt und in ihrem Anwendungsbereich erweitert; vgl. auch *Kloepfer*, UPR 2005, 41 (46).

und als Grundsatz bestimmt, dass „jeder" einen (materiell) voraussetzungslosen Zugangsanspruch zu bei einem Träger hoheitlicher Gewalt vorhandenen Informationen über die Umwelt besitzt (§ 3 Abs. 1 UIG), während der Schutz öffentlicher Belange und die Vertraulichkeit personenbezogener Daten nur Ausnahmen von diesem Grundsatz darstellen (§§ 8 f. UIG).[161] Ab dem 1. 1. 2006 kennt das Bundesrecht aber auch einen *allgemeinen* Informationszugangsanspruch des Bürgers gegenüber staatlichen Stellen (§ 1 Abs. 1 IFG[162]). Eine Vorreiterrolle für die Einführung dieses generellen Zugangsanspruchs des Bürgers zu Informationen der öffentlichen Verwaltung kam insbesondere der Europäischen Gemeinschaft mit der Einführung eines voraussetzungslosen Zugangsrechts der Öffentlichkeit zu Dokumenten sowohl im Primärrecht (Art. 255 EGV) als auch im Sekundärrecht[163] zu. Aber auch vier Bundesländer hatten bereits zuvor entsprechende *landesrechtliche* Informationszugangsansprüche eingeführt.[164] Die Tendenz der Rechtsentwicklung weg vom Grundsatz der beschränkten Aktenöffentlichkeit hin zu einer Vermutung für ein Zugangsrecht des Bürgers zu staatlichen Informationen ist damit mittlerweile unverkennbar geworden.[165] Der freie Zugang des Bürgers zu den beim Staat vorhandenen Informationen wird inzwischen sogar als „tragende Säule" des Rechts der Informationsgesellschaft angesehen.[166]

---

[161] Vgl. *Näckel/Wasielewski,* DVBl. 2005, 1351 (1353); zum § 3 Abs. 1 UIG n. F. in der Sache entsprechenden Anspruch aus § 4 Abs. 1 UIG a. F. siehe auch *Gurlit,* DVBl. 2003, 1119 (1126 ff.); *Kloepfer,* Informationsrecht, § 10 Rdn. 28 ff.; *Schoch/Kloepfer,* Informationsfreiheitsgesetz (IFG-ProfE), Einleitung Rdn. 18 f.; einen Rechtsprechungsbericht liefern *Fluck/Wintterle,* VerwArch 94 (2003), 437 ff.

[162] Gesetz zur Regelung des Zugangs zu Informationen des Bundes (Informationsfreiheitsgesetz – IFG) vom 5. 9. 2005 (BGBl. I, S. 2722); hierzu näher *Kloepfer/v. Lewinski,* DVBl. 2005, 1277 (1279 ff.); *Kloepfer,* K&R 2006, 19 ff.; *Kugelmann,* DVBl. 2005, 851 (858 f.); *ders.,* NJW 2005, 3609 ff.; *Schmitz/Jastrow,* NVwZ 2005, 984 (987 ff.).

[163] Verordnung 1049/2001 des Europäischen Parlaments und des Rates vom 30. 5. 2001 über den Zugang der Öffentlichkeit zu Dokumenten des Europäischen Parlaments, des Rates und der Kommission, ABl EG 2001, Nr. L 145, 43; dazu umfassend *Castenholz,* Informationszugangsfreiheit im Gemeinschaftsrecht, S. 144 ff.; *Meltzian,* Das Recht der Öffentlichkeit auf Zugang zu Dokumenten der Gemeinschaftsorganen, S. 173 ff.; *Wewers,* Das Zugangsrecht zu Dokumenten in der europäischen Rechtsordnung, S. 247 ff.; vgl. auch *Marsch,* DÖV 2005, 639 ff.; *Schoch,* VBlBW 2003, 297 (303 f.).

[164] *Brandenburg:* Akteneinsichts- und Informationszugangsgesetz (AIG) vom 18. 3. 1998 (GVBl, I S. 46); *Berlin:* Informationsfreiheitsgesetz (IFG) vom 15. 10. 1999 (GVBl Nr. 45, S. 561); *Schleswig-Holstein:* Informationsfreiheitsgesetz (IFG) vom 9. 2. 2000 (GVOBl, S. 166); *Nordrhein-Westfalen:* Informationsfreiheitsgesetz (IFG) vom 27. 11. 2001 (VBl, S. 806). Einen kurzen Überblick über die Regelungswerke bietet *Erdelt,* DuD 2003, 465 (468 f.); siehe auch *Schoch,* Die Verwaltung 35 (2002), 149 (154 f.).

[165] Siehe auch *Bischopink,* NWVBl 2003, 245; *Schoch,* in: Kloepfer, Die transparente Verwaltung, S. 49 (51 f.); kritisch zur Ausweitung der privaten Informationszugangsansprüche gegenüber dem Staat *Ibler,* in: Eberle/Ibler/Lorenz, Der Wandel des Staates vor den Herausforderungen der Gegenwart, Festschrift für Winfried Brohm zum 70. Geburtstag, S. 405 (408 ff.).

[166] *Kloepfer,* DÖV 2003, 221 (223).

D. Staatliche Informationsbeschaffung in Zeiten von Privatisierung, Liberalisierung und Deregulierung

Die existentielle Relevanz des „Rohstoffs" Information in der Informationsgesellschaft und damit auch die steigende Bedeutung staatlicher Informationsbeschaffung wird durch ein gleichzeitig festzustellendes und mit der Entwicklung der Informationsgesellschaft in Wechselwirkungen stehendes Phänomen noch forciert. Gemeint sind privatisierende, liberalisierende und deregulierende Tendenzen der deutschen, europäischen und internationalen Politik und des entsprechenden Rechts. Vor dieser Perspektive sollen die Auswirkungen der angesprochenen Determinanten auf den Untersuchungsgegenstand der vorliegenden Arbeit – das Rechtsinstitut der Informationspflicht Privater gegenüber dem Staat – näher dargestellt werden. Ausgehend von einer allgemeinen Grundlegung, die Privatisierung, Liberalisierung und Deregulierung als aktuelle Tendenzen der Politik im Zeichen der Entwicklung eines „schlanken Staates" behandelt, dabei auch die notwendigen Begriffsbestimmungen vornimmt sowie die politischen und rechtlichen Hintergründe erläutert (I.), werden dabei namentlich die informationellen Auswirkungen dieser Tendenzen auf den Staat in den Blick genommen und eine Steigerung des externen staatlichen Informationsbedarfs konstatiert (II.). Diese Feststellung führt zu der These von einer Bedeutungszunahme des hier behandelten Rechtsinstituts in Zeiten von Privatisierung, Liberalisierung und Deregulierung (III.). Diese These wird anschließend überprüft und weitgehend verifiziert, indem Privatisierungen, Liberalisierungen und Deregulierungen ausgewählter Bereiche in ihren Einzelheiten dargestellt und die Auswirkungen dieser Prozesse auf die Bedeutung von Informationspflichten Privater gegenüber dem Staat ausführlich untersucht werden (IV.). Hieran kann sich zum Ende dieses Kapitels eine Analyse der staatlichen Informationsbeschaffung in Zeiten von Privatisierung, Liberalisierung und Deregulierung anschließen (V.).

I. Der „schlanke Staat" als Ziel: Privatisierung, Liberalisierung und Deregulierung als aktuelle Tendenzen der Politik

1. Der überforderte Staat und seine Entlastung

Privatisierung, Liberalisierung und Deregulierung sind Schlagworte einer breiten Reformdiskussion in der Bundesrepublik Deutschland. Ausgangspunkt dieser Debatte war und ist die Diagnose der *Überforderung des Staates*.[1] Dieser hat sich im Lauf der Zeit – nicht zuletzt durch eine „Vorverlagerung des Interventionspunktes" und Reaktionen auf wissenschaftliche und technologische Fortschritte[2] – eine immer größere *Aufgabenlast* aufgeladen und ist dadurch bereits quantitativ an seine Grenzen gestoßen.[3]

Anhaltspunkte für die ständige Steigerung der staatlichen Aufgabenlast bieten die Entwicklung der Staatsquote sowie des Personalbestands im öffentlichen Dienst. So lag die Staatsquote, die den Anteil der Staatsausgaben am Bruttoinlandsprodukt beziffert, im Jahre 1960 noch bei etwa 33 % und beträgt heute knapp unter 50 %.[4] Der Personalbestand im öffentlichen Dienst hat sich von 1910 bis 1955 zum ersten Mal und dann im Zeitraum bis 1990 zum zweiten Mal verdoppelt.[5]

---

[1] *Ellwein/Hesse*, Der überforderte Staat; *Herzog*, in: Badura/Scholz, Wege und Verfahren des Verfassungslebens, Festschrift für Peter Lerche zum 65. Geburtstag, S. 15 ff.; *Lackner*, Gewährleistungsverwaltung und Verkehrsverwaltung, S. 18 ff.; *Voigt*, in: ders., Abschied vom Staat? – Rückkehr zum Staat?, S. 9 (14); siehe auch *Schmidt*, in: Biernat/Hendler/Schoch/Wasilewski: Grundfragen des Verwaltungsrechts und der Privatisierung, S. 210; *Scholz*, in: Ruland/v. Maydell/Papier, Verfassung, Theorie und Praxis des Sozialstaats, Festschrift für Hans F. Zacher zum 70. Geburtstag, S. 987 (993).

[2] Dazu näher *Gramm*, Privatisierung und notwendige Staatsaufgaben, S. 94 ff.; *Herzog*, in: Badura/Scholz, Wege und Verfahren des Verfassungslebens, Festschrift für Peter Lerche zum 65. Geburtstag, S. 15 (21 ff.); vgl. auch *Budäus/Finger*, Die Verwaltung 32 (1999), 313 (314 f.).

[3] Vgl. *Benz*, Die Verwaltung 28 (1995), 337 (338); *Budäus/Finger*, Die Verwaltung 32 (1999), 313 (315); *Ellwein/Hesse*, Der überforderte Staat, S. 24 f.; *Gramm*, Privatisierung und notwendige Staatsaufgaben, S. 94 ff.; *Grande*, in: ders./Prätorius, Modernisierung des Staates, S. 45 (49 ff.); *Grimm*, in: Voigt, Abschied vom Staat – Rückkehr zum Staat?, S. 27 (45); *Kämmerer*, JZ 1996, 1042; *Knemeyer*, in: Grupp/Ronellenfitsch, Planung – Recht – Rechtsschutz, Festschrift für Willi Blümel zum 70. Geburtstag, S. 259 (260 f.); *Meyer-Teschendorf/Hofmann*, DÖV 1997, 268 (269 f.); *Schoch*, DVBl. 1994, 962 (967); *Scholz*, in: Ruland/v. Maydell/Papier, Verfassung, Theorie und Praxis des Sozialstaats, Festschrift für Hans F. Zacher zum 70. Geburtstag, S. 987 (991 f.); *Schulze-Fielitz*, in: Grimm, Wachsende Staatsaufgaben – sinkende Steuerungsfähigkeit des Rechts, S. 11 (18 f.); *Voßkuhle*, VerwArch 92 (2001), 184 (188).

[4] Im Jahre 2003 betrug die Staatsquote in der Bundesrepublik Deutschland laut Statistischem Bundesamt 48,9 %, siehe http://www.destatis.de/basis/d/fist/fist027.php. Zur Entwicklung der Staatsquote vgl. auch *Wallerath*, JZ 2001, 209 (210).

[5] Näher dazu *Ellwein/Hesse*, Der überforderte Staat, S. 157; siehe auch *Meyer-Teschendorf/Hofmann*, DÖV 1997, 268 (269); *Wallerath*, JZ 2001, 209 (211).

I. Der „schlanke Staat" als Ziel

Ganz offensichtlich treten die Auswirkungen der Überforderung des Staates bei einem Blick auf die Haushaltslage in Bund, Ländern und Kommunen zu Tage: Die vielfach beklagten leeren Haushaltskassen und der immer größer werdende Schuldenberg der öffentlichen Hand[6] sind zu einem maßgeblichen Teil auf dieses Phänomen zurückzuführen.[7] Gleichzeitig hat sich erwiesen, dass die immer intensivere Wahrnehmung immer neuer Aufgaben durch den Staat keineswegs durch auf der anderen Seite positive Auswirkungen auf Wirtschaft und Gesellschaft gerechtfertigt werden konnte. Vielmehr haben sich trotz – oder wegen – der staatlichen Hinwendung zu weiteren Aufgaben Standortnachteile der deutschen Wirtschaft im globalisierten Wettbewerb bei einer hohen und in jedem Konjunkturzyklus weiter wachsenden Erwerbslosigkeit ergeben.[8] Als Grund hierfür gelten (unter anderem) die Inflexibilität, Komplexität und unübersehbare Vielzahl rechtlicher Regelungen, zu lange Zulassungszeiten staatlicher Stellen sowie überzogene Behinderungen von Forschungs- und Entwicklungsaktivitäten.[9] Diese Faktoren machen eine wirtschaftliche Betätigung im Inland kostenträchtig und damit unattraktiv; die Unternehmen flüchten ins Ausland, zumal im Zeitalter der Globalisierung der internationale Warenaustausch physisch leichter und der Produktionsstandort damit weniger erheblich geworden ist.[10] Diese weltweiten Investitionen und Investitionsoptionen haben zwangsläufig einschneidende Rückwirkungen auf die Beschäftigungssituation an den traditionellen Unternehmensstandorten.[11] Zur Lösung dieser Probleme trägt der Staat mit seinen konventionellen Mitteln nichts bei – im Gegenteil, er wird sogar als eine deren Ursachen empfunden.[12]

Die Diagnose eines überforderten Staates wirft die Frage nach einer wirksamen „therapeutischen Maßnahme" auf, als die vielfach die Entlastung des Staates im

---

6 Zahlen zur „Finanzkrise des Staates" bei *Göke*, ZG 2006, 1 (2 f.); *Lackner*, Gewährleistungsverwaltung und Verkehrsverwaltung, S. 15 ff.

7 Siehe bereits das Jahresgutachten des Sachverständigenrates 1975, BT-Drs 7/4326, S. 9, das eine Revision der Staatstätigkeit unter Hinweis auf die schlechte Haushaltslage forderte; vgl. auch *Bauer*, in: Isensee/Kirchhof, Handbuch des Staatsrechts, Bd. I, § 14 Rdn. 122; *Helm*, Rechtspflicht zur Privatisierung, S. 63 f.; *König/Theobald*, in: Grupp/Ronellenfitsch, Planung – Recht – Rechtsschutz, Festschrift für Willi Blümel zum 70. Geburtstag, S. 277 (282 f.); *Schoch*, DVBl. 1994, 962 (967 f.); *Scholz*, in: Ruland/v. Maydell/Papier, Verfassung, Theorie und Praxis des Sozialstaats, Festschrift für Hans F. Zacher zum 70. Geburtstag, S. 987.

8 Vgl. zur Debatte um den „Standort Deutschland" *Schneider*, Öko-Audit und Deregulierung im Immissionsschutzrecht, S. 114 f.

9 *Molitor*, Deregulierung in Europa, S. 17.

10 *Benz*, Die Verwaltung 28 (1995), 337 (339 f.); *Möschel*, JZ 1988, 885; *Schmidt*, in: Biernat/Hendler/Schoch/Wasilewski, Grundfragen des Verwaltungsrechts und der Privatisierung, S. 210. Die Globalisierung des (wirtschaftlichen) Wettbewerbs führt daher auch zu einem „Wettbewerb der Staatstätigkeit und der öffentlichen Verwaltung", so *Hofmann/Meyer-Teschendorf*, ZG 1997, 338 (348).

11 Zum Ganzen *Molitor*, Deregulierung in Europa, S. 17 f.

12 Vgl. auch *Battis*, DVBl. 2000, 1557; *Wallerath*, JZ 2001, 209 (217).

Wege dessen „*Modernisierung*" oder „*Verschlankung*" angesehen wird.[13] Das staatliche Handeln sei sowohl im normativen als auch im administrativen und gerichtlichen Bereich auf das notwendige Maß zu beschränken.[14] Der Staat müsse seine Aufgaben (und in der Folge auch seine Behörden) abbauen;[15] er habe sich auf seine Kernaufgaben zu konzentrieren[16] und die Wahrnehmung anderer Aufgaben in den privaten Sektor zu verlagern.[17] Die Gesetzesflut müsse eingedämmt und das staatliche Regelwerk vereinfacht werden.[18] Planungs- und Genehmigungsverfahren seien zu beschleunigen.[19] Eingriffe des Staates in den wirtschaftlichen Wettbewerb seien auf das erforderliche Mindestmaß zu beschränken und so der Markt und seine Mechanismen zu stärken.[20] Diese Maßnahmen hin zu einem „schlanken Staat" werden vielfach – bei nicht ganz einheitlichem Verständnis dieser Begriffe[21] – unter den Schlagworten Privatisierung, Liberalisierung und Deregulierung zusammengefasst; diese Bezeichnungen dienen also der Kennzeichnung von Erfolg versprechenden Wegen einer als erforderlich erachteten Entlastung des Staates.[22]

---

[13] Siehe etwa *Scholz,* in: Ruland/v. Maydell/Papier, Verfassung, Theorie und Praxis des Sozialstaats, Festschrift für Hans F. Zacher zum 70. Geburtstag, S. 987 ff.; vgl. auch *Bauer,* in: Isensee/Kirchhof, Handbuch des Staatsrechts, Bd. I, § 14 Rdn. 122; *Burgi,* in: Erichsen/Ehlers, Allgemeines Verwaltungsrecht, § 54 Rdn. 2; *Penski,* DÖV 1999, 85; *Voßkuhle,* VerwArch 92 (2001), 184 (188); *Wallerath,* JZ 2001, 209 (210).

[14] Vgl. *Meyer-Teschendorf/Hofmann,* DÖV 1997, 268; *Scholz,* in: Ruland/v. Maydell/Papier, Verfassung, Theorie und Praxis des Sozialstaats, Festschrift für Hans F. Zacher zum 70. Geburtstag, S. 987 (995 f.).

[15] *Ellwein/Hesse,* Der überforderte Staat, S. 26 ff., 136 ff.; *Hofmann/Meyer-Teschendorf,* ZG 1997, 338 (341); *Meyer-Teschendorf/Hofmann,* DÖV 1997, 268 (269).

[16] Zum Kernbestand der Aufgaben des Staates näher *Benz,* Die Verwaltung 28 (1995), 337 (359); *Ellwein/Hesse,* Der überforderte Staat, S. 167 ff.; *Karpen,* in: Schreckenberger/Merten, Grundfragen der Gesetzgebungslehre, S. 11 (17 f.); vgl. auch *Schoch,* DVBl. 1994, 962 (963); *Scholz,* in: Ruland/v. Maydell/Papier, Verfassung, Theorie und Praxis des Sozialstaats, Festschrift für Hans F. Zacher zum 70. Geburtstag, S. 987 (994 f.); *Schuppert,* DÖV 1995, 761 (764 f.); *Wallerath,* JZ 2001, 209 (215 f.).

[17] *Ellwein/Hesse,* Der überforderte Staat, S. 200 ff.; *Hofmann/Meyer-Teschendorf,* ZG 1997, 338 (341 f.); *Meyer-Teschendorf/Hofmann,* DÖV 1997, 168 (270); *Schmidt,* in: Biernat/Hendler/Schoch/Wasilewski, Grundfragen des Verwaltungsrechts und der Privatisierung, S. 210; *Schmidt-Jorzig,* in: Rengeling, Beschleunigung von Planungs- und Genehmigungsverfahren – Deregulierung, S. 1 (2 f.).

[18] *Hofmann/Meyer-Teschendorf,* ZG 1997, 338 (339); *Karpen,* in: Schreckenberger/Merten, Grundfragen der Gesetzgebungslehre, S. 11 (18 ff.).

[19] *Busse,* DÖV 1996, 389 (393); *Scholz,* in: Ruland/v. Maydell/Papier, Verfassung, Theorie und Praxis des Sozialstaats, Festschrift für Hans F. Zacher zum 70. Geburtstag, S. 987 (1010).

[20] *Schmidt,* in: Biernat/Hendler/Schoch/Wasilewski, Grundfragen des Verwaltungsrechts und der Privatisierung, S. 210 (217).

[21] Dazu näher sogleich D. I. 2.

[22] Vgl. auch *Battis,* DVBl. 2000, 1557: „Problemtrias Beschleunigung, Deregulierung, Privatisierung" als Bestandteile eines Projekts „schlanker Staat"; *Benz,* Die Verwaltung 28 (1995), 337: Privatisierung und Deregulierung als „Strategien der externen Staatsentlastung";

2. Die Begriffe „Privatisierung", „Liberalisierung" und „Deregulierung"

Nachdem Privatisierung, Liberalisierung und Deregulierung als Bestandteile eines Gesamtkonzepts „schlanker Staat" identifiziert sind, sind diese Begriffe einer genaueren Bestimmung zuzuführen und ihr Verhältnis zueinander zu klären, um sich insoweit über den Gegenstand dieser Untersuchung zu vergewissern.

a) Privatisierung

aa) „Privatisierung" als Sammelbegriff

Der Begriff „Privatisierung" ist schon deshalb nicht einfach zu erfassen, weil es *die* Privatisierung als einheitliches tatsächliches oder gar rechtliches Phänomen mit klaren Konturen nicht gibt.[23] Es handelt sich vielmehr um einen Sammelbegriff, der im Einzelnen sehr verschiedene Vorgänge erfasst.[24] Deren Gemeinsamkeit, die die zusammenfassende Bezeichnung unter einem einheitlichen Oberbegriff rechtfertigt, besteht darin, dass in irgendeiner Form „Staatlichkeit" durch „Privatheit" ersetzt wird.[25] Diese Umverteilung „hin zum Privaten"[26] kann aller-

---

Burgi, Funktionale Privatisierung und Verwaltungshilfe, S. 2 ff.: Privatisierung, Deregulierung und Binnenmodernisierung als „politische Reaktionsformen auf die ... veränderten Rahmenbedingungen"; *Grande,* in: Voigt, Abschied vom Staat – Rückkehr zum Staat?, S. 371: „‚Liberalisierung', ‚Deregulierung' und ‚Privatisierung' lauten die Devisen der neuen Zeit"; *Ruge,* Die Gewährleistungsverantwortung des Staates und der Regulatory State, S. 27: „Privatisierung, Deregulierung und Liberalisierung stehen im Zentrum jüngerer Wirtschaftspolitik und Finanzwissenschaften"; *Schmidt,* in: Biernat / Hendler / Schoch / Wasilewski, Grundfragen des Verwaltungsrechts und der Privatisierung, S. 210: Privatisierungs- und Deregulierungsbestrebungen als „Strategien der Staatsentlastung"; *Schulze-Fielitz,* in: Voigt, Abschied vom Staat – Rückkehr zum Staat?, S. 95 (120): Privatisierung, Deregulierung oder Delegation führen „zu Prozessen, die man als (partiellen) ‚Abschied vom Staat' interpretieren kann"; *Stober,* Rückzug des Staates, S. 3: Deregulierung, Entstaatlichung, Entkommunalisierung, Entpolizeilichung, Entmonopolisierung, Enthoheitlichung und Liberalisierung „lassen sich auf eine gemeinsame Tendenz zurückführen: The state is rolling back"; *Voßkuhle,* VerwArch 92 (2001), 184 (203 ff.): Kooperationalisierung, Deregulierung, Privatisierung, Ökonomisierung, Regulierte Selbstregulierung als „Strategien" der Verwaltungsrechtsreform.

[23] *Bauer,* VVDStRL 54 (1995), 243 (250); *Helm,* Rechtspflicht zur Privatisierung, S. 29. Die Verwendung des Begriffs „Privatisierung" durch den Gesetzgeber in § 7 Abs. 1 S. 2 BHO ändert an diesem Befund schon deshalb nichts, weil diese Norm keine Definition enthält; siehe auch *Kämmerer,* Privatisierung, S. 8 f.; *Weiß,* Privatisierung und Staatsaufgaben, S. 28 f.

[24] *Böhmann,* Privatisierungsdruck des Europarechts, S. 25; *Gramm,* Privatisierung und notwendige Staatsaufgaben, S. 27; *König / Benz,* in: dies., Privatisierung und staatliche Regulierung, S. 13 (14); *Voßkuhle,* VerwArch 92 (2001), 184 (208); negativer *Peine,* DÖV 1997, 353 (354): „Privatisierung ist zum Schlagwort degeneriert".

[25] *Kämmerer,* Privatisierung, S. 18; *Lackner,* Gewährleistungsverwaltung und Verkehrsverwaltung, S. 105; vgl. auch *Di Fabio,* JZ 1999, 585; *Lee,* Privatisierung als Rechtsproblem,

dings ganz verschiedene Gestalt annehmen. Als „Privatisierung" bezeichnet werden etwa im Bereich der Telekommunikation sowohl die Ablösung der Behörde Deutsche Bundespost durch die Gründung der Deutsche Telekom AG, an der die Bundesrepublik Deutschland zunächst noch alle Anteile hielt, als auch die Veräußerung von Anteilen an der Deutsche Telekom AG an Private oder die Zulassung privater Telekommunikationsunternehmer als Wettbewerber.[27]

Der aus dieser weiten Perspektive zwangsläufig resultierenden Unschärfe des Privatisierungsbegriffs ist dadurch zu begegnen und wird üblicherweise dadurch begegnet, dass verschiedene in der Rechtswirklichkeit auftretende Erscheinungsformen der Privatisierung identifiziert, näher beschrieben und mit neuen (Unter-) Begriffen bezeichnet werden. Durch diese Klassifizierung unterschiedlicher Privatisierungsformen erhält der (Ober-)Begriff der Privatisierung seine notwendige Konturierung.

bb) Erscheinungsformen der Privatisierung

Die Einteilung der verschiedenen Erscheinungsformen der Privatisierung wird nicht einheitlich vorgenommen.[28] Konventionell wurde eine Trennlinie vorwiegend zwischen der formellen und der materiellen Privatisierung gezogen.[29] In neuerer Zeit wird diese Kategorisierung zwar grundsätzlich beibehalten, die Systematisierung der Privatisierungsformen wird aber feiner ausdifferenziert, indem weitere Arten der Privatisierung beschrieben werden. Als wesentliche Erscheinungsformen genannt werden insbesondere die Organisationsprivatisierung oder formelle Privatisierung sowie als Unterfälle der materiellen Privatisierung die Aufgabenprivatisierung, die funktionale Privatisierung und die Vermögensprivatisierung.[30] Damit ist die teilweise inflationäre Vielfalt der für die Kategorisierung der Privatisierung verwendeten Begriffe zwar beileibe noch nicht er-

---

S. 27; *Weisel,* Das Verhältnis von Privatisierung und Beleihung, S. 47; *Wellenstein,* Privatisierungspolitik in der Bundesrepublik Deutschland, S. 1.

[26] Vgl. *Bauer,* VVDStRL 54 (1995), 243 (251).

[27] Siehe auch *Burgi,* Funktionale Privatisierung und Verwaltungshilfe, S. 11 Fn. 50.

[28] Umfassende Darstellung des Meinungsstandes bei *Kämmerer,* Privatisierung, S. 17 ff.

[29] So beispielsweise noch *Schmitz,* in: Ziekow, Beschleunigung von Planungs- und Genehmigungsverfahren, S. 171 (184 ff.); im Ausgangspunkt auch *Weiß,* Privatisierung und Staatsaufgaben, S. 29 ff., insbesondere S. 51.

[30] Siehe etwa *Hoppe/Bleicher,* NVwZ 1996, 421 (422); *Maurer,* Allgemeines Verwaltungsrecht, § 21 Rdn. 17; *Vollmöller,* in: Schmidt/Vollmöller, Kompendium Öffentliches Wirtschaftsrecht, § 5 Rdn. 8; *Schoch,* DVBl. 1994, 962 f.; *Stehlin,* Einschaltung privatrechtlich organisierter Verwaltungseinheiten in die Verkehrswegeplanung, S. 36 f.; *Stelkens/Schmitz,* in: Stelkens/Bonk/Sachs, Verwaltungsverfahrensgesetz, § 1 Rdn. 104 ff. Vgl. auch das Schaubild bei *Lee,* Privatisierung als Rechtsproblem, S. 24, der allerdings die „Handlungsformprivatisierung" neben der Organisationsprivatisierung als weiteren Unterfall der formellen Privatisierung ansieht; zu Recht kritisch dazu *Kämmerer,* Privatisierung, S. 18.

schöpft,[31] die weiteren in der Literatur genannten Privatisierungsformen lassen sich jedoch als Unterarten in diesen grundsätzlichen Vierklang von Privatisierungstypen einfügen.[32]

α) Organisationsprivatisierung

Bei der Organisationsprivatisierung, für die teilweise auch die „alte" Bezeichnung formelle Privatisierung weiterverwendet wird,[33] bezweifeln einige Stimmen bereits die Berechtigung der Bezeichnung; die davon erfassten Sachverhalte seien keine[34] oder jedenfalls nur „unechte"[35] Privatisierungen, die Bezeichnung als „Privatisierung" ein „Etikettenschwindel"[36] oder eine „falsa demonstratio".[37]

Hintergrund dieser Zweifel ist, dass der Staat hier weder seine Aufgaben auf Privatpersonen überträgt noch diese bei der staatlichen Aufgabenwahrnehmung einschaltet.[38] Vielmehr stellt die Organisationsprivatisierung lediglich einen Wechsel in der Rechtsform des Trägers der staatlichen Aufgabenwahrnehmung vom öffentlichen in das private Recht dar: Der Staat schafft eine juristische Person des Privatrechts, behält deren Anteile und überträgt die Wahrnehmung einer staatlichen Aufgabe auf diese privatrechtlich organisierte, materiell aber dem Staat zugeordnete Einheit.[39]

Bereits unabhängig davon, dass eine Herausnahme der als „Organisationsprivatisierung" bezeichneten Vorgänge aus dem Privatisierungsbegriff angesichts des gängigen Sprachgebrauchs mehr Verwirrung stiften als beseitigen würde, rechtfertigen diese Einwände nicht die Konsequenz einer Einschränkung des Privatisierungsbegriffs.[40] Auch bei der Organisationsprivatisierung findet eine – auf die

---

[31] *Ehlers*, Aushöhlung der Staatlichkeit durch die Privatisierung von Staatsaufgaben?, S. 58 f., kennt zwölf verschiedene Erscheinungsformen; *Krölls*, GewArch 1995, 129 (130 ff.), nennt immerhin neun Formen der Privatisierung; siehe auch *Peine*, DÖV 1997, 353 (354).

[32] Anschaulich insoweit die Strukturierung bei *Lee*, Privatisierung als Rechtsproblem, S. 24: Eigentumsprivatisierung und Vermögensprivatisierung ohne Eigentumsänderung als Unterfälle der Vermögensprivatisierung, Planungs-, Durchführungs-, Finanzierungs-, Kontroll- und Verfahrensprivatisierung als Unterfälle der funktionalen Privatisierung; siehe auch unten D. I. 2. a) bb) γ).

[33] Siehe etwa *König*, VerwArch 96 (2005), 44 (59); *Weiß*, Privatisierung und Staatsaufgaben, S. 34; vgl. auch *Di Fabio*, JZ 1999, 585 (588).

[34] *Gramm*, Privatisierung und notwendige Staatsaufgaben, S. 110.

[35] *Püttner*, LKV 1994, 193 (195); ähnlich *Di Fabio*, JZ 1999, 585 (588).

[36] *Isensee*, VVDStRL 54 (1995), 303 (Diskussionsbeitrag).

[37] *Krebs*, Die Verwaltung 29 (1996), 309 (310).

[38] Vgl. *Gramm*, Privatisierung und notwendige Staatsaufgaben, S. 110.

[39] *Burgi*, in: Erichsen/Ehlers, Allgemeines Verwaltungsrecht, § 54 Rdn. 11; *Di Fabio*, JZ 1999, 585 (588); *Krölls*, GewArch 1995, 129 (130 f.); *Schmitt*, Bau, Erhaltung, Betrieb und Finanzierung von Bundesfernstraßen durch Private nach dem FStrPrivFinG, S. 41 f.

[40] So auch die herrschende Auffassung, die die Organisationsprivatisierung als Unterfall der Privatisierung ansieht, siehe nur *Gusy*, in: ders., Privatisierung von Staatsaufgaben:

Rechtsform bezogene und durch die Schaffung einer juristischen Person des Privatrechts dokumentierte – Ersetzung von „Staatlichkeit" durch „Privatheit" statt, so dass das Kernmerkmal einer Privatisierung durchaus vorliegt.[41] Das Ziel der Organisationsprivatisierung, Effektivität und Wirtschaftlichkeit des staatlichen Handelns zu fördern,[42] stellt auch materiell ein tragfähiges Bindeglied zu den sonstigen Privatisierungsformen dar, wenn man die besondere Bedeutung der Privatisierung für das politische Ziel eines „schlanken Staates" erkennt.[43] Schließlich spricht ganz allgemein einiges für einen breit gefassten Oberbegriff der Privatisierung, der die Vielzahl aktueller Erscheinungen hin zu einem schlankeren Staat erfassen und systematisieren kann, aber auch der Weiterentwicklung und Fortbildung zugänglich ist.[44] Diese Gesichtspunkte rechtfertigen es, die Organisationsprivatisierung weiterhin als Unterform der Privatisierung anzusehen.

Dies bedeutet nicht, dass keine Konkretisierung des Untersuchungsgegenstands erforderlich wäre, wenn über Privatisierungsfragen geforscht wird.[45] Die Kategorisierung der verschiedenen Erscheinungsformen der Privatisierung ermöglichen dies aber unschwer: Wenn gerade Fragen der Übertragung staatlicher Aufgaben auf Private in Rede stehen, muss der Begriff „Aufgabenprivatisierung" den bloßen Begriff „Privatisierung" ersetzen. Diese notwendige Beschränkung des Sichtfeldes ist aber weniger eine Frage des allgemeinen Privatisierungsbegriffs als vielmehr eine Frage seiner Untergliederung, der Bezeichnung und Beschreibung der verschiedenen Privatisierungsformen und nicht zuletzt der Verwendung der ermittelten (Unter-)Begriffe, wo der Gegenstand des Diskurses dies fordert. Auch in der vorliegenden Untersuchung wird sich erweisen, dass die Formen der Aufgabenprivatisierung und funktionalen Privatisierung im Mittelpunkt des Interesses stehen;[46] aus der Beschränkung des eigenen Untersuchungsgegenstands eine Beschränkung des allgemeinen Oberbegriffs abzuleiten und die Organisationsprivatisierung vom Privatisierungsbegriff auszunehmen, wäre jedoch kurzschlüssig.

Kriterien – Grenzen – Folgen, S. 330 (339); *Lee,* Privatisierung als Rechtsproblem, S. 149; *Schoch,* DVBl. 1994, 962; *Stelkens/Schmitz,* in: Stelkens/Bonk/Sachs, Verwaltungsverfahrensgesetz, § 1 Rdn. 4 ff.

[41] Ähnlich *Gramm,* DVBl. 2003, 1366 (1372); *v. Hagemeister,* Die Privatisierung öffentlicher Aufgaben, S. 44; *Kulas,* Privatisierung hoheitlicher Verwaltung, S. 22; *Osterloh,* VVDStRL 54 (1995), 204 (232).

[42] § 7 Abs. 1 S. 2 BHO hält die Privatisierung sogar gesetzlich als Mittel zur Förderung des haushaltsrechtlichen Grundsatzes der Wirtschaftlichkeit und Sparsamkeit fest; näher *Kämmerer,* Privatisierung, S. 8.

[43] Dies räumt auch *Gramm,* Privatisierung und notwendige Staatsaufgaben, S. 110, ein.

[44] So auch *Lee,* Privatisierung als Rechtsproblem, S. 19.

[45] Zutreffend *Kämmerer,* Privatisierung, S. 16: „Der Oberbegriff ‚Privatisierung' hilft allgemeine Tendenzen erkennen und bewerten, doch bleibt die Detailuntersuchung auf die einzelnen Typen fokussiert."

[46] Siehe unten D. II. 1. a).

β) Aufgabenprivatisierung

Bei der Aufgabenprivatisierung, für die häufig auch weiter die konventionelle Bezeichnung „materielle Privatisierung" benutzt wird,[47] werden vormals staatlicherseits wahrgenommene Aufgaben vollständig auf natürliche Personen oder juristische Personen des Privatrechts, an denen der Staat nicht beteiligt ist, übertragen.[48] Die betroffenen Güter und Leistungen werden künftig nicht mehr vom Staat, sondern von privaten Wirtschaftssubjekten hergestellt bzw. angeboten.[49] Die Aufgabenprivatisierung ist die eindeutigste, weil am weitesten gehende Form der Privatisierung;[50] durch den Übergang einer vormals staatlichen Aufgabe wird die Beziehung zwischen Staat und Gesellschaft in dem betroffenen Lebensbereich qualitativ verändert.[51]

Wegen dieser andauernden Veränderung muss der Staat insbesondere bedenken, wie er die Folgen der durch eine materielle Privatisierung bewirkten neuen Kräftekonstellation bewältigen will. Angesprochen ist damit die Erkenntnis, dass auch eine Aufgabenprivatisierung die Verantwortung des Staates für den betroffenen Lebensbereich nicht beendet. Genau betrachtet bedeutet die Aufgabenprivatisierung nicht die bloße Aufgabe staatlicher Leistungserbringung, sondern sie ersetzt diese durch eine staatliche Gewährleistung für die ordnungsgemäße Erbringung der Leistung durch den nun tätigen Privaten.[52] Aufgeworfen sind damit Fragestellungen des „Privatisierungsfolgenrechts", auf die an anderer Stelle zurückzukommen sein wird.[53]

γ) Funktionale Privatisierung

Eng mit der Aufgabenprivatisierung verwandt ist die funktionale Privatisierung. Bei dieser verbleibt die Zuständigkeit für die Wahrnehmung der Aufgabe und damit auch die Verantwortlichkeit für ihre Erfüllung beim Staat. Eigentlich „privatisiert" wird der *Vollzug* der Aufgabe, der nicht mehr durch eine staatliche Stelle, sondern durch einen in der Regel als Verwaltungshelfer[54] agierenden Privaten erfolgt.[55] Daher wird an Stelle des Begriffs „funktionale Privatisierung" auch die

---

47 Etwa von *Schoch*, DVBl. 1994, 962 (974); siehe auch *Stelkens/Schmitz*, in: Stelkens/Bonk/Sachs, Verwaltungsverfahrensgesetz, § 1 Rdn. 109.

48 *Di Fabio*, JZ 1999, 585 (586); *Gramm*, Privatisierung und notwendige Staatsaufgaben, S. 107; *König*, VerwArch 96 (2005), 44 (55).

49 Vgl. *Schoch*, DVBl. 1994, 962 (963).

50 *Gramm*, Privatisierung und notwendige Staatsaufgaben, S. 107.

51 Vgl. *Kämmerer*, Privatisierung, S. 423.

52 Siehe an dieser Stelle nur *Bauer*, VVDStRL 54 (1995), 243 (277 f.); *Kämmerer*, Privatisierung, S. 423.

53 Unten D. III. 1.

54 Zur Phänomenologie der Verwaltungshilfe nach funktionaler Privatisierung umfassend *Burgi*, Funktionale Privatisierung und Verwaltungshilfe, S. 100 ff.

55 *Baumann*, DÖV 2003, 790 (791); *Bauer*, VVDStRL 54 (1995), 243 (252); *Burgi*, in: Erichsen/Ehlers, Allgemeines Verwaltungsrecht, § 54 Rdn. 31; *Schoch*, DVBl. 1994, 962 (963); *Schuppert*, Verwaltungswissenschaft, S. 371 f.; *Stelkens/Schmitz*, in: Stelkens/Bonk/Sachs, Verwaltungsverfahrensgesetz, § 1 Rdn. 114; vgl. auch *König*, DÖV 1998, 963 (965).

(ob ihrer Länge unschöne) Bezeichnung „Aufgabenwahrnehmungsprivatisierung" verwendet.[56]

Gemeinsam ist der funktionalen Privatisierung mit der Aufgabenprivatisierung, dass der Staat in gewissem Umfang Wettbewerb zulässt, und zwar bezogen auf die Frage, welcher Private die Aufgabe vollzieht. Anders als bei der Aufgabenprivatisierung wird die Aufgabe selbst jedoch nicht aus der Hand gegeben.[57] Diese Besonderheit rechtfertigt es, die funktionale Privatisierung nicht lediglich als teilweise Aufgabenprivatisierung,[58] sondern als eigenständige Privatisierungskategorie anzusehen.[59]

Weitere in der Literatur genannte Privatisierungstypen wie insbesondere die Finanzierungsprivatisierung und die Verfahrensprivatisierung sind Unterfälle der funktionalen Privatisierung und keine eigenständigen Privatisierungskategorien.[60] Sie entsprechen nämlich der für die funktionale Privatisierung gefundenen Definition: Der Staat behält die grundsätzliche Verantwortung für die Erfüllung der Aufgabe, überträgt aber deren Vollzug auf den privaten Bereich.

Unter *Verfahrensprivatisierung* wird die Verlagerung von Teilen des Verwaltungsverfahrens auf Private verstanden.[61] Diese Verlagerung kann unterschiedliche Gestalten annehmen.[62] Zum Beispiel kann der Staat bisher behördliche Verfahrensteile in die Hände des am Verfahren beteiligten Bürgers übertragen und diesen so zur Erbringung „*verfahrensentlastender Eigenbeiträge*" verpflichten,[63] er kann private Projektmanager oder private Verfahrensmittler einsetzen und so *privates Verfahrensmanagement* betreiben, oder er kann Prüf- und Planungsvorgänge in die Hände *privater Sachverständiger*[64] geben.[65]

---

[56] Vgl. *Lee*, Privatisierung als Rechtsproblem, S. 165.

[57] Näher *Di Fabio*, JZ 1999, 585 (589).

[58] So aber beispielsweise *Kahl*, DVBl. 1995, 1327 (1331).

[59] Überzeugend *Di Fabio*, JZ 1999, 585 (588 f.); siehe auch die Nachweise oben Fn. 30.

[60] Ebenso *Lackner*, Gewährleistungsverwaltung und Verkehrsverwaltung, S. 113; siehe auch *Schmitt*, Bau, Erhaltung, Betrieb und Finanzierung von Bundesfernstraßen durch Private nach dem FStrPrivFinG, S. 50, 55, 98, für Formen der Finanzierungsprivatisierung; *Voßkuhle*, VerwArch 92 (2001), 184 (209), für die Verfahrensprivatisierung; vgl. ferner *Burgi*, Funktionale Privatisierung und Verwaltungshilfe, S. 97 f.; anders etwa *Di Fabio*, JZ 1999, 585 (589), der die Verfahrensprivatisierung als eigenständigen Privatisierungstyp ansieht.

[61] *Di Fabio*, JZ 1999, 585 (589); *Lee*, Privatisierung als Rechtsproblem, S. 172; *Peine*, in: Hoffmann-Riem / Schneider, Verfahrensprivatisierung im Umweltrecht, S. 95 (101).

[62] Daher kritisch zum Begriff *Weiß*, Privatisierung und Staatsaufgaben, S. 44.

[63] In diesem Fall nähert sich die Verfahrensprivatisierung der Aufgabenprivatisierung an, wenn der Staat sogar auf eine Umsetzung oder Anerkennung der im Privatverfahren getroffenen Entscheidung verzichtet. Allerdings behält sich der Staat regelmäßig das Recht vor, kontrollierend und gegebenenfalls revidierend einzugreifen, so dass die grundsätzliche Einordnung der Verfahrensprivatisierung als Unterfall der funktionalen Privatisierung zutreffend bleibt; siehe auch *Hoffmann-Riem*, in: ders. / Schneider, Verfahrensprivatisierung im Umweltrecht, S. 9 (13); *Koch*, ebd., S. 170 (181).

[64] Zum Nutzen privaten Sachverstands für die staatliche Aufgabenerfüllung siehe bereits oben C. III. 2.

Finanzierungsprivatisierung bezeichnet demgegenüber die Finanzierung staatlicher Aufgaben durch Private, die der Staat gerade zu diesem Zweck in die Erfüllung seiner Aufgaben einschaltet.[66] Dies kann auf verschiedenen Wegen geschehen, wie sich etwa am Beispiel des Baus und des Betriebs von Bundesfernstraßen verdeutlichen lässt.[67] Beim sogenannten *Leasing-Modell* errichtet oder kauft eine private Leasing-Gesellschaft eine Fernstraße, um diese dem Bund als Leasingnehmer gegen Zahlung einer Leasinggebühr zur Verfügung zu stellen.[68] Eng damit verwandt ist das *Konzessions-Modell,* nach dem sich ein privater Investor verpflichtet, ein bestimmtes Straßenbauvorhaben auf im Eigentum des Bundes stehenden Grundstücken zu verwirklichen; der Private erhält vom Bund im Gegenzug das Recht, die Fernstraße für einen bestimmten Zeitraum zu nutzen, das der Private nach Fertigstellung des Verkehrsprojektes gegen Zahlung eines Nutzungsentgeltes wiederum auf den Bund überträgt.[69] Schließlich ist das *Betreiber-Modell* zu nennen, bei dem das private Unternehmen sich ebenfalls zur Finanzierung, zum Bau und zum Betrieb der Fernstraße verpflichtet und sich über Entgelte refinanziert, die von den Benutzern der (mautpflichtigen) Straße entrichtet werden müssen.[70]

δ) Vermögensprivatisierung

Unter Vermögensprivatisierung schließlich versteht man die Veräußerung staatlicher Vermögenswerte an Privatpersonen, insbesondere von Liegenschaften und Beteiligungen an Wirtschaftsunternehmen.[71] Die Vermögensprivatisierung verfolgt neben dem ordnungspolitischen Ziel der Rückführung der staatlichen Verwaltung auf die Wahrnehmung kernhoheitlicher Aufgaben insbesondere den Zweck, Kapital zum Ausgleich der defizitären Staatshaushalte zu gewinnen.[72] Diese Privatisie-

---

65 *Hoffmann-Riem,* in: ders. / Schneider, Verfahrensprivatisierung im Umweltrecht, S. 9 (13 f.); *Schmitz,* Deregulierung und Privatisierung, Theoretische Steuerungskonzepte oder politische Schlagwörter?, S. 12 f.; siehe auch *Ritter,* DVBl. 1996, 542 (546).

66 *Gusy,* in: ders., Privatisierung von Staatsaufgaben: Kriterien – Grenzen – Folgen, S. 330 (338).

67 Umfassend zum Folgenden *Pabst,* Verfassungsrechtliche Grenzen der Privatisierung im Fernstraßenbau, S. 184 ff.; *Schmitt,* Bau, Erhaltung, Betrieb und Finanzierung von Bundesfernstraßen durch Private nach dem FStrPrivFinG, S. 48 ff.; siehe auch *Grupp,* DVBl. 1994, 140 (142 f.). Zu möglichen Modellen der Finanzierung kommunaler Investitionen durch Private vgl. *Rehm,* in: Ipsen, Privatisierung öffentlicher Aufgaben, S. 93 ff.

68 Zur Konstruktion des Leasing-Modells umfassend *Büschgen / Ergenzinger,* Privatwirtschaftliche Finanzierung und Erstellung von Verkehrsinfrastruktur-Investitionen, S. 77 ff.; siehe auch *Basedow,* Mehr Freiheit wagen, S. 145.

69 Näher *Grupp,* DVBl. 1994, 140 (142); *Rinke,* in: Kodal / Krämer, Straßenrecht, Kap. 16 Rdn. 26.1.

70 Näher *Drömann / Tegtbauer,* NVwZ 2004, 296 f.; *Rinke,* in: Kodal / Krämer, Straßenrecht, Kap. 16 Rdn. 26.2; *Schmitt,* Bau, Erhaltung, Betrieb und Finanzierung von Bundesfernstraßen nach dem FStrPrivFinG, S. 64 ff.; vgl. auch *Schoch,* DVBl. 1994, 1 (10).

71 *Di Fabio,* JZ 1999, 585; *Schoch,* DVBl. 1994, 962; *Stelkens / Schmitz,* in: Stelkens / Bonk / Sachs, Verwaltungsverfahrensgesetz, § 1 Rdn. 113; *Weisel,* Das Verhältnis von Privatisierung und Beleihung, S. 47 f.; *Weiß,* Privatisierung und Staatsaufgaben, S. 35.

72 Vgl. *Burgi,* Funktionale Privatisierung und Verwaltungshilfe, S. 11; *Hardraht,* SächsVBl 2003, 53; *König / Benz,* in: dies., Privatisierung und staatliche Regulierung, S. 13 (42 f.);

rungsform ist vornehmlich aus wirtschaftswissenschaftlicher Perspektive interessant und steht nur selten im Mittelpunkt rechtswissenschaftlicher Erörterungen.[73] Dies liegt (auch) daran, dass die Vermögensprivatisierung rechtlich verhältnismäßig unproblematisch ist; weil der Bestand der staatlichen Aufgaben nicht angetastet wird, sind die zu beachtenden rechtlichen Bindungen gering.[74] Insbesondere begründet die Vermögensprivatisierung in der Regel keine spezifischen Regulierungsnotwendigkeiten, die über die Schaffung der Privatisierungsvoraussetzungen hinausgehen.[75]

cc) Teilprivatisierung

Horizontal zu den bisher behandelten Privatisierungsformen liegt der Begriff der Teilprivatisierung. Dieser betrifft nicht die Art und Weise, in der das „Private" an Bedeutung gewinnt, sondern den *Umfang* der Privatisierung. Anders als bei der vollständigen Privatisierung findet der bei deren einzelnen Erscheinungsformen beschriebene Vorgang nicht gänzlich, sondern nur teilweise statt.[76] Eine besondere Bedeutung erlangen die verschiedenen Formen der Teilprivatisierung in der Praxis namentlich durch ihren „Kompromisscharakter" zwischen der vollen staatlichen Erfüllungs- und Durchführungsverantwortung und deren kompletter Beseitigung; graduelle Privatisierungskonzepte werden möglich, die den jeweiligen Anforderungen des Privatisierungsgegenstands optimal gerecht werden können.[77] Dabei darf allerdings nicht verkannt werden, dass die Abgrenzung zwischen unterschiedlichen Formen der vollständigen und teilweisen Privatisierung nicht immer einfach ist; das ergibt sich bereits daraus, dass die funktionale Privatisierung konstruktiv auch als teilweise Aufgabenprivatisierung verstanden werden könnte und vielfach auch wird.[78]

b) Liberalisierung

Etymologisch ist „Liberalisierung" ein Lehnwort aus dem Lateinischen und leitet sich von „liber", das heißt „frei", ab.[79] Als politischer Programmsatz steht die Liberalisierung dabei in der Tradition des Liberalismus, der von dem Gedanken einer weitgehenden Autonomie des Individuums ausgeht und mit der Vorstellung

---

siehe auch den Bericht der Bundesregierung zur Verringerung von Beteiligungen und Liegenschaften des Bundes, BT-Drs 12/6889.

[73] Siehe auch *Kämmerer,* Privatisierung, S. 25.

[74] *Di Fabio,* JZ 1999, 585; *Stelkens/Schmitz,* in: Stelkens/Bonk/Sachs, Verwaltungsverfahrensgesetz, § 1 Rdn. 113.

[75] *König/Benz,* in: dies., Privatisierung und staatliche Regulierung, S. 13 (29).

[76] Vgl. *Bauer,* VVDStRL 54 (1995), 243 (252 f.); *Schoch,* DVBl. 1994, 962 (963).

[77] *Schoch,* DVBl. 1994, 962 (963).

[78] Dazu oben D. I. 2. a) bb) γ). *Schuppert,* Verwaltungswissenschaft, S. 371, setzt die Begriffe funktionelle Privatisierung und Teilprivatisierung sogar gleich.

[79] *Kluge/Seebold,* Etymologisches Wörterbuch der deutschen Sprache, S. 573.

verbunden ist, das freie Spiel der individuellen Kräfte werde in allen Daseinsbereichen zu einer optimal funktionierenden, allen Menschen dienlichen und damit in höchstem Maße gerechten Ordnung führen.[80] Bei der Verwendung als wirtschaftswissenschaftlichem und in der Folge auch juristischem Begriff wird allerdings die Frage durchaus uneinheitlich beantwortet, wer wovon befreit werden muss, um von einer Liberalisierung als Element des Gesamtprojekts „schlanker Staat" sprechen zu können.[81]

Teilweise wird Liberalisierung mit der „Befreiung" gerade des grenzüberschreitenden Handels gleichgesetzt. Danach ist Liberalisierung als Abbau von spezifischen Beschränkungen des internationalen, grenzüberschreitenden Waren-, Dienstleistungs-, Zahlungs- und Kapitalverkehrs zum Zwecke der Förderung des internationalen Handels zu verstehen.[82] Diese vornehmlich außenwirtschaftlich orientierte Sichtweise entspricht der Verwendung des Begriffs im Bereich des Europäischen Gemeinschaftsrechts.[83] Das strikte Verlangen nach einem internationalen Bezug der Maßnahme, die als Liberalisierung bezeichnet werden soll, ist jedoch zu eng.[84] So zutreffend es ist, Implikationen des Europäischen Gemeinschaftsrechts und des Außenwirtschaftsrechts bei der Suche nach einer Definition des Begriffs der Liberalisierung zu berücksichtigen, so kurzschlüssig ist die Überhöhung dieser Implikationen zur notwendigen Bedingung einer Liberalisierung.

Der Vorwurf einer zu großen Enge trifft allerdings unter umgekehrten Vorzeichen auch einen Liberalisierungsbegriff, der sich darauf beschränkt, den Abbau privater oder staatlicher Monopole zu erfassen.[85] Dieser Begriff lässt seinerseits die grenzüberschreitende Perspektive außer Betracht und kann beispielsweise den Abbau zwischenstaatlicher Handelsschranken in Gestalt von Zöllen oder mengenmäßigen Einfuhrbeschränkungen nicht als Ausformung einer Liberalisierung beschreiben. Dadurch entsteht ein unzureichendes Begriffsverständnis, das namentlich der in der Europäischen Union vorherrschenden Sichtweise nicht entspricht (vgl. Art. 52, 53 EGV) und daher – insbesondere unter Berücksichtigung der be-

---

80 Vgl. nur *Gall*, in: Görres-Gesellschaft, Staatslexikon, 3. Bd., S. 916 f.

81 Zu den verschiedenen Sichtweisen auf den Begriff „Liberalisierung" siehe auch *Grewlich*, Konflikt und Ordnung in der globalen Kommunikation, S. 34.

82 *Helm*, Rechtspflicht zur Privatisierung, S. 34 f.; *Löhr*, in: Demel u. a., Funktionen und Kontrolle der Gewalten, S. 135; *Rabe*, Liberalisierung und Deregulierung im Europäischen Binnenmarkt für Versicherungen, S. 61.

83 Vgl. etwa Art. 52, 53 EGV; näher dazu *Kluth*, in: Callies/Ruffert, Kommentar zu EU-Vertrag und EG-Vertrag, Art. 52 Rdn. 7 ff., sowie unten D. I. 3. b) bb).

84 So ausdrücklich auch *Storr*, Der Staat als Unternehmer, S. 59 Fn. 365.

85 So aber *Kühling*, Sektorspezifische Regulierung in den Netzwirtschaften, S. 31 f.; *Storr*, Der Staat als Unternehmer, S. 59; wohl auch *Schmidt*, Liberalisierung in Europa, S. 17; *Theobald*, NJW 2003, 324 (325); noch enger *Burgi*, in: Erichsen/Ehlers, Allgemeines Verwaltungsrecht, § 54 Rdn. 36, sowie *Karpen*, in: Schreckenberger, Grundfragen der Gesetzgebungslehre, S. 11 (14), die den Begriff der Liberalisierung auf den Abbau staatlicher Monopolstellungen beschränken.

sonderen Bedeutung des Europäischen Gemeinschaftsrechts für Liberalisierungsbestrebungen[86] – untauglich ist.

Ein sachgerechter und praxisnaher Liberalisierungsbegriff lässt sich jedoch durch die Erkenntnis gewinnen, dass beide der genannten Ansätze Unterfälle der Liberalisierung durchaus zutreffend erfassen. Führt man die jeweils beschriebenen Tatbestände auf ihre entscheidende Gemeinsamkeit zurück, wird deutlich, dass sich sowohl der Abbau zwischenstaatlicher Handelsbeschränkungen als auch der Abbau von innerstaatlichen Monopolen durch die *Befreiung des Wettbewerbs von Marktzugangsbeschränkungen* auszeichnen, die sowohl in der Abschottung der Märkte durch spezifische Beschränkungen des grenzüberschreitenden Handels nach außen als auch in der Abschottung der Märkte etwa durch Monopolbildungen nach innen liegen kann.[87] Neben den besonders weitreichenden, weil *absoluten* Marktzugangsbeschränkungen durch die Monopolisierung bestimmter Tätigkeiten können Marktzugangsbeschränkungen durch den Staat aber auch in anderer Weise erfolgen:[88] *Objektive* Marktzugangsbeschränkungen knüpfen an Umstände an, die nicht in der Person des Unternehmers liegen (etwa Kontingentierungen und Bedürfnisprüfungen[89]), *subjektive* Marktzugangsbeschränkungen verlangen bestimmte Voraussetzungen in der Person des Bewerbers (etwa fachliche Eignung, Leistungsfähigkeit oder Zuverlässigkeit[90]); *Unvereinbarkeiten* und *Spartentrennungen* schließlich verbieten es einem Unternehmer, zugleich auf benachbarten Märkten tätig zu werden.[91] Auch die Beseitigung derartiger Marktzugangsschranken ist als liberalisierende Maßnahme anzusehen.

Durch diese Sichtweise der Liberalisierung als *Marktöffnung* nach innen oder nach außen werden die Spezifika der Liberalisierung als Element der Verschlankung des Staates, die auch in der Beseitigung staatlich verantworteter Marktzugangsbeschränkungen liegen kann, vollständig erfasst, und zwar unter Verzicht auf die voreilige Ausgrenzung von Vorgängen, die für die Befassung mit der Thematik ebenfalls wesentlich sein können.

Andererseits verhindert die Beschränkung des Liberalisierungsbegriffs auf den Abbau von Markt*zugangs*beschränkungen eine uferlose Weite, die eine Erfassung des Phänomens er-

---

[86] Dazu näher unten D. I. 3. b) bb).

[87] So auch *Schmidt,* Der Staat 42 (2003), 225 (228): Liberalisierung als Beseitigung bestehender Monopole bzw. Schaffung von Marktzugangschancen; ähnlich *Grewlich,* Konflikt und Ordnung in der globalen Kommunikation, S. 34; vgl. auch *Böge/Lange,* WuW 2003, 870 f.; *Kallmayer,* Netzzugang in der Telekommunikation, S. 35; *Kupfer,* Die Verteilung knapper Ressourcen im Wirtschaftsverwaltungsrecht, S. 51 Fn. 116; *Lee,* Privatisierung als Rechtsproblem, S. 27.

[88] Zum Ganzen siehe auch *Basedow,* Mehr Freiheit wagen, S. 29.

[89] Beispiel: Bedürfnisprüfung für den Verkehr mit Taxen nach § 13 Abs. 4 PBefG.

[90] Beispiel: Grundsätzlicher „Meisterzwang" für den Betrieb eines Handwerks nach § 7 HwO.

[91] Beispiel: Versagung der Zulassung zur Rechtsanwaltschaft bei Ausübung einer mit dem Beruf des Rechtsanwalts unvereinbaren Tätigkeit nach § 7 Nr. 8 BRAO.

schweren würde. Zu weitgehend ist demgegenüber ein verschiedentlich anzutreffendes Begriffsverständnis, das jedweden Abbau von Restriktionen der wirtschaftlichen Betätigung als Liberalisierung versteht;[92] der Abbau von Beschränkungen des Wirtschaftslebens, die keine Marktzugangsbeschränkungen sind, fällt (nur) unter den Oberbegriff der Deregulierung.[93]

Der Begriff der Liberalisierung wird damit in der vorliegenden Untersuchung als Synonym für Maßnahmen der *Marktöffnung* verwendet.

c) Deregulierung

aa) Begriff

Wie schon bei der Erörterung der Begriffe Privatisierung und Liberalisierung lässt sich auch für die Deregulierung bei weitem keine Einigkeit über den Inhalt dieses Begriffs ausmachen.[94] Als Ausgangspunkt der Begriffsbestimmung kann die Erkenntnis dienen, dass Deregulierung das Gegenteil von Regulierung bedeutet, also auch als Ent-Regulierung bezeichnet werden könnte.[95] Damit ist allerdings wenig gewonnen, da der Begriff der Regulierung (fast naturgemäß) nicht weniger schillernd ist als der der Deregulierung.[96]

Nähert man sich dem Begriff der Regulierung bzw. Deregulierung rein formal, so ist unter Regulierung schlicht die Schaffung von Rechtsnormen zu verstehen;[97] Deregulierung könnte dementsprechend die Streichung, Ausdünnung oder Verringerung, unter Umständen auch die Vereinfachung von bestehenden Rechtsregeln sein.[98] Dieser *„quantitative Deregulierungsbegriff"* kann jedoch als allgemein-

---

[92] So aber *Gerpott*, Wettbewerbsstrategien im Telekommunikationsmarkt, S. 58; *Merkt*, in: Kitagawa / Murakami / Nörr / Oppermann / Shiono, Regulierung – Deregulierung – Liberalisierung, S. 321 (326 f.), die den Begriff der Liberalisierung folgerichtig als Synonym der Deregulierung ansehen; ähnlich wohl *Kleine-Cosack*, NJW 2003, 868, der im Zusammenhang mit dem Abbau von Beschränkungen im Werberecht für Ärzte von einer Liberalisierung spricht; vgl. auch *Stürner / Bormann*, NJW 2004, 1481.

[93] Siehe sogleich D. I. 2. c) aa).

[94] Vgl. auch *Peine*, DÖV 1997, 353 (355): „vieldeutig"; *Ruffert*, AöR 124 (1999), 237 (242): „schillernd"; *Schmidt*, Öffentliches Wirtschaftsrecht, Allgemeiner Teil, S. 28: „nicht eindeutig"; *Schmitz*, Deregulierung und Privatisierung: Theoretische Steuerungskonzepte oder politische Schlagwörter?, S. 11: „vage".

[95] *Eisenblätter*, Regulierung in der Telekommunikation, S. 55; *Stober*, Rückzug des Staates im Wirtschaftsverwaltungsrecht, S. 1; vgl. auch *Bullinger*, DVBl. 2003, 1355 (1357); *Peine*, DÖV 1997, 353 (355); *Ruge*, Die Gewährleistungsverantwortung des Staates und der Regulatory State, S. 32.

[96] Zu den verschiedenen Definitionsansätzen näher *Bullinger*, DVBl. 2003, 1355 (1357); *v. Danwitz*, DÖV 2004, 977 ff.; *Eisenblätter*, Regulierung in der Telekommunikation, S. 19 ff.; *Kühling*, Sektorspezifische Regulierung in den Netzwirtschaften, S. 11 ff.

[97] Vgl. *v. Danwitz*, DÖV 2004, 977 (984): „*To regulate* bedeutet eben schlicht ‚regeln‘."

[98] *Becker*, DÖV 1985, 1003 (1004 f.); *Karpen*, NVwZ 1988, 406 (409); *König*, VerwArch 96 (2005), 44 (62); *Kühlwetter*, in: König / Benz, Privatisierung und staatliche Regulierung,

gültige Grundlage einer Definition nicht überzeugen: Der bloßen Zahl von Gesetzen, Paragraphen oder Wörtern in Gesetzestexten kommt allenfalls indiziell eine auch qualitative Bedeutung zu, die aber Voraussetzung für die Beschreibung eines Phänomens des Projekts „schlanker Staat" wäre. Die Untauglichkeit einer rein zahlenmäßigen Betrachtungsweise zeigt sich bereits daran, dass als Deregulierung bezeichnete Maßnahmen auch zu einer quantitativen Zunahme von Normen und einer komplizierteren Regelungsstruktur führen können.[99] Soweit allein der mengenmäßige Abbau von Normen und deren Vereinfachung gemeint ist, wird besser der Terminus „Rechtsbereinigung" gebraucht.[100]

Damit ist allerdings nur gesagt, dass den Begriffen Regulierung und Deregulierung Inhalte gegeben werden müssen, denen (auch) eine qualitative Bedeutung innewohnen kann. Dass die Rechtsbereinigung dennoch als *Unterfall* der Deregulierung angesehen werden kann, bleibt davon unberührt.[101] Der quantitative Deregulierungsbegriff ist vor diesen Hintergrund nicht völlig zu verwerfen, sondern scheidet nur insoweit aus, als eine umfassende Beschreibung des Phänomens der Deregulierung unternommen wird.

Auch unter der Prämisse eines nicht rein quantitativen Deregulierungsverständnisses können Regulierung einerseits und damit auch Deregulierung andererseits jedoch immer noch in einem engeren und einem weiteren Sinne verstanden werden.[102]

Regulierung in einem engeren, vor allem in den Wirtschaftswissenschaften zugrunde gelegten Sinne ist eine Einschränkung des Geltungsbereichs des Wettbewerbsrechts,[103] Deregulierung demzufolge die Ausweitung des Geltungsbereichs des Wettbewerbsrechts, mit anderen Worten die Herstellung oder Erleichterung des wirtschaftlichen Wettbewerbs.[104] Gegenstand der Deregulierungspolitik wären

---

S. 93 (94); *Storr,* Der Staat als Unternehmer, S. 58; wohl auch *Gusy,* in: ders., Privatisierung von Staatsaufgaben: Kriterien – Grenzen – Folgen, S. 330 (342); *Löhr,* in: Demel u. a., Funktionen und Kontrolle der Gewalten, S. 135 (139); *Wulfhorst,* ZRP 2004, 82; unklar *Helm,* Rechtspflicht zur Privatisierung, S. 33.

[99] *Basedow,* Mehr Freiheit wagen, S. 27 f., 379 f.; vgl. auch *Deregulierungskommission,* Marktöffnung und Wettbewerb, Ziff. 1; *Grande,* in: König / Benz, Privatisierung und staatliche Regulierung, S. 576 (584); *Voßkuhle,* VerwArch 92 (2001), 184 (207).

[100] So auch die Terminologie bei *Basedow,* Mehr Freiheit wagen, S. 27.

[101] Siehe unten D. I. 2. c) bb) ε).

[102] Vgl. *Kühling,* Sektorspezifische Regulierung in den Netzwirtschaften, S. 11 f.; *Peine,* DÖV 1997, 353 (355); *Schneider,* Öko-Audit und Deregulierung im Immissionsschutzrecht, S. 94.

[103] Vgl. etwa *Kühling,* Sektorspezifische Regulierung in den Netzwirtschaften, S. 11 ff.; *Pauger,* in: Österreichischer Juristentag, Verhandlungen des Zwölften Österreichischen Juristentages Wien 1994, Wirtschaftsrecht, S. 35 (40); noch enger das Begriffsverständnis von *Bullinger,* DVBl. 2003, 1355 (1357), der Regulierung als spezielles Instrumentarium des Staates zur Steuerung liberalisierter Wirtschaftszweige verstanden wissen will, allerdings einräumt, dass auch ein anderes Verständnis von Regulierung „für sein jeweils besonderes Wirkungsfeld unangetastet" bleiben könne; in diese Richtung auch *Burgi,* DVBl. 2006, 269 (270 f.).

[104] So etwa das Jahresgutachten 1985 / 86 des Sachverständigenrates zur Begutachtung der gesamtwirtschaftlichen Entwicklung, BT-Drs 10 / 4295, S. 156; ebenso *Basedow,* Mehr

I. Der „schlanke Staat" als Ziel

danach vor allem Marktzutrittsbeschränkungen, staatliches Preisrecht und Ausübungsregeln sowie kartellrechtliche Freistellungen.[105] Als allgemeingültige Definition eignet sich dieser „*wettbewerbsbezogene Deregulierungsbegriff*" jedoch nicht. Er wird dem Erscheinungsbild der staatlichen Einflussnahme auf das wirtschaftliche Geschehen nicht gerecht, weil der Wirtschaftsprozess in seiner Gesamtheit weniger durch die Herausnahme einzelner Bereiche aus dem Wettbewerbsrecht als vielmehr durch eine Vielzahl direkt oder indirekt steuernder und beeinflussender Vorschriften gelenkt wird.[106] Zudem würde ein derart enges Begriffsverständnis keine Rücksicht darauf nehmen, dass Deregulierung zumindest im juristischen Sprachgebrauch häufig auch als Synonym für Entstaatlichung, Entkommunalisierung, Entpolizeilichung, Entmonopolisierung, Enthoheitlichung und Liberalisierung verwendet wird.[107]

Regulierung muss daher in einem weiteren Sinne verstanden werden, der nicht speziell auf das Vorliegen von Eingriffen in den wirtschaftlichen Wettbewerb abstellt, sondern das gesamte Zusammenspiel von Staat einerseits sowie Gesellschaft und – vor allem – Wirtschaft andererseits erfasst.[108] Die Beschränkung wirtschaftlichen Wettbewerbs ist zwar ein herausragender Fall der Regulierung, nicht aber der einzige. Regulierung ist vielmehr *jedwede* staatliche oder staatlich sanktionierte Beschränkung der Handlungs- und Verfügungsmöglichen von Privatpersonen.[109] Dies gilt auch dann, wenn die Beschränkung in einer staatlichen Monopolbildung liegt, Handlungs- und Verfügungsmöglichkeiten Privater also vollständig ausgeschlossen sind.[110] Ein Begriffsverständnis, das gerade Staatsmonopolisierungen nicht als Regulierungen deutete,[111] führte in kaum nachvollziehbarer Weise

---

Freiheit wagen, S. 27, 379; *Gerpott*, Wettbewerbsstrategien im Telekommunikationsmarkt, S. 58; *Kühling*, Sektorspezifische Regulierung in den Netzwirtschaften, S. 31; *Langenfurth*, Der globale Telekommunikationsmarkt, S. 134; vgl. auch *Benz*, Die Verwaltung 28 (1995), 337 Fn. 1; *König/Benz*, in: dies., Privatisierung und staatliche Regulierung, S. 13 (25); *Möschel*, JZ 1988, 885 (888); *Schmidt*, in: Biernat/Hendler/Schoch/Wasilewski, Grundfragen des Verwaltungsrechts und der Privatisierung, S. 210 (216).

[105] *Basedow*, Mehr Freiheit wagen, S. 28 f.; siehe auch *Möschel*, JZ 1988, 885 (889).

[106] Überzeugend *Schmidt*, Öffentliches Wirtschaftsrecht, Allgemeiner Teil, S. 49; siehe auch *Schneider*, Öko-Audit und Deregulierung im Immissionsschutzrecht, S. 94.

[107] Überzeugend *Stober*, Rückzug des Staates im Wirtschaftsverwaltungsrecht, S. 3; vgl. auch *Knopp*, NVwZ 2001, 1098 (1099).

[108] Vgl. *Peine*, DÖV 1997, 353 (355); *Schmidt*, Öffentliches Wirtschaftsrecht, Allgemeiner Teil, S. 48.

[109] Ähnlich die Definition der *Deregulierungskommission*, Marktöffnung und Wettbewerb, Ziff. 1, die allerdings – zumindest missverständlich – von Beschränkungen „des Menschen" spricht und damit die juristischen Personen und andere Personenvereinigungen ausklammert; siehe auch *Hedrich*, Die Privatisierung der Sparkassen, S. 22; *Jarass*, Die Verwaltung 20 (1987), 413 (414); *Ruffert*, AöR 124 (1999), 237 (241); *Schmidt-Aßmann*, Die Verwaltung, Beiheft 4 (2001), 253 (255); *Schmidt*, DÖV 2005, 1025 (1026); *Schneider*, Öko-Audit und Deregulierung im Immissionsschutzrecht, S. 94 f.

[110] Vgl. auch *Möschel*, JZ 1988, 885 (888); *Schmidt*, Öffentliches Wirtschaftsrecht, Allgemeiner Teil, S. 49.

zu einer Herausnahme der schärfsten Form eines staatlichen Eingriffs in die Freiheit privater Wirtschaftsteilnehmer, die in deren vollständigem Ausschluss von der monopolisierten Tätigkeit besteht,[112] und damit zu einer begrifflichen Beschränkung, die einer *vollständigen* Erfassung des Zusammenspiels von Staat, Wirtschaft und Gesellschaft in Bezug auf die Beschränkungen privater Freiheiten durch den Staat entgegenstünde. Hinzu kommt, dass ein Ausschluss von staatlichen Monopolen vom (juristischen) Regulierungsbegriff zu einer kompletten Inkohärenz mit dem wirtschaftswissenschaftlichen Begriffsverständnis führen würde, das Monopolbildungen als geradezu klassische Form der Regulierung begreift.[113] Dem hier vertretenen Regulierungsbegriff kann vor diesem Hintergrund nicht entgegengehalten werden, dass seine große Weite zugleich eine gewisse Uferlosigkeit zur Folge habe.[114] Vielmehr ist die begriffliche Weite zwangsläufige Konsequenz der großen Bandbreite staatlicher Möglichkeiten, die Handlungs- und Verfügungsmöglichkeiten von Privatpersonen zu beschränken.

An dieses Verständnis der Regulierung anknüpfend, ist Deregulierung jeglicher *Abbau staatlicher Intervention*[115] inklusive der Beseitigung von Staatsmonopolen.[116] Deregulierung ist damit ein Mittel sowohl zur Verbesserung des Marktsystems als auch zur Vergrößerung privater Autonomie insgesamt.[117] Danach kommt

---

[111] So namentlich *Kämmerer,* Privatisierung, S. 487: Regulierung als „staatlicherseits vorgenommener ordnender und gestaltender Ausgleich von Rechtsverhältnissen Privater im Wege der Rechtsetzung", was „zumindest Rudimente eines funktionsfähigen Marktes" voraussetze; ähnlich *Peine,* DÖV 1997, 353 (355).

[112] Vgl. auch *Kühling,* Sektorspezifische Regulierung in der Netzwirtschaft, S. 31 f.; *Lindner,* BayVBl 2004, 225 (228); *Möschel,* JZ 1988, 885 (888).

[113] Vgl. Nachweise oben Fn. 104.

[114] So aber *Kämmerer,* Privatisierung, S. 481; vgl. auch *Bullinger,* DVBl. 2003, 1355 (1357).

[115] *Burgi,* Funktionale Privatisierung und Verwaltungshilfe, S. 2 f.; *Stober,* Rückzug des Staates im Wirtschaftsverwaltungsrecht, S. 2; siehe auch *Hedrich,* Die Privatisierung der Sparkassen, S. 22; *Kämmerer,* Privatisierung, S. 55; *Kloepfer,* Umweltrecht, § 5 Rdn. 446; *Lindner,* BayVBl 2004, 225 (227); *Löwisch,* in: Berthold/Gundel, Theorie der sozialen Ordnungspolitik, S. 253 ff.; *Nahamowitz,* in: Voigt, Abschied vom Staat – Rückkehr zum Staat?, S. 231 (234); *Schneider,* Öko-Audit und Deregulierung im Immissionsschutzrecht, S. 94 f.; *Schulte,* DVBl. 2004, 925 (927); *Schulze-Fielitz,* in: Grimm, Wachsende Staatsaufgaben – sinkende Steuerungsfähigkeit des Rechts, S. 11 (32); *Voßkuhle,* VerwArch 92 (2001), 184 (207); vgl. ferner *Büdenbender,* DÖV 2002, 375 (383); *Kuxenko,* DÖV 2001, 141 (148). In die gleiche Richtung deutet auch der Definitionsansatz der Deregulierungskommission (zu dieser siehe noch unten D. I. 3. a)): Deregulierung als „jede wohlbegründete Veränderung der Spielregeln, die der wirtschaftlichen Freiheit dient", siehe *Deregulierungskommission,* Marktöffnung und Wettbewerb, Ziff. 1.

[116] Siehe auch *Benz,* Die Verwaltung 38 (1995), 337 (341); *Bull,* Die Verwaltung 38 (2005), 285 (289); *Burgi,* Funktionale Privatisierung und Verwaltungshilfe, S. 3; *Nolte,* Deregulierung von Monopolen und Dienstleistungen von allgemeinem wirtschaftlichen Interesse, S. 17; *Schneider,* Öko-Audit und Deregulierung im Immissionsschutzrecht, S. 95; *Stober,* DÖV 2004, 221 (223); *Voßkuhle,* VerwArch 92 (2001), 184 (207); zum Verhältnis von Privatisierung und Deregulierung siehe auch noch unten D. I. 2. d).

[117] *Stober,* Rückzug des Staates im Wirtschaftsverwaltungsrecht, S. 2.

es – anders als beim quantitativen Deregulierungsbegriff – nicht in erster Linie auf eine zahlenmäßige Verringerung staatlicher Eingriffsnormen an, sondern es ist ein qualitativer Vergleich zwischen den Beschränkungen der betroffenen Privaten vor und nach der in Rede stehenden Maßnahme zu ziehen.[118] Für diese weite Deregulierungsdefinition kann daher auch der Begriff der *„qualitativen Deregulierung"* verwendet werden.[119] Soweit in der vorliegenden Arbeit von Deregulierung gesprochen wird, wird dieses weite und qualitative Verständnis der Deregulierung zugrunde gelegt.

bb) Mittel der Deregulierung

Eine dergestalt als „Rückzug des Staates"[120] im Sinne eines Abbaus staatlicher Intervention und einer Vergrößerung der privaten Autonomie verstandene Deregulierung kann auf verschiedene Arten erfolgen, deren konkretisierende Betrachtung wegen der Weite des nunmehr gewonnenen Deregulierungsbegriffs lohnend ist. Zu nennen sind neben dem bereits als wichtige Erscheinungsform erkannten Abbau von Wettbewerbsbeschränkungen die Übertragung staatlicher Aufgaben auf Private, der Abbau und die Beschleunigung präventiver Kontrolle sowie die Vereinfachung von Rechtssätzen im Sinne deren leichteren Verständlichkeit.[121] Diese Auflistung von Fällen der Deregulierung kann die Möglichkeiten einer Rückführung staatlicher Interventionen zwar nicht abschließend erfassen, aber dennoch zur Verdeutlichung des Phänomens der Deregulierung beitragen.

α) Abbau von Wettbewerbsbeschränkungen

Der Abbau von Wettbewerbsbeschränkungen, den der – deshalb als zu eng erkannte – „wettbewerbsbezogene Deregulierungsbegriff" sogar als alleinige Erscheinungsform der Deregulierung erachtet, ist das wohl prominenteste Beispiel der hier als Abbau staatlicher Intervention verstandenen Deregulierung. Staatliche Regulierungen, die den freien Wettbewerb beeinträchtigen, werden beseitigt. Dem freien Spiel der Marktkräfte wird ein größerer Raum zur Verfügung gestellt.

Eine Deregulierung im Sinne des Abbaus von Wettbewerbsbeschränkungen kann auf unterschiedliche Arten erfolgen. Neben dem Abbau von Marktzugangsbeschränkungen, der vorliegend mit dem Begriff der Liberalisierung bezeichnet und bereits näher erörtert worden ist,[122] sind insoweit insbesondere der Abbau

---

[118] Vgl. auch *Nahamowitz*, in: Voigt, Abschied vom Staat – Rückkehr zum Staat?, S. 231 (234): Deregulierung als „Abbau ökonomisch wirksamer Verbote, Gebote und Auflagen".

[119] Begriff von *Wimmer/Arnold*, in: Morscher/Pernthaler/Wimmer, Recht als Aufgabe und Verantwortung, Festschrift Hans R. Klecatsky zum 70. Geburtstag, S. 291 (299).

[120] *Stober*, Rückzug des Staates im Wirtschaftsverwaltungsrecht, S. 3; siehe auch *Schneider*, Öko-Audit und Deregulierung im Immissionsschutzrecht, S. 95.

[121] Vgl. auch *Lindner*, BayVBl 2004, 225 (227 f.); *Ritter*, DVBl. 1996, 542 (545).

[122] Siehe oben D. I. 2. b).

hoheitlicher Eingriffe in die Preisfreiheit sowie der Abbau hoheitlicher Ausübungsregulierungen zu nennen.[123]

Die stärksten hoheitlichen Eingriffe in die Preisfreiheit stellen verbindliche staatliche Festsetzungen der Entgelte dar, die sowohl in Gestalt von Festtarifen als auch in Gestalt von Mindest-, Höchst- oder Margentarifen auftreten können.[124] Weniger gravierend sind Eingriffe in die Preisfreiheit durch die Allgemeinverbindlicherklärung kollektiver Preisbeschlüsse[125] oder die Pflicht zur individuellen Genehmigung von Tarifen.[126]

Hoheitliche Ausübungsregulierungen können in höchst vielgestaltigen Erscheinungsformen auftreten. Lediglich beispielhaft seien insoweit Werbeverbote im Recht der Freien Berufe,[127] Vorschriften über Ladenöffnungszeiten[128] oder räumliche Anforderungen an Gewerbebetriebe[129] genannt. Soweit derartige Maßnahmen gelockert werden, liegt ebenfalls ein Fall der Deregulierung vor.

β) Übertragung staatlicher Aufgaben auf Private

Auch die Übertragung staatlicher Aufgaben auf Private ist ein augenscheinlicher Fall eines Abbaus staatlicher Intervention, fällt also unter die hier gefundene Definition der Deregulierung. Dabei bestehen erhebliche Überschneidungen mit der soeben beschriebenen Fallgruppe des Abbaus staatlicher Eingriffe in den Wettbewerb; zu denken ist etwa an die Zulassung privater Wettbewerber im Zuge der Beseitigung eines Staatsmonopols, und auch Fälle der funktionalen Privatisierung haben durchaus eine den privaten Wettbewerb fördernde Komponente.[130] Gerade die letzte Fallgruppe zeigt jedoch, dass die Übertragung staatlicher Aufgaben auf Private nicht in dem Ziel ihr Bewenden hat, den Wettbewerb zu fördern, sondern dass ihr – in der Regel sogar vorrangig – andere Intentionen für den Rückzug des Staates innewohnen: Eine funktionale Privatisierung bezweckt üblicherweise nicht primär die Förderung des Wettbewerbs unter Privaten, sondern will in erster Linie den Staat verschlanken und seine Tätigkeit gleichzeitig dadurch effektivieren, dass bei der Wahrnehmung staatlicher Aufgaben (auch) private Kompetenzen genutzt werden. Bei dieser Blickrichtung wird erkennbar, dass die Übertragung staatlicher Aufgaben auf Private als eigene Fallgruppe der Deregulierung angesehen werden muss; eine Subsumtion (nur) unter die Konstellation des Abbaus von Wettbewerbsbeschränkungen würde den genannten Besonderheiten nicht gerecht.

---

[123] Näher *Basedow*, Mehr Freiheit wagen, S. 29 f.; siehe auch *Lindner*, BayVBl 2004, 225 (228).

[124] Beispiel: Gebührenordnung für Ärzte auf der Grundlage von § 11 Bundesärzteordnung.

[125] Beispiel: Allgemeinverbindlicherklärung von Tarifverträgen nach § 5 TVG.

[126] Beispiel: Zustimmungsbedürftigkeit der Beförderungsentgelte im Personenbeförderungsverkehr mit Straßenbahnen nach § 39 Abs. 1 PBefG.

[127] Zu aktuellen Deregulierungen in diesem Bereich näher *Kleine-Cosack*, NJW 2003, 868 ff.; *Lorz*, NJW 2002, 169 (171 ff.).

[128] Beispiel: § 4 LadSchlG.

[129] Beispiel: § 4 Abs. 1 S. 1 Nr. 2 GastG.

[130] Siehe dazu oben D. I. 2. a) bb) γ).

γ) Abbau präventiver Kontrolle

Eine qualitative Rückführung staatlicher Intervention und damit zugleich eine Erscheinungsform der Deregulierung ist auch der Abbau präventiver Kontrolle. Das Erfordernis einer staatlichen Zulassung einer Tätigkeit führt zu einem häufig längere Zeit in Anspruch nehmenden Verwaltungsverfahren, das die Handlungs- und Verfügungsmöglichen von Privatpersonen zumindest zeitlich, häufig aber wegen faktischer Zwänge auch insgesamt limitiert; von der Ausgestaltung des staatlichen Planungs- und Genehmigungsverfahrens hängt häufig der Erfolg einer Investitionsentscheidung gänzlich ab.[131] Die Ersetzung präventiver staatlicher Kontrolle durch nachträgliche, also repressive Kontrolle kann private Autonomie stärken und damit als Anwendungsfall einer Deregulierung gelten.[132]

δ) Beschleunigung präventiver Kontrolle

Eng mit dem Abbau präventiver Kontrolle verwandt ist deren Beschleunigung. Wenn der Staat die Überprüfung einer von einem Privaten geplanten Tätigkeit vor deren Aufnahme für erforderlich hält, so kann die Einschränkung der Freiheit des Privaten zumindest durch eine möglichst weitreichende Beschleunigung des staatlichen Zulassungsverfahrens auf das erforderliche Maß beschränkt werden.[133] Auch in der Verkürzung von Genehmigungsverfahren liegt eine Deregulierung im Sinne eines Abbaus staatlicher Intervention; wenn und weil die Vorhaben privater Investoren schneller umgesetzt werden können, werden – ganz im Sinne eines „schlanken Staates" – die Wettbewerbsfähigkeit der einheimischen Wirtschaft im internationalen Vergleich gestärkt und Arbeitsplätze geschaffen.[134]

Der Gesichtspunkt einer Beschleunigung präventiver Kontrolle und von Verwaltungsverfahren insgesamt als Maßnahme der Deregulierung hat mittlerweile sogar auf der Ebene des Allgemeinen Verwaltungsrechts seinen Niederschlag gefunden: Die Einführung des verwaltungsverfahrensrechtlichen „Zügigkeitsprinzips" kommt namentlich in § 10 S. 2 VwVfG, aber auch in §§ 71a, 71b VwVfG zum Ausdruck.[135]

---

[131] Vgl. *Schmidt-Jorzig*, in: Rengeling, Beschleunigung von Planungs- und Genehmigungsverfahren – Deregulierung, S. 1. Umgekehrt weist *Bock*, DVBl. 2006, 12 (17), aber nicht zu Unrecht darauf hin, dass eine diesbezügliche Deregulierung auch den Fluss wirtschaftlicher Prozesse verlangsamen kann, nachdem auch Rechtssicherheit einen nicht unerheblichen Wirtschaftsfaktor darstellt.

[132] Zum Ganzen siehe auch *Knemeyer*, in: Grupp/Ronellenfitsch, Planung – Recht – Rechtsschutz, Festschrift für Willi Blümel zum 70. Geburtstag, S. 259 (267 ff.); ferner *Lindner*, BayVBl 2004, 225 (228).

[133] Vgl. *Steinbeiß-Winkelmann*, in: Ziekow, Beschleunigung von Planungs- und Genehmigungsverfahren, S. 201 (204 ff.).

[134] Siehe auch *Stüer*, in: Rengeling, Beschleunigung von Planungs- und Genehmigungsverfahren – Deregulierung, S. 215.

[135] Näher *Knemeyer*, in: Grupp/Ronellenfitsch, Planung – Recht – Rechtsschutz, Festschrift für Willi Blümel zum 70. Geburtstag, S. 259 (263 f.); *Stüer*, in: Rengeling, Beschleu-

ε) Vereinfachung von Rechtssätzen

Schließlich ist die Vereinfachung von Rechtssätzen als Unterfall der Deregulierung zu nennen.[136] Diese Erscheinung an der Grenze zur Rechtsbereinigung (oder „quantitativen Deregulierung")[137] kann ebenfalls als (auch) qualitativer Abbau staatlicher Intervention eingestuft werden, wenn man berücksichtigt, dass eine sowohl eindeutige als auch zügig zu ermittelnde Rechtslage private Investitionsentscheidungen erleichtern kann.[138]

d) Das Verhältnis von Privatisierung, Liberalisierung und Deregulierung

Das unterschiedliche Verständnis der Begriffe Privatisierung, Liberalisierung und Deregulierung in der Literatur führt zwangsläufig auch zu einer unterschiedlichen Einschätzung des Verhältnisses dieser Erscheinungsformen der Verschlankung des Staates zueinander.

Zur Verdeutlichung folgende Beispiele: Wer Deregulierung quantitativ im Sinne des Abbaus von Rechtsnormen versteht, wird wegen des Phänomens des „Privatisierungsfolgenrechts"[139] zu dem Ergebnis kommen, dass sich Privatisierung und Deregulierung in der Regel ausschließen.[140] Wer dem wettbewerbsbezogenen Deregulierungsbegriff anhängt, kann bei entsprechendem Verständnis auch der Liberalisierung die beiden Begriffe ohne weiteres als synonym ansehen.[141] Das gleiche gilt – unter umgekehrten Vorzeichen – bei einem außerordentlich weiten Verständnis der Liberalisierung als jeglichem Abbau von Restriktionen der wirtschaftlichen Betätigung, was dem hier vertretenen Deregulierungsbegriff entspricht.[142]

---

nigung von Planungs- und Genehmigungsverfahren – Deregulierung, S. 215 (218); *Ziekow*, in: ders., Beschleunigung von Planungs- und Genehmigungsverfahren – Deregulierung, S. 51 (52 ff.).

[136] Siehe auch *Koenig*, Die öffentlich-rechtliche Verteilungslenkung, S. 289; *Lindner*, BayVBl 2004, 225 (227); *Wägenbaur*, in: Rengeling, Beschleunigung von Planungs- und Genehmigungsverfahren – Deregulierung, S. 19 (22).

[137] Zur Begrifflichkeit siehe oben D. I. 2. c) aa).

[138] Darauf weist auch *Basedow*, Mehr Freiheit wagen, S. 28, hin, der allerdings die Rechtsbereinigung dennoch nicht unter den von ihm vertretenen (engen) Deregulierungsbegriff fasst.

[139] Dazu näher D. III. 1.

[140] So *Gusy*, in: ders., Privatisierung von Staatsaufgaben: Kriterien – Grenzen – Folgen, S. 330 (343); zustimmend *Battis*, DVBl. 2000, 1557 (1558 f.); *Schulte*, DVBl. 2004, 925 (928); siehe auch *Weiß*, Privatisierung und Staatsaufgaben, S. 302.

[141] So *Gerpott*, Wettbewerbsstrategien im Telekommunikationsmarkt, S. 58; *Kühling*, Sektorspezifische Regulierung in den Netzwirtschaften, S. 31 f.; *Scheurle*, in: König/Benz, Privatisierung und staatliche Regulierung, S. 201 (207); ähnlich *Burgi*, NVwZ 2001, 601 (602).

[142] Auf dieser Grundlage werden Liberalisierung und Deregulierung gleichgesetzt von *Stürner/Bormann*, NJW 2004, 1481.

I. Der „schlanke Staat" als Ziel

Bei dem hier entwickelten Begriffsverständnis erweist sich Deregulierung als Oberbegriff, der sowohl Maßnahmen der Liberalisierung als auch Maßnahmen der Privatisierung erfasst: Bei dem Abbau hoheitlicher Marktzugangsbeschränkungen im Wege der Liberalisierung handelt es sich um eine besondere Form des Abbaus staatlicher Intervention, also um eine Deregulierung.[143] Gleiches gilt für die verschiedenen Formen der Privatisierung, die sich ebenfalls als Erscheinungsformen der Deregulierung begreifen lassen, da jegliche Ersetzung von Staatlichkeit durch Privatheit die Handlungs- und Verfügungsmöglichen von Privatpersonen steigert und in diesem Sinne einen Abbau staatlicher Intervention bedeutet.[144]

Bei der Aufgabenprivatisierung, bei der vormals staatliche Aufgaben vollständig auf Private übertragen werden,[145] werden diese Zusammenhänge besonders deutlich. Wird etwa ein staatliches Monopol beseitigt und so eine bislang staatlich erfüllte Aufgabe für Private geöffnet, liegt aus deren Sicht eine Ausweitung ihrer Autonomie vor: Die Privaten dürfen nunmehr in dem bislang allein staatlichen Bereich überhaupt tätig werden; hierin liegt ein Abbau staatlicher Intervention und damit eine Deregulierung.[146] Dies gilt selbst dann, wenn die auf dem nunmehr geöffneten Markt tätigen Privaten – wie häufig – vielfältigen staatlichen Geboten und Beschränkungen unterliegen sollten;[147] eine immer noch hohe Regulierungsdichte in Bezug auf die Tätigkeit Privater stellt doch eine geringere Freiheitsbeschränkung der Privaten dar als der vormals vollständige Ausschluss von der betreffenden Tätigkeit.[148] Bei einem streng qualitativen Verständnis des Deregulierungsbegriffs, von dem im Rahmen dieser Untersuchung ausgegangen wird,[149] stellt daher jede Aufgabenprivatisierung zugleich eine Deregulierung dar.

Gleiches gilt für die funktionale Privatisierung. Wird zwar nicht die Zuständigkeit für die Wahrnehmung einer Aufgabe vom Staat auf Private übertragen, wohl aber der Vollzug der Aufgabe, für den vormals der Staat ausschließlich zuständig war,[150] werden ebenfalls die Freiheitssphäre der Bürger ausgeweitet und das Maß staatlicher Intervention beschränkt. Privaten ist nunmehr immerhin die partielle Beteiligung an bislang vollständig verschlossenen Märkten gestattet; dies ist im Vergleich zum vorherigen Zustand als deregulierende Maß-

---

[143] Ebenso *Kreis*, Deregulierung und Liberalisierung der europäischen Elektrizitätswirtschaft, S. 24; *Kühling*, Sektorspezifische Regulierung in den Netzwirtschaften, S. 32; *Rabe*, Liberalisierung und Deregulierung im Europäischen Binnenmarkt für Versicherungen, S. 61.

[144] So auch *Burgi*, Funktionale Privatisierung und Verwaltungshilfe, S. 3; *König/Benz*, in: dies., Privatisierung und staatliche Regulierung, S. 8 (39); *Lindner*, BayVBl 2004, 225 (226); *Möschel*, JZ 1988, 885 (888); *Schneider*, Öko-Audit und Deregulierung im Immissionsschutzrecht, S. 95; *Stober*, in: Blümel/Pitschas, Verwaltungsverfahren und Verwaltungsprozess im Wandel der Staatsfunktionen, S. 131 (133).

[145] Siehe oben D. I. 2. a) bb) β).

[146] So auch *Lindner*, BayVBl 2004, 225 (228); *Möschel*, JZ 1988, 885 (888).

[147] Zum Privatisierungsfolgenrecht noch unten D. III. 1.

[148] So auch *Kühling*, Sektorspezifische Regulierung in den Netzwirtschaften, S. 31, der zu Recht darauf hinweist, dass der Begriff Deregulierung „aus der Perspektive der Freiheitsentwicklung zur Kennzeichnung zunehmender privater Handlungsmöglichkeiten im Spannungsfeld von Staat und Markt verstanden" werden muss.

[149] Siehe oben D. I. 2. c) aa).

[150] Zu den Merkmalen der funktionalen Privatisierung siehe oben D. I. 2. a) bb) γ).

nahme einzuordnen, und zwar – bei einem qualitativen Verständnis des Deregulierungsbegriffs – wiederum unabhängig von der Dichte der staatlichen Vorgaben für diese Betätigung.[151]

Geht die Vermögensprivatisierung – wie häufig bei der Veräußerung von staatlichen Beteiligungen – mit einer zumindest teilweisen Aufgabenprivatisierung einher, gelten die hierzu gemachten Ausführungen entsprechend. Aber auch unabhängig davon kann die Vermögensprivatisierung als Unterfall der Deregulierung begriffen werden: Die Veräußerung staatlicher Vermögenswerte an Privatpersonen, die die Rückführung der staatlichen Verwaltung auf die Wahrnehmung kernhoheitlicher Aufgaben bezweckt,[152] bedeutet zugleich einen Abbau staatlicher Intervention und auf der Kehrseite eine Vergrößerung der Freiheit von Privatpersonen, die über die betreffenden Vermögenswerte nunmehr selbst verfügen (können). Vor diesem Hintergrund ist die Vermögensprivatisierung ebenfalls als Form der Deregulierung anzusehen.[153]

Hinsichtlich der Frage, ob auch die Organisationsprivatisierung eine Form der Deregulierung ist, gilt das Gleiche, was bereits als Begründung dafür angeführt wurde, dass die Organisationsprivatisierung überhaupt eine Erscheinungsform der Privatisierung ist:[154] Die „Ersetzung von Staatlichkeit durch Privatheit" durch den Wechsel der Rechtsform, in der der Staat tätig wird, lässt sich durchaus als Abbau staatlicher Intervention begreifen, indem der Staat auf die ausschließlich ihm zur Verfügung stehenden Rechtsformen des Öffentlichen Rechts verzichtet und sich privatrechtlicher Alternativen bedient. Vor diesem Hintergrund ist auch die Organisationsprivatisierung als Unterfall der Deregulierung zu betrachten.[155]

Liberalisierung und Privatisierung stehen demgegenüber zueinander nicht im Verhältnis von Oberbegriff und Unterbegriff, sondern im Verhältnis zweier sich schneidender Kreise. Die Beseitigung von Staatsmonopolen als Fall einer Liberalisierung geht immer mit einer mindestens teilweisen (Aufgaben-)Privatisierung einher,[156] während der Abbau privater Monopole – ebenfalls eine Liberalisierung – mit einer Privatisierung nichts zu tun hat. Umgekehrt geht mit einer Privatisierung gleichzeitig eine Liberalisierung einher, wenn zuvor ein Staatsmonopol bestanden hat; bei einer Privatisierung, die nicht von der Situation einer Monopolstellung des Staates ausgeht, kommt es demgegenüber nicht zu einer Liberalisierung.

3. Hintergründe von Privatisierung, Liberalisierung und Deregulierung

Die Gründe für die aktuell zu verzeichnenden Tendenzen der Privatisierung, Liberalisierung und Deregulierung sind vielschichtig und überschneiden sich teilweise. Zu nennen sind insbesondere eine Neuausrichtung der nationalen Wirt-

---

[151] Ebenso *Lindner,* BayVBl 2004, 225 (228); *Möschel,* JZ 1988, 885 (886 f., 888); vgl. auch (zur Verfahrensprivatisierung) *Ritter,* DVBl. 1996, 542 (545).
[152] Siehe bereits oben D. I. 2. a) bb) δ).
[153] Ebenso *Möschel,* JZ 1988, 885 (887 f.); *Ritter,* DVBl. 1996, 542 (545).
[154] Siehe oben D. I. 2. a) bb) α).
[155] Ebenso *Ritter,* DVBl. 1996, 542 (545).
[156] Siehe auch *Helm,* Rechtspflicht zur Privatisierung, S. 116.

schaft- und Wettbewerbspolitik seit Beginn der 1980er-Jahre, Vorgaben des Europäischen Gemeinschaftsrechts und des internationalen Rechts sowie neue Herausforderungen durch die Entwicklung einer Informationsgesellschaft.[157]

a) Neuausrichtung der nationalen Wirtschafts- und Wettbewerbspolitik

Privatisierung, Liberalisierung und Deregulierung sind zunächst Kennzeichen einer Neuausrichtung der nationalen Wirtschafts- und Wettbewerbspolitik als Reaktion auf die diagnostizierte Überforderung des Staates.[158] An die Stelle des Leitbildes eines vorwiegend keynesianisch[159] geprägten interventionistischen Wohlfahrtsstaates mit ausgeprägten Bereichen staatlicher Tätigkeit ist ein eher neoliberales und angebotsökonomisch orientiertes Modell getreten, das einen Abbau von Staatsaufgaben und den Rückzug des Staates aus dem Funktionsbereich des Marktes verlangt.[160] Als wichtiges Vorbild für diesen Paradigmenwechsel dienten zum einen Entwicklungen in den Vereinigten Staaten von Amerika, wo seit Mitte der 1970er-Jahre eingeleitete Maßnahmen der Deregulierung zu einer Freisetzung wirtschaftlicher Kräfte und zur Schaffung neuer Arbeitsplätze führten,[161] zum anderen aus Großbritannien stammendes Gedankengut der ehemaligen Regierung Thatcher, die eine grundlegende Verwaltungsreform mit dem Ziel einer Stärkung der Selbstregulierung der Märkte an Stelle staatlicher Regulierungen in die Wege geleitet hatte, was umfangreiche Privatisierungen nach sich zog.[162]

---

[157] Vgl. *Basedow,* Mehr Freiheit wagen, S. 380.

[158] Hierzu oben D. I. 1.

[159] Der Keynesianismus, der auf den britischen Ökonomen *John Stuart Keynes* zurückgeht, stellt die Nachfrageseite der Volkswirtschaft in das Zentrum des Interesses und geht davon aus, dass die Wirtschaftsentwicklung sich nach der Konsum-Nachfrage richtet. Nur durch Stärkung der gesamtwirtschaftlichen Nachfrage könne Vollbeschäftigung erreicht werden. Dem Staat komme dabei die Aufgabe zu, durch antizyklisches Verhalten eine aktive Stabilisierungspolitik zu betreiben: In Zeiten schwacher Konjunktur habe der Staat Investitionen mit Mitteln zu tätigen, die er bei Hochkonjunktur wieder einsparen könne. Zum Ganzen Überblick bei *Heertje/Wenzel,* Grundlagen der Volkswirtschaftslehre, S. 65 ff.; *Woll,* Allgemeine Volkswirtschaftslehre, S. 459 ff.; vgl. im vorliegenden Zusammenhang auch *Wellenstein,* Privatisierungspolitik in der Bundesrepublik Deutschland, S. 19 ff.

[160] Vgl. *Benz,* Die Verwaltung 28 (1995), 337 (339 f.); *König/Benz,* in: dies., Privatisierung und staatliche Regulierung, S. 13 (38 ff.); *Penski,* JZ 1999, 85 (86); *Schuppert,* DÖV 1995, 761 ff.; *Wallerath,* JZ 2001, 209 (210); zur „Krise des Keynesianischen Wohlfahrtsstaats" siehe auch *Jessop,* in: Grimm: Staatsaufgaben, S. 43 (61 ff.); *Nahamowitz,* in: Voigt, Abschied vom Staat – Rückkehr zum Staat?, S. 231 (232 ff.). Ausführlich zu „Deregulierung und Privatisierung als Ziel und Instrument der Ordnungspolitik" *v. Weizsäcker,* in: Vogel, Deregulierung und Privatisierung, S. 11 ff.

[161] *Schneider,* Öko-Audit und Deregulierung im Immissionsschutzrecht, S. 107; näher zur Entwicklung des Deregulierungsgedankens in den USA *Moore/Kreuzner,* in: Vogel, Deregulierung und Privatisierung, S. 49 ff.; vgl. auch *Möschel,* JZ 1988, 885 (888).

[162] Vgl. *Battis,* DVBl. 2000, 1557; *Benz,* Die Verwaltung 28 (1995), 337 (339).

Sieht man von einigen Anstößen bereits in den Jahren zuvor ab,[163] hat die breite politische Diskussion in Deutschland um die Modernisierung und Verschlankung des Staates in den achtziger Jahren des 20. Jahrhunderts begonnen. Als Beginn einer ernsthaften Befassung politischer Entscheidungsträger auf Bundesebene mit der diagnostizierten Systemkrise des Staates wird vielfach der Wechsel der Regierungskoalition 1982 von der sozialliberalen hin zu der bürgerlichen Koalition aus CDU / CSU und FDP genannt.[164] In der Folge wurden mehrere Kommissionen und andere Sachverständigengremien eingesetzt, die Maßnahmen hin zu einem „schlanken Staat" prüfen und deren Umsetzung vorschlagen sollten.

Zu nennen sind insoweit etwa die „Unabhängige Kommission für Rechts- und Verwaltungsvereinfachung des Bundes",[165] die „Unabhängige Expertenkommission zum Abbau marktwidriger Regulierungen" („Deregulierungskommission"),[166] die „Unabhängige Expertenkommission zur Vereinfachung und Beschleunigung von Planungs- und Genehmigungsverfahren" („Schlichter-Kommission")[167] sowie der Sachverständigenrat „Schlanker Staat".[168] Die Vorschläge dieser Kommissionen sind zumindest teilweise in die Tat umgesetzt und in das geltende Recht integriert worden.[169]

---

[163] Dazu *Löhr*, in: Demel u. a., Funktionen und Kontrolle der Gewalten, S. 135 (137); *Schneider*, Öko-Audit und Deregulierung im Immissionsschutzrecht, S. 107.

[164] *Battis*, DVBl. 2000, 1557; *Benz*, Die Verwaltung 28 (1995), 337 (341); *König / Benz*, in: dies., Privatisierung und staatliche Regulierung, S. 13 (14); *Schmidt*, in: Biernat / Hendler / Schoch / Wasilewski, Grundfragen des Verwaltungsrechts und der Privatisierung, S. 210 (218); *Schneider*, Öko-Audit und Deregulierung im Immissionsschutzrecht, S. 107 f.; vgl. auch *Ronellenfitsch*, in: Isensee / Kirchhof, Handbuch des Staatsrechts, Bd. III, 2. Aufl., § 84 Rdn. 44; *Voßkuhle*, VerwArch 92 (2001), 184 (188 f.).

[165] Deren Vorschläge sind zusammengefasst in *Bundesministerium des Innern*, Unabhängige Kommission für Rechts- und Verwaltungsvereinfachung des Bundes 1983 – 1987, Eine Zwischenbilanz; *Unabhängige Kommission für Rechts- und Verwaltungsvereinfachung des Bundes*, Motor der Entbürokratisierung, Unabhängige Kommission für Rechts- und Verwaltungsvereinfachung des Bundes, 1988 – 1995; siehe auch *Busse*, DÖV 1996, 389 (390 f.); *Guckelberger*, in: Ziekow, Beschleunigung von Planungs- und Genehmigungsverfahren, S. 17 (19 ff.).

[166] Deren Vorschläge sind zusammengefasst in *Deregulierungskommission*, Marktöffnung und Wettbewerb; siehe zur Arbeit der Deregulierungskommission auch *Basedow*, Mehr Freiheit wagen, S. 49 f.; *Schneider*, Öko-Audit und Deregulierung im Immissionsschutzrecht, S. 110.

[167] Zu deren Vorschlägen *Bundesministerium für Wirtschaft*, Investitionsförderung durch flexible Genehmigungsverfahren; siehe auch *Guckelberger*, in: Ziekow, Beschleunigung von Planungs- und Genehmigungsverfahren, S. 17 (32 ff.); *Schlichter*, DVBl. 1995, 173 ff.

[168] Die Vorschläge des Sachverständigenrates finden sich zusammengefasst bei *Hofmann / Meyer-Teschendorf*, ZG 1997, 338 ff.; siehe auch die Berichte über die Zwischenergebnisse bei *Meyer-Teschendorf / Hofmann*, DÖV 1997, 268 ff.; *Ossenkamp*, ZG 1996, 160 ff.

[169] Für die Vorschläge der Deregulierungskommission vgl. den Bericht über Deregulierungsmaßnahmen der Bundesregierung, BT-Drs 12 / 7468. Auf den Vorschlägen der „Schlichter-Kommission" beruht namentlich das „Genehmigungsverfahrensbeschleunigungsgesetz" vom 12. 9. 1996, BGBl. I, S. 1354, das insbesondere das Gesetz zur Beschleunigung immissionsschutzrechtlicher Genehmigungen, das 6. Änderungsgesetz zur VwGO sowie das Gesetz zur Änderung des VwVfG enthält; dazu näher *Guckelberger*, in: Ziekow, Beschleunigung

Der weitreichende und von der Tagespolitik unabhängige Paradigmenwechsel in der nationalen Wirtschafts- und Wettbewerbspolitik seit Beginn der 1980er-Jahre wird daran deutlich, dass auch nach Ablösung der bürgerlichen Koalition im Jahre 1998 durch eine von SPD und Bündnis 90 / Die Grünen getragene Bundesregierung das Ziel eines „schlanken Staates" auf der Agenda der Regierungspolitik verblieben ist.[170]

Am Beispiel des Jahreswirtschaftsberichts 2004:[171] Die Bundesregierung wolle weitere Privatisierungsmaßnahmen ergreifen, weil private Unternehmen den Herausforderungen flexibler und internationaler Märkte in der Regel besser gewachsen seien (S. 50). Die Strukturkrise im Handwerk solle durch eine umfassende Deregulierung überwunden werden (S. 44, 46). Die Bundesregierung habe den Abbau bürokratischer Hemmnisse und Belastungen zu einem Schwerpunkt der Legislaturperiode gemacht, da politische und rechtliche Rahmenbedingungen, die Unternehmen Freiraum für Initiative und innovative Aktionen ließen und schüfen, eine wesentliche Voraussetzung für wirtschaftliche Dynamik und die Schaffung von Arbeitsplätzen seien (S. 46). Deutschland setze sich in der EU dafür ein, die industrielle Wettbewerbsfähigkeit Deutschlands und Europas zu sichern und zu verbessern, und habe zu diesem Zweck eine Initiative angeregt, bei der es im Kern um eine verstärkte Liberalisierung der Märkte, eine Verringerung von Regulierungen und bürokratischen Hemmnissen und eine effizientere Nutzung von Forschung und Entwicklung gehe (S. 66). Im Zuge dieser politischen Vorsätze werden auch tatsächlich immer wieder Rechtsänderungen vorgenommen, die insbesondere Wirtschaftsunternehmen von überflüssigen bürokratischen Vorgaben entlasten sollen.[172]

Insgesamt besteht über das grundsätzliche Erfordernis eines Rückzugs des Staates im Wege von Privatisierungen, Liberalisierungen und Deregulierungen heute unter den politischen Entscheidungsträgern eine weitgehende Einigkeit,[173] mag auch über die Reichweite des Rückzugs und dessen Geschwindigkeit sowie – insbesondere – über konkrete Maßnahmen vielfach politischer Streit bestehen, der den laufenden politischen Prozess erschwert und verzögert und dadurch die häufige Kritik an Überreglementierungen, staatlichen Interventionen etc. weiter nährt.

b) Europarechtliche Hintergründe von Privatisierung, Liberalisierung und Deregulierung

Neben der neuen Austarierung der innerstaatlichen Wirtschafts- und Wettbewerbspolitik gibt es auch handfeste rechtliche Gründe, die Privatisierung, Libe-

---

von Planungs- und Genehmigungsverfahren, S. 17 (39 ff.); *Stüer,* in: Rengeling, Beschleunigung von Planungs- und Genehmigungsverfahren – Deregulierung, S. 215 ff.

170 Vgl. auch *Mayen,* DÖV 2001, 110.
171 *Bundesministerium für Wirtschaft und Arbeit,* Jahreswirtschaftsbericht 2004.
172 Siehe etwa das „Gesetz zur Umsetzung von Vorschlägen zu Bürokratieabbau und Deregulierung aus den Regionen" vom 21. 6. 2005, BGBl. I, S. 1666; zur gesetzgeberischen Intention BR-Drs 666/04, S. 18; vgl. ferner *Pöltl,* GewArch 2005, 353 ff.; *Schönleiter,* GewArch 2005, 369 ff. Weitere Beispiele bei *Bull,* Die Verwaltung 38 (2005), 285 (293 ff.).
173 Siehe auch *Lackner,* Gewährleistungsverwaltung und Verkehrsverwaltung, S. 23 f.

ralisierung und Deregulierung in den Mittelpunkt des Interesses gerückt haben. Dies gilt namentlich für Vorgaben des Europäischen Gemeinschaftsrechts für die nationalen Gesetzgeber in der Bundesrepublik Deutschland und den anderen Mitgliedstaaten der Europäischen Union. Diese Vorgaben sind vielfach ebenfalls ordnungspolitisch motiviert, haben aber wegen der Verbindlichkeit des Europäischen Gemeinschaftsrechts für den nationalen Gesetzgeber[174] eine besondere Qualität gegenüber rein politischen innerstaatlichen Entscheidungen, da sie unter rechtlichen Vorzeichen zwangsläufig zu beachten sind.

Anders als das deutsche Grundgesetz[175] ist der EG-Vertrag nicht wirtschaftspolitisch neutral, sondern bekennt sich in Art. 4 Abs. 1 und Art. 98 S. 2 EGV ausdrücklich zum Modell einer „offenen Marktwirtschaft mit freiem Wettbewerb".[176] In deren Mittelpunkt steht gemäß Art. 14 Abs. 1 EGV die Schaffung eines Binnenmarktes, in dem der Wettbewerb nach Art. 3 Abs. 1 lit. g EGV vor Verfälschungen geschützt ist. Konkret umgesetzt wird diese Vorgabe insbesondere durch die Gewährleistung der vier Grundfreiheiten des EGV, der Freiheit des Warenverkehrs (Art. 23 ff. EGV), der Freiheit des Personenverkehrs (Freizügigkeit der Arbeitnehmer gemäß Art. 39 ff. EGV und Niederlassungsfreiheit gemäß Art. 43 ff. EGV), der Dienstleistungsfreiheit (Art. 49 ff. EGV) sowie der Freiheit des Kapital- und Zahlungsverkehrs (Art. 56 ff. EGV), aber auch durch das EG-Wettbewerbsrecht (Art. 81 ff. EGV).[177] Aus der Gesamtheit dieser Normen lässt sich der Grundsatz einer marktwirtschaftlichen, auf freiem Wettbewerb beruhenden und damit grundsätzlich staatsfernen Wirtschaftsordnung ableiten.[178] Diesem Ziel entsprechen Maßnahmen der Privatisierung, Liberalisierung und Deregulierung, die typischerweise die Freiheit des Wettbewerbs stärken und die Einflussnahme des Staates auf das freie Spiel der Marktkräfte schwächen. Privatisierung, Liberalisierung und Deregulierung sind damit bedeutsame Mittel, um die gemeinschaftsrechtlichen Vorgaben umzusetzen, und in der Praxis wesentlich von diesen beeinflusst.

---

[174] Zum Anwendungsvorrang des Europäischen Gemeinschaftsrechts grundlegend *EuGHE* 1964, 1251 (1269 ff.) – Costa / ENEL; siehe auch *Arndt*, Europarecht, S. 104 ff.; *Dübbers / Jo*, NVwZ 2006, 301 ff.; *Hasselbach*, JZ 1997, 942 ff.; *Herdegen*, Europarecht, § 11 Rdn. 1 ff.; *Jarass / Beljin*, NVwZ 2004, 1 ff.; *Niedobitek*, VerwArch 92 (2001), 58 (60 ff.); *Streinz*, Europarecht, Rdn. 201 ff.

[175] Zur wirtschaftspolitischen Neutralität des Grundgesetzes *BVerfGE* 4, 7 (17 f.); 7, 377 (400); *Stober*, Allgemeines Wirtschaftsverwaltungsrecht, § 5 I. 3. (S. 50 ff.); kritisch dazu *Sodan*, DÖV 2000, 361 (363 ff.).

[176] Siehe auch *Kämmerer*, NVwZ 2004, 28 (29); *Ronellenfitsch*, DVBl. 2002, 657 (663); *Schmidt*, Die Verwaltung 28 (1995), 281 (290); *Sodan*, DÖV 2000, 361 (367 f.); *Weiß*, Privatisierung und Staatsaufgaben, S. 249; zurückhaltend demgegenüber *Frotscher*, Wirtschaftsverfassungs- und Wirtschaftsverwaltungsrecht, Rdn. 37.

[177] *Kahl / Maier*, in: Schmidt / Vollmöller, Kompendium Öffentliches Wirtschaftsrecht, § 1 Rdn. 14 f.; *Weiß*, Privatisierung und Staatsaufgaben, S. 349.

[178] *Kahl / Maier*, in: Schmidt / Vollmöller, Kompendium Öffentliches Wirtschaftsrecht, § 1 Rdn. 8 f.; *Weiß*, Privatisierung und Staatsaufgaben, S. 349; *Zuleeg*, in: v. d. Groeben / Schwarze, EU- / EG-Vertrag, Art. 1 EG Rdn. 47 f.

aa) Europarecht und Privatisierung

Das Europäische Gemeinschaftsrecht enthält keine unmittelbaren Privatisierungsgebote hinsichtlich bestimmter Aufgaben,[179] zumal Art. 295 EGV ausdrücklich die „eigentumsrechtliche Neutralität" des Gemeinschaftsrechts bestimmt und damit eine institutionelle Garantie (auch) der Staatswirtschaft enthält.[180] Wohl aber existieren etliche gemeinschaftsrechtliche Vorgaben, bei deren Umsetzung sich den Mitgliedstaaten Privatisierungen geradezu aufdrängen müssen und die dadurch einen faktischen „Privatisierungsdruck" erzeugen.[181]

Zentrale Vorschrift des europäischen *Primärrechts* für die Beurteilung staatlicher Unternehmen und damit wichtigster europarechtlicher „Geburtshelfer"[182] für mitgliedstaatliche Privatisierungen ist Art. 86 EGV. Soweit nicht der Vorbehalt des Art. 86 Abs. 2 EGV eingreift,[183] folgt hieraus eine Gleichstellung öffentlicher mit privaten Unternehmen.[184] Auch für öffentliche Unternehmen gelten grundsätzlich alle Bestimmungen des EG-Vertrages, was zur Sicherung eines unverfälschten Wettbewerbs beitragen soll.[185]

Art. 82 EGV verbietet in diesem Zusammenhang zwar nicht die staatliche Monopolbildung an sich, wohl aber den *Missbrauch einer* damit verbundenen *marktbeherrschenden Stellung*.[186] Unzulässig ist neben den in Art. 82 S. 2 EGV genannten Beispielen für missbräuchliches Verhalten insbesondere die Ausdehnung einer Monopolstellung auf benachbarte Märkte.[187] Hieraus kann sich praktisch ein erheblicher Privatisierungsdruck ergeben.[188]

---

[179] *Basedow*, Mehr Freiheit wagen, S. 230; *König / Benz,* in: dies., Privatisierung und staatliche Regulierung, S. 13 (44).

[180] Näher dazu *Böhmann*, Privatisierungsdruck des Europarechts, S. 94 ff.; *Kämmerer,* Privatisierung, S. 95 ff.; vgl. auch *Paulweber / Weinand,* EuZW 2001, 232 (233).

[181] So *Basedow*, Mehr Freiheit wagen, S. 230; *Böhmann*, Privatisierungsdruck des Europarechts, S. 147 ff.; *Kämmerer,* Privatisierung, S. 92; *Schliesky,* Der Landkreis 2004, 487 (490); *Weiß,* Privatisierung und Staatsaufgaben, S. 352.

[182] Begriff von *Kämmerer,* Privatisierung, S. 141.

[183] Art. 86 Abs. 2 EGV stellt Unternehmen, die mit Dienstleistungen von allgemeinem wirtschaftlichen Interesse betraut sind oder den Charakter eines Finanzmonopols haben, von den Vorschriften insbesondere des EG-Wettbewerbsrechts frei, soweit deren Anwendung die Erfüllung der damit verfolgten Aufgaben unmöglich machte; näher *Böhmann*, Privatisierungsdruck des Europarechts, S. 129 ff.; *Kämmerer,* Privatisierung, S. 120 ff.; *Schmidt,* Der Staat 42 (2003), 226 (230 ff.).

[184] *Böhmann*, Privatisierungsdruck des Europarechts, S. 101; *Helm,* Rechtspflicht zur Privatisierung, S. 82; *Kämmerer,* Privatisierung, S. 97; *Oppermann,* Europarecht, § 15 Rdn. 30; *Pernice / Wernicke,* in: Grabitz / Hilf, Das Recht der Europäischen Union, Art. 86 EGV Rdn. 5; *Weiß,* AöR 128 (2003), 91 (96).

[185] *Dohms,* in: Schwarze, Daseinsvorsorge im Lichte des Europäischen Wettbewerbsrechts, S. 41 (54 f.); *Herdegen,* Europarecht, § 23 Rdn. 33; *Koenig / Haratsch,* Europarecht, Rdn. 872; *Koenig / Kühling,* EUV / EGV, Art. 86 EGV Rdn. 4.

[186] *Emmerich,* in: Dauses, Handbuch des EU-Wirtschaftsrechts, H. II. Rdn. 66 ff.; *Koenig / Haratsch,* Europarecht, Rdn. 879; *Schröter,* in: v. d. Groeben / Schwarze, EU- / EG-Vertrag, Art. 82 EG Rdn. 48; *Weiß,* Privatisierung und Staatsaufgaben, S. 361 f.

Des Weiteren enthalten die *Grundfreiheiten* Vorgaben für Privatisierungsentscheidungen. Hinsichtlich staatlicher Handelsmonopole greift bereits die Spezialregelung in Art. 31 EGV ein, nach der Ein- und Ausfuhrmonopole wegen ihrer stets diskriminierenden Wirkung generell unzulässig sind.[189] Die gleiche Stoßrichtung enthalten die allgemeineren Art. 28, 29 EGV, die Dienstleistungsmonopole untersagen, soweit diese die Einfuhr aus anderen Mitgliedstaaten erschweren.[190] Ferner können die Freiheiten des Dienstleistungsverkehrs (Art. 49 EGV) und der Niederlassung (Art. 43 EGV) Staatsmonopolen Grenzen ziehen.[191]

Schließlich kann die Gewährung von Zuschüssen der öffentlichen Hand an Staatsunternehmen gegen das *Beihilferecht* der Art. 87 ff. EGV verstoßen.[192] Eine Beihilfe im Sinne von Art. 87 Abs. 1 EGV ist dabei jeder Zuschuss, der ausschließlich zur finanziellen Unterstützung erfolgt und von einem privaten Investor nicht gewährt würde.[193] Ist diese Beihilfe gemeinschaftsrechtswidrig, weil sie den Wettbewerb mindestens zu verfälschen droht und den Handel zwischen den Mitgliedstaaten beeinträchtigt (Art. 87 Abs. 1 EGV), während die Ausnahmebestimmungen des Art. 87 Abs. 2 und Abs. 3 EGV nicht eingreifen, entsteht angesichts des akuten Kapitalbedarfs des Unternehmens ebenfalls ein erheblicher Privatisierungsdruck.[194]

Eine besondere Bedeutung bei der Durchsetzung dieser Privatisierungsimpulse des (primären) Europarechts spielen Vorschriften des *Sekundärrechts*, die in etlichen Gebieten eine Marktöffnung im Bereich vormaliger Staatsmonopolen betrieben haben und weiter betreiben und dadurch dem Art. 86 Abs. 1 und Abs. 2 EGV innewohnenden Privatisierungspotential erst praktische Wirksamkeit verleihen.[195]

---

[187] *EuGHE* 1991, 5941 (5980 ff. Rdn. 19 ff.) – GB-INNO-BM; vgl. auch *Herdegen,* Europarecht, § 23 Rdn. 35 ff.; *Schröter,* in: v. d. Groeben / Schwarze, EU- / EG-Vertrag, Art. 82 EG Rdn. 48.

[188] Etwa aus Art. 82 S. 2 lit. b EGV, wenn das staatliche Monopol die Aufgabe mangels Leistungsfähigkeit nicht vollständig wahrnehmen kann und damit eine Leistungseinschränkung vorliegt; näher *Kämmerer,* Privatisierung, S. 112; *Weiß,* AöR 128 (2003), 91 (98).

[189] *EuGHE* 1976, 91 (100 f. Rdn. 9 / 12) – Manghera; siehe auch *Hochbaum,* in: Schröter / Jakob / Mederer, Kommentar zum Europäischen Wettbewerbsrecht, Art. 86 Rdn. 26; *Weiß,* AöR 128 (2003), 91 (116 f.).

[190] Vgl. etwa *EuGHE* 1991, 1223 (1267 f. Rdn. 33 ff.) – Telekommunikations-Endgeräte; *EuGHE* 1991, 2925 (2958 Rdn. 13 ff.) – ERT; näher *Böhmann,* Privatisierungsdruck des Europarechts, S. 113 ff.; *Rosenbusch,* Marktliberalisierung durch Europarecht, S. 150 ff.

[191] *Hochbaum,* in: Schröter / Jakob / Mederer, Kommentar zum Europäischen Wettbewerbsrecht, Art. 86 Rdn. 30 ff.; *Kämmerer,* Privatisierung, S. 119 f.; *Weiß,* AöR 128 (2003), 91 (102 f.); aus der Praxis beispielsweise *EuGH,* GewArch 2004, 26 (28 f.).

[192] *EuGHE* 1977, 595 (612 Rdn. 17 f.) – Steinike und Weinling; 1984, 3809 (3830 Rdn. 32) – Intermills; *Kämmerer,* Privatisierung, S. 113.

[193] Näher *Emmerich,* in: Dauses, Handbuch des EU-Wirtschaftsrechts, H. II. Rdn. 125; *Helm,* Rechtspflicht zur Privatisierung, S. 89; *Hochbaum,* in: Schröter / Jakob / Mederer, Kommentar zum Europäischen Wettbewerbsrecht, Art. 86 Rdn. 45.

[194] Näher *Basedow,* Mehr Freiheit wagen, S. 231; *Böhmann,* Privatisierungsdruck des Europarechts, S. 166 ff.; *Weiß,* AöR 128 (2003), 91 (109). Dies gilt umso mehr, wenn die Kommission die Deklaration einer Beihilfe als rechtmäßig gemäß Art. 87 Abs. 3 lit. c EGV an die Einleitung eines Privatisierungsprozesses knüpft, vgl. etwa ABl EG 1989, Nr. L 308, 92 (116); 1998, Nr. L 221, 28 (79); siehe auch *Soltész / Bielesz,* EuZW 2004, 391 f.

[195] *Kämmerer,* Privatisierung, S. 138; *Weiß,* AöR 128 (2003), 91 (128).

Hierdurch wurden beispielsweise die Privatisierungsentwicklungen im Telekommunikations-, Post-, Eisenbahn- und Versicherungswesen entscheidend angestoßen oder zumindest vorangetrieben.[196] Auf diese Prozesse und die Auswirkungen der europarechtlichen Vorgaben auf bestimmte Sachbereiche im Einzelnen wird an späterer Stelle noch näher eingegangen.[197]

bb) Europarecht und Liberalisierung

Auch in Bezug auf die Liberalisierung sind dem Europäischen Gemeinschaftsrecht nicht zu unterschätzende Anstöße zu entnehmen.

Offenkundig ist dies, soweit es um die Beseitigung *spezifisch protektionistischer Maßnahmen* zugunsten nationaler Märkte geht. Ein- und Ausfuhrzölle sind zwischen den Mitgliedstaaten gemäß Art. 25 EGV verboten. Gleiches gilt gemäß Art. 28 und Art. 29 EGV für mengenmäßige Einfuhr- und Ausfuhrbeschränkungen, also außenwirtschaftliche Kontingentierungen. In diesem Bereich hat das Europäische Gemeinschaftsrecht bereits in den 1960er-Jahren eine umfassende Liberalisierung des grenzüberschreitenden Warenverkehrs bewirkt und damit das Ziel eines europäischen Gemeinsamen Marktes verwirklicht.[198]

In Bezug auf die Beseitigung *absoluter Marktzugangsbeschränkungen* – insbesondere durch Entmonopolisierungen – kann vollumfänglich auf die Ausführungen zur Privatisierung von Staatsmonopolen verwiesen werden. Art. 86 EGV i.V. m. Art. 82 und 87 EGV sowie den Grundfreiheiten kann daher neben dem „Privatisierungsdruck" gleichzeitig ein „Liberalisierungsdruck" entnommen werden.[199] Dies gilt nicht nur für Staatsmonopole, sondern auch für private Monopole und Oligopole, denen ausschließliche bzw. besondere Rechte verliehen sind und auf die Art. 86 EGV ebenfalls Anwendung findet.[200] Art. 86 EGV kann daher insgesamt als „Drehscheibe der Liberalisierung"[201] bezeichnet werden, soweit die Marktöffnung in der Beseitigung staatlich gesetzter absoluter Marktzugangsschranken besteht.

Für *objektive und subjektive Marktzugangsbeschränkungen* ergeben sich bedeutsame europarechtliche Vorgaben vor allem aus den Grundfreiheiten, die viele Hin-

---

[196] Siehe etwa *Burgi*, EuR 1997, 261 (262); *Kämmerer*, NJW 2004, 28 (30); *Weiß*, AöR 128 (2003), 91 (120); vgl. auch *Voßkuhle*, VVDStRL 62 (2003), 266 (286).

[197] Siehe unten D. IV.

[198] Näher *Dauses*, in: ders., Handbuch des EU-Wirtschaftsrechts, C. I. Rdn. 13.

[199] Vgl. *Oppermann*, Europarecht, § 15 Rdn. 40; ferner *Storr*, Der Staat als Unternehmer, S. 304, der der „Liberalisierungstendenz" der Grundfreiheiten zugleich einen „Privatisierungsdruck" entnimmt.

[200] Näher dazu *Hochbaum/Klotz*, in: v. d. Groeben/Schwarze, EU-/EG-Vertrag, Bd. 2, Art. 86 EG Rdn. 21 ff.; *Koenig/Kühling*, in: Streinz, EUV/EGV, Art. 86 EGV Rdn. 19 ff.; *Pernice/Wernicke*, in: Grabitz/Hilf, Das Recht der Europäischen Union, Art. 86 EGV Rdn. 28 ff.

[201] So *Kämmerer*, Privatisierung, S. 93 f.

dernisse für den freien Waren-, Personen-, Dienstleistungs- und Kapitalverkehr zwischen den Mitgliedstaaten für vertragswidrig erklären.[202] Objektive und subjektive Beschränkungen des Marktzugangs werden dabei insbesondere von der Niederlassungsfreiheit (Art. 43 ff. EGV) und der Dienstleistungsfreiheit (Art. 49 ff. EGV) erfasst. Unter Rechtfertigungszwang werden sowohl (offene oder verdeckte) Diskriminierungen im Bereich des Marktzugangs als auch sonstige Beschränkungen gestellt, die in ihrer tatsächlichen Wirkung den Zugang zu einem mitgliedstaatlichen Markt behindern oder weniger attraktiv machen.[203] Dies gilt im vorliegenden Zusammenhang vor allem für Zulassungserfordernisse, die an objektive oder subjektive Voraussetzungen wie insbesondere persönliche Qualifikationen geknüpft sind.[204] Scheitert die Rechtfertigung, muss die Zugangsschranke zunächst für grenzüberschreitende Sachverhalte beseitigt oder wenigstens abgeschwächt werden.[205] Dies geschieht insbesondere durch die Umsetzung des Herkunftslandprinzips, wonach ein Dienstleistender, der die in seinem Heimatland aufgestellten Voraussetzungen für seine Tätigkeit erfüllt hat, grundsätzlich auch auf dem Markt der anderen Mitgliedstaaten zuzulassen ist.[206] Kommt es in der Folge solcher Marktöffnungen zu einer – gemeinschaftsrechtlich unbedenklichen[207] – *Diskriminierung von Inländern*, für die die bisherigen Beschränkungen des Marktzugangs weiterhin gelten, führen politische Erwägungen oder Vorgaben des nationalen Rechts[208] häufig sogar zur Beseitigung oder Abschwächung der Marktzugangsschranken insgesamt.[209] In diesen Fällen kommt es infolge der gemeinschafts-

---

[202] Vgl. *Ehlers,* in: ders., Europäische Grundrechte und Grundfreiheiten, § 7 Rdn. 1; *Haus/Cole,* JuS 2003, 561; *Herdegen,* Europarecht, § 15 Rdn. 1 f.; *Koenig/Haratsch,* Europarecht, Rdn. 535.

[203] Dazu allgemein *Arndt,* Europarecht, S. 139 ff.; *Ehlers,* in: ders., Europäische Grundrechte und Grundfreiheiten, § 7 Rdn. 68 ff.; *Herdegen,* Europarecht, § 15 Rdn. 3 ff.; *Streinz,* Europarecht, Rdn. 793 ff.

[204] Vgl. im Hinblick auf Art. 43 EGV *Randelzhofer/Forsthoff,* in: Grabitz/Hilf, Das Recht der Europäischen Union, Art. 43 EGV Rdn. 90 ff.; *Tietje,* in: Ehlers, Europäische Grundrechte und Grundfreiheiten, § 10 Rdn. 53; siehe auch *Koenig,* Die öffentlich-rechtliche Verteilungslenkung, S. 307 f.

[205] Vgl. *Arndt,* Europarecht, S. 141; *Ehlers,* in: ders., Europäische Grundrechte und Grundfreiheiten, § 7 Rdn. 20 f.; *Fastenrath/Müller-Gerbes,* Europarecht, Rdn. 145; *Streinz,* Europarecht, Rdn. 810 ff.

[206] Näher *Deregulierungskommission,* Marktöffnung und Wettbewerb, Ziff. 28; *Koenig,* Die öffentlich-rechtliche Verteilungslenkung, S. 302 ff.; aus der Rechtsprechungspraxis etwa *EuGHE* 1986, 3755 (3804 ff. Rdn. 34 ff.) – Versicherungen.

[207] *Ehlers,* in: ders., Europäische Grundrechte und Grundfreiheiten, § 7 Rdn. 20; *Herdegen,* Europarecht, § 7 Rdn. 18 ff.; *Koenig,* Die öffentlich-rechtliche Verteilungslenkung, S. 333.

[208] Zur Vereinbarkeit der Inländerdiskriminierung mit dem deutschen Grundgesetz siehe etwa *Basedow,* Mehr Freiheit wagen, S. 36 f.; *Fastenrath/Müller-Gerbes,* Europarecht, Rdn. 147 ff.; umfassend *Epiney,* Umgekehrte Diskriminierungen, S. 343 ff.

[209] Exemplarisch: Durch die Einführung einer Ausübungsberechtigung für qualifizierte Gesellen in § 7b HwO zum 1. 1. 2004 wurden die erheblichen Unterschiede zwischen den Anforderungen an Inländer und EU-Ausländer für den selbständigen Betrieb eines Hand-

rechtlichen Vorgaben also im Ergebnis zu einer umfassenden Marktöffnung auch nach innen.[210]

cc) Europarecht und Deregulierung

Aus der Behandlung der erheblichen Auswirkungen der gemeinschaftsrechtlichen Vorgaben auf Privatisierungen und Liberalisierungen kann bereits die Erkenntnis gewonnen werden, dass das Europarecht auch einen „Deregulierungsdruck" entfaltet, sind doch nach dem hier verwendeten Begriffsverständnis Privatisierung und Liberalisierung als Unterfälle der Deregulierung anzusehen.[211] Noch zu untersuchen bleibt jedoch die Frage, ob das Gemeinschaftsrecht über diese Stoßrichtungen hinaus weitere Vorgaben für deregulierende Maßnahmen enthält, die nicht zugleich Privatisierungen oder Liberalisierungen darstellen. Hierunter fallen insbesondere der Abbau von Wettbewerbsbeschränkungen, die nicht bereits den Marktzugang betreffen, die Beschleunigung präventiver Kontrolle sowie die Vereinfachung von Rechtssätzen,[212] die im Folgenden gesondert zu betrachten sind.

In Bezug auf *Wettbewerbsbeschränkungen* durch hoheitliche Ausübungsregulierungen sind wiederum die Grundfreiheiten häufige Impulsgeber für eine Deregulierung.[213] Diese sind auf nicht diskriminierende Beschränkungen jedoch nur anwendbar, wenn es – zumindest faktisch – um das „Ob" des Marktzugangs und nicht lediglich um das „Wie" der wirtschaftlichen Betätigung geht.[214] Die Grundfreiheiten üben daher einen Deregulierungsdruck auf mitgliedstaatliche Rechtsvorschriften aus, soweit diese den Marktzugang erschweren.[215] Ist dies nicht der Fall, entfalten die Grundfreiheiten hingegen keine deregulierenden Impulse.[216]

Am Beispiel der Rechtsprechung der Europäischen Gerichtshofs zur Warenverkehrsfreiheit (Art. 28 EGV): Bloße Verkaufsmodalitäten, die für alle betroffenen Wirtschaftsteilnehmer gelten, die ihre Tätigkeit im Inland ausüben, und den Absatz inländischer und eingeführter Erzeugnisse rechtlich und tatsächlich gleichermaßen betreffen, sind nicht am Maßstab des

---

werks deutlich verringert, um eine „Inländerdiskriminierung" zu vermeiden; vgl. *Schwanneke/Heck*, GewArch 2004, 129 (132).

210 Siehe auch *Koenig*, Die öffentlich-rechtliche Verteilungslenkung, S. 304, 334.

211 Siehe oben D. I. 2. d).

212 Vgl. oben D. I. 2. c) bb).

213 Siehe auch *Koenig*, Die öffentlich-rechtliche Verteilungslenkung, S. 301 ff.; *Koppensteiner*, in: Österreichischer Juristentag, Verhandlungen des Zwölften Österreichischen Juristentages Wien 1994, Wirtschaftsrecht, S. 5 (8 f.).

214 *Ehlers*, in: ders., Europäische Grundrechte und Grundfreiheiten, § 7 Rdn. 77.

215 Vom EuGH für europarechtswidrig erklärt worden sind etwa das Verbot eines Werbeaufdrucks „+ 10 %" auf der Verpackung eines eingeführten Erzeugnisses (*EuGHE* 1995, 1923 [1944 Rdn. 25] – Mars) oder das Verbot, ein kosmetisches Mittel unter der Bezeichnung „Clinique" zu vertreiben (*EuGHE* 1994, 317 [337 f. Rdn. 20 ff.] – Clinique).

216 Vgl. *Basedow*, Mehr Freiheit wagen, S. 41.

Art. 28 EGV zu messen.[217] Die Warenverkehrsfreiheit stellt nur die Anforderungen an die Beschaffenheit von Produkten wie etwa Beschränkungen der Form, Abmessung, Zusammensetzung, Bezeichnung oder Verpackung einer Ware unter Rechtfertigungszwang, nicht dagegen nationale Vorgaben, die lediglich den Preis, die Verkaufszeiten und Verkaufsorte betreffen.[218] Über den Anwendungsbereich der Warenverkehrsfreiheit hinaus kann dieser Gedanke auf die anderen Grundfreiheiten übertragen werden.[219]

Ausdrückliche Vorgaben für die *Beschleunigung präventiver Kontrolle* enthält das Europäische Gemeinschaftsrecht nicht. Erst in extremen Fällen, in denen von einer effektiven Ausführung gemeinschaftsrechtlicher Vorschriften nicht mehr gesprochen werden kann, kommt eine Verletzung der Verpflichtung der Mitgliedstaaten aus Art. 10 EGV in Betracht, die eine Beschleunigung des nationalen Verwaltungsverfahrens verlangen kann.[220] Ähnliches gilt für die *Vereinfachung von Rechtssätzen* in den Mitgliedstaaten.[221] Hinsichtlich dieser potentiellen Deregulierungsobjekte sind daher keine unmittelbaren europarechtlichen Impulse festzustellen. Eine größere und nicht zu unterschätzende Bedeutung hat allerdings auch insoweit der (rein rechtspolitische) Prozess, dass in einem europäischen Binnenmarkt – und damit auch einem Rechtsraum ohne Binnengrenzen – die Rechtsvorschriften der Mitgliedstaaten unabhängig von konkreten gemeinschaftsrechtlichen Vorgaben einem ständigen Vergleich und damit Rechtfertigungszwang ausgesetzt sind.[222] Durch den hierdurch entstehenden Wettbewerb der Rechtsordnungen können auch in Bereichen, in denen kein rechtlicher Deregulierungsdruck besteht, politische Deregulierungsbestrebungen angestoßen werden.

(Auch) deshalb ist es insgesamt nicht übertrieben, wenn die Europäische Gemeinschaft als „große Deregulierungsveranstaltung" bezeichnet wird.[223] Dabei darf jedoch nicht übersehen werden, dass ein rechtlicher Druck zur Deregulierung nur hinsichtlich bestimmter Spielarten besteht, während im Übrigen lediglich rechtspolitische Impulse zu konstatieren sind.

---

[217] Grundlegend *EuGHE* 1993, 6097 (6131 Rdn. 16) – Keck; hierzu auch *Haus/Cole*, JuS 2003, 561 (563); *Herdegen*, Europarecht, § 16 Rdn. 9 ff.; *Koenig/Haratsch*, Europarecht, Rdn. 557 ff.

[218] Näher *Epiney*, in: Ehlers, Europäische Grundrechte und Grundfreiheiten, § 8 Rdn. 37 ff.; *Oppermann*, Europarecht, § 19 Rdn. 26.

[219] *Herdegen*, Europarecht, § 16 Rdn. 10; *Koenig/Haratsch*, Europarecht, Rdn. 538; *Streinz*, Europarecht, Rdn. 830; vgl. auch *EuGHE* 1995, 1141 (1176 ff. Rdn. 33 ff.) – Alpine Investments; *Hatje*, Jura 2003, 160 (166); Steinberg, EuGRZ 2002, 13 (18 ff.).

[220] Siehe auch *Schlichter*, DVBl. 1995, 173 (175).

[221] Insoweit beschränkt sich die Europäische Gemeinschaft im Wesentlichen auf die Vereinfachung des Gemeinschaftsrechts selbst, näher *Molitor*, Deregulierung in Europa, S. 27 ff.; *Schneider*, Öko-Audit und Deregulierung im Immissionsschutzrecht, S. 111. Mittelbar können derartige Bestrebungen auf europäischer Ebene auch zu einer Deregulierung des nationalen Rechts führen, wenn dieses den gemeinschaftsrechtlichen Rechtsakt umzusetzen hat.

[222] *Battis*, DVBl. 2000, 1557 (1558).

[223] So *Battis*, DVBl. 2000, 1557 (1558); siehe auch *Koenig*, Die öffentlich-rechtliche Verteilungslenkung, S. 299 ff.: Europäischer Binnenmarkt als „Deregulierungsmotor".

c) Implikationen des internationalen Rechts

Über das Europäische Gemeinschaftsrecht hinaus liegen die Tendenzen hin zu Privatisierung, Liberalisierung und Deregulierung auch in Entwicklungen des internationalen Rechts begründet, wenn diesem auch wegen seiner geringeren Durchsetzungskraft und zahlreichen Ausnahmeregelungen eine deutlich schwächere Bedeutung zukommt.[224]

Als einschlägige Vorgaben sind insbesondere Determinanten des WTO-Systems zu nennen, die auf eine Beseitigung protektionistischer Eingriffe in den Wettbewerb auf dem Weltmarkt gerichtet sind.[225] Die Leitprinzipien des GATT sind insoweit das Verbot der Diskriminierung mit dem Meistbegünstigungsprinzip und – als unmittelbar die Liberalisierung des globalen Wirtschaftsverkehrs betreffende Gesichtspunkte – der Abbau von Zöllen und das Verbot nichttarifärer Handelshemmnisse.[226] Diese Grundsätze wirken sich auf der Ebene der Mitgliedstaaten in Liberalisierungen mit rein außenwirtschaftlichem Bezug aus.

Unterhalb der Ebene des GATT und GATS finden sich weitere wichtige Liberalisierungsvorgaben in spezifischen Vereinbarungen, die hinsichtlich bestimmter Märkte innerhalb der WTO-Gremien getroffen worden sind; als besonders bedeutsam kann insoweit das Vierte Protokoll zum GATS gelten, in dem sich 72 Staaten weitreichende Liberalisierungsmaßnahmen im Bereich der Telekommunikationsmärkte zugesagt haben.[227] Soweit hiervon Staatsmonopole betroffen sind, sind die entsprechenden Bestimmungen des WTO-Systems zugleich Determinanten für Privatisierungen.[228]

d) Herausforderungen der Informationsgesellschaft

Die Forschung nach den Ursachen für die Konjunktur der „Rezepte" Privatisierung, Liberalisierung und Deregulierung wäre insbesondere vor dem hier behandelten Hintergrund unvollständig, wenn man die Wechselwirkungen zwischen diesen Phänomenen und der Entwicklung einer Informationsgesellschaft ausblendete. Es ist bereits darauf hingewiesen worden, dass der Abbau von Staatsmonopolen und der damit verbundene Einzug der Marktkräfte insbesondere in den Bereichen des Rundfunkwesens und der Telekommunikation nicht nur kennzeichnende Elemente der Informationsgesellschaft sind, sondern dass die mit dieser im Zusam-

---

[224] Vgl. auch die Einschätzung von *Kämmerer*, Privatisierung, S. 150.

[225] Siehe auch *Grewlich*, Konflikt und Ordnung in der globalen Kommunikation, S. 35 f.; *Helm*, Rechtspflicht zur Privatisierung, S. 34, 130.

[226] *Herdegen*, Internationales Wirtschaftsrecht, § 9 Rdn. 30 ff.; *Heselhaus*, JA 1999, 76 (77 ff.).

[227] Siehe BGBl. II 1994, S. 1664, 1701; näher *Wahl*, in: Leipold, Rechtsfragen des Internet und der Informationsgesellschaft, S. 37 (44 f.).

[228] Vgl. *Kämmerer*, Privatisierung, S. 151 f.

menhang stehenden technologischen Entwicklungen zugleich Privatisierungs- und Liberalisierungsbestrebungen weiter verstärkt oder sogar angestoßen haben.[229] Hintergrund dieser Verknüpfung ist, dass die Globalisierung des Informationsflusses sich mit starren (Staats-)Monopolen weder wirtschaftlich noch politisch vereinbaren lässt und daher zur Privatisierung und damit auch zur Liberalisierung und Deregulierung der betroffenen Bereiche entscheidend beigetragen hat. So beeinflussen technologische Neuerungen nicht nur die Möglichkeiten der Regulierung auf nationaler Ebene, sondern führen auch dazu, dass die internationale und globale Konkurrenzfähigkeit der heimischen Unternehmen gesichert werden muss.[230] Das namentlich mit der Digitalisierung einhergehende wirtschaftliche Wachstumspotential und durch sie weggefallene Knappheiten verstärken ebenfalls den Druck, Monopole zu beseitigen und Märkte zu öffnen.[231] So wurde beispielsweise die Privatisierung des Telekommunikationswesen[232] ausdrücklich (auch) damit begründet, ein im internationalen Wettbewerb konkurrenzfähiges Unternehmen erhalten und das Innovationspotential bei den kommunikations- und informationstechnischen Anwendungen ausschöpfen zu wollen.[233] Die Einführung offenen Wettbewerbs im Informationsmarkt verspricht insoweit qualitative und quantitative Verbesserungen sowohl der individualkommunikativen Möglichkeiten als auch der massenmedialen Meinungsvielfalt.[234] Zugleich führt die Globalisierung insgesamt dazu, dass Marktöffnungen und Deregulierungen in einzelnen Staaten entsprechenden Druck in anderen Staaten erzeugt, weil andernfalls eine Gefährdung der Wettbewerbsfähigkeit befürchtet wird; hierdurch werden Prozesse der Privatisierung, Liberalisierung und Deregulierung ebenfalls angestoßen oder zumindest verstärkt.[235]

Alle diese Gesichtspunkte müssen dazu veranlassen, die Entwicklung der globalisierten Informationsgesellschaft ebenfalls als Ursache der hier untersuchten Entwicklungen anzusehen. Mit dieser Feststellung ist zugleich die Brücke zu den informationellen Auswirkungen von Privatisierung, Liberalisierung und Deregulierung für den Staat geschlagen.

---

[229] Siehe näher oben B. I. 1. b).

[230] *König/Benz*, in: dies., Privatisierung und staatliche Regulierung, S. 13 (44).

[231] *König/Benz*, in: dies., Privatisierung und staatliche Regulierung, S. 13 (44).

[232] Hierzu noch ausführlich unten D. IV. 2. a).

[233] BT-Drs 13/3609, S. 33; siehe auch *Koenig/Loetz/Neumann*, Telekommunikationsrecht, S. 54; *Schuster*, in: Büchner u. a., Beck'scher TKG-Kommentar, § 1 Rdn. 17.

[234] So *Kloepfer*, Informationsrecht, § 1 Rdn. 16.

[235] *König/Benz*, in: dies., Privatisierung staatliche Regulierung, S. 13 (44); zu den Folgen der Globalisierung in diesem Zusammenhang auch *Kämmerer*, Privatisierung, S. 549 ff.; *Schoch*, VVDStRL 57 (1998), 158 (180 f.); *Wahl*, in: Leipold, Rechtsfragen des Internet und der Informationsgesellschaft, S. 37 ff.

II. Die Steigerung des externen staatlichen Informationsbedarfs als Folge von Privatisierung, Liberalisierung und Deregulierung

In der vorliegenden Untersuchung, die sich auf die Informationspflichten Privater gegenüber dem Staat konzentriert, gilt das besondere Interesse den Auswirkungen von Privatisierungen, Liberalisierungen und Deregulierungen auf den Informationsbedarf des Staates. Dabei erweist sich zunächst eine erhebliche Verknappung originärer staatlicher Informationsquellen durch Maßnahmen der Privatisierung (1.). Zudem führen Privatisierung und Liberalisierung regelmäßig zu einer Ausweitung des staatlichen Informationsbedarfs (2.). Unter Umständen kann dieser auch durch sonstige Maßnahmen der Deregulierung ansteigen (3.).

1. Der Verlust staatlicher Informationsquellen durch Privatisierung

a) Privatisierung von Informationen durch Privatisierung von Aufgabenwahrnehmung

Privatisierungen können nicht ohne Auswirkungen auf die Möglichkeiten des Staates bleiben, Informationen zu erlangen. Wenn der Staat darauf verzichtet, bestimmte Aufgaben im Wege der Verwaltungstätigkeit durch eigene Behörden wahrzunehmen, verzichtet er zugleich auf eine Vielzahl von Informationen, die er hierbei generieren könnte.[236] Privatisierung führt daher in der Tendenz zu einer Bedeutungsabnahme der unmittelbaren staatlichen Informationsgewinnung.[237] Diese Aussage kann jedoch nicht allgemeine Gültigkeit beanspruchen, sondern bedarf der Differenzierung nach den verschiedenen Formen der Privatisierung.

Besonders deutlich wird der Verzicht des Staates auf unmittelbar generierte Informationen bei der – am weitesten gehenden – *Aufgabenprivatisierung*. Wird die Wahrnehmung bestimmter Aufgaben vollständig auf Private übertragen, die mit dem Staat auch nicht – beispielsweise durch dessen Beteiligungen – in besonderer Weise verbunden sind, fallen bei der vormals zuständigen staatlichen Stelle überhaupt keine der Informationen mehr an, die zuvor zur Wahrnehmung der Aufgabe erforderlich waren oder dabei gewissermaßen als Nebenprodukt entstanden sind. Die Aufgabenprivatisierung führt damit nicht nur zu einer Übertragung der Aufgabenwahrnehmung auf Private, sondern zugleich zu einer Verschiebung des Infor-

---

[236] *Gusy*, in: Schuppert, Jenseits von Privatisierung und „schlankem" Staat, S. 115 (128); *Ladeur*, in: Hoffmann-Riem / Schmidt-Aßmann, Verwaltungsrecht in der Informationsgesellschaft, S. 225 ff.; *Weiß*, Privatisierung und Staatsaufgaben, S. 309, vgl. auch *Pohl*, Informationsbeschaffung beim Mitbürger, S. 62.

[237] Zu dieser bereits oben C. III. 1.

mationsanfalls auf diese. Aufgabenprivatisierung bedeutet immer auch Informationsprivatisierung.[238]

Ähnliches – wenn auch in etwas abgeschwächter Form – gilt für die *funktionale Privatisierung*. Auch wenn die Zuständigkeit für die Wahrnehmung der Aufgabe beim Staat verbleibt und nur der Vollzug der Aufgabe auf einen Privaten übertragen wird, gehen Möglichkeiten der eigenen Informationsgewinnung durch den Staat verloren. Die Informationen, die gerade beim Vollzug der Aufgabe entstehen, fallen (zunächst) beim Privaten an, werden also – wie bei der Aufgabenprivatisierung – ihrerseits privatisiert.

Schwierig stellt sich die Situation demgegenüber bei einer reinen *Organisationsprivatisierung* dar. Einerseits ist auch bei der Betrachtung der Informationszuordnung nach einer Organisationsprivatisierung zu berücksichtigen, dass die Aufgabenwahrnehmung bei materieller Betrachtung beim Staat verbleibt und lediglich durch privatrechtlich organisierte Einheiten geschieht. Daher können die bei der Aufgabenwahrnehmung entstehenden Informationen durchaus weiterhin dem Einflussbereich des Staates zugerechnet werden. Wenn man die entstandene Eigengesellschaft als Teil des Staates betrachtet, gehen durch die Organisationsprivatisierung dem Staat keine Informationen verloren, sondern es liegt lediglich eine Informationsverlagerung innerhalb des Staates vor. Andererseits hat diese Informationsverlagerung weitreichende rechtliche Folgen, die über das staatliche Binnenrecht hinausgehen. Immerhin wird zukünftig ein privatrechtlich organisiertes Unternehmen tätig, auf das die Regeln des staatsinternen Informationsaustauschs keine Anwendung finden.

Anders als im Bereich der unmittelbaren Staatsverwaltung, in der der erforderliche Informationsfluss durch den streng hierarchischen Aufbau mit Weisungsbefugnissen[239] sowie gegebenenfalls Vorschriften der Amtshilfe[240] gewährleistet wird, müssen bei der Wahrnehmung öffentlicher Aufgaben durch staatlicherseits beherrschte juristische Personen des Privatrechts besondere Vorkehrungen getroffen werden, um bei einem entsprechenden Bedarf einen Zugang zu den bei der Eigengesellschaft vorrätigen Informationen sicherstellen können. Gewährleistet werden kann dies dadurch, dass sich die aufsichtführende staatliche Stelle ausreichende gesellschaftsrechtliche Einwirkungs-, Beteiligungs- und vor allem Kontrollrechte gegenüber den Organen des Unternehmens vorbehält, wie es beispielsweise in einigen landesrechtlichen Vorschriften zum kommunalen Wirtschaftsrecht ausdrücklich vorgeschrieben ist.[241] An ihre

---

[238] Siehe *Gusy,* in: Schuppert, Jenseits von Privatisierung und „schlankem" Staat, S. 115 (128); *Kämmerer,* Privatisierung, S. 493; *Ladeur,* in: Hoffmann-Riem / Schmidt-Aßmann, Verwaltungsrecht in der Informationsgesellschaft, S. 225 ff.; *Schoch,* in: Schuppert, Jenseits von Privatisierung und „schlankem" Staat, S. 221 (228 ff.); *Schuppert,* in: Gusy, Privatisierung von Staatsaufgaben: Kriterien – Grenzen – Folgen, S. 72 (90); *Voßkuhle,* in: Hoffmann-Riem / Schmidt-Aßmann, Verwaltungsrecht in der Informationsgesellschaft, S. 349 (352).

[239] Näher *Loschelder,* in: Isensee / Kirchhof, Handbuch des Staatsrechts, Bd. III, 2. Aufl., § 68 Rdn. 47, 60 ff.; *Weisel,* Das Verhältnis von Privatisierung und Beleihung, S. 147.

[240] Dazu bereits oben C. II.

[241] Etwa § 103 Abs. 1 S. 1 Nr. 3 GemO BW; zum Ganzen auch *Gern,* Deutsches Kommunalrecht, Rdn. 762.

Grenzen können derartige Vorkehrungen allerdings aufgrund der aktienrechtlichen Verschwiegenheitspflichten gemäß §§ 394 f. AktG stoßen.[242]

Umgekehrt finden die Regeln für den Informationsaustausch zwischen dem Staat und privaten Unternehmen auch auf Eigengesellschaften des Staates Anwendung, die insoweit nicht anders behandelt werden können als jedes andere private Unternehmen.[243] Diese einschneidenden Änderungen des informationellen Rechtsverhältnisses zwischen dem (privatisierten) Aufgabenträger und (sonstigen) staatlichen Stellen rechtfertigen es, auch im Bereich der Organisationsprivatisierung von einer Informationsprivatisierung auszugehen: Die betreffenden Informationen fallen nach der Organisationsprivatisierung nicht mehr bei (unmittelbar) staatlichen Stellen, sondern bei privatrechtlich organisierten Rechtsträgern an.

Die *Vermögensprivatisierung* schließlich hat keine wesentlichen Auswirkungen auf den staatlichen Informationszufluss, wenn man davon ausgeht, dass eine davor liegende Organisationsprivatisierung bereits zu einer Privatisierung der betreffenden Informationen geführt hat. Die Veräußerung von Vermögenswerten allein kann schwerlich den Fluss von anderweitig benötigten Informationen an den Staat hindern und wird daher im Folgenden außer Betracht bleiben.

b) Entbehrlichkeit oder Unentbehrlichkeit privatisierter Informationen?

Mit der Feststellung, dass der Staat durch Privatisierungen zugleich seine originäre Informationsgewinnung beschränkt, kann es sein Bewenden haben, wenn und soweit die verlorenen Informationen aufgrund der Privatisierung entbehrlich geworden sind. Die Informationsgenerierung des Staates ist schließlich kein Selbstzweck, sondern dient einerseits der ordnungsgemäßen Aufgabenwahrnehmung durch die staatlichen Stellen, andererseits der Informationsvorsorge sowohl für zukünftige Staatstätigkeiten als auch für die Bürger.[244] Nur soweit diese Zwecke den Zugang des Staates zu den betreffenden Informationen erfordern, lässt sich ein auch nach der Privatisierung fortbestehender „Informationshunger" des Staates rechtfertigen. Andernfalls kann es ohne weiteres bei der Privatisierung der Informationen bleiben. Ein (auch) informationeller Rückzug des Staates kann die durchaus wünschenswerte Folge der Aufgabenprivatisierung sein und muss keineswegs immer kompensiert werden.

Ob jedoch die betreffenden Informationen für den Staat entbehrlich sind oder nicht, lässt sich nicht allgemeingültig sagen. Fest steht jedenfalls, dass eine apodiktische Feststellung, nach der Privatisierung von Aufgaben seien eben auch die Informationen privatisiert und damit dem Zugriff des Staates entzogen, zu kurz grif-

---

242 Näher *Weisel*, Das Verhältnis von Privatisierung und Beleihung, S. 228 ff.
243 Siehe oben C. III. 2. d) aa).
244 Siehe näher oben C. I.

fe. Hierbei würde übersehen, dass der Staat mit der Privatisierung von Aufgabenwahrnehmungen nicht zugleich jegliche Verantwortung für die Aufgabenerfüllung aus der Hand gibt und geben kann.[245] Vielmehr erwachsen dem Staat, wenn er sich vom „Verwaltungsmodell" abwendet und im Sinne eines „Marktmodells" die Wahrnehmung vormals von staatlichen Behörden erfüllter Aufgaben dem wirtschaftlichen Wettbewerb Privater überlässt,[246] vielfach etliche Gewährleistungs- und Garantenpflichten dafür, dass die Aufgabe weiterhin ordnungsgemäß erfüllt wird.[247] Die Erfüllungsverantwortung des Staates wird in diesen Fällen durch seine *Gewährleistungsverantwortung* ersetzt.[248] Wahrgenommen wird die Gewährleistungsverantwortung insbesondere durch die Instrumente spezifischer staatlicher Regulierungen, also hoheitlicher Vorgaben für die Tätigkeit der Privaten, und damit korrespondierender staatlicher Aufsichtsbefugnisse.[249] Demzufolge lassen sich die Regulierungsverantwortung sowie die Überwachungsverantwortung als Unterfälle der staatlichen Gewährleistungsverantwortung definieren.[250]

Deutlich wird dieser Wandel der staatlichen Aufgabe zunächst an den verfassungsrechtlichen Vorgaben für das *Telekommunikationswesen*. Während die entsprechenden Dienstleistungen früher in bundeseigener Verwaltung erbracht wurden (Art. 87 Abs. 1 GG a. F.) – staatliche Erfüllungsverantwortung –, werden heute gemäß Art. 87f Abs. 2 S. 1 GG die Deutsche Telekom AG und andere private Anbieter tätig. Gemäß Art. 87f Abs. 1 GG hat der Bund allerdings im Bereich der Telekommunikation flächendeckend angemessene und ausreichende Dienstleistungen zu gewährleisten – staatliche Gewährleistungsverantwortung. Dieser kommt der Staat insbesondere durch eine umfassende sektorspezifische Regulierung der Telekommunikationsmärkte nach.[251]

---

[245] Vgl. auch *Püttner*, Verwaltungslehre, § 5 III. 3. (S. 48): „Überhaupt zeigt sich beim Thema Privatisierung, dass in der Regel nur die Aufgabendurchführung, seltener aber die Aufgabe als solche einschließlich der Aufgabenverantwortung privatisierbar ist."

[246] Siehe bereits oben B. I. 1 b).

[247] Umfassend *Kämmerer*, Privatisierung, S. 474 ff., *Ruge*, Die Gewährleistungsverantwortung des Staates und der Regulatory State, S. 172 ff.

[248] *v. Danwitz*, DÖV 2004, 977 (983 f.); *Kirchhof*, in: Horn, Recht im Pluralismus, Festschrift für Walter Schmitt Glaeser zum 70. Geburtstag, S. 3 (6); *Säcker*, AöR 130 (2005), 180 (187); *Schmidt-Aßmann*, Das allgemeine Verwaltungsrecht als Ordnungsidee, S. 172 ff.; *Schoch*, in: Leipold, Rechtsfragen des Internet und der Informationsgesellschaft, S. 83 (87 f.); *Stelkens/Schmitz*, in: Stelkens/Bonk/Sachs, Verwaltungsverfahrensgesetz, § 1 Rdn. 110; vgl. auch *Britz*, Die Verwaltung 37 (2004), 145 (148 ff.); *Hoffmann-Riem*, DÖV 1997, 433 (441 f.); *Schuppert*, in: Gusy, Privatisierung von Staatsaufgaben: Kriterien – Grenzen – Folgen, S. 72 (83); *Theobald*, NJW 2003, 324; *Wallerath*, JZ 2001, 209 (216).

[249] *Hoffmann-Riem*, Die Verwaltung 33 (2000), 155 (169); *Schoch*, in: Leipold, Rechtsfragen des Internet und der Informationsgesellschaft, S. 83 (88); *Weiß*, Privatisierung und Staatsaufgaben, S. 301. Für ein daraus folgendes eigenes „Gewährleistungsverwaltungsrecht" *Voßkuhle*, VVDStRL 62 (2003), 266 (304 ff.).

[250] So *Schuppert*, Verwaltungswissenschaft, S. 404 ff.; zur staatlichen Regulierungsverantwortung siehe auch *Schoch*, VVDStRL 57 (1998), 158 (199).

[251] Vgl. *Freund*, NVwZ 2003, 408 (409 ff.); *Kloepfer*, Informationsrecht, § 11 Rdn. 10; *Stern*, DVBl. 1997, 309 (312 f.). Näheres zum Telekommunikationsrecht nach der Privatisierung und Liberalisierung siehe unten D. IV. 2.

II. Die Steigerung des externen staatlichen Informationsbedarfs

Ein weiteres Beispiel: Überträgt die zuständige Behörde die Pflichten der *Abfallentsorgung* nach Maßgabe von § 16 Abs. 2 S. 1 KrW-/AbfG von einem öffentlich-rechtlichen Entsorgungsträger auf einen (privaten) Dritten, wird die Erfüllungsverantwortung des öffentlich-rechtlichen Entsorgungsträgers (§ 15 Abs. 1 KrW-/AbfG) durch eine Gewährleistungsverantwortung des Staates in diesem Bereich ersetzt; diese äußert sich in Zulässigkeitsvoraussetzungen, Zustimmungsvorbehalten und Kontrollmechanismen hinsichtlich der Abfallentsorgung durch den betreffenden Privaten, die sich namentlich in § 16 Abs. 2-4 KrW-/AbfG finden.[252]

Veranschaulichen lassen sich die genannten Zusammenhänge schließlich am Beispiel des Rechts der *Arbeitsvermittlung*: Werden die (vormals staatlich monopolisierten) Aufgaben der Arbeitsvermittlung für Private geöffnet, denen beim Betrieb sogenannter „Personal-Service-Agenturen" sogar ein ausdrücklicher Vorrang gegenüber der staatlichen Aufgabenerfüllung eingeräumt ist (§ 37c Abs. 2-4 SGB III),[253] wird die Erfüllungsverantwortung des Staates durch seine Gewährleistungsverantwortung im Sinne einer hinsichtlich der operativen Aufgabenwahrnehmung weitgehend zurückgenommenen Rahmenverantwortung für die Arbeitsvermittlung durch private „Personal-Service-Agenturen" ersetzt.[254]

Alle Möglichkeiten zur Wahrnehmung der Gewährleistungsverantwortung des Staates setzen eine umfassende Informiertheit des Staates auf dem entsprechenden Feld voraus.[255] Bezogen auf durch Privatisierungen weggefallene Möglichkeiten des Staates zur originären Informationsgenerierung bedeutet dies, dass die verlorenen Informationen nur insoweit entbehrlich sind, als sie gerade der Aufgaben*erfüllung* dienen. Soweit der Staat die vorher zugänglichen Informationen jedoch zur Wahrnehmung seiner fortbestehenden Gewährleistungsverantwortung benötigt, kann er auf die „privatisierten" Informationen nicht verzichten. Er muss das Versiegen der originären Informationsquelle kompensieren und ist zu diesem Zwecke auf die Möglichkeiten der externen Informationsgewinnung angewiesen.[256] Mit einer Privatisierung geht damit nicht selten eine nicht unerhebliche Steigerung des externen staatlichen Informationsbedarfs einher.[257]

---

[252] Näher *Kahl*, DVBl. 1995, 1327 (1334 ff.); *Sparwasser/Engel/Voßkuhle*, Umweltrecht, § 11 Rdn. 260 ff., insbesondere Rdn. 268.

[253] Ausführlich zur Privatisierung, Liberalisierung und Deregulierung der Arbeitsvermittlung unten D. IV. 6.

[254] Ausdrücklich *Rixen*, NZS 2003, 401 (404).

[255] *Kämmerer*, Privatisierung, S. 493; vgl. auch *Voßkuhle*, VVDStRL 62 (2003), 266 (308); *Weiß*, Privatisierung und Staatsaufgaben, S. 300.

[256] Zu diesen oben C. III. 2.

[257] Vgl. auch *Gusy*, in: Schuppert, Jenseits von Privatisierung und „schlankem" Staat, S. 115 (128).

2. Zusätzlicher staatlicher Informationsbedarf durch Privatisierung und Liberalisierung

Neben der informationellen Schlechterstellung des Staates durch Privatisierungen gegenüber dem zuvor bestehenden Zustand führen Privatisierungen, aber auch sonstige Maßnahmen der Liberalisierung zu einem noch zusätzlichen Bedarf des Staates an Informationen. (Aufgaben- und funktionale) Privatisierungen haben ebenso wie andere Marktöffnungen die Ausweitung oder sogar erst die Entstehung von Wettbewerb zur Folge, was den Staat vor neue Herausforderungen stellt.

Einerseits muss der Staat die tatsächlichen Grundlagen für einen freien wirtschaftlichen Wettbewerb erst schaffen, wozu Privatisierung und Liberalisierung als solche nicht genügen. Die Beseitigung von Monopolen beispielsweise führt nicht automatisch zu einem wirtschaftlichen Wettbewerb unter gleichen Wirtschaftssubjekten, sondern das Nachfolgeunternehmen des ehemaligen Monopolisten kann sich weiterhin auf extreme Wettbewerbsvorteile wie eine vorhandene Infrastruktur, einen immensen Kundenstamm etc. stützen. Diese Wettbewerbsvorteile müssen staatlicherseits beschränkt werden, um die Voraussetzungen für ein freies Spiel der Marktkräfte schaffen zu können.[258] In der Praxis wird diesen Anforderungen insbesondere durch eine im Sinne *sektorspezifischer Überwachung* des betreffenden Marktes verstandene Regulierung genügt.[259] Ziel derartiger sektorspezifischer Regulierungen ist insbesondere die Herstellung eines sich letztlich selbst tragenden Wettbewerbs, mit dessen Etablierung die staatlichen Interventionen zurückgeführt werden können.[260]

Auf Dauer erforderlich bleibt jedenfalls eine „marktpolizeiliche" Überwachung des wirtschaftlichen Wettbewerbs, womit *allgemeine Maßnahmen der Wettbewerbsaufsicht* angesprochen sind.[261] Der Staat hat darauf zu achten, dass der Wettbewerb nicht durch die auf dem Markt tätigen Wirtschaftssubjekte namentlich mittels Kartellen oder dem Missbrauch marktbeherrschender Stellungen beschränkt wird, und hiergegen gegebenenfalls einzuschreiten.[262]

Zur Verdeutlichung dieser Abläufe bietet sich wiederum ein – später noch zu vertiefender – Blick auf die Situation auf dem Telekommunikationsmarkt an, wo mit der Bundesnetzagen-

---

[258] Siehe *Bullinger*, DVBl. 2003, 1355; *Eisenblätter*, Regulierung in der Telekommunikation, S. 89; *Holznagel*, JZ 2001, 905 (906); *Kämmerer*, Privatisierung, S. 483; *Kloepfer*, Informationsrecht, § 4 Rdn. 45; *Ruffert*, AöR 124 (1999), 237 (247); vgl. auch BT-Drs 13/7774, S. 2.

[259] Näher *Kämmerer*, Privatisierung, S. 479 ff.: *Masing*, Die Verwaltung 36 (2003), 1 (5 f.); *Röger*, DVBl. 2005, 143 (147); *Wieland*, Die Verwaltung 28 (1995), 315 (330).

[260] *Kirchhof*, in: Horn, Recht im Pluralismus, Festschrift für Walter Schmitt Glaeser zum 70. Geburtstag, S. 3 (6); vgl. auch *Doll/Nigge*, MMR 2004, 519.

[261] Siehe auch *Kirchhof*, in: Horn, Recht im Pluralismus, Festschrift für Walter Schmitt Glaeser zum 70. Geburtstag, S. 3 (6); *Kupfer*, Die Verteilung knapper Ressourcen im Wirtschaftsverwaltungsrecht, S. 57 f.; *Paulweber/Weinand*, EuZW 2001, 232 (235).

[262] Vgl. hierzu nur *Rittner*, Wettbewerbs- und Kartellrecht, § 5 Rdn. 1 ff.

tur für Elektrizität, Gas, Telekommunikation, Post und Eisenbahnen eine „Regulierungsbehörde" zur Wahrnehmung der betreffenden Aufgaben eingerichtet worden ist. Diese hat die Einhaltung der Vorgaben des Telekommunikationsgesetzes zu überwachen (vgl. § 126 Abs. 1 TKG), also namentlich „den Wettbewerb ... zu fördern und flächendeckend angemessene und ausreichende Dienstleistungen zu gewährleisten" (§ 1 TKG).[263] Diese sektorspezifische Regulierung ist jedoch nur bis zur Herstellung eines wirksamen, also sich selbst tragenden Wettbewerbs notwendig. Demzufolge sehen §§ 9–15 TKG inzwischen ein Verfahren der Marktregulierung vor, durch das Märkte mit wirksamem Wettbewerb aus der sektorspezifischen Regulierung entlassen werden können und dann nur noch dem allgemeinen Wettbewerbsrecht unterstellt sind.[264]

Beide Aspekte – die Herstellung wie die dauerhafte Sicherung wirtschaftlichen Wettbewerbs auf dem liberalisierten Markt – setzen voraus, dass dem Staat die Zustände auf dem zu überwachenden Markt bekannt sind.[265] Dies bedeutet wiederum, dass Informationen vonnöten sind, um die Folgen von Privatisierungen und Liberalisierungen staatlicherseits sachgerecht bewältigen zu können. Hierdurch entsteht ein Bedarf des Staates an Informationen, die er in Zeiten von Staats- oder sonstigen Monopolen nicht benötigt. Privatisierung und Liberalisierung führen also zu einem zusätzlichen Informationsbedarf des Staates gegenüber dem Zustand quo ante.

3. Auswirkungen der Deregulierung auf den staatlichen Informationsbedarf

Indem festgehalten ist, dass Privatisierungen zum Verlust originärer Zugangsmöglichkeiten des Staates zu weiterhin benötigten Informationen und Privatisierungen wie Liberalisierungen zu einem zusätzlichen Bedarf des Staates an Informationen führen, sind bereits die Auswirkungen der (gleichzeitigen) Deregulierung auf den staatlichen Informationsbedarf mit besprochen worden. Klärungsbedürftig bleiben jedoch noch die Konsequenzen von deregulierenden Maßnahmen, die nicht zugleich in einer Privatisierung oder Liberalisierung bestehen. Allgemeingültige Aussagen verbieten sich insoweit schon wegen der Vielzahl und Vielgestaltigkeit, die diese Deregulierungen aufweisen können. Angesprochen sind insbesondere der Abbau staatlicher Ausübungsregulierungen, die Ersetzung der präventiven durch eine repressive Kontrolle namentlich im Bereich staatlicher Zulassungsverfahren, die Beschleunigung präventiver Kontrolle sowie die Vereinfachung von Rechtssätzen.[266] Diese Maßnahmen haben für den Informationsbedarf des Staates höchst unterschiedliche Auswirkungen.

---

263 Näher unten D. IV. 2. a) bb).
264 Näher unten D. IV. 2. a) cc).
265 Vgl. *Grande*, in: König/Benz, Privatisierung und staatliche Regulierung, S. 576 (587); *Kämmerer*, Privatisierung, S. 493 f.
266 Siehe oben D. I. 2. c) bb).

D. Staatliche Informationsbeschaffung

Die *Beschleunigung der Verwaltungsarbeit* wie auch die *Vereinfachung von Rechtssätzen* haben insoweit keine informationellen Folgen im Staat-Bürger-Verhältnis, sondern bedeuten einen Rückzug des Staates auf anderer Ebene, der weder eine Zunahme noch eine Abnahme des staatlichen Informationsbedarfs nach sich zieht.

Der *Abbau staatlicher Ausübungsregulierungen* kann sogar gerade Informationspflichten Privater betreffen, die selbst als derartige Ausübungsregulierungen anzusehen sind.[267] In diesem Fall kann eine Beseitigung von Informationspflichten Privater ihrerseits ein Mittel der Deregulierung sein.[268] Eine Steigerung des externen staatlichen Informationsbedarfs geht auch damit in aller Regel nicht einher, da der Staat sich beim Abbau von Informationspflichten Privater auf als entbehrlich erachtete Vorschriften beschränken wird.

Durch die *Beseitigung von Genehmigungspflichten* hingegen entgehen dem Staat eine Vielzahl von Informationen, die bereits im Genehmigungsantrag vom Antragsteller geliefert werden mussten, um das Genehmigungsverfahren überhaupt in Gang zu bringen. Im Genehmigungsverfahren konnte der Staat bei Bedarf weitere Informationen erhalten, indem er den Antragsteller oder Dritte in Anspruch nahm oder eigene Ermittlungen anstellte. Diese Informationsquellen entfallen mit der Beseitigung einer Genehmigungspflicht zunächst vollständig.[269] Der Informationsbedarf des Staates schwindet demgegenüber nicht gleichermaßen, weil die Informationen nicht (nur) der Beurteilung der Genehmigungsfähigkeit dienen, sondern darüber hinaus die Grundlage für eine weitere Überwachung der betreffenden Tätigkeit oder des betreffenden Gegenstands bieten können. Dieser Zweck, Informationen für eine repressive Kontrolle zu generieren, wird durch den Wegfall des Genehmigungsverfahrens noch verstärkt, weil die repressive Kontrolle dadurch zur erstmaligen staatlichen Kontrolle wird. Die Ersetzung präventiver durch repressive Kontrolle ist damit eine Erscheinungsform der Deregulierung, die einen (zunächst) nicht mehr befriedigten Informationsbedarf des Staates hinterlässt.

---

[267] Vgl. etwa die Forderung nach einer „Reduzierung der statistischen Belastungen der Wirtschaft" in *Bundesministerium für Wirtschaft und Arbeit*, Jahreswirtschaftsbericht 2004, S. 47.

[268] Ausdrücklich unter diesem Topos behandelt von *Schneider*, Öko-Audit und Deregulierung im Immissionsschutzrecht, S. 154 ff.

[269] Vgl. zum Zweck von Genehmigungspflichten, dem Staat Informationen zu verschaffen, bereits oben C. III. 2. d) ee).

III. Bedeutungszunahme von Informationspflichten Privater als Folge von Privatisierung, Liberalisierung und Deregulierung

Die Feststellung, dass Privatisierung, Liberalisierung und Deregulierung zu einem erhöhten Bedarf des Staates an extern zu generierenden Informationen führen, wirft die Frage nach der Befriedigung dieses Bedarfs in der Praxis auf.[270] Es ist bereits festgehalten worden, dass die Möglichkeiten der externen Informationsgenerierung neben den „weichen" Mitteln der Heranziehung externen Sachverstandes und der (freiwilligen) Beteiligung der Öffentlichkeit oder einzelner Personen oder Interessengruppen namentlich in der verbindlichen und in diesem Sinne „harten" Statuierung von Informationspflichten Privater bestehen.[271] Will der Staat nach Maßnahmen der Privatisierung, Liberalisierung und Deregulierung über die weiterhin oder erst dadurch erforderlichen Informationen zur Wahrnehmung seiner gewandelten Aufgaben (Regulierung, Aufsicht etc.) verfügen und dies auch sicherstellen, muss er diejenigen Privaten, die über die betreffenden Informationen verfügen, insoweit in die Pflicht nehmen. Daher liegt es nahe, dass die Verschlankung des Staates zu einer Zunahme von Informationspflichten Privater gegenüber dem Staat führen muss.[272] Dies gilt sowohl in Bezug auf eine erforderliche Neuschaffung von Informationspflichten Privater als auch in Bezug auf die Bedeutungszunahme bereits bestehender Pflichten. Diese These gehört in den größeren Zusammenhang der rechtlichen Folgen von Privatisierung, Liberalisierung und Deregulierung, die zunächst näher in den Blick zu nehmen sind. Die Bedeutungszunahme von Informationspflichten Privater gegenüber dem Staat kann vor diesem Hintergrund (auch) als Erscheinungsform des Privatisierungs-, Liberalisierungs- und Deregulierungsfolgenrechts angesehen werden.

1. Informationspflichten Privater als Privatisierungsfolgenrecht

Gebräuchlich aus der genannten Trias des „Folgenrechts" ist der Terminus „Privatisierungsfolgenrecht". Diese Erscheinung bezeichnet die rechtlichen Konsequenzen, die sich an Maßnahmen der Privatisierung knüpfen; Privatisierungsfolgenrecht befasst sich im Einzelnen mit den juristischen Konsequenzen der Privatisierung auf die Rolle des Staates, den Aufgabenbestand der öffentlichen Hand

---

[270] *Voßkuhle*, in: Hoffmann-Riem / Schmidt-Aßmann, Verwaltungsrecht in der Informationsgesellschaft, S. 349 (354), bezeichnet die Organisation der externen Informationszufuhr gar als „größte Herausforderung für die Verwaltung" in der Informationsgesellschaft.

[271] Siehe oben C. III. 2. d).

[272] Vgl. am Beispiel des privaten Sicherheitsgewerberechts *Gusy*, in: Schuppert, Jenseits von Privatisierung und „schlankem" Staat, S. 115 (132); siehe auch *Trute*, in: Roßnagel, Handbuch Datenschutzrecht, 2.5 Rdn. 5.

und die Grundrechtslage.[273] Hierunter fallen insbesondere die bereits angeführten spezifischen Regulierungen der betroffenen Märkte, die den Übergang von Staatsmonopolen zu einem Wettbewerb unter gleichen Privaten sicherstellen sollen, und die staatlichen Kontrollinstrumente, die für die tatsächliche Durchsetzung dieser Regulierungen sorgen.[274] Das Privatisierungsfolgenrecht steuert insoweit die Erbringung der in Frage stehenden Leistung durch den Markt und setzt dieser in Wahrnehmung der staatlichen Gewährleistungsverantwortung einen Rahmen, der an die Stelle der vormals unmittelbar staatlichen Aufgabenerfüllung tritt.[275]

Soweit Informationspflichten Privater in Folge von Privatisierungen statuiert werden, um die zuvor von einem Staatsmonopol abgedeckten Märkte und dort tätigen Privatrechtssubjekte zu überwachen, stellen sie Privatisierungsfolgenrecht in diesem Sinne dar.[276] Gleiches gilt, wenn durch die Privatisierung unmittelbare staatliche Informationsquellen verloren gegangen sind, die betreffenden Informationen aber zur anderweitigen Erfüllung staatlicher Aufgaben noch erforderlich sind und daher mittels einer informationellen Inanspruchnahme Privater generiert werden müssen.

Zur Verdeutlichung:[277] Benötigt die Staatsanwaltschaft zur Aufklärung eines Raubüberfalls Kenntnis von Ort, Zeit und Dauer eines Telefongesprächs, kann sie sich nicht mehr wie zu Zeiten des Staatsmonopols an die Deutsche Bundespost, also eine Behörde wenden und die benötigten Informationen – vorbehaltlich der rechtlichen Grenzen eines solchen staatsinternen Informationsaustauschs im Wege der Amts- bzw. Rechtshilfe – von dieser zur Verfügung gestellt bekommen. Die Rechtsordnung muss daher auf die Privatisierung der staatlichen Aufgabe inklusive der entsprechenden Informationen reagieren und im Rahmen des Privatisierungsfolgenrechts eine Informationspflicht der privaten Telekommunikationsunternehmen gegenüber den zuständigen staatlichen Stellen vorsehen. Diese Informationspflicht findet sich in §§ 100g, h StPO, die damit als Privatisierungsfolgenrecht bezeichnet werden können.[278]

---

[273] Vgl. *Kämmerer*, JZ 1996, 1042 (1048); *Kloepfer*, Informationsrecht, § 3 Rdn. 7; *Schuppert*, in: Gusy, Privatisierung von Staatsaufgaben: Kriterien – Grenzen – Folgen, S. 72 (84); ferner *Burgi*, NVwZ 2001, 601 (602); *Hetzel/Bulla*, JuS 2004, 1048 (1049); *Kupfer*, Die Verteilung knapper Ressourcen im Wirtschaftsverwaltungsrecht, S. 53.

[274] Siehe bereits oben C. II. 1. b).

[275] Vgl. *Bauer*, VVDStRL 54 (1995), 243 (277 f.); *Benz*, Die Verwaltung 28 (1995), 337 (353).

[276] Vgl. auch *Ladeur*, in: Hoffmann-Riem/Schmidt-Aßmann, Verwaltungsrecht in der Informationsgesellschaft, S. 225 (227 f.).

[277] Ausführlich exemplifiziert wird die These von Informationspflichten Privater als Privatisierungsfolgenrecht sogleich unter D. IV.

[278] Zum Ganzen noch näher unten D. IV. 2. b) bb) β.

2. Informationspflichten Privater als Liberalisierungsfolgenrecht

Anders als das Privatisierungsfolgenrecht ist das „Liberalisierungsfolgenrecht" ein – soweit ersichtlich – bisher nicht gebrauchter Terminus. Das erstaunt angesichts der „Karriere" des Begriffs des Privatisierungsfolgenrechts etwas, ist doch der infolge der Privatisierung von Staatsmonopolen entstandene Regelungsbedarf weniger auf die Ersetzung von etwas Staatlichem durch etwas Privates, also dem eigentlichen Kennzeichen von Privatisierungen, zurückzuführen als vielmehr auf die Einführung von Wettbewerbsstrukturen in den entsprechenden Märkten. Der Anknüpfungspunkt der vielfach als Privatisierungsfolgenrecht bezeichneten Regulierungen liegt daher eher in den spezifischen Folgen der Liberalisierung als in denen der Privatisierung begründet.[279] Dennoch hat sich hierfür der Begriff „Privatisierungsfolgenrecht" inzwischen durchgesetzt. Das ändert aber nichts daran, dass man Vorschriften wie etwa Informationspflichten Privater, die als Folge der Öffnung bestimmter Märkte entstehen, zumindest auch als „Liberalisierungsfolgenrecht" bezeichnen kann.

Wiederum ein Beispiel zur ersten Veranschaulichung der Zusammenhänge:[280] In Folge der Liberalisierung des Rundfunks müssen die Landesmedienanstalten als zuständige staatliche Stellen die nunmehr tätigen privaten Rundfunkveranstalter überwachen und insbesondere die Vielfalt der Anbieter und – damit zusammenhängend – die Vielfalt der Meinungen sicherstellen. Zu diesem Zweck benötigen die Landesmedienanstalten eine große Zahl von Informationen über die Rundfunkmärkte, hinsichtlich derer sie auf die Inanspruchnahme der privaten Rundfunkveranstalter angewiesen sein können. Beispielsweise ist die Ermittlung der Zuscheuranteile bestimmter Sendungen, die die Landesmedienanstalt zur Sicherung der Meinungsvielfalt benötigt (§ 26 Abs. 2 RStV), ohne die Erteilung von Informationen durch die Rundfunkveranstalter häufig nicht möglich. Die entsprechende Informationspflicht, die Folge der Marktöffnung im Rundfunksektor und damit Liberalisierungsfolgenrecht ist, enthält § 27 Abs. 3 RStV.[281]

3. Informationspflichten Privater als Deregulierungsfolgenrecht

Auch der Terminus „Deregulierungsfolgenrecht" wird in der Literatur bisher kaum verwendet.[282] Der Begriff bezeichnet nur scheinbar ein Paradoxon. Recht, das auf deregulierende Maßnahmen folgt, könnte es nur dann schwerlich geben,

---

[279] Vgl. auch *König/Theobald*, in: Grupp/Ronellenfitsch, Planung – Recht – Rechtsschutz, Festschrift für Willi Blümel zum 70. Geburtstag, S. 277 (306 f.).

[280] Weitere Beispiele zu Informationspflichten Privater als Liberalisierungsfolgenrecht sogleich D. IV.

[281] Näher hierzu noch unten D. IV. 1. b) bb) β).

[282] Siehe aber neuerdings *Lackner*, Gewährleistungsverwaltung und Verkehrsverwaltung, S. 131, der allerdings unter Deregulierung nur den Abbau staatlicher Monopole versteht, vgl. ebd., S. 130.

wenn ein quantitatives Verständnis der Deregulierung zutreffend wäre; Deregulierung und rechtliche Regelungen in deren Folge schlössen sich dann weitgehend aus.[283] Bei einem qualitativen Verständnis der Deregulierung ist es jedoch unschädlich, wenn auf deregulierende Maßnahmen neue Regulierungen folgen, und zwar selbst dann, wenn diese quantitativ umfangreicher sein sollten als die vorherigen.[284] Entscheidend ist allein, dass das Maß staatlicher Intervention in die Freiheit der betroffenen Privaten im Ergebnis reduziert wird.

Aufgrund dieser Zusammenhänge ist verschiedentlich vorgeschlagen worden, statt von einer Deregulierung von einer „Re-Regulierung" zu sprechen, um deutlich zu machen, dass der Staat weiterhin – wenn auch auf einer anderen Ebene – regulierend in den Wirtschaftsprozess eingreift.[285] Vorzugswürdig erscheint es jedoch, den Begriff der Deregulierung beizubehalten und für einen mit ihr einhergehenden Regelungsbedarf den hier gewählten Ausdruck „Deregulierungsfolgenrecht" zu gebrauchen. Der – unbestrittene – Aspekt der staatlichen Interventionsverringerung wird besser vom (qualitativ verstandenen) Terminus „Deregulierung" als von dem Begriff der „Re-Regulierung" zum Ausdruck gebracht; dieser Terminus bezeichnet auch von der wörtlichen Bedeutung („Zurück-Regulierung") her eher die (gegebenenfalls teilweise) Rücknahme einer Deregulierung – also eine Verschärfung staatlicher Intervention nach einer als zu weitgehend erkannten Deregulierung.[286] Das spezifische Phänomen deregulierungsbedingter Regulierungen verdient demgegenüber eine eigene und unmittelbar verständliche Begrifflichkeit, die mit dem „Deregulierungsfolgenrecht" zur Verfügung steht. Unter diese Kategorie fallen auch solche Informationspflichten Privater gegenüber dem Staat, die in Folge von Maßnahmen der Deregulierung entstehen oder an Bedeutung zunehmen.

Wird etwa die Genehmigungspflicht für bestimmte bauliche Anlagen im Zuge einer Deregulierung abgeschafft, möchte der Staat aber dennoch als Voraussetzung einer effektiven Bauaufsicht Kenntnis von der bevorstehenden Bautätigkeit erlangen, kann dies effektiv nur mittels einer Informationserteilung durch den Bauherrn erfolgen. Die Abschaffung baurechtlicher Genehmigungspflichten führt daher häufig zur Entstehung von entsprechenden Informationspflichten, in Baden-Württemberg etwa im Wege der Einführung des sogenannten „Kenntnisgabeverfahrens" (§ 51 LBO BW).[287] Eine derartige Ersetzung von Zulassungsvor-

---

[283] So in der Tat *Gusy,* in: ders., Privatisierung von Staatsaufgaben: Kriterien – Grenzen – Folgen, S. 330 (343).

[284] Siehe bereits oben D. I. 2. c) aa).

[285] *Eisenblätter,* Regulierung in der Telekommunikation, S. 89 ff.; *Heun,* CR 2005, 725; *Hoffmann-Riem,* Die Verwaltung 33 (2000), 155 (169); *Voßkuhle,* VerwArch 92 (2001), 184 (207); vgl. auch *Paulweber/Weinand,* EuZW 2001, 232 (235); *Ruge,* Die Gewährleistungsverantwortung des Staates und der Regulatory State, S. 47; *Stelkens/Schmitz,* in: Stelkens/Bonk/Sachs, Verwaltungsverfahrensgesetz, § 1 Rdn. 110; *Theobald,* NJW 2003, 324.

[286] Vgl. *Ronellenfitsch,* Selbstverantwortung und Deregulierung im Ordnungs- und Umweltrecht, S. 44; ähnlich auch *Kupfer,* Die Verteilung knapper Ressourcen im Wirtschaftsverwaltungsrecht, S. 53. Siehe dazu auch noch das Beispiel einer Re-Regulierung im Versicherungsrecht unten D. IV. 5. b) dd).

[287] Näher unten D. IV. 8. b).

behalten durch Informationspflichten Privater ist ein typisches Beispiel dafür, wie im Zuge eines (qualitativen) Abbaus staatlicher Intervention neue Informationspflichten entstehen, die demzufolge als Deregulierungsfolgenrecht bezeichnet werden können.[288]

IV. Exemplifizierung an ausgewählten Rechtsgebieten

Die zunächst aufgrund abstrakter Überlegungen gewonnene These von Informationspflichten Privater als Privatisierungs-, Liberalisierungs- und Deregulierungsfolgenrecht bedarf der weiteren Exemplifizierung. Dazu werden im Folgenden exemplarisch ausgewählte Rechtsgebiete in den Blick genommen, in denen bereits Maßnahmen der Privatisierung, Liberalisierung und Deregulierung erfolgt sind. Dabei soll untersucht werden, ob und warum die „Verschlankung" des Staates durch Privatisierung, Liberalisierung und Deregulierung Informationspflichten Privater gegenüber dem Staat hervorgebracht oder verändert hat.

Ausgangspunkt der Darstellung soll dabei das Rundfunkwesen sein, in dem eine (teilweise) Privatisierung und gleichzeitige Liberalisierung durch die Zulassung von privaten Rundfunkveranstaltern stattgefunden hat. Anschließend wendet sich die Untersuchung Rechtsgebieten zu, die früher von Staatsmonopolen geprägt waren und in denen in den vergangenen Jahren eine Organisations- und teilweise auch Vermögensprivatisierung der früheren Staatsmonopolisten unter gleichzeitiger Zulassung privater Wettbewerber zu verzeichnen war; eine derartige Privatisierung und gleichzeitige Liberalisierung fand etwa im Bereich des Telekommunikationswesens, des Postwesens sowie des Eisenbahnwesens statt. In diesen Kontext gehört im Hinblick auf bestimmte Versicherungszweige auch das Versicherungswesen, das aber ebenso bereits ein Beispiel für sonstige Maßnahmen der Deregulierung darstellt. Die Arbeitsvermittlung wurde ebenfalls zunächst privatisiert und liberalisiert, aber hier lassen sich zudem bereits die informationellen Auswirkungen weiterer Maßnahmen der Deregulierung veranschaulichen. Anhand des Gentechnikrechts sowie des Öffentlichen Baurechts lassen sich die Folgen der Einschränkung von Genehmigungspflichten für Informationspflichten Privater gegenüber dem Staat verdeutlichen. Die Darstellung des Öko-Audits in Zusammenhang mit dem Immissionsschutzrecht schließlich vermag die informationellen Konsequenzen der gesetzlichen Statuierung einer (staatlich überwachten) Selbstkontrolle Privater aufzuzeigen.

Diese Auswahl der Referenzbereiche ist naturgemäß beschränkt. Sie wurde aber vor dem Hintergrund getroffen, typische Privatisierungs-, Liberalisierungs- und Deregulierungsprozesse verschiedener Art erfassen zu wollen, soweit diese informationelle Auswirkungen haben. Die Darstellung der informationellen Konsequenzen derartiger Prozesse ist daher auch in dem Sinne exemplarisch, dass sich in weiteren Rechtsgebieten mit vergleichbaren Strukturen auch vergleichbare Rechtsentwicklungen finden lassen.

---

[288] Viele weitere Beispiele finden sich sogleich unter D. IV.

1. Rundfunk

Neben den früher allein auf dem Rundfunkmarkt zugelassenen öffentlich-rechtlichen Rundfunkanstalten sind inzwischen auch private Rundfunkveranstalter tätig. Diese teilweise Aufgabenprivatisierung und Liberalisierung konnte nicht ohne Auswirkungen auf den staatlichen Informationsbestand und die Möglichkeiten staatlicher Informationsgewinnung bleiben. Ein eingehender Blick auf den Bestand und die Bedeutung von Informationspflichten Privater gegenüber staatlichen Stellen vor und nach der Privatisierung und Liberalisierung des Rundfunkwesens vermag dies zu verdeutlichen, nachdem zuvor die Grundzüge der Entwicklung der Rundfunkordnung insgesamt ins Gedächtnis gerufen worden sind.

a) Entwicklung der Rundfunkordnung der Bundesrepublik Deutschland

aa) Entstehung des öffentlich-rechtlichen Rundfunkmonopols

Nachdem zunächst private Programmgesellschaften ab 1923 mit der Ausstrahlung eines regelmäßigen Hörfunkprogramms begonnen hatten,[289] kam es bereits 1932 zu einer Verstaatlichung des Rundfunks, als die privaten Anteile der Reichsrundfunkgesellschaften auf den Staat übertragen und die Programmgesellschaften in der Folge von Staatskommissaren überwacht wurden.[290] Nach dem Ende der nationalsozialistischen Herrschaft[291] wurden in den westlichen Besatzungszonen[292] dann zunächst sechs neue Rundfunksender in der Rechtsform der *Anstalt des Öffentlichen Rechts* gegründet,[293] die sich 1950 zur ARD als der Gemeinschaftseinrichtung des öffentlich-rechtlichen Rundfunks zusammenschlossen[294]

---

[289] Überblick zur Geschichte des Rundfunk(recht)s bei *Albert,* in: König/Benz, Privatisierung und staatliche Regulierung, S. 347 ff.; *Fechner,* Medienrecht, Rdn. 803 ff.; *Gersdorf,* Grundzüge des Rundfunkrechts, Rdn. 1 ff.; *Hesse,* Rundfunkrecht, Rdn. 2 ff.

[290] *Albert,* in: König/Benz, Privatisierung und staatliche Regulierung, S. 347 (348); *Fechner,* Medienrecht, Rdn. 805; *Hesse,* Rundfunkrecht, Rdn. 15 ff.

[291] Zur zwischenzeitlichen „Gleichschaltung" des Rundfunks in der nationalsozialistischen Diktatur näher *Gersdorf,* Grundzüge des Rundfunkrechts, Rdn. 22 ff.; *Herrmann/Lausen,* Rundfunkrecht, § 4 Rdn. 14 ff.; *Hesse,* Rundfunkrecht, Rdn. 19 ff.

[292] Zum Rundfunk in der Sowjetischen Besatzungszone *Kutsch,* in: Wilke, Mediengeschichte, S. 59 (70 ff.), zum Rundfunk in der DDR *Holzweissig,* in: Wilke, Mediengeschichte, S. 574 ff.

[293] Im Einzelnen: NWDR (Britische Besatzungszone); BR, HR, Radio Bremen, SDR (Amerikanische Besatzungszone); SWF (Französische Besatzungszone). Zum „Rundfunk unter alliierter Besatzung" näher *Kutsch,* in: Wilke, Mediengeschichte, S. 59 ff.; zu den Hintergründen auch *Bullinger,* in: Isensee/Kirchhof, Handbuch des Staatsrechts, Bd. VI, § 142 Rdn. 89 f.

[294] Näher *Diller,* in: Wilke, Mediengeschichte, S. 146 (149 f.); *Hesse,* Rundfunkrecht, Rdn. 39 f.

und bald auch mit der Ausstrahlung eines Fernsehprogramms begannen.[295] Ab Mitte der 1950er-Jahre entstanden weitere Landesrundfunkanstalten unter dem Dach der ARD sowie 1961 das ZDF, und zwar ebenfalls als Anstalten des Öffentlichen Rechts.[296] Über Jahrzehnte blieb der Rundfunk – bereits wegen der herrschenden Knappheit von Sendefrequenzen und des finanziellen Aufwands für die Veranstaltung von Rundfunk – in der Hand dieser öffentlich-rechtlichen Rundfunkanstalten und damit ein Staatsmonopol.[297]

bb) Privatisierung des Rundfunks und „duale Rundfunkordnung"

Die fortschreitende technologische Entwicklung, die insbesondere in Gestalt der Breitbandkabeltechnik zu einer Erhöhung der Sendekapazitäten führte, sowie Vorbilder im Ausland ließen den Ruf nach der Zulassung auch privaten Rundfunks im Lauf der Zeit immer lauter werden.[298] Rechtliche Unklarheiten über die verfassungsrechtliche Zulässigkeit privaten Rundfunks wurden mit dem „Dritten Rundfunkurteil" des Bundesverfassungsgerichts vom 16. 6. 1981 beseitigt, das für die Zulassung privaten Rundfunks das Erfordernis einer gesetzlichen Grundlage aufstellte, die sicherstellen muss, dass das Gesamtangebot der inländischen Programme der bestehenden Meinungsvielfalt so weit wie möglich entspricht („*Außenpluralismus*"), ein Mindestmaß an inhaltlicher Ausgewogenheit, Sachlichkeit und gegenseitiger Achtung gewährleistet, eine begrenzte Staatsaufsicht vorsieht und Regelungen über den Zugang zur Veranstaltung privater Rundfunksendungen trifft.[299] Mit dem „Vierten Rundfunkurteil" vom 4. 11. 1986 konkretisierte das Bundesverfassungsgericht dann das Verhältnis von öffentlich-rechtlichem und privatem Rundfunk dahingehend, dass den öffentlich-rechtlichen Rundfunkanstalten die sogenannte „*Grundversorgung*" zugewiesen sei, was gleichzeitig als Rechtfertigung für deren Gebührenfinanzierung diene, während die privaten Rundfunkveranstalter lediglich einem abgesenkten Standard der Programmvielfalt und Meinungsvielfalt unterlägen.[300]

---

[295] Der offizielle Beginn des Fernsehens in der Bundesrepublik Deutschland ist der 25. 12. 1952, an dem der NWDR mit der täglichen Ausstrahlung eines zweistündigen Programms begann; näher *Ludes,* in: Wilke, Mediengeschichte, S. 255.

[296] *Diller,* in: Wilke, Mediengeschichte, S. 146 (150 ff., 155); vgl. auch *Ricker/Schiwy,* Rundfunkverfassungsrecht, A Rdn. 71 f.

[297] Vgl. auch *Fechner,* Medienrecht, Rdn. 810.

[298] Ausführlich zu den Initiativen zur Einführung privat-kommerziellen Rundfunks *Hartstein/Ring/Kreile/Dörr/Stettner,* Rundfunkstaatsvertrag, B 1 Rdn. 7 ff.; *Steinmetz,* in: Wilke, Mediengeschichte, S. 167 ff.; siehe auch *Hesse,* Rundfunkrecht, Rdn. 61 ff.

[299] *BVerfGE* 57, 295 (324 f.); siehe auch *Fechner,* Medienrecht, Rdn. 859 f.; *Hartstein/Ring/Kreile/Dörr/Stettner,* Rundfunkstaatsvertrag, B 2 Rdn. 20 f.; *Herrmann/Lausen,* Rundfunkrecht, § 4 Rdn. 88.

[300] *BVerfGE* 73, 118 (157 ff.); *Bullinger,* in: Isensee/Kirchhof, Handbuch des Staatsrechts, Bd. VI, § 142 Rdn. 128 ff.; *Gersdorf,* Grundzüge des Rundfunkrechts, Rdn. 44 f.; *Hartstein/Ring/Kreile/Dörr/Stettner,* Rundfunkstaatsvertrag, B 2 Rdn. 22 ff.

Im Jahre 1984 wurden Privatrundfunkgesetze[301] in allen Bundesländern erlassen und 1987 der Staatsvertrag zur Neuordnung des Rundfunkwesens zwischen den Bundesländern abgeschlossen; hierdurch wurde die „duale Rundfunkordnung" mit öffentlich-rechtlichen und privaten Rundfunkanbietern etabliert.[302]

Die Präambel des derzeit gültigen Rundfunkstaatsvertrages vom 31. 8. 1991[303] hält insoweit fest: „Dieser Staatsvertrag enthält grundlegende Regelungen für den öffentlich-rechtlichen und den privaten Rundfunk in einem dualen Rundfunksystem der Länder des vereinten Deutschlands ... Öffentlich-rechtlicher Rundfunk und privater Rundfunk sind der freien individuellen und öffentlichen Meinungsbildung sowie der Meinungsvielfalt verpflichtet ..."

In der Folge haben zahlreiche private Veranstalter mit der Ausstrahlung von Fernseh- und Hörfunkprogrammen begonnen und sich dem Wettbewerb zu den öffentlich-rechtlichen Rundfunkanstalten und untereinander gestellt; der Marktanteil der privaten Rundfunkveranstalter liegt heute im Bereich des Fernsehens bei etwa 60 %,[304] im Hörfunk – von Bundesland zu Bundesland recht unterschiedlich – insgesamt bei etwa 50 %.[305]

Im Bereich des Rundfunks ist es damit zu einer teilweisen Aufgabenprivatisierung gekommen, indem Rundfunk nicht mehr (nur) vom Staat, sondern auch von Privaten veranstaltet wird. Die damit erfolgte Marktöffnung bedeutet zugleich eine Liberalisierung des Rundfunkwesens.[306]

b) Informationspflichten Privater im Rundfunkrecht

Nach dieser Grundlegung sind im Folgenden – der Aufgabenstellung dieser Untersuchung entsprechend – die Auswirkungen der Privatisierung und Liberalisierung des Rundfunks auf Informationspflichten Privater gegenüber dem Staat in den Blick zu nehmen. Ausgangspunkt muss dabei die informationelle Versorgung des Staates in Zeiten des Staatsmonopols sein (aa), der der gewandelte Bedarf des Staates an Informationen und sein Zugang dazu in der dualen Rundfunkordnung gegenüber zu stellen sind (bb).

---

[301] Überblick bei *Herrmann/Lausen,* Rundfunkrecht, § 4 Rdn. 97.

[302] Näher *Hoffmann-Riem,* Regulierung der dualen Rundfunkordnung, S. 21 ff.; *Paschke,* Medienrecht, Rdn. 49.

[303] GBl BW, S. 747. Überblick über die seitherigen Änderungen des Rundfunkstaatsvertrages bei *Gersdorf,* Grundzüge des Rundfunkrechts, Rdn. 56 ff.

[304] *Arbeitsgemeinschaft der Landesmedienanstalten in Deutschland,* Privater Rundfunk in Deutschland 2003, S. 243, für das erste Halbjahr 2003.

[305] Genaue Angaben bei *Arbeitsgemeinschaft der Landesmedienanstalten in Deutschland,* Privater Rundfunk in Deutschland 2003, S. 333, für das Jahr 2002.

[306] Vgl. auch *Benz,* in: König/Benz, Privatisierung und staatliche Regulierung, S. 419 (521).

IV. Exemplifizierung an ausgewählten Rechtsgebieten

aa) Informationszugang des Staates im öffentlich-rechtlichen Rundfunkmonopol

Die ausschließliche Veranstaltung von Rundfunk durch öffentlich-rechtliche Anstalten führt dazu, dass die Informationen, die Voraussetzung für die Programmausstrahlung sind und im Zusammenhang damit entstehen, bei einer staatlichen Stelle anfallen. Es liegt ein Fall der unmittelbaren staatlichen Informationsgewinnung vor.[307]

Dies gilt unabhängig davon, dass die Organisation des Rundfunks in öffentlich-rechtlichen Anstalten (auch) einer besonderen Staatsferne des Rundfunks dienen soll, die in der Verleihung der Grundrechtsfähigkeit an die öffentlich-rechtlichen Rundfunkanstalten und in beschränkten Aufsichtsbefugnissen des Staates namentlich im unmittelbar programmbezogenen Bereich ihren Ausdruck finden.[308] Bildlich gesprochen stehen die öffentlich-rechtlichen Rundfunkanstalten gewissermaßen „zwischen Staat und Gesellschaft".[309] Nichtsdestotrotz muss die Veranstaltung von Rundfunk durch öffentlich-rechtliche Anstalten als Fall der mittelbaren staatlichen Verwaltung angesehen werden[310] und sind die öffentlich-rechtlichen Rundfunkanstalten daher als staatliche Einrichtungen zu klassifizieren.[311] Die oft zitierte „Staatsfreiheit" der öffentlich-rechtlichen Rundfunkanstalten[312] ist nicht dahingehend zu verstehen, dass diese außerhalb des staatlichen Bereichs stehen; sie muss vielmehr als Staats*einfluss*freiheit im Sinne einer Freiheit von der Willensbildung demokratisch legitimierter Staatsorgane und Staats*unabhängigkeit* insbesondere im Bereich der Programmgestaltung begriffen werden.[313] Für die Zuordnung der Informationen öffentlich-rechtlicher Rundfunkanstalten bedeutet dies unbestritten, dass sie einen besonderen – auch: grundrechtlichen – Schutz vor dem Zugriff (anderer) staatlicher Stellen genießen.[314] Hieraus kann aber nicht geschlussfolgert werden, die betreffenden Informationen könnten daher auch nicht bei einer staatlichen Stelle im hier verstandenen Sinne[315] angefallen sein. Denn mit der Zuordnung der

---

[307] Dazu siehe oben C. III. 1.

[308] Dazu *Frye*, Die Staatsaufsicht über die öffentlich-rechtlichen Rundfunkanstalten, S. 126 ff.; *Gotzmann*, Die Staatsaufsicht über die öffentlich-rechtlichen Rundfunkanstalten, S. 105 ff.

[309] So *Hesse*, Rundfunkrecht, Rdn. 53; *Ossenbühl*, Rundfunk zwischen Staat und Gesellschaft, S. 36.

[310] Zutreffend *Gotzmann*, Die Staatsaufsicht über die öffentlich-rechtlichen Rundfunkanstalten, S. 118 ff.; *Schreier*, Das Selbstverwaltungsrecht der öffentlich-rechtlichen Rundfunkanstalten, S. 216 ff., mit Nachweisen auch zur gegenteiligen Auffassung; vgl. auch *BVerfGE* 12, 205 (243 f., 246); 31, 314 (329); 47, 198 (223); *Bonk/Schmitz*, in: Stelkens/Bonk/Sachs, Verwaltungsverfahrensgesetz, § 2 Rdn. 15.; *Herrmann/Lausen*, Rundfunkrecht, § 9 Rdn. 14 ff.

[311] Ausdrücklich *BVerfGE* 31, 314 (322).

[312] Siehe etwa *Mand*, AfP 2003, 289 (293); *Gersdorf*, Grundzüge des Rundfunkrechts, Rdn. 300.

[313] Überzeugend *Emmerich/Steiner*, Möglichkeiten und Grenzen der wirtschaftlichen Betätigung der öffentlich-rechtlichen Rundfunkanstalten, S. 64.

[314] Vgl. etwa *BVerfGE* 107, 299 (310), zum Schutz der Vertraulichkeit der Informationsbeschaffung gegenüber der staatlichen Telekommunikationsüberwachung.

[315] Siehe oben C. III. 2. d) bb).

öffentlich-rechtlichen Rundfunkanstalten zur Staatssphäre geht keineswegs eine Rechtsfolgenautomatik etwa in Richtung einer umfassenden Rechtsaufsicht oder gar einer Fachaufsicht des Staates über die Rundfunkanstalten einher.[316] Daher ist die Zuordnung von bei öffentlich-rechtlichen Rundfunkanstalten angefallenen Informationen zur staatlichen Sphäre möglich und wegen der genannten Gründe auch überzeugend.

Verpflichtungen der öffentlich-rechtlichen Rundfunkanstalten zur Information anderer staatlicher Stellen sind demnach keine Informationspflichten Privater gegenüber dem Staat, sondern dem Informationsaustausch im *staatlichen Binnenbereich* zuzuordnen.[317] Zu nennen sind insoweit insbesondere die Informationsrechte der Aufsichtsbehörden gegenüber den Rundfunkanstalten.[318]

Als Beispiele solcher staatsinternen Informationsrechte können zum einen die Vorschriften angeführt werden, die allgemein eine Rechtsaufsicht der Bundesregierung (§ 62 Abs. 1 Deutsche-Welle-Gesetz) oder der Landesregierungen (zum Beispiel § 31 Deutschland-Radio-Staatsvertrag, § 37 SWR-Staatsvertrag, § 37 NDR-Staatsvertrag, § 31 ZDF-Staatsvertrag) bestimmen. Diese Zuweisung einer Rechtsaufsicht impliziert ein Informationsrecht der Aufsichtsbehörde über die Angelegenheiten der Rundfunkanstalt zumindest dann, wenn konkrete Anhaltspunkte für eine schwere Verletzung von Rechtsvorschriften vorliegen.[319]

Daneben bestehen auch gesondert normierte spezielle Informationsrechte anderer staatlicher Stellen gegenüber den Rundfunkanstalten, beispielsweise

- § 23 Abs. 2 Deutsche-Welle-Gesetz: Informationspflicht der Deutschen Welle gegenüber der Beauftragten der Bundesregierung für Kultur und Medien hinsichtlich der Informationen, die diese zur Erfüllung ihrer Auskunfts- und Berichtspflichten insbesondere aus dem Europäischen Abkommen über das grenzüberschreitende Fernsehen benötigt;
- § 9 Abs. 1 S. 1 RStV: entsprechende Informationspflicht der Rundfunkanstalten des Landesrechts gegenüber der zuständigen Aufsichtsbehörde;
- § 42 Abs. 2, Abs. 3 SWR-Staatsvertrag: Pflicht des SWR, den Landtagen und Regierungen der Länder über die Erfahrungen mit der Anwendung des Staatsvertrags bzw. die Optimierung der Übertragungswege und der Programmversorgung der Bevölkerung zu berichten.

Eine *Informationspflicht Privater* gegenüber dem Staat besteht bei der Veranstaltung des Rundfunks durch öffentlich-rechtliche Anstalten nur insoweit, als diese zur Wahrnehmung ihrer Aufgaben auf bei Privaten vorhandene Informationen angewiesen sind.

Dies betrifft insbesondere die Erhebung von Rundfunkgebühren, deren Bemessung durch die zuständige Landesrundfunkanstalt voraussetzt, dass ihr die Tatsachen bekannt sind, die Grund, Höhe und Zeitraum der Gebührenpflicht des Rundfunkteilnehmers betreffen. Die ent-

---

[316] *Emmerich/Steiner,* Möglichkeiten und Grenzen der wirtschaftlichen Betätigung der öffentlich-rechtlichen Rundfunkanstalten, S. 64.

[317] Zur Abgrenzung bereits oben C. III. 2. d) aa).

[318] Ausführlich dazu *Berendes,* Die Staatsaufsicht über den Rundfunk, S. 177 ff.; *Frye,* Die Staatsaufsicht über die öffentlich-rechtlichen Rundfunkanstalten, S. 146 ff.

[319] Vgl. *Berendes,* Die Staatsaufsicht über den Rundfunk, S. 177 f.; *Flechsig,* in: ders., SWR-Staatsvertrag, § 37 Rdn. 6; *Frye,* Die Staatsaufsicht über die öffentlich-rechtlichen Rundfunkanstalten, S. 147 ff.; *Hesse,* Rundfunkrecht, Rdn. 124.

sprechende Auskunftspflicht fand (und findet) sich in § 4 Abs. 5 S. 1 Rundfunkgebührenstaatsvertrag.

bb) Informationszugang des Staates in der dualen Rundfunkordnung

Die obigen Ausführungen in Bezug auf den Informationszugang des Staates unter dem öffentlich-rechtlichen Rundfunkmonopol gelten in der dualen Rundfunkordnung fort, soweit öffentlich-rechtliche Anstalten weiterhin als Rundfunkveranstalter auftreten.

Soweit nunmehr allerdings auch private Rundfunkveranstalter am Markt tätig sind, liegt kein Aufsichtsverhältnis zwischen staatlichen Stellen, sondern eine reine Staat-Bürger-Beziehung vor. Wenn staatliche Stellen (insbesondere zur Wahrnehmung ihrer Aufsichtsverantwortung in Bezug auf die Meinungsvielfalt und die Übertragungskapazitäten[320]) Informationen benötigen, die bei den privaten Rundfunkanstalten anfallen, können sie daher nicht im Wege des aufsichtsrechtlichen Informationsverlangens vorgehen wie gegenüber den öffentlich-rechtlichen Rundfunkanstalten. Vielmehr müssen sie die privaten Rundfunkanstalten informationell in die Pflicht nehmen. Voraussetzung hierfür ist eine entsprechende Regulierung des privaten Rundfunks, in deren Rahmen (auch) Informationspflichten Privater gegenüber dem Staat vorgesehen sind.[321] Zuständige Stelle für die Informationserhebung kann demzufolge auch keine Rechtsaufsichtsbehörde (als solche) sein, sondern es liegt ein Fall der staatlichen Überwachung privater Wirtschaftstätigkeit vor. Zuständig hierfür sind nach den Mediengesetzen der Länder die Landesmedienanstalten.[322]

Diese informationellen Folgen der Privatisierung und Liberalisierung des Rundfunks lassen sich am geltenden Rundfunkrecht ablesen. Einerseits betrifft dies Vorschriften, die der Beschaffung von Informationen dienen, die *unabhängig* davon erforderlich sind, ob sie bei einem privaten oder öffentlich-rechtlichen Rundfunkveranstalter anfallen.

So ordnet § 9 Abs. 1 S. 2 RStV an, dass private Fernsehveranstalter inhaltlich derselben Informationspflicht wie öffentlich-rechtliche Rundfunkanstalten nach § 9 Abs. 1 S. 1 RStV unterliegen.[323] Eine Konsequenz der Privatisierung des Rundfunks für derartige Informationspflichten ist allerdings, dass diese nicht gegenüber der staatlichen Rechtsaufsichtsbehörde bestehen (können). Zuständig für die Informationserhebung sind dementsprechend gemäß § 9 Abs. 1 S. 2 RStV die Landesmedienanstalten, die die Informationen dann gemäß § 9 Abs. 1 S. 3 RStV an *ihre* rechtsaufsichtführende Behörde weiterzuleiten haben.

---

[320] Näher dazu sogleich D. IV. 1. b) bb) α) – γ).

[321] Vgl. auch *Fechtner*, Die Aufsicht über den Privatrundfunk in Deutschland, S. 17 f.

[322] Näher *Fechtner*, Die Aufsicht über den Privatrundfunk in Deutschland, S. 18 ff.; *Gersdorf*, Grundzüge des Rundfunkrechts, Rdn. 371 ff.; *Herrmann/Lausen*, Rundfunkrecht, § 17 Rdn. 39 ff.

[323] Zu dieser oben D. IV. 1. b) aa).

Noch deutlicher werden die Auswirkungen der Privatisierung und Liberalisierung allerdings, wenn man sich den Vorschriften zuwendet, die *speziell* den privaten Rundfunk betreffen. Die Veranstaltung privaten Rundfunks unterliegt sowohl einer (präventiven) Zulassungskontrolle als auch einer dauerhaften (repressiven) Veranstaltungskontrolle.[324] Hinzu treten rundfunkrechtliche Informationspflichten anderer Personen als privater Rundfunkveranstalter, die der Regulierung der Übertragungskapazitäten im Zusammenhang mit der Liberalisierung des Rundfunks dienen.

α) Informationspflichten im Zulassungsverfahren

Privatisierung und Liberalisierung bedeuten (auch) im Rundfunkbereich, dass ein staatliches Zulassungsverfahren erforderlich wird (§ 20 Abs. 1 RStV).[325] Hierdurch soll gewährleistet werden, dass die im Bereich des Privatrundfunks bestehenden (abgesenkten) Anforderungen hinsichtlich der Vielfalt der Anbieter und damit der Meinungen gesichert werden können.[326]

Bereits im Rahmen dieses Zulassungsverfahrens kann ein Informationsbedarf der Landesmedienanstalt als zuständiger Zulassungsbehörde auftreten, die beispielsweise Kenntnis darüber haben muss, wenn bei dem Antragsteller Beteiligungsverhältnisse vorliegen, die eine ausgewogene Rundfunklandschaft zweifelhaft erscheinen lassen, weil ein Unternehmen eine „vorherrschende Meinungsmacht" im Sinne von § 26 RStV erlangt hat. Diesen behördlichen Informationsbedarf kann nur der Antragsteller befriedigen, der allein über alle zur Beurteilung seines Zulassungsantrags erforderlichen Kenntnisse und Unterlagen verfügt.[327] Sichergestellt werden kann die Übermittlung der betreffenden Informationen an die Landesmedienanstalt nur durch die Normierung einer entsprechenden Beibringungspflicht des Antragstellers.

Demzufolge bestimmt § 21 Abs. 1 RStV, dass der Antragsteller alle Angaben zu machen, Auskünfte zu erteilen und Unterlagen vorzulegen hat, die zur Prüfung des Zulassungsantrags erforderlich sind. Die Verpflichtung erstreckt sich gemäß § 21 Abs. 2 RStV insbesondere auf „eine Darstellung der unmittelbaren und mittelbaren Beteiligungen ... an dem Antragsteller" (Nr. 1) und andere Gesichtspunkte, die für die Beurteilung, ob eine vorherrschende Meinungsmacht gemäß § 26 RStV zu befürchten ist, relevant sind.[328]

---

[324] *Bumke/Schulz*, in: Hahn/Vesting, Beck'scher Kommentar zum Rundfunkrecht, § 20 Rdn. 1; *Fechtner*, Die Aufsicht über den Privatrundfunk in Deutschland, S. 21; *Hesse*, Rundfunkrecht, Rdn. 19.

[325] Vgl. zu diesem Gesichtspunkt allgemein D. IV. 1. a) bb).

[326] Vgl. BVerfGE 73, 118 (159); 83, 238 (316); *Hesse*, Rundfunkrecht, Rdn. 33; *v. Wallenberg*, ZUM 1992, 387.

[327] *Hess*, AfP 1997, 777 (779); siehe auch die amtliche Begründung zu § 21 RStV, abgedruckt bei *Hartstein/Ring/Kreile/Dörr/Stettner*, Rundfunkstaatsvertrag, B 5 § 21.

[328] Siehe auch *Bumke*, in: Hahn/Vesting, Beck'scher Kommentar zum Rundfunkrecht, § 21 Rdn. 8 f.; *Hartstein/Ring/Kreile/Dörr/Stettner*, Rundfunkstaatsvertrag, B 5 § 21 Rdn. 7; *Schütz*, Kommunikationsrecht, Rdn. 243 f.

Diese Informationspflicht eines Privaten gegenüber einer staatlichen Stelle ist unmittelbare Konsequenz der Privatisierung und Liberalisierung des Rundfunkwesens.

β) Informationspflichten im Rahmen der laufenden Veranstaltungskontrolle

Nach der erfolgten Zulassung endet das Informationsbedürfnis der zuständigen Behörde nicht, sondern besteht fort, soweit die Informationen zur laufenden Überwachung der privaten Rundfunkveranstalter erforderlich sind. Auch diesem staatlichen Informationsbedarf in Folge der Privatisierung und Liberalisierung des Rundfunkwesens muss durch die gesetzliche Statuierung von Informationspflichten der privaten Rundfunkanstalten gegenüber den zuständigen staatlichen Stellen Rechnung getragen werden.

So räumt § 22 Abs. 1 S. 1 RStV den Landesmedienanstalten die allgemeine Befugnis ein, alle Ermittlungen durchzuführen, die zur Erfüllung ihrer Aufgaben aus §§ 26–34 RStV, also im Wesentlichen der Sicherung der Meinungsvielfalt im privaten Rundfunk,[329] erforderlich sind. Zu diesem Zweck kann die Landesmedienanstalt Auskünfte einholen (§ 22 Abs. 1 S. 3 Nr. 1 RStV) sowie Beteiligte anhören und Zeugen und Sachverständige vernehmen (§ 22 Abs. 1 S. 3 Nr. 2 RStV). Für die betroffenen Privaten besteht – vorbehaltlich des Auskunftsverweigerungsrechts nach § 22 Abs. 6 RStV – eine damit korrespondierende Auskunftspflicht (§ 22 Abs. 2 S. 1, Abs. 5 S. 1 RStV). Eine entsprechende Auskunftspflicht enthalten die Landesmediengesetze. So bestimmt beispielsweise § 31 Abs. 1 S. 1 LMedienG BW, dass (unter anderen) die Rundfunkveranstalter gegenüber der Landesanstalt für Kommunikation, die gemäß § 30 Abs. 1 S. 2 LMedienG BW die Landesmedienanstalt in Baden-Württemberg ist, zur Erteilung von Auskünften und Vorlage von Aufzeichnungen und sonstigen Unterlagen verpflichtet sind, die die Landesanstalt für die Erfüllung ihrer Aufgaben benötigt.[330]

Hinzu treten spezielle Informationspflichten der privaten Rundfunkanstalten gegenüber der Landesmedienanstalt:

- Gemäß § 21 Abs. 6 RStV[331] sind die privaten Rundfunkanstalten dazu verpflichtet, „jede Änderung der maßgeblichen Verhältnisse" der zuständigen Landesmedienanstalt mitzuteilen. Hierdurch soll die repressive Veranstaltungskontrolle ebenso sichergestellt werden wie durch die jährliche Berichtspflicht zu Beteiligungs- und Zurechnungstatbeständen gemäß § 21 Abs. 7 RStV.[332] Beide Pflichten treffen die privaten Rundfunkveranstalter unmittelbar, wenn die gesetzlich normierten Voraussetzungen vorliegen, und setzen keine weitere Aufforderung durch die Landesmedienanstalten voraus.

- Gemäß § 23 Abs. 2 RStV hat der Veranstalter der zuständigen Landesmedienanstalt eine jährliche Aufstellung der Programmbezugsquellen vorzulegen. (Auch) diese Vorschrift soll der Landesmedienanstalt bei der Überwachung der Medienkonzentration dienlich sein.[333]

---

[329] Hierzu *Gersdorf*, Grundzüge des Rundfunkrechts, Rdn. 414 ff.; *Herrmann/Lausen*, Rundfunkrecht, § 21 Rdn. 29 ff.; *Jochimsen*, AfP 1999, 24 (26 ff.).

[330] Zur Verfassungsmäßigkeit *BVerfGE* 95, 220 (235 ff.).

[331] Siehe auch die Landesmediengesetze, beispielsweise § 13 Abs. 4 S. 2 LMedienG BW.

[332] Vgl. *Bumke*, in: Hahn/Vesting, Beck'scher Kommentar zum Rundfunkrecht, § 21 Rdn. 29 f.

- Gemäß § 27 Abs. 3 RStV sind die Veranstalter bei der Ermittlung der Zuschaueranteile durch die Landesmedienanstalt, die diese zur Sicherung der Meinungsvielfalt gemäß § 26 Abs. 2 RStV benötigt, zur Mitwirkung verpflichtet. Diese Verpflichtung kann auch die Preisgabe von Informationen betreffen, ohne die die Zuschaueranteile nur fehlerhaft ermittelt werden könnten.[334]

γ) Informationspflichten zur Regulierung der Übertragungskapazitäten

Mit der Zulassung von Wettbewerb im Rundfunkbereich geht das Erfordernis einer Regulierung der (knappen) Übertragungskapazitäten einher. Der Staat hat nicht nur die Aufgabe, im Rahmen der medienrechtlichen Zulassung nach § 20 RStV die Meinungsvielfalt im privaten Rundfunk sicherzustellen, sondern er muss zugleich für eine Zuordnung der zur Verfügung stehenden Übertragungskapazitäten sorgen. Voraussetzung hierfür ist zunächst die Ermittlung der überhaupt vorhandenen Übertragungskapazitäten.[335] Dies ist (ebenfalls) schwerlich unmittelbar durch die Landesmedienanstalt zu leisten, sondern diese ist auf die hinsichtlich der Übertragungskapazitäten bei Privaten vorhandenen Informationen angewiesen. Auch in dieser Hinsicht führen Privatisierung und Liberalisierung des Rundfunks zu einem externen staatlichen Informationsbedarf, der nur durch die informationelle Inpflichtnahme Privater beseitigt werden kann.

Entsprechende Ermächtigungsgrundlagen sind in den Landesmediengesetzen enthalten. So bestimmt § 19 Abs. 1 S. 1 LMedienG BW, dass die Betreiber von Anlagen, die mindestens 250 Teilnehmer mit Rundfunk oder Mediendiensten versorgen, der Landesanstalt für Kommunikation die entsprechenden Übertragungskapazitäten im Einzelnen anzuzeigen haben. Auf dieser Grundlage kann die Landesanstalt die Übertragungskapazitäten durch den sogenannten Nutzungsplan ausweisen (§ 20 Abs. 1 S. 1 LMedienG BW) und so die Voraussetzungen für die Zuweisung der Kapazitäten schaffen.[336]

Weitere rundfunkrechtliche Informationspflichten Privater gegenüber dem Staat tragen dessen Informationsbedürfnis im Bereich der Regulierung der Übertragungskapazitäten Rechnung:

Soweit Übertragungskapazitäten nicht nach § 20 Abs. 1 LMedienG BW ausgewiesen werden, hat der Betreiber die Entscheidung über deren Nutzung zu treffen (§ 22 Abs. 1 S. 1 LMedienG BW) und die Nutzung der Landesanstalt gemäß § 22 Abs. 3 LMedienG BW unverzüglich anzuzeigen. Nur mittels dieser Informationspflicht kann der Landesanstalt für

---

[333] *Bumke*, in: Hahn / Vesting, Beck'scher Kommentar zum Rundfunkrecht, § 23 Rdn. 1.

[334] Amtliche Begründung zu § 27, abgedruckt bei *Hartstein / Ring / Kreile / Dörr / Stettner*, Rundfunkstaatsvertrag, B 5 § 27; *Bumke*, in: Hahn / Vesting, Beck'scher Kommentar zum Rundfunkrecht, § 28 Rdn. 40; vgl. auch *Birkert / Reiter / Scherer*, Landesmediengesetz Baden-Württemberg, § 19 Rdn. 1.

[335] *Kupfer*, Die Verteilung knapper Ressourcen im Wirtschaftsverwaltungsrecht, S. 160 f.; vgl. auch LT-Drs BW 12/4026, S. 58.

[336] Näher *Fechtner*, Die Aufsicht über den Privatrundfunk in Deutschland, S. 23 f.; *Kupfer*, Die Verteilung knapper Ressourcen im Wirtschaftsverwaltungsrecht, S. 161.

Kommunikation die Wahrnehmung der Rechtsaufsicht im sogenannten „Non-Must-Carry-Bereich" gemäß § 52 Abs. 4 Nr. 2 RStV ermöglicht werden.[337]

Der Betreiber einer Kabelanlage hat die Weiterverbreitung von Fernsehprogrammen oder Mediendiensten mindestens zwei Monate vor ihrem Beginn unter Vorlage eines Belegungsplanes und unter Umständen seiner Vertragsbedingungen der Landesmedienanstalt anzuzeigen (§ 52 Abs. 5 S. 1 RStV). Hierdurch wird den zuständigen Landesmedienanstalten die Überwachung der Einspeiseverpflichtungen im sogenannten „Must-Carry-Bereich" gemäß § 52 Abs. 3 RStV, der Programmzusammensetzung im sogenannten „Can-Carry-Bereich" gemäß § 52 Abs. 4 Nr. 1 RStV und der Sicherung der Chancengleichheit der regionalen und lokalen Programmangebote ermöglicht.[338]

Anbieter von Decodern und Navigatoren haben die Aufnahme und jede Änderung des Dienstes unverzüglich der zuständigen Landesmedienanstalt anzuzeigen (§ 53 Abs. 4 S. 1, S. 3 RStV). Daneben unterliegen sie einer weitergehenden Auskunftspflicht gegenüber der Landesmedienanstalt (§ 54 Abs. 4 S. 6 RStV).[339]

cc) Fazit

Der Blick auf das Rundfunkrecht hat gezeigt, dass mit der Privatisierung und Liberalisierung des Rundfunks eine erhebliche Veränderung der staatlichen Informationsgewinnung verbunden (gewesen) ist. Der Staat bedarf zur Wahrnehmung seiner Aufsichtsverantwortung nach der Zulassung privater Rundfunkveranstalter einer Vielzahl von Informationen, die er sich nur durch die Inpflichtnahme Privater beschaffen kann. Die früher allein mögliche und erforderliche Informationsbeschaffung im Wege der staatlichen Aufsicht über die öffentlich-rechtlichen Rundfunkanstalten genügt bei weitem nicht mehr, weil die bei privaten Rundfunkveranstaltern anfallenden Informationen auf diesem Wege nicht beschafft werden können. Zwangsläufige Folge dieser durch die Privatisierung veränderten Zuordnung des Informationsbestands im Bereich des Rundfunkwesens ist die gesetzliche Normierung einer Vielzahl von rundfunkrechtlichen Informationspflichten Privater gegenüber dem Staat gewesen, die namentlich das Zulassungsverfahren, die laufende Veranstaltungskontrolle sowie die Regulierung der Übertragungskapazitäten betreffen. Privatisierung und Liberalisierung des Rundfunks haben damit im Ergebnis zu einer erheblichen Bedeutungszunahme dieses Rechtsinstituts geführt. Im Bereich des Rundfunkrechts können Informationspflichten Privater gegenüber dem Staat damit als Erscheinungsformen des Privatisierungs- und Liberalisierungsfolgenrechts begriffen werden.

2. Telekommunikation

Wie das Rundfunkwesen ist auch das Telekommunikationswesen in den vergangenen Jahrzehnten von umwälzenden Entwicklungen betroffen gewesen. Sie

---

[337] *Birkert/Reiter/Scherer*, Landesmediengesetz Baden-Württemberg, § 22 Rdn. 14.
[338] *Hartstein/Ring/Kreile/Dörr/Stettner*, Rundfunkstaatsvertrag, B 5 § 52 RStV Rdn. 67.
[339] Hierzu *Schütz*, Kommunikationsrecht, Rdn. 188 ff.

sind hier sogar noch weitreichender als dort, wenn man bedenkt, dass im Telekommunikationswesen an die Stelle einer ein Staatsmonopol verwaltenden Behörde *ausschließlich* private Dienstleister getreten sind, die auf dem einschlägigen Markt im Wettbewerb zueinander stehen. Die Entwicklung dieser Privatisierung und Liberalisierung wird im Folgenden in ihren Grundzügen dargestellt. Darauf aufbauend werden auch für das Telekommunikationsrecht die Auswirkungen auf die informationelle Inpflichtnahme Privater untersucht.

a) Privatisierung und Liberalisierung des Telekommunikationswesens

aa) Ausgangslage

Die Verstaatlichung des Telekommunikationswesens in Deutschland hat eine Geschichte über mehr als ein Jahrhundert hinweg. Bereits das Gesetz über das Telegraphenwesen des Deutschen Reiches vom 6. 4. 1892[340] bestimmte in § 1, dass das Recht, Telegraphenanlagen und Fernsprechanlagen zu betreiben, ausschließlich dem Reich zustand. Als Bestandteil der staatlichen Post zählte das Fernmeldewesen damit zu den ältesten Staatsverwaltungen überhaupt.[341] Fortgeschrieben wurde dieses staatliche Fernmeldemonopol durch die Vorschriften des Gesetzes über Fernmeldeanlagen (FAG),[342] das der Reichspost und später der Deutschen Bundespost die (alleinige) Zuständigkeit für die Errichtung und den Betrieb von Telekommunikationsnetzen einräumte, und des Telegraphenwegegesetzes (TWG),[343] das die hierfür erforderlichen Wegerechte gewährte.[344] In Art. 87 Abs. 1 GG a. F. wurde sogar verfassungsrechtlich bestimmt, dass sämtliche Postdienste, also auch das Fernmeldewesen, in bundeseigener Verwaltung zu führen waren. Als zuständige Behörde hierfür wurde die Deutsche Bundespost als Sondervermögen des Bundes (§ 3 PostVerwG) eingerichtet, der damit ein umfassendes (Staats-)Monopol auf dem Telekommunikationsmarkt zustand.

Ernsthaft in Zweifel gezogen wurde das Fernmeldemonopol der Deutschen Bundespost erst ab Beginn der 1980er-Jahre.[345] Hintergrund für den steigenden Reformdruck war neben der fortschreitenden technologischen Entwicklung und

---

[340] RGBl, S. 467.

[341] Vgl. *Spoerr*, in: Trute/Spoerr/Bosch, Telekommunikationsgesetz mit FTEG, Einführung I Rdn. 1.

[342] RGBl I 1928, S. 8.

[343] RGBl 1899, S. 705.

[344] Vgl. *Holznagel/Enaux/Nienhaus*, Grundzüge des Telekommunikationsrechts, S. 7.

[345] Näher *Spoerr*, in: Trute/Spoerr/Bosch, Telekommunikationsgesetz mit FTEG, Einführung I Rdn. 5 ff.; *Wissmann/Klümper*, in: Wissmann, Telekommunikationsrecht, Kap. 1 Rdn. 30 f.

IV. Exemplifizierung an ausgewählten Rechtsgebieten   135

einem wachsenden außenhandelspolitischen Druck insbesondere seitens der USA vor allem die Telekommunikationspolitik der Europäischen Gemeinschaft.[346]

Das „Grünbuch vom 30. 6. 1987 über die Entwicklung des Gemeinsamen Marktes für Telekommunikationsdienstleistungen und Telekommunikationsendgeräte"[347] sah insoweit ein wettbewerbsrechtlich verankertes Entmonopolisierungskonzept auf der Grundlage von Art. 90 Abs. 3 EGV a. F. (Art. 86 Abs. 3 EGV n. F.) und ein rechtsangleichend verankertes Harmonierungskonzept auf der Basis von Art. 100a EGV a. F. (Art. 95 EGV n. F.) vor.[348] Beginnend mit der Marktöffnung im Bereich der Telekommunikationsendgeräte im Jahre 1988[349] wurden auf der Grundlage dieses Konzepts eine Vielzahl von Liberalisierungsrichtlinien und Harmonisierungsrichtlinien erlassen,[350] die die Mitgliedstaaten zu einer Marktöffnung in allen Bereichen des Telekommunikationswesens zwangen.

bb) Aufhebung des Telekommunikationsmonopols durch die Postreformen

In der Bundesrepublik Deutschland erfolgten die Aufhebung des Telekommunikationsmonopols der Deutschen Bundespost und damit die Privatisierung und Liberalisierung des Telekommunikationswesens in drei Stufen, die üblicherweise als Postreform I, II und III bezeichnet werden.

Mit der *Postreform I* im Jahre 1989[351] erfolgte eine erste Liberalisierung im Bereich der Märkte für Telekommunikationsendgeräte und Firmennetze sowie – in beschränktem Umfang – des Satelliten- und Mobilfunks, während die ausschließlichen Rechte der Deutschen Bundespost im Hinblick auf die Funkanlagen, die Netze und den Sprachtelefondienst noch unberührt blieben. Zugleich wurde die Deutsche Bundespost in die selbständigen öffentlichen Unternehmen Postdienst, Postbank und Telekom aufgespalten, die zunächst unter dem Dach der Deutschen Bundespost verblieben.[352]

---

[346] Siehe auch *Benz,* in: Gusy, Privatisierung von Staatsaufgaben: Kriterien – Grenzen – Folgen, S. 129 (144 ff.); *Holznagel / Enaux / Nienhaus,* Grundzüge des Telekommunikationsrechts, S. 8; *Wissmann / Klümper,* in: Wissmann, Telekommunikationsrecht, Kap. 1 Rdn. 32.

[347] KOM (1987) 290.

[348] Vgl. *Holznagel / Enaux / Nienhaus,* Grundzüge des Telekommunikationsrechts, S. 213; *Koenig / Loetz / Neumann,* Telekommunikationsrecht, S. 54 f.; *Spoerr,* in: Trute / Spoerr / Bosch, Telekommunikationsgesetz mit FTEG, Einführung II, Rdn. 3.

[349] Richtlinie 88 / 301 / EWG der Kommission vom 16. 5. 1988 über den Wettbewerb auf dem Markt für Telekommunikations-Endgeräte, ABl EG 1988, Nr. L 131, 73.

[350] Übersicht bei *Holznagel / Enaux / Nienhaus,* Grundzüge des Telekommunikationsrechts, S. 216 ff.; *Kallmayer,* Netzzugang in der Telekommunikation, S. 63 ff.; *Kupfer,* Die Verteilung knapper Ressourcen im Wirtschaftsverwaltungsrecht, S. 62 ff.

[351] Rechtsgrundlage: Gesetz zur Neustrukturierung des Post- und Fernmeldewesens und der Deutschen Bundespost vom 8. 6. 1989, BGBl. I, S. 1026.

[352] Zum Ganzen *Boss / Laaser / Schatz,* Deregulierung in Deutschland, S. 183 ff.; *Holznagel / Enaux / Nienhaus,* Grundzüge des Telekommunikationsrechts, S. 8; *Schatzschneider,*

Die *Postreform II* im Jahre 1994[353] hatte ihren Schwerpunkt in Maßnahmen der Privatisierung. Die verfassungsrechtliche Pflicht zur Erbringung von Telekommunikationsdienstleistungen in bundeseigener Verwaltung (Art. 87 Abs. 1 GG) wurde abgeschafft und Art. 87f Abs. 2 GG in die Verfassung eingefügt, wonach diese nunmehr den Nachfolgeunternehmen der Deutschen Bundespost und anderen privaten Anbietern offen stand (Aufgabenprivatisierung). Gleichzeitig sah Art. 143b Abs. 1 GG vor, dass das Sondervermögen der Deutschen Bundespost in Unternehmen privater Rechtsform umzuwandeln war; an die Stelle der Deutschen Bundespost TELEKOM trat in der Folge die Deutsche Telekom AG (Organisationsprivatisierung), deren Anteile ab 1996 in mehreren Schritten an die Börse gebracht wurden (Vermögensprivatisierung). Zu der in Art. 87f Abs. 2 GG ausdrücklich vorgesehenen weiteren Liberalisierung der Telekommunikationsmärkte kam es demgegenüber zunächst nicht; entsprechend Art. 143b Abs. 2 S. 1 GG wurden die ausschließlichen Rechte der Deutschen Bundespost TELEKOM für eine Übergangszeit auch der Deutschen Telekom AG übertragen.[354]

Die vollständige Liberalisierung trat mit dem im Zuge der *Postreform III* im Jahre 1996 erlassenen Telekommunikationsgesetz (TKG 1996)[355] ein, das europarechtliche Vorgaben zur Liberalisierung der öffentlichen Sprachtelefondienste und der Telekommunikationsinfrastrukturen umsetzte.[356] Das TKG 1996 hob dementsprechend die verbliebenen Monopolrechte der Deutschen Telekom AG spätestens zum 1. 1. 1998 auf und führte (insbesondere) Regelungen für den Netzzugang, die Zusammenschaltung von Netzen und die Entgeltregulierung ein.[357] Um die Umsetzung dieser Vorgaben zu gewährleisten, wurde die inzwischen in Bundesnetzagentur für Elektrizität, Gas, Telekommunikation, Post und Eisen-

---

NJW 1989, 2371 f.; *Scheurle*, in: ders./Mayen, Telekommunikationsgesetz, Einführung Rdn. 4; *Wissmann/Klümper*, in: Wissmann, Telekommunikationsrecht, Kap. 1 Rdn. 34 ff.

[353] Rechtsgrundlagen: Gesetz zur Änderung des Grundgesetzes vom 30. 8. 1994, BGBl. I, S. 2245; Gesetz zur Neuordnung des Postwesens und der Telekommunikation: Postneuordnungsgesetz (PTNeuOG) vom 14. 9. 1994, BGBl. I, S. 2325.

[354] Zur Postreform II näher *Benz*, in: Gusy, Privatisierung von Staatsaufgaben: Kriterien – Grenzen – Folgen, S. 129 (135 f.); *Holznagel/Enaux/Nienhaus*, Grundzüge des Telekommunikationsrechts, S. 10 ff.; *Kallmayer*, Netzzugang in der Telekommunikation, S. 55 f.; *Koenig/Loetz/Neumann*, Telekommunikationsrecht, S. 95 f.

[355] Telekommunikationsgesetz vom 25. 7. 1996, BGBl. I, S. 1120, inzwischen abgelöst durch das Telekommunikationsgesetz vom 22. 6. 2004, BGBl. I, S. 1190; hierzu sogleich unten D. IV. 2. a) cc).

[356] Richtlinie 96/19/EG der Kommission vom 13. 3. 1996 zur Änderung der Richtlinie 30/388/EWG hinsichtlich der Einführung des vollständigen Wettbewerbs auf den Telekommunikationsmärkten, ABl EG 1996, Nr. L 74, 13; näher zu den europarechtlichen Vorgaben *Kämmerer*, Privatisierung, S. 299 f.; *Spoerr*, in: Trute/Spoerr/Bosch, Telekommunikationsgesetz mit FTEG, Einführung I Rdn. 17 f.; *Weiss*, Privatisierung und Staatsaufgaben, S. 392 ff.

[357] Einzelheiten bei *Kallmayer*, Netzzugang in der Telekommunikation, S. 57; *Koenig/Loetz/Neumann*, Telekommunikationsrecht, S. 96 ff.; *Ruffert*, AöR 124 (1999), 237 (243 f.).

bahnen umbenannte[358] Regulierungsbehörde für Telekommunikation und Post als Bundesoberbehörde errichtet (§ 66 Abs. 1 TKG 1996 = § 116 Abs. 1 TKG 2004). Diese hat – weitgehend unabhängig von politischer Einflussnahme[359] – die Einhaltung des TKG zu überwachen und die gestalterischen Aufgaben der sektorspezifischen Regulierung der Telekommunikationsmärkte wahrzunehmen;[360] insbesondere hat sie die Marktmachtstellung des ehemaligen Monopolisten zu kontrollieren und den neu in den Markt strebenden Wettbewerbern Chancengleichheit zu vermitteln.[361]

cc) Änderungen durch das neue Telekommunikationsgesetz

Am 26. 6. 2004 ist das neue Telekommunikationsgesetz in Kraft getreten, das das bisherige TKG von 1996 abgelöst hat.[362] Hierdurch wurden insgesamt fünf europäische Richtlinien in nationales Recht umgesetzt,[363] die die Ziele verfolgen,

---

[358] § 1 Gesetz über die Bundesnetzagentur für Elektrizität, Gas, Telekommunikation, Post und Eisenbahnen vom 07. 07. 2005, BGBl. I 2005, 1970; siehe auch *Schmidt,* DÖV 2005, 1025 ff.

[359] Zur Unabhängigkeit der Bundesnetzagentur für Elektrizität, Gas, Telekommunikation, Post und Eisenbahnen näher *Gramlich,* in: Heun, Handbuch Telekommunikationsrecht, Teil 8 Rdn. 20 ff.; *Trute,* in: ders. / Spoerr / Bosch, Telekommunikationsgesetz mit FTEG, § 66 Rdn. 6 ff.; *Wissmann,* in: ders., Telekommunikationsrecht, Kap. 3 Rdn. 8 ff.

[360] Überblick zu den wichtigsten Aufgaben der Bundesnetzagentur für Elektrizität, Gas, Telekommunikation, Post und Eisenbahnen bei *Geppert,* in: Büchner u. a., Beck'scher TKG-Kommentar, § 66 Rdn. 11; *Kloepfer,* Informationsrecht, § 11 Rdn. 225; *Petersen,* Medienrecht, § 14 Rdn. 8; *Schütz,* Kommunikationsrecht, Rdn. 855 ff.; *Wissmann,* in: ders., Telekommunikationsrecht, Kap. 3 Rdn. 2, 22 (Tabelle 2). Vgl. auch den Tätigkeitsbericht von *Gramlich,* CR 2004, 572 ff.

[361] BT-Drs 13 / 3609, S. 33 f.; *Ulmen,* in: Scheurle / Mayen, Telekommunikationsgesetz, § 66 Rdn. 4.

[362] Vgl. oben Fn. 355.

[363] Im Einzelnen: Richtlinie 2002 / 19 / EG des Europäischen Parlaments und des Rates vom 7. März 2002 über den Zugang zu elektronischen Kommunikationsnetzen und zugehörigen Einrichtungen sowie deren Zusammenschaltung (Zugangsrichtlinie), ABl EG 2002, Nr. L 108, 7; Richtlinie 2002 / 20 / EG des Europäischen Parlaments und des Rates vom 7. März 2002 über die Genehmigung elektronischer Kommunikationsnetze und -dienste (Genehmigungsrichtlinie), ABl EG 2002, Nr. L 108, 21; Richtlinie 2002 / 21 / EG des Europäischen Parlaments und des Rates vom 7. März 2002 über einen gemeinsamen Rechtsrahmen für elektronische Kommunikationsnetze und -dienste (Rahmenrichtlinie), ABl EG 2002, Nr. L 108, 33; Richtlinie 2002 / 22 / EG des Europäischen Parlaments und des Rates vom 7. März 2002 über den Universaldienst und Nutzerrechte bei elektronischen Kommunikationsnetzen und -diensten (Universaldienstrichtlinie), ABl EG 2002, Nr. L 108, 51; Richtlinie 2002 / 58 / EG des Europäischen Parlaments und des Rates vom 12. Juli 2002 über die Verarbeitung personenbezogener Daten und den Schutz der Privatsphäre in der elektronischen Kommunikation (Datenschutzrichtlinie für elektronische Kommunikation), ABl EG 2002, Nr. L 201, 37. Ausführlich zum neuen europäischen Rechtsrahmen *Koenig / Loetz / Neumann,* Telekommunikationsrecht, S. 73 ff.; *Heun,* CR 2003, 485 f.; *Husch / Kemmler / Ohlenbrug,* MMR 2003, 139 ff.; *Scherer,* K&R 2002, 273 ff., 329 ff., 385 ff.

den europäischen Rechtsrahmen zu vereinfachen, der Konvergenz der Medien Rechnung zu tragen, eine flexiblere Zuordnung von sektorspezifischer Regulierung einerseits und dem Einsatz der Instrumente des allgemeinen Wettbewerbsrechts andererseits zu erreichen sowie die inhaltlichen, verfahrens- und organisationsrechtlichen Voraussetzungen für eine stärker harmonisierte Anwendung des europäischen Rechtsrahmens zu schaffen.[364]

Neben einer Neufassung und -nummerierung des Telekommunikationsgesetzes sind dabei auch etliche inhaltliche Änderungen erfolgt.[365] Besonders bedeutsam sind insoweit die Abschaffung der Lizenzpflicht aus § 6 Abs. 1 TKG 1996[366] für den Betrieb von Übertragungswegen und das Angebot von Sprachtelefondiensten,[367] die Einführung eines – durch die Rahmenrichtlinie[368] determinierten – Verfahrens der Marktregulierung in §§ 9 – 15 TKG, durch das Märkte mit wirksamem Wettbewerb aus der sektorspezifischen Regulierung entlassen werden können und dann nur noch dem allgemeinen Wettbewerbsrecht unterstellt sind,[369] sowie Änderungen im Recht der Zugangsregulierung gemäß §§ 16 – 26 TKG[370] und der Entgeltregulierung gemäß §§ 27 – 39 TKG.[371]

b) Informationspflichten Privater im Telekommunikationsrecht

Nachdem die Prozesse der Privatisierung und Liberalisierung des Telekommunikationswesens dargestellt worden sind, interessieren wiederum besonders die informationellen Auswirkungen dieser Entwicklungen. Erneut ist ein Vergleich zwischen den Möglichkeiten des staatlichen Informationszugangs vor sowie nach der Privatisierung und Liberalisierung anzustellen.

aa) Staatliche Informationsbeschaffung vor Privatisierung und Liberalisierung

Wer Telekommunikationsdienstleistungen anbietet, hat Zugang zu einer Vielzahl von Informationen. Er kennt die Bestandsdaten der Telekommunikationsteilneh-

---

[364] Näher *Scherer,* K&R 2002, 273 (274 f.); vgl. auch BT-Drs 15/2316, S. 56.

[365] Überblick bei *Heun,* CR 2004, 893 ff.; *Scherer,* NJW 2004, 3001 ff.

[366] Vgl. zur alten Rechtslage *Holznagel/Enaux/Nienhaus,* Grundzüge des Telekommunikationsrechts, S. 52 ff.; *Schütz,* Kommunikationsrecht, Rdn. 8.

[367] BT-Drs 15/2316, S. 59 f.; *Heun,* CR 2005, 725 (729); *Röger,* DÖV 2004, 1025 (1031); ders., DVBl. 2005, 143 (147 f.); *Scherer,* NJW 2004, 3001 (3002); *Schütz,* Kommunikationsrecht, Rdn. 4 ff.

[368] Oben Fn. 363.

[369] Näher dazu BT-Drs 15/2316, S. 60 ff.; *Doll/Nigge,* MMR 2004, 519 ff.; *Koenig/Loetz/Neumann,* Telekommunikationsrecht, S. 74 ff., 109 ff.; *Mayen,* CR 2005, 21 (25 ff.); *Scherer,* NJW 2004, 3001 (3002 ff.).

[370] Hierzu BT-Drs 15/2316, S. 64 ff.; *Heun,* CR 2004, 893 (901 f.); *Mayen,* CR 2005, 21 ff.

[371] Hierzu BT-Drs 15/2316, S. 66 ff.; *Ellinghaus,* MMR 2004, 293 (294 ff.); *Scherer,* NJW 2004, 3001 (3005).

mer, kann sich Zugang zu den Verkehrsdaten, unter Umständen auch zu den Inhalten der Telekommunikation verschaffen und ist über die Zustände und technologischen Entwicklungen auf dem Telekommunikationsmarkt voll informiert. Für ein staatliches Telekommunikationsmonopol bedeutet dies, dass der Staat mit der zuständigen Stelle – vorliegend also der Deutschen Bundespost – selbst und unmittelbar auf eine Fülle von Informationen zugreifen kann. Die Weitergabe dieser Informationen durch die Deutsche Bundespost an andere staatliche Stellen ist dann keine Frage von Informationspflichten Privater gegenüber dem Staat, sondern ein Vorgang des staatsinternen Informationsaustauschs.[372]

Hinsichtlich der Inhaltsdaten sowie der Verkehrsdaten der Telekommunikation,[373] die insbesondere Voraussetzung für eine wirksame Strafverfolgung sein können, war allerdings die Deutsche Bundespost als staatliche Stelle unmittelbar an Art. 10 Abs. 1 GG gebunden und durfte die entsprechenden Informationen grundsätzlich nicht weitergeben; die einfachgesetzliche Bestätigung dieser Folge des Fernmeldegeheimnisses fand sich insoweit in § 10 FAG. Allerdings enthielt § 12 FAG eine – in ihrer Reichweite verfassungsrechtlich bedenkliche[374] – Ausnahme zu § 10 FAG, wonach in strafgerichtlichen Untersuchungen der Richter und bei Gefahr in Verzug auch die Staatsanwaltschaft „Auskunft über die Telekommunikation" verlangen konnte, „wenn die Mitteilungen an den Beschuldigten gerichtet waren oder wenn Tatsachen vorliegen, aus denen zu schließen ist, dass die Mitteilungen von dem Beschuldigten herrührten oder für ihn bestimmt waren und dass die Auskunft für die Untersuchung Bedeutung hat". Auf dieser Grundlage konnte (und musste) die Deutsche Bundespost Verkehrsdaten zum Zwecke der Strafverfolgung herausgeben.[375]

Hinsichtlich anderer Informationen, die nicht unter den Schutz von Art. 10 Abs. 1 GG fallen,[376] insbesondere also Bestandsdaten der Telekommunikation,[377] war demgegenüber nach herrschender Auffassung keine gesonderte Rechtsgrundlage für eine Weitergabe an andere staatliche Stellen erforderlich; eine entsprechende Auskunftsbefugnis der Deutschen Bundespost soll bereits im Wege allgemeiner Vorschriften der Amtshilfe bestanden haben.[378] Soweit dies die Bestandsdaten der Telekommunikationsteilnehmer betrifft, ist diese Ansicht

---

372 Vgl. *Holznagel/Enaux/Nienhaus*, Grundzüge des Telekommunikationsrechts, S. 196; *Pohl*, Informationsbeschaffung beim Mitbürger, S. 62.

373 Verkehrsdaten sind gemäß § 3 Nr. 30 TKG Daten über die näheren Umstände von Telekommunikationsvorgängen, vgl. auch § 96 Abs. 1 TKG. Nach bisherigem Recht wurden sie als „Verbindungsdaten" bezeichnet, vgl. BT-Drs 15/2316, S. 58; *Breyer*, RDV 2004, 147; *Eckhardt*, CR 2003, 805 (807).

374 Näher *Reimann*, DuD 2001, 601 (602 f.); *Schenke*, AöR 125 (2000), 1 (4).

375 Näher zur Rechtslage vor der Privatisierung und Liberalisierung *Klesczewski*, StV 1993, 382 (383).

376 Näher zur Reichweite von Art. 10 Abs. 1 GG *BVerfGE* 67, 157 (172); 100, 313 (358); *Hermes*, in: Dreier, Grundgesetz, Art. 10 Rdn. 41. Siehe auch unten F. II. 2. c) gg).

377 Diese sind nicht von Art. 10 Abs. 1 GG, sondern durch das Allgemeine Persönlichkeitsrecht aus Art. 2 Abs. 1 i.V.m. Art. 1 Abs. 1 GG geschützt, siehe nur *Tiedemann*, CR 2004, 95 (96).

378 BT-Drs 13/3609, S. 55; siehe auch *Trute*, in: ders./Spoerr/Bosch, Telekommunikationsgesetz mit FTEG, § 90 Rdn. 1; *Wuermeling/Felixberger*, CR 1997, 555 (560 Fn. 49); ferner *Ehmer*, in: Büchner u. a., Beck'scher TKG-Kommentar, § 90 Rdn. 1; *Gundermann*, DuD 1999, 681 (685).

angesichts der Vorgaben des Datenschutzrechts zur Zweckbindung bei personenbezogenen Daten[379] allerdings durchaus fragwürdig (gewesen).

Allerdings konnte auch in Zeiten des Staatsmonopols nicht vollständig auf die informationelle Inpflichtnahme Privater verzichtet werden. Dies betrifft zum einen bei den Telekommunikationsteilnehmern vorhandene Informationen, die für die Erbringung der Telekommunikationsdienstleistungen durch die Deutsche Bundespost erforderlich waren.

Dementsprechend ergaben sich aus dem (öffentlich-rechtlichen)[380] Benutzungsverhältnis zwischen der Deutschen Bundespost und dem einzelnen Telekommunikationsteilnehmer verschiedene Mitteilungspflichten, die die Tatbestandsmerkmale einer Informationspflicht Privater gegenüber dem Staat erfüllen.[381] Rechtsgrundlage hierfür war seit 1988[382] die Telekommunikationsordnung[383], die das Benutzungsverhältnis zwischen der Deutschen Bundespost und den Fernsprechteilnehmern regelte und für diese in § 381 Mitteilungspflichten beispielsweise bei Störungen oder Änderungen in der Person des Teilnehmers vorsah.

Zum anderen konnten sich Informationspflichten der Betreiber ausnahmsweise zulässiger privater Fernmeldeanlagen[384] gegenüber der Deutschen Bundespost ergeben, die zur Überwachung dieser Anlagen zuständig war.

Ein Auskunftsrecht der Deutschen Bundespost folgte insofern insbesondere aus § 6 FAG i.V. m. einer mit der Genehmigung nach § 2 FAG regelmäßig erlassenen Auflage.[385]

bb) Staatliche Informationsbeschaffung nach Privatisierung und Liberalisierung

Die Privatisierung und Liberalisierung des Telekommunikationswesens konnte auf die dargestellten informationellen Beziehungen nicht ohne Auswirkungen bleiben. Will (und muss) der Staat weiterhin Kenntnis von Informationen haben, die bei den Erbringern von Telekommunikationsdienstleistungen anfallen, kann er dies nur durch deren informationelle Inanspruchnahme sicherstellen. Ein staatsinterner Zugriff auf bei der Behörde Deutsche Bundespost angefallene Informationen ist nicht mehr möglich. Das Privatisierungs- und Liberalisierungsfolgenrecht des

---

[379] Hierzu ausführlich unten F. II. 2. b) bb).

[380] Vgl. *Aubert*, Fernmelderecht, S. 161; *Eidenmüller*, Post- und Fernmeldewesen, Fernmelderecht TKO Vorbem. Anm. 1 f.

[381] Dazu oben C. III. 2. d).

[382] Zuvor galt insoweit die Fernmeldeordnung, BGBl. I 1971, S. 543.

[383] BGBl. I 1987, S. 1761.

[384] Auch zu Zeiten des staatlichen Fernmeldemonopols war der Betrieb privater Fernmeldeanlagen unter bestimmten Voraussetzungen zulässig. Einzelheiten finden sich in §§ 2 f. FAG und deren Kommentierung bei *Eidenmüller*, Post- und Fernmeldewesen, Fernmelderecht; siehe auch *Steiner*, in: Isensee / Kirchhof, Handbuch des Staatsrechts, Bd. III, 2. Aufl., § 81 Rdn. 36.

[385] *Eidenmüller*, Post- und Fernmeldewesen, Fernmelderecht, § 6 FAG Anm. 2.

IV. Exemplifizierung an ausgewählten Rechtsgebieten

Telekommunikationswesens muss damit Informationspflichten Privater gegenüber dem Staat enthalten.[386]

Dabei besteht kein Unterschied zwischen der informationellen Inanspruchnahme der Deutschen Telekom AG als Nachfolgerin des ehemaligen Staatsmonopolisten Deutsche Bundespost und anderen Telekommunikationsdienstleistern. Nach der Aufgaben-, Organisations- und teilweisen Vermögensprivatisierung steht die Deutsche Telekom AG staatlichen Stellen wie jeder andere Private auch gegenüber.[387]

Zu differenzieren ist zwischen den Konsequenzen für den staatlichen Zugriff auf Informationen, die vor der Privatisierung und Liberalisierung für den Staat unmittelbar zugänglich waren (Bestandsdaten, Verkehrsdaten und Inhaltsdaten der Telekommunikation[388]), und der Beschaffung von Informationen, denen der Staat erst als Folge der Privatisierung und Liberalisierung, nämlich zur Regulierung der Telekommunikationsmärkte bedarf.

Keiner *gesonderten* Darstellung bedürfen dabei die Auswirkungen des neuen Telekommunikationsgesetzes. Dieses hat auf den Bereich der Informationspflichten Privater gegenüber dem Staat der Sache nach keine bedeutsamen Auswirkungen, die auf privatisierenden, liberalisierenden oder deregulierenden Maßnahmen beruhen.[389] Auf inhaltliche Änderungen bereits zuvor bestehender Informationspflichten kann bei deren jeweiliger Behandlung eingegangen werden.

---

[386] Kein Thema dieser Untersuchung sind demgegenüber sogenannte „informelle Auskunftsersuchen" der Bundesnetzagentur, mit denen diese – einer häufigen Praxis der Kartellbehörden folgend – die Telekommunikationsunternehmen beispielsweise um Auskünfte zu bestimmten wirtschaftlichen oder technischen Problemen oder zur Einschätzung der Marktsituation ersucht (vgl. *Möller-Bösling*, Informelle Auskunftsersuchen der Regulierungsbehörde auf den Märkten der Telekommunikation, S. 23). Für solche „informellen Auskunftsersuchen" besteht keine Befugnisnorm, hinsichtlich der Auskunftserteilung ist die Bundesnetzagentur auf den guten Willen des Telekommunikationsunternehmens angewiesen (näher *Holznagel*, Die Erhebung von Marktdaten im Wege des Auskunftsersuchens nach dem TKG, S. 75 f.; *Möller-Bösling*, Informelle Auskunftsersuchen der Regulierungsbehörde auf den Märkten der Telekommunikation, S. 25). Mangels *Verpflichtung* zur Informationserteilung liegt insoweit kein Fall einer Informationspflicht Privater gegenüber dem Staat vor, siehe oben C. III. 2. d) cc).

[387] Siehe auch *Kupfer*, Die Verteilung knapper Ressourcen im Wirtschaftsverwaltungsrecht, S. 64.

[388] Zu den Arten von Telekommunikationsdaten näher *Zöller*, in: Wolter/Schenke/Rieß/Zöller, Datenübermittlungen und Vorermittlungen, Festgabe für Hans Hilger, S. 291 (294 ff.). Zu Abgrenzungsschwierigkeiten in der Praxis instruktiv *Gnirck/Lichtenberg*, DuD 2004, 598 (599 f.); vgl. auch *LG Stuttgart*, CR 2005, 598 (599).

[389] Als Ausnahme ist allenfalls die Abschaffung der eher untergeordneten Anzeigepflicht in § 9 Abs. 2 TKG 1996 zu nennen, die bestimmte Fälle des Übergangs der nach § 6 Abs. 1 TKG 1996 erforderlichen Lizenz betraf; näher dazu *Hummel*, K&R 2000, 479 (480 f.); *Mayen*, CR 1999, 690 (694 ff.). Bei einer Änderung in der Person eines Betreibers von Telekommunikationsübertragungswegen oder Sprachtelefondiensteanbieters ist aber nunmehr eine Meldung nach § 6 Abs. 1 TKG erforderlich, so dass der Sache nach die Informationspflicht fortbesteht.

α) Staatlicher Zugriff auf Bestandsdaten
der Telekommunikationsteilnehmer

Bei den Bestandsdaten der Telekommunikationsteilnehmer (§ 3 Nr. 3 TKG) handelt es sich um einen typischen Fall, in dem es grundsätzlich bei der Privatisierung der Informationen bleiben kann; diese sind in erster Linie für die Anbieter von Telekommunikationsdiensten vonnöten[390] und nach deren Privatisierung für den Staat in der Regel entbehrlich.[391]

Ausnahmsweise hat der Staat aber auch nach der Privatisierung des Telekommunikationswesens ein Interesse daran, Bestandsdaten der Telekommunikationsteilnehmer zu erfahren. Dies gilt insbesondere, wenn die Kenntnis hiervor für die Verfolgung von Straftaten oder Ordnungswidrigkeiten oder zur Gefahrenabwehr erforderlich ist.[392] Insoweit muss das Telekommunikationsrecht nach der Privatisierung eine Informationspflicht der privaten Telekommunikationsunternehmen gegenüber dem Staat vorsehen, die die Regelungen zum vormaligen staatsinternen Informationsaustausch ablöst.[393]

§ 111 Abs. 1 TKG sieht zur Befriedigung dieses staatlichen Informationsbedarfs zunächst vor, dass insbesondere die Erbringer von Telekommunikationsdienstleistungen „die Rufnummern, den Namen und die Anschrift des Rufnummerninhabers, das Datum des Vertragsbeginns, bei natürlichen Personen deren Geburtsdatum sowie bei Festnetzanschlüssen auch die Anschrift des Anschlusses vor der Freischaltung zu erheben und unverzüglich zu speichern haben".[394] § 113 Abs. 1 TKG ermächtigt dann die zuständigen staatlichen Stellen dazu, über diese sowie weitere gemäß § 95 TKG aufgrund betrieblicher Notwendigkeiten erhobene Bestandsdaten Auskunft vom geschäftsmäßigen Erbringer von Telekommunikationsdienstleistungen zu verlangen, soweit dies für die Verfolgung von Straftaten und Ordnungswidrigkeiten, zur Abwehr von Gefahren für die öffentliche Sicherheit oder Ordnung oder für die Erfüllung der gesetzlichen Aufgaben der Verfassungsschutzbehörden des Bundes und der Länder, des Bundesnachrichtendienstes oder des Militärischen Abschirmdienstes erforderlich ist.[395]

Noch weiter geht § 112 TKG, der die Erbringer von Telekommunikationsdiensten für die Öffentlichkeit nicht zur Information im Einzelfall, sondern zur generellen Offenhaltung der Kundendaten gegenüber staatlichen Stellen verpflichtet.[396] Nach § 112 Abs. 1 TKG besteht

---

[390] Vgl. die Regelung in § 95 Abs. 1 TKG, die diesen Bezug ausdrücklich herstellt.

[391] Vgl. dazu allgemein oben D. II. 1. b).

[392] Beispiele von *Neumann/Wolff*, TKMR 2003, 110 ff.: Den Strafverfolgungsbehörden liegt die Kennung eines Telekommunikationsanschlusses vor, mit dem eine Straftat begangen worden ist, Name und Anschrift der Anschlussinhaber sind ihr aber unbekannt. – Die Identität eines Verdächtigen ist der Strafverfolgungsbehörde bekannt, für eine wirksame Strafverfolgung ist aber die Kenntnis von der Kennung seines Telekommunikationsanschlusses erforderlich.

[393] Hierzu oben D. IV. 2. b) aa).

[394] Näher hierzu *Schütz*, Kommunikationsrecht, Rdn. 841 ff. Verfassungsrechtliche Bedenken bei *Kühling*, K&R 2004, 105 (106 ff.).

[395] Hierzu *Koenig/Loetz/Neumann*, Telekommunikationsrecht, S. 212 f.; *Schütz*, Kommunikationsrecht, Rdn. 849 ff.; vgl. auch *LG Stuttgart*, CR 2005, 598 (599).

für sie die Verpflichtung, die nach § 111 TKG zu erhebenden Daten in Kundendateien zu speichern, auf die die Bundesnetzagentur im Wege eines automatisierten Abrufs ohne Kenntnis des Anbieters zugreifen kann.[397] Auf Ersuchen von Gerichten und Strafverfolgungsbehörden, der Polizeien des Bundes und der Länder, des Zollkriminalamts und der Zollfahndungsämter, der Verfassungsschutzbehörden, des Militärischen Abschirmdienstes, des Bundesnachrichtendienstes, der Bundesanstalt für Finanzdienstleistungsaufsicht sowie der Behörden der Zollverwaltung, die zum Teil an die Verfolgung besonderer Zwecke geknüpft sein müssen, hat die Bundesnetzagentur von dieser Möglichkeit Gebrauch zu machen und die Daten an die entsprechende Stelle zu übermitteln (§ 112 Abs. 2, Abs. 4 TKG).

β) Staatlicher Zugriff auf Verkehrsdaten der Telekommunikation

Auch hinsichtlich der von Art. 10 Abs. 1 GG geschützten Verkehrsdaten der Telekommunikation besteht der Bedarf der Strafverfolgungsbehörden nach der Privatisierung weiter. Diese können zur Aufklärung von Straftaten (immer noch) darauf angewiesen sein, Informationen über Zeitpunkt, Dauer und Ort eines Telefongesprächs sowie die beteiligten Anschlüsse zu erhalten.[398] Daher wurde § 12 FAG[399] mit der Privatisierung und Liberalisierung nicht außer Kraft gesetzt, sondern galt zunächst fort und wandelte sich so von einer amtshilferechtlichen Ausnahme vom Fernmeldegeheimnis zu einer gesetzlichen Informationspflicht Privater gegenüber dem Staat. Durch das Gesetz zur Änderung der Strafprozessordnung vom 20. 12. 2001[400] ist § 12 FAG inzwischen durch §§ 100g, h StPO ersetzt worden, um den rechtsstaatlichen Vorgaben besser gerecht zu werden.[401]

Der Gesetzgeber hat in §§ 100g, h StPO gegenüber der Regelung des § 12 FAG insbesondere die Eingriffsschwelle angehoben. Einerseits wird die Auskunftspflicht der Telekommunikationsdiensteanbieter in § 100g Abs. 1 S. 1 StPO an eine durch bestimmte Tatsachen begründete Verdachtslage geknüpft, andererseits muss sich diese auf eine Straftat von erheblicher Bedeutung, insbesondere eine „Katalogtat" im Sinne von § 100a S. 1 StPO, oder eine telekommunikationsspezifische Straftat[402] beziehen. Erweitert wurde die Auskunftsbefugnis

---

[396] Näher *Breyer*, RDV 2004, 147 (151); *Eckhardt*, CR 2003, 805 (812); zur Verfassungsmäßigkeit der Vorgängervorschrift des § 90 TKG 1996 *OVG NW*, TKMR 2002, 400 (403 f.).

[397] Dies gilt nach neuer Rechtslage unabhängig von einer betrieblichen Notwendigkeit der Datenerhebung und damit insbesondere auch bei sogenannten „Prepaid"-Produkten, vgl. BT-Drs 15/2316, S. 95; *Heun*, CR 2004, 893 (896); *Koenig/Loetz/Neumann*, Telekommunikationsrecht, S. 211; *Kühling*, K&R 2004, 105 (106). Zur Problematik auf der Grundlage von § 90 Abs. 1 TKG 1996 vgl. *BVerwGE* 119, 123 (125 ff.); anders noch *OVG NW*, TKMR 2002, 400 (402); siehe auch *Tiedemann*, CR 2004, 95 ff.

[398] Anschauliche Beispiele bei *Danckwerts*, CR 2002, 539; vgl. auch *Meyer-Goßner*, Strafprozessordnung, § 100g Rdn. 3.

[399] Dazu bereits oben D. IV. 2. b) aa).

[400] BGBl. I, S. 3879.

[401] Vgl. *Wollweber*, NJW 2002, 1554; dennoch verfassungsrechtliche Bedenken auch hinsichtlich der Neuregelungen bei *Pernice*, DuD 2002, 207 (211).

[402] Hierfür ist erforderlich, dass die Straftat mittels einer Endeinrichtung i. S. v. § 3 Nr. 3 TKG 1996 begangen worden ist; näher *Welp*, GA 2002, 535 (540 ff.); *Wollweber*, NJW 2002,

im Vergleich zu § 12 FAG[403] demgegenüber dadurch, dass gemäß § 100g Abs. 1 S. 3 StPO auch Auskunft über zukünftige Verbindungen verlangt werden kann. § 100h StPO schließlich enthält nähere Vorschriften über die Bestimmtheit und den Inhalt des Auskunftsverlangens (Abs. 1), Grenzen durch Zeugnisverweigerungsrechte (Abs. 2) sowie ein Beweisverwertungsverbot (Abs. 3).[404]

Weitere Auskunftspflichten der Telekommunikationsunternehmen über Verkehrs- bzw. Verbindungsdaten enthalten die als Teile des Gesetzes zur Bekämpfung des internationalen Terrorismus[405] verabschiedeten § 8 Abs. 8, Abs. 9 BVerfSchG, § 10 Abs. 3 MAD-G und § 8 Abs. 3a BND-G.[406]

γ) Staatlicher Zugriff auf Inhalte der Telekommunikation

Schließlich können die Inhalte der Telekommunikation für die staatliche Strafverfolgung und Gefahrenabwehr relevant sein. Demzufolge sehen mehrere Rechtsvorschriften die Befugnis staatlicher Stellen vor, die Telekommunikation zu überwachen und aufzuzeichnen.[407]

§ 100a Abs. 1 StPO erlaubt die Überwachung und Aufzeichnung der Telekommunikation zur strafrechtlichen Verfolgung im Einzelnen aufgelisteter schwerer „Katalogstraftaten". Die nähere Ausgestaltung des Verfahrens ist in § 100b StPO geregelt.[408]

§ 1 Abs. 1 Nr. 1 G 10 räumt den Verfassungsschutzbehörden des Bundes und der Länder, dem Militärischen Abschirmdienst und dem Bundesnachrichtendienst Befugnisse zur Überwachung und Aufzeichnung der Telekommunikation ein, wenn dies der Abwehr drohender Gefahren für die freiheitliche demokratische Grundordnung oder den Bestand oder die

---

1554. Das neue TKG enthält keine entsprechende Legaldefinition mehr, was der Gesetzgeber in der Verweisung in § 100g StPO (noch) nicht berücksichtigt hat.

[403] § 12 FAG bezog sich nach überwiegend vertretener Auffassung nur auf abgeschlossene Telekommunikationsvorgänge bzw. bereits gespeicherte Verbindungsdaten; vgl. *OLG Celle*, NStZ-RR 2000, 216; *OLG Hamm*, CR 1999, 697 (698); *Bär*, MMR 2000, 472 (477 f.); *Reimann*, DuD 2001, 601 (602).

[404] Einzelheiten bei *Bär*, MMR 2002, 358 (362 f.); *Meyer-Goßner*, Strafprozessordnung, § 100h Rdn. 1 ff.; *Vassilaki*, RDV 2004, 11 (13 f.); *Welp*, GA 2002, 535 (546 ff.); *Wollweber*, NJW 2002, 1554 (1555).

[405] BGBl. I 2002, S. 361 ff.; hierzu *Nolte*, DVBl. 2002, 573 (574 ff.); *Schoch*, Der Staat 43 (2004), 347 (350 ff.).

[406] Näher *Eckhardt*, DuD 2002, 197 (199 f.); *Zöller*, in: Wolter / Schenke / Rieß / Zöller, Datenübermittlungen und Vorermittlungen, Festgabe für Hans Hilger, S. 291 (292); vgl. auch *Kaysers*, AöR 129 (2004), 121 f.

[407] Zum Folgenden siehe auch *Ehmer*, in: Büchner u. a., Beck'scher TKG-Kommentar, § 88 Rdn. 2 ff.; *Felixberger*, CR 1998, 143 (144); *Löwnau / Iqbal*, in: Scheurle / Mayen, Telekommunikationsgesetz, § 88 Rdn. 2 ff.; *Meister / Schmitz*, in: Wissmann, Telekommunikationsrecht, Kap. 15 Rdn. 63 ff.; ausführlich *Friedrich*, Die Verpflichtung privater Telekommunikationsunternehmen, die staatliche Überwachung und Aufzeichnung der Telekommunikation zu ermöglichen, S. 54 ff.

[408] Näher zu §§ 100a, 100b StPO *Bär*, MMR 2000, 472 ff.; *Kudlich*, JA 2000, 227 (230); *Vassilaki*, JR 2000, 446 ff.; vgl. auch *Braum*, JZ 2004, 128 ff.

IV. Exemplifizierung an ausgewählten Rechtsgebieten

Sicherheit des Bundes oder eines Landes dient. Beschränkungen von Art. 10 Abs. 1 GG im Einzelfall sind gemäß § 3 Abs. 1 G 10 zulässig beim Verdacht einer schweren Straftat des dortigen Katalogs oder beim Verdacht der Mitgliedschaft in einer kriminellen Vereinigung, die sich gegen die freiheitlich demokratische Grundordnung oder den Bestand oder die Sicherheit des Bundes oder eines Landes richtet.[409] Der Bundesnachrichtendienst hat die Befugnis zur Überwachung und Aufzeichnung der Telekommunikation gemäß § 1 Abs. 1 Nr. 2 G 10 auch zu den Zwecken des § 5 Abs. 1 S. 3 Nrn. 2–6 G 10 und Art. 8 Abs. 1 S. 1 G 10, die die Überwachung internationaler Telekommunikationsbeziehungen im Wege der „strategischen Aufklärung" betreffen.[410]

§ 23a ZFdG erlaubt dem Zollkriminalamt die Überwachung und Aufzeichnung der Telekommunikation zur Verhütung der in § 23a Abs. 1 ZFdG genannten Straftaten nach dem Kriegswaffenkontrollgesetz oder zur Verhinderung der rechtswidrigen Ausfuhr von Waffen, Munition, Rüstungsmaterial sowie ABC-waffenfähigen Gütern unter den in § 23a Abs. 3 ZFdG bestimmten Voraussetzungen. Das nähere Verfahren ist in §§ 23b ff. ZFdG geregelt.[411]

Diese Befugnisse allein genügen den zuständigen staatlichen Stellen nach der Privatisierung des Telekommunikationswesens jedoch nicht (mehr) für effektive „Abhörmaßnahmen", weil ihnen nicht ohne weiteres ein Zugang zu den (privatisierten) Telekommunikationseinrichtungen und – vorliegend besonders interessierend – zu den Informationen offen steht, die für die konkrete Überwachungsmaßnahme von Bedeutung sind. Hierauf musste bei der Schaffung des Privatisierungs- und Liberalisierungsfolgenrechts ebenfalls Rücksicht genommen werden.

§ 2 Abs. 1 S. 3 G 10, auf den auch § 23a Abs. 8 ZFdG verweist, bestimmt in diesem Zusammenhang ausdrücklich, dass die Telekommunikationsdienstleister der zur Überwachung nach dem G 10 berechtigten Stelle Auskunft über die näheren Umstände der Telekommunikation erteilen müssen. Im Übrigen verpflichtet jede der angeführten Ermächtigungsgrundlagen die Erbringer von Telekommunikationsdienstleistungen ausdrücklich dazu, die Überwachung und Aufzeichnung der Telekommunikation zu ermöglichen, also die technischen Einrichtungen zur Verfügung zu stellen und die notwendigen organisatorischen Maßnahmen vorzunehmen.[412] Konkretisiert werden diese Verpflichtungen durch die auf der Basis von § 110 Abs. 2 TKG erlassene TKÜV,[413] die auch Informationspflichten des Unternehmens enthält: Dieses hat gemäß § 7 TKÜV eine Vielzahl von Daten bereit-

---

[409] Näher *Huber,* NJW 2001, 3296 f.

[410] Einzelheiten bei *Schafranek,* DÖV 2001, 846 (847 ff.).

[411] §§ 23a ff. ZFdG sind am 28. 12. 2004 in Kraft getreten, vgl. Art. 7 Abs. 1 Gesetz zur Neuregelung der präventiven Telekommunikations- und Postüberwachung durch das Zollkriminalamt und zur Änderung der Investitionszulagengesetze 2005 und 1999 (NTOG) vom 21. 12. 2004, BGBl. I, S. 3603 (3609). Die Vorschriften sind an die Stelle der §§ 39 ff. AWG getreten, die das Bundesverfassungsgericht für verfassungswidrig erklärt hat, *BVerfG,* NJW 2004, 2213 (2215 ff.).

[412] Vgl. *Friedrich,* Die Verpflichtung privater Telekommunikationsunternehmen, die staatliche Überwachung und Aufzeichnung der Telekommunikation zu ermöglichen, S. 103.

[413] Verordnung über die technische und organisatorische Umsetzung von Maßnahmen zur Überwachung der Telekommunikation vom 3. 11. 2005, BGBl. I, S. 3136; vgl. auch *Eidenmüller,* MMR 2003, 91 (94 f.); *Pernice,* DuD 2002, 207 ff.; *Schenke,* MMR 2002, 8 (9).

zustellen[414] und gemäß § 13 S. 2 TKÜV über technische Störungen unverzüglich Mitteilung zu machen.

Hinzu tritt die (Überwachungsmaßnahmen vorbereitende) Verpflichtung des Betreibers von Telekommunikationsanlagen, mit der Telekommunikationsdienste für die Öffentlichkeit erbracht werden, die technischen Einrichtungen zur Umsetzung der Überwachungsmaßnahmen vorzuhalten (§ 110 Abs. 1 S. 1 Nr. 1 TKG) sowie dies der Bundesnetzagentur unmittelbar nach der Betriebsaufnahme zu erklären und eine im Inland gelegene Stelle zu benennen, die für ihn bestimmten Anordnungen zur Überwachung der Telekommunikation entgegennimmt (§ 110 Abs. 1 S. 1 Nr. 2 TKG). Hierdurch wird dem Umstand Rechnung getragen, dass diese Informationen für die berechtigten Stellen zur Durchführung von Überwachungsmaßnahmen unverzichtbar sind.[415]

Für die Überwachung der Inhalte der Telekommunikation kann des Weiteren ein Interesse der zuständigen staatlichen Stellen an den generellen Entwicklungen der Technologien und Verfahren der Telekommunikation bestehen, über die die Telekommunikationsunternehmen Auskunft erteilen können.

Dieses staatliche Informationsinteresse wird (für den Bundesnachrichtendienst) durch § 114 TKG befriedigt. Danach kann der Bundesnachrichtendienst – vermittelt durch das Bundesministerium für Wirtschaft und Arbeit – von den geschäftsmäßigen Anbietern von Telekommunikationsdiensten Auskünfte über die Strukturen der Telekommunikationsdienste und -netze sowie bevorstehende Änderungen verlangen. Hierdurch soll er in die Lage versetzt werden, neue Entwicklungen der Technologie und der Verfahren der Telekommunikation bei der Wahrnehmung seiner Aufgaben aus § 5 und § 8 G 10 zu berücksichtigen.[416]

Schließlich unterliegen auch die privaten Erbringer von Telekommunikationsdienstleistungen der allgemeinen Anzeigepflicht nach § 138 StGB, wenn sie durch zulässige Kenntnisnahme vom Inhalt oder den näheren Umständen der Telekommunikation[417] zufällig von geplanten schweren Straftaten erfahren. Das Fernmeldegeheimnis steht dieser Anzeigepflicht nach § 88 Abs. 3 S. 4 TKG nicht entgegen.[418]

---

[414] Beispielsweise die zu überwachende Kennung, die Kennung des Telekommunikationspartners, Um- und Weiterleitungen, Angaben zum Standort eines Mobiltelefons; siehe *Reimann*, DuD 2001, 601 (602).

[415] So BT-Drs 15/2316, S. 92; vgl. auch *Schütz*, Kommunikationsrecht, Rdn. 829.

[416] So zur Vorgängervorschrift des § 92 TKG 1996 BT-Drs 13/3609, S. 57; *Büttgen*, in: Scheurle/Mayen, Telekommunikationsgesetz, § 92 Rdn. 1; *Trute*, in: ders./Spoerr/Bosch, Telekommunikationsgesetz mit FTEG, § 92 Rdn. 1; *Wuermeling/Felixberger*, CR 1997, 555 (560).

[417] Nach § 88 Abs. 3 S. 1 TKG dürfen sich die geschäftsmäßigen Erbringer von Telekommunikationsdiensten Kenntnis vom Inhalt oder den näheren Umständen der Telekommunikation verschaffen, soweit dies für die Erbringung der Telekommunikationsdienste erforderlich ist. So erlaubt § 100 Abs. 2 TKG zum Erkennen oder Eingrenzen von Störungen im Netz das Aufschalten auf bestehende Verbindungen, was den betroffenen Gesprächsteilnehmern allerdings durch ein akustisches Signal kenntlich zu machen ist; näher (zur Vorgängervorschrift in § 89 Abs. 5 TKG 1996) *Büchner*, in: ders. u. a., Beck'scher TKG-Kommentar, § 89 Rdn. 43.

[418] Näher (zur Vorgängervorschrift in § 85 Abs. 3 S. 4 TKG 1996) *Zerres*, in: Scheurle/Mayen, Telekommunikationsgesetz, § 85 Rdn. 45.

δ) Staatlicher Zugriff auf Informationen zur Regulierung der Telekommunikationsmärkte

Anders als bezüglich der Bestands- und Verkehrsdaten sowie der Informationen über Voraussetzungen der Telekommunikationsüberwachung, hinsichtlich derer „lediglich" auf die Verlagerung des Informationsbestands vom staatlichen in den privaten Sektor zu reagieren war, haben Privatisierung und Liberalisierung des Telekommunikationswesens auch zu einem gänzlich *neuen Informationsbedarf* des Staates geführt. Angesprochen sind damit die informationellen Voraussetzungen für die staatliche Regulierung der Telekommunikationsmärkte, die insbesondere die Interessen der Nutzer der Telekommunikation sowie das Fernmeldegeheimnis wahren, einen chancengleichen und funktionsfähigen Wettbewerb sicherstellen und eine flächendeckende Grundversorgung der Bevölkerung mit Telekommunikationsdienstleistungen fördern will (§ 2 Abs. 2 TKG). Die staatliche Aufgabenwahrnehmung zur Erreichung dieser Regulierungsziele setzt mit der Sammlung von Informationen auf den Telekommunikationsmärkten ein, die durch Informationspflichten der Telekommunikationsunternehmen gesichert werden müssen.[419] Hierbei kann zwischen Informationspflichten, die die flächendeckende Erbringung von Telekommunikationsdienstleistungen gewährleisten, Informationspflichten, die die Belange des Datenschutzes, des Fernmeldegeheimnisses und der Netzsicherheit schützen, sowie solchen, die der Wettbewerbssicherung dienen, unterschieden werden.

(1) Gewährleistung flächendeckender Telekommunikation

Ein staatlicher Informationsbedarf resultiert zunächst aus der an die Stelle der Erfüllungsverantwortung getretenen Gewährleistungsverantwortung des Staates dafür, dass auch nach der Privatisierung der Telekommunikationsmärkte eine flächendeckende Grundversorgung der Bevölkerung mit Telekommunikationsdienstleistungen erfolgt.[420] Demzufolge sieht das „Universaldienstleistungsregime" der §§ 78 ff. TKG[421] vor, dass alle auf einem Telekommunikationsmarkt tätigen Unternehmen mit einem Anteil von mindestens 4 % am Gesamtumsatz auf dem sachlich relevanten Markt oder einer beträchtlichen Marktmacht auf dem räumlich relevanten Markt dazu beitragen müssen, dass die Universaldienstleistung erbracht werden kann, wenn eine Unterversorgung der Bevölkerung nach

---

[419] *Benz,* in: Gusy, Privatisierung und Staatsaufgaben: Kriterien – Grenzen – Folgen, S. 129 (142).

[420] Allgemein zur Gewährleistungsverantwortung des Staates nach Maßnahmen der Privatisierung oben D. II. 1. b).

[421] Zum Folgenden näher BT-Drs 15/2316, S. 84 ff.; *Koenig/Loetz/Neumann,* Telekommunikationsrecht, S. 193 ff. Vgl. auch (zum alten Recht der §§ 17 ff. TKG 1996) *Bosch,* in: Trute/Spoerr/Bosch, Telekommunikationsgesetz mit FTEG, § 17 Rdn. 1 ff.; *Kloepfer,* Informationsrecht, § 11 Rdn. 110 ff.; *Schütz,* in: Büchner u. a., Beck'scher TKG-Kommentar, Vor § 17 Rdn. 1 f.

Maßgabe von § 78 TKG besteht (§ 80 TKG). Aufgabe der Bundesnetzagentur für Elektrizität, Gas, Telekommunikation, Post und Eisenbahnen ist es in diesem Zusammenhang, die Unterversorgung festzustellen (§ 81 Abs. 1 S. 1 TKG) und den verpflichteten Unternehmen in der Folge die Erbringung der Universaldienstleistung selbst (§ 81 Abs. 2–5 TKG) oder die Zahlung einer Ausgleichsabgabe (§ 83 TKG) aufzuerlegen. Um dabei beurteilen zu können, welche Telekommunikationsdienstleistungsanbieter zur Beitragsleistung nach §§ 83 Abs. 1, 80 TKG verpflichtet sind, benötigt die Bundesnetzagentur möglichst vollständige und aktuelle Informationen über die Umsatzanteile der am Markt konkurrierenden Anbieter.[422] Diese kann sie nur von den Anbietern selbst erhalten, die daher zu einer entsprechenden Informationserteilung verpflichtet werden müssen.

Die einschlägige Ermächtigungsgrundlage enthält § 87 Abs. 1 TKG, wonach alle Lizenznehmer, die auf einem Markt tätig sind, in dessen Bereich eine Universaldienstleistung nach § 81 TKG auferlegt ist, der Bundesnetzagentur ihre Umsätze auf dem jeweiligen Markt jährlich auf Verlangen mitzuteilen haben.

In den Zusammenhang staatlicher Gewährleistungsverantwortung nach der Privatisierung gehört auch die Sicherstellung der Telekommunikation in Ausnahmesituationen wie nach Naturkatastrophen oder im Verteidigungsfall (§ 1 PTSG[423]). Hierfür kann ebenfalls die informationelle Inanspruchnahme der Anbieter von Telekommunikationsdienstleistungen erforderlich sein.

§ 2 PTKAuskV[424] verpflichtet diese demzufolge auf der Grundlage der Verordnungsermächtigung in § 4 Abs. 1 PTSG zur Auskunftserteilung gegenüber dem Bundeswirtschaftsministerium und der Bundesnetzagentur über Zustand und Leistungsfähigkeit der gestörten Infrastruktur sowie Störungen mit erheblichen Auswirkungen.

(2) Gewährleistung von Datenschutz,
  Fernmeldegeheimnis und Netzsicherheit

Eine besondere Garantenpflicht kommt dem Staat nach der Privatisierung auch hinsichtlich des Schutzes von Belangen des Datenschutzes, des Fernmeldegeheimnisses und der Netzsicherheit zu.[425] Demzufolge verpflichtet § 88 Abs. 2 TKG die (nunmehr privaten) Telekommunikationsdiensteanbieter zur Wahrung des Fernmeldegeheimnisses, normieren die §§ 91 ff. TKG umfangreiche datenschutzrecht-

---

[422] Vgl. BT-Drs 15/2316, S. 87. Siehe auch (zur Rechtslage nach dem TKG 1996) *Holznagel*, Die Erhebung von Marktdaten im Wege des Auskunftsersuchens nach dem TKG, S. 24; *Schütz*, in: Büchner u. a., Beck'scher TKG-Kommentar, § 22 Rdn. 1; *Witte*, in: Scheurle / Mayen, Telekommunikationsgesetz, § 22 Rdn. 1.

[423] Gesetz zur Sicherstellung des Postwesens und der Telekommunikation vom 14. 9. 1994, BGBl. I, S. 2325.

[424] Verordnung über die Auskunftspflicht zur Sicherstellung der Versorgung mit Post- und Telekommunikationsdienstleistungen vom 22. 4. 2003, BGBl. I, S. 545.

[425] Vgl. *Groß*, JZ 1999, 326 (333 f.); *Koenig / Loetz / Neumann*, Telekommunikationsrecht, S. 103, 197.

liche Vorgaben für die betroffenen Unternehmen und schreibt § 109 TKG technische Schutzmaßnahmen vor. Die Kontrolle dieser Verpflichtungen obliegt gemäß § 115 Abs. 1 S. 1 TKG der Bundesnetzagentur, die hierzu auf Informationen der verpflichteten Unternehmen angewiesen sein kann.

Den hiernach erforderlichen Zugang der Bundesnetzagentur zu Informationen der Telekommunikationsunternehmen stellt § 115 Abs. 1 S. 2 TKG sicher, der einen entsprechenden Auskunftsanspruch normiert.[426]

(3) Gewährleistung wirtschaftlichen Wettbewerbs

Des Weiteren ergibt sich als Folge der Liberalisierung der Telekommunikationsmärkte die Aufgabe des Staates, den nunmehr zugelassenen wirtschaftlichen Wettbewerb einerseits – durch Beschränkungen des ehemaligen Monopolisten – erst herzustellen und ihn andererseits auch dauerhaft zu sichern.[427]

Insoweit muss die Bundesnetzagentur zunächst wissen, wer genau auf den Telekommunikationsmärkten aktiv ist, um den dort bestehenden Wettbewerb überhaupt beurteilen zu können.[428] Eine vollständige Kenntnis der Bundesnetzagentur hiervon kann nur dadurch sichergestellt werden, dass die Anbieter die Aufnahme, Änderung oder Beendigung ihres Betriebes anzeigen müssen.

Die entsprechende Verpflichtung der Betreiber von öffentlichen Telekommunikationsnetzen sowie der Erbringer von gewerblichen Telekommunikationsdienstleistungen für die Öffentlichkeit findet sich in § 6 Abs. 1 TKG, wonach die Aufnahme, Änderung oder Beendigung der entsprechenden Tätigkeit sowie die Änderung der Firma unverzüglich schriftlich bei der Bundesnetzagentur zu melden sind.

Mit der Kenntnis der auf den Telekommunikationsmärkten Tätigen hat das Informationsinteresse des Staates zur Überwachung und Regulierung der entsprechenden Märkte aber noch nicht sein Bewenden. Die Gewährleistung eines chancengleichen wirtschaftlichen Wettbewerbs ist nur dann möglich, wenn die Bundesnetzagentur auch über die Verhältnisse auf dem betreffenden Markt genau informiert ist.[429] Diese Informationen kann sie vielfach nur von den dort tätigen Unternehmen erlangen, die daher informationell in die Pflicht genommen werden müssen. Das TKG berücksichtigt dieses Bedürfnis, indem es weitere spezielle Informationspflichten der Erbringer von Telekommunikationsdienstleistungen vorsieht.

---

[426] Näher (zur Vorgängervorschrift des § 91 Abs. 1 S. 2 TKG 1996) *Holznagel*, Die Erhebung von Marktdaten im Wege des Auskunftsersuchens nach dem TKG, S. 28 f.

[427] Dazu allgemein oben D. II. 2.

[428] Vgl. BT-Drs 15/2316, S. 60; *Holznagel/Enaux/Nienhaus*, Grundzüge des Telekommunikationsrechts, S. 51; *Kloepfer*, Informationsrecht, § 11 Rdn. 88; *Kreitlow/Tautscher*, in: Wissmann, Telekommunikationsrecht, Kap. 4 Rdn. 135; *Scheurle*, in: ders./Mayen, Telekommunikationsgesetz, § 4 Rdn. 2; *Schütze*, Kommunikationsrecht, Rdn. 6.

[429] Vgl. *OVG NW*, NJW 1998, 3370; *Holznagel*, Die Erhebung von Marktdaten im Wege des Auskunftsersuchens nach dem TKG, S. 1.

Im Rahmen der Entgeltregulierung (§§ 27 ff. TKG), die eine missbräuchliche Ausbeutung, Behinderung oder Diskriminierung von Endnutzern oder von Wettbewerbern durch preispolitische Maßnahmen von Unternehmen mit beträchtlicher Marktmacht verhindern soll (§ 27 Abs. 1 TKG),[430] muss der Bundesnetzagentur, die insoweit auf Angaben des Unternehmens angewiesen ist, eine informationelle Grundlage für die Genehmigung oder Untersagung der Entgelte beschafft werden.[431] Zu diesem Zweck sieht § 29 Abs. 1 S. 1 Nr. 1 TKG die Verpflichtung der Telekommunikationsdienstleister vor, auf Anordnung der Bundesnetzagentur Angaben über Leistungsangebot, Umsatz, Absatzmengen, Kosten etc. zu verlangen, die für eine sachgerechte Entgeltregulierung erforderlich sind. Der Umfang dieser Auskunftspflicht wird in §§ 2, 4 Abs. 6, 5 Abs. 1 TEntgV[432] näher bestimmt.

§ 50 Abs. 3 Nr. 4 TKG enthält zudem eine weitreichende Pflicht der Anbieter und Verwender von Zugangsberechtigungssystemen, vor der Aufnahme und der Änderung ihres Angebots dessen Ausgestaltung sowie die dafür geforderten Entgelte der Bundesnetzagentur anzuzeigen. Auch diese Vorschrift zielt auf die Sicherstellung eines chancengleichen Wettbewerbs.[433] Sie entspricht ihrem Inhalt nach im Wesentlichen der Anzeigepflicht gegenüber der Landesmedienanstalt gemäß § 53 Abs. 4 S. 1 RStV.[434]

Europa- und völkerrechtliche Besonderheiten berücksichtigt schließlich § 4 TKG, der eine Berichtspflicht der Betreiber von öffentlichen Telekommunikationsnetzen und der Erbringer von Telekommunikationsdienstleistungen gegenüber der Bundesnetzagentur vorsieht, die die Erfüllung deren eigener Berichtspflicht gegenüber der Europäischen Kommission und anderen internationalen Gremien[435] sicherstellen soll.[436] Namentlich die Kommission ist auf die Informationen der Bundesnetzagentur angewiesen, um die Umsetzung von Richtlinien und Empfehlungen kontrollieren zu können.[437]

Soweit diese Sondervorschriften nicht eingreifen, stellt das TKG der Bundesnetzagentur schließlich mit § 127 TKG einen allgemeinen (und gegenüber den anderen Ansprüchen subsidiären[438]) Auskunftsanspruch zur Erfüllung ihrer Auf-

---

[430] *Holznagel/Enaux/Nienhaus*, Grundzüge des Telekommunikationsrechts, S. 78; *Schalast/Rößner*, WuW 2004, 595 ff.; *Schuster/Stürmer*, in: Büchner u. a., Beck'scher TKG-Kommentar, § 24 Rdn. 1 f.; vgl. auch *Nacimiento*, K&R 2005, 1 (4 ff.), zur Entgeltregulierung in der Praxis.

[431] BT-Drs 15/2316, S. 67; *Holznagel*, Die Erhebung von Marktdaten im Wege des Auskunftsersuchens nach dem TKG, S. 25 f.; *Schuster/Stürmer*, in: Büchner u. a., Beck'scher TKG-Kommentar, § 31 Rdn. 2.

[432] Telekommunikations-Entgeltregulierungsverordnung vom 1. 10. 1996, BGBl. I, S. 1492.

[433] *Koenig/Loetz/Neumann*, Telekommunikationsrecht, S. 174 f.; vgl. auch *Frevert*, MMR 2005, 23 (27 f.).

[434] Hierzu oben D. IV. 1. b) bb) γ). Vgl. auch BT-Drs 15/2316, S. 75; *Schütz*, Kommunikationsrecht, Rdn. 183.

[435] Hierunter fällt etwa die International Telecommunication Union, BT-Drs 15/2316, S. 59.

[436] BT-Drs 15/2316, S. 59.

[437] *Holznagel*, Die Erhebung von Marktdaten im Wege des Auskunftsersuchens nach dem TKG, S. 9.

[438] Vgl. *Holznagel*, Die Erhebung von Marktdaten im Wege des Auskunftsersuchens nach dem TKG, S. 58 f.; *Koenig/Loetz/Neumann*, Telekommunikationsrecht, S. 224.

gaben zur Verfügung. Hierdurch soll die informationelle Versorgung der Bundesnetzagentur insgesamt sichergestellt werden, soweit sie der Kenntnis von den wirtschaftlichen Verhältnissen der Unternehmen bedarf, um die Telekommunikationsmärkte wirksam überwachen zu können.[439]

Gemäß § 127 Abs. 2 Nr. 1 TKG hat die Bundesnetzagentur die Befugnis, von in der Telekommunikation tätigen Unternehmen Auskunft über deren wirtschaftliche Verhältnisse, insbesondere über Umsatzzahlen zu verlangen, soweit es zur Erfüllung ihrer Aufgaben erforderlich ist. In der Praxis fordert die Bundesnetzagentur die Telekommunikationsunternehmen auf dieser Grundlage regelmäßig auf, Auskünfte über ihre Kundenstämme, Umsätze und ähnliche geschäftliche Daten zu erteilen, um auf dieser Basis ihre Entscheidungen vorzubereiten und ihren Tätigkeitsbericht zu verfassen.[440] Allerdings müssen die Informationen zur Wahrnehmung der Aufgaben der Bundesnetzagentur konkret erforderlich sein; eine Durchführung von allgemeinen Untersuchungen der Wirtschafts- und Marktverhältnisse ist auf der Grundlage von § 127 Abs. 2 Nr. 1 TKG unzulässig.[441]

Im neuen TKG tritt zu dieser bereits in § 72 Abs. 1 TKG 1996 enthaltenen Regelung der noch weitergehende allgemeine Auskunftsanspruch des § 127 Abs. 1 S. 1 TKG hinzu, der die Betreiber von öffentlichen Telekommunikationsnetzen und die Anbieter von Telekommunikationsdiensten für die Öffentlichkeit verpflichtet, der Bundesnetzagentur auf Verlangen Auskünfte zu erteilen, die für den Vollzug des TKG erforderlich sind.[442] § 127 Abs. 1 S. 2 TKG nennt hierfür eine Reihe von (nicht abschließenden) Beispielsfällen.[443]

cc) Fazit

Auch im Bereich des Telekommunikationsrechts hat sich die These von Informationspflichten Privater als Privatisierungs- und Liberalisierungsfolgenrecht bestätigt. Dies resultiert aus einem erheblich gestiegenen externen Informationsbedarf des Staates in Folge der privatisierenden und liberalisierenden Maßnahmen auf den Telekommunikationsmärkten, der nur dann sicher befriedigt werden kann, wenn die Privaten, bei denen die Informationen vorhanden sind, zu deren Übermittlung an den Staat verpflichtet werden.

Diese Bedeutungszunahme von Informationspflichten Privater gegenüber dem Staat hat verschiedene Hintergründe. Einerseits geht es um die Generierung vormals unmittelbar staatlich verfügbarer und weiterhin staatlich benötigter Informationen, die durch die Privatisierung des Telekommunikationswesens ihrerseits privatisiert worden sind; dies betrifft Bestandsdaten der Telekommunikationsteilnehmer, Verkehrsdaten der Telekommunikation sowie Informationen über die

---

[439] (Zur Vorgängervorschrift des § 72 TKG 1996) BT-Drs 13/3609, S. 51; vgl. auch *Holznagel/Schulz,* MMR 2002, 364 (365); *Spoerr,* in: Trute/Spoerr/Bosch, Telekommunikationsgesetz mit FTEG, § 72 Rdn. 1. Aus der Praxis *OVG NW,* NJW 1998, 3370 f.
[440] *Holznagel/Schulz,* MMR 2002, 364.
[441] *Kerkhoff,* in: Büchner u. a., Beck'scher TKG-Kommentar, § 72 Rdn. 13.
[442] Vgl. BT-Drs 15/2316, S. 100; *Scherer,* NJW 2004, 3001 (3010).
[443] BT-Drs 15/2316, S. 100; *Koenig/Loetz/Neumann,* Telekommunikationsrecht, S. 224.

Strukturen der Telekommunikation. Andererseits ist durch Privatisierung und Liberalisierung ein zusätzlicher Informationsbedarf des Staates entstanden, weil eine flächendeckende Grundversorgung der Bevölkerung mit Telekommunikation ebenso gewährleistet werden muss wie die Sicherung des Datenschutzes, des Fernmeldegeheimnisses und der Netzsicherheit. Hinzu tritt das Erfordernis der dauerhaften Begründung und Sicherung wirtschaftlichen Wettbewerbs auf den liberalisierten Telekommunikationsmärkten, die ebenfalls einen Zugang des Staates zu einer Vielzahl von bei den Telekommunikationsunternehmen vorhandenen Informationen voraussetzen.

3. Post

Die Entwicklung auf den Postmärkten bietet ein weiteres Beispiel für eine weitreichende Privatisierung und Liberalisierung. Wie im Bereich des Telekommunikationswesens sind auch hier an die Stelle einer ein Staatsmonopol verwaltenden Behörde private Unternehmen getreten, unter denen sich der Nachfolger des ehemaligen Staatsmonopolisten befindet, und haben sich dem Wettbewerb untereinander gestellt. Demzufolge lassen sich auch anhand der Entwicklung des Postrechts die informationellen Auswirkungen von privatisierenden und liberalisierenden Maßnahmen nachvollziehen.

a) Privatisierung und Liberalisierung des Postwesens

aa) Ausgangslage

Hinsichtlich der Ausgangslage, nämlich des Bestehens eines Staatsmonopols, kann für das Postwesen im Wesentlichen auf die Darstellung zum Telekommunikationswesen verwiesen werden.[444] Die Geschichte beider ist im Ursprung die gleiche, wenn auch – aus rein technikhistorischen Gründen – das Postmonopol des Staates seit deutlich längerer Zeit bestand als das Fernmeldemonopol.[445] Wie für die Errichtung und den Betrieb von Telekommunikationsnetzen stand der Deutschen Bundespost auch für Dienstleistungen der Brief- und Paketbeförderung ein Monopol zu. Art. 87 Abs. 1 GG a. F. legte das Postmonopol des Bundes verfassungsrechtlich fest. Einfachgesetzlich abgesichert wurde es durch § 2 PostG a. F., nach dem „das Errichten und Betreiben von Einrichtungen zur entgeltlichen Beförderung von Sendungen mit schriftlichen Mitteilungen oder mit sonstigen Nachrichten von Person zu Person ... der Deutschen Bundespost ausschließlich vorbehalten" war.

---

[444] Siehe oben D. IV. 2. a) aa).

[445] Zur Geschichte der staatlichen Post näher *v. Hooren*, Die Deutsche Bundespost POSTBANK auf dem Weg in die unternehmerische Selbständigkeit, S. 7 ff.; *Stern/Geerlings*, in: Stern, Postrecht der Bundesrepublik Deutschland, Teil B; *Wieland*, Die Verwaltung 28 (1995), 315 (319 ff.); siehe auch *Kämmerer*, Privatisierung, S. 294 ff.

Von dem Anfang der 1980er-Jahre beginnenden Reformdruck auf das Telekommunikationsmonopol des Bundes war auch dessen Postmonopol betroffen. Im Jahre 1987 entschied sich die Bundesregierung dazu, die Reform nicht auf das Telekommunikationswesen zu beschränken, sondern alle Säulen der Deutschen Bundespost, also auch die Postdienste, mit einzubeziehen.[446] Bestätigt wurde diese Entscheidung zwischenzeitlich durch europäische Entwicklungen; die Europäische Gemeinschaft bemüht sich intensiv um eine fortschreitende Liberalisierung und Harmonisierung der Postdienste auf europäischer Ebene und hat entsprechende Rechtsvorschriften erlassen.[447]

bb) Aufhebung des Postmonopols

Analog zur Entwicklung im Telekommunikationswesen vollzog sich auch die Privatisierung und Liberalisierung des Postwesens in den drei Schritten der Postreformen I, II und III.[448]

Die *Postreform I* hatte im Bereich des Postwesens noch keine privatisierenden und liberalisierenden Auswirkungen. Sie beschränkte sich auf die Verselbständigung der Deutschen Bundespost POSTDIENST, der aber weiterhin das Briefdienstmonopol zustand.[449]

Die *Postreform II* schuf die verfassungsrechtlichen Voraussetzungen für eine Privatisierung und Liberalisierung des Postdienstes. Art. 87 Abs. 1 GG a. F. wurde auch hinsichtlich des Postwesens durch Art. 87f Abs. 2 S. 1, 143b GG abgelöst, wonach (nach Ablauf einer Übergangszeit) postalische Dienstleistungen ebenfalls als privatwirtschaftliche Tätigkeiten zu erbringen sind.[450] Zugleich wurde die Deutsche Post AG als Nachfolgeunternehmen der Deutschen Bundespost POSTDIENST gegründet.[451]

---

[446] Näher *Pfeffermann/Kühn*, in: Badura u. a., Beck'scher PostG-Kommentar, Einf. Rdn. 6 ff.

[447] Insbesondere die „Postdienste-Richtlinie", Richtlinie 97/67/EG des Europäischen Parlaments und des Rates vom 15. Dezember 1997 über gemeinsame Vorschriften für die Entwicklung des Binnenmarktes der Postdienste der Gemeinschaft und die Verbesserung der Dienstequalität, ABl EG 1997, Nr. L 15, 14; geändert durch Richtlinie 2002/39/EG des Europäischen Parlaments und des Rates vom 10. Juni 2002 zur Änderung der Richtlinie 97/67/EG im Hinblick auf die weitere Liberalisierung des Marktes für Postdienste in der Gemeinschaft, ABl EG 2002, Nr. L 176, 21; ausführlich zu den europarechtlichen Vorgaben für das nationale Postrecht *v. Danwitz*, in: Badura u. a., Beck'scher PostG-Kommentar, EuGrdl.; vgl. auch *Weiß*, AöR 128 (2003), 91 (123 f.).

[448] Siehe oben D. IV. 2. a) bb).

[449] Einzelheiten bei *Pfeffermann/Kühn*, in: Badura u. a., Beck'scher PostG-Kommentar, Einf. Rdn. 14 ff.; *Schatzschneider*, NJW 1989, 2371 f.; *Stern/Geerlings*, in: Stern, Postrecht der Bundesrepublik Deutschland, Teil B Rdn. 79.

[450] Näher *v. Danwitz*, Alternative Zustelldienste und Liberalisierung des Postwesens, S. 19 f.; *Pfeffermann/Kühn*, in: Badura u. a., Beck'scher PostG-Kommentar, Einf. Rdn. 43 ff.; *Scholz*, Postmonopol und Grundgesetz, S. 19 ff.; *Stern*, DVBl. 1997, 309 (310 ff.).

Die eigentliche Liberalisierung der Postmärkte brachte im Zuge der *Postreform III* das neue Postgesetz (PostG) vom 22. 12. 1997[452], das von einem freien wirtschaftlichen Wettbewerb auf dem Sektor der postalischen Dienstleistungen ausgeht (§§ 1, 2 Abs. 2 Nr. 3 PostG).[453] Lediglich übergangsweise stehen der Deutschen Post AG noch Ausschließlichkeitsrechte bis zum 31. 12. 2007 zu.[454]

Am 1. 1. 2003 wurde die Gewichts- und Preisgrenze des durch die Exklusivlizenz der Deutschen Post AG reservierten Bereichs auf 100 Gramm bzw. weniger als das Dreifache des Preises für entsprechende Postsendungen der untersten Gewichtsklasse beschränkt (§ 51 Abs. 1 S. 1 PostG), wobei § 51 Abs. 1 S. 2 PostG auch in diesem Bereich Ausnahmen von der Exklusivlizenz vorsieht.[455] Ab dem 1. 1. 2006 ist die Exklusivlizenz auf ein Gewicht von 50 Gramm bzw. das Zweieinhalbfache des Grundpreises beschränkt.[456]

Wie für die Telekommunikationsmärkte das TKG enthält auch das PostG Vorschriften über die Regulierung der Postmärkte, die insbesondere die Entstehung eines chancengleichen Wettbewerbs und die Grundversorgung der Bevölkerung mit Postdienstleistungen gewährleisten sollen (vgl. §§ 1, 2 Abs. 2 PostG).[457] Zu diesen Zwecken befasst sich das PostG insbesondere mit dem Marktzutritt durch Lizenzierung (§§ 5 ff. PostG), der Gewährleistung einer postalischen Grundversorgung in Gestalt des Universaldienstes (§§ 11 ff. PostG) sowie der Entgeltregulierung (§§ 19 ff. PostG). Zuständig für die Um- und Durchsetzung dieser Vorgaben ist die Bundesnetzagentur für Elektrizität, Gas, Telekommunikation, Post und Eisenbahnen (§ 44 PostG).[458]

---

[451] Vgl. *Kloepfer,* Informationsrecht, § 12 Rdn. 3, dort auch zum Börsengang der zwischenzeitlich umbenannten „Deutsche Post World Net AG" im Jahre 2000.

[452] BGBl. I, S. 3294.

[453] BT-Drs 13/7774, S. 1; *v. Danwitz,* Alternative Zustelldienste und Liberalisierung des Postwesens, S. 2; *Kloepfer,* Informationsrecht, § 12 Rdn. 4 f.

[454] Die ursprünglich bis zum 31. 12. 2002 geltende Übergangsvorschrift wurde durch das Erste Änderungsgesetz zum Postgesetz (BGBl. I 2001, S. 2271) verlängert und durch das Dritte Änderungsgesetz (BGBl. I 2002, S. 3218) an die Vorgaben der Richtlinie 2002/39/EG zur Änderung der Postdienste-Richtlinie 97/67/EG (Fn. 447) angepasst; vgl. *Herdegen,* in: Badura u. a., Beck'scher PostG-Kommentar, § 51 Rdn. 1, 7. Die Verfassungsmäßigkeit der Exklusivlizenz bejaht BVerfGE 108, 370 (388 ff.), hierzu *Hetzel/Bulla,* JuS 2004, 1048 ff.; kritisch demgegenüber *Herdegen,* DÖV 2001, 661 (670); *Kämmerer,* DVBl. 2001, 1705 (1714).

[455] Einzelheiten bei *Herdegen,* in: Badura u. a., Beck'scher PostG-Kommentar, § 51 Rdn. 70 ff.

[456] Art. 2 Nr. 1 a) des Dritten Änderungsgesetzes zum Postgesetz (Fn. 454); siehe auch *Herdegen,* in: Badura u. a., Beck'scher PostG-Kommentar, § 51 Rdn. 7.

[457] Vgl. BT-Drs 13/7774, S. 17; *Pfeffermann/Kühn,* in: Badura u. a., Beck'scher PostG-Kommentar, Einf. Rdn. 91.

[458] Zu dieser näher oben D. IV. 2. a) bb).

b) Informationspflichten Privater im Postrecht

aa) Staatliche Informationsbeschaffung vor Privatisierung und Liberalisierung

Solange die Deutsche Bundespost für die Erbringung von Postdienstleistungen ausschließlich zuständig war, fielen die Informationen, die im Zusammenhang mit dem Postverkehr stehen, unmittelbar im Bereich einer staatlichen Stelle an. Die damit faktisch bestehende Möglichkeit der Deutschen Bundespost, auf diese Informationen ohne weiteres zuzugreifen, war allerdings rechtlich aufgrund der Vorgaben des Postgeheimnisses (Art. 10 Abs. 1 GG) beschränkt.[459]

Gesetzesrechtlich sah § 5 Abs. 1 Nr. 1 PostG a. F. insoweit vor, dass es den mit postdienstlichen Verrichtungen betrauten Personen grundsätzlich untersagt war, eine verschlossene Postsendung zu öffnen oder sich von ihrem Inhalt ohne Öffnung des Verschlusses Kenntnis zu verschaffen; zulässig war die Kenntnisnahme des Inhalts von Postsendungen durch die Deutsche Bundespost zu eigenen Zwecken ausschließlich aus zwingenden betriebsbedingten Gründen (§ 5 Abs. 2 PostG a. F.).[460]

Die Weitergabe von Informationen durch die Deutsche Bundespost an andere staatliche Stellen war auch im Bereich des Postrechts eine Frage des staatsinternen Informationsaustauschs und nicht von Informationspflichten Privater gegenüber dem Staat.

Wegen der Vorgaben von Art. 10 GG war die Weitergabe von Informationen über den Postverkehr bestimmter Personen oder die Inhalte von Postsendungen von der Deutschen Bundespost an andere Behörden allerdings ebenfalls nur aufgrund einer ausdrücklichen gesetzlichen Ermächtigung zulässig (§ 5 Abs. 1 Nr. 2 PostG a. F.).[461] Derartige Ausnahmen vom Postgeheimnis fanden sich etwa in § 1 Abs. 2 G 10 a. F. (Auskunftspflicht der Deutschen Bundespost gegenüber den Verfassungsschutzbehörden, dem Amt für Sicherheit der Bundeswehr und dem Bundesnachrichtendienst) sowie zollrechtlichen Vorschriften.[462] Informationen ohne Grundrechtsrelevanz hatte die Deutsche Bundespost anderen staatlichen Stellen demgegenüber nach den allgemeinen Grundsätzen der Amtshilfe zu verschaffen.[463]

Im Bereich des Postwesens kam die staatliche Informationsbeschaffung vor der Privatisierung und Liberalisierung – soweit ersichtlich – vollständig ohne die Inanspruchnahme Privater aus.

---

[459] Näher zu den verfassungsrechtlichen Vorgaben des Art. 10 Abs. 1 GG zur Zeit des Staatsmonopols im Postwesen *Dürig*, in: Maunz/Dürig, Grundgesetz, Art. 10 Rdn. 13 ff.

[460] Näher *Eidenmüller*, Post- und Fernmeldewesen, Post- und Postbankrecht PostG § 5 Anm. 12.

[461] Vgl. auch *Dürig*, in: Maunz/Dürig, Grundgesetz, Art. 10 Rdn. 17.

[462] Näher zum Ganzen *Eidenmüller*, Post- und Fernmeldewesen, Post- und Postbankrecht PostG § 5 Anm. 11.

[463] Vgl. *Stern*, in: Badura u. a., Beck'scher PostG-Kommentar, § 40 Rdn. 1.

bb) *Staatliche Informationsbeschaffung nach Privatisierung und Liberalisierung*

Die informationelle Autarkie des Staates im Bereich des Postwesens wurde mit dessen Privatisierung und Liberalisierung schlagartig beseitigt. Die vorher bei der Behörde Deutsche Bundespost vorrätigen Informationen wurden mit dieser privatisiert. Hinzu kommt ein zusätzlicher staatlicher Informationsbedarf, der sich aus dem Bedürfnis der Regulierung und Überwachung des nunmehr zulässigen Wettbewerbs auf den Postmärkten ergibt. Diese Informationen können sich die zuständigen staatlichen Stellen vielfach nur dadurch verschaffen, dass die privaten Informationsträger zur Erteilung der Informationen verpflichtet werden.

α) Staatlicher Zugriff auf privatisierte Informationen

Ein Zugriff des Staates auf die durch die Privatisierung des Postwesens ebenfalls privatisierten Informationen muss insoweit möglich bleiben, als diese Voraussetzung für die Wahrnehmung weiterhin staatlicher Aufgaben bleiben.

Dies betrifft zunächst die Kenntnis vom Postverkehr bestimmter Personen, die für die Aufgabenwahrnehmung staatlicher Stellen erforderlich werden kann und nunmehr bei privaten Postdienstleistern vorhanden ist. Angesprochen sind damit insbesondere Maßnahmen der Gefahrenabwehr und Strafverfolgung, deren Effektivität an die Kenntnis des Inhalts von Postsendungen oder die näheren Umstände des Postverkehrs geknüpft sein kann. § 39 Abs. 3 S. 1 PostG bestimmt insoweit als Teil des Postgeheimnisses, dass die Weitergabe derartiger Informationen grundsätzlich unzulässig ist. Etwas anderes gilt nach § 39 Abs. 3 S. 3 PostG nur, wenn eine gesetzliche Vorschrift dies bestimmt und sich dabei ausdrücklich auf Postsendungen oder den Postverkehr bezieht. Um den entsprechenden staatlichen Informationsbedarf zu befriedigen, sehen demzufolge mehrere Rechtsvorschriften Aushändigungspflichten der Postdienstleister, aber auch – die hier besonders interessierenden – Auskunftspflichten vor.[464]

Nach § 2 Abs. 1 S. 1, Abs. 2 G 10 haben die geschäftsmäßigen Erbringer von Postdiensten der nach § 1 Abs. 1 Nr. 1 G 10 zur Öffnung und Einsichtnahme von Postsendungen berechtigten Stelle Auskunft über die näheren Umstände des Postverkehrs sowie zu Postfächern zu erteilen.[465]

§ 23a ZFdG erlaubt die Öffnung und das Einsehen von Postsendungen unter denselben Voraussetzungen, unter denen die Vorschrift die Überwachung und Aufzeichnung der Telekommunikation gestattet.[466] § 23a Abs. 8 ZFdG verweist in diesem Zusammenhang auf die Auskunftspflichten des § 2 Abs. 1 S. 1, S. 2 G 10.

---

[464] Näher zum Folgenden *Stern*, in: Badura u. a., Beck'scher PostG-Kommentar, § 39 Rdn. 34 ff.

[465] Näher zu den berechtigten Stellen und den Eingriffsvoraussetzungen nach dem G 10 oben D. IV. 2. b) bb) γ).

[466] Hierzu oben D. IV. 2. b) bb) γ).

IV. Exemplifizierung an ausgewählten Rechtsgebieten   157

Die StPO kennt eine ausdrückliche Auskunftspflicht über den Postverkehr demgegenüber nicht. Allerdings regeln §§ 99 f. StPO unter näher bestimmten Voraussetzungen die Befugnis zur Beschlagnahme von Postsendungen als Beweisgegenstände, solange sie sich im Gewahrsam der Erbringer von Postdienstleistungen befinden. Nach herrschender Meinung impliziert diese Befugnisnorm als mildere Maßnahme auch eine Auskunftspflicht der Postdienstleister über die äußeren Merkmale einer Postsendung (zum Beispiel Absender, Empfänger, Art des Postguts, Versendungsart) und deren rechtmäßig bekannt gewordenen Inhalt.[467]

Zum anderen erhalten die privaten Postdienstleister aufgrund ihrer Tätigkeit Kenntnis von dem tatsächlichen Aufenthalt einzelner Personen. Diese Information kann für die Zustellung von Postsendungen von Gerichten oder Behörden erforderlich sein, wenn die Betreffenden ihrer Meldepflicht nicht nachgekommen sind und den staatlichen Stellen daher keine zustellfähige Anschrift bekannt ist.[468]

Dieses Bedürfnis der Gerichte und Behörden berücksichtigt § 40 PostG, der den Postdienstleistungsunternehmen eine entsprechende Auskunftspflicht über die zustellfähige Anschrift eines am Postverkehr Beteiligten auferlegt.

Schließlich ist es denkbar, dass die Postunternehmen aufgrund ausnahmsweise zulässiger Kenntnisnahme vom Inhalt einer Postsendung[469] von geplanten schweren Straftaten erfahren. In diesem Fall geht die allgemeine Anzeigepflicht des § 138 StGB gemäß § 39 Abs. 3 S. 4 PostG dem Postgeheimnis vor.

β) Staatlicher Zugriff auf Informationen
zur Regulierung der Postmärkte

Analog zu der Situation auf den Telekommunikationsmärkten[470] hat die Öffnung der Postmärkte auch einen neuen staatlichen Informationsbedarf hervorgebracht. Die staatliche Regulierung der Postmärkte mit den vorrangigen Zielen, das Postgeheimnis zu wahren, einen chancengleichen und funktionsfähigen Wettbewerb sicherzustellen und die Grundversorgung der Bevölkerung zu gewährleisten (§ 2 Abs. 2 PostG), setzt eine umfassende Informiertheit der zuständigen Bundesnetzagentur für Elektrizität, Gas, Telekommunikation, Post und Eisenbahnen über die Situation auf den Postmärkten voraus. Der Informationsbedarf im Einzel-

---

[467] *Meyer-Goßner*, Strafprozessordnung, § 99 Rdn. 14; *Stern*, in: Badura u. a., Beck'scher PostG-Kommentar, § 39 Rdn. 43.

[468] Vgl. BT-Drs 13/7774, S. 30; *Stern*, in: Badura u. a., Beck'scher PostG-Kommentar, § 40 Rdn. 2.

[469] § 39 Abs. 4 S. 1 PostG erlaubt die Kenntnisnahme des Inhalts von Postsendungen, wenn dies erforderlich ist, um bei entgeltbegünstigten Postsendungen das Vorliegen tariflicher Voraussetzungen zu prüfen, um den Inhalt beschädigter Postsendungen zu sichern, um den anders nicht feststellbaren Empfänger oder Absender einer unanbringlichen Postsendung zu ermitteln oder um körperliche Gefahren abzuwehren, die von einer Postsendung für Personen oder Sachen ausgehen; näher *Stern*, in: Badura u. a., Beck'scher PostG-Kommentar, § 39 Rdn. 49 ff.

[470] Siehe oben D. IV. 2. b) bb) δ).

nen erschließt sich anhand einer näheren Betrachtung der verschiedenen Regulierungsziele.

(1) Gewährleistung einer flächendeckenden Grundversorgung

Die Verpflichtung des Bundes aus Art. 87f Abs. 1 GG, auch nach der Privatisierung des Postwesens eine flächendeckende Grundversorgung der Bevölkerung mit Postdiensten sicherzustellen, wird durch §§ 11 ff. PostG erfüllt (werden).[471] Das dort normierte Universaldienstleistungsregime, das dem der §§ 78 ff. TKG[472] weitgehend entspricht, verpflichtet alle Lizenznehmer mit einem Jahresumsatz von mehr als 500.000 Euro im lizenzierten Bereich dazu, zu der Erbringung einer nicht ausreichend oder angemessen erbrachten Universaldienstleistung[473] beizutragen (§ 12 Abs. 1 PostG). Die Bundesnetzagentur hat die Unterversorgung festzustellen (§ 13 Abs. 1 S. 1 PostG) und den verpflichteten Unternehmen gegebenenfalls die Erbringung der Universaldienstleistung (§ 14 Abs. 2, Abs. 3 PostG) oder die Zahlung einer Ausgleichsabgabe (§ 16 PostG) aufzuerlegen. Die Erfüllung dieser Aufgabe setzt voraus, dass die Bundesnetzagentur über die Umsatzanteile der Dienstleistungsanbieter informiert ist.[474]

Die Befriedigung dieses Informationsbedarfs wird durch § 17 Abs. 1 S. 1 PostG sichergestellt. Danach haben die Lizenznehmer ihre im Lizenzbereich erzielten Umsätze der Bundesnetzagentur auf Verlangen mitzuteilen, wenn die Verpflichtung zur Erbringung einer Universaldienstleistung erfolgt ist.

(2) Gewährleistung des Datenschutzes und des Postgeheimnisses

Gemäß § 42 Abs. 1 PostG obliegt der Bundesnetzagentur die Sicherstellung der Vorschriften zur Wahrung des Postgeheimnisses (§ 39 PostG) und des Datenschutzes (§ 41 TKG und PDSV[475]). Zur Erfüllung dieser Aufsichtsfunktion kann sie auf Informationen angewiesen sein, die sie nur von dem betreffenden Postdienstleister erlangen kann.[476]

---

[471] Bis zum Ablauf der gesetzlichen Exklusivlizenz ist allein die Deutsche Post AG zum Erbringen der Universaldienstleistungen verpflichtet (§ 52 S. 1 PostG). Die Vorschriften der §§ 12 bis 17 PostG gelten gemäß § 52 S. 2 PostG bis zum 31. 12. 2007 nicht. Hinzuweisen ist für diese Übergangszeit auf die Mitteilungspflicht der Deutschen Post AG nach § 56 PostG, wenn sie beabsichtigt, bisher erbrachte Universaldienstleistungen künftig nicht mehr oder unter bestimmten Änderungen zu erbringen.

[472] Dazu oben D. IV. 2. b) bb) δ) (1).

[473] Was zu den Universaldienstleistungen zählt, ergibt sich aus § 11 Abs. 1 PostG und der auf der Grundlage von § 11 Abs. 2 PostG erlassenen Post-Universaldienstleistungsverordnung (BGBl. I 1999, S. 2418); siehe auch BT-Drs 13/7774, S. 22; *Kloepfer,* Informationsrecht, § 12 Rdn. 40; *Ritgen,* NJW 2000, 1315 ff.

[474] Vgl. BT-Drs 13/7774, S. 24; *v. Danwitz,* in: Badura u. a., Beck'scher PostG-Kommentar, § 17 Rdn. 4; *Holznagel,* in: Habersack/Holznagel/Lübbig, Behördliche Auskunftsrechte und besondere Missbrauchsaufsicht im Postrecht, S. 75.

[475] Postdienste-Datenschutzverordnung vom 2. 7. 2002 (BGBl. I, S. 2494).

§ 42 Abs. 1 S. 2 PostG normiert eine entsprechende Verpflichtung der Personen und Unternehmen, die geschäftsmäßig Postdienste erbringen oder daran mitwirken:[477] Diese haben der Bundesnetzagentur die für eine Überprüfung erforderlichen Auskünfte zu erteilen.

(3) Gewährleistung wirtschaftlichen Wettbewerbs

Entsprechend ihren Aufgaben auf den Telekommunikationsmärkten hat die Bundesnetzagentur für Elektrizität, Gas, Telekommunikation, Post und Eisenbahnen auch auf den Postmärkten die Entstehung und dauerhafte Erhaltung eines chancengleichen Wettbewerbs zu gewährleisten. Zu diesem Zweck ist sie wiederum auf eine Vielzahl von Informationen angewiesen, deren Zielrichtung bei der Darstellung des Liberalisierungsfolgenrechts der Telekommunikation teilweise bereits erläutert worden ist.[478] Weil die Rechtslage nach dem TKG und dem PostG nicht völlig identisch ist, soll dennoch im Folgenden eine knappe Darstellung der einzelnen postrechtlichen Informationspflichten erfolgen.

Wiederum ist zunächst die Kenntnis der Bundesnetzagentur von den auf den Postmärkten tätigen Personen und Unternehmen sicherzustellen, weil die Bundesnetzagentur nur so ihren Aufgaben der Marktüberwachung und Wettbewerbssicherung nachkommen kann.[479]

Anders als nach § 6 Abs. 1 TKG ist im Bereich des Postwesens allerdings nicht jede Aufnahme, Änderung oder Beendigung des Betriebes anzuzeigen. Das Postrecht begnügt sich in § 36 S. 1 PostG mit einer derartigen Anzeigepflicht für die nicht lizenzpflichtige Erbringung von Postdienstleistungen, da die erlaubnispflichtigen Anbieter bereits im Rahmen des nach § 6 Abs. 1 PostG vorgeschriebenen Antragsverfahrens von der Bundesnetzagentur erfasst werden können.[480] Die Kenntnis der Bundesnetzagentur vom jeweiligen Inhaber einer erteilten Lizenz wird – neben der Genehmigungspflichtigkeit einer Lizenzübertragung (§ 7 Abs. 1 PostG) – durch eine Anzeigepflicht bei der Fortführung des Gewerbes durch einen Stellvertreter nach dem Tod des Lizenzinhabers gewährleistet (§ 7 Abs. 2 S. 3 PostG). Hinzu tritt die Anzeigepflicht für Personen, die mehr als 10 % der Geschäftsanteile an einer Kapitalgesellschaft erwerben, die Lizenznehmer ist (§ 7 Abs. 3 PostG); diese Anzeigepflicht erklärt sich dadurch, dass zur Beurteilung der tatsächlichen Wettbewerbssituation auf den lizenzierten Postmärkten Kenntnisse über die Beteiligungsverhältnisse der dort tätigen Kapitalgesellschaften erforderlich sein können.[481]

---

[476] BT-Drs 13/7774, S. 31; *Holznagel*, in: Habersack/Holznagel/Lübbig, Behördliche Auskunftsrechte und besondere Missbrauchsaufsicht im Postrecht, S. 83; *Stern*, in: Badura u. a., Beck'scher PostG-Kommentar, § 42 Rdn. 7.

[477] Vgl. *Stern*, in: Badura u. a., Beck'scher PostG-Kommentar, § 42 Rdn. 8.

[478] Siehe oben D. IV. 2. b) bb) δ) (3).

[479] Vgl. BT-Drs 13/7774, S. 29; *Stern*, in: Badura u. a., Beck'scher PostG-Kommentar, § 36 Rdn. 1.

[480] *Stern*, in: Badura u. a., Beck'scher PostG-Kommentar, § 36 Rdn. 5.

[481] BT-Drs 13/7774, S. 21.

Weitere spezielle Informationspflichten der Erbringer von Postdienstleistungen sollen sicherstellen, dass der Bundesnetzagentur für Elektrizität, Gas, Telekommunikation, Post und Eisenbahnen die Wettbewerbssituation auf den Postmärkten genau bekannt ist. Diese Kenntnis benötigt sie, um ihre einzelnen Aufgaben sachgerecht erfüllen zu können.

Die Regulierung der Entgelte auf den Postmärkten nach §§ 19 ff. PostG[482] ist der Bundesnetzagentur nur möglich, wenn sie über eine umfassende Kenntnis über die Kosten der im Markt angebotenen Postdienstleistungen verfügt.[483] Nach § 26 Abs. 1 Nr. 1 PostG kann die Bundesnetzagentur daher von den Anbietern Auskunft über ihr Leistungsangebot, ihren Umsatz, ihre Absatzmengen, ihre Kosten und die voraussehbaren Auswirkungen auf Kunden und Wettbewerber verlangen, soweit dies zur Durchführung der Entgeltgenehmigung nach § 22 PostG oder zur Überprüfung von Entgelten nach §§ 24 f. PostG erforderlich ist. Hinzu treten Auskunftsrechte der Bundesnetzagentur nach § 4 Abs. 6 und § 6 Abs. 1 PEntgV.[484]

§§ 28 ff. PostG, die die Verpflichtung von marktbeherrschenden Anbietern zur Erbringung von Teilleistungen (§ 28 Abs. 1 PostG) und zur Zugangsgewährung zu Postfachanlagen (§ 29 Abs. 1 PostG) und Informationen über Adressänderungen (§ 29 Abs. 2 PostG) enthalten, gewährleisten den Wettbewerbern die essentiellen Grundbedingungen einer chancengleichen Tätigkeit auf den Postmärkten.[485] Die Bundesnetzagentur hat in diesem Bereich die Aufgaben einer Schlichtungsstelle (§ 31 Abs. 1 PostG) und der besonderen Missbrauchsaufsicht (§ 32 PostG). Hierzu benötigt sie einen Überblick über das Marktgeschehen im Hinblick auf Teilleistungsverträge sowie Verträge über den Zugang zu Postfachanlagen und Informationen über Adressänderungen.[486] Dies gewährleistet § 30 PostG, der die marktbeherrschenden Anbieter dazu verpflichtet, entsprechende Verträge binnen eines Monats der Bundesnetzagentur vorzulegen.[487]

§ 37 PostG sichert der Bundesnetzagentur die Möglichkeit, ihre Berichtspflichten gegenüber der Europäischen Kommission zu erfüllen. Hierzu benötigt sie umfassende Informationen über den gesamten Postmarkt und die dort tätigen Unternehmen, wofür die Angaben aus den Anträgen auf Erteilung einer Lizenz (§§ 5 ff. PostG) und den Anzeigen nichtlizenzpflichtiger Postdienstleistungen (§ 36 PostG) nicht immer ausreichend sind.[488] Demzufolge enthält § 37 PostG insoweit eine eigenständige Informationspflicht der Erbringer von Postdienstleistungen gegenüber der Bundesnetzagentur.

Schließlich kennt auch das Postrecht mit § 45 Abs. 1 Nr. 1 PostG einen allgemeinen Auskunftsanspruch der Bundesnetzagentur gegen die im Postwesen täti-

---

[482] Dazu näher *Gramlich*, NJW 1998, 866 (869 ff.); *Kloepfer*, Informationsrecht, § 12 Rdn. 50 ff.; *Ruhle/Piepenbrock/Schmitz*, K&R 2002, 516 (518 ff.).

[483] BT-Drs 13/7774, S. 26; *Holznagel*, in: Habersack/Holznagel/Lübbig, Behördliche Auskunftsrechte und besondere Missbrauchsaufsicht im Postrecht, S. 78.

[484] Post-Entgeltregulierungsverordnung vom 22. 11. 1999 (BGBl. I, S. 2386); zu den Auskunftsrechten nach der PEntgV näher *Holznagel*, in: Habersack/Holznagel/Lübbig, Behördliche Auskunftsrechte und besondere Missbrauchsaufsicht im Postrecht, S. 80 f.

[485] *Kloepfer*, Informationsrecht, § 12 Rdn. 58 f.

[486] BT-Drs 13/7774, S. 28; *Gerstner*, NVwZ 2000, 637; *Habersack*, in: ders./Holznagel/Lübbig, Behördliche Auskunftsrechte und besondere Missbrauchsaufsicht im Postrecht, S. 12.

[487] Aus der Praxis *OVG NW*, NVwZ 2000, 702 (703).

[488] *Stern*, in: Badura u. a., Beck'scher PostG-Kommentar, § 37 Rdn. 1.

gen Unternehmen und Vereinigungen von Unternehmen über ihre wirtschaftlichen Verhältnisse. Hierdurch wird der Bundesnetzagentur eine umfassende informationelle Grundlage für die wirksame Erfüllung ihrer Aufgaben geschaffen.[489] In der Sache entspricht der Anspruch aus § 45 Abs. 1 Nr. 1 PostG demjenigen aus § 127 Abs. 2 Nr. 1 TKG,[490] auf dessen Erörterung daher an dieser Stelle verwiesen werden kann.[491]

cc) Fazit

Die Untersuchung des Privatisierungs- und Liberalisierungsfolgenrechts im Bereich des Postwesens hat die These von der Bedeutungszunahme von Informationspflichten Privater gegenüber dem Staat ebenfalls bestätigt. Kam die staatsmonopolisierte Post vollständig ohne informationelle Inanspruchnahme Privater aus, ist der Staat nach der Privatisierung und Liberalisierung der Post hierauf in vielfacher Hinsicht angewiesen. Dies betrifft sowohl den Zugang zu weiterhin benötigten, aber privatisierten Informationen als auch die Befriedigung des durch die Liberalisierung der Märkte erst entstandenen staatlichen Informationsbedarfs zur Gewährleistung einer flächendeckenden Grundversorgung, des Datenschutzes und des Postgeheimnisses sowie eines wirksamen wirtschaftlichen Wettbewerbs.

4. Eisenbahn

Die Situation auf den Eisenbahnmärkten gleicht derjenigen im Telekommunikationswesen und Postwesen. Hier wie dort sind Staatsmonopole beseitigt und private Wettbewerber auf den Märkten zugelassen worden. Damit liefert auch das Eisenbahnrecht Anschauungsmaterial für privatisierende und liberalisierende Maßnahmen und – vor allem – für deren Auswirkungen auf das Rechtsinstitut der Informationspflicht Privater gegenüber dem Staat.

---

[489] BT-Drs 13/7774, S. 32; vgl. auch *Holznagel,* in: ders./Holznagel/Lübbig, Behördliche Auskunftsrechte und besondere Missbrauchsaufsicht im Postrecht, S. 57. Zu den Grenzen des Anspruchs aus § 45 Abs. 1 Nr. 1 PostG *OVG NW,* NVwZ 2000, 702; *Gerstner,* NVwZ 2000, 637 (638).

[490] Siehe auch *Habersack,* in: ders./Holznagel/Lübbig, Behördliche Auskunftsrechte und besondere Missbrauchsaufsicht im Postrecht, S. 56; *Holznagel/Schulz,* MMR 2002, 364 (365).

[491] Siehe oben D. IV. 2. b) bb) δ) (3).

a) Privatisierung und Liberalisierung des Eisenbahnwesens

aa) Ausgangslage

Nachdem die Anfänge des Eisenbahnwesens in Deutschland seit 1835 noch durch ein Nebeneinander von Staatsbahnen und Privatbahnen geprägt waren,[492] entstand mit der Gründung des Norddeutschen Bundes und des Deutschen Reiches das politische Ziel der Eisenbahneinheit, was zwischen 1879 und 1909 zunächst zu einer weitgehenden Zurückdrängung von Privatbahnen und der durchgehenden Entstehung von Staatsbahnen auf Länderebene führte.[493] Die Weimarer Reichsverfassung wies dem Reich in Art. 89 dann die Aufgabe zu, „die dem allgemeinen Verkehr dienenden Eisenbahnen in sein Eigentum zu übernehmen und als einheitliche Verkehrsanstalt zu verwalten", was 1920 und 1921 durch den Übergang der Ländereisenbahnen und die Übertragung des Eisenbahnbesitzes der Länder auf das Reich umgesetzt wurde; damit besaß das Reich die volle Eisenbahnhoheit über die ihm übertragenen Eisenbahnen, die als Sondervermögen unter dem Namen „Deutsche Reichsbahn" verwaltet wurden.[494] Hieran knüpfte die Rechtslage in der Bundesrepublik Deutschland zunächst an. Art. 87 Abs. 1 S. 1 GG a. F. bestimmte, dass die Bundeseisenbahnen in bundeseigener Verwaltung zu führen waren. Demgemäß bestimmte das Bundesbahngesetz (BbG) vom 13. 12. 1951[495] in § 1, dass die an die Stelle der Deutschen Reichsbahn tretende Deutsche Bundesbahn „ein nicht rechtsfähiges Sondervermögen des Bundes mit eigener Wirtschafts- und Rechnungsführung" sein sollte. Die Deutsche Bundesbahn unterlag gemäß §§ 14 ff. BbG der umfassenden Kontrolle und Aufsicht durch den Bundesverkehrsminister.[496]

Allerdings bestand kein vollständiges Eisenbahnmonopol des Bundes. Neben der Deutschen Bundesbahn, die rund 90 % des vorhandenen Streckennetzes betrieb und fast 98 % der Verkehrsleistungen im Güter- und Personenverkehr erbrachte,[497] bestanden auch nicht bundeseigene Eisenbahnen, deren Rechtsstellung insbesondere durch die Landeseisenbahngesetze geregelt wurde.[498] Vor der Bahnreform gab es in der Bundesrepublik Deutschland

---

[492] *Burger*, Zuständigkeit und Aufgaben des Bundes für den öffentlichen Personenverkehr nach Art. 87e GG, S. 18 f.; *Wieland*, in: Dreier, Grundgesetz, Bd. III, Art. 87e Rdn. 2.

[493] *Burger*, Zuständigkeit und Aufgaben des Bundes für den öffentlichen Personenverkehr nach Art. 87e GG, S. 19 f.; *Kramer*, Das Recht der Eisenbahninfrastruktur, S. 23 ff.; *Metzler*, Die Privatisierung von Personenbahnhöfen, S. 68 ff.; *Ronellenfitsch*, DÖV 1996, 1028 (1030 f.).

[494] Näher *Burger*, Zuständigkeit und Aufgaben des Bundes für den öffentlichen Personenverkehr nach Art. 87e GG, S. 21 ff.; *Metzler*, Die Privatisierung von Personenbahnhöfen, S. 71 ff.

[495] BGBl. I, S. 955.

[496] Zur Organisation der Deutschen Bundesbahn näher *Kramer*, Das Recht der Eisenbahninfrastruktur, S. 35 f.

[497] *Kramer*, Das Recht der Eisenbahninfrastruktur, S. 35; *Steiner*, in: Isensee/Kirchhof, Handbuch des Staatsrechts, Bd. III, 2. Aufl., § 81 Rdn. 10 Fn. 28.

IV. Exemplifizierung an ausgewählten Rechtsgebieten

etliche dieser sogenannten „Privatbahnen", die privatrechtlich organisiert waren, aber in der Hauptsache Ländern, Kreisen oder Gemeinden gehörten:[499] Am 1.1.1983 beispielsweise existierten in der Bundesrepublik Deutschland 115 nicht bundeseigene Eisenbahnen des öffentlichen Verkehrs.[500] Von einem chancengleichen Wettbewerb mit der Deutschen Bundesbahn konnte allerdings keine Rede sein; so schützte etwa § 4 Abs. 2 AEG a. F. die Verkehrsinteressen der Deutschen Bundesbahn dadurch, dass eine neue öffentliche Eisenbahn nur gebaut und betrieben werden durfte, wenn die Deutsche Bundesbahn hieran kein Interesse hatte.[501]

Die grundsätzliche Zuordnung des Eisenbahnwesens zum Staat hatte über mehrere Generationen Bestand und wurde erst ab Beginn der 1980er-Jahre in Frage gestellt, als die zunehmende Verschuldung der Deutschen Bundesbahn[502] die Frage in den Vordergrund rückte, wie die Bahnleistungen mehr nach unternehmerischen und betriebswirtschaftlichen Gesichtspunkten erbracht werden konnten.[503] Gleichzeitig forcierte die Europäische Gemeinschaft ihre Eisenbahnpolitik im Rahmen der gemeinsamen Verkehrspolitik gemäß Art. 70 ff. EGV.

Die Richtlinie 91/440/EWG zur Entwicklung der Eisenbahnunternehmen der Gemeinschaft[504] sah insoweit eine Stärkung der eigenwirtschaftlichen Verantwortung der Eisenbahnunternehmen und die Sanierung ihrer Finanzstruktur, eine zumindest rechnerische Trennung der Eisenbahninfrastruktur vom operativen Transportgeschäft (Art. 6 RL 91/440/EWG) sowie – als ersten Schritt einer Marktöffnung – ein eng begrenztes Recht von dritten Unternehmen auf diskriminierungsfreien Zugang zur nationalen Eisenbahninfrastruktur der Mitgliedstaaten vor (Art. 10 Abs. 1, Abs. 2 RL 91/440/EWG).[505] Diese sogenannte „Eisenbahnrichtlinie" wurde im Jahre 1995 durch die Richtlinien 95/18/EG über die Erteilung von

---

[498] Näher *Finger*, Kommentar zum Allgemeinen Eisenbahngesetz und Bundesbahngesetz, § 1 AEG Anm. 1 c), d).

[499] *Montada/Busch/Wachendorf*, in: Püttner, Handbuch der kommunalen Wissenschaft und Praxis, Bd. 5, § 104 II. 1. (S. 439 f.); vgl. auch *Kramer*, Das Recht der Eisenbahninfrastruktur, S. 31 f.

[500] *Montada/Busch/Wachendorf*, in: Püttner, Handbuch der kommunalen Wissenschaft und Praxis, Bd. 5, § 104 II. 1. (S. 439).

[501] Vgl. *Finger*, Kommentar zum Allgemeinen Eisenbahngesetz und Bundesbahngesetz, § 4 AEG Anm. 2.

[502] Der prognostizierte Schuldenstand bis zum Jahre 2000 betrug 380 Mrd. DM, vgl. *Ende/Kaiser*, WuW 2004, 26 (32 Fn. 38).

[503] Vgl. *Basedow*, Mehr Freiheit wagen, S. 193; *Delbanco*, in: Foos, Eisenbahnrecht und Bahnreform, S. 21 (23 f.); *Fehling*, DÖV 2002, 793; *Fromm*, DVBl. 1982, 288 ff.; *Pommer*, Bahnreform und Enteignung, S. 65 ff.

[504] Richtlinie 91/440/EWG des Rates vom 29. Juli 1991 zur Entwicklung der Eisenbahnunternehmen der Gemeinschaft, ABl EG 1991, Nr. L 237, 25; inzwischen geändert durch Richtlinie 2001/12/EG des Europäischen Parlaments und des Rates vom 26. Februar 2001 zur Änderung der Richtlinie 91/440/EWG zur Entwicklung der Eisenbahnunternehmen der Gemeinschaft, ABl EG 2001, Nr. L 75, 1.

[505] Einzelheiten bei *Basedow*, Mehr Freiheit wagen, S. 195 ff.; *Delbanco*, in: Foos, Eisenbahnrecht und Bahnreform, S. 21 (27 ff.); *Ende/Kaiser*, WuW 2004, 26 (27); *Gersdorf*, ZHR 168 (2004), 576 (579 f.); *Kramer*, Das Recht der Eisenbahninfrastruktur, S. 47 ff.; *Maier/Dopheide*, EuZW 2003, 456; *Pommer*, Bahnreform und Enteignung, S. 73 ff.

Betriebsgenehmigungen[506] sowie 95/19/EG über die Zuweisung von Fahrwegkapazität und Erhebung von Wegeentgelt[507] präzisiert.[508]

bb) *Privatisierung und Liberalisierung durch die Bahnreform*

Der wachsende politische Reformdruck und die Vorgaben des Europäischen Gemeinschaftsrechts führten 1994 zur sogenannten Bahnreform. Art. 87 Abs. 1 GG a. F. wurde in Bezug auf das Eisenbahnwesen durch Art. 87e GG abgelöst.[509] Art. 87e Abs. 1, Abs. 2 GG unterstellt (nur noch) die Eisenbahnverkehrsverwaltung der bundeseigenen Verwaltung und sieht in Abs. 3 vor, dass die Eisenbahnen des Bundes nicht mehr als Behörden, sondern nunmehr „als Wirtschaftsunternehmen in privatrechtlicher Form geführt" werden. Nach Art. 87e Abs. 4 GG gewährleistet der Bund im Übrigen, dass „dem Wohl der Allgemeinheit ... beim Ausbau und Erhalt des Schienennetzes der Eisenbahnen des Bundes ... sowie bei den Verkehrsangeboten auf diesem Schienennetz ... Rechnung getragen wird".[510] Wiederum gibt der Staat die Erfüllungsverantwortung auf und ersetzt diese durch seine Gewährleistungsverantwortung.[511]

Einfachgesetzlich umgesetzt wurden diese Vorgaben durch das Eisenbahnneuordnungsgesetz vom 27. 12. 1993,[512] das in der am 1. 1. 1994 in Kraft getretenen ersten Stufe die Ausgliederung der Deutschen Bahn AG aus dem nicht rechtsfähigen Bundeseisenbahnvermögen und in der zum 1. 6. 1999 vollzogenen zweiten Stufe die gesellschaftsrechtliche Aufspaltung der Deutschen Bahn AG vorsah.[513] Hierdurch sollte – analog zum Telekommunikations- und Postwesen – der Börsengang der Deutschen Bahn AG vorbereitet werden, der gemäß Art. 87e Abs. 3 S. 3 GG zulässig ist, soweit der Bund die Mehrheit der Anteile behält.[514] Zugleich

---

[506] Richtlinie 95/18/EG des Rates vom 19. Juni 1995 über die Erteilung von Genehmigungen an Eisenbahnunternehmen, ABl EG 1995, Nr. L 143, 70.

[507] Richtlinie 95/19/EG des Rates vom 19. Juni 1995 über die Zuweisung von Fahrwegkapazität der Eisenbahn und die Berechnung von Wegeentgelten, ABl EG 1995, Nr. L 143, 75. Zur Aufhebung dieser Richtlinie unten Fn. 528.

[508] Zu beiden näher *Ende/Kaiser,* WuW 2004, 26 f.; *Maier/Dopheide,* EuZW 2003, 456.

[509] Zu Art. 87e GG umfassend *Schmidt-Aßmann/Röhl,* DÖV 1994, 577 ff.

[510] Hieraus folgt – anders als aus Art. 87f Abs. 2 GG für das Post- und Telekommunikationswesen – allerdings keine verfassungsrechtliche Verpflichtung zur Zulassung von Wettbewerb auf den Eisenbahnmärkten; näher *Brosius-Gersdorf,* DÖV 2002, 275 (281 ff.).

[511] Vgl. *Fehling,* DÖV 2002, 793 (795); *Pommer,* Bahnreform und Enteignung, S. 127 ff.; *Ruge,* AöR 131 (2006), 1 (10 ff.).

[512] BGBl. I, S. 2378.

[513] Heute bestehen unter dem Dach der Deutschen Bahn AG als Holding die fünf selbständigen Aktiengesellschaften DB Reise und Touristik AG, DB Regio AG, DB Cargo AG, DB Netz AG sowie DB Station und Service AG; vgl. *Delbanco,* in: Foos, Eisenbahnrecht und Bahnreform, S. 21 (51 f.); *Kramer,* Das Recht der Eisenbahninfrastruktur, S. 92. Zur gemeinschaftsrechtlichen Zulässigkeit dieses Holding-Modells *Berschin,* DVBl. 2002, 1079 (1081 ff.); *Ronellenfitsch,* DVBl. 2002, 657 (666 f.).

IV. Exemplifizierung an ausgewählten Rechtsgebieten

wurde die Trennung von Netz und Betrieb als „Herzstück" des Strukturwandels hergestellt.[515]

Weiterhin wurde mit § 14 AEG[516] ein umfassendes Recht auf diskriminierungsfreie Benutzung der Eisenbahninfrastruktur von Eisenbahninfrastrukturunternehmen, die dem öffentlichen Verkehr dienen, geschaffen. Dieses stand in einem ersten Schritt[517] sämtlichen Eisenbahnverkehrsunternehmen mit Sitz in der Bundesrepublik Deutschland (§ 14 Abs. 1 S. 1 AEG), aber auch ausländischen Eisenbahnverkehrsunternehmen nach Maßgabe der RL 91/440/EWG[518] (§ 14 Abs. 3 Nr. 2 AEG) sowie allen Unternehmen aus EU- und EWR-Mitgliedstaaten im Rahmen der Gegenseitigkeit zu (§ 14 Abs. 3 Nr. 3 AEG). In dieser Öffnung der Eisenbahnmärkte nach innen und außen liegt die eigentliche Bedeutung der Bahnreform:[519] Das Eisenbahnwesen wurde dem wirtschaftlichen Wettbewerb zugänglich gemacht.

In der Folge stehen der Deutschen Bahn AG heute auf den Eisenbahnmärkten die schon länger existierenden „Privatbahnen",[520] aber auch neu gegründete Eisenbahnen gegenüber, die insbesondere Tochterunternehmen ausländischer Eisenbahngesellschaften sind.[521] Die Verkehrsleistung der Wettbewerber der Deutschen Bahn AG auf deren Netz ist von 1998 bis 2003 von 13,1 auf 61,4 Millionen gefahrene Kilometer gestiegen. Der Marktanteil der Deutschen Bahn AG lag 2003 noch bei 92,5 % und wird sich in den kommenden zehn Jahren nach eigener Einschätzung der Deutschen Bahn AG auf 80–85 % verringern.[522]

Als zur Überwachung des liberalisierten Eisenbahnmarktes zuständige Behörde wurde das Eisenbahnbundesamt geschaffen. Dieses ist gemäß § 5 Abs. 1a Nr. 1 AEG i.V.m. § 3 Abs. 1 BEVVG[523] Aufsichts- und Genehmigungsbehörde für Eisenbahnen des Bundes sowie für nicht bundeseigene Eisenbahnen mit Sitz im Ausland, soweit diese eine Eisenbahninfrastruktur auf deutschem Gebiet benutzen

---

514 Der genaue Zeitplan für den Börsengang der Deutschen Bahn AG steht (immer noch) nicht fest. Der Deutsche Bundestag hat zuletzt verlangt, dass vor einer materiellen Teilprivatisierung „der Konsolidierungsprozess des Unternehmens weitgehend abgeschlossen sein" müsse, siehe BT-Drs 15/2658, S. 4. Vgl. zur materiellen Privatisierung der Deutschen Bahn AG auch *Fehling*, DÖV 2002, 793 (799 f.).

515 So *Pommer*, Bahnreform und Enteignung, S. 78 ff.; vgl. auch *Fehling*, DÖV 2002, 793 (798 f.).

516 Allgemeines Eisenbahngesetz vom 27. 12. 1993, BGBl. I, S. 2396.

517 Zur zwischenzeitlichen weiteren Liberalisierung siehe sogleich D. IV. 4. a) cc).

518 Oben Fn. 504.

519 So auch *Basedow*, Mehr Freiheit wagen, S. 199.

520 Siehe oben D. IV. 4. a) aa).

521 Zweitgrößtes Eisenbahnunternehmen in Deutschland beispielsweise ist die „Connex Verkehr GmbH" mit Sitz in Leipzig, die zur international tätigen „Connex Group", der Transportsparte der „Veolia Environnement" mit Sitz in Paris, gehört, siehe http://www.connex-gruppe.de/seiten/00000112/de/00002001.html; vgl. auch *Ende/Kaiser*, WuW 2004, 26 (35 f.).

522 Siehe Frankfurter Allgemeine Zeitung Nr. 38 vom 14. 2. 2003, S. 11; vgl. auch *Gersdorf*, ZHR 168 (2004), 576 (578 f.).

523 Bundeseisenbahnverkehrsverwaltungsgesetz vom 27. 12. 1993 (BGBl. I, S. 2378, 2394).

166   D. Staatliche Informationsbeschaffung

wollen.[524] Für nicht bundeseigene Eisenbahnen mit Sitz in der Bundesrepublik Deutschland sind demgegenüber gemäß § 5 Abs. 1a Nr. 2 AEG (weiterhin) grundsätzlich die Länder zuständig; 13 Bundesländer haben allerdings ihre Befugnisse auf der Grundlage von § 5 Abs. 2 S. 2 AEG ebenfalls dem Eisenbahnbundesamt übertragen.[525]

cc) Weitere Liberalisierung durch Umsetzung der EU-Eisenbahnpakete

Durch die Verwirklichung weiterer Vorgaben des Europäischen Gemeinschaftsrechts ist es zu einer neuerlichen Liberalisierung des Eisenbahnwesens gekommen.

Das sogenannte „Erste EU-Eisenbahnpaket", das aus der Richtlinie 2001/12/EG zur Änderung der „Eisenbahnrichtlinie",[526] der Richtlinie 2001/13/EG zur Änderung der Richtlinie 95/18/EG[527] sowie der „Fahrwegrichtlinie" 2001/14/EG[528] besteht, sieht die weitere Öffnung der Eisenbahndienste für Frachtgut sowie die Stärkung der Unabhängigkeit von Schiene und Betrieb vor.[529] Insbesondere erhalten gemäß Art. 10 Abs. 3 RL 91/440/EWG i. d. F. der RL 2001/12/EG sämtliche Eisenbahnunternehmen für das Erbringen von Verkehrsleistungen im grenzüberschreitenden Frachtverkehr Zugang zu dem in Art. 10a RL 91/440/EWG i. d. F. der RL 2001/12/EG näher bezeichneten Transeuropäischen Streckengüternetz. Die „Fahrwegrichtlinie" 2001/14/EG enthält insoweit ausführliche Regelungen über die Berechnung und Erhebung des Wegeentgelts, die Vergabe der Schienenkapazitäten und die Schlichtung potentieller Konflikte.[530]

Das „Zweite EU-Eisenbahnpaket", bestehend aus der „Agenturverordnung" (EG) Nr. 881/2004,[531] der „Richtlinie über die Eisenbahnsicherheit" 2004/49/EG,[532] der „Interoperabili-

---

[524] Zu den Aufgaben des Eisenbahnbundesamtes im Einzelnen *Delbanco,* in: Foos, Eisenbahnrecht und Bahnreform, S. 21 (53); *Ende/Kaiser,* WuW 2004, 26 (33 f.); *Kühlwetter,* in: König/Benz, Privatisierung und staatliche Regulierung, S. 93 (99).

[525] Die Ausnahmen sind Berlin, Hamburg und Niedersachsen, vgl. *Kühlwetter,* in: König/Benz, Privatisierung und staatliche Regulierung, S. 93 (99 f.); *Masing,* Die Verwaltung 36 (2003), 1 (11).

[526] Richtlinie 2001/12/EG des Europäischen Parlaments und des Rates vom 26. Februar 2001 zur Änderung der Richtlinie 91/440/EGW des Rates zur Entwicklung der Eisenbahnunternehmen der Gemeinschaft, ABl EG 2001, Nr. L 75, 1.

[527] Richtlinie 2001/13/EG des Europäischen Parlaments und des Rates vom 26. Februar 2001 zur Änderung der Richtlinie 95/18/EG des Rates über die Erteilung von Genehmigungen an Eisenbahnunternehmen, ABl EG 2001, Nr. L 75, 26.

[528] Richtlinie 2001/14/EG des Europäischen Parlaments und des Rates vom 26. Februar 2001 über die Zuweisung von Fahrwegskapazität der Eisenbahn, die Erhebung von Entgelten für die Nutzung von Eisenbahninfrastruktur und die Sicherheitsbescheinigung, ABl EG 2001, Nr. 75, 29. Art. 37 RL 2001/14/EG hebt zugleich die Richtlinie 95/19/EG (oben Fn. 507) auf.

[529] *Ende/Kaiser,* WuW 2004, 26 (27 ff.); *Maier/Dopheide,* EuZW 2003, 456 (457).

[530] Näher *Ende/Kaiser,* WuW 2004, 26 (28); *Maier/Dopheide,* EuZW 2003, 456 (458 f.).

[531] Verordnung (EG) Nr. 881/2004 des Europäischen Parlaments und des Rates vom 29. April 2004 zur Errichtung einer europäischen Eisenbahnagentur (Agenturverordnung), ABl EU 2004, Nr. L 164, 1.

IV. Exemplifizierung an ausgewählten Rechtsgebieten   167

tätsrichtlinie" 2004/50/EG[533] sowie der Richtlinie 2004/51/EG zur Änderung der „Eisenbahnrichtlinie",[534] räumt spätestens zum 1. 1. 2006 den Zugang zum gesamten Netz im grenzüberschreitenden Güterverkehr ein. Spätestens zum 1. 1. 2007 muss auch für die rein inländische Güterbeförderung eine Marktöffnung erfolgen.[535]

Ein weiteres Maßnahmenbündel, das insbesondere den grenzüberschreitenden Personenverkehr liberalisieren soll, befindet sich momentan noch im europäischen Gesetzgebungsverfahren.[536]

Die ersten beiden „EU-Eisenbahnpakete" sind in Deutschland durch das „Dritte Gesetz zur Änderung eisenbahnrechtlicher Vorschriften" vom 27. 4. 2005[537] sowie das „Vierte Gesetz zur Änderung eisenbahnrechtlicher Vorschriften" vom 3. 8. 2005[538] in nationales Recht umgesetzt worden. Der Zugangsanspruch zur Eisenbahninfrastruktur wurde entsprechend den gemeinschaftsrechtlichen Vorgaben erweitert (§ 14 Abs. 3 AEG),[539] die Überwachung des Zugangs zur Eisenbahninfrastruktur wurde der Bundesnetzagentur für Elektrizität, Gas, Telekommunikation, Post und Eisenbahnen übertragen (§ 14b Abs. 1 AEG, § 4 Abs. 1 BEVVG).[540] Zudem ist es zu einer deutlicheren Trennung von Netz und Betrieb durch die Verschärfung der getrennten Rechnungsführung in § 9 AEG sowie Vorgaben für die innere Struktur integrierter Eisenbahnunternehmen in den neu geschaffenen § 9 Abs. 1c, § 9a AEG gekommen.[541]

---

532 Richtlinie 2004/49/EG des Europäischen Parlaments und des Rates vom 29. April 2004 über Eisenbahnsicherheit in der Gemeinschaft und zur Änderung der Richtlinie 95/18/EG des Rates über die Erteilung von Genehmigungen an Eisenbahnunternehmen und der Richtlinie 2001/14/EG über die Zuweisung von Fahrwegkapazität der Eisenbahn, die Erhebung von Entgelten für die Nutzung der Eisenbahninfrastruktur und die Sicherheitsbescheinigung (Richtlinie über die Eisenbahnsicherheit), ABl EU 2004, Nr. L 164, 44.

533 Richtlinie 2004/50/EG des Europäischen Parlaments und des Rates vom 29. April 2004 zur Änderung der Richtlinie 96/48/EG des Rates über die Interoperabilität des transeuropäischen Hochgeschwindigkeitsbahnsystems und der Richtlinie 2001/16/EG des Europäischen Parlaments und des Rates über die Interoperabilität des konventionellen transeuropäischen Eisenbahnsystems, ABl EU 2004, Nr. L 164, 114.

534 Richtlinie 2004/51/EG des Europäischen Parlaments und des Rates vom 29. April 2004 zur Änderung der Richtlinie 91/440/EWG des Rates zur Entwicklung der Eisenbahnunternehmen der Gemeinschaft, ABl EU 2004, Nr. L 164, 164.

535 Vgl. *Ende/Kaiser,* WuW 2004, 26 (30); *Maier/Dopheide,* EuZW 2003, 456 (460); *Ruge,* AöR 131 (2006), 1 (8 f.).

536 Vgl. Erwägungsgrund (4) der Richtlinie 2004/51/EG; siehe auch *Ruge,* AöR 131 (2006), 1 (9).

537 BGBl. I, S. 1138; hierzu näher *Kramer,* NVwZ 2006, 26 ff.

538 BGBl. I, S. 2270.

539 Vgl. BT-Drs 15/3280, S. 12; siehe auch *Kühling/Ernert,* NVwZ 2006, 33 (34); *Ronellenfitsch,* DVBl. 2002, 657 (659).

540 Hierzu *Kühling/Ernert,* NVwZ 2006, 33 (36 ff.); *Ruge,* DVBl. 2005, 1405 (1414).

541 Vgl. BT-Drs 15/3280, S. 6 f., 16 f.; näher dazu *Frenzel,* NZV 2006, 57 (60 f.); *Gersdorf,* ZHR 168 (2004), 576 (589 ff.).

b) Informationspflichten Privater im Eisenbahnrecht

aa) Staatliche Informationsbeschaffung vor Privatisierung und Liberalisierung des Eisenbahnwesens

Soweit vor der Bahnreform die Deutsche Bundesbahn für den Eisenbahnverkehr zuständig war, stellt sich die Situation im Eisenbahnwesen ebenso dar wie im Telekommunikations- und Postwesen:[542] Die Deutsche Bundesbahn wurde als Behörde tätig; die Informationen, die bei ihrer Tätigkeit anfielen, zählten zum Bereich der unmittelbaren staatlichen Informationsgewinnung und die Weitergabe der Informationen an andere staatliche Stellen war eine Frage des staatsinternen Informationsaustauschs.[543]

Das BbG enthielt in diesem Zusammenhang einige Auskunftspflichten der Deutschen Bundesbahn gegenüber anderen staatlichen Stellen, die insbesondere deren Aufsicht über die Deutsche Bundesbahn gewährleisten sollten:

- Der Bundesverkehrsminister als Hoheits- und Aufsichtsinstanz gegenüber der Deutschen Bundesbahn hatte dieser gegenüber gemäß § 14 Abs. 5 BbG ein umfassendes Auskunftsrecht.
- Nach § 34 Abs. 5 BbG war der Prüfungsdienst der Deutschen Bundesbahn gegenüber dem Bundesverkehrsminister und dem Bundesfinanzminister zur Auskunftserteilung verpflichtet.
- Im Verhältnis zu den Ländern waren der Vorstand und die zuständigen höheren Bundesbahnbehörden gemäß § 43 Abs. 2 S. 1 BbG den oberen Landesverkehrsbehörden zur Auskunft verpflichtet (und umgekehrt, § 43 Abs. 2 S. 2 BbG).

Zudem konnte sich eine Auskunftspflicht der Deutschen Bundesbahn gegenüber anderen Behörden aus ihrer Verpflichtung zur Amtshilfe gemäß Art. 35 Abs. 1 GG ergeben.[544]

Zu einer umfassenden Befriedigung des staatlichen Informationsbedarfs reichten diese staatsinternen Informationsbeziehungen jedoch nicht aus, weil auch vor der Bahnreform private Unternehmen in geringem Umfang auf den Eisenbahnmärkten tätig waren.[545] Diese nicht bundeseigenen Eisenbahnen wurden gemäß § 5 Abs. 1 S. 1 AEG a. F. von den Ländern beaufsichtigt. Hierzu benötigten diese etliche Informationen von den Betreibern der Eisenbahnen. In diesem Bereich war also auch schon vor der Bahnreform eine informationelle Inanspruchnahme Privater erforderlich, die durch gesetzliche Informationspflichten gewährleistet werden musste.

---

[542] Siehe oben D. IV. 2. b) aa) bzw. D. IV. 3. b) aa).

[543] Vgl. *Fehling*, DÖV 2002, 793 (795 f.).

[544] Vgl. *Finger*, Kommentar zum Allgemeinen Eisenbahngesetz und Bundesbahngesetz, § 5 BbG Anm. 2 d).

[545] Siehe oben D. IV. 4. a) aa).

Am Beispiel des baden-württembergischen LEisenbG a. F.:[546]

- § 21 Abs. 1 S. 1 enthielt die Verpflichtung, der Aufsichtsbehörde unverzüglich alle Vorkommnisse mitzuteilen, die für die Betriebssicherheit oder Leistungsfähigkeit des Unternehmens von Bedeutung sein konnten.
- Nach § 21 Abs. 1 S. 2 war der Aufsichtsbehörde ein jährlicher Geschäftsbericht vorzulegen.
- § 21 Abs. 2 enthielt die Verpflichtung des Unternehmens, den zuständigen Behörden auf Verlangen die zur Durchführung deren Aufgaben erforderlichen Auskünfte zu erteilen und die dafür notwendigen Unterlagen vollständig und fristgemäß vorzulegen.
- Gemäß § 18 Abs. 1 S. 4 war der obligatorische Haftpflichtversicherungsvertrag der Aufsichtsbehörde zur Prüfung vorzulegen.

Vor der Privatisierung und Liberalisierung konnte der staatliche Informationsbedarf im Bereich des Eisenbahnwesens damit im Wesentlichen durch staatsinterne Informationsflüsse befriedigt werden. Auf die informationelle Inanspruchnahme Privater war der Staat nur angewiesen, soweit diese (ausnahmsweise) selbst einen Eisenbahnverkehr betrieben.

bb) Staatliche Informationsbeschaffung nach Privatisierung und Liberalisierung des Eisenbahnwesens

Mit der Privatisierung der Bundeseisenbahn ist auch im Eisenbahnrecht die Möglichkeit der unmittelbaren staatlichen Informationsgewinnung durch die als Anbieter der Dienstleistung auftretende Behörde Deutsche Bundesbahn weggefallen. Die damit einhergehende Informationsprivatisierung muss durch die Inanspruchnahme der jetzt im Markt tätigen Privatunternehmen, sei es die Deutsche Bahn AG oder seien es andere Anbieter, kompensiert werden, soweit die betreffenden Informationen für die Erfüllung staatlicher Aufgaben weiterhin erforderlich sind. Dies gilt zum einen in Bezug auf den durch die Einführung von Wettbewerb auch im Bereich des Eisenbahnwesens entstandenen staatlichen Regulierungsbedarf. Die Liberalisierung erfordert insoweit namentlich die Festlegung von Zugangs- und Nutzungsbedingungen, die Erteilung von Betriebsgenehmigungen, die Zuweisung von Fahrwegkapazitäten sowie die Festlegung von Fahrwegentgelten.[547] Hinzu tritt das Erfordernis, die Tätigkeit der privaten Wirtschaftssubjekte auch im Übrigen – etwa in Bezug auf die Betriebssicherheit – zu überwachen. Diese Aufgaben können nur erfüllt werden, wenn den zuständigen Stellen die tatsächlichen Verhältnisse auf den Eisenbahnmärkten bekannt sind.

Auf diesen gestiegenen und nur noch extern zu befriedigenden staatlichen Informationsbedarf hat das *Bundeseisenbahnrecht* durch die Statuierung etlicher Informationspflichten Privater gegenüber dem Staat reagiert.

---

[546] Gesetz über Eisenbahnen und Bergbahnen in Baden-Württemberg (Landeseisenbahngesetz – LEisenbG) vom 30. 5. 1978 (GBl, S. 277).

[547] Vgl. *Benz,* Die Verwaltung 28 (1995), 337 (350); *Gersdorf,* ZHR 168 (2004), 576 (595 ff.); *Masing,* Die Verwaltung 36 (2003), 1 (8 ff.).

Dies bezieht sich zunächst auf das Erfordernis der Kenntnis der Aufsichtsbehörde von den Personen, die am Markt tätig sind. Außerhalb des – allerdings weitgehenden Genehmigungserfordernisses – für den Betrieb öffentlicher Eisenbahnen (§ 6 AEG)[548] wird diese durch eine Informationspflicht der Eisenbahnen gegenüber dem Eisenbahnbundesamt sichergestellt; § 6 Abs. 10 AEG normiert demzufolge eine Nachweispflicht der gemäß § 6 Abs. 8 und Abs. 9 AEG von der Genehmigungspflicht freigestellten Eisenbahnen bezüglich ihrer Zulassung in einem anderen Staat.[549]

Der Gewährleistung der Betriebssicherheit auf den liberalisierten Märkten dient die in § 7a Abs. 3 AEG normierte Pflicht, wesentliche Änderungen eines zugelassenen Eisenbahnbetriebs, die die Betriebssicherheit berühren, der zuständigen Eisenbahnaufsichtsbehörde vor Inbetriebnahme anzuzeigen. Ebenfalls die Überwachung der privaten Wirtschaftssubjekte bezwecken § 7 Abs. 2 S. 1 AEG, nach dem die Eisenbahn den Nachweis zu führen hat, dass sie ihre arbeits-, sozial- und steuerrechtlichen Verpflichtungen erfüllt, sowie § 3 EBHaftPflV,[550] der eine Anzeige- und Nachweispflicht der Eisenbahnunternehmen über das Bestehen einer Haftpflichtversicherung enthält.

Statistischen Zwecken dient die Auskunftspflicht in § 26 VerkStatG.[551]

Im Übrigen beschränkt sich das AEG auf die Normierung einer allgemeinen Auskunftspflicht der Eisenbahnen und der für sie tätigen Personen gegenüber den Eisenbahnaufsichtsbehörden. § 5a Abs. 5 Nr. 1 AEG verpflichtet sie umfassend zur Erteilung aller „für die Durchführung der Eisenbahnaufsicht erforderlichen" Auskünfte und stellt bereits mittels dieser Generalklausel die Befriedigung des staatlichen Informationsbedarfs sicher.[552] Durch das Dritte Gesetz zur Änderung eisenbahnrechtlicher Vorschriften[553] sind die Zugangsberechtigten, die öffentlichen Eisenbahninfrastrukturunternehmen und die für sie tätigen Personen zusätzlich dazu verpflichtet worden, der Bundesnetzagentur Bücher, Geschäftspapiere, Dateien und sonstige Unterlagen zur Verfügung zu stellen (§ 14c Abs. 2 Nr. 2 AEG) sowie Auskünfte zu erteilen (§ 14c Abs. 3 S. 1 Nr. 1 AEG) und Nachweise zu erbringen (§ 14c Abs. 3 S. 1 Nr. 2 AEG).[554] Öffentliche Eisenbahninfrastrukturunternehmen, die zur Zugangsgewährung verpflichtet sind (§ 3 Abs. 1 Nr. 2 AEG), müssen der Bundesnetzagentur zudem Mitteilung über eine Reihe von durch sie beabsichtigte Entscheidungen im Zusammenhang mit der Zugangsgewährung machen (§ 14d AEG).

Im *Landeseisenbahnrecht* haben Privatisierung und Liberalisierung der Eisenbahnmärkte demgegenüber keine Auswirkungen in Bezug auf die Informations-

---

[548] Hierzu *Gersdorf*, ZHR 168 (2004), 576 (582 f.).
[549] Vgl. BT-Drs 14/6929 vom 20. 9. 2001, S. 15.
[550] Eisenbahnhaftpflichtversicherungsverordnung vom 21. 12. 1995 (BGBl. I, S. 2101).
[551] Die Vorschrift ist mit Wirkung zum 1. 1. 2004 an die Stelle des aufgehobenen § 24 Abs. 2 S. 1 AEG a. F. getreten, der eine Auskunftspflicht für die Eisenbahnstatistik normierte. Hintergrund der Gesetzesänderung ist das Bestreben, Vorgaben des Europäischen Gemeinschaftsrechts (Verordnung [EG] Nr. 91/2003 des Europäischen Parlaments und des Rates vom 16. Dezember 2002 über die Statistik des Eisenbahnverkehrs, ABl EG 2002, Nr. L 14, 1) zu erfüllen und verschiedene gesetzliche Bestimmungen in einem Gesetz über Verkehrsstatistiken zusammenzuführen, vgl. BT-Drs 15/1666, S. 13 f.
[552] Vgl. BT-Drs 14/6929 vom 20. 9. 2001, S. 12; *Fehling*, DÖV 2002, 793 (796).
[553] Oben Fn. 537.
[554] Hierzu *Ruge*, AöR 131 (2006), 1 (74).

pflichten der Eisenbahnen, was sich daraus erklärt, dass der Anwendungsbereich des Landeseisenbahnrechts von der Privatisierung der Bundeseisenbahn nur mittelbar betroffen ist. Die nicht bundeseigenen Eisenbahnen mussten auch vor der Bahnreform als Privatunternehmen staatlicherseits überwacht werden, so dass sich am staatlichen Informationsbedarf in diesem Bereich nichts Grundlegendes geändert hat. Es kann allenfalls von einem Anstieg der praktischen Bedeutung dieser Informationspflichten gesprochen werden, soweit es im Zuge der Liberalisierung zu einer Zunahme von nicht bundeseigenen Eisenbahnen mit Sitz in der Bundesrepublik Deutschland gekommen ist.

Wiederum am Beispiel des baden-württembergischen Landesrechts:[555] § 9 LEisenbG BW n. F. enthält Mitteilungs-, Vorlage- und Auskunftspflichten, die § 21 LEisenbG BW a. F.[556] genau entsprechen.[557] Die Pflicht zur Vorlage des Haftpflichtversicherungsvertrages aus § 18 Abs. 1 S. 4 LEisenbG BW[558] wurde mit der Einführung einer entsprechenden bundesrechtlichen Verpflichtung in § 3 BHaftPflV überflüssig und daher abgeschafft.

cc) Fazit

Im Eisenbahnrecht findet sich in der Folge der Privatisierung und Liberalisierung des Schienenverkehrs ebenfalls eine Zunahme von Informationspflichten Privater gegenüber dem Staat. Dies gilt namentlich für das Bundeseisenbahnrecht, das von der Bahnreform besonders betroffen war und in dem sich als deren Folge gesetzliche Informationspflichten finden, die den Informationsbedarf des Staates einerseits im Hinblick auf die privatisierten Informationen und andererseits im Hinblick auf die zur Regulierung der Eisenbahnmärkte erforderlichen Informationen sicherstellen sollen. Dass diese Informationspflichten gerade Folge der Privatisierung und Liberalisierung sind, zeigt der Blick auf das Landeseisenbahnrecht. Dessen Regelungsbereich war von der Bahnreform (rechtlich) kaum betroffen, neue Informationspflichten Privater gegenüber dem Staat finden sich hier demzufolge keine.

5. Versicherungen

Das Versicherungswesen erlaubt die Veranschaulichung der informationellen Auswirkungen von Privatisierungen, Liberalisierungen und Deregulierung in verschiedenen Richtungen und ist so als Referenzbereich besonders geeignet.

Zum einen bietet die Nachzeichnung des Rechts der Gebäudefeuerversicherung ein weiteres Beispiel für die Beseitigung eines staatlichen Monopols und deren Auswirkungen auf den Informationsbestand, den Informationsbedarf sowie den

---

[555] Landeseisenbahngesetz vom 8. 6. 1995 (GBl, S. 421).
[556] Siehe oben D. IV. 4. b) aa).
[557] Vgl. dazu *Kramer*, Das Recht der Eisenbahninfrastruktur, S. 248 f.
[558] Siehe oben D. IV. 4. b) aa).

Informationszugang des Staates. Insoweit fügt sich das Versicherungswesen in die Reihe des Telekommunikations-, Post- und Eisenbahnwesens ein und ermöglicht (erneut) die Veranschaulichung der Beziehungen zwischen der Privatisierung und Liberalisierung eines Staatsmonopols einerseits und dem Rechtsinstitut der Informationspflicht Privater gegenüber dem Staat andererseits.

Zweitens ist das Versicherungsaufsichtsrecht insgesamt wesentlich dereguliert worden, indem verschiedene Genehmigungspflichten abgeschafft und namentlich durch Anzeigepflichten ersetzt worden sind. Die informationellen Auswirkungen dieser Deregulierung bedürfen ebenfalls einer genauen Betrachtung und können Erkenntnisse liefern, die anhand der bisher behandelten Rechtsgebiete noch nicht zu gewinnen waren.

Drittens – und vor allem zur Abgrenzung interessant – bietet die auf diese weitere Deregulierung folgende Verschärfung staatlicher Aufsichtsbefugnisse Anschauungsmaterial für eine – eher seltene – „Re-Regulierung", die für die im Versicherungsaufsichtsrecht bestehenden Informationspflichten Privater gegenüber dem Staat ebenfalls nicht ohne Konsequenzen bleiben konnte.

a) Privatisierung, Liberalisierung und Deregulierung des Versicherungswesens

aa) Ausgangslage

Das Versicherungswesen war in der Bundesrepublik Deutschland über lange Zeit streng reguliert und teilweise sogar monopolisiert.

Staatliche Monopole bestanden im Bereich der Gebäudefeuerversicherung. In acht Bundesländern[559] bestanden insgesamt zwölf öffentlich-rechtliche Versicherer, die allein Versicherungen von Gebäuden gegen Feuer – in Hamburg auch gegen Sturm und Hagel, in Baden-Württemberg gegen alle Elementarschäden – anboten.[560] Ausländische und private Versicherer konnten diese Risiken in den betroffenen Bundesländern daher nicht versichern.[561]

In den nicht staatsmonopolisierten Versicherungszweigen war die Tätigkeit der privaten Versicherer vor Beginn der Privatisierungs-, Liberalisierungs- und Dere-

---

[559] Baden-Württemberg, Bayern, (West-)Berlin, Hamburg, Hessen, Niedersachsen, Nordrhein-Westfalen, Rheinland-Pfalz.

[560] Einzelheiten bei *Hailbronner*, Rechtsstellung und Tätigkeitsbereich der öffentlich-rechtlichen Pflicht- und Monopolversicherungsanstalten in der Europäischen Gemeinschaft, S. 21 ff.; *Thode*, DB 1996, 2098 Fn. 3. Diese Staatsmonopole gingen auf eine lange Tradition zurück und wurden mit der Beschränkung der konkurrierenden Gesetzgebungskompetenz des Bundes auf das privatrechtliche Versicherungswesen (Art. 74 Nr. 11 GG) vom Grundgesetz anerkannt, *BVerfGE* 41, 205 (218 ff.); siehe auch *Hailbronner*, Rechtsstellung und Tätigkeitsbereich der öffentlich-rechtlichen Pflicht- und Monopolversicherungsanstalten in der Europäischen Gemeinschaft, S. 37 ff.

[561] *Helm*, Rechtspflicht zur Privatisierung, S. 101.

IV. Exemplifizierung an ausgewählten Rechtsgebieten   173

gulierungstendenzen in den 1980er-Jahren streng reguliert.[562] Dies betrifft insbesondere die Zulassung zum Markt, die Versicherungsbedingungen und die Versicherungsprämien, die im Versicherungsaufsichtsgesetz (VAG) näher geregelt waren.[563]

Die *Marktzulassung* setzte nach § 5 Abs. 1 VAG eine Erlaubnis voraus, die für jede Sparte gesondert erteilt wurde (§ 6 Abs. 2 VAG). Versicherungen konnten privatrechtlich nur als Aktiengesellschaft oder als Versicherungsverein auf Gegenseitigkeit betrieben werden (§ 7 Abs. 1 VAG). Versicherungsfremde Geschäfte waren nicht erlaubt (Art. 7 Abs. 2 VAG), Lebensversicherung und Krankenversicherung durften im Regelfall nicht zusammen mit anderen Versicherungssparten betrieben werden.[564] Versicherungsunternehmen aus EG-Mitgliedstaaten benötigten einen Hauptbevollmächtigten im Inland, um einen Rechtsanspruch auf Zulassung zu haben (§ 106a Abs. 3 VAG).

Die *Allgemeinen Versicherungsbedingungen* waren ebenso wie die *Versicherungsprämien* als Teil des Geschäftsplanes in den meisten Versicherungssparten[565] gemäß § 5 Abs. 3 Nr. 2, Abs. 5 Nr. 1 VAG genehmigungspflichtig.[566] Bei der Lebensversicherung (§ 11 VAG), der Kranken- und Unfallversicherung (§ 12 VAG) sowie der Kraftfahrzeug-Haftpflichtversicherung (§ 9 PflVG a. F.) wurde sogar die Kalkulation der Prämien von der Versicherungsaufsicht vorgegeben.[567]

Diese Prägung des Versicherungswesens in der Bundesrepublik Deutschland durch staatlich monopolisierte Versicherungszweige einerseits und eine starke staatliche Regulierung der grundsätzlich dem Wettbewerb zugänglichen Versicherungszweige andererseits wurde ab etwa Mitte der 1980er-Jahre in Zweifel gezogen. Einerseits wurde bemängelt, dass das bestehende System zu hohen Kosten und Prämien sowie einem Mangel an Vielfalt auf den Versicherungsmärkten führte.[568] Andererseits trat auch im Bereich des Versicherungswesens die Europäische Gemeinschaft auf den Plan und forderte privatisierende, liberalisierende und deregulierende Maßnahmen von den Mitgliedstaaten.[569]

---

[562] Siehe auch *Deregulierungskommission,* Marktöffnung und Wettbewerb, 2. Kap. Tabelle 2 (S. 15 f.).

[563] Zur Darstellung der Ausgangslage wird im Folgenden das Versicherungsaufsichtsgesetz vom 12. 5. 1901 (RGBl, S. 139) i. d. F. des 14. Gesetzes zur Änderung des Versicherungsaufsichtsgesetzes vom 29. 3. 1982 (BGBl I, S. 377) zugrunde gelegt.

[564] Für die Lebensversicherung war dieser Grundsatz der Spartentrennung in § 8 Abs. 1a S. 1 VAG ausdrücklich normiert, im Übrigen ergab er sich aus der Praxis der Versicherungsaufsicht; näher *Schmidt,* in: Prölss, Versicherungsaufsichtsgesetz, 9. Aufl., § 8 Rdn. 38 f.

[565] Vgl. § 5 Abs. 6 VAG.

[566] Für die Kraftfahrzeug-Haftpflichtversicherung folgte die Genehmigungspflicht aus § 8 PflVG a. F.

[567] Vgl. *Rabe,* Liberalisierung und Deregulierung im Europäischen Binnenmarkt für Versicherungen, S. 172.

[568] *Deregulierungskommission,* Marktöffnung und Wettbewerb, 2. Kap. Rdn. 70 ff.

[569] Übersicht bei *Stober,* Besonderes Wirtschaftsverwaltungsrecht, 12. Aufl., § 51 II. (S. 168); vgl. auch *Weiß,* AöR 128 (2003), 91 (126).

bb) Liberalisierung der Gebäudeversicherung

Die staatlichen Monopole für die Gebäudefeuerversicherung waren aufgrund der Vorgaben des Europäischen Gemeinschaftsrechts nicht mehr haltbar, nachdem Art. 3 RL 92 / 49 / EWG[570] auf der Basis von Art. 66, 57 Abs. 2 EGV a. F. (Art. 55, 47 Abs. 2 EGV n. F.) die Abschaffung von Versicherungsmonopolen in den Mitgliedstaaten bis spätestens 1. 7. 1994 forderte. Demzufolge wurden die landesrechtlichen Bestimmungen über die Staatsmonopolisierung der Gebäudefeuerversicherungen aufgehoben und die Ausdehnung der privaten Versicherungsbranche in die Feuerversicherungssparte zugelassen.[571] In der Folge kam es zu Privatisierungen der öffentlich-rechtlichen Versicherungsanstalten in den Ländern und deren Veräußerung an private Versicherungsunternehmen.[572] Damit war der Bereich der Gebäudefeuerversicherung liberalisiert und in der Folge auch vollständig privatisiert worden.

cc) Deregulierung des Versicherungsrechts im Übrigen

Das Europäische Gemeinschaftsrecht schrieb jedoch noch weitere Deregulierungen des nationalen Versicherungsrechts vor. Entscheidende Weichen hierfür stellte der EuGH im Jahre 1986.[573] Er entschied, dass die Dienstleistungsfreiheit auch im Bereich des Versicherungswesens unmittelbar geltendes Recht ist, und präzisierte die daraus folgenden Vorgaben für das nationale Recht;[574] als der EuGH 1987 auch die Anwendbarkeit des Wettbewerbsrechts auf die Versicherungswirtschaft bejahte,[575] wurde die EG-Kommission endgültig zum maßgeb-

---

[570] Richtlinie 92 / 49 / EWG des Rates vom 18. Juni 1992 zur Koordinierung der Rechts- und Verwaltungsvorschriften für die Direktversicherung (mit Ausnahme der Lebensversicherung) sowie zur Änderung der Richtlinien 73 / 239 / EWG und 88 / 357 / EWG (Dritte Richtlinie Schadenversicherung), ABl EG 1992, Nr. L 228, 1; zu dieser noch unten D. IV. 5. a) cc).

[571] *Helm*, Rechtspflicht zur Privatisierung, S. 101 f.; vgl. auch *Weiss*, Privatisierung und Staatsaufgaben, S. 400 f.

[572] Einzelheiten bei *Helm*, Rechtspflicht zur Privatisierung, S. 102; *Krölls*, GewArch 1995, 129.

[573] Zuvor hatte die Gemeinschaft mit der sogenannten ersten Richtlinien-Generation (Erste Richtlinie 73 / 239 / EWG des Rates vom 24. Juli 1973 zur Koordinierung der Rechts- und Verwaltungsvorschriften betreffend die Aufnahme und Ausübung der Tätigkeit der Direktversicherung [mit Ausnahme der Lebensversicherung], ABl EG 1973, Nr. L 228, 3; Erste Richtlinie 79 / 267 / EWG des Rates vom 5. März 1979 zur Koordinierung der Rechts- und Verwaltungsvorschriften über die Aufnahme und Ausübung der Direktversicherung [Lebensversicherung] vom 5. 3. 1979, ABl EG 1979, Nr. L 63, 1) lediglich die Niederlassungsfreiheit im Versicherungswesen weitgehend verwirklicht; näher *Roth*, NJW 1993, 3028 (3029); *Schmidt*, in: Prölss, Versicherungsaufsichtsgesetz, 11. Aufl., Vorbem. Rdn. 35 ff.

[574] *EuGHE* 1986, 3793 (3800 ff. Rdn. 18 ff.); vgl. dazu *Hübner*, JZ 1987, 330 ff.; *Schmidt*, in: Prölss, Versicherungsaufsichtsgesetz, 11. Aufl., Vorbem. Rdn. 45; *Schwintowski*, NJW 1987, 521 ff.

[575] *EuGHE* 1987, 405 (451 Rdn. 12 ff.) – Verband der Sachversicherer.

lichen Akteur für die Versicherungsmärkte.[576] In der Folge wurden bereits mit der sogenannten *„zweiten Generation" der Versicherungsrichtlinien*[577] den europäischen Versicherungsunternehmen wichtige Aspekte der Dienstleistungsfreiheit gewährt; insbesondere wurde für „Großrisiken" die präventive Kontrolle der Versicherungsbedingungen und Tarife abgeschafft und die Zulassung in einem Mitgliedstaat für ausreichend erachtet, damit ein Versicherer – unter Aufsicht des Sitzlandes – im gesamten Gebiet der Europäischen Gemeinschaft tätig sein kann.[578]

In der *„dritten Richtlinien-Generation"*[579] wurde das Prinzip der einheitlichen Zulassung für den gesamten Binnenmarkt nach Maßgabe des „Herkunftslandprinzips"[580] dann insgesamt eingeführt (vgl. Art. 5 RL 92/49/EWG).[581] Das Prinzip der Spartentrennung wurde eingeschränkt (Art. 5, 37 RL 92/49/EWG). Die vielleicht entscheidende deregulierende Wirkung liegt allerdings in der Harmonisierung der staatlichen Aufsicht über Versicherungsbedingungen, Tarife und Formblätter: Genehmigungspflichten und weitgehend auch sonstige präventive Kontrollen wurden insgesamt für unzulässig erklärt (Art. 29, 30, 54 Abs. 1 RL 92/49/EWG) und durch repressive Kontrollmechanismen ersetzt (Art. 40 RL 92/49/EWG).[582] Die Vorabkontrolle von Preis und Produkt musste einer repressiven Missbrauchsaufsicht weichen, Preis- und Konditionenwettbewerb wurden dadurch entscheidend befördert.[583] Diese Regelungen gelten nicht nur für das eigentliche Gebiet der Europäischen Gemeinschaft, sondern für den gesamten Europäischen Wirtschaftsraum (EWR).[584]

---

576 Zum Ganzen *Basedow*, Mehr Freiheit wagen, S. 381 f.

577 Zweite Richtlinie 88/357/EWG des Rates vom 22. Juni 1988 zur Koordinierung der Rechts- und Verwaltungsvorschriften für die Direktversicherung (mit Ausnahme der Lebensversicherung) und zur Erleichterung der tatsächlichen Ausübung des freien Dienstleistungsverkehrs sowie zur Änderung der Richtlinie 73/239/EWG, ABl EG 1988, Nr. L 172, 1; Zweite Richtlinie 90/619/EWG des Rates vom 8. November 1990 zur Koordinierung der Rechts- und Verwaltungsvorschriften für die Direktversicherung (Lebensversicherung) und zur Erleichterung der tatsächlichen Ausübung des freien Dienstleistungsverkehrs sowie zur Änderung der Richtlinie 79/267/EWG, ABl EG 1990, Nr. L 330, 50.

578 Näher *Miersch,* Versicherungsaufsicht nach den Dritten Richtlinien, S. 34 ff.; *Roth,* NJW 1993, 3028 (3029).

579 Richtlinie 92/49/EWG des Rates vom 18. Juni 1992 zur Koordinierung der Rechts- und Verwaltungsvorschriften für die Direktversicherung (mit Ausnahme der Lebensversicherung) sowie zur Änderung der Richtlinien 73/239/EWG und 88/357/EWG (Dritte Richtlinie Schadenversicherung), ABl EG 1992, Nr. L 228, 1; Richtlinie 92/96/EWG des Rates vom 10. November 1992 zur Koordinierung der Rechts- und Verwaltungsvorschriften für die Direktversicherung (Lebensversicherung) sowie zur Änderung der Richtlinien 79/267/EWG und 90/619/EWG (Dritte Richtlinie Lebensversicherung), ABl EG 1992, Nr. L 360, 1.

580 Hierzu oben D. I. 3. b) bb).

581 Näher *Basedow*, Mehr Freiheit wagen, S. 382; *Roth,* NJW 1993, 3028 (3030); *Schmidt,* in: Prölss, Versicherungsaufsichtsgesetz, 11. Aufl., Vorbem. Rdn. 55.

582 Näher *Roth,* NJW 1993, 3028 (3031).

583 *Basedow,* Mehr Freiheit wagen, S. 383.

Diese Vorgaben konnten naturgemäß nicht ohne Auswirkungen auf das deutsche VAG bleiben, das am 21. 7. 1994[585] entsprechend und grundlegend geändert wurde.[586]

Das Herkunftslandprinzip wurde unter Anpassung der aufsichtsbehördlichen Zuständigkeit an die Sitzlandaufsicht verwirklicht, indem spezielle Vorschriften über die EG-weite Tätigkeit von Versicherern mit Sitz in Deutschland (§ 6 Abs. 1 S. 2, §§ 13a-c VAG) sowie Bestimmungen über eine nur beschränkte Tätigkeitslandaufsicht über EG-ausländische Versicherer (§ 110a VAG) eingeführt wurden.[587]

Der Grundsatz der Spartentrennung wurde in § 110a VAG (nur) für EG-ausländische Versicherer beseitigt.[588]

Der Wegfall der Versicherungsbedingungs- und Tarifgenehmigung wurde durch eine Änderung des Geschäftsplanbegriffs in § 5 Abs. 3 Nr. 2 VAG und eine Streichung der §§ 8 – 10 PflVG vollzogen.[589] An die Stelle der Genehmigungspflichten sind vielfach Anzeigepflichten getreten, auf die sogleich noch gesondert eingegangen wird, weil hierin die spezifisch informationellen Folgen der Deregulierung liegen.[590]

Um den Wegfall der Präventivkontrolle der Allgemeinen Versicherungskontrolle und Tarife wenigstens zum Teil zu kompensieren und dadurch einen möglichst weitgehenden Versichertenschutz zu gewährleisten, wurde für Lebensversicherer in § 11a Abs. 1 VAG und für substitutive Krankenversicherer in § 12 Abs. 2 S. 1 VAG nach britischem Vorbild die Bestellung eines „verantwortlichen Aktuars" vorgeschrieben, der gemäß § 11a Abs. 3 Nrn. 1, 2 VAG bzw. § 12 Abs. 3 VAG die Berechnung der Prämien und Rückstellungen zu überwachen und die ordnungsgemäße Bildung der Rückstellung unter der Bilanz zu bestätigen hat.[591] Eine ähnliche Funktion übt bei der Krankenversicherung nach Art einer Lebensversicherung der „unabhängige Treuhänder" gemäß § 12b Abs. 1 VAG aus.[592]

---

[584] Vgl. BR-Drs 23/94, S. 136. In der Folge wird vereinfachend vom EG-Ausland gesprochen; der EWR ist aber jeweils als einbezogen anzusehen.

[585] Drittes Durchführungsgesetz/EWG zum VAG vom 21. 7. 1994, BGBl. I, S. 1630.

[586] Umfassende Übersicht über die Änderungen bei *Präve,* ZfV 1994, 168 ff., 199 ff., 227 ff., 255 ff.

[587] Vgl. BR-Drs 23/94, S. 129 f.

[588] Zu den damit zusammenhängenden Problemen der Inländerdiskriminierung siehe allgemein oben D. I. 3. b) bb) sowie speziell für das Versicherungswesen *Miersch,* Versicherungsaufsicht nach den Dritten Richtlinien, S. 117 ff.

[589] Näher, auch zu den Ausnahmeregelungen für Pensions- und Sterbekassen sowie bereits bestehende Lebensversicherungsverträge, *Präve,* ZfV 1994, 168 (170 ff.).

[590] Siehe unten D. IV. 5. b) cc).

[591] Näher BR-Drs 23/94, S. 166 ff.; *Kaulbach,* in: Fahr/Kaulbach/Bähr, Versicherungsaufsichtsgesetz, § 11a Rdn. 1; *Präve,* ZfV 1994, 199 (201); *Schmidt,* in: Prölss, Versicherungsaufsichtsgesetz, 11. Aufl., § 11a Rdn. 1.

[592] Näher *Schmidt,* in: Prölss, Versicherungsaufsichtsgesetz, 11. Aufl., § 12b Rdn. 1.

IV. Exemplifizierung an ausgewählten Rechtsgebieten

dd) Erweiterungen der staatlichen Aufsicht in Teilbereichen

Weitere Änderungen des VAG in den folgenden Jahren brachten keine derart grundlegende Zäsur des Versicherungsaufsichtsrechts mehr,[593] wohl aber regelmäßige Änderungen in Teilbereichen, die insbesondere die Erweiterung staatlicher Aufsichtsbefugnisse zur Folge hatten und damit eine gewisse rückläufige Entwicklung im Vergleich zur vorherigen weitgehenden Deregulierung bedeuteten.[594]

Durchaus bedeutsam ist zunächst die mit der *VAG-Novelle 2000*[595] umgesetzte EG-Versicherungsgruppenrichtlinie,[596] die insbesondere Bestimmungen zur Erweiterung der Finanzaufsicht enthielt. Diese beschränkt sich seitdem nicht mehr auf die Finanzlage des einzelnen Versicherungsunternehmens, sondern bezieht zur Beurteilung dessen finanzieller Situation eine eventuelle Gruppenzugehörigkeit in die Aufsicht mit ein (§§ 104a ff. VAG).[597]

Die *VAG-Novelle 2002*[598] unterwarf insbesondere auch Rückversicherungsunternehmen einer Vielzahl staatlicher Aufsichtsbefugnisse, was zunächst in § 1a VAG geregelt war. Inzwischen – nach der *VAG-Novelle 2004*[599] – finden sich die entsprechenden Vorschriften, die jetzt auch eine Zulassungspflicht für Rückversicherer vorsehen, in §§ 119 ff. VAG.[600] Zudem bezieht die VAG-Novelle 2004 gemäß § 1b VAG Versicherungs-Holdinggesellschaften in die staatliche Versicherungsaufsicht ein, damit eine effektive staatliche Aufsicht nicht durch gesellschaftsrechtliche Konstruktionen vereitelt werden kann.[601] In dieselbe Richtung zielt das *Finanzkonglomeratumsetzungsgesetz*,[602] das eine zusätzliche Beaufsichtigung namentlich der Versicherungsunternehmen eines Finanzkonglomerats i. S. v. § 104k Nr. 4 VAG vorsieht.[603]

Die zwischenzeitlich erlassene *VAG-Novelle 2003*[604] befasste sich – in Umsetzung mehrerer EG-Richtlinien – in erster Linie mit der Änderung von aufsichtsrechtlichen Bestimmungen, die die Sanierung und Liquidation von Versicherungsunternehmen betreffen.[605]

---

[593] Vgl. auch *Eilert*, VW 2004, 907; *Präve*, VersR 2001, 133.

[594] Zur Einordnung dieser Entwicklung als „Re-Regulierung" siehe noch unten D. IV. 5. b) dd).

[595] BGBl. I 2000, S. 1857.

[596] Richtlinie 98/78/EG des Europäischen Parlaments und des Rates vom 27. Oktober 1998 über die zusätzliche Beaufsichtigung der einer Versicherungsgruppe angehörenden Versicherungsunternehmen, ABl EG 1998, Nr. L 330, 1.

[597] Näher *Präve*, VersR 2001, 133 f.; dort (134 ff.) auch zu den weiteren Änderungen des VAG durch die VAG-Novelle 2000.

[598] BGBl. I 2002, S. 2010, 2066; Einzelheiten bei *Fricke*, VersR 2002, 1078 ff.

[599] BGBl. I 2004, S. 3416; Übersicht bei *Fricke*, VersR 2005, 161 ff.

[600] Näher BT-Drs 15/3418, S. 16 f.

[601] BT-Drs 15/3418, S. 17, 19; *Fricke*, VersR 2005, 161 (165 f.).

[602] BGBl. I 2004, S. 3610. Das Gesetz setzt die Richtlinie 2002/87/EG des Europäischen Parlaments und des Rates vom 16. Dezember 2002 über die zusätzliche Beaufsichtigung der Kreditinstitute, Versicherungsunternehmen und Wertpapierfirmen eines Finanzkonglomerats und zur Änderung der Richtlinien 73/239/EWG, 79/267/EWG, 92/49/EWG, 92/96/EWG, 93/6/EWG und 93/22/EWG des Rates und der Richtlinien 98/78/EG und 2000/12/EG des Europäischen Parlaments und des Rates, ABl EU 2003, Nr. L 35, 1, um.

[603] Siehe BT-Drs 15/3641, S. 35; *Eilert*, VW 2004, 907 (909).

[604] BGBl. I 2003, S. 2478.

b) Informationspflichten Privater im Versicherungsaufsichtsrecht

aa) Staatliche Informationsbeschaffung vor Privatisierung, Liberalisierung und Deregulierung

Die staatliche Informationsbeschaffung vor der Liberalisierung und Privatisierung der Gebäudefeuerversicherung entspricht strukturell der bereits in den Bereichen Post-, Telekommunikations- und Eisenbahnwesen dargestellten: Die Informationen, die die öffentlich-rechtlichen Versicherungsanstalten bei ihrer Tätigkeit erhielten, wurden im Wege der unmittelbaren staatlichen Informationsgewinnung rekrutiert; ihre Weitergabe an andere staatliche Stellen war eine Frage des innerstaatlichen Informationsaustauschs und erfolgte im Wege aufsichtsrechtlicher Beziehungen oder der Amtshilfe.

Im Bereich der nicht monopolisierten Versicherungssparten erhielt die Aufsichtsbehörde vor den deregulierenden Maßnahmen ab Mitte der 1980er-Jahre aufgrund der strengen Regulierung mit einer umfassenden Genehmigungspflicht auch hinsichtlich der Versicherungsbedingungen und Tarife bereits im Genehmigungsverfahren Kenntnis von vielen Informationen, die zur Überwachung der Versicherer und der Versicherungsmärkte erforderlich waren. Dennoch gab es auch vor der Deregulierung der Versicherungsmärkte bereits etliche Informationspflichten der Unternehmen gegenüber der staatlichen Aufsichtsbehörde, die der laufenden Überwachung nach erteilter Genehmigung dienen.

Mehrere Informationspflichten ermöglichen insoweit die Finanzaufsicht der Versicherungsunternehmen durch den Staat, um die Zahlungsfähigkeit der Versicherer auf Dauer sicherzustellen:

- § 53c Abs. 4 VAG verpflichtet die Versicherungsunternehmen dazu, der Aufsichtsbehörde jährlich eine Berechnung der Solvabilitätsspanne vorzulegen und die Eigenmittel nachzuweisen.
- Gemäß 54 Abs. 4 VAG (§ 54 Abs. 2 VAG a. F.) ist der Erwerb von Grundstücken und Beteiligungen der Aufsichtsbehörde anzuzeigen.
- § 54d VAG statuiert eine umfassende Berichtspflicht der Versicherungsunternehmen gegenüber der Aufsichtsbehörde über die Vermögensanlagen.
- Gemäß §§ 55 f. VAG bestehen regelmäßige Rechnungslegungspflichten gegenüber der Aufsichtsbehörde.
- Gemäß § 58 Abs. 2 VAG müssen der Aufsichtsbehörde die vom Aufsichtsrat bestimmten Abschlussprüfer angezeigt werden.
- Gemäß § 59 VAG ist der Aufsichtsbehörde eine Ausfertigung des Berichts der Abschlussprüfer vorzulegen.
- § 88 Abs. 2 VAG schließlich schreibt eine Anzeige bei Zahlungsunfähigkeit oder Überschuldung vor.

---

[605] Überblick in BT-Drs 15/1653, S. 19 ff.; siehe auch *Eilert,* VW 2004, 907 ff.; ferner *Bürkle,* VersR 2004, 826.

Hinzu tritt ein allgemeiner Auskunftsanspruch der Aufsichtsbehörde, der dieser die Informationen verschaffen soll, die für eine effektive Überwachung der Versicherer gemäß § 81 Abs. 1 VAG erforderlich sind. Dieser Anspruch war vor 1994 nur teilweise, nämlich in § 83 Abs. 2 VAG, ausdrücklich normiert, wurde aber umfassend aus § 81 Abs. 2 S. 1 VAG hergeleitet, der die Aufsichtsbehörde dazu ermächtigte, die erforderlichen Anordnungen zu treffen, um den Geschäftsbetrieb im Einklang mit den gesetzlichen Vorschriften und dem Geschäftsplan zu erhalten oder Missstände zu beseitigen.[606] Heute ist der allgemeine Auskunftsanspruch ausdrücklich in § 83 Abs. 1 S. 1 Nr. 1 VAG verankert.

Für ausländische Versicherer galten vor der Deregulierung keine besonderen Informationspflichten, sondern dieselben Grundsätze wie für inländische Versicherer (§ 105 Abs. 2 VAG).

bb) Informationelle Auswirkungen der Liberalisierung der Gebäudefeuerversicherung

Die Liberalisierung und Privatisierung der Gebäudeversicherung beseitigte die dargestellte besondere informationelle Situation in einem staatsmonopolisierten Bereich vollständig und unterstellte die (nunmehr) privaten Gebäudefeuerversicherer den bereits für die übrigen Sparten geltenden Regelungen des Versicherungsaufsichtsrechts. Nunmehr gelten die Informationspflichten Privater gegenüber dem Staat auch in dieser Versicherungssparte. Die Liberalisierung der Gebäudefeuerversicherung hat damit zwar nicht zu einer Neuschaffung von Informationspflichten geführt, wohl aber den sachlichen Anwendungsbereich der bestehenden Pflichten erweitert. Die Liberalisierung und Privatisierung in diesem Bereich hat unter diesem Blickwinkel zu einer Bedeutungszunahme von Informationspflichten Privater gegenüber dem Staat geführt.

cc) Informationelle Auswirkungen der Deregulierung des Versicherungswesens

Die deregulierenden Maßnahmen des Jahres 1994 hatten informationelle Auswirkungen insbesondere durch die europarechtlich determinierte Beschneidung der Genehmigungspflichten in Bezug auf Versicherungsbedingungen und Tarife. Während die Kenntnis der Behörde hiervon zuvor durch entsprechende Genehmigungspflichten sichergestellt war, musste nach deren Abschaffung die Informiertheit der Aufsichtsbehörde auf anderem Wege sichergestellt werden. Instrument hierfür ist die Statuierung entsprechender Informationspflichten der privaten Versicherer,[607] die zu denen hinzugetreten sind, die bereits vor der Deregulierung bestanden.[608]

---

[606] *Müller*, in: Goldberg / Müller, Versicherungsaufsichtsgesetz, § 81 Rdn. 28.

[607] Überblick bei *Präve*, ZfV 1994, 199 ff.

[608] Die oben D. IV. 5. b) aa) angeführten Informationspflichten sind alle erhalten geblieben. § 83 Abs. 1 VAG normiert eine allgemeine Auskunftspflicht jetzt allerdings auch ausdrücklich, ohne dass sich zur vorher herrschenden Meinung sachliche Änderungen ergäben; siehe *Kollhosser*, in: Prölss, Versicherungsaufsichtsgesetz, 11. Aufl., § 83 Rdn. 1.

An erster Stelle ist insoweit § 13d VAG zu nennen, der vielfältige Anzeigepflichten der Versicherungsunternehmen gegenüber der Aufsichtsbehörde enthält, etwa bezüglich der Bestellung oder des Ausscheidens eines Geschäftsleiters (Nrn. 1, 2), Satzungsänderungen über Kapitalerhöhungen (Nr. 3), der Grundsätze über die Berechnung der Prämien und Deckungsrückstellungen für Lebensversicherungen und Unfallversicherungen mit Prämienrückgewähr (Nr. 6) oder der Verwendung neuer oder geänderter allgemeiner Versicherungsbedingungen für Krankenversicherungen (Nr. 7). Diese Anzeigepflichten bezwecken, den Informationsstand der Aufsichtsbehörde stets aktuell zu halten.[609] Sie sind eine unmittelbare Folge der Deregulierung, weil sie ganz überwiegend an Stelle früherer Genehmigungspflichten getreten sind.[610]

An § 13d VAG knüpft § 104 VAG an, indem er hinsichtlich bedeutender Beteiligungen dem Beteiligungsinhaber eine entsprechende Anzeigepflicht auferlegt wie § 13d Nrn. 4, 5 VAG den Versicherungsunternehmen.

Hinzu kommen Informationspflichten des im Zuge der Deregulierung eingeführten verantwortlichen Aktuars bzw. des unabhängigen Treuhänders,[611] die die Aufsichtsbehörde von Unregelmäßigkeiten bei den von ihnen überwachten Versicherern zu unterrichten haben und insoweit als „Frühwarnsystem" der Aufsichtsbehörde angesehen werden können.[612]

§ 11a Abs. 3 Nr. 3 und § 12 Abs. 3 S. 2 VAG legen dem verantwortlichen Aktuar eine entsprechende Informationspflicht gegenüber der Aufsichtsbehörde auf: Wenn er die Bestätigung der ordnungsgemäßen Bildung von Rückstellungen nicht abgeben kann, hat er hiervon zunächst den Vorstand und bei Nichtabhilfe die Aufsichtsbehörde zu unterrichten.

§ 12b Abs. 2 S. 4 VAG enthält eine äquivalente Unterrichtungspflicht für den unabhängigen Treuhänder.

Daneben hatte auch die Einführung des Prinzips der einheitlichen Zulassung Folgen für den Informationsbestand des Staates. Die Genehmigungspflicht für die Begründung einer Zweigniederlassung in einem anderen Mitgliedstaat ist entfallen, wenn ein Versicherungsunternehmen in einem Mitgliedstaat bereits zugelassen ist.[613] Dennoch besteht ein staatlicher Informationsbedarf bei der Aufnahme der Tätigkeit in dem weiteren Mitgliedstaat, da eine effektive Überwachung der Versicherer nur möglich ist, wenn den zuständigen staatlichen Stellen das räumliche Tätigkeitsfeld der Versicherer bekannt ist. Zugleich setzt die laufende Überwachung des Versicherers die staatliche Kenntnis von Informationen voraus, die oft nur im Wege dessen informationeller Inanspruchnahme gesichert werden kann. Der Informationsbedarf kann dabei sowohl bei den Behörden des Herkunftsstaates als auch bei denen des Tätigkeitsstaates bestehen.

---

[609] *Kaulbach*, in: Fahr / Kaulbach / Bähr, Versicherungsaufsichtsgesetz, § 13d Rdn. 1.
[610] *Schmidt*, in: Prölss, Versicherungsaufsichtsgesetz, 11. Aufl., § 13d Rdn. 2.
[611] Siehe oben D. IV. 5. a) cc).
[612] So *Stober*, Besonderes Wirtschaftsverwaltungsrecht, 12. Aufl., § 51 VIII. (S. 176); vgl. auch *Präve,* ZfV 1994, 199 (201).
[613] *Miersch*, Versicherungsaufsicht nach den Dritten Richtlinien, S. 52.

IV. Exemplifizierung an ausgewählten Rechtsgebieten   181

Der eindeutige Schwerpunkt liegt dabei auf Informationspflichten gegenüber Behörden des Herkunftsstaates, die für die Versicherungsaufsicht ganz überwiegend zuständig sind.[614] § 13b Abs. 1 VAG enthält in diesem Zusammenhang eine Anzeigepflicht des Versicherungsunternehmens bei beabsichtigter Errichtung einer Niederlassung im EG-Ausland unter Angabe des betreffenden Mitgliedstaates, § 13c Abs. 1 VAG normiert eine entsprechende Anzeigepflicht bei beabsichtigter Aufnahme des Dienstleistungsverkehrs mit dem EG-Ausland.[615]

Der Tätigkeitsstaat hat demgegenüber insgesamt nur sehr eingeschränkte Informationsrechte gegenüber dem Versicherungsunternehmen (vgl. § 110a Abs. 3, Abs. 4 VAG).[616] Die Versorgung des Tätigkeitsstaates mit Informationen wird in diesem Bereich dadurch sichergestellt, dass die für die Überwachung primär zuständigen Behörden des Herkunftsstaates die Stellen des Tätigkeitsstaates unterrichten (§ 110a Abs. 2, Abs. 2a sowie §§ 111a ff. VAG).

Das Versicherungsaufsichtsrecht kann nach allem als anschauliches Beispiel dafür dienen, wie Informationspflichten Privater gegenüber dem Staat als *Deregulierungsfolgenrecht* entstehen: An die Stelle von (stärker in die Freiheit des Privaten eingreifenden) Genehmigungspflichten sind im Zuge der (qualitativ verstandenen) Deregulierung bloße Informationspflichten gegenüber staatlichen Stellen getreten.

dd) Einführung und Verschärfung
von Informationspflichten – „Re-Regulierung"

Eine gewisse gegenläufige Tendenz zu den dargestellten Deregulierungen ist in jüngster Zeit durch die Einführung weiterer und die Verschärfung bestehender Informationspflichten durch die VAG-Novellen der letzten Jahre zu verzeichnen.

Mit der Umsetzung der EG-Versicherungsgruppenrichtlinie im Jahre 2000 durch Einbeziehung der Gruppenzugehörigkeit eines Versicherers im Rahmen der Finanzaufsicht (§§ 104a ff. VAG)[617] wurde in § 104e Abs. 3 VAG eine Berichtspflicht für gruppenzugehörige Erstversicherer über wichtige gruppeninterne Geschäfte eingeführt; hierdurch soll die Aufsichtsbehörde in die Lage versetzt werden, die Auswirkungen solcher Geschäfte auf die Solvabilität zu erkennen und gegebenenfalls einschreiten zu können.[618] Gleichzeitig wurde in § 83 Abs. 1 Nr. 1a VAG der allgemeine Auskunftsanspruch der Aufsichtsbehörde auf andere gruppenzugehörige Unternehmen erstreckt.[619]

Die deutliche Erweiterung der Aufsicht über Rückversicherungsunternehmen durch die VAG-Novellen 2002 und 2004 hatte gemäß § 121a Abs. 1 VAG die Anwendbarkeit der Anzeigepflichten aus § 13d Nrn. 1, 2, 4, 4a, 5 VAG sowie der Auskunftspflicht aus § 83 Abs. 1 Nr. 1 VAG auch auf Rückversicherer zur Folge.[620] § 121a Abs. 2 VAG normiert zudem eine

---

614 Vgl. *Miersch*, Versicherungsaufsicht nach den Dritten Richtlinien, S. 57; *Schmidt*, in: Prölss, Versicherungsaufsichtsgesetz, 11. Aufl., § 13c Rdn. 2.
615 Siehe auch *Präve*, ZfV 1994, 199 (202).
616 Näher *Miersch*, Versicherungsaufsicht nach den Dritten Richtlinien, S. 106.
617 Näher oben D. IV. 5. a) cc).
618 *Präve*, VersR 2001, 133.
619 Siehe auch *Präve*, VersR 2001, 133 (134).
620 Vgl. *Fricke*, VersR 2002, 1078 (1079).

Anzeigepflicht etwa bei Änderungen der Satzung, des Zwecks und der Einrichtung des Unternehmens oder der durch die Rückversicherung gedeckten Risiken.[621]

Durch die Erweiterung der Aufsichtsvorschriften auf Versicherungs-Holdinggesellschaften gemäß § 1b VAG mit der VAG-Novelle 2004 sind auch auf diese nunmehr die Anzeigepflichten aus § 13d Nrn. 4a, 5 VAG sowie die Auskunftspflicht aus § 83 Abs. 1 Nr. 1 VAG anwendbar.

Das Finanzkonglomeratrichtlinie-Umsetzungsgesetz schließlich enthält im Zuge der Erweiterung der Aufsichtsvorschriften mit einem neuen § 13e VAG mehrere Informationspflichten für Versicherungs-Holdinggesellschaften und gemischte Finanzholdinggesellschaften. Nach § 13e Abs. 1 Nrn. 1, 2 VAG ist die Absicht der Bestellung eines Geschäftsführers ebenso der Aufsichtsbehörde anzuzeigen wie dessen Abberufung. Die Anzeigepflicht in § 13e Abs. 1 Nr. 3 VAG dient der Ermittlung von Finanzkonglomeraten als Voraussetzung für deren zusätzliche Beaufsichtigung.[622] Nach § 13e Abs. 2, Abs. 3 VAG sind Sammelanzeigen von Beteiligungen bzw. konglomeratsangehörigen Unternehmen einzureichen, um der Aufsichtsbehörde Kenntnis von den Unternehmensbeziehungen und Beteiligungsstrukturen zu verschaffen.[623] § 83 Abs. 1 S. 1 Nr. 1b VAG enthält eine zusätzliche Auskunftspflicht für finanzkonglomeratsangehörige Erstversicherer, soweit dies zur zusätzlichen Beaufsichtigung erforderlich ist.[624]

Diese Informationspflichten können anders als die im Jahre 1994 eingeführten keinesfalls als Maßnahmen der Deregulierung bezeichnet werden, sondern stellen im Vergleich zur vorherigen, seit 1994 bestehenden Rechtslage eine Verschärfung der staatlichen Intervention, also eine (qualitativ verstandene) Regulierung dar. Es handelt hierbei um eine Regulierung, die auf eine Deregulierung folgt und zuvor abgebaute staatliche Einflussnahme auf die Tätigkeit Privater (wieder) verschärft. Die vorherige Deregulierung war als zu weitreichend erkannt worden, insbesondere Belange der Versicherten wurden durch sie als gefährdet angesehen.[625] Die in den letzten Jahren eingeführten Informationspflichten sind damit nach dem hier verwendeten, bereits abstrakt erläuterten Begriffsverständnis[626] kein Fall des Deregulierungsfolgenrechts, sondern Beispiel für eine Re-Regulierung.[627]

ee) Fazit

Das Versicherungsaufsichtsrecht bietet ein komplexes, aber dennoch instruktives Beispiel für die informationellen Folgen einer Deregulierung, die in der Beseitigung von Genehmigungspflichten zum Ausdruck kommt. Die Abschaffung von

---

[621] BT-Drs 15 / 3418, S. 24.
[622] Näher BT-Drs 15 / 3641, S. 55.
[623] Näher BT-Drs 15 / 3641, S. 55.
[624] BT-Drs 15 / 3641, S. 56; *Eilert*, VW 2004, 907 (909).
[625] Siehe etwa BT-Drs 15 / 3418, S. 16.
[626] Siehe oben D. III. 3.
[627] Vgl. auch *Ronellenfitsch*, Selbstverantwortung und Deregulierung im Umwelt- und Ordnungsrecht, S. 44.

Genehmigungspflichten führte im Versicherungsaufsichtsrecht zur gleichzeitigen Einführung und Ausweitung von Informationspflichten Privater, die damit als Deregulierungsfolgenrecht anzusehen sind.

Zugleich verdeutlicht das Versicherungsaufsichtsrecht aber auch das durchaus ambivalente Verhältnis zwischen Informationspflichten Privater und (De-)Regulierungen: Während die Einführung der Informationspflichten 1994 im Zuge einer Deregulierung erfolgte, stellen die seitdem isoliert, das heißt ohne zugleich abgeschaffte Genehmigungspflichten, hinzugekommenen Informationspflichten im Gegenteil eine (Re-)Regulierung des Versicherungsaufsichtsrechts dar, also eine gegenläufige Maßnahme. Dies zeigt, dass Informationspflichten zwar häufig im Zuge einer Deregulierung eingeführt werden, jedoch bei weitem kein zwingender Zusammenhang zwischen beiden Phänomenen besteht.

Daneben bietet das Versicherungsrecht eine (weitere) Möglichkeit, die Auswirkungen der Abschaffung staatlicher Monopole auf Informationspflichten Privater gegenüber dem Staat nachzuvollziehen: Die unmittelbare Informationsbeschaffung durch staatliche Stellen wird – falls weiterhin ein staatlicher Informationsbedarf besteht – durch die informationelle Inanspruchnahme der nun auf dem geöffneten Markt für Gebäudefeuerversicherungen Tätigen ersetzt.

6. Arbeitsvermittlung

Die Arbeitsvermittlung bietet sich vorliegend als Beispielsbereich an, weil sich hier ein bereits zweistufiger Deregulierungsprozess veranschaulichen lässt. 1994 wurde das staatliche Monopol in der Arbeitsvermittlung aufgehoben und diese dadurch liberalisiert und zugleich (teilweise) privatisiert. Private Arbeitsvermittlung war in der Folge möglich, aber genehmigungspflichtig. 2002 wurde auch diese Erlaubnispflicht abgeschafft und die Arbeitsvermittlung grundsätzlich den allgemeinen Regeln des Gewerberechts unterstellt. Diese weitreichende Deregulierung hatte erhebliche Auswirkungen auf das informationelle Verhältnis zwischen Staat und Privaten im Bereich der Arbeitsverwaltung.

a) Privatisierung, Liberalisierung und Deregulierung in der Arbeitsvermittlung

aa) Ausgangslage: Vermittlungsmonopol der Bundesanstalt für Arbeit

Seit 1931 war die staatliche Arbeitsvermittlung zunächst gemäß § 35 AVAVG[628] und ab 1969 gemäß § 4 AFG a. F.[629] fast vollständig monopolisiert.[630]

---

[628] Gesetz über Arbeitsvermittlung und Arbeitslosenversicherung vom 16. 7. 1927 (RGBl I, S. 187).
[629] Arbeitsförderungsgesetz vom 25. 6. 1969 (BGBl. I, S. 582).

Ausnahmen des Alleinrechts der Bundesanstalt für Arbeit galten insbesondere für Anzeigen von Arbeitsplatzangeboten und Stellengesuchen in den Medien (§ 13 Abs. 2 S. 2 AFG a. F.), für Maßnahmen öffentlich-rechtlicher Träger der sozialen Sicherung zur Anbahnung eines Arbeitsverhältnisses und die gelegentliche und unentgeltliche Empfehlung von Arbeitskräften zur Einstellung (§ 13 Abs. 3 AFG a. F.) sowie – aufgrund der ständigen Verwaltungspraxis, aber ohne gesetzliche Grundlage – für Führungskräfte in der Wirtschaft.[631]

Hintergrund der auch vom Bundesverfassungsgericht akzeptierten[632] Monopolisierung war die Annahme, dass eine effektive Arbeitsvermittlung nur bei Zentralisierung aller Informationen über das Marktgeschehen möglich sei und auch der Arbeitnehmerschutz es erfordere, gewinnorientierte private Unternehmen von der Arbeitsvermittlung auszuschließen.[633] In Anbetracht einer sich fast ständig verschlechternden Situation auf dem Arbeitsmarkt ab den 1970er-Jahren wurde das Alleinrecht der Bundesanstalt für Arbeit aber zunehmend in Zweifel gezogen; der bürokratische Staat arbeite als Arbeitsvermittler weniger effizient als private Vermittler, die deshalb die Engpässe auf dem Arbeitsmarkt besser beseitigen könnten.[634] Zudem stellte der Europäische Gerichtshof mit Urteil vom 23. 4. 1991 die Rechtmäßigkeit des staatlichen Vermittlungsmonopols in Frage, indem er für den Bereich der Vermittlung von Führungskräften einen Verstoß gegen die EG-Wettbewerbsordnung bejahte, wenn und weil die Bundesanstalt für Arbeit hier nachweislich nicht zufriedenstellend vermittle.[635]

bb) Liberalisierung der Arbeitsvermittlung

Mit dem Beschäftigungsförderungsgesetz 1994[636] wurden diese Bedenken aufgegriffen und auch Privaten die Arbeitsvermittlung durch eine Änderung von § 4 AFG ermöglicht, um eine Verbesserung und Beschleunigung der Ausgleichsvorgänge am Arbeitsmarkt herbeizuführen.[637] Die private Arbeitsvermittlung wurde

---

[630] Zur Geschichte der staatlichen Arbeitsvermittlung siehe auch *BVerfGE* 21, 245 (254 ff.); *Deregulierungskommission,* Marktöffnung und Wettbewerb, Rdn. 569; *Eichenhofer,* Sozialrecht, Rdn. 453; *Henneberger / Sudjana,* RdA 2003, 11 (12 f.); *Rademacher,* in: Ambs u. a., GK-SGB III, § 291 Rdn. 3 f.

[631] Siehe auch *Walwei,* in: Keller / Seifert, Deregulierung am Arbeitsmarkt, S. 71 (75 ff.); ferner *Deregulierungskommission,* Marktöffnung und Wettbewerb, Rdn. 569 (mit Tabelle 23), dort auch zu weiteren Rechtsquellen des Arbeitsvermittlungsmonopols.

[632] *BVerfGE* 21, 245 (251 ff.).

[633] *Buchner,* DB 2003, 1510; *Deeke,* in: Seifert, Reform der Arbeitsmarktpolitik, S. 276 f.; *Deregulierungskommission,* Marktöffnung und Wettbewerb, Rdn. 570; vgl. auch *BVerfGE* 21, 245 (252 ff.).

[634] Namentlich *Deregulierungskommission,* Marktöffnung und Wettbewerb, Rdn. 571; zur Diskussion auch *Deeke,* in: Seifert, Reform der Arbeitsmarktpolitik, S. 276 (277 ff.).

[635] *EuGHE* 1991, 1979 (2017 ff. Rdn. 24 ff.) – Höfner; vgl. hierzu auch *Eichenhofer,* NJW 1991, 2857 (2858 f.); *Schulin / Igl,* Sozialrecht, Rdn. 787.

[636] BGBl. I, S. 1786.

IV. Exemplifizierung an ausgewählten Rechtsgebieten

allerdings (zunächst) nicht vollständig freigestellt, sondern weiterhin als „sensibler Tätigkeitsbereich" eingeschätzt und daher zunächst in § 23 Abs. 1 AFG und ab 1997 in § 291 Abs. 1 SGB III a. F. unter einen Genehmigungsvorbehalt gestellt.[638] Genehmigungsvoraussetzungen waren gemäß § 293 Abs. 1 SGB III a. F. Eignung, Zuverlässigkeit und geordnete Vermögensverhältnisse des Antragstellers sowie der Nachweis angemessener Geschäftsräume.[639] Neben dem Erfordernis der Genehmigung durch die Bundesanstalt für Arbeit bestand auch die allgemeine Anzeigepflicht nach § 14 GewO.[640]

Diese Liberalisierung des Rechts der Arbeitsvermittlung führte allerdings nur in einem geringen Umfang zu der gewünschten Zunahme privater Arbeitsvermittlung.[641]

cc) Weitere Deregulierung

Bereits acht Jahre nach der Liberalisierung wurde das Recht der Arbeitsvermittlung im Jahre 2002 weiter dereguliert, indem die Genehmigungspflicht für private Arbeitsmittler in § 291 SGB III a. F. als Reaktion auf Unregelmäßigkeiten bei der Bundesanstalt für Arbeit im Bereich der Vermittlungsstatistik aufgehoben wurde.[642] Hierdurch sollten der Marktzugang zur privaten Arbeitsvermittlung erleichtert, Bürokratie abgebaut und die Bundesanstalt entlastet sowie einem stärkeren Wettbewerb ausgesetzt werden.[643] Damit war innerhalb kürzester Zeit ein vollständiger Paradigmenwechsel des Gesetzgebers in der Arbeitsvermittlung erfolgt: An die Stelle des staatlichen Vermittlungsmonopols ist Vermittlungsfreiheit getreten.[644] Die Tätigkeit als Arbeitsvermittler ist damit bis auf wenige Ausnahmen keinen speziellen Regulierungen mehr,[645] sondern nur noch dem allgemeinen Gewerberecht unterstellt.[646] Eine präventive Kontrolle der privaten Arbeitsvermittler

---

[637] Vgl. BT-Drs 12/6719, S. 12; näher zum Liberalisierungsprozess *Boss/Laaser/Schatz* u. a., Deregulierung in Deutschland, S. 352 ff.; *Henneberger/Sudjana,* RdA 2003, 11 (13); *Walwei,* in: Keller/Seifert, Deregulierung am Arbeitsmarkt, S. 71 (77).

[638] Vgl. zur gesetzgeberischen Motivation BT-Drs 12/6719, S. 13.

[639] Näher dazu *Walwei,* in: Keller/Seifert, Deregulierung am Arbeitsmarkt, S. 71 (78).

[640] Vgl. BT-Drs 14/8546, S. 5.

[641] Zahlen bei *Henneberger/Sudjana,* RdA 2003, 11 (13); *Walwei,* in: Keller/Seifert, Deregulierung am Arbeitsmarkt, S. 71 (82 ff.).

[642] Art. 3 des Gesetzes zur Vereinfachung der Wahl der Arbeitnehmervertreter in den Aufsichtsrat vom 23. 3. 2002 (BGBl. I, S. 1130); zu den Hintergründen *Buchner,* DB 2003, 1510; *Kossens,* DB 2002, 843.

[643] *Rademacher,* in: Ambs u. a., GK-SGB III, § 291 Rdn. 5.

[644] Siehe auch *Buchner,* DB 2003, 1510.

[645] Eine Ausnahme stellen nur die besonderen Vorschriften über Auslandsvermittlung (§ 292 SGB III), Vermittlungsverträge (§§ 296, 297 SGB III) sowie die Behandlung von Daten (§ 298 SGB III) dar, die für Arbeitsvermittler weiterhin anwendbar sind; näher *Kossens,* DB 2002, 843 f.

[646] Siehe *Marschner,* DB 2004, 380; *Rademacher,* in: Ambs u. a., GK-SGB III, § 291 Rdn. 4.

durch die Arbeitsverwaltung findet nicht mehr statt, als Sanktionsinstrumentarium steht der nach Landesrecht nunmehr zuständigen Behörde nur die Gewerbeuntersagung gemäß § 35 GewO zur Verfügung.[647] Im Übrigen geht der Gesetzgeber davon aus, dass es primär Aufgabe der privaten Vermittler und ihrer Verbände ist, Qualitätsstandards zu entwickeln und durchzusetzen.[648]

Zugleich hat sich der Gesetzgeber um die Stärkung des Marktanteils der privaten Vermittler bemüht. Seit dem 1. 1. 2002 können Arbeitslose die Beauftragung eines Dritten mit ihrer Vermittlung verlangen, wenn sie sechs Monate nach Eintritt ihrer Arbeitslosigkeit noch arbeitslos sind (§ 37 Abs. 4 SGB III).[649] Mit dem Gesetz zur Vereinfachung der Wahl der Arbeitnehmervertreter in den Aufsichtsrat[650] wurde im März 2002 zudem das sogenannte „Gutscheinmodell" eingeführt: Gemäß § 421g SGB III haben Arbeitslose bereits nach dreimonatiger Arbeitslosigkeit Anspruch auf einen Vermittlungsgutschein der Bundesagentur für Arbeit in Höhe von € 2.000,–, mit dem sich diese dazu verpflichtet, den Vergütungsanspruch eines vom Arbeitnehmer eingeschalteten Vermittlers zu erfüllen, der den Arbeitnehmer erfolgreich vermittelt hat.[651]

Andere Reformen betrafen unmittelbar nur die staatliche Arbeitsvermittlung. Die Bundesanstalt für Arbeit wurde im Zuge der sogenannten „Hartz-Gesetzgebung"[652] in „Bundesagentur für Arbeit" umbenannt (§ 367 Abs. 1 SGB III), die Arbeitsämter wurden zu „Agenturen für Arbeit" (§ 367 Abs. 2 SGB III) mit „Personal-Service-Agenturen" für den Bereich der Leiharbeit (§ 37c SGB III) umgestaltet.[653]

b) Informationelle Auswirkungen der Privatisierung, Liberalisierung und Deregulierung der Arbeitsvermittlung

aa) Staatliche Informationsbeschaffung zu Zeiten des Staatsmonopols

Zu Zeiten des staatlichen Monopols in der Arbeitsvermittlung konnte der Bedarf des Staates an Informationen, die für die Arbeitsvermittlung selbst, sonstige Maßnahmen der Bekämpfung der Arbeitslosigkeit oder andere Zwecke erforderlich waren, durch die Bundesanstalt für Arbeit als staatliche Behörde befriedigt werden. Diese erlangte ihre Informationen vielfach von den privaten Akteuren auf

---

[647] Vgl. BT-Drs 14/8546, S. 5 f.; *Kossens,* DB 2002, 843.

[648] BT-Drs 14/8546, S. 6.

[649] Dieser Anspruch wurde mit dem „Job-AQTIV-Gesetz" vom 10. 12. 2001 (BGBl. I, S. 3443) in § 37a Abs. 1 S. 4 SGB III probehalber eingeführt, vgl. *Kühl/Breitkreuz,* NZS 2004, 568. Seit dem Dritten Gesetz über moderne Dienstleistungen am Arbeitsmarkt vom 23. 12. 2003 (BGBl. I, S. 2828) ist der Anspruch dauerhaft in § 37 Abs. 4 SGB III verankert.

[650] BGBl. I 2002, S. 1130.

[651] Hierzu *Henneberger/Sudjana,* RdA 2003, 11 (13 f.); *Kühl/Breitkreuz,* NZS 2004, 570 f.

[652] Erstes Gesetz für moderne Dienstleistungen am Arbeitsmarkt, BGBl. I 2002, S. 4607, bzw. Drittes Gesetz für moderne Dienstleistungen am Arbeitsmarkt, BGBl. I 2003, S. 2848.

[653] Vgl. hierzu BT-Drs 15/1515, S. 72 f.; *Bauer/Krets,* NJW 2003, 537 (540); *Eichenhofer,* Sozialrecht, Rdn. 457; *Henneberger/Sudjana,* RdA 2003, 11 (15 ff.).

dem Arbeitsmarkt, also den Arbeitgebern, Arbeitnehmern und Arbeitslosen. Zum großen Teil wurden diese Informationen freiwillig erteilt, weil die Beteiligten an Vermittlungsergebnissen der Bundesanstalt unmittelbar interessiert waren. Dennoch konnte auch auf eine informationelle Inpflichtnahme Privater nicht vollständig verzichtet werden, um eine umfassende tatsächliche Grundlage für die Tätigkeit der Bundesanstalt für Arbeit zu haben.[654]

Zur Verdeutlichung einige Beispiele für Informationspflichten Privater, die schon vor der Liberalisierung existierten:

- Abs. 1 S. 1 AFG enthielt eine Auskunftspflicht der Betriebsinhaber und Erwerbspersonen gegenüber der Bundesanstalt für Arbeit, soweit die Informationen für die Arbeitsmarkt- und Berufsforschung oder die Erstellung der Arbeitslosenstatistik gemäß § 6 AFG erforderlich waren.
- Gemäß § 8 Abs. 1 AFG hatte der Arbeitgeber eine voraussichtliche Entlassung einer größeren Zahl von Beschäftigten dem Landesarbeitsamt mitzuteilen.

bb) Staatliche Informationsbeschaffung zur Zeit der Erlaubnispflichtigkeit

Die Liberalisierung der Arbeitsvermittlung durch Zulassung privater Mitbewerber hat vor diesem Hintergrund zu einem extern zu befriedigenden Informationsbedarf des Staates in zweierlei Hinsicht geführt. Zum einen wurde (auch) das Informationsmonopol der Bundesanstalt für Arbeit beseitigt. Diese hatte in der Folge keinen vollständigen Überblick über den Arbeitsmarkt aufgrund ihrer eigenen Vermittlungstätigkeit mehr. Der Bedarf hieran bestand aber fort, da der Bundesanstalt etwa nach § 280 SGB III weiterhin die Aufgabe der Beobachtung, Untersuchung und Auswertung der Lage und Entwicklung der Beschäftigung und des Arbeitsmarktes sowie der Wirkung der aktiven Arbeitsförderung oblag.[655]

§ 299 SGB III a. F. normierte demzufolge eine Meldepflicht der Vermittler gegenüber der Bundesanstalt für Arbeit hinsichtlich statistischer Daten über Ratsuchende, Beratung, Bewerber, offene Stellen und Vermittlungen, die für die Durchführung der Arbeitsmarktbeobachtung erforderlich sind.

Zum anderen sah der Gesetzgeber die privaten Arbeitsvermittler zunächst noch als besonders überwachungsbedürftig an, was nicht nur durch die Erlaubnispflichtigkeit, sondern durch die Statuierung weiterer gesetzlicher Anforderungen in §§ 291 ff. SGB III a. F. deutlich wurde. Diese Überwachung setzte jedoch unter Umständen den Zugang zu bei den Privaten vorhandenen Informationen voraus. Auch im Bereich der Arbeitsvermittlung entstand durch Liberalisierung und (teilweise) Aufgabenprivatisierung also ein neuer, extern zu befriedigender Informationsbedarf.[656]

---

[654] Vgl. etwa *Kärcher*, in: Niesel, Arbeitsförderungsgesetz, § 6 Rdn. 9.

[655] Vgl. dazu *Bolay/Eisenreich/Isele*, Die neue Arbeitsförderung, Rdn. 138 ff.; *Vor*, in: Wannagat/Eichenhofer, Sozialgesetzbuch – SGB III Arbeitsförderung, § 299 Rdn. 1.

Dieser Informationsbedarf wurde vom Gesetzgeber gesehen und berücksichtigt: § 300 Abs. 1 S. 1 SGB III a. F. enthielt eine Auskunfts- und Vorlagepflicht der Vermittler gegenüber dem Landesarbeitsamt, soweit die betreffenden Informationen zur Überprüfung der Einhaltung der einschlägigen Bestimmungen erforderlich waren.

cc) Staatliche Informationsbeschaffung nach der weiteren Deregulierung

Die weitere Deregulierung durch Abschaffung der Erlaubnispflicht für private Arbeitsvermittler und die damit verbundene Reduzierung der speziellen Vorschriften im SGB III hat die informationelle Rechtslage erheblich verändert: § 299 SGB III a. F. und § 300 Abs. 1 S. 1 SGB III a. F. wurden in Folge der Abschaffung der Erlaubnispflicht aufgehoben.

Die Aufhebung von § 300 SGB III a. F. ist unmittelbare Folge der Deregulierung durch Abschaffung der Erlaubnispflichtigkeit.[657] Hinsichtlich § 299 SGB III a. F. ist dies nur mittelbar der Fall, da sich der Informationsbedarf der Bundesanstalt für Arbeit hinsichtlich statistischer Daten durch die Deregulierung an sich nicht verändert hat. Der Bedarf wurde durch den Gesetzgeber allerdings als verhältnismäßig unbedeutend eingestuft; unter Berücksichtigung des durch die Verlagerung der Überwachung auf die gewerberechtlich zuständigen Behörden zusätzlichen Verwaltungsaufwandes bei weiterer Erhebung der Daten wurde § 299 SGB III a. F. daher gestrichen.[658]

Anders als beispielsweise im Versicherungsaufsichtsrecht ging die Abschaffung der Genehmigungspflicht nicht mit der Neuschaffung einer Informationspflicht in Form einer Anzeigepflicht bei Aufnahme der entsprechenden Tätigkeit einher. Dies ist jedoch nur durch die arbeitsvermittlungsrechtliche Besonderheit zu erklären, dass die allgemeine gewerberechtliche Anzeigepflicht gemäß § 14 GewO auch zu Zeiten der Erlaubnispflichtigkeit bereits bestand[659] und daher nicht neu statuiert werden musste. Eine Auskunftspflicht besteht nach der Deregulierung nicht mehr generell wie nach § 300 Abs. 1 S. 1 SGB III a. F., sondern gemäß § 29 Abs. 1 Nr. 4 GewO erst nach Eröffnung eines Untersagungsverfahrens.

Damit hat die Deregulierung des Rechts der Arbeitsvermittlung im Jahre 2002 im Ergebnis zu einer Verringerung von Informationspflichten Privater gegenüber dem Staat geführt: Die Meldepflicht über statistische Daten wurde abgeschafft, der Anwendungsbereich eines behördlichen Auskunftsanspruchs deutlich beschränkt.

---

[656] Vgl. auch *Vor*, in: Wannagat/Eichenhofer, Sozialgesetzbuch – SGB III Arbeitsförderung, § 300 Rdn. 4.

[657] BT-Drs 14/8546, S. 7.

[658] BT-Drs 14/8546, S. 7; siehe auch *Riebel*, in: Wissing/Mutschler/Bartz/Schmidt-De Caluwe, Sozialgesetzbuch III, § 299-§ 300 Rdn. 2.

[659] Siehe oben D. IV. 6. a) bb).

dd) Fazit

Das Recht der Arbeitsvermittlung bietet zunächst ein weiteres Beispiel für die deutliche Bedeutungszunahme von Informationspflichten Privater gegenüber dem Staat nach der Abschaffung eines Staatsmonopols. Diese Liberalisierung und teilweise Privatisierung weckt einen extern zu befriedigenden staatlichen Informationsbedarf, der die Statuierung gesetzlicher Vorschriften über Informationspflichten nach sich ziehen muss.

Die weit fortgeschrittene Deregulierung des Rechts der Arbeitsvermittlung verdeutlicht aber zugleich, dass eine Deregulierung auch zu einer Abschaffung von Informationspflichten Privater gegenüber dem Staat führen kann. Informationspflichten sind ein verhältnismäßig geringfügiger Eingriff in die Rechtssphäre des Bürgers etwa im Vergleich zu Genehmigungspflichten oder noch weiter gehenden Zulassungsbeschränkungen und daher – wenn sie an deren Stelle treten wie im Arbeitsvermittlungsrecht auf der ersten Deregulierungsstufe 1994 – ein mögliches Deregulierungsmittel. Wenn sich der Staat aber noch weitergehend zu einem Interventionsabbau entschließt, kann umgekehrt auch die Abschaffung von Informationspflichten Privater gegenüber dem Staat ein Mittel der Deregulierung sein – im Arbeitsvermittlungsrecht war dies 2002 der Fall.

7. Gentechnik

Als weiteres Beispiel für die Auswirkungen abgeschaffter Genehmigungspflichten auf den Bestand an Informationspflichten Privater gegenüber dem Staat kann das Gentechnikrecht dienen, das – obwohl ein verhältnismäßig neues Rechtsgebiet – bereits zweimal Gegenstand einer entsprechenden Deregulierung gewesen ist.

Das Gentechnikgesetz aus dem Jahre 1990,[660] das erstmals eine umfassende Regelung gentechnikrechtlicher Fragestellungen enthielt,[661] hatte noch eine nahezu umfassende Genehmigungspflicht für gentechnische Arbeiten vorgesehen.[662] Es stellte sich jedoch bald heraus, dass diese umfassende Genehmigungspflicht im internationalen Vergleich zu Wettbewerbsnachteilen sowohl für die deutsche Wissenschaft als auch für die deutsche Industrie geführt hatte.[663]

---

[660] Gesetz zur Regelung der Gentechnik vom 20. 6. 1990 (BGBl. I, S. 1080).

[661] Zur Lückenhaftigkeit und Zersplitterung der zuvor bestehenden Rechtsregeln siehe *Tünnesen-Harmes*, Risikobewertung im Gentechnikrecht, S. 32 ff.

[662] § 8 Abs. 1 GenTG a. F. Die einzige Ausnahme galt gemäß § 8 Abs. 2 GenTG a. F. für gentechnische Arbeiten der Sicherheitsstufe 1 zu Forschungszwecken, die von vornherein einer Anmeldepflicht unterlagen.

[663] Vgl. *Boss/Laaser/Schatz* u. a., Deregulierung in Deutschland, S. 252 ff.; *Ronellenfitsch*, VerwArch 93 (2002), 295 (303 f.); *Simon/Weyer*, NJW 1994, 759.

Vor diesem Hintergrund kam es bereits im Jahre 1993 zur Novellierung des Gentechnikgesetzes.[664] Vorliegend besonders interessant ist in diesem Zusammenhang die Änderung von § 8 Abs. 2 GenTG, wonach gentechnische Anlagen, in denen gentechnische Arbeiten der (niedrigsten) Sicherheitsstufe 1 durchgeführt werden, insgesamt nicht mehr einer Genehmigungspflicht unterlagen, sondern lediglich bei der zuständigen Behörde anzumelden waren.[665] Die Deregulierung durch Abschaffung einer Genehmigungspflicht, die nach dem Begriffsverständnis der vorliegenden Untersuchung nicht zu den Informationspflichten zu zählen ist,[666] hat damit zur Ausweitung einer Anmeldepflicht, also einer Informationspflicht gegenüber dem Staat geführt. Der Staat erhält dadurch zwar im Ergebnis nicht mehr Informationen als bisher, der Weg der Informationsbeschaffung hat sich aber geändert, indem nunmehr eine gesetzliche Informationspflicht installiert worden und an die Stelle der vormaligen Genehmigungspflicht getreten ist.

Entsprechendes gilt für die weitere Deregulierung des Gentechnikrechts im Jahre 2002.[667] Nunmehr wurde die Genehmigungspflicht durch eine erneute Änderung des § 8 Abs. 2 GenTG auch für gentechnische Arbeiten der Sicherheitsstufe 2 durch eine Anmeldung ersetzt. Hintergrund dieser Änderung waren Vorgaben des Europäischen Gemeinschaftsrechts.[668] Auch insoweit ist also die Ausweitung einer Informationspflicht gegenüber dem Staat Folge einer deregulierenden Maßnahme gewesen.

Die dargestellte zweifache Deregulierung des Gentechnikrechts im Wege der Ersetzung von Genehmigungspflichten durch Anmeldepflichten verdeutlicht damit wiederum, dass die Zunahme von Informationspflichten Privater gegenüber dem Staat eine Erscheinungsform des Deregulierungsfolgenrechts sein kann.

Das „Gesetz zur Neuordnung des Gentechnikrechts" vom 21. 12. 2004,[669] das ebenfalls etliche Deregulierungen – insbesondere in Gestalt von Vereinfachungen des Genehmigungsverfahrens – normiert,[670] enthält demgegenüber keine Informationspflichten, die als Folge der Deregulierungen angesehen werden können. Die neu eingeführten Mitteilungspflichten in § 21 Abs. 2a, Abs. 4, Abs. 5a GenTG[671] sowie § 16a Abs. 2, Abs. 3 GenTG[672] stellen viel-

---

[664] Erstes Gesetz zur Änderung des Gentechnikgesetzes vom 16. 12. 1993 (BGBl. I, S. 2066).

[665] Näher *Boss/Laaser/Schatz* u. a., Deregulierung in Deutschland, S. 259; *Simon/Weyer*, NJW 1994, 759 (761).

[666] Siehe oben C. III. 2. d) ee).

[667] Zweites Gesetz zur Änderung des Gentechnikgesetzes vom 16. 8. 2002 (BGBl. I, S. 3220).

[668] Richtlinie 98/81/EG des Rates vom 26. Oktober 1998 zur Änderung der Richtlinie 90/219/EWG über die Anwendung genetisch veränderter Mikroorganismen in geschlossenen Systemen, ABl EG 1998, Nr. L 330, 13; vgl. BR-Drs 33/02, S. 52.

[669] BGBl. I 2005, S. 186.

[670] Überblick bei *Palme*, NVwZ 2005, 253 ff.

[671] Hierzu *Palme*, NVwZ 2005, 253 (254).

[672] Hierzu *Palme*, NVwZ 2005, 253 (255).

mehr im Vergleich zum vorher geltenden Recht Beschränkungen der Freiheitssphäre Privater und damit neue Regulierungen dar.

8. Öffentliches Baurecht

Auch anhand des Öffentlichen Baurechts und den dort angestrengten Deregulierungsmaßnahmen lassen sich die Mehrstufigkeit das Zulassungsverfahren betreffender Deregulierungen und deren Auswirkungen auf das informationelle Verhältnis zwischen Bürger und Staat gut veranschaulichen.

a) Deregulierung des Öffentlichen Baurechts

Das Öffentliche Baurecht und – hier besonders interessierend – das formelle Bauordnungsrecht der Länder ist in der zweiten Hälfte der 1990er-Jahre einer weitreichenden Deregulierung unterworfen worden.[673] Die Änderungen in den Ländern weichen im Einzelnen zwar voneinander ab,[674] betreffen aber alle die Rückführung verfahrensmäßiger Anforderungen an Bauvorhaben im Interesse deren Beschleunigung und Erleichterung.[675] Insbesondere wurde die grundsätzliche Genehmigungspflichtigkeit von Bauvorhaben zunehmend zugunsten anderer formeller Anforderungen eingeschränkt.[676]

Am Beispiel des baden-württembergischen Landesrechts: Mit der Novellierung der Landesbauordnung im Jahre 1995[677] wurde neben den Kategorien der Genehmigungspflichtigkeit (§ 49 Abs. 1 LBO BW) und Verfahrensfreiheit (§ 50 LBO BW) eine dritte Kategorie der sogenannten Kenntnisgabepflichtigkeit von Bauvorhaben eingeführt:[678]

Aus der Genehmigungspflicht herausgefallen sind dadurch im Bereich eines qualifizierten Bebauungsplanes (§ 51 Abs. 2 LBO BW) die Errichtung der in § 51 Abs. 1 LBO BW genannten baulichen Anlagen, etwa von Wohnhäusern mit Ausnahme von Hochhäusern (§ 51 Abs. 1

---

[673] Auflistung der Änderungsgesetze bei *Schmitz,* Deregulierung und Privatisierung: Theoretische Steuerungskonzepte oder politische Schlagwörter?, S. 31 Fn. 154.

[674] Zu den Änderungen der verschiedenen Länder im Einzelnen *Schmitz,* Deregulierung und Privatisierung: Theoretische Steuerungskonzepte oder politische Schlagwörter?, S. 32 ff.; siehe auch *Finkelnburg / Ortloff,* Öffentliches Baurecht, Bd. II, S. 100 ff.; *Schulte,* DVBl. 2004, 925 (926 f.).

[675] Vgl. *Bock,* DVBl. 2006, 12; *Brohm,* Öffentliches Baurecht, § 28 Rdn. 6; *Knemeyer,* in: Grupp / Ronellenfitsch, Planung – Recht – Rechtsschutz, Festschrift für Willi Blümel zum 70. Geburtstag, S. 259 (266); *Preschel,* DÖV 1998, 45.

[676] *Martini,* DVBl. 2001, 1488 (1489); *Seidel,* NVwZ 2004, 139; vgl. auch *Jäde,* WiVerw 2005, 1 (10 f.); *Oldiges,* in: Steiner, Besonderes Verwaltungsrecht, IV. Rdn. 303 f.

[677] Landesbauordnung für Baden-Württemberg vom 8. 8. 1995 (GBl, S. 617).

[678] Dazu allgemein *Brohm,* Öffentliches Baurecht, § 28 Rdn. 6; *Preschel,* DÖV 1998, 45 (47).

Nr. 1 LBO BW) sowie der Abbruch von Anlagen und Einrichtungen (§ 51 Abs. 3 LBO BW); bei den entsprechenden Vorhaben müssen lediglich die Bauvorlagen bei der Baurechtsbehörde eingereicht werden (§ 52 Abs. 1 LBO BW) und vor Aufnahme der Bauarbeiten eine bestimmte Frist zugewartet werden (§ 59 Abs. 4 LBO BW).

Mit der Einführung des Kenntnisgabeverfahrens einer ging zudem die Ausweitung der verfahrensfreien Anlagen und Einrichtungen durch eine entsprechende Änderung des Anhangs zu § 50 Abs. 1 LBO BW.[679]

b) Informationelle Auswirkungen der Deregulierung

Das formelle Bauordnungsrecht ist zunächst ein weiteres Beispiel dafür, wie die Abschaffung von Genehmigungspflichten die Entstehung von Informationspflichten Privater gegenüber dem Staat nach sich zieht. Die Freistellung der in § 51 LBO BW genannten Vorhaben von der Baugenehmigungspflicht aus § 49 LBO BW befreit den Bürger von der Verpflichtung, einen Bauantrag zu stellen und das Ergebnis dessen Prüfung durch die Baurechtsbehörde abzuwarten und weitet die private Freiheitssphäre damit aus. Andererseits will der Staat nicht gänzlich auf die Überwachung der Bautätigkeit verzichten und führt deshalb im Zuge der Deregulierung Informationspflichten Privater ein, die die Kenntnis des Staates von der bevorstehenden Bautätigkeit sicherstellen können und damit die Voraussetzung für eine effektive Bauaufsicht erst schaffen.[680] Die Einführung des Kenntnisgabeverfahrens in § 51 LBO BW kann damit als typischer Fall einer Informationspflicht Privater gegenüber dem Staat gelten, die als Deregulierungsfolgenrecht einzustufen ist.

Zugleich zeigt die Deregulierung des Öffentlichen Baurechts durch die Ausweitung der verfahrensfreien Vorhaben jedoch, dass eine (weitere) Deregulierung auch durch Abschaffung von Informationspflichten Privater erfolgen kann. Eine zukünftige Ausweitung der Verfahrensfreiheit von Vorhaben (auch) an Stelle einer Kenntnisgabepflicht[681] wäre eine Deregulierung durch Abschaffung von Informationspflichten.

9. Immissionsschutz und Umweltaudit

Als letztes Rechtsgebiet, an Hand dessen die informationellen Auswirkungen einer Deregulierung verdeutlicht werden sollen, wird im Folgenden das Immissionsschutzrecht unter besonderer Berücksichtigung der Einführung eines Umweltaudit-Verfahrens herangezogen. Die Besonderheit liegt hier in dem Verzicht auf staatliche Intervention als Konsequenz der Teilnahme an freiwilligen Selbstkon-

---

[679] Die Bauvorhaben, die von der Ausweitung der Verfahrensfreiheit betroffen sind, sind aufgelistet in LT-Drs BW 11 / 5337, S. 109 f.; siehe auch *Pfaff*, VBlBW 1996, 281 (285).

[680] Zu den Zwecken des Kenntnisgabeverfahrens näher LT-Drs BW 11 / 5337, S. 110 ff.

[681] Zu entsprechenden Plänen in Bayern *Fischer*, NVwZ 2004, 1057 (1061 Fn. 39).

trollmechanismen. Dieser Aspekt eröffnet einen weiteren Horizont beim Blick auf die Zusammenhänge zwischen Deregulierung und Informationspflichten Privater gegenüber dem Staat.

a) Deregulierung durch Einführung des Umweltaudit-Verfahrens

Das Umweltaudit-Verfahren bezweckt und ermöglicht die freiwillige Verbesserung betrieblichen Umweltschutzes durch die Einschaltung staatlich zugelassener und überwachter privater Umweltgutachter und will dadurch den staatlichen Umweltschutz entlasten.[682] Seine Rechtsgrundlagen findet es in der (unmittelbar geltenden) EG-UAVO[683] sowie im UAG[684] und weiteren untergesetzlichen Vorschriften.[685] Das Verfahren läuft danach in zwei Stufen ab:[686] Auf die organisationsinterne Umweltbetriebsprüfung folgt die jährliche externe Überprüfung durch einen privaten Umweltgutachter, der staatlich zugelassen und überwacht wird.[687] Dokumentiert wird die Teilnahme am Umweltaudit-Verfahren durch die Vergabe eines in der Öffentlichkeitsarbeit verwendbaren „EMAS-Logos" (Art. 8 EG-UAVO).[688]

Mit dem Vertrauen auf eine zwar staatlich kontrollierte, aber doch eigenverantwortlich durchgeführte Selbstkontrolle stellt das Umweltaudit-Verfahren zunächst ein Beispiel für eine *„regulierte Selbstregulierung"* dar.[689] Dieser „Schlüsselbegriff" der Verwaltungsrechts-

---

[682] Vgl. *Di Fabio,* NVwZ 1998, 329 (331); *Kämmerer,* Die Umsetzung des Umwelt-Audit-Rechts, S. 16; *Kloepfer,* Umweltrecht, § 5 Rdn. 445; *Wolf,* Umweltrecht, Rdn. 1482 f.

[683] Verordnung (EWG) Nr. 1836/93 des Rates vom 29. Juni 1993 über die freiwillige Beteiligung gewerblicher Unternehmen an einem Gemeinschaftssystem für das Umweltmanagement und die Umweltbetriebsprüfung, ABl EG 1993, Nr. L 168, 1, novelliert durch Verordnung (EG) Nr. 761/2001 des Europäischen Parlaments und des Rates vom 19. März 2001 über die freiwillige Beteiligung von Organisationen an einem Gemeinschaftssystem für das Umweltmanagement und die Umweltbetriebsprüfung (EMAS), ABl EG 2001, Nr. L 114, 1; dazu näher *Wolf,* Umweltrecht, Rdn. 1484 ff.

[684] Gesetz zur Ausführung der Verordnung (EG) Nr. 761/2001 des Europäischen Parlaments und des Rates vom 19. März 2001 über die freiwillige Beteiligung von Organisationen an einem Gemeinschaftssystem für das Umweltmanagement und die Umweltbetriebsprüfung (EMAS), neugefasst durch Bekanntmachung vom 4. 9. 2002 (BGBl. I, S. 3490).

[685] Aufgelistet bei *Sparwasser/Engel/Voßkuhle,* Umweltrecht, § 4 Fn. 135.

[686] Einzelheiten zum Verfahren bei *Ensthaler/Funk/Gesmann-Nuissl/Selz,* Umweltauditgesetz/EMAS-Verordnung, S. 64 ff.; *Kloepfer,* Umweltrecht, § 5 Rdn. 454 ff.; *Langerfeldt,* NVwZ 2002, 1156 f.; *Schickert,* Der Umweltgutachter der EG-Umwelt-Audit-Verordnung, S. 130 ff.; *Wolf,* Umweltrecht, Rdn. 1491 f.

[687] Zulassungsstelle ist die „Deutsche Akkreditierungs- und Zulassungsgesellschaft für Umweltgutachter" (DAU), die gemäß § 28 UAG die Rechtsstellung einer Beliehenen hat.

[688] Einzelheiten bei *Ewer,* in: Rengeling, Handbuch des europäischen und deutschen Umweltrechts, Bd. 1, § 36 Rdn. 75 ff.; *Sparwasser/Engel/Voßkuhle,* Umweltrecht, § 4 Rdn. 56.

[689] *Schneider,* Öko-Audit und Deregulierung im Immissionsschutzrecht, S. 97; *Sparwasser/Engel/Voßkuhle,* Umweltrecht, § 4 Rdn. 52.

reform[690] beschreibt ein Konzept der Arbeitsteilung zwischen Staat und Gesellschaft in dem Sinne, dass sich die staatliche Steuerung auf die normative Initiierung, Anleitung und Absicherung der eigenverantwortlichen Erfüllung öffentlicher Aufgaben durch Private beschränkt.[691] Hierdurch soll einerseits eine Entlastung des Staates erzielt werden, andererseits vertraut das Konzept regulierter Selbstregulierung aber auch auf die Überlegenheit der gesellschaftlichen Problemlösungskompetenzen gegenüber den staatlichen Möglichkeiten insbesondere in ihrem wechselseitigen Zusammenspiel.[692]

Eine *deregulierende* Wirkung hat das Umweltaudit-Verfahren insoweit, als der Staat gegenüber dessen Teilnehmern auf bestimmte Interventionsmittel verzichtet.[693] Zwar kann das Umweltaudit-Verfahren die staatliche Zulassung und Überwachung nicht gänzlich ersetzen[694] und darf zu keiner Absenkung der materiellen Umweltstandards führen,[695] wohl aber sonstige Erleichterungen für die am Umweltaudit-Verfahren teilnehmenden Betriebe und Organisationen vorsehen (und dadurch auch Anreize für eine Teilnahme schaffen).[696] Für das Immissionsschutzrecht räumt § 58e BImSchG der Bundesregierung insoweit die Ermächtigung ein, durch Rechtsverordnung überwachungsrechtliche Erleichterungen vorzusehen, soweit eine Gleichwertigkeit der Anforderungen der VO (EG) Nr. 761/2002 mit denen des Immissionsschutzgesetzes besteht. Auf dieser Grundlage ist die EMAS PrivilegV[697] erlassen worden, die entsprechende Modifikationen des allgemeinen immissionsschutzrechtlichen Überwachungsverfahrens vorsieht.[698]

---

[690] *Voßkuhle*, VerwArch 92 (2001), 184 (213 ff.); ders., Die Verwaltung Beiheft 4 (2001), 197; vgl. auch *Sydow*, Die Verwaltung 38 (2005), 35 (52).

[691] Dazu allgemein *Schmidt-Aßmann*, Die Verwaltung Beiheft 4 (2001), 253 (254 f.); *Schmidt-Preuß*, VVDStRL 56 (1997), 160 (162 ff.); *Schmitz*, Deregulierung und Privatisierung: Theoretische Steuerungskonzepte oder politische Schlagwörter?, S. 71 ff.; *Sparwasser/ Engel/Voßkuhle*, Umweltrecht, § 2 Rdn. 170; vgl. auch *Blaue*, ZUM 2005, 30 (38).

[692] Vgl. *Voßkuhle*, VerwArch 92 (2001), 184 (214).

[693] So auch *Kloepfer*, Umweltrecht, § 5 Rdn. 446; *Knopp*, NVwZ 2001, 1098 (1099); *Schneider*, Öko-Audit und Deregulierung im Immissionsschutzrecht, S. 97; vgl. ferner *Kämmerer*, Die Umsetzung des Umwelt-Audit-Rechts, S. 16.

[694] Zutreffend *Sparwasser/Engel/Voßkuhle*, Umweltrecht, § 4 Rdn. 60.

[695] *Knopp*, NVwZ 2001, 1098 (1100); *Schneider*, Öko-Audit und Deregulierung im Immissionsschutzrecht, S. 129 f.

[696] Vgl. BR-Drs 287/02, S. 1; *Ewer*, in: Rengeling, Handbuch des europäischen und deutschen Umweltrechts, § 36 Rdn. 196 ff.; *Kloepfer*, Umweltrecht, § 5 Rdn. 476; *Wolf*, Umweltrecht, Rdn. 1495.

[697] Verordnung über immissionsschutz- und abfallrechtliche Überwachungserleichterungen für nach der Verordnung (EG) Nr. 761/2001 registrierte Standorte und Organisationen, BGBl. I 2002, S. 2247.

[698] Näher *Ewer*, in: Rengeling, Handbuch des europäischen und deutschen Umweltrechts, § 36 Rdn. 200; *Jarass*, DVBl. 2003, 298 (302 ff.); *Knopp*, NVwZ 2001, 1098 (1100 f.).

IV. Exemplifizierung an ausgewählten Rechtsgebieten

b) Informationelle Auswirkungen des Öko-Audits im Immissionsschutzrecht

Die Einführung des Öko-Audits führt in Gestalt der Etablierung des Umweltbeauftragten zu einer neuen (privaten) Instanz, die ihrerseits staatlich überwacht wird. Diese Überwachung setzt die Möglichkeit des Staates voraus, die erforderlichen Informationen zu erhalten. Ein staatliches „Interventionswissen" ist zwar nicht mehr vonnöten,[699] wohl aber muss ein hinreichendes „Regulierungs- und Überwachungswissen" des Staates gewährleistet sein.[700] Die Deregulierung durch Einführung des Umweltaudit-Verfahrens hatte dementsprechend die Einführung einer Informationspflicht des Umweltgutachters gegenüber der zur Überwachung zuständigen staatlichen Stelle – hier: der DAU[701] – zur Folge. Diese ist Teil der *Regulierung* der Selbstregulierung.

§ 15 Abs. 6 UAG verpflichtet die Umweltgutachter unter anderem dazu, eine Reihe von Unterlagen aufzubewahren (Nr. 1), die Zulassungsstelle über alle Veränderungen zu unterrichten, die auf die Zulassung oder die Fachkenntnisbescheinigung Einfluss haben können (Nr. 2), sowie der Zulassungsstelle zur Vorbereitung der regelmäßig durchzuführenden Aufsichtsverfahren die erforderlichen Angaben zu machen und auf Verlangen der Zulassungsstelle die zur Überprüfung erforderlichen Unterlagen vorzulegen (Nr. 4).[702]

Umgekehrt hat die Teilnahme eines Betriebes am Umweltaudit-Verfahren aber auch auf dessen informationelles Verhältnis zum Staat insoweit Auswirkungen, als gerade dieses von den überwachungsrechtlichen Erleichterungen betroffen sein kann. § 58e S. 4 BImSchG sieht insoweit ausdrücklich vor, dass auch Erleichterungen zu „Messberichten sowie sonstigen Berichten und Mitteilungen von Ermittlungsergebnissen" (Nr. 2) sowie „Mitteilungspflichten zur Betriebsorganisation" (Nr. 4) vorgesehen werden können. Demzufolge enthält die EMASPrivilegV einige Vorschriften, die Informationspflichten gegenüber staatlichen Stellen nach dem BImSchG abschwächen oder sogar außer Kraft setzen.[703]

§ 52a BImSchG enthält Anzeige- und Mitteilungspflichten zur Betriebsorganisation, die sicherstellen sollen, dass der Behörde ein kompetenter Ansprechpartner innerhalb der Unternehmensführung bekannt ist (Abs. 1) und die immissionsschutzrechtlichen Pflichten beachtet werden (Abs. 2).[704] Von diesen Pflichten entbindet § 2 EMASPrivilegV insoweit, als sie

---

[699] So *Sparwasser/Engel/Voßkuhle,* Umweltrecht, § 4 Rdn. 173; siehe auch *Eifert,* Die Verwaltung Beiheft 4 (2001), 137 (140).

[700] Vgl. auch BT-Drs 14/8231, S. 24.

[701] Siehe oben Fn. 687.

[702] Zu den Informationspflichten des Umweltgutachters gegenüber der Zulassungsstelle siehe auch *Schickert,* Der Umweltgutachter der EG-Umwelt-Audit-Verordnung, S. 220 f.

[703] Dazu umfassend *Schneider,* Öko-Audit und Deregulierung im Immissionsschutzrecht, S. 154 ff.; siehe auch *Kloepfer,* UPR 2005, 41 (48).

[704] Näher *Feldhaus,* NVwZ 1991, 927 (928 ff.); *Knopp/Striegl,* BB 1992, 2009 ff.; *Manssen,* GewArch 1993, 280 ff.; *Schneider,* Öko-Audit und Deregulierung im Immissionsschutzrecht, S. 154 f.

durch die Bereitstellung eines Bescheides zur Standort- oder Organisationseintragung nach § 32 UAG als erfüllt gelten. Hintergrund dieser Entlastung der Teilnehmer am Umweltaudit-Verfahren ist, dass der Aufbau und Betrieb einer umweltschutzorientierten Betriebsorganisation zentrales Element des Umweltaudit-Verfahrens ist und die Zwecke von § 52a BImSchG damit mit der Bestätigung des Umweltgutachters gewahrt sind.[705]

§ 55 Abs. 1 S. 2 BImSchG verpflichtet den Betreiber dazu, die Bestellung des Immissionsschutzbeauftragten, die Bezeichnung dessen Aufgaben, Veränderungen dessen Aufgabenbereichs sowie dessen Abberufung der zuständigen Behörde anzuzeigen; gemäß § 58c Abs. 1 BImSchG gilt Gleiches im Hinblick auf den Störfallbeauftragten.[706] Bei Organisationen, die am Umweltaudit-Verfahren teilnehmen, verzichtet § 3 Abs. 3 EMASPrivilegV auf eine gesonderte Anzeige und erklärt diese für erfüllt, wenn der Betreiber der zuständigen Behörde im Rahmen des Umweltaudits erarbeitete Unterlagen zugeleitet hat, die gleichwertige Angaben enthalten.[707]

In diesen Fällen führt die mit der Einführung des Umweltaudit-Verfahrens verbundene Deregulierung zu einer entsprechenden Rückführung von Informationspflichten Privater gegenüber dem Staat, mag sich auch die tatsächliche Reichweite der Entlastung in recht engen Grenzen halten.[708]

c) Fazit

Die Betrachtung der Auswirkungen des Umweltaudit-Verfahrens auf das Immissionsschutzrecht hat deutlich gemacht, dass auch eine Deregulierung, die mit der Einräumung von Mechanismen staatlich regulierter Selbstregulierung einher geht und deren Folge ist, sowohl zur Abnahme von Informationspflichten Privater gegenüber dem Staat als auch zu deren Zunahme führen kann. Einerseits ermöglicht die regulierte *Selbstregulierung* den Abbau zuvor bestehender Informationspflichten der sich zukünftig selbst regulierenden Privaten gegenüber den vormals für die Überwachung (allein) zuständigen staatlichen Stellen; andererseits kann die *Regulierung* der Selbstregulierung – etwa durch die Einsetzung eines zur Überwachung zuständigen Privaten wie des Umweltgutachters – einen neuen Informationsbedarf des Staates verursachen, der mittels der Neuschaffung von Informationspflichten befriedigt werden muss. Die informationellen Auswirkungen der Deregulierung in Folge des Umweltaudits sind damit unterschiedlich: Die teilnehmenden Organisationen werden informationell entlastet, der neu geschaffenen Institution des Umweltgutachters werden demgegenüber Informationspflichten auferlegt.

---

[705] BR-Drs 287/02, S. 19; *Knopp*, NVwZ 2001, 1098 (1100); vgl. auch *Schneider*, Öko-Audit und Deregulierung im Immissionsschutzrecht, S. 154 ff.

[706] Vgl. auch *Dirks*, DB 1996, 1021 (1023 f.).

[707] Vgl. *Knopp*, NVwZ 2001, 1098 (1101); *Schneider*, Öko-Audit und Deregulierung im Immissionsschutzrecht, S. 166.

[708] Siehe für § 55 Abs. 1 S. 2 BImSchG *Knopp*, NVwZ 2001, 1098 (1101); vgl. auch *Sparwasser/Engel/Voßkuhle*, Umweltrecht, Rdn. 60.

V. Analyse

Die Begutachtung ausgewählter Rechtsgebiete, die in den vergangenen Jahren und Jahrzehnten Gegenstand sehr verschiedenartiger Maßnahmen der Privatisierung, Liberalisierung und Deregulierung waren, hat typische Reaktionen des Gesetzgebers auf einen damit häufig einhergehenden gesteigerten Informationsbedarf des Staates identifizieren können. Es haben sich einerseits die vielfältige Entstehung von Informationspflichten Privater gegenüber dem Staat als Folge von privatisierenden und liberalisierenden Maßnahmen sowie andererseits ein durchaus ambivalentes Verhältnis zwischen Deregulierungen und der informationellen Inpflichtnahme Privater erwiesen.

1. Vielfältige Entstehung von Informationspflichten durch Privatisierung und Liberalisierung

Die Analyse praktischer Beispiele von Privatisierungen und Liberalisierungen hat die These von Informationspflichten Privater gegenüber dem Staat als Privatisierungs- bzw. Liberalisierungsfolgenrecht in vollem Umfang bestätigt. Überträgt der Staat die Erfüllung einer bestimmten Aufgabe ganz oder teilweise auf Private oder sorgt auf andere Weise für die Öffnung eines Marktes, scheint die Entstehung oder Ausweitung von Informationspflichten Privater gegenüber dem Staat fast zwangsläufige Folge in der Gesetzgebungspraxis zu sein. Beobachtet werden konnte die Bedeutungszunahme dieses Rechtsinstituts dabei unabhängig davon, ob der Staat weiterhin selbst bzw. durch seine öffentlich-rechtlichen Organisationen auf dem entsprechenden Markt tätig ist – so im Rundfunkwesen[709] und in der Arbeitsvermittlung[710] – oder sich ganz von der Wahrnehmung der entsprechenden Aufgabe zurückgezogen hat wie im Bereich von Telekommunikation,[711] Post,[712] Eisenbahn[713] oder Gebäudefeuerversicherung.[714]

Fragt man nach den Ursachen des Phänomens von Informationspflichten Privater gegenüber dem Staat als Privatisierungs- bzw. Liberalisierungsfolgenrecht, so ist einerseits – als spezifische Folge der *Privatisierung* – die Privatisierung (auch) der vormals beim Staat verfügbaren Informationen zu nennen. Will und muss der Staat hierauf weiterhin Zugriff haben, muss er zum Mittel der informationellen Inpflichtnahme Privater greifen. Das Rechtsinstitut der Informationspflicht Privater gegenüber dem Staat dient vor diesem Hintergrund der häufig notwendigen Relativierung der Informationsprivatisierung.

---

[709] Siehe oben D. IV. 1. b) bb).
[710] Siehe oben D. IV. 6. b) bb).
[711] Siehe oben D. IV. 2. b) bb).
[712] Siehe oben D. IV. 3. b) bb).
[713] Siehe oben D. IV. 4. b) bb).
[714] Siehe oben D. IV. 5. b) bb).

Andererseits – und als spezifische Folge der *Liberalisierung* – ruft die Öffnung eines vormals monopolisierten Marktes einen neuen Regulierungsbedarf hervor, weil der nunmehr eröffnete Wettbewerb zunächst hergestellt und später dauerhaft gesichert werden muss. Die staatliche Aufgabe der Regulierung und Überwachung der entsprechenden Märkte setzt ihrerseits die Informiertheit des Staates voraus, die nur extern – namentlich durch Inanspruchnahme der Marktteilnehmer – sichergestellt werden kann. Mittel hierzu ist wiederum die Statuierung von Informationspflichten Privater gegenüber staatlichen Stellen.

Müssen Informationspflichten Privater gegenüber dem Staat nach alldem als wichtiger Fall sowohl des Privatisierungs- als auch des Liberalisierungsfolgenrechts angesehen werden, so sind sie zugleich und sogar in zweierlei Hinsicht Recht der Informationsgesellschaft: Einerseits ist ihr Gegenstand die Information, der „Rohstoff" der Informationsgesellschaft;[715] andererseits können sie als Liberalisierungsfolgenrecht sowohl als Grund als auch als Folge der Informationsgesellschaft verstanden werden.[716]

2. Ambivalentes Verhältnis zwischen Deregulierung und Informationspflichten Privater

Bei weitem nicht so eindeutig wie im Bereich der Privatisierung und Liberalisierung fällt das Ergebnis für die Auswirkungen von Deregulierungen auf Informationspflichten Privater gegenüber dem Staat aus. Maßnahmen der Deregulierung können sowohl zu einer Zunahme als auch zu einer Abnahme dieses Rechtsinstituts führen.

Zunächst gilt insoweit (selbstverständlich), dass Informationspflichten Privater, die Privatisierungs- oder Liberalisierungsfolgenrecht darstellen, zugleich als Deregulierungsfolgenrecht anzusehen sind. Diese Erkenntnis folgt zwangsläufig aus dem hier vertretenen weiten Deregulierungsbegriff, der Privatisierungen und Liberalisierungen stets mit umfasst,[717] und bedarf keiner weiteren Begründung. Deregulierungen, die zugleich unter den Begriff der Privatisierung bzw. Liberalisierung fallen, führen damit zu einer Ausweitung von Informationspflichten Privater gegenüber dem Staat.

Dieselbe Tendenz – eine Neuschaffung von Informationspflichten Privater gegenüber dem Staat – lässt sich in der Gesetzgebungspraxis für die Abschaffung von Genehmigungspflichten feststellen.[718] Üblicherweise wird die zuvor durch das Zulassungserfordernis gesicherte präventive Kontrolle durch staatliche Stellen nicht ersatzlos gestrichen, sondern vielmehr durch eine repressive Kontrolle der laufenden Tätigkeit der Privaten ersetzt. Die Durchführung dieser repressiven Kon-

---

[715] Siehe oben B. I. 1.
[716] Siehe oben B. I. 1. b) .
[717] Siehe oben D. I. 2. d).
[718] Vgl. auch *Voßkuhle*, VerwArch 92 (2001), 184 (207).

trolle erfordert jedoch zumindest die Informiertheit des Staates darüber, dass der Private die entsprechende Tätigkeit aufnehmen bzw. wie er sie ausüben will, was durch die Auferlegung einer Informationspflicht sichergestellt wird. Beispiele für einen derartigen Rechtsentwicklungsprozess haben sich vorliegend im Versicherungsaufsichtsrecht, (mit Einschränkungen) im Recht der Arbeitsvermittlung, im Gentechnikrecht sowie im Öffentlichen Baurecht ergeben.

Andererseits können Deregulierungen aber auch gerade durch die Abschaffung von Informationspflichten Privater gegenüber dem Staat erfolgen.[719] Dies hat sich in der vorliegenden Untersuchung insbesondere am Beispiel des Rechts der Arbeitsvermittlung gezeigt, bei dessen (weiterer) Deregulierung im Jahre 2002 Informationspflichten gegenüber dem Staat beseitigt worden sind.[720] Am Öffentlichen Baurecht lässt dieser Gesichtspunkt zumindest gedanklich nachvollziehen, wenn man sich eine (nicht unwahrscheinliche) zukünftige Deregulierung vorstellt, in deren Zuge die Kenntnisgabepflicht bestimmter Vorhaben durch deren Verfahrensfreiheit ersetzt werden könnte.[721]

Sowohl eine Zunahme als auch eine Abnahme der informationellen Pflichten Privater haben sich schließlich bei der Betrachtung des Komplexes Immissionsschutzrecht/Umweltaudit ergeben, der als Beispiel für eine mit der Einführung „regulierter Selbstregulierung" verbundene Deregulierung einen gewissen Sonderfall darstellt. Damit einher ging einerseits die gesetzliche Einführung der Person des Umweltgutachters, die mit der Schaffung von Informationspflichten desselben gegenüber dem Staat verbunden war, um eine effektive staatliche Überwachung zu gewährleisten. Andererseits ermöglichte sie die Abschaffung und Abschwächung bestehender Informationspflichten der Teilnehmer am Umweltaudit-Verfahren gegenüber staatlichen Stellen.[722] Auch hieran zeigt sich das Bedürfnis der Differenzierung, wenn Informationspflichten Privater gegenüber dem Staat unter dem Topos des Deregulierungsfolgenrechts betrachtet werden.

Diese Beobachtungen fordern ein Gedankenexperiment heraus, das einen idealtypischen (und praktisch schwerlich vorstellbaren) extremen Deregulierungsprozess betreffen soll. Dieser beginnt mit einem Höchstmaß staatlicher Regulierung, nämlich der *staatlichen Monopolisierung* der entsprechenden Tätigkeit. Ein erster Deregulierungsschritt ist die *Marktöffnung* durch Liberalisierung, die bei der Aufhebung eines Staatsmonopols mit einer mindestens teilweisen Privatisierung einhergeht. Folge der Liberalisierung ist zunächst die strenge (in der Regel sektorspezifische)[723] Regulierung der entsprechenden Tätigkeit durch Private, die ins-

---

[719] Umgekehrt hat das Versicherungsaufsichtsrecht gezeigt, dass die Ausweitung von Informationspflichten Privater keineswegs Ausdruck einer Deregulierung sein muss, sondern auch im Zuge einer (Re-)Regulierung erfolgen kann; siehe oben D. IV. 5. b) dd).

[720] Siehe oben D. IV. 6. b) cc).

[721] Siehe oben D. IV. 8. b).

[722] Siehe oben D. IV. 9. b).

[723] Vgl. oben D. II. 2.

besondere mittels des Vorbehalts staatlicher Zulassung präventiv kontrolliert wird. Im Zuge der weiteren Deregulierung wird diese strenge *Regulierung* Stück für Stück *abgebaut* und schließlich die *Zulassungspflichtigkeit beseitigt* und durch Mechanismen der repressiven staatlichen Kontrolle ersetzt. Eine weitere Deregulierung beseitigt dann – möglicherweise, aber nicht zwingend einhergehend mit einem Stadium der „regulierten Selbstregulierung" – weitere Ausübungsregulierungen und führt schließlich im Extremfall zur *vollständigen Freiheit* bei der Ausübung der entsprechenden Tätigkeit durch Private.[724]

Welche Auswirkungen hat nun dieser Prozess auf den Bestand von Informationspflichten Privater gegenüber dem Staat? Auf der *ersten Stufe* der skizzierten Entwicklung ist ein Staatsmonopol informationell nahezu autark; ein Rückgriff auf Private ist – wenn überhaupt – nur selten erforderlich, die benötigten Informationen können weitgehend im Wege der eigenen Aufgabenwahrnehmung generiert werden. Die *zweite Stufe* – Marktöffnung durch Beseitigung des Staatsmonopols – ruft bereits einen deutlich gesteigerten externen Informationsbedarf des Staates hervor; zuvor unmittelbar verfügbare Informationen sind nun teilweise privatisiert, die strenge (und zunächst regelmäßig sektorspezifische) Regulierung und Überwachung der geöffneten Märkte durch den Staat setzen zudem dessen weitergehende Informiertheit voraus. Auf dieser Stufe kommt es also zu einer deutlichen Bedeutungszunahme der informationellen Inanspruchnahme Privater. Auf der *dritten Stufe* – teilweiser Abbau dieser Regulierungen – kann der Informationsbedarf des Staates unter Umständen wieder abnehmen, wenn und weil die Kräfte des nunmehr chancengleiche(re)n Marktes die Aufgaben der sektorspezifischen staatlichen Marktüberwachung zum Teil übernommen haben (können); der Markt kann in diesem Fall zwar kaum jemals sich selbst, wohl aber der allgemeinen Wettbewerbsaufsicht überlassen werden,[725] was die Abschaffung insbesondere spezialgesetzlicher Informationspflichten Privater gegenüber dem Staat ermöglicht. Auf der *vierten Stufe* – Aufhebung der Zulassungspflicht – steigt der Informationsbedarf des Staates dann wieder an, weil die im Genehmigungsverfahren anfallenden Informationen zukünftig nicht mehr zur Verfügung stehen; dies kann durch die Statuierung einer entsprechenden Anzeigepflicht vor Aufnahme der Tätigkeit (teilweise) kompensiert werden – Informationspflichten Privater gegenüber dem Staat nehmen wieder zu. Eine Beseitigung weiterer Ausübungsregulierungen auf der *fünften Stufe* kann auch Informationspflichten Privater betreffen und zu deren Verringerung führen. Kommt es schließlich zur völligen Freigabe der betreffenden Tätigkeit auf der *sechsten Stufe,* entfallen zugleich alle Informationspflichten des Privaten gegenüber dem Staat.

Die Betrachtung dieses gedachten Deregulierungsprozesses und der informationellen Auswirkungen der einzelnen Deregulierungsstufen zeigt, dass das Verhältnis

---

[724] Vgl. auch *Schoch,* in: Schuppert, Jenseits von Privatisierung und „schlankem" Staat, S. 221 (246), der bereits ein „Zeitalter der Deregulierung ‚trotz' Privatisierung" in der Informationsordnung kommen sieht.

[725] Vgl. zu diesem Phänomen bereits oben D. II. 2.

zwischen Deregulierung und Informationspflichten Privater gegenüber dem Staat nicht eindeutig im Sinne eines linearen Verlaufs festgestellt werden kann, sondern ein eher ambivalentes ist. Festzuhalten bleibt jedenfalls, dass die dargestellten Maßnahmen der Deregulierung in aller Regel informationelle Auswirkungen haben. Häufig nehmen Informationspflichten Privater gegenüber dem Staat zu, zumal die sechste Stufe des dargestellten Prozesses, nämlich eine völlige Befreiung privater Tätigkeiten von staatlichen Vorgaben, in der Praxis selten der Fall sein wird und daher von eher theoretischer Bedeutung ist.[726] Soweit die Deregulierung gerade am informationellen Verhältnis zwischen Staat und Bürger ansetzt, kann Folge der Deregulierung im Einzelfall aber auch die Beseitigung vorher bestehender Informationspflichten Privater gegenüber dem Staat sein. In diesem Fall verzichtet der Staat bewusst darauf, vormals als benötigt angesehene Informationen von Privatpersonen zu erlangen; Hintergrund kann die Erkenntnis sein, dass der angenommene staatliche Informationsbedarf doch nicht besteht, die Abschaffung der Informationspflicht kann aber auch die Folge einer Entscheidung für die Entlastung des Bürgers von der Informationspflicht trotz fortbestehendem (aber nicht sehr gewichtigem) staatlichen Informationsinteresse sein.

Auf dieser Grundlage und mit dem Vorbehalt, dass die Vielschichtigkeit von Deregulierungen keine allgemeingültigen, sondern nur tendenzielle Aussagen über ihre Konsequenzen ermöglicht, lässt sich jedenfalls festhalten, dass Deregulierungen vielfach Auswirkungen auf Informationspflichten Privater gegenüber dem Staat haben. In der Tendenz haben deregulierende Maßnahmen dabei zur Folge, dass Informationspflichten Privater gegenüber dem Staat in Zahl und Bedeutung zunehmen. Vor diesem Hintergrund ist es gerechtfertigt, Informationspflichten Privater gegenüber dem Staat (auch) als Erscheinungsform des Deregulierungsfolgenrechts zu begreifen.

Die große Vielfalt der geschilderten Auswirkungen von deregulierenden Maßnahmen auf das informationelle Verhältnis zwischen Staat und Privaten und in der Folge auf deren Informationspflichten gegenüber staatlichen Stellen lässt sich zum Teil auf die (notwendige) Weite des Deregulierungsbegriffs dieser Untersuchung zurückführen, der jeglichen Abbau staatlicher Intervention erfassen will. (Auch) dies spricht allerdings nicht gegen den hier vertretenen weiten und qualitativ verstandenen Deregulierungsbegriff.[727] Die *Ambivalenz* zwischen Maßnahmen der Deregulierung und ihren Auswirkungen auf Informationspflichten Privater gegenüber dem Staat ließe sich nämlich auch auf der Grundlage eines engeren Deregulierungsverständnisses schwerlich beseitigen.[728] So würde eine Analyse auf der Grundlage des wettbewerbsbezogenen Deregulierungsbegriffs ebenso zu dem Ergebnis kommen müssen, dass etwa die Beseitigung von Marktzutrittsschranken oder staatlichen Ausübungsregeln

---

[726] Kontrollüberlegung: Jede private Tätigkeit unterliegt zumindest theoretisch wenigstens der staatlichen Überwachung nach allgemeinem Polizeirecht und damit den entsprechenden Informationspflichten, wenn die Eingriffsvoraussetzungen vorliegen. Einen von vornherein staatsfreien Raum gibt es damit auch in Bezug auf Informationspflichten Privater gegenüber dem Staat nicht.

[727] Zur Begründung des weiten Begriffsverständnisses ausführlich D. I. 2. c) aa).

[728] Zu den sonst vertretenen Deregulierungsbegriffen ausführlich oben D. I. 2. c) aa).

sowohl zu einer Zunahme als auch zu einer Abnahme von Informationspflichten Privater gegenüber dem Staat führen kann. Und bei einem Begriffsverständnis, das Staatsmonopolisierungen nicht als Regulierungen deutete und in der Folge Privatisierungen nicht als Deregulierungen verstehen könnte, würde zwar die erste Stufe des dargestellten Prozesses – die Marktöffnung durch Beseitigung eines Staatsmonopols – aus der Analyse zu streichen sein; dies änderte aber nichts am (auch) im Übrigen festzustellenden nicht eindeutigen Verhältnis zwischen Maßnahmen der Deregulierung und Informationspflichten Privater gegenüber dem Staat.

E. Informationspflichten Privater gegenüber dem Staat im geltenden Recht

Informationspflichten Privater gegenüber dem Staat haben sich im bisherigen Verlauf dieser Untersuchung als Rechtsfigur erwiesen, deren Bedeutung in Zeiten von Privatisierung, Liberalisierung und Deregulierung erheblich zugenommen hat und weiter zunimmt. Da sie gerade die Erteilung von Informationen zum Gegenstand haben, zählen sie zudem zum spezifischen Recht der Informationsgesellschaft. Mit einiger Berechtigung können Informationspflichten Privater gegenüber dem Staat damit als Rechtsinstitut bezeichnet werden, das zwar nicht neu ist,[1] aufgrund der aktuellen politischen, wirtschaftlichen und technologischen Entwicklungen sowie deren Rezeption durch die Rechtsordnung aber dennoch besondere Aktualität aufweist. Vor diesem Hintergrund verwundert es, dass dem Phänomen der Informationspflicht Privater gegenüber dem Staat als solchem bisher relativ wenig Interesse gewidmet worden ist; die vorhandenen Publikationen behandeln überwiegend[2] lediglich einzelne Informationsansprüche des Staates[3] oder einzelne Problempunkte von Informationspflichten.[4]

Ausgangspunkt einer systematischen Untersuchung der Informationspflicht Privater gegenüber dem Staat als Rechtsinstitut muss eine Bestandsaufnahme (und Kritik) des geltenden Rechts sein. Ausgehend von der Erkenntnis, dass sich der Gesetzgeber bei der Normierung von Informationspflichten Privater bisher fast ausschließlich auf bereichsspezifische Regelungen (I.) unter Gebrauch einer unein-

---

[1] Zur Geschichte der informationellen Inpflichtnahme Privater *Herrmann*, Informationspflichten gegenüber der Verwaltung, S. 31 ff.; vgl. auch *Scholl*, Behördliche Prüfungsbefugnisse im Recht der Wirtschaftsüberwachung, S. 22 ff.; *Thomä*, Auskunfts- und Betriebsprüfungsrecht der Verwaltung, S. 16 ff.

[2] Siehe aber die Dissertationen von *Decker*, Die externe Informationsgewinnung in der deutschen öffentlichen Verwaltung; *Hahn*, Offenbarungspflichten im Umweltschutzrecht; *Haller*, Auskunftsansprüche im Umwelthaftungsrecht; *Herrmann*, Informationspflichten gegenüber der Verwaltung; *Hwang*, Anzeigepflichten im Verwaltungsrecht; *Mäder*, Betriebliche Offenbarungspflichten und Schutz vor Selbstbelastung; *Pohl*, Informationsbeschaffung beim Mitbürger.

[3] Exemplarisch *Bär*, MMR 2002, 358 ff.; *Baumann*, ZLR 2003, 27 ff.; *Diederichsen*, VBlBW 2000, 461 ff.; *Gaiser*, ZInsO 2002, 472 ff.; *Gerstner*, NVwZ 2000, 637 ff.; *Holznagel/Schulz*, MMR 2002, 364 ff.; *Müller*, DuD 2002, 601 ff.; *Neumann/Wolff*, TKMR 2003, 110 ff.; *Richter*, wistra 2000, 1 ff.; *Streinz*, ZLR 2003, 11 ff.; *Welp*, GA 2002, 535 ff.; *Wollweber*, NJW 2002, 1554 ff.

[4] Etwa *Bärlein/Pananis/Rehmsmeier*, NJW 2002, 1825 ff.; *Berg*, WiVerw 1996, 171 ff.; *Miebach*, Das Bankgeheimnis; *Nobbe/Vögele*, NuR 1988, 313 ff.; *Roß*, Die Auskunftsverweigerungsrechte im Europäischen Wirtschaftsverwaltungsrecht.

heitlichen Nomenklatur beschränkt hat (II.), wird im Folgenden das Augenmerk auf die Grenzen der informationellen Inpflichtnahme Privater im geltenden Recht (III.) sowie Regelungen über die Aktualisierung und Erfüllung der staatlichen Informationsansprüche (IV.) gelegt. Daran knüpfen sich Untersuchungen zur Richtigkeitsgewähr (V.) sowie zur privaten Informationsvorsorge (VI.) an. Schließlich folgen kritische Bemerkungen zum aktuellen Regelungs„konzept" des Gesetzgebers (VII.) sowie Folgerungen hieraus für Informationspflichten Privater als Bestandteil einer rechtlich verfassten Informationsordnung (VIII.).

I. Bereichsspezifische Regelungen im geltenden Recht

Der Blick in das geltende Gesetzesrecht lässt keinen Zweifel daran, dass der Gesetzgeber das Erfordernis der externen staatlichen Informationsgewinnung zur Kenntnis genommen hat: Die Zahl der Informationspflichten Privater gegenüber dem Staat kann sogar als nahezu unüberschaubar bezeichnet werden. Eine Vielzahl von Beispielen ist bereits gegeben worden, als die informationellen Auswirkungen von Privatisierungen, Liberalisierungen und Deregulierungen näher dargestellt worden sind.[5] Weitere Beispiele folgen in diesem Abschnitt, ohne dass ein Anspruch auf Vollständigkeit auch nur im Entferntesten erhoben werden könnte.[6]

Bei der Betrachtung des geltenden Rechts sticht schnell ins Auge, dass sich der Gesetzgeber fast durchgängig auf die Statuierung der jeweiligen Informationspflicht im einschlägigen Spezialgesetz beschränkt. Eine Vielzahl von Vorschriften normiert Informationspflichten sowie deren Voraussetzungen, Grenzen, Erfüllungsbedingungen und sonstige damit in Verbindung stehende Rechtsfragen, ohne dass ein Zusammenhang zwischen den einzelnen Regelungen sichtbar wäre oder sogar eine Verallgemeinerung und Zusammenführung der ständig wiederkehrenden Rechtsfragen unternommen würde.

Dieses unsystematische und bereichsspezifische Vorgehen in der Gesetzgebungspraxis wird bereits daran deutlich, dass das allgemeine Verwaltungsverfahrensrecht keine speziellen Vorgaben für die informationelle Inpflichtnahme Privater enthält. Insbesondere normiert § 26 Abs. 1 S. 2 Nr. 1 VwVfG gerade keine allgemeine Informations*pflicht* Privater gegenüber dem Staat im Verwaltungsverfahren, sondern nur eine Obliegenheit zur Informationserteilung.[7] § 26 Abs. 2 S. 3,

---

[5] Siehe oben D. IV.

[6] (Bei weitem nicht vollständige) Auflistungen von Informationspflichten Privater finden sich auch bei *Haller*, Auskunftsansprüche im Umwelthaftungsrecht, S. 253 ff.; *Herrmann*, Informationspflichten gegenüber der Verwaltung, S. 99 ff.; vgl. ferner *Bärlein / Pananis / Rehmsmeier*, NJW 2002, 1825 (1826).

[7] Siehe bereits oben C. III. 2. d) cc).

Abs. 3 S. 1 VwVfG bestätigt das bereichsspezifische Vorgehen des Gesetzgebers noch, indem die Vorschrift für das Bestehen einer Auskunftspflicht ein diese normierendes Spezialgesetz voraussetzt.[8]

Eine interessante Ausnahme von der rein bereichsspezifischen Normierung von Informationspflichten Privater gegenüber dem Staat besteht allerdings im Bereich der Auskunftsverweigerungsrechte. Hinzuweisen ist dabei zum einen auf § 65 Abs. 1 S. 2 VwVfG, der für das – praktisch seltene[9] – förmliche Verwaltungsverfahren generell auf die Vorschriften der ZPO über die Zeugen- und Sachverständigenpflicht verweist. Zum anderen enthalten die Landesverwaltungsverfahrensgesetze in Baden-Württemberg, Berlin, Brandenburg, Hamburg, Mecklenburg-Vorpommern und Nordrhein-Westfalen für alle Verwaltungsverfahren in ihrem Anwendungsbereich eine generelle Regelung über Auskunftsverweigerungsrechte, die sich in Berlin in § 2a Abs. 2 S. 2, in den anderen Ländern in § 26 Abs. 2 S. 4 LVwVfG findet: Wenn kraft Spezialgesetzes eine Auskunftspflicht besteht, darf die Auskunft verweigert werden, wenn der Auskunftspflichtige durch die Beantwortung sich oder einen näher bezeichneten nahen Angehörigen der Gefahr strafgerichtlicher Verfolgung oder eines Verfahrens nach dem Gesetz über Ordnungswidrigkeiten aussetzen würde. In den Verwaltungsverfahrensgesetzen des Bundes und der nicht genannten Länder fehlt demgegenüber eine entsprechende Norm.

II. Uneinheitlichkeit der Nomenklatur

Mit der Bereichsspezifität des geltenden Rechts korrespondiert eine außerordentlich uneinheitliche Nomenklatur des Gesetzgebers bei der Statuierung von Informationspflichten Privater. Wenn das deutsche Recht Private dazu verpflichtet, dem Staat Informationen zu erteilen, ist von Auskunftspflichten, Aufklärungspflichten, Anzeigepflichten, Meldepflichten, Anmeldepflichten, Abmeldepflichten, Benachrichtigungspflichten, Erklärungspflichten, Unterrichtungspflichten, Mitteilungspflichten, Angabepflichten, Informationspflichten, Einsendungspflichten, Übersendungspflichten, Übermittlungspflichten, Einreichungspflichten, Vorlagepflichten, Vorzeigepflichten, Aushändigungspflichten, Überlassungspflichten sowie von Nachweispflichten die Rede.[10] Dieser Vielzahl von unterschiedlichen Begriffen kommt nur teilweise auch eine inhaltliche Relevanz zu,[11] was im Folgenden näher verdeutlicht werden soll.

Die Darstellung des Normbestandes in den Fußnoten ist dabei umfangreich angelegt, um den Bestand an Informationspflichten Privater gegenüber dem Staat repräsentativ ver-

---

[8] *Brühl*, JA 1992, 193 (197 f.); *Clausen*, in: Knack, Verwaltungsverfahrensgesetz, § 26 Rdn. 38, 41; *Henneke*, Jura 1989, 7 (10); *Martens*, JuS 1978, 247; *Schink*, DVBl. 1989, 1182 (1185 f.).

[9] Siehe nur *Kopp/Ramsauer*, Verwaltungsverfahrensgesetz, § 63 Rdn. 9 f.

[10] Vgl. auch *Herrmann*, Informationspflichten gegenüber der Verwaltung, S. 99 ff.; *Kloepfer*, UPR 2005, 41 (43).

[11] Siehe auch *Erbguth/Schlacke*, Umweltrecht, § 5 Rdn. 74 Fn. 100; *Hoppe/Beckmann/Kauch*, Umweltrecht, § 8 Rdn. 106; *Herrmann*, Informationspflichten gegenüber der Verwaltung, S. 145.

anschaulichen zu können.[12] Dies gilt sowohl in Bezug auf die Häufigkeit der verschiedenen Begriffe in der Gesetzessprache als auch in Bezug auf die Rechtsgebiete, in denen derartige Informationspflichten anzutreffen sind. Allerdings beschränken sich die Nachweise einerseits auf bundesrechtliche und andererseits auf (formell) gesetzliche Vorschriften, ohne auch nur für diese einen Anspruch auf Vollständigkeit erheben zu können. Gerechtfertigt ist diese Beschränkung, weil eine Einbeziehung auch landesrechtlicher sowie untergesetzlicher Normen zu keinem anderen Bild führte, welche Begriffe der Normgeber wie häufig verwendet, wenn er Informationspflichten Privater gegenüber dem Staat in den verschiedenen Rechtsgebieten statuiert. Will man ein realistisches Bild davon erhalten, wie viele Informationspflichten Privater gegenüber dem Staat heute im deutschen Recht insgesamt existieren, darf getrost ein Vielfaches der hier nachgewiesenen – und schon kaum mehr überschaubaren – Zahl von Informationspflichten angenommen werden.

1. Auskunftspflichten

Der Terminus der Auskunftspflicht wird in der Gesetzessprache außerordentlich häufig verwendet.[13] Ihm kommt eine erhebliche inhaltliche Aussagekraft zu, weil

---

[12] Zur Gesetzesbezeichnung werden, soweit vorhanden, die amtlichen Abkürzungen verwendet, im Übrigen die gängigen Abkürzungen aus den Gesetzessammlungen des Verlags C.H. Beck.

[13] § 22 Abs. 1 S. 1 ArbSchG; § 19 Abs. 1 Nr. 1 MuSchG; § 17 Abs. 4 S. 1 ArbZG; § 7 Abs. 2 S. 1 AÜG; § 11 Abs. 2 MindArbBedG; § 81 Abs. 1 BPersVG; § 76 Abs. 2 BBiG; § 80 Abs. 5 SGB IX; § 24 Abs. 1 ArbSG; § 13 Abs. 1 S. 1 ArbSichG; § 28 Abs. 1 S. 1 HAG; § 21 Abs. 1 S. 1 AFBG; § 47 Abs. 2 BAFöG; § 18 Abs. 1 S. 1 BerBiFG; § 138 Abs. 1 S. 1 BauGB; § 25 Abs. 5 S. 4, § 64 Abs. 4 Nr. 3 AMG; §§ 22 Abs. 1 Nr. 2, 24 Abs. 1 BtMG; §§ 20 Abs. 1 Nr. 2, 21 Abs. 1 GÜG; § 25 Abs. 2 GenTG; § 28 Abs. 1 KHG; § 16 Abs. 2 S. 3, § 29 Abs. 2 S. 3, § 41 Abs. 1 S. 3 IfSG; § 26 Abs. 3 S. 1 Nr. 4, Abs. 4 S. 2 MPG; § 18 Abs. 1 SchKG; § 19 Abs. 2 S. 2 AtG; § 44 Abs. 1 S. 1 AWG; § 70 Abs. 1 BBergG; § 54a Abs. 1 S. 1 Nr. 2 PBefG; § 4 Abs. 3 S. 1 Nr. 1 FPersG; § 69 Abs. 2 EnWG; § 12 Abs. 1 S. 3, Abs. 5 S. 1 Nr. 1, § 15 Abs. 3 S. 2, § 21a Abs. 3 S. 1 GüKG; § 9 Abs. 2 S. 1 GGBefG; § 21 Abs. 3 S. 1 ChemG; § 29 Abs. 1 GewO; § 17 Abs. 1 S. 1 HwO; § 22 Abs. 1 GastG; § 44 Abs. 1 S. 1, Abs. 2 S. 1, § 44c Abs. 1 S. 1 KWG; § 22 Abs. 3 Nr. 1, Abs. 4 LadSchlG; § 11 Abs. 1 HAfG; § 8 Abs. 2 DMG; § 7 S. 3 SeefischG; § 5 Abs. 2 Nr. 4 FischEtikettG; §§ 22b Abs. 1 S. 1 Nr. 2, 22c FlHG; § 42 Abs. 1 BWaldG; § 44 Abs. 2 LMBG; § 38 Abs. 1 PflSchG; § 59 Abs. 1 SaatG; § 12 Abs. 3 S. 1 TierNebG; § 73 Abs. 2 TierSG; § 16 Abs. 2 TierSchG; § 31 Abs. 1 Nr. 5 WeinG; § 20 Abs. 1 SigG; § 39 Abs. 1 S. 1 WaffG; § 31 Abs. 1, Abs. 4 SprengG; § 17 Abs. 1 S. 1 BeschG; § 14 Abs. 3, Abs. 5 KrWaffG; § 7 Abs. 1 S. 1 CWÜAG; § 57, § 60, § 61 Abs. 1 S. 1, Abs. 2 S. 1 Nr. 1 SGB II; § 38 Abs. 1 S. 1, § 39 Abs. 1 S. 1, § 315, § 316, § 318 Abs. 1 S. 1, Abs. 2 S. 1 Nr. 1 SGB III; § 196 Abs. 1 S. 1 Nr. 1 SGB VI; § 192 Abs. 3, § 203 Abs. 1 S. 1 SGB VII; § 97a Abs. 1 S. 1, Abs. 2 SGB VIII; § 80 Abs. 5 SGB IX; § 98 Abs. 1, § 99, § 100 Abs. 1 SGB X; § 117 SGB XII; § 25 WoGG; § 20 Abs. 1 S. 1, Abs. 2 USG; § 93 Abs. 1, § 200 Abs. 1, § 210 Abs. 3 S. 2 AO; § 27b Abs. 2 UStG; § 42f Abs. 2. S. 2 EStG; § 113 Abs. 1 S. 1, § 114 Abs. 1, § 127 TKG; § 45 Abs. 1 Nr. 1 PostG; § 4 Abs. 1 PTSG; § 100g StPO Abs. 1; § 1 Abs. 2, § 2 Abs. 1 G 10; § 40 Abs. 2 KrW-/AbfG; § 52 Abs. 2 S. 1 BImSchG; § 5 Abs. 1 BzBlG; § 1 Abs. 1 FluglärmG; § 50 Abs. 1 BNatSchG; § 21 Abs. 1 S. 3, Abs. 2 S. 2 WHG; § 33 Abs. 1 WaStrG; § 6d Abs. 1, Abs. 2 StVG; § 5a Abs. 5 Nr. 1, § 14c Abs. 3 S. 1 Nr. 1 AEG; § 9 Abs. 1 Nr. 2 AMbG; § 23b Abs. 1 Nr. 2 LuftVG; § 39 Abs. 5, § 59 Abs. 1 Nr. 2, Abs. 2 GWB; § 3 Abs. 1 S. 1 PAngG; § 2 Abs. 1 BörsG; § 4 Abs. 3 S. 1, § 370 Abs. 4 S. 1 WpHG; § 40 Abs. 1–4 WpÜG; § 9 Abs. 1 S. 1 EAEG; § 33 MOG; § 9a Abs. 1 S. 2

hiermit ausnahmslos Informationspflichten bezeichnet werden, denen eine *Aufforderung* der zuständigen staatlichen Stelle zur Informationserteilung vorausgeht. Überwiegend ist das Erfordernis eines „Verlangens" der Informationserteilung durch die zuständige staatliche Stelle sogar ausdrücklich in der Ermächtigungsgrundlage erwähnt.[14] Ist dies nicht der Fall,[15] ist dieses Ergebnis dem allgemeinen Sprachgebrauch geschuldet: Eine Auskunft ist danach gerade eine Informationserteilung auf Anfrage.[16] Der Normierung einer Verpflichtung zur „Auskunft" durch den Gesetzgeber kann damit inhaltliche Klarheit konstatiert werden: Der Begriff thematisiert die Frage, wie die Informationspflicht aktualisiert wird, und beantwortet sie eindeutig.

2. Aufklärungspflichten

Der Bundesgesetzgeber beschränkt sich allerdings nicht auf den Begriff der Auskunftspflicht, wenn er Informationspflichten normiert, die eine staatliche Informationsanforderung voraussetzen. In § 57d S. 1 WPO ist in diesem Zusammenhang statt von einer Pflicht zur Auskunftserteilung von einer Aufklärungspflicht die Rede. Zwar wird das Erfordernis der Informationsanforderung hier nicht ausdrücklich niedergelegt, es ergibt sich aber aus dem Regelungszusammenhang; normiert wird eine Kontrollsituation, die ein staatliches Tätigwerden vor dem Entstehen der Verpflichtung zwingend erfordert. Sachliche Gründe für die Abweichung in der Nomenklatur sind dabei nicht ersichtlich. Der Gesetzgeber greift lediglich zu einem anderen Begriff, um dieselbe rechtliche Verpflichtung zu beschreiben. Die Rechtslage wird dadurch unnötig verkompliziert.

3. Anzeigepflichten

Eine große Verwendung in der Gesetzessprache findet des Weiteren die Anzeigepflicht.[17] Sie bildet im geltenden Recht gewissermaßen den Gegensatz zur Aus-

---

BBesG; § 56 Abs. 1 S. 1 BBesG; § 7 Abs. 1 BliwaG; § 20 Abs. 1 S. 1 FernUSG; § 9 Abs. 1 S. 1 EMVG; § 15 Abs. 1 S. 4 HeimG; § 20 Abs. 1 S. 1, § 97 S. 1 InsO; § 16 Abs. 2 S. 3 MRRG § 16 Abs. 1 EichG; § 8 Abs. 9 S. 2 GPSG; § 38 Abs. 3 S. 1 BDSG. Siehe auch die Zusammenstellung bei *Pohl*, Informationsbeschaffung beim Mitbürger, S. 47 ff.

[14] Zum Beispiel § 7 Abs. 2 S. 1 AÜG; § 47 Abs. 2 BAFöG; § 24 Abs. 1 BtMG; § 25 Abs. 2 GenTG; § 29 Abs. 1 GewO.

[15] So zum Beispiel in § 138 Abs. 1 S. 1 BauGB; § 9 Abs. 2 GGBefG; § 17 Abs. 1 S. 1 HwO.

[16] Siehe *Herder-Verlag*, Der Große Herder, 1. Bd., S. 766: Auskunft als „erbetene Aufklärung oder Mitteilung"; *Wahrig/Krämer/Zimmermann*, Brockhaus Wahrig, Deutsches Wörterbuch, 1. Bd., S. 282: Auskunft als „aufklärende Mitteilung, Belehrung, Unterrichtung, Antwort auf eine Anfrage"; vgl. auch *Scholl*, Behördliche Prüfungsbefugnisse im Recht der Wirtschaftsüberwachung, S. 115.

[17] § 7 Abs. 1 AÜG; § 17 Abs. 1 KSchG; § 80 Abs. 2 SGB IX; § 62 Abs. 2 BBiG; § 50 Abs. 5 AufenthG; § 9 AufenthG/EWG; § 20, § 29 Abs. 1 S. 1, Abs. 1c, § 67 AMG; § 4

kunftspflicht, da hierdurch ausschließlich Informationspflichten bezeichnet werden, die beim Vorliegen der Tatbestandsvoraussetzungen kraft Gesetzes, das heißt ohne das Erfordernis einer gesonderten staatlichen (insbesondere behördlichen) Informationsanforderung entstehen.[18] Wie der Begriff der Auskunftspflicht hat damit auch dieser Terminus eine deutliche inhaltliche Aussagekraft; wiederum wird die Art der Aktualisierung der Informationspflicht thematisiert und durch die Verwendung eines eindeutigen Begriffs klar gekennzeichnet.

4. Melde-, Anmelde- und Abmeldepflichten

Abermals lässt sich jedoch feststellen, dass der Gesetzgeber sich nicht auf den Begriff der Anzeigepflicht beschränkt, um Informationspflichten zu kennzeichnen, die unmittelbar kraft Gesetzes entstehen. Gängig ist vielmehr im geltenden Recht auch der Terminus der Meldepflicht,[19] die inhaltlich der Anzeigepflicht voll ent-

---

Abs. 3 BtMG; § 15 S. 1 GÜG; § 29 Abs. 2 S. 3, § 49 Abs. 1, § 50 IfSG; § 20 Abs. 6, § 24 Abs. 2, § 25, § 30 Abs. 2 S. 1 MPG; § 10b Abs. 2 S. 1 BÄO; § 13a Abs. 2 S. 1 ZahnheilkG; § 22 Abs. 2 S. 1 HebG; § 23 Abs. 2 S. 1 KrpflG; § 2 Abs. 5, § 12a Abs. 2 ApoG; § 11a Abs. 2 S. 1 BTÄO; § 12 Abs. 1 S. 1 BJagdG; § 2 LPachtVG; § 27 Abs. 1 Nr. 1 SaatG; § 34 Abs. 2 Nr. 1 AtG; § 50 Abs. 1, Abs. 2, § 57 Abs. 1 S. 2, § 60 Abs. 2 S. 2, § 74 Abs. 3 BBergG, § 54 Abs. 2 S. 2 PBefG; § 17 FahrlG; § 4 Abs. 2, § 9 S. 3, § 10 S. 3, § 34 Abs. 3 S. 1 GastG; § 14 Abs. 1, § 55c S. 1, § 56a Abs. 2, § 69 Abs. 3 GewO; § 16 Abs. 2, § 18 Abs. 1, § 30 Abs. 2 HwO; § 7 Abs. 1 AuslInvestmG; § 18 Abs. 1 Gesetz über forstliches Saat- und Pflanzgut; § 9 S. 1, § 21a S. 1 PflSchG; § 3 Abs. 5, § 9, § 17d Abs. 2 S. 2 TierSG; § 6 Abs. 1 S. 5, § 8 Abs. 4 S. 2, § 8a Abs. 1, Abs. 4, § 8b Abs. 1, § 10 Abs. 2 S. 2, § 10a S. 2, § 16 Abs. 1a TierSchG; § 2 Abs. 1 S. 1, § 12 Abs. 1 S. 3, § 14, § 21 Abs. 4 S. 2, § 26, § 35 Abs. 1 SprengG; § 10 Abs. 1 S. 4, § 21 Abs. 6 S. 1, S. 4, § 27 Abs. 2 S. 2, § 34 Abs. 2, Abs. 4, Abs. 5, § 36 Abs. 4 S. 2, § 37, § 40 Abs. 5 S. 1 WaffG; § 12 Abs. 6 S. 1, § 26a S. 1 KrWaffG; § 5 S. 1 EnWG; § 311 S. 1 Nr. 1 SGB III; § 202 S. 1 SGB VII; § 289 LAG; § 20 Abs. 1 S. 2 USG; § 137 Abs. 1 AO; § 33 Abs. 1–3 ErbStG; § 19 Abs. 1, Abs. 2 GrEStG; § 8 Abs. 4 S. 1, S. 2 FeuerschStG; § 55 Abs. 6 S. 1 TKG; § 7 Abs. 2 S. 3, § 36 S. 1 PostG; § 25 Abs. 2 S. 1, § 36 Abs. 1, § 43 Abs. 2, § 46 Abs. 2, § 50 Abs. 3, § 53 Abs. 1 KrW-/AbfG; § 15 Abs. 1 S. 1, Abs. 3, § 52a Abs. 1 S. 1, § 55 Abs. 1 S. 2, § 67 Abs. 2 BImSchG; § 17a S. 2, § 19a Abs. 4 S. 2; § 19e Abs. 2 S. 1, § 21c Abs. 1 S. 2 WHG; § 965 Abs. 2 S. 1 BGB; §§ 16, 17 PStG; § 13 Abs. 1 S. 1, Abs. 2 S. 5, S. 8, Abs. 3 S. 2, S. 4, S. 6, Abs. 4, § 13a Abs. 1 S. 1, Abs. 3 S. 2, S. 4, S. 6, Abs. 4 S. 2, S. 4, S. 6, Abs. 5 S. 2, S. 4, Abs. 6 KWG; § 58 Abs. 1 S. 1 BörsG; § 88 Abs. 2 S. 1 VAG; § 39 Abs. 6 GWB; § 18 S. 2 FernUSG; § 12 Abs. 1 S. 2, Abs. 3, Abs. 4 HeimG; § 4 Abs. 3, Abs. 4 S. 2, § 13 Abs. 1 S. 1, Abs. 3 SigG; § 6b Abs. 1 StVG; § 31 Abs. 2 S. 1 WaStrG; § 6 Abs. 1 S. 1 SchSG; § 138 StGB; § 23b Abs. 1 ParteiG. Siehe auch die Zusammenstellung bei *Pohl*, Informationsbeschaffung beim Mitbürger, S. 25 ff.

[18] Ausdrücklich § 7 Abs. 1 AÜG; vgl. auch *Scholl*, Behördliche Prüfungsbefugnis im Recht der Wirtschaftsüberwachung, S. 115.

[19] § 8 Abs. 1 AÜG; § 8a AsylbLG; § 22 Abs. 1 S. 1 AsylVfG; § 12 Abs. 2 S. 1, § 18 Abs. 1 BtMG; § 18 GÜG; § 4 Abs. 1, Abs. 2 ChemG; §§ 6 ff. IfSG; § 7 Abs. 1, Abs. 3 TierNebG; § 19 Abs. 1 PflSchG; § 12 Abs. 5 KrWaffG; § 309 Abs. 1, § 310 SGB III; § 28a Abs. 1 SGB IV; § 47 Abs. 1 S. 2 SGB VIII; § 43 Abs. 6 S. 4 BNatSchG; § 24 Abs. 7 WPflG; § 4d Abs. 1 BPolG; § 6 Abs. 1 S. 1 TKG.

spricht: Eine Verpflichtung zur Meldung setzt ebenfalls keine gesonderte behördliche Anforderung voraus, sondern besteht unmittelbar, sobald die hierfür statuierten Voraussetzungen erfüllt sind. Unterfälle der Meldepflichten[20] sind die Anmeldepflichten[21] und die Abmeldepflichten.[22] Diesen Begriffen kommt in gewissem Umfang eine eigenständige inhaltliche Bedeutung zu, da eine Anmeldepflicht nach dem Sprachgebrauch einem anderen Verhalten vorgelagert ist, also etwas über den Zeitpunkt der Entstehung der Pflicht aussagt; umgekehrt gilt dies auch für die Abmeldepflicht, die nach Abschluss einer bestimmten Tätigkeit besteht. Eine große Aussagekraft kann dem jedoch nicht beigemessen werden, weil die einschlägigen Vorschriften häufig ohnehin genaue Angaben über den Zeitpunkt der Verpflichtung machen[23] und auch gesetzliche Anzeigepflichten häufig vor der Aufnahme oder bei Beendigung eines bestimmten Verhaltens bestehen.[24]

5. Benachrichtigungs-, Erklärungs- und Unterrichtungspflichten

Noch weitere, allerdings seltener verwendete Begriffe bezeichnen die Informationspflicht ohne staatliche Informationsanforderung im geltenden Recht. In einigen Bestimmungen finden sich für derartige Verpflichtungen die Termini Benachrichtigungspflicht,[25] Erklärungspflicht[26] sowie Unterrichtungspflicht.[27] Derart bezeichnete Informationspflichten bestehen ebenfalls unmittelbar kraft Gesetzes.[28] Die Begriffe reihen sich damit in die Gruppe der Anzeigepflicht, Meldepflicht,

---

[20] Deutlich wird dies an § 11 MRRG, der unter der Überschrift „Allgemeine Meldepflicht" in Abs. 1 eine Anmeldepflicht und in Abs. 2 eine Abmeldepflicht normiert.

[21] § 50 Abs. 1 S. 1 SGB XI; § 8 Abs. 2 S. 1, § 9 Abs. 2 S. 1 GenTG; § 15a Abs. 2 GüKG; § 14 Abs. 1 VersG; § 15 Abs. 3 S. 1 SprengG; § 33 Abs. 1 S. 1, § 58 Abs. 1 S. 2 WaffG; § 139 Abs. 1 AO; § 45a Abs. 1 EStG; § 46 Abs. 1 BNatSchG; § 106 Abs. 1 HGB; § 30 Abs. 1 VAG; § 11 Abs. 1, § 13 Abs. 2 S. 1 MRRG; § 39 Abs. 1 GWB.

[22] § 15a Abs. 6 GüKG; § 11 Abs. 2, § 13 Abs. 2 S. 2 MRRG.

[23] Etwa § 8 Abs. 2 GenTG: Anmeldung „vor dem beabsichtigten Beginn der Errichtung" der gentechnischen Anlage; § 14 Abs. 1 VersG: Anmeldung der öffentlichen Versammlung unter freiem Himmel „spätestens 48 Stunden vor der Bekanntgabe".

[24] Beispielsweise § 14 Abs. 1 S. 1 GewO: Anzeigepflicht bei Aufnahme des selbständigen Betriebs eines stehenden Gewerbes; siehe auch *Herrmann*, Informationspflichten gegenüber der Verwaltung, S. 100 f.

[25] § 5 Abs. 1 S. 3 MuSchG; § 34 Abs. 6 S. 1 IfSG.

[26] § 25 Abs. 1 PflSchG; § 110 Abs. 1 S. 1 Nr. 2 a) TKG; § 29 Abs. 1 StAG.

[27] § 15 Abs. 2 Nr. 2 AsylVfG; § 14d AEG; § 13 Abs. 6 EnWG.

[28] Für die Erklärungspflicht in § 29 Abs. 1 StAG gilt dies nur mit Einschränkungen. Zwar entsteht diese automatisch „mit Erreichen der Volljährigkeit" und setzt kein behördliches Verlangen voraus. Jedoch normiert § 29 Abs. 5 StAG immerhin eine Hinweispflicht der zuständigen Behörde in Bezug auf die Erklärungspflicht des Betroffenen und die Folgen einer Erklärung.

Anmeldepflicht sowie Abmeldepflicht ein. Warum der Gesetzgeber hierfür eine derartige Vielzahl von Bezeichnungen verwendet, erschließt sich nicht.

6. Mitteilungspflichten

Die bisher behandelten Bezeichnungen von Informationspflichten zeichnen sich dadurch aus, dass sie trotz ihrer unnötigen Vielfalt klar deutlich machen, wie die jeweilige Informationspflicht aktualisiert wird. Dies ist beim Terminus der Mitteilungspflicht, der im geltenden Recht durchaus gängig ist,[29] demgegenüber nicht der Fall. Vielmehr bietet diese Bezeichnung de lege lata ein deutliches Beispiel für die Verwendung eines zusätzlichen Begriffs, dessen Bedeutung sich darauf beschränkt, zusätzliche Verwirrung zu stiften: Zwar verpflichten Mitteilungspflichten in der Regel zur Informationserteilung ohne gesonderte staatliche Aufforderung; es existieren aber ausnahmsweise auch Pflichten Privater gegenüber dem Staat zur Mitteilung bestimmter Umstände, die ausdrücklich eine staatliche Anforderung voraussetzen.[30] Ist eine Mitteilungspflicht gesetzlich normiert, wird also nur kenntlich, dass eine Informationspflicht besteht. Wie diese aktualisiert wird, muss der Gesetzgeber gesondert bestimmen, soll diese Frage nicht unklar bleiben.

7. Angabe- und Informationspflichten

Derselben Kritik wie Mitteilungspflichten sehen sich die Angabepflichten[31] ausgesetzt, die an einigen Stellen des geltenden Rechts auftreten. Die in den einschlä-

---

[29] § 23 Abs. 1 ArbSchG; § 7 S. 1 HAG; § 7 Abs. 1 S. 1 Hs. 2 TVG; § 21 Abs. 1 S. 1 AFBG; § 29 Abs. 1a, Abs. 1b, Abs. 1d, § 63a Abs. 3, § 74a Abs. 3 AMG; § 8 Abs. 3 S. 1 BtMG; § 4 Abs. 1 Nr. 3, § 10 Abs. 3 S. 1 GÜG; § 9 Abs. 4a, § 21 GenTG; § 16 ff. ChemG; § 6 Abs. 2 S. 1, § 8 Abs. 5, § 43 Abs. 2 IfSG; § 7 Abs. 1c S. 1 Nrn. 1, 3, § 34 Abs. 2 Nr. 2 AtG; § 139b Abs. 5 GewO; § 17 Abs. 4 HwO; § 2 Abs. 5 S. 2 PBefG; § 15a Abs. 5 GüKG; § 19a S. 2 LuftVG; § 62 Abs. 2 Nr. 3 BDSG; § 9 Abs. 2 S. 1 VersG; § 21 Abs. 4 S. 1 SprengG; § 196 Abs. 1 S. 1 Nr. 2 SGB VI; § 192 Abs. 2 SGB VII; § 29 Abs. 4 WoGG; § 330a Abs. 1 S. 1 Nr. 2 LAG; § 138 Abs. 1, Abs. 2 AO; § 68 Abs. 1 EStG; § 53 Abs. 2 KrW-/AbfG; § 31 S. 1, § 52a Abs. 2 BImSchG; § 69 Abs. 3 S. 1, § 84 Abs. 3, § 87 Abs. 1 S. 1 TKG; § 17 Abs. 1 S. 1 PostG; § 12 Abs. 1 S. 2 MRRG; § 9 Abs. 1 S. 1, § 10 Abs. 1 S 1, § 15 Abs. 1 S. 1, § 15a Abs. 1 S. 1, § 21 Abs. 1 S. 1 WpHG; § 10 Abs. 2 S. 1 WpÜG; § 30 Abs. 2 VAG.

[30] Beispiele: § 23 Abs. 1 ArbSchG: Pflicht zur Mitteilung zu einem von der zuständigen Behörde „bestimmten Zeitpunkt"; § 17 Abs. 4 HwO: Pflicht zur Mitteilung „auf Verlangen"; § 31 S. 1 BImSchG: Pflicht, „auf Verlangen" mitzuteilen; § 9 Abs. 2 S. 1 VersG: Pflicht zur Mitteilung „auf Anfordern"; § 87 Abs. 1 S. 1 TKG: Pflicht, „auf Verlangen jährlich mitzuteilen".

[31] § 50 Abs. 1 Nr. 1 JArbSchG; § 19 Abs. 1 Nr. 1 MuSchG; § 15 Abs. 2 Nr. 1 AsylVfG; § 14 Abs. 3 S. 2 GewO; § 15a Abs. 3 GüKG; § 29d Abs. 4 S. 2 LuftVG; § 135, § 210 Abs. 3 S. 4 AO; § 330a Abs. 1 S. 1 Nr. 1 LAG; § 36a Abs. 1 KrW-/AbfG; § 27 Abs. 1 S. 1 BImSchG; § 16 S. 1 GPSG.

gigen Normen verankerte Pflicht, gegenüber der zuständigen staatlichen Stelle „Angaben zu machen", besteht laut den gesetzlichen Vorschriften zum Teil „auf Verlangen",[32] so dass entsprechend der Auskunftspflicht eine staatliche Informationsanforderung erforderlich ist, um die Informationspflicht zu aktualisieren. Teilweise bestehen die Angabepflichten aber auch unmittelbar kraft Gesetzes.[33] Teilweise kommen sogar beide Alternativen in Betracht.[34] Ähnlich ist der Befund für Informationspflichten.[35] Auch dieser Begriff regelt sowohl Verpflichtungen zur Informationserteilung auf Verlangen[36] als auch solche unmittelbar kraft Gesetzes.[37] Ein eigenständiger sachlicher Gehalt kommt den Termini der Angabepflicht sowie der Informationspflicht somit nicht zu. Sie sind indifferent.

8. Einsendungs-, Übersendungs-, Übermittlungs- und Einreichungspflichten

Andere Begriffe, die der Gesetzgeber für Informationspflichten Privater verwendet, haben wiederum eine höhere Aussagekraft als die Mitteilungspflicht, die Angabepflicht oder die Informationspflicht. Sie verhalten sich zwar nicht zur Frage der Aktualisierung der Informationspflicht, wohl aber zur Art und Weise deren Erfüllung (und thematisieren zugleich die Richtigkeitsgewähr hinsichtlich der erteilten Information[38]).

Dies gilt zunächst für die Einsendungspflichten,[39] bei denen der Verpflichtete die Information, die Gegenstand der betreffenden Informationspflicht ist, an den Sitz der berechtigten Behörde in schriftlicher Form zu übermitteln hat. Wie die Informationspflicht aktualisiert wird, ist dabei uneinheitlich bestimmt: Die hier erfassten Ermächtigungsgrundlagen kennen Einsendungspflichten sowohl kraft Gesetzes[40] als auch – dies überwiegt – auf „Verlangen" der zuständigen staatlichen Stelle[41].

---

32 So bei § 50 Abs. 1 Nr. 1 JArbSchG; § 19 Abs. 1 Nr. 1 MuSchG; § 14 Abs. 3 S. 2 GewO; § 16 S. 1 GPSG; nicht ausdrücklich § 29d Abs. 4 S. 2 LuftVG.

33 So bei § 15a Abs. 3 GüKG.

34 So bei § 36a Abs. 1 KrW-/AbfG und § 27 Abs. 1 S. 1 BImSchG, nach denen die Angabepflicht innerhalb einer von der Behörde gesetzten Frist oder zu einem in einer Rechtsverordnung festgesetzten Zeitpunkt besteht.

35 § 4 TKG; § 37 PostG; § 4 PTSG; § 13 Abs. 5 S. 1 EnWG; § 44 Abs. 3 LMBG.

36 So in § 4 TKG; § 37 PostG; § 4 PTSG; § 44 Abs. 3 LMBG.

37 So in § 13 Abs. 5 S. 1 EnWG.

38 Siehe auch unten E. V. 1.

39 § 17 Abs. 4 S. 2 ArbZG; § 6 S. 3 HAG; § 50 Abs. 1 Nr. 2 JArbSchG; § 19 Abs. 1 Nr. 2 MuSchG; § 22 Abs. 3 Nr. 2 LadSchlG; § 4 Abs. 3 S. 1 Nr. 2 FPersG.

40 § 6 S. 3 HAG.

41 § 17 Abs. 4 S. 2 ArbZG; § 50 Abs. 1 Nr. 2 JArbSchG; § 19 Abs. 1 Nr. 2 MuSchG; § 22 Abs. 3 Nr. 2 LadSchlG; § 4 Abs. 3 S. 1 Nr. 2 FPersG.

Auch für die Erfassung dieser Erfüllungsvoraussetzungen beschränkt sich der Gesetzgeber allerdings nicht auf die Verwendung ein und desselben Begriffs, sondern spricht teilweise auch von Übersendungspflichten.[42] In den hierzu zu ermittelnden Vorschriften ist eine staatliche Informationsanforderung keine Voraussetzung, sondern die Verpflichtung besteht unmittelbar kraft Gesetzes.

Daneben ist in einigen Vorschriften von Übermittlungspflichten[43] oder von Einreichungspflichten[44] die Rede. Diese Begriffe sind etwas weiter als die der Übersendungs- oder Einsendungspflicht, weil nicht nur die postalische, sondern jede Art der Übermittlung bzw. Einreichung erfasst wird. Uneinheitlich ist (auch) hier, ob die Verpflichtung qua Gesetzes[45] oder „auf Ersuchen"[46] besteht.

9. Vorlagepflichten

Wie die zuletzt erörterten Begriffe nehmen auch Vorlagepflichten[47] auf die Art und Weise der Informationserteilung Bezug. Hiernach ist ebenfalls ein bestimmter Informationsträger der zuständigen staatlichen Stelle zugänglich zu machen, ohne dass ein expliziter Übermittlungsvorgang vorausgesetzt wird. Ob diese Verpflich-

---

[42] § 7 Abs. 1 TVG; § 11 Abs. 1a, § 11a Abs. 3 AMG; § 15a Abs. 4 S. 2, § 25 Abs. 3 S. 1 WpHG.

[43] § 7 Abs. 1c S. 2 AtG; § 16 f. Abs. 2 S. 1 ChemG; § 45d Abs. 1 EStG; § 18 Abs. 1 UStG; § 10 Abs. 1 S. 3 VersStG; § 9 Abs. 1 S. 2 FeuerschStG; § 14 Abs. 2 S. 1 SigG; § 14 Abs. 1 S. 1 WpÜG.

[44] § 9 Abs. 1 S. 1 EAEG.

[45] So etwa nach § 16f. Abs. 2 S. 1 ChemG; § 45d Abs. 1 EStG; § 18 Abs. 1 UStG; § 9 Abs. 1 S. 1 EAEG.

[46] So nach § 14 Abs. 2 S. 1 SigG.

[47] § 7 Abs. 2 S. 3 AÜG; § 17 Abs. 4 S. 2 ArbZG; § 76 Abs. 2 BBiG; § 80 Abs. 1 SGB IX; § 9 Abs. 3 S. 2, § 28 Abs. 1 S. 1 HAG; § 47 Abs. 2 BAFöG; § 18 Abs. 1 S. 1 BerBiFG; § 21 Abs. 1 S. 1 AFBG; § 50 Abs. 1 Nr. 2 JArbSchG; § 19 Abs. 1 Nr. 2 MuSchG; § 48 Abs. 1 AufenthG; § 15 Abs. 2 Nrn. 4, 5 AsylVfG; § 22 Abs. 7 S. 2, S. 3, § 47a Abs. 2 S. 2, § 59 Abs. 4 AMG; § 16 Abs. 2 S. 3, § 51 S. 2 IfSG; § 6 Abs. 3 S. 1 GenTG; § 12 Abs. 1 S. 2, § 26 Abs. 4 S. 2 MPG; § 7 Abs. 1c S. 1 Nr. 2, § 19a Abs. 1 AtG; § 44 Abs. 1 S. 2 AWG; § 70 Abs. 1 BBergG; § 29 Abs. 2 S. 1 GewO; § 12 Abs. 3a S. 1, S. 2, § 52, § 69 Abs. 2 EnWG; § 18 Abs. 3, § 28 Abs. 2 FahrlG; § 38 Abs. 1 S. 1, § 39 Abs. 1 S. 1, § 311 S. 1 Nr. 2 SGB III; § 196 Abs. 1 S. 2 SGB VI; § 117 Abs. 1 S. 2 SGB XII; § 44 Abs. 1 S. 1, Abs. 2 S. 1, § 44c Abs. 1 S. 1 KWG; § 23 Abs. 3 S. 2, § 37o Abs. 4 S. 1 WpHG; § 59 S. 1 VAG; § 9 Abs. 1 S. 1 EAEG; § 22 Abs. 3 Nr. 2 LadSchlG; § 8 Abs. 3 S. 2 DMG; § 38 Abs. 2 S. 3 PflSchG; § 7 S. 3 SeefischG; § 59 Abs. 2 S. 2 SaatG; § 73 Abs. 5 TierSG; § 9a S. 5 TierSchG; § 23 S. 1 SprengG; § 17 Abs. 2 S. 3 BeschG; § 14 Abs. 5 KrWaffG; § 330a Abs. 1 S. 1 Nr. 3 LAG; § 97 Abs. 1 S. 1, § 200 Abs. 1, § 210 Abs. 3 S. 2, § 211 Abs. 1 AO; § 18d, § 27b Abs. 2 UStG; § 42f Abs. 2 S. 2 EStG; § 16b Abs. 3 ChemG; § 16 Abs. 3, § 19 Abs. 1 S. 2, § 20 Abs. 1, § 42 Abs. 1, § 43 Abs. 1, § 46 Abs. 1 S. 1 KrW-/AbfG; § 29a Abs. 3, § 52 Abs. 2 S. 1 BImSchG; § 11 Abs. 1 FluglärmG; § 127 Abs. 4 TKG; § 30 Abs. 1, § 45 Abs. 3 PostG; § 20 Abs. 1 SigG; § 16 S. 1 GPSG; § 5 Abs. 1 PStG; § 40 Abs. 1–4 WpÜG; § 20 Abs. 1 S. 1 FernUSG.

tung kraft Gesetzes[48] oder erst auf entsprechende Aufforderung[49] besteht, ist wiederum nicht einheitlich, sondern differiert von Spezialgesetz zu Spezialgesetz. Zu berücksichtigen ist allerdings, dass nicht jede Vorlagepflicht zwangsläufig auch eine *Information*spflicht darstellt.

Dass eine gesetzliche Vorlagepflicht eine Informationspflicht ist, setzt insoweit zum einen voraus, dass der vorzulegende Gegenstand zumindest auch als *Informationsträger* dient.[50] Bei der Vorlagepflicht hinsichtlich bestimmter Unterlagen (etwa nach § 97 Abs. 1 S. 1 AO) ist dies unproblematisch der Fall. Jedoch ist beispielsweise die Pflicht zur Vorlage einer unbrauchbar gemachten Schusswaffe gemäß § 37 Abs. 3 S. 1 WaffG keine Informationspflicht, weil die Schusswaffe nicht als Informationsträger angesehen werden kann.

Zudem muss der *Zweck* der Verpflichtung sein, zumindest auch der Information der staatlichen Stelle zu dienen. Zur Verdeutlichung: Die Verpflichtung nach § 15 Nr. 1 PassG, den Pass vorzulegen, wenn eine Eintragung unzutreffend geworden ist, soll die Passbehörde in die Lage versetzen, einen zutreffenden Pass auszugeben, verfolgt aber keine informationelle Intention im eigentlichen Sinne, da sie keine informationelle Grundlage für eine (anderweitige) staatliche Aufgabenerfüllung schaffen soll. Umgekehrt ist die Verpflichtung nach § 48 Abs. 1 AufenthG zur Vorlage des Passes eine Informationspflicht, weil hier der Pass unmittelbar als Informationsträger dient und der staatlichen Stelle Aufschluss über die Identität des Passinhabers geben soll.

10. Vorzeige-, Aushändigungs- und Überlassungspflichten

Entsprechendes gilt für die gesetzlich normierten Vorzeigepflichten,[51] die Aushändigungspflichten[52] sowie die Überlassungspflichten.[53] Alle diese Bezeichnungen beziehen sich auf die Art und Weise der Informationserteilung, die durch Vorzeigen, Aushändigen bzw. Überlassen eines Informationsträgers zu geschehen hat. Bei diesen Arten der Informationspflicht Privater gegenüber dem Staat ist eine staatliche Aufforderung zur Aktualisierung schon deshalb erforderlich, weil das Vorzeigen, Aushändigen und Überlassen der Informationsträger jeweils Vorgänge in Kontrollsituationen darstellen, die nicht kraft Gesetzes, sondern auf Initiative der zuständigen staatlichen Stelle entstehen.

---

48 So zum Beispiel gemäß § 29a Abs. 3 BImSchG; § 20 Abs. 1 KrW-/AbfG.

49 So etwa bei § 7 Abs. 2 S. 3 AÜG; § 17 Abs. 4 S. 2 ArbZG; § 47 Abs. 2 BAFöG; § 50 Abs. 1 Nr. 2 JArbSchG; § 19 Abs. 1 S. 2 MuSchG; § 22 Abs. 7 S. 3 AMG.

50 Vgl. oben C. III. 2. c) d) ee).

51 § 12 Abs. 4 KrWaffG; § 4 Abs. 5 S. 3 AtG; § 60c Abs. 1 S. 1 GewO; § 6 Abs. 5 S. 1 BliwaG; § 15 Abs. 1 BJagdG.

52 § 48 Abs. 1 AufenthG; § 15 Abs. 2 Nrn. 4, 5 AsylVfG; § 17 Abs. 4 S. 1 PBefG; § 7 Abs. 2, § 7a Abs. 2 GüKG; § 22 Abs. 1 S. 3 BDSG; § 27 Abs. 3 S. 3, § 33 Abs. 1 S. 2, § 38 S. 1, § 42 Abs. 3 WaffG; § 12 Abs. 4 KrWaffG; § 6b Abs. 3 StVG.

53 § 22 Abs. 1 S. 1 ArbSchG; § 48 Abs. 1 AufenthG; § 15 Abs. 2 Nrn. 4, 5 AsylVfG.

11. Nachweispflichten

Nachweispflichten schließlich stellen eine gewisse Besonderheit dar, weil sie an sich nicht zur Erteilung einer Information, sondern zum Nachweis der Richtigkeit einer Tatsache verpflichten. Im Hinblick auf den Nachweis der Richtigkeit einer erteilten Information macht der Gesetzgeber diesen Zusammenhang aber nur teilweise deutlich, indem er gesondert sowohl zur Erteilung einer Information als auch zum Nachweis deren Richtigkeit verpflichtet.[54] In diesen Fällen ist die Nachweispflicht selbst keine Informationspflicht, sondern Annex einer solchen, um die Richtigkeit der Informationserteilung sicherzustellen.

Beispiel: § 21 Abs. 1 WpHG enthält die Verpflichtung, das Erreichen eines bestimmten Anteils der Stimmrechte an einer börsennotierten Gesellschaft der Bundesanstalt für Finanzdienstleistungsaufsicht mitzuteilen, also eine Informationspflicht in Form der Mitteilungspflicht. Hinzu tritt in § 27 WpHG die Verpflichtung, das Bestehen der mitgeteilten Beteiligung der Bundesanstalt auf Verlangen nachzuweisen. Diese Nachweispflicht räumt der Behörde die Möglichkeit ein, die Richtigkeit der mitgeteilten Beteiligung zu überprüfen; sie hat jedoch selbst nicht die Erteilung von Informationen zum Gegenstand.

Es existieren aber auch gesetzliche Nachweispflichten ohne (ausdrückliche) korrespondierende Pflicht zur Informationserteilung.[55] Diese Erscheinungsform der Nachweispflicht, die als *„isolierte Nachweispflicht"* bezeichnet werden kann, setzt vielfach stillschweigend voraus, dass zugleich Informationen erteilt werden müssen, ohne dies jedoch deutlich kenntlich zu machen. Derartige Nachweispflichten müssen damit (auch) als Pflichten zur Informationserteilung angesehen werden, zu denen die Verpflichtung zum Nachweis der Richtigkeit der Information tritt, ohne dass diese Zweistufigkeit im Gesetzeswortlaut klar erkennbar würde.

Zur Verdeutlichung: § 12 Abs. 6 S. 2 KrWaffG verpflichtet den Finder einer Kriegswaffe dazu, diese unbrauchbar zu machen oder sie einem zu ihrem Erwerb Berechtigten zu überlassen und dies der Überwachungsbehörde nachzuweisen. Der Gesetzgeber hat sich mit dieser Regelung dafür entschieden, dass eine bloße Anzeigepflicht nicht genügt, mit der der Behörde das Schicksal der Waffe zur Kenntnis gebracht würde, sondern dass der Verpflichtete Nachweise hierfür vorzulegen hat. Nichtsdestotrotz verfolgt die Vorschrift auch das Ziel, der Behörde die Information, was mit der Waffe geschehen ist, zu verschaffen. Daher kann § 12 Abs. 6 S. 2 KrWaffG (auch) als Informationspflicht angesehen werden.

---

[54] Zum Beispiel in § 27 WpHG; § 12 Abs. 5, § 21a Abs. 3 S. 1 GüKG; § 14c Abs. 3 S. 1 Nr. 2 AEG.

[55] § 1 Abs. 3 AufenthG/EWG; § 4 Abs. 3, § 33 Abs. 1 S. 1, § 36 Abs. 3 S. 1, § 37 Abs. 1 S. 2, § 39 Abs. 1 S. 3, § 46 Abs. 2 S. 1 WaffG; § 7 Abs. 3 S. 2, § 12 Abs. 6 S. 2 KrWaffG; § 15 Abs. 1 SprengG; § 6 Abs. 3 S. 1 ElektroG; § 47a Abs. 2 S. 2 AMG; § 49 Abs. 1 BNatSchG; § 26 Abs. 2 S. 1 EURAG; § 31 Abs. 3 S. 1 MPG; § 10 Abs. 3 S. 1, § 10a Abs. 1 S. 3, § 22 Abs. 4 S. 1 PflSchG; § 4b Abs. 1 S. 1 AtG; § 17 Abs. 1 Nr. 7, Abs. 2 Nr. 2b), Abs. 3 Nr. 3 TierSG; § 4 Abs. 2 S. 1, Abs. 3 S. 2 SigG; § 25 Abs. 3 PBefG; § 6 Abs. 2 S. 1 AMbG; § 7 Abs. 2 S. 1 AEG.

Nicht einheitlich ist geregelt, ob die isolierten Nachweispflichten unmittelbar kraft Gesetzes bestehen[56] oder eine staatliche Informationsanforderung voraussetzen.[57]

12. Begriffskombinationen

Die zutiefst uneinheitliche Nomenklatur im Bereich der Informationspflichten Privater gegenüber dem Staat wird zusätzlich auf die Spitze getrieben, indem der Gesetzgeber teilweise selbst innerhalb ein und derselben gesetzlichen Vorschrift die Begriffe noch kombiniert: In einigen Normen wird in der amtlichen Überschrift ohne ersichtlichen Grund eine andere Bezeichnung verwendet, als es der Formulierung im Normtext selbst entspräche.

Beispielsweise statuiert § 31 S. 1 BImSchG unter der amtlichen Überschrift „Auskunft..." eine Mitteilungspflicht; § 19 Abs. 1 Nr. 1 MuSchG sowie § 50 Abs. 1 Nr. 1 JArbSchG enthalten unter der amtlichen Überschrift „Auskunft" jeweils eine Angabepflicht; § 289 LAG bestimmt unter der amtlichen Überschrift „Meldepflicht" Anzeigepflichten; § 14d AEG enthält unter der amtlichen Überschrift „Mitteilungspflichten" Unterrichtungspflichten; § 47 SGB VIII schließlich regelt unter der amtlichen Überschrift „Meldepflichten" gar Verpflichtungen zur Anzeige (Abs. 1 S. 1), zur Meldung (Abs. 1 S. 2) und zur Übermittlung (Abs. 2).

In anderen Vorschriften werden unterschiedliche Begriffe kumuliert, ohne dass eine inhaltliche Konsequenz ersichtlich wäre.

So enthält beispielsweise § 4 PTSG eine „Auskünfte- und Informationspflicht".

III. Grenzen staatlicher Informationsgewinnung im geltenden Gesetzesrecht

Während über die Voraussetzungen staatlicher Informationsansprüche gegenüber Privaten naturgemäß keine allgemeingültigen Aussagen getroffen werden können, weil sie vom jeweiligen Lebens- und Rechtsbereich abhängig sind und daher nur in der spezialgesetzlichen Grundlage geregelt werden können,[58] lassen sich in Bezug auf die Grenzen staatlicher Informationsgewinnung bei Privaten im geltenden Gesetzesrecht durchaus gewisse Gemeinsamkeiten feststellen, die eine gesonderte

---

[56] § 12 Abs. 6 S. 2 KrWaffG; § 15 Abs. 1 SprengG; § 10a Abs. 1 S. 3 PflSchG; § 4b Abs. 1 S. 1 AtG; § 4 Abs. 2 S. 1, Abs. 3 S. 2 SigG.

[57] § 1 Abs. 3 AufenthG/EWG; § 4 Abs. 3, § 33 Abs. 1 S. 1, § 36 Abs. 3 S. 1, § 37 Abs. 1 S. 2, § 39 Abs. 1 S. 3, § 46 Abs. 2 S. 1 WaffG, § 7 Abs. 3 S. 2 KrWaffG; § 47a Abs. 2 S. 2 AMG; § 49 Abs. 1 BNatSchG; § 26 Abs. 2 S. 1 EURAG; § 31 Abs. 3 S. 1 MPG; § 10 Abs. 3 S. 1, § 22 Abs. 4 S. 1 PflSchG; § 17 Abs. 1 Nr. 7, Abs. 2 Nr. 2 b), Abs. 3 Nr. 3 TierSG; § 25 Abs. 3 PBefG; § 6 Abs. 2 S. 1 AMbG; § 7 Abs. 2 S. 1 AEG.

[58] Ebenso *Scholl*, Behördliche Prüfungsbefugnisse im Recht der Wirtschaftsüberwachung, S. 117.

Betrachtung lohnend erscheinen lassen. Unterschieden werden muss dabei zwischen einer ausdrücklichen Normierung des Übermaßverbots, das ohnehin stets von Amts wegen beachtlich ist (1.), und den Informationsverweigerungsrechten, die von dem potentiell Anspruchsverpflichteten geltend gemacht werden müssen, um durchgreifen zu können (2.).

1. Übermaßverbot

Ausdrückliche Formulierungen der Grenzen staatlicher Informationsansprüche, die von Amts wegen zu beachten sind, finden sich im geltenden Recht verhältnismäßig selten. Eine Erklärung hierfür mag sein, dass eine gesonderte Normierung der Grenzen der Informationspflichten Privater gegenüber dem Staat nicht erforderlich ist, wenn und weil die Tatbestandsvoraussetzungen der jeweiligen Ermächtigungsgrundlagen hinreichend eng gefasst sind. Zudem sind die Informationspflichten auf staatliche Anforderung stets Ermessensvorschriften, so dass aus allgemeinen Grundsätzen folgende Grenzen der informationellen Inanspruchnahme Privater wie das Übermaßverbot oder andere verfassungsrechtliche Vorgaben nicht ausdrücklich thematisiert werden müssen, sondern im Rahmen der behördlichen Entscheidung über die Informationsanforderung im Einzelfall Berücksichtigung finden können.[59]

Dennoch gibt es einfachgesetzliche Vorschriften, die Elemente des Übermaßverbots als Grenzen staatlicher Informationsansprüche ausdrücklich und näher bestimmen. Dies gilt insbesondere für die *Erforderlichkeit* der Informationserteilung für den mit ihr verfolgten Zweck, der von etlichen Ermächtigungsgrundlagen thematisiert wird.[60]

Am Beispiel von § 127 Abs. 2 TKG:[61] Nach dieser Vorschrift darf die Bundesnetzagentur Auskunft über die wirtschaftlichen Verhältnisse der in der Telekommunikation tätigen Unternehmen nur verlangen, „soweit es zur Erfüllung der ... der Bundesnetzagentur übertragenen Aufgaben erforderlich ist". Hierdurch wird sichergestellt, dass eine Inanspruchnahme des verpflichteten Privaten nur erfolgen kann, wenn die Bundesnetzagentur einerseits für die Erfüllung einer konkreten Aufgabe die angeforderten Informationen benötigt und diese andererseits nicht offenkundig oder der Bundesnetzagentur auf anderem Wege als einem Auskunftsersuchen ohne weiteres zugänglich sind.[62]

---

[59] Zu den Grundrechten und – damit verbunden – dem Übermaßverbot als äußeren Ermessensgrenzen siehe nur *Maurer*, Allgemeines Verwaltungsrecht, § 7 Rdn. 23; *Peine*, Allgemeines Verwaltungsrecht, Rdn. 70; *Schoch*, Jura 2004, 462 (466 ff.).

[60] Etwa § 113 Abs. 1 S. 1, § 127 Abs. 1 S. 1, Abs. 2 TKG; § 52 Abs. 2 S. 1 BImSchG; § 11 Abs. 1 FluglärmG; § 50 Abs. 1 BNatSchG; § 6d Abs. 1, Abs. 2 StVG; § 59 Abs. 1 GWB; § 8 Abs. 9 S. 2 GPSG.

[61] Siehe zu dieser Vorschrift auch schon oben D. IV. 2. b) bb) δ) (3).

[62] Näher (zur entsprechenden Vorschrift in § 72 Abs. 1 TKG a. F.) *Kerkhoff*, in: Büchner u. a., Beck'scher TKG-Kommentar, § 72 Rdn. 13.

Gesetzliche Vorschriften über Informationspflichten Privater gegenüber dem Staat, die die *Geeignetheit* oder *Angemessenheit* der Informationserhebung ausdrücklich thematisieren, existieren dagegen – soweit ersichtlich – nicht. Hinzuweisen ist in diesem Zusammenhang jedoch auf die Regelung in § 65 Abs. 1 SGB I, nach der die Mitwirkungsobliegenheit nach § 60 Abs. 1 SGB I[63] nicht besteht, soweit „ihre Erfüllung nicht in einem angemessenen Verhältnis zu der in Anspruch genommenen Sozialleistung oder ihrer Erstattung steht" oder „ihre Erfüllung dem Betroffenen aus einem wichtigen Grund nicht zugemutet werden kann" oder „der Leistungsträger sich durch einen geringeren Aufwand als der Antragsteller oder Leistungsberechtigte die erforderlichen Kenntnisse selbst beschaffen kann". Während die letzte Alternative ein Unterfall der Erforderlichkeit der Informationserteilung ist und überflüssige Informationsbegehren verhindern soll,[64] thematisieren die anderen Varianten auch die *Angemessenheit* der Informationserteilung.[65] Die Grenzen des § 65 Abs. 1 SGB I sind von Amts wegen zu beachten[66] und – soweit ersichtlich – die einzige derartige Regelung des geltenden Rechts.[67]

2. Informationsverweigerungsrechte

Sehr häufig finden sich im geltenden Recht demgegenüber Informationsverweigerungsrechte als Grenzen von Informationspflichten Privater gegenüber dem Staat. Die meisten *Auskunfts*pflichten Privater[68] werden – im Gegensatz zu den anderen Informationspflichten – ausdrücklich durch Verweigerungsrechte beschränkt. Diese ermöglichen es dem Betroffenen, unter bestimmten Voraussetzungen die Informationserteilung zu verweigern, wenn er dies geltend macht. Anders als das soeben behandelte Übermaßverbot als stets beachtliche Grenze staatlicher Informationsansprüche sind die Tatbestände, die zur Auskunftsverweigerung berechtigen, nicht von Amts wegen zu berücksichtigen.[69]

---

[63] § 60 Abs. 1 SGB I normiert keine echte Verpflichtung des Betroffenen, sondern lediglich eine Informationsobliegenheit. Wird die Informationserteilung unterlassen, kann der Leistungsträger dem Berechtigten die Sozialleistung gemäß § 66 Abs. 1 SGB I versagen. Mit Zwangsmitteln durchsetzbar ist die Informationserteilung jedoch nicht, siehe *Eichenhofer,* Sozialrecht, Rdn. 200. Allgemein zu Informationsobliegenheiten oben C. III. 2. d) cc).

[64] Vgl. für das umgekehrte Informationsverhältnis zwischen Bürger und Staat *Schoch/Kloepfer,* Informationsfreiheitsgesetz (IFG-ProfE), § 6 Rdn. 16.

[65] Näher *Eichenhofer,* Sozialrecht, Rdn. 202; *Mrozynski,* SGB I, § 65 Rdn. 5, 8; vgl. auch *OVG NW,* NVwZ-RR 2003, 511.

[66] *Mrozynski,* SGB I, § 65 Rdn. 4.

[67] Vgl. auch *Martens,* JuS 1978, 99 (102).

[68] Oben E. II. 1.

[69] Dazu *Herrmann,* Informationspflichten gegenüber der Verwaltung, S. 426; *Scholl,* Behördliche Prüfungsbefugnis im Recht der Wirtschaftsüberwachung, S. 121; siehe auch *VGH BW,* VBlBW 2002, 26 (29); ausdrücklich § 56 Abs. 1 S. 2 BRAO.

a) Auskunftsverweigerungsrechte wegen Gefahr sanktionsrechtlicher Verfolgung

aa) Voraussetzungen der zulässigen Auskunftsverweigerung

Bei der einfachgesetzlichen Normierung der Auskunftsverweigerungsrechte gegenüber staatlichen Auskunftsersuchen wird üblicherweise in Ausfüllung des „nemo tenetur"-Grundsatzes[70] bestimmt, dass der Auskunftsverpflichtete die Antwort auf solche Fragen verweigern kann, „deren Beantwortung ihn selbst oder einen der in § 383 Abs. 1 Nrn. 1–3 der ZPO bezeichneten Angehörigen der Gefahr strafrechtlicher Verfolgung oder eines Verfahrens nach dem Gesetz über Ordnungswidrigkeiten aussetzen würde".[71]

Der entsprechende Personenkreis setzt sich gemäß § 383 Abs. 1 ZPO aus dem Verlobten (Nr. 1), dem Ehegatten unabhängig vom Fortbestand der Ehe (Nr. 2) und dem Lebenspartner des Verpflichteten unabhängig vom Fortbestand der Lebenspartnerschaft (Nr. 2a) sowie denjenigen Personen zusammen, die mit dem Auskunftspflichtigen in gerader Linie verwandt oder verschwägert oder in der Seitenlinie bis zum dritten Grad verwandt oder bis zum zweiten Grad verschwägert sind oder waren (Nr. 3).

Teilweise – ohne inhaltlichen Unterschied – wird zur Bestimmung des maßgeblichen Kreises der nahestehenden Personen auch auf § 52 Abs. 1 StPO Bezug genommen;[72] im allgemeinen Gefahrenabwehrrecht wird insoweit in der Regel auf § 55 StPO verwiesen,[73] der wiederum § 52 Abs. 1 StPO in Bezug nimmt.

bb) Ausnahmetatbestände

In der Regel enthalten die Auskunftsverweigerungsrechte keine Ausnahmetatbestände. Liegen die Voraussetzungen einer zulässigen Auskunftsverweigerung vor, darf die Informationserteilung in jedem Fall verweigert werden.[74]

---

[70] Zum Grundsatz des „nemo tenetur" im Verwaltungsverfahren siehe zunächst *Bärlein/Pananis/Rehmsmeier,* NJW 2002, 1825 ff.; *Stürner,* NJW 1981, 1757 (1761 ff.); noch ausführlich zu den verfassungsrechtlichen Hintergründen unten F. II. 2. b) cc).

[71] Exemplarisch für die unüberschaubare Vielzahl von Vorschriften § 22 Abs. 1 S. 2 ArbSchG; § 25 Abs. 4 GenTG; § 17 Abs. 3 HwO; 54a Abs. 1 S. 2 PBefG; § 31 Abs. 3 SprengG; vgl. auch *Bärlein/Pananis/Rehmsmeier,* NJW 2002, 1825 (1827). Zu gleichlautenden allgemeinen Vorschriften in einigen Verwaltungsverfahrensgesetzen der Länder siehe bereits oben E. I.

[72] § 76 Abs. 4 BBiG; § 18 Abs. 2 BerBiFG; § 9 Abs. 1 S. 2 EMVG.

[73] § 22 Abs. 3 S. 1 BPolG. Ebenso überwiegend die Vorschriften des Landesrechts, vgl. § 27 Abs. 4 S. 2 PolG BW; § 18 Abs. 6 ASOG Bln; § 3 Abs. 3 HbgDatPol; § 12 Abs. 2 S. 2 HessSOG; § 28 Abs. 2 S. 3 SOG MV; § 12 Abs. 5 S. 2 NdsSOG; § 9a Abs. 3 S. 1 POG RP; § 11 Abs. 1 S. 4, S. 5 SaarlPolG; § 18 Abs. 6 S. 2 SächsPolG; § 14 Abs. 2 S. 2 SOG LSA; § 180 Abs. 2 S. 3 LVwG SH. Zur Rechtslage in den übrigen Ländern *Schenke,* Polizei- und Ordnungsrecht, Rdn. 182.

[74] Vgl. auch *Stohrer,* BayVBl 2005, 489 (491).

III. Grenzen staatlicher Informationsgewinnung

Ausnahmsweise hat der Gesetzgeber jedoch berücksichtigt, dass es Fälle geben kann, in denen die Informationserteilung für die zuständige staatliche Stelle derart bedeutsam ist, dass ein Recht zur Auskunftsverweigerung nicht durchgreifen kann. Dies gilt insbesondere bei gefahrenabwehrrechtlichen Auskunftspflichten. Dementsprechend enthalten einige der allgemeinen gefahrenabwehrrechtlichen Gesetze eine Gegenausnahme zum eigentlich bestehenden Auskunftsverweigerungsrecht, soweit die Auskunft zur Abwehr einer Gefahr für Leib, Leben oder Freiheit einer Person erforderlich ist.[75]

Bei einer daraus folgenden Pflicht zur Selbstbelastung besteht jedoch – in Folge der Gemeinschuldnerentscheidung des Bundesverfassungsgerichts[76] – ein Verwertungsverbot (insbesondere) für das straf- und ordnungswidrigkeitenrechtliche Verfahren. Diese Rechtsfolge ist ausdrücklich in den entsprechenden gesetzlichen Vorschriften verankert.[77]

b) Auskunftsverweigerung wegen Berufsgeheimnisschutzes

aa) Ausdrückliche Auskunftsverweigerungsrechte

Auskunftsverweigerungsrechte zum Schutz von Berufsgeheimnissen kennt das deutsche Recht namentlich im gerichtlichen Verfahrensrecht; §§ 53, 53a StPO sowie § 383 Abs. 1 Nrn. 4–6 ZPO (hierauf verweisen § 46 Abs. 2 S. 1, § 80 Abs. 2 S. 1 ArbGG, § 118 Abs. 1 SGG, § 98 VwGO und § 155 FGO) stellen die Wahrung bestimmter berufsbezogener Geheimnisse in das Belieben der Geheimnisträger, die vor Gericht als Zeugen aussagen müssen.[78]

Beispiel: Nach § 53 StPO müssen – zum Teil unter bestimmten weiteren Voraussetzungen – keine Auskunft über Tatsachen erteilen, die ihnen in dieser Eigenschaft bekannt geworden sind: Geistliche (Nr. 1), Rechtsanwälte, Patentanwälte, Steuerberater, Ärzte, Psychotherapeuten, Apotheker, Hebammen u. a. (Nrn. 2, 3), Schwangerschaftskonflikts- sowie Betäubungsmittelabhängigkeitsberater (Nrn. 3a, 3b), Parlamentarier (Nr. 4) sowie Journalisten (Nr. 5). Kein Auskunftsverweigerungsrecht besteht nach Maßgabe von § 53 Abs. 2 S. 1 StPO bei einer Entbindung von der Schweigepflicht für die in § 53 Abs. 1 S. 1 Nrn. 2–3b StPO Genannten. § 53a StPO bezieht auch Hilfspersonen und Auszubildende der zur Auskunftsverweigerung berechtigten Personen ein.

Außerhalb des gerichtlichen Verfahrensrechts, also vor allem im Bereich des Besonderen Verwaltungsrechts, sind ausdrückliche Auskunftsverweigerungsrechte zum Zwecke des Geheimnisschutzes de lege lata demgegenüber ausgesprochen selten.

---

[75] § 22 Abs. 3 S. 2 BPolG; § 12 Abs. 2 S. 3 HessSOG; § 28 Abs. 2 S. 4 SOG MV; § 12 Abs. 5 S. 2 NdsSOG; § 18 Abs. 6 S. 3 SächsPolG; § 180 Abs. 2 S. 4 LVwG SH.

[76] *BVerfGE* 56, 37 (50 ff.); zu den verfassungsrechtlichen Hintergründen siehe noch unten F. II. 2. b) cc).

[77] § 22 Abs. 3 S. 4 BPolG; § 12 Abs. 2 S. 4 HessSOG; § 28 Abs. 2 S. 5 SOG MV; § 12 Abs. 5 S. 3 NdsSOG; § 18 Abs. 6 S. 5 SächsPolG; § 180 Abs. 2 S. 5 LVwG SH; siehe auch *Haurand/Vahle*, NVwZ 2003, 513 (517 f.).

[78] *Kloepfer*, Informationsrecht, § 9 Rdn. 87.

Allerdings werden im Gefahrenabwehrrecht in der Regel auch die §§ 53 und 53a StPO in Bezug genommen,[79] so dass die soeben erwähnten Personen auch hier zur Wahrung ihrer Berufsgeheimnisse schweigen dürfen, soweit nicht die gefahrenabwehrrechtlichen Gegenausnahmen zur Abwehr einer Gefahr für Leib, Leben oder Freiheit einer Person eingreifen.[80]

Ebenfalls Verweigerungsrechte aus Gründen des Geheimnisschutzes enthält im Hinblick auf die Auskunftsansprüche der Abgabenordnung § 102 AO.[81] Der hiernach zur Auskunftsverweigerung berechtigte Personenkreis entspricht dem der §§ 53, 53a StPO.

§ 56 Abs. 1 S. 2 BRAO schließlich entbindet den Rechtsanwalt von der Auskunftspflicht gegenüber dem Vorstand der Rechtsanwaltskammer nach § 56 Abs. 1 S. 1 BRAO, „wenn und soweit der Rechtsanwalt dadurch seine Verpflichtung zur Verschwiegenheit verletzen ... würde". Hierbei handelt es sich ebenfalls um ein Auskunftsverweigerungsrecht, wie sich aus § 56 Abs. 1 S. 3 BRAO rückschließen lässt.[82]

bb) Zur Bedeutung sonstiger Vorschriften über Berufsgeheimnisse

Wenn – wie regelmäßig – kein Auskunftsverweigerungsrecht zum Schutz bestimmter Geheimnisse normiert ist, stellt sich die Frage, ob sich dennoch Grenzen der staatlichen Informationsansprüche aus anderweitigen Vorschriften über Berufsgeheimnisse ergeben können. Diese dienen dem Schutz des privatrechtlichen Verhältnisses zwischen den Angehörigen bestimmter Berufe und denjenigen, die diese in Anspruch nehmen und hierfür eine Vertrauensbasis benötigen.[83] Im Einzelnen zu nennen sind dabei die Arbeitnehmergeheimnisse, die Organwaltergeheimnisse sowie Sonderberufsgeheimnisse.[84]

Grundlage des *Arbeitnehmergeheimnisses* ist die arbeitsrechtliche Treuepflicht, die es verbietet, innerbetriebliche Informationen an Dritte, also grundsätzlich auch an staatliche Stellen weiterzugeben.[85] Wenn der Gesetzgeber – immer unter dem Vorbehalt der verfassungsrechtlichen Zulässigkeit – eine Informationspflicht des Arbeitnehmers normiert, hat diese gegenüber dem Arbeitnehmergeheimnis jedoch Vorrang, so dass eine Begrenzung der Informationspflicht oder die Zubilligung eines Auskunftsverweigerungsrechts nicht in Betracht kommt.[86]

Organwalter sind verpflichtet, die Informationen der juristischen Person, für die sie tätig sind, grundsätzlich geheim zu halten.[87] So enthält beispielsweise § 93 Abs. 1 S. 2 AktG eine

---

[79] Nachweise oben Fn. 73.
[80] Dazu oben E. III. 2. a) bb).
[81] Hierzu näher *Lohmeyer*, Der Steuerberater 1989, 289 ff.; *Wünsch*, in: Pahlke / Koenig, Abgabenordnung, § 102 Rdn. 1 ff.; vgl. auch *Au*, NJW 1989, 340 (341).
[82] Vgl. auch *Hartung*, in: Henssler / Prütting, Bundesrechtsanwaltsordnung, § 56 Rdn. 22 ff.; *Kleine-Cosack*, BRAO, § 56 Rdn. 5.
[83] Näher *Kloepfer*, Informationsrecht, § 9 Rdn. 67.
[84] So die Differenzierung bei *Kloepfer*, Informationsrecht, § 9 Rdn. 67 ff.
[85] *Blomeyer*, in: Richardi / Wlotzke, Münchener Handbuch zum Arbeitsrecht, Bd. 1, § 53 Rdn. 55 ff.; *Linck*, in: Schaub / Koch / Linck, Arbeitsrechts-Handbuch, § 54.
[86] Siehe nur *Hefermehl / Spindler*, in: Kropff / Semler, Münchener Kommentar zum Aktiengesetz, Bd. 3, § 93 Rdn. 58.
[87] Näher *Kloepfer*, Informationsrecht, § 9 Rdn. 74.

III. Grenzen staatlicher Informationsgewinnung

Schweigepflicht der Vorstandsmitglieder einer Aktiengesellschaft über vertrauliche Angaben und Geheimnisse der Gesellschaft. Auch insoweit wird der Konflikt mit gesetzlichen Informationsansprüchen des Staates allerdings dahingehend gelöst, dass das Organwaltergeheimnis offenbart werden muss.[88]

Vorschriften über Verschwiegenheitspflichten der Träger von *Sonderberufsgeheimnissen* finden sich vielfach in den jeweiligen Berufsgesetzen und -ordnungen.[89] Verboten ist allerdings stets nur die *unbefugte* Offenbarung der entsprechenden Geheimnisse (vgl. § 203 StGB). Eine Informationserteilung nach Maßgabe einer gesetzlichen Informationspflicht gegenüber dem Staat ist jedoch nicht unbefugt, so dass die ausdrücklich normierten Informationspflichten der Geheimnisträger dem Geheimnisschutz wiederum vorgehen.[90]

Einen Sonderfall stellt in diesem Zusammenhang das sogenannte „Bankgeheimnis" dar, das die Verschwiegenheitspflicht des Kreditinstituts hinsichtlich der Belange seiner Kunden bezeichnet.[91] Hierbei handelt es sich im Grundsatz um kein gesetzlich anerkanntes Berufsgeheimnis, das Informationspflichten des Kreditinstituts gegenüber staatlichen Stellen beschränken könnte.[92] Allerdings ist bei den Auskunftsansprüchen der Abgabenordnung die Vorschrift des § 30a AO zu berücksichtigen. Hiernach besteht zwar kein Auskunftsverweigerungsrecht, wie Abs. 5 mit dem Verweis auf § 93 AO deutlich zum Ausdruck bringt, wohl aber haben die Finanzbehörden auf das Vertrauensverhältnis zwischen den Banken und deren Kunden besonders Rücksicht zu nehmen (Abs. 1) und dürfen keine regelmäßigen Kontrollmitteilungen über Konten der Kunden „zum Zweck der allgemeinen Überwachung" verlangen (Abs. 2).[93] Hierin liegt eine gewisse Beschränkung der abgabenrechtlichen Auskunftsansprüche aus Gründen des Berufsgeheimnisschutzes.

Damit ergeben sich aus dem Geheimnisschutz auf der Basis des geltenden Rechts grundsätzlich keine Grenzen von Informationspflichten Privater gegenüber dem Staat, soweit keine Auskunftsverweigerungsrechte ausdrücklich normiert sind. Die Betroffenheit von Berufsgeheimnissen von einer Offenbarungsverpflichtung kann allenfalls bei Auskunftsansprüchen im Rahmen der staatlichen Ermessensausübung Berücksichtigung finden.[94] Im Extremfall kann die unzumutbare Verpflichtung zur Offenbarung von Berufsgeheimnissen allerdings zur Verfassungswidrigkeit der zugrunde liegenden gesetzlichen Informationspflicht führen und so dem Berufsgeheimnis zur Durchsetzung verhelfen.[95]

Eine Beschränkung von Informationspflichten aus Gründen des Geheimnisschutzes kommt jedoch von vornherein nur in Betracht, wenn dieser nicht bereits auf andere Weise

---

[88] *Kloepfer*, Informationsrecht, § 9 Rdn. 76, für die Zeugnispflicht im Zivilprozess.
[89] Überblick bei *Kloepfer*, Informationsrecht, § 9 Rdn. 81 ff.
[90] Vgl. *Bender*, MedR 2002, 626 (629); *Bruns/Andreas/Debong*, ArztR 1999, 32.
[91] *Kloepfer*, Informationsrecht, § 9 Rdn. 85; *Miebach*, Das Bankgeheimnis, S. 18.
[92] Siehe auch *Reifner*, JZ 1993, 273 (281); *Rüth*, DStZ 2000, 30 (32).
[93] Vgl. *Gruber*, BuW 1995, 26 (27); *Petersen*, Das Bankgeheimnis zwischen Individualschutz und Institutionsschutz, S. 111 f.; *Rüth*, DStZ 2000, 30 (32 f.); *Schuhmann*, wistra 1995, 336 (337 ff.); *Streck/Mack*, BB 1995, 2137 (2139); *Wieland*, JZ 2000, 272 (274 f.).
[94] Vgl. auch *BFH*, NJW 2004, 1614 (1615 f.); *v. Danwitz*, DVBl. 2005, 597; *Mäder*, Betriebliche Offenbarungspflichten und Schutz von Selbstbelastung, S. 169; *Tipke*, in: ders./Kruse, Abgabenordnung, § 30a Rdn. 10.
[95] Vgl. auch *Hahn*, Offenbarungspflichten im Umweltschutzrecht, S. 172 ff.

sichergestellt ist. Möglichkeiten hierzu bieten insbesondere Geheimhaltungspflichten der staatlichen Stelle als Informationsempfänger.[96] Im Allgemeinen Verwaltungsrecht findet sich ein entsprechender Anspruch auf Geheimhaltung in § 30 VwVfG,[97] im Steuerrecht gewährt das „Steuergeheimnis" in § 30 AO das Schweigen von Amtsträgern über Betriebs- und Geschäftsgeheimnisse,[98] und im Statistikrecht sorgt das „Statistikgeheimnis" gemäß § 16 Abs. 1 S. 1 BStatG für den notwendigen Geheimnisschutz.[99] Hinzu treten Vorschriften im Zusammenhang mit speziellen Informationspflichten Privater, die sich mit dem Schutz von Betriebs- und Geschäftsgeheimnissen befassen; als Beispiel ist etwa § 27 Abs. 3 BImSchG zu nennen, der die Veröffentlichung von Einzelangaben der Emissionserklärung untersagt, wenn hieraus Rückschlüsse auf Betriebs- und Geschäftsgeheimnisse gezogen werden können.[100]

c) Informationspflichten ohne Informationsverweigerungsrechte

Etliche der gesetzlichen *Auskunfts*pflichten gegenüber dem Staat enthalten kein Auskunftsverweigerungsrecht.[101] Dahinter steht allerdings in aller Regel keine bewusste Entscheidung des Gesetzgebers, sondern – überspitzt formuliert – dessen jeweilige Gewohnheit zur Zeit der Rechtsschöpfung: Während ältere Vorschriften uneingeschränkte Auskunftspflichten vorsehen, finden sich in neueren Regelungen überwiegend Auskunftsverweigerungsrechte.[102]

Für die unmittelbar kraft Gesetzes bestehenden Informationspflichten Privater gegenüber dem Staat, also insbesondere die Anzeigepflichten, gilt das Fehlen von Informationsverweigerungsrechten – soweit ersichtlich – ausnahmslos, für die Pflichten zur Vorlage von Unterlagen oder Dokumenten ganz überwiegend.[103]

In allen diesen Fällen, in denen Informationspflichten ohne Verweigerungsrechte normiert sind, stellen sich die Fragen, ob dennoch ein – dann ungeschriebenes – Informationsverweigerungsrecht besteht oder ob zumindest die weitere Verwertung der Informationen beschränkt sein kann. Thematisiert wird dies in der Rechtswissenschaft vor allem im Hinblick auf das Verbot einer Pflicht zur Selbstbelastung.

---

[96] Überblick zum Ganzen bei *Scholl*, Behördliche Prüfungsbefugnisse im Recht der Wirtschaftsüberwachung, S. 100 ff.

[97] Hierzu näher *Kloepfer*, Informationsrecht, § 9 Rdn. 37 ff.; *Sydow*, Die Verwaltung 38 (2005), 35 (54). Zu damit im Zusammenhang stehenden Mitwirkungspflichten Betroffener siehe unten E. IV. 3.

[98] Zum „Steuergeheimnis" ausführlich *Kruse*, BB 1998, 2133 ff.; *Pohl*, BB 1995, 2093 ff.; *Ruegenberg*, Das nationale und internationale Steuergeheimnis im Schnittpunkt von Besteuerungs- und Strafverfahren, S. 5 ff.

[99] Vgl. *Kloepfer*, Informationsrecht, § 9 Rdn. 50 ff.

[100] Vgl. auch *Herrmann*, Informationspflichten gegenüber der Verwaltung, S. 390 f.

[101] Zum Beispiel § 19 Abs. 2 S. 2 AtG; § 22 Abs. 3 Nr. 1 LadSchlG; § 80 Abs. 5 SGB IX; § 47 Abs. 2 BAFöG; § 27b Abs. 2 UStG.

[102] Ebenso bereits der Befund von *BVerfGE* 56, 37 (45 f.).

[103] Zu Ausnahmen unten E. III. 2. c) bb).

aa) Gesetzliche Auskunftspflichten ohne Auskunftsverweigerungsrechte

Im Hinblick auf die Informationspflichten *auf Verlangen* des Staates wird in der Regel zutreffend darauf verwiesen, dass der Gesetzgeber die Konfliktlage meist durch die Statuierung eines Auskunftsverweigerungsrechts gelöst habe.[104] Die Folgen hieraus für die Auskunftspflichten ohne ein normiertes Recht zur Informationsverweigerung[105] werden allerdings unterschiedlich beurteilt. Teilweise wird das Bestehen eines Auskunftsverweigerungsrechts generell bejaht und für die nicht geregelten Fälle im Wege der Analogie zu den normierten Auskunftsverweigerungsrechten begründet.[106] Überzeugender ist es demgegenüber, das Schweigen des Gesetzgebers als beredt anzusehen und im Falle einer fehlenden Normierung ein Auskunftsverweigerungsrecht abzulehnen;[107] den verfassungsrechtlichen Vorgaben, die ein Verbot des Zwangs zur Selbstbezichtigung fordern,[108] kann auch durch die Annahme eines Verwertungsverbots der erlangten Kenntnisse im straf- und ordnungswidrigkeitenrechtlichen Verfahren Rechnung getragen werden.[109] Diese Lösung hat auch das Bundesverfassungsgericht in der Gemeinschuldner-Entscheidung für die damalige Auskunftspflicht aus § 100 KO, hinsichtlich derer kein Auskunftsverweigerungsrecht normiert war, gefunden.[110] Der Bundesgesetzgeber hat sie im Anschluss daran in § 97 Abs. 1 S. 2, S. 3 InsO ausdrücklich vorgesehen, wonach eine Verpflichtung zur Offenbarung auch solcher Tatsachen besteht, die geeignet sind, eine Verfolgung wegen einer Straftat oder Ordnungswidrigkeit herbeizuführen, eine Verwertung im straf- oder ordnungswidrigkeitenrechtlichen Verfahren aber nur mit Zustimmung des Auskunftspflichtigen möglich ist.[111] Dieser Ansatz ist verallgemeinerungsfähig und trägt den Interessen des Staates an der Informationserlangung ebenso Rechnung wie den Interessen des Auskunftspflichtigen daran, nicht selbst die Grundlage für eine straf- oder ordnungswidrigkeitenrechtliche Sanktion liefern zu müssen.

---

[104] *Bärlein/Pananis/Rehmsmeier,* NJW 2002, 1825 (1827); *Stürner,* NJW 1981, 1757 (1761).

[105] Beispiele oben Fn. 101.

[106] So *Decker,* Die externe Informationsgewinnung in der deutschen öffentlichen Verwaltung, S. 142; *Engelhardt,* in: Obermayer, Kommentar zum Verwaltungsverfahrensgesetz, § 26 Rdn. 44; *Jarass,* Wirtschaftsverwaltungsrecht, § 11 Rdn. 7; *Müller,* Polizeiliche Datenerhebung durch Befragung, S. 109 f.; wohl auch *Stürner,* NJW 1981, 1757 (1761).

[107] *Herrmann,* Informationspflichten gegenüber der Verwaltung, S. 419; *Stelkens/Kallerhoff,* in: Stelkens/Bonk/Sachs, Verwaltungsverfahrensgesetz, § 26 Rdn. 63.

[108] Näher dazu unten F. II 2. b) cc).

[109] So auch *Haurand/Vahle,* NVwZ 2003, 513 (518); *Herrmann,* Informationspflichten gegenüber der Verwaltung, S. 422 f.; *Michalke,* NJW 1990, 417 (419); *Thomä,* Auskunfts- und Betriebsprüfungsrecht der Verwaltung, S. 75.

[110] BVerfGE 56, 37 (51 f.).

[111] Siehe dazu *Bittmann/Rudolph,* wistra 2001, 81 ff.; *Hohnel,* NZI 2005, 152 ff.; *Richter,* wistra 2000, 1 (2 ff.). Eine ähnliche Regelung findet sich in § 22 Abs. 3 S. 4 BDSG.

Fehlt bei einer gesetzlichen Auskunftspflicht eines Privaten gegenüber dem Staat also ausnahmsweise ein Auskunftsverweigerungsrecht, ist die betroffene Person uneingeschränkt zur Auskunft verpflichtet und wird lediglich durch ein Verwertungsverbot im sanktionsrechtlichen Verfahren geschützt.

bb) Vorlagepflichten ohne Vorlageverweigerungsrechte

Weiter diskutiert wird in der Literatur die Problematik bei gesetzlichen Verpflichtungen zur Vorlage bestimmter Dokumente oder Unterlagen, die sehr häufig im Zusammenhang mit Auskunftspflichten normiert sind. In der Praxis der Gesetzgebung wird dabei regelmäßig ein Auskunftsverweigerungsrecht, nicht aber ein Vorlageverweigerungsrecht normiert.[112]

Ausnahmen enthalten die Vorschriften der § 22 Abs. 1 S. 2 ArbSchG sowie § 16 Abs. 2 S. 4 IfSG, die das Recht zur Auskunftsverweigerung ausdrücklich auch auf die Vorlage von Unterlagen erstrecken, wenn die Vorlage die Gefahr der straf- oder ordnungswidrigkeitenrechtlichen Verfolgung nach sich ziehen würde.

Im Einklang mit dem eindeutigen Wortlaut der gesetzlichen Vorschriften wird in der Rechtsprechung und Literatur ganz überwiegend vertreten, dass gesetzliche Vorlagepflichten auch dann erfüllt werden müssten, wenn sich der Verpflichtete hierdurch der Gefahr der straf- oder ordnungswidrigkeitenrechtlichen Verfolgung auszusetzen habe;[113] die Vorlage von Unterlagen sei kein Minus, sondern ein Aliud zur Auskunftserteilung, die gesetzlichen Rechte zur Auskunftsverweigerung damit nicht übertragbar.[114] Nur wenige Stimmen nehmen demgegenüber in Analogie zu den parallelen Auskunftsverweigerungsrechten auch ein Vorlageverweigerungsrecht an; als Begründung wird angeführt, dass der staatliche Anspruch auf Vorlage von Unterlagen nicht weiter reichen könne als das Recht auf Auskunft.[115] Nach differenzierender Ansicht besteht ein Vorlageverweigerungsrecht von dem Zeitpunkt an, in dem ein staatsanwaltschaftliches Ermittlungsverfahren eröffnet ist.[116]

---

[112] So auch der Befund von *Bärlein/Pananis/Rehmsmeier*, NJW 2002, 1825 (1827 f.); *Rogall*, in: Rudolphi u. a., SK StPO, Vor § 133 Rdn. 144.

[113] *Mäder*, Betriebliche Offenbarungspflichten und Schutz vor Selbstbelastung, S. 174, 258; vgl. zu einzelnen Vorschriften auch *BVerwG*, DÖV 1984, 73 f. (zu § 4 Abs. 4 FPersG); *Bähre/Schneider*, KWG-Kommentar, § 44 Nr. 4 (zu § 44 Abs. 4 KWG); *Hahn*, Offenbarungspflichten im Umweltschutzrecht, S. 67 f. (zu § 52 Abs. 5 BImSchG); *Nobbe/Vögele*, NuR 1988, 313 (316 – zu § 21 Abs. 1 S. 3 WHG).

[114] *VG Berlin*, NJW 1988, 1105 (1106); *Hartung*, NJW 1988, 1070 (1071 f.); wohl auch *BGH*, NJW 2005, 2406 (2409).

[115] *Stein*, Die Wirtschaftsaufsicht, S. 156; an der herrschenden Auffassung zweifelnd auch *Beck/Samm*, Gesetz über das Kreditwesen, § 44 Rdn. 76; ferner *Stürner*, NJW 1981, 1757 (1761).

[116] *Bärlein/Pananis/Rehmsmeier*, NJW 2002, 1825 (1828); zustimmend *Clausen*, in: Knack, Verwaltungsverfahrensgesetz, § 26 Rdn. 463.

Überzeugend dürfte es wiederum sein, dem zur Vorlage von Unterlagen Verpflichteten zwar im Einklang mit der herrschenden Meinung und dem Wortlaut der gesetzlichen Vorschriften kein Vorlageverweigerungsrecht einzuräumen, wohl aber eine Pflicht zur Selbstbelastung mit sanktionsrechtlichen Folgen dadurch auszuschließen, dass ein Verwertungsverbot der vorgelegten Unterlagen im straf- und ordnungswidrigkeitenrechtlichen Verfahren angenommen wird.[117] Durch diese Lösung wird der staatliche Informationsbedarf so weit wie möglich befriedigt, ohne dass dem Vorlageverpflichteten zugleich auferlegt würde, sich „selbst ans Messer zu liefern".

Die Argumentation sowohl gegen ein Vorlageverweigerungsrecht als auch gegen ein Verwertungsverbot mit der Begründung, die Pflicht zur Vorlage von Unterlagen sei etwas anderes als die Pflicht zur Erteilung einer Auskunft,[118] kann demgegenüber nicht durchgreifen. Die Verpflichtung, eigenes Wissen zu offenbaren, kann schwerlich anders behandelt werden als die Verpflichtung, zuvor schriftlich niedergelegtes eigenes Wissen durch Aushändigung des Schriftstücks zu offenbaren. Dies gilt unabhängig davon, ob der Staat bereits die Führung der betreffenden Unterlagen vorgeschrieben hat oder ob diese freiwillig erstellt worden sind.[119] Denn auch im Hinblick auf freiwillig erstellte Unterlagen, die selbstbelastende Informationen enthalten, stellte eine Herausgabepflicht mit anschließender Verwertungsmöglichkeit eine (unzulässige) Verpflichtung dar, durch aktives Verhalten die eigene Sanktionierung zu ermöglichen. Die hier vertretene Ansicht wird auch von den einschlägigen verfassungsrechtlichen Vorgaben unterstützt, die an späterer Stelle näher entfaltet werden.[120]

cc) Informationspflichten unmittelbar kraft Gesetzes ohne Informationsverweigerungsrechte

Hinsichtlich der *unmittelbar kraft Gesetzes* bestehenden Informationspflichten hat der Gesetzgeber – soweit ersichtlich – durchweg keine Informationsverweigerungsrechte normiert.

Eine gewisse Berücksichtigung findet die Problematik neuerdings immerhin in § 44 Abs. 4 LMBG sowie in § 5 Abs. 2 S. 2 GPSG, wonach eine Unterrichtung durch den Lebensmittelunternehmer bzw. den Produkthersteller nicht zur straf- oder ordnungswidrigkeitenrechtlichen Verfolgung der Unterrichtenden verwendet werden darf.[121] Hiernach besteht also kein

---

[117] So auch *Herrmann,* Informationspflichten gegenüber der Verwaltung, S. 424; *Thomä,* Auskunfts- und Betriebsprüfungsrecht der Verwaltung, S. 75.

[118] So *Franzheim,* NJW 1990, 2049; für die Vorlagepflicht nach § 44 Abs. 2 KWG auch *VG Berlin,* NJW 1988, 1105 (1106 ff.); *Gallandi,* wistra 1987, 127 (128 f.); *Hartung,* NJW 1988, 1070 (1072).

[119] Anders aber *Mäder,* Betriebliche Offenbarungspflichten und Schutz vor Selbstbelastung, S. 173 f., 258 ff.; *Michalke,* NJW 1990, 417 (419), die ein Verwertungsverbot nur im Hinblick auf Unterlagen annehmen, zu deren Führung eine Rechtspflicht besteht; vgl. auch *Nobbe/Vögele,* NuR 1988, 313 (316).

[120] Siehe unten D. II. 2. b) cc).

[121] Zur Vorgängervorschrift des § 44 Abs. 4 LMBG in § 40a Abs. 1 S. 3 LMBG a. F. näher *Baumann,* ZLR 2003, 27 (41 f.); *Streinz,* ZLR 2003, 11 (22). Zu § 5 Abs. 2 S. 2 GPSG *Geiß/*

Recht zur Informationsverweigerung, wohl aber ein anschließendes Verwertungsverbot; freilich können die Erkenntnisse Anlass zu weiteren Ermittlungen bieten, eine Fernwirkung hat das Verwertungsverbot nach allgemeinen strafprozessualen Grundsätzen nicht.[122]

Das Schweigen des Gesetzgebers über die damit bestehende erhebliche Diskrepanz zwischen dem Grundsatz des „nemo tenetur" und öffentlich-rechtlichen Informationspflichten wird in der Literatur nur wenig erörtert. Wenn dies der Fall ist, wird ein generelles ungeschriebenes Informationsverweigerungsrecht – soweit ersichtlich – nicht vertreten. Überwiegend wird im Gegenteil darauf verwiesen, dass bei Informationspflichten, die unmittelbar kraft Gesetzes bestehen, schon deshalb kein Informationsverweigerungsrecht eingreifen könne, da andernfalls nur der rechtmäßig Handelnde informationspflichtig wäre.[123] Dies dürfte im Ausgangspunkt der zutreffende Ansatz sein; wiederum ist allerdings der Schutz des Informationspflichtigen vor einer Pflicht zur Selbstbelastung durch die Annahme eines entsprechenden Verwertungsverbots zu gewährleisten.[124] Die Vorgaben in § 44 Abs. 4 LMBG und § 5 Abs. 2 S. 2 GPSG bringen insoweit einen allgemeinen Rechtsgrundsatz zum Ausdruck, der auf andere Informationspflichten übertragbar ist.

IV. Aktualisierung und Erfüllung staatlicher Informationsansprüche

Während die Grenzen von Informationspflichten Privater gegenüber dem Staat im geltenden Recht noch verhältnismäßig häufig normiert sind, finden sich nur selten Vorschriften, die nähere Einzelheiten zur Aktualisierung oder Erfüllung der Informationspflichten bestimmen. Soweit sie ausnahmsweise existieren, differieren die Regelungen von Spezialgesetz zu Spezialgesetz teilweise erheblich. Die vorhandenen Vorschriften zu der Aktualisierung und Erfüllung staatlicher Informationspflichten werden im Folgenden nachgezeichnet. Zu Beginn werden Rechtsnormen behandelt, die nähere Einzelheiten über die Aktualisierung der staatlichen Informationsansprüche enthalten (1.). Anschließend werden Regelungen erörtert, die die genauen Voraussetzungen der Anspruchserfüllung durch den verpflichteten

---

Doll, Geräte- und Produktsicherheitsgesetz (GPSG), § 5 Rdn. 56; *Klindt*, NJW 2004, 465 (469); *Wilrich*, Geräte- und Produktsicherheitsgesetz (GPSG), § 5 Rdn. 29 f.
[122] Siehe nur *Meyer-Goßner*, StPO, Einl. Rdn. 57.
[123] So *Herrmann*, Informationspflichten gegenüber der Verwaltung, S. 425, die allerdings übersieht, dass dieser Gesichtspunkt bei jedem Informationsverweigerungsrecht aus Gründen des „nemo tenetur" zutrifft, also kein spezifisches Argument im Hinblick auf die Informationspflichten unmittelbar kraft Gesetzes sein kann. Im Ergebnis sprechen sich gegen ein Informationsverweigerungsrecht auch die unten in Fn. 124 Genannten aus.
[124] Ebenso *Breuer*, AöR 115 (1990), 448 (484); *Hahn*, Offenbarungspflichten im Umweltschutzrecht, S. 168 f.; *Mäder*, Betriebliche Offenbarungspflichten und Schutz vor Selbstbelastung, S. 258 ff.; *Nobbe/Vögele*, NuR 1988, 313 (317); wohl auch *Herrmann*, Informationspflichten gegenüber der Verwaltung, S. 425.

Privaten behandeln (2.). In diesen Kontext gehören auch die Vorschriften über die Kennzeichnung von Betriebs- und Geschäftsgeheimnissen (3.). Weigert sich der verpflichtete Private, die geschuldete Information zu erteilen, stellt sich zudem die Frage der zwangsweisen Durchsetzung des Anspruchs, der sich ebenfalls einige Vorschriften näher zuwenden (4.). Schließlich ist auf die Kosten der Informationserteilung einzugehen (5.).

1. Aktualisierung staatlicher Informationsansprüche

Hinsichtlich staatlicher Informationsansprüche, die beim Vorliegen der gesetzlichen Voraussetzungen *unmittelbar kraft Gesetzes* entstehen, sind Regelungen über die Aktualisierung der Informationspflicht, die über deren gesetzliche Entstehungsvoraussetzungen hinausgehen, nicht erforderlich. Allenfalls stellt sich die Frage, wie die staatlichen Stellen sicherstellen können, dass der Betroffene von seiner gesetzlichen Verpflichtung und deren Voraussetzungen Kenntnis erhält. Abgesehen von den allgemeinen verfahrensrechtlichen Vorschriften des § 25 VwVfG sowie des § 89 AO, die die Verpflichtung von Behörden zur Beratung und Auskunftserteilung statuieren, sind hierzu im geltenden Recht jedoch – soweit ersichtlich – keine Vorgaben vorhanden.

Demgegenüber sind bei Informationsansprüchen des Staates, die einer *Informationsanforderung* bedürfen, deren Modalitäten der gesetzlichen Regelung grundsätzlich zugänglich. Dennoch schweigen sich die spezialgesetzlichen Ermächtigungsgrundlagen zu dieser Thematik häufig aus. Ein Grund hierfür mag sein, dass spezialgesetzliche Regelungen nicht zwingend erforderlich sind. Immerhin erfüllt ein staatliches Informationsersuchen im Einzelfall stets die Voraussetzungen des § 35 S. 1 VwVfG und hat damit die Rechtsnatur eines Verwaltungsakts.[125] Damit finden auch auf staatliche Informationsersuchen gegenüber Privaten im Anwendungsbereich der §§ 1, 2 VwVfG die allgemeinen Vorschriften der Verwaltungsverfahrensgesetze über den Erlass von Verwaltungsakten Anwendung. Beispielsweise hat zuvor grundsätzlich eine Anhörung zu erfolgen (§ 28 VwVfG) und schriftliche Informationsersuchen sind nach Maßgabe des § 39 VwVfG zu begründen.[126] Für das sozial- und finanzverwaltungsrechtliche Verfahren, auf die das VwVfG gemäß dessen § 2 Abs. 2 nicht anwendbar ist, enthalten das SGB X und die AO weitgehend gleichlautende Vorgaben.[127]

Bei der Normierung etlicher spezialgesetzlicher Vorschriften hat sich der Gesetzgeber jedoch nicht mit der Rückgriffsmöglichkeit auf die allgemeinen Grund-

---

[125] Siehe nur *OLG Hamm*, NVwZ-RR 1993, 244 (245); *Badura*, in: ders. u. a., Beck'scher PostG-Kommentar, § 45 Rdn. 31; *Brockmeyer*, in: Klein, AO, § 93 Rdn. 15; *Scholl*, Behördliche Prüfungsbefugnis im Recht der Wirtschaftsüberwachung, S. 85.

[126] Überblick über die Rechtmäßigkeitsanforderungen an Verwaltungsakte nach dem VwVfG bei *Schnapp/Henkenötter*, JuS 1998, 524 ff., 624 ff.

[127] Vgl. allgemein *v. Wulffen*, in: ders., SGB X, Einleitung Rdn. 7.

sätze begnügt, sondern weitergehende Regelungen normiert, die den Inhalt der staatlichen Informationsanforderung betreffen. Im Einzelnen finden sich Vorschriften über die Form der Anforderung, die Nennung von Rechtsgrundlage, Gegenstand und Zweck des Informationsverlangens, die Aufklärung über die Reichweite einer Pflicht zur Informationserteilung, das Bestehen eines Informationsverweigerungsrechts, die Setzung einer Frist sowie die Aufklärung über mögliche Sanktionen einer unberechtigten Informationsverweigerung.

a) Form der Informationsanforderung

Für die Form staatlicher Informationsverlangen gegenüber Privaten gilt im Ausgangspunkt der verwaltungsverfahrensrechtliche Grundsatz der Formfreiheit: Gemäß § 37 Abs. 2 S. 1 VwVfG kann ein Verwaltungsakt in jedweder Form erlassen werden. Allerdings kann der Betroffene nach Maßgabe und unter den Voraussetzungen von § 37 Abs. 2 S. 2 VwVfG die schriftliche Bestätigung mündlicher oder elektronischer Verwaltungsakte verlangen. Für schriftliche, elektronische und automatisierte Verwaltungsakte finden sich weitere Anforderungen in § 37 Abs. 3–5 VwVfG. Vergleichbare Grundsätze gelten für das sozialverwaltungsrechtliche Verfahren (§ 33 Abs. 2–4 SGB X) sowie für das finanzverwaltungsrechtliche Verfahren (§ 119 Abs. 2, Abs. 3 AO).

Der Grundsatz der Formfreiheit gilt allerdings nicht für alle der oben[128] aufgelisteten staatlichen Informationsansprüche. Einige der dort genannten Vorschriften enthalten spezielle Formerfordernisse für Informationsanforderungen nach der betreffenden Ermächtigungsgrundlage. In aller Regel schränken sie den Grundsatz der Formfreiheit dahingehend ein, dass das Auskunftsersuchen immer oder unter bestimmten Voraussetzungen schriftlich zu ergehen hat.

Beispielsweise bestimmt § 127 Abs. 3 S. 1 TKG[129], dass die Bundesnetzagentur die Auskunft nach Abs. 1 „durch schriftliche Verfügung" anordnen muss. § 93 Abs. 2 S. 2 AO hält – in leichter Abweichung von § 119 Abs. 2 S. 2 AO – fest, dass Auskunftsersuchen auf Verlangen des Auskunftspflichtigen schriftlich zu ergehen haben.

b) Angabe der Rechtsgrundlage

Eine ausdrückliche Verpflichtung zur Angabe der Rechtsgrundlage gibt es im geltenden allgemeinen Verwaltungsverfahrensrecht nicht. Allerdings lässt sich für schriftliche sowie schriftlich bestätigte Verwaltungsakte eine grundsätzliche Pflicht zur Angabe auch der Rechtsgrundlage aus § 39 Abs. 1 VwVfG herleiten, soweit nicht eine der in § 39 Abs. 2 VwVfG genannten Ausnahmen eingreift (im Wesentlichen gleichlautend: § 35 SGB X, § 121 AO). Zur danach grundsätzlich vor-

---

[128] Siehe oben E. II.
[129] Sachlich entsprechend: § 45 Abs. 2 S. 1 PostG.

geschriebenen Begründung eines Verwaltungsakts gehören in aller Regel auch Ausführungen dazu, auf welche Ermächtigungsgrundlage sich der erlassene Verwaltungsakt stützt.[130]

Diese allgemeinen Grundsätze werden von einigen der spezialgesetzlichen Ermächtigungsgrundlagen aufgegriffen und ausdrücklich festgehalten. Die entsprechenden Normen schreiben vor, dass in der Anordnung die Rechtsgrundlage anzugeben ist.[131]

Für andere Informationsanforderungen hat das Vorhandensein derartiger Regelungen keine wesentlichen Auswirkungen. Insbesondere ist kein Gegenschluss dahingehend möglich, dass das gesetzliche Schweigen beredt und keine Angabe der Rechtsgrundlage erforderlich sein könnte, wenn eine entsprechende gesetzliche Anordnung fehlt. Dies ergibt sich einerseits aus dem – wie dargestellt – auch aus § 39 Abs. 1 VwVfG herzuleitenden allgemeinen und anderslautenden verfahrensrechtlichen Grundsatz; andererseits verbietet es die große Uneinheitlichkeit, die der Gesetzgeber bei der Normierung von Informationspflichten Privater gegenüber dem Staat pflegt, ohnehin weitgehend, aus der Struktur und dem Inhalt einer bestimmten gesetzlichen Informationspflicht zwingende Schlüsse in Bezug auf andere Informationspflichten zu ziehen.

c) Angabe des Gegenstands des Informationsverlangens

Eigentlich selbstverständlich ist es, dass in dem staatlichen Informationsverlangen festgehalten werden muss, worüber genau der Verpflichtete Informationen erteilen soll. Allgemein folgt dies bereits aus dem Erfordernis der Bestimmtheit von Verwaltungsakten (§ 37 Abs. 1 VwVfG, § 33 Abs. 1 SGB X, § 119 Abs. 1 AO). Hieraus ergibt sich, dass das Informationsersuchen dem Betroffenen die Art und das Ausmaß der ihm auferlegten Pflichten verdeutlichen muss.[132]

Dennoch halten einige der spezialgesetzlichen Informationspflichten ausdrücklich fest, dass das staatliche Informationsersuchen den „Gegenstand des Auskunftsverlangens"[133] bzw. „worüber Auskunft zu erteilen ist"[134] anzugeben hat.

---

[130] *Kopp/Ramsauer*, Verwaltungsverfahrensgesetz, § 39 Rdn. 18; *Stelkens/Stelkens*, in: Stelkens/Bonk/Sachs, Verwaltungsverfahrensgesetz, § 39 Rdn. 25; siehe auch *BVerwGE* 71, 354 (358).

[131] § 127 Abs. 3 S. 2 TKG; § 45 Abs. 2 S. 2 PostG; § 69 Abs. 7 S. 2 EnWG. Ebenso § 21 Abs. 4 BDSG, jedoch nur auf Verlangen des Auskunftspflichtigen und wenn durch den Hinweis die Erfüllung der Aufgaben der Bundespolizei nicht gefährdet oder erheblich erschwert wird.

[132] Siehe nur *Badura*, in: ders. u. a., Beck'scher PostG-Kommentar, § 45 Rdn. 31.

[133] So § 72 Abs. 3 S. 2 TKG; § 45 Abs. 2 S. 2 PostG; § 69 Abs. 7 S. 2 EnWG.

[134] So § 93 Abs. 2 S. 1 AO.

d) Angabe des Zwecks des Informationsverlangens

Die Angabe des Zwecks des staatlichen Informationsverlangens ist nach den allgemeinen Vorschriften des VwVfG (sowie des SGB X und der AO) nicht ausdrücklich vorgeschrieben. Häufig wird allerdings zur Erfüllung der Begründungspflicht[135] die Angabe auch des Zwecks des Informationsverlangens erforderlich sein, weil nur dadurch sachgerecht begründet werden kann, warum die Tatbestandsvoraussetzungen der Ermächtigungsgrundlage vorliegen und warum (bei Ermessensvorschriften) eine Informationserteilung zur Erfüllung der betreffenden staatlichen Aufgabe verhältnismäßig, also ermessensfehlerfrei ist.

§ 127 Abs. 3 S. 2 TKG, § 45 Abs. 2 S. 2 PostG und § 69 Abs. 7 S. 2 EnWG enthalten demgegenüber eine ausdrückliche diesbezügliche Regelung. Die insoweit gleichlautenden Vorschriften geben der Bundesnetzagentur auf, in der Auskunftsanordnung den Zweck des Auskunftsverlangens anzugeben.

e) Aufklärung über die Reichweite der Informationsverpflichtung

Selbstverständlich kann eine Informationsanordnung, mit der der Betroffene zur Informationserteilung verpflichtet wird, rechtsfehlerfrei nur ergehen, wenn tatsächlich im konkreten Fall eine Informationspflicht über den verlangten Informationsgegenstand besteht. Eine zusätzliche Aufklärung des Betroffenen über das Bestehen und die Grenzen der Informationspflicht ist von daher eigentlich nicht erforderlich. Dennoch kann es in einigen Fällen durchaus sachgerecht sein, den Verpflichteten zur Klarstellung im Einzelnen über die Reichweite seiner Informationspflicht zu belehren. Wenn der Betroffene insoweit nachfragt, dürfte sich sogar eine Pflicht zur Aufklärung aus der allgemeinen Auskunftspflicht der Behörde aus § 25 S. 2 VwVfG über die Pflichten des Beteiligten im Verwaltungsverfahren ergeben.

§ 21 Abs. 4 S. 1 BPolG schreibt dies für die Auskunftspflicht nach § 22 Abs. 2 BPolG auch spezialgesetzlich vor: Betroffene sind hiernach auf Verlangen auf den Umfang ihrer Auskunftspflicht hinzuweisen;[136] umgekehrt ist, sofern eine Auskunftspflicht nicht besteht, der Betroffene gemäß § 21 Abs. 4 S. 3 BPolG auf die Freiwilligkeit der Auskunft hinzuweisen.

f) Belehrung über Informationsverweigerungsrecht

Bedeutsamer für den Betroffenen ist, dass er Kenntnis von den Grenzen der Informationspflicht erlangt, die nur bei einer ausdrücklichen Geltendmachung ent-

---

[135] Vgl. oben E. IV. 1. vor a).

[136] Allerdings enthält § 21 Abs. 4 S. 2 BPolG eine Ausnahme hiervon für den Fall, dass durch den Hinweis die Aufgabenerfüllung durch die Bundespolizei gefährdet oder erheblich erschwert würde.

IV. Aktualisierung und Erfüllung staatlicher Informationsansprüche 231

stehen, also über etwaige Informationsverweigerungsrechte. Andernfalls ist eine sachgerechte Willensentscheidung darüber, ob die Information erteilt oder zulässigerweise verweigert wird, nicht möglich. Aus strafprozessualer Sicht stellt die Belehrung des Angeklagten über sein Schweigerecht nach § 136 Abs. 1 S. 2 StPO folglich auch keine bloße Ordnungsvorschrift dar,[137] sondern die fehlende Belehrung ist ein revisibler Verfahrensverstoß, der grundsätzlich zu einem umfassenden Verwertungsverbot führt.[138]

Diese Gesichtspunkte haben den Gesetzgeber teilweise dazu veranlasst, eine Belehrung des Informationspflichtigen über bestehende Informationsverweigerungsrechte aus Gründen der Gefahr einer Selbstbelastung ausdrücklich vorzusehen.[139] Bei fehlender Belehrung besteht jedenfalls ein Verwertungsverbot für das straf- und ordnungswidrigkeitenrechtliche Verfahren;[140] teilweise wird dies sogar für das entsprechende behördliche Verfahren angenommen.[141]

Fraglich und umstritten ist demgegenüber, ob auch beim Fehlen einer Belehrungspflicht – wie in der überwiegenden Zahl der Vorschriften – eine ungeschriebene Verpflichtung der informationsberechtigten staatlichen Stelle zum Hinweis auf ein bestehendes Informationsverweigerungsrecht existiert. Teilweise wird dies unter Bezugnahme auf die angeführten strafprozessualen Grundsätze allgemein verlangt;[142] andernfalls soll auch insoweit ein Verwertungsverbot für sanktionsrechtliche Verfahren bestehen.[143] Nach anderer Ansicht ist dies demgegenüber nicht der Fall; eine Belehrung über Informationsverweigerungsrechte habe nur zu erfolgen, wenn sie ausdrücklich vorgesehen sei, einen weitergehenden allgemeinen Rechtsgrundsatz gebe es nicht.[144]

---

[137] So noch *BGHSt* 31, 395 (399).

[138] *BGHSt* 38, 214 (220); *Meyer-Goßner*, StPO, § 136 Rdn. 20 ff.

[139] § 22 Abs. 1 S. 3 ArbSchG; § 21 Abs. 2 S. 2 GÜG; § 20 Abs. 2 S. 2 SigG; § 9 Abs. 1 Nr. 2 AMbG; § 7 Abs. 3 S. 2 CWÜAG; § 97a Abs. 5 S. 2 SGB VIII; § 4 Abs. 9 S. 2 WpHG; § 2 Abs. 1 S. 11 BörsG; § 40 Abs. 5 S. 2 WpÜG; § 8 Abs. 9 S. 4 GPSG; § 56 Abs. 1 S. 3 BRAO; § 38 Abs. 3 S. 3 BDSG; § 101 Abs. 1 S. 2, § 103 S. 2 AO; § 4 Abs. 2 S. 2 PTSG.

[140] So *Walz*, in: Simitis, Kommentar zum Bundesdatenschutzgesetz, § 38 Rdn. 28.

[141] So *Eberle*, in: Selmer/v. Münch, Gedächtnisschrift für Wolfgang Martens, S. 351 (363); siehe auch *BFHE* 163, 103 (105), für die Belehrung nach § 101 AO; zustimmend *Brockmeyer*, in: Klein, AO, § 101 Rdn. 5.

[142] *AG Freiburg*, ZLR 2002, 125 (126); *Zipfel/Rathke*, Lebensmittelrecht, § 41 LMBG Rdn. 56.

[143] *AG Freiburg*, ZLR 2002, 125 (126); *Engelhardt*, in: Obermayer, Kommentar zum Verwaltungsverfahrensgesetz, § 26 Rdn. 51; insoweit anderer Auffassung *Zipfel/Rathke*, Lebensmittelrecht, § 41 LMBG Rdn. 56, nach denen zwar eine Belehrungspflicht existiert, an einen Verstoß dagegen aber keine Rechtsfolgen geknüpft sind.

[144] Ausdrücklich *Decker*, Die externe Informationsgewinnung in der deutschen öffentlichen Verwaltung, S. 143; *Honig*, GewArch 1979, 187 (190); *Herrmann*, Informationspflichten gegenüber der Verwaltung, S. 425 f.; *Jarass*, Bundes-Immissionsschutzgesetz, § 52 Rdn. 37; wohl auch *Lohmeyer*, Der Steuerberater 1989, 289. Siehe auch *BFH*, BFH/NV 2001, 811 f.: Keine Hinweispflicht des Finanzgerichts auf das Auskunftsverweigerungsrecht des Steuerberaters gemäß § 102 AO.

Zutreffend dürfte es sein, jedenfalls eine Belehrungspflicht auf Nachfrage des Betroffenen aus § 25 S. 2 VwVfG zu folgern: (Nur) wenn der Betroffene sein Interesse an einer Aufklärung über ein etwaiges Informationsverweigerungsrecht ausdrücklich artikuliert, muss ihm die Behörde nach dieser Vorschrift auch eine Auskunft darüber erteilen.[145] Allerdings wird auch ohne solche Nachfrage eine Belehrung zumindest dann regelmäßig sachgerecht sein, wenn Anhaltspunkte für das Bestehen eines Schweigerechts und eine offensichtliche Unkenntnis des Informationspflichtigen hiervon vorliegen und die Belehrung der zuständigen staatlichen Stelle ohne weiteres – insbesondere zeitlich – möglich ist.[146]

In jedem Fall besteht bei unterlassener Belehrung vor dem Hintergrund des „nemo tenetur"-Grundsatzes ein Verwertungsverbot bezüglich der Informationen im straf- und ordnungswidrigkeitenrechtlichen Verfahren gegen den Betroffenen oder eine ihm nahestehende Person, wenn der Betroffene dort geltend macht, dass er sich bei Kenntnis von seinem Informationsverweigerungsrecht nicht zur Sache eingelassen hätte. Andernfalls machte sich der Staat in verfassungsrechtlich bedenklicher Weise die Unkenntnis des Informationspflichtigen zu Nutze. Es wäre nicht einsehbar, warum die unterlassene Belehrung im Strafverfahren zu einem Verwertungsverbot führen sollte,[147] wenn eine ohne Belehrung erfolgte Aussage in einem Verwaltungsverfahren im Strafverfahren ohne weiteres verwertet werden könnte.[148]

g) Fristsetzung

Wenn in der die Informationspflicht bestimmenden Rechtsnorm kein Zeitpunkt festgehalten ist, zu dem die Information erteilt werden muss, ist es im Interesse einer zeitgerechten Informationsübermittlung sinnvoll, dem Informationsverpflichteten seitens der zuständigen staatlichen Stelle eine Frist hierfür zu setzen. Dies ist auch ohne ausdrückliche gesetzliche Ermächtigung ohne weiteres zulässig; für die Setzung von verfahrensrechtlichen Fristen ohne Ausschlusswirkung gilt der Gesetzesvorbehalt nicht, sondern die entsprechende Befugnis der Behörde folgt aus ihrer allgemeinen Verfahrensherrschaft.[149]

Daher ist es an sich nicht erforderlich, dass die gesetzlichen Informationspflichten teilweise ausdrücklich vorsehen, dass eine Frist zur Informationserteilung gesetzt werden kann[150] oder sogar muss.[151] Schädlich sind derartige Regelungen

---

[145] Siehe bereits oben E. IV. 1. e).

[146] Vgl. auch *Engelhardt*, in: Obermayer, Kommentar zum Verwaltungsverfahrensgesetz, § 26 Rdn. 47; *Scholl*, Behördliche Prüfungsbefugnisse im Recht der Wirtschaftsüberwachung, S. 121.

[147] Nachweise oben Fn. 138.

[148] Zu den verfassungsrechtlichen Hintergründen dieses Ergebnisses unten F. II. 2. b) cc).

[149] *Kopp/Ramsauer*, Verwaltungsverfahrensgesetz, § 31 Rdn. 7; *Stelkens/Kallerhoff*, in: Stelkens/Bonk/Sachs, Verwaltungsverfahrensgesetz, § 31 Rdn. 13.

[150] § 21 Abs. 5 AFBG; § 47 Abs. 6 BAFöG; § 17 Abs. 1 S. 2 HwO.

allerdings ebenfalls nicht, sondern können im Interesse der Klarstellung der Rechtslage sowie der Verfahrensbeschleunigung sogar sachgerecht sein.

h) Belehrung über Sanktionen einer Informationsverweigerung

Häufig wird an die unterlassene bzw. falsche Informationserteilung eine sanktionsrechtliche Folge geknüpft, die überwiegend ordnungswidrigkeitenrechtlicher Natur,[152] im Ausnahmefall aber auch strafrechtlicher Natur[153] ist. Es kann sinnvoll sein und ist jedenfalls zulässig, dass die die Information verlangende Stelle den Verpflichteten auf derartige Folgen der Verletzung einer Informationspflicht hinweist, um ihm die Konsequenzen einer unberechtigten Informationsverweigerung vor Augen zu führen. Dies ist einerseits ein Gebot der Fairness, andererseits setzt es Anreize zur Erfüllung der Informationspflicht und dient so deren Durchsetzung. Eine *Verpflichtung* der zuständigen staatlichen Stelle zur Belehrung über mögliche sanktionsrechtliche Folgen findet sich demgegenüber im nationalen Recht – soweit ersichtlich – nur in den strafprozessualen Vorschriften über die Zeugenvernehmung im Hinblick auf die Folgen einer Falschaussage.[154] Hinzuweisen ist allerdings in diesem Zusammenhang auf weitergehende Vorgaben des Europäischen Gemeinschaftsrechts, die derartige Belehrungspflichten vorsehen.[155]

2. Erfüllungsvoraussetzungen staatlicher Informationsansprüche

Nach der Aktualisierung einer Informationspflicht unmittelbar kraft Gesetzes oder durch behördliche Informationsanforderung stellt sich dem verpflichteten Privaten die Frage, auf welche Art und Weise er die Informationspflicht zu erfüllen hat. Einzelheiten hierzu kann der Informationsverpflichtete bei Informationspflichten, die ein staatliches Informationsverlangen voraussetzen, unter Umständen dem entsprechenden Verwaltungsakt entnehmen – etwa über eine Frist, binnen derer die Information zu erteilen ist.[156] Schweigt das Informationsverlangen jedoch über

---

[151] § 127 Abs. 3 S. 3 TKG; § 45 Abs. 2 S. 3 PostG; § 69 Abs. 7 S. 2 EnWG; § 36a Abs. 1 S. 1 KrW-/AbfG.

[152] Beispiele: § 53 Abs. 1 Nrn. 5, 6 WaffG; § 98 Abs. 5 SGB X; § 61 Abs. 2 Nrn. 2a, 2b, 3 KrW-/AbfG; § 65 Abs. 2 Nrn. 5–8 BNatSchG; § 149 Abs. 1 Nr. 33 TKG; allgemein auch § 111 Abs. 1 OWiG, der an bestehende Informationspflichten anknüpft, vgl. *BVerfGE* 92, 191 (197).

[153] Zum Beispiel § 22a Abs. 1 Nr. 6b) KrWaffG; § 138 StGB; §§ 153 ff. StGB.

[154] § 57 S. 2 StPO.

[155] Beispiel: Art. 11 Abs. 2, Abs. 3 Verordnung (EG) Nr. 139/2004 des Rates vom 20. Januar 2004 über die Kontrolle von Unternehmenszusammenschlüssen („EG-Fusionskontrollverordnung"), ABl EU 2004, Nr. L 24, 1. Näher dazu unten F. III. 2.

[156] Siehe oben E. IV. 1. g).

entsprechende Fragen oder liegt eine unmittelbar kraft Gesetzes bestehende Informationspflicht vor, kann er Antworten zu den Erfüllungsvoraussetzungen der Informationspflicht nur aus den gesetzlichen Vorschriften entnehmen. Während diese überwiegend keine näheren Vorgaben enthalten, sondern die Art und Weise der Pflichterfüllung als selbstverständlich oder bekannt voraussetzen, finden sich in einigen Ermächtigungsgrundlagen klarstellende Regeln, die Einzelheiten der Informationserteilung behandeln. Diese betreffen die Wahrheitsmäßigkeit und Vollständigkeit der zu erteilenden Informationen, die Form der Informationserteilung sowie deren Zeitpunkt.

a) Wahrheitsmäßigkeit und Vollständigkeit der Informationen

Selbstverständlich ist, dass der Informationsverpflichtete die Informationen wahrheitsgemäß zu erteilen hat, weil nur so der staatliche Informationsbedarf, der sich allein auf zutreffende Informationen bezieht,[157] befriedigt werden kann. Zur Wahrheitsmäßigkeit gehört in einem weiteren Sinne auch die Vollständigkeit der Angaben im Rahmen der Reichweite der Informationspflicht,[158] die der gesetzlichen Ermächtigungsgrundlage bzw. der staatlichen Informationsanforderung zu entnehmen ist.[159] In der Regel wird die Verpflichtung zur wahrheitsgemäßen und vollständigen Informationserteilung in den spezialgesetzlichen Ermächtigungsgrundlagen nicht oder allenfalls in den damit korrespondierenden straf- und vor allem ordnungswidrigkeitenrechtlichen Sanktionsvorschriften[160] erwähnt.[161] Die meisten gesetzlichen Vorschriften setzen vielmehr stillschweigend voraus, dass staatliche Informationspflichten gegen Private nur durch die Erteilung richtiger und vollständiger Informationen erfüllt werden können.[162]

Einige der spezialgesetzlichen Ermächtigungsgrundlagen halten diese Anforderungen an die Informationserteilung aber auch ausdrücklich fest und bestimmen, dass die geschuldete Information wahrheitsgemäß[163] bzw. vollständig[164] erteilt werden muss. Ihnen kommt lediglich, aber auch immerhin klarstellender Charakter zu.

---

[157] Näher oben C. I.; siehe auch *Albers*, Informationelle Selbstbestimmung, S. 465.

[158] *Martens*, JuS 1978, 99 (102); vgl. auch *Scholl*, Behördliche Prüfungsbefugnisse im Recht der Wirtschaftsüberwachung, S. 116.

[159] Hierzu *Herrmann*, Informationspflichten gegenüber der Verwaltung, S. 216 f.; *Scholl*, Behördliche Prüfungsbefugnisse im Recht der Wirtschafsüberwachung, S. 117 f.

[160] Dazu soeben E. IV. 1. h).

[161] Siehe etwa § 38 Abs. 1 Nr. 10 GenTG: „Ordnungswidrig handelt, wer entgegen § 25 Abs. 2 eine Auskunft nicht, nicht rechtzeitig, nicht vollständig oder nicht richtig erteilt".

[162] Zutreffend *Martens*, JuS 1978, 99 (102); vgl. auch *Thiel*, GewArch 2001, 403 (404).

[163] § 7 Abs. 2 S. 2 AÜG; § 90 Abs. 1, § 93 Abs. 3 S. 1 AO; § 50 Abs. 1 Nr. 1 JArbSchG; § 19 Abs. 1 Nr. 1 MuSchG; § 20 Abs. 1 S. 3 FernUSG.

[164] § 7 Abs. 2 S. 2 AÜG; § 90 Abs. 1 AO; § 50 Abs. 1 Nr. 1 JArbSchG; § 19 Abs. 1 Nr. 1 MuSchG; § 20 Abs. 1 S. 3 FernUSG. Nach § 14c Abs. 3 S. 3 AEG sind Auskünfte „wahrheitsgemäß und nach bestem Wissen" zu erteilen.

IV. Aktualisierung und Erfüllung staatlicher Informationsansprüche   235

§ 93 Abs. 3 S. 2 AO bestimmt zudem, dass Auskunftspflichtige, die nicht aus dem Gedächtnis Auskunft geben können, Bücher, Aufzeichnungen, Geschäftspapiere und andere Urkunden, die ihnen zur Verfügung stehen, einzusehen und, soweit nötig, Aufzeichnungen daraus zu entnehmen haben.[165] Hierdurch sollen die Vollständigkeit und Richtigkeit der erteilten Information sichergestellt werden.[166]

b) Form der Informationserteilung

Etliche der spezialgesetzlichen Informationsansprüche des Staates enthalten Vorgaben zur Form, in der der Verpflichtete die Information zu erteilen hat. Dabei ist in der Praxis der Gesetzgebung eine Vielzahl unterschiedlicher Formerfordernisse zu finden. Im Einzelnen wird in den verschiedenen Normen festgelegt, dass die Informationserteilung schriftlich,[167] mündlich,[168] schriftlich, elektronisch, mündlich oder fernmündlich,[169] unter Beifügung von Abschriften,[170] unter Verwendung amtlicher Formblätter,[171] auf maschinell verwertbaren Datenträgern oder durch Datenübertragung[172] zu erfolgen hat.[173]

Daneben steht der zuständigen staatlichen Stelle auch ohne ausdrückliche gesetzliche Grundlage die Befugnis zu, eine bestimmte Form der Informationserteilung zu verlangen, wenn nur auf diese Weise der Zweck der Informationspflicht verwirklicht werden kann; dieser in § 93 Abs. 4 S. 2 AO ausdrücklich verankerte Grundsatz kann für alle Informationspflichten verallgemeinert werden.[174] Macht die Behörde hiervon Gebrauch, hat der Informationspflichtige die von ihr bestimmte Form zu wahren.

Ist – wie regelmäßig – weder im Gesetz noch durch die anspruchsberechtigte Stelle eine besondere Form vorgeschrieben, ist jede Form zulässig, soweit sie dem

---

[165] Hierzu vgl. auch *BFH*, BFH/NV 2003, 63 (64).

[166] Vgl. *Wünsch*, in: Pahlke/Koenig, Abgabenordnung, § 93 Rdn. 18.

[167] § 69 Abs. 3 GewO; § 12 Abs. 1 GenTG; § 27 Abs. 1 S. 5, § 31 Abs. 2 S. 2, § 34 Abs. 2 S. 1, § 37 Abs. 3 S. 1, § 58 Abs. 1 S. 3 WaffG; § 33 Abs. 1 ErbStG; § 15 Abs. 1 S. 1 BImSchG; § 6 Abs. 1 S. 2 TKG; § 58 Abs. 1 S. 1 BörsG.

[168] § 17 Abs. 2 PStG.

[169] § 93 Abs. 4 S. 1 AO; ähnlich § 24 Abs. 7 WPflG: „schriftlich, elektronisch oder mündlich".

[170] § 7 S. 2 HAG.

[171] § 18 Abs. 4, § 24a S. 2 BtMG; § 14 Abs. 4 GewO; § 138 Abs. 1 S. 1 AO; § 6 Abs. 2 S. 2 TKG.

[172] § 28a Abs. 1 SGB IV.

[173] Siehe auch *Herrmann*, Informationspflichten gegenüber der Verwaltung, S. 217 f.

[174] Überzeugend *Scholl*, Behördliche Prüfungsbefugnisse im Recht der Wirtschaftsüberwachung, S. 116; vgl. auch *Herrmann*, Informationspflichten gegenüber der Verwaltung, S. 221; ferner *Jarass*, Bundes-Immissionsschutzgesetz, § 52 Rdn. 36; *Michel/Kienzle/Pauly*, Das Gaststättengesetz, § 22 Rdn. 10; *Tettinger*, in: ders./Wank, Gewerbeordnung, § 29 Rdn. 18.

Informationsinteresse des Staates nicht offensichtlich zuwiderläuft.[175] Der Informationspflichtige kann dann wählen, ob er die Information mündlich, schriftlich oder in elektronischer Form erteilen will.[176]

c) Zeitpunkt der Informationserteilung

Des Weiteren stellt sich dem Informationspflichtigen auch die Frage nach dem „Wann" der Informationserteilung. Dass der Staat ihn hierüber nicht im Unklaren lassen darf, folgt aus dem – sowohl für Rechtsnormen als auch für Verwaltungsakte geltenden – Bestimmtheitsgrundsatz.[177]

Die Informationspflichten unmittelbar kraft Gesetzes äußern sich zum Zeitpunkt der Informationserteilung üblicherweise bereits dadurch, dass sie an den Eintritt des Lebenssachverhalts anknüpfen, der die Informationspflicht nach dem gesetzlichen Tatbestand aktiviert. Die einschlägigen Normen unterscheiden sich dabei lediglich darin, wie der jeweilige Zeitpunkt in Bezug genommen wird.[178]

Etliche Normen schreiben vor, dass die Information *vor* dem betreffenden Zeitpunkt, der insbesondere in der Aufnahme einer bestimmten Tätigkeit liegt, zu erfolgen hat. Teilweise beschränken sie sich auf diese Vorgabe,[179] teilweise wird auch eine bestimmte Mindestzeit vor dem Ereignis als spätester Informationszeitpunkt festgesetzt.[180] Andere gesetzliche Informationspflichten bestimmen demgegenüber, dass die Information (spätestens) *mit* dem Ereignis, das die Informationspflicht aktualisiert, erteilt werden muss,[181] oder halten sogar einen konkreten Zeitpunkt für die Informationserteilung fest.[182] Wieder andere Rechtsnormen begnügen sich mit der Informationserteilung innerhalb einer näher bestimmten Frist[183] oder unverzüglich[184] *nach* Verwirklichung des maßgeblichen Lebenssachverhalts. „Unverzüglich"

---

[175] Vgl. *Paetow*, in: Kunig / Paetow / Versteyl, Kreislaufwirtschafts- und Abfallgesetz, § 40 Rdn. 20.

[176] Vgl. *Martens*, JuS 1978, 99 (102); *Scholl*, Behördliche Prüfungsbefugnisse im Recht der Wirtschaftsüberwachung, S. 116; siehe auch *Herrmann*, Informationspflichten gegenüber der Verwaltung, S. 217.

[177] Siehe auch *Herrmann*, Informationspflichten gegenüber der Verwaltung, S. 215.

[178] Vgl. auch *Herrmann*, Informationspflichten gegenüber der Verwaltung, S. 215.

[179] Beispielsweise § 20 S. 1, § 63a Abs. 3 S. 1, § 67 Abs. 1 S. 1 AMG; § 4 Abs. 3 S. 1 BtMG; § 8 Abs. 2 S. 1 GenTG; § 25 Abs. 1 S. 1 MPG; § 15a Abs. 2 GüKG; § 9 S. 1 PflSchG; § 17a S. 2 WHG; § 6b Abs. 1 StVG.

[180] Zum Beispiel § 17 Abs. 1 S. 1 KSchG; § 14 Abs. 1 VersG; § 49 Abs. 1 S. 1 IfSG; § 56a Abs. 2 S. 1 GewO; § 8a Abs. 1 S. 1 TierSchG; § 15 Abs. 1 S. 1 BImSchG.

[181] Exemplarisch § 14 Abs. 1 GewO; § 16 Abs. 1a S. 1 TierSchG.

[182] Beispiele: § 80 Abs. 2 S. 1 SGB IX; § 18 Abs. 3 BtMG; § 18 Abs. 5 GÜG; § 45d Abs. 1 EStG.

[183] Etwa § 10 Abs. 1 S. 3, § 21 Abs. 6 S. 1, § 34 Abs. 2 S. 1, § 37 Abs. 3 S. 1 WaffG; § 137 Abs. 2, § 138 Abs. 3 AO; § 29a Abs. 3 BImSchG; § 19e Abs. 2 S. 1 WHG; § 19 Abs. 3 GrEStG.

[184] Beispiele: § 5 Abs. 1 S. 3 MuSchG; § 9 AufenthG / EWG; § 11 Abs. 1a, § 11a Abs. 3, § 20 S. 2, § 29 Abs. 1 S. 1, § 63a Abs. 3 S. 2 AMG; § 8 Abs. 3 S. 1 BtMG; § 9 Abs. 3, § 50 S. 1

IV. Aktualisierung und Erfüllung staatlicher Informationsansprüche

bedeutet dabei analog § 121 Abs. 1 S. 1 BGB „ohne schuldhaftes Zögern";[185] welcher Zeitraum hierunter zu verstehen ist, kann nicht allgemeingültig, sondern muss im Einzelfall bestimmt werden.[186]

In diesen Fällen hat der Informationspflichtige Gewissheit über den Zeitpunkt, zu dem er seiner Informationspflicht spätestens nachzukommen hat. Allerdings finden sich im geltenden Recht auch Informationspflichten unmittelbar kraft Gesetzes, aus deren Wortlaut sich der Zeitpunkt der Informationserteilung nicht eindeutig ergibt.[187] Hier muss eine Auslegung des Gesetzes weiterhelfen, anhand dessen Telos der geschuldete Zeitpunkt der Informationserteilung in aller Regel bestimmt werden kann; zum Verdikt der Verfassungswidrigkeit wegen Unbestimmtheit der gesetzlichen Informationspflicht wird es kaum jemals kommen müssen.[188]

Als Beispiel mag folgende Bestimmung des § 52a Abs. 2 BImSchG dienen: „Der Betreiber der genehmigungsbedürftigen Anlage ... hat der zuständigen Behörde mitzuteilen, auf welche Weise sichergestellt ist, dass die dem Schutz vor schädlichen Umwelteinwirkungen ... dienenden Vorschriften und Anordnungen beim Betrieb beachtet werden." Aus dieser Norm ergibt sich nicht ausdrücklich, zu welchem Zeitpunkt die Mitteilung zu erfolgen hat. Berücksichtigt man jedoch den Zweck der Mitteilungspflicht, der Behörde die Überwachung der Einhaltung der Sachpflichten durch den Anlagenbetreiber von vornherein zu ermöglichen,[189] lässt sich der Vorschrift entnehmen, dass die Mitteilung spätestens mit der Aufnahme des Betriebs der Anlage erfolgen muss.[190]

Ist für die Informationserteilung behördlicherseits eine Frist gesetzt, was in erster Linie die Informationspflichten auf staatliche Anforderung betrifft,[191] ist die Information (selbstredend) binnen der gesetzten Frist zu erteilen. Einige der spezi-

---

IfSG; § 34 Abs. 2 Nrn. 1, 2 AtG; § 54 Abs. 2 S. 2 PBefG; § 4 Abs. 2 GastG; § 69 Abs. 3 GewO; § 3 Abs. 5 TierSG; § 13 Abs. 1 S. 1 SigG; § 2 Abs. 1 S. 1 SprengG; § 12 Abs. 6 S. 1 KrWaffG; § 196 Abs. 1 S. 1 Nr. 2 SGB VI; § 68 Abs. 1 S. 1 EStG; § 21 Abs. 1 WpHG; § 15 Abs. 3 S. 1 BImSchG; § 21c Abs. 1 S. 2 WHG.

[185] Vgl. nur *Geiß/Doll*, Geräte- und Produktsicherheitsgesetz (GPSG), § 5 Rdn. 52; *Jarass*, Bundes-Immissionsschutzgesetz, § 55 Rdn. 6; *Müller-Buttmann*, PharmaRecht 1986, 250 (251); *Schütz*, in: Büchner u. a., Beck'scher TKG-Kommentar, § 9 Rdn. 21; *Sudmeyer*, BB 2002, 685 (690). Zur Übertragbarkeit der Legaldefinition des § 121 Abs. 1 S. 1 BGB auf Vorschriften des Öffentlichen Rechts siehe auch *OVG NW*, NWVBl 1992, 295; *Heinrichs*, in: Palandt, BGB, § 121 Rdn. 3.

[186] Zur Verdeutlichung aus dem geltenden Recht: Gemäß § 9 Abs. 3 IfSG hat die namentliche Meldung „unverzüglich, spätestens innerhalb von 24 Stunden" zu erfolgen; demgegenüber bestimmt § 21 Abs. 1 S. 1 WpHG, dass eine Meldung an das Bundesaufsichtsamt „unverzüglich, spätestens innerhalb von sieben Kalendertagen" zu erfolgen hat.

[187] Etwa § 7 S. 1 HAG; § 52a Abs. 2 BImSchG; § 17d Abs. 2 S. 2 TierSG; § 8b Abs. 1 S. 1 TierSchG; § 50 Abs. 3, § 53 Abs. 1 S. 1, Abs. 2 KrW-/AbfG; § 43 Abs. 6 S. 4 BNatSchG.

[188] Siehe auch *Herrmann*, Informationspflichten gegenüber der Verwaltung, S. 215 f.

[189] Vgl. *Feldhaus*, NVwZ 1991, 927 (933); *Jarass*, Bundes-Immissionsschutzgesetz, § 52a Rdn. 6; *Müller*, VR 1998, 149 (150).

[190] *Herrmann*, Informationspflichten gegenüber der Verwaltung, S. 216; *Jarass*, Bundes-Immissionsschutzgesetz, § 52a Rdn. 12.

[191] Siehe zur Möglichkeit der Fristsetzung oben E. IV. 1. g).

algesetzlichen Informationspflichten halten dies zur Klarstellung ausdrücklich fest.[192] Fehlt demgegenüber eine Fristsetzung durch die staatliche Stelle, muss der richtige Zeitpunkt der Auskunftserteilung wiederum durch Auslegung des informationsanfordernden Verwaltungsakts ermittelt werden. Ergeben sich dabei keine in eine andere Richtung weisenden Anhaltspunkte, wird die Information in der Regel unverzüglich zu erteilen sein.[193]

3. Kennzeichnung von Betriebs- und Geschäftsgeheimnissen

Einige Vorschriften des geltenden Rechts geben dem betroffenen Privaten auf, ihre im Rahmen der Informationserteilung übermittelten Betriebs- und Geschäftsgeheimnisse ausdrücklich kenntlich zu machen.[194] Dies soll der Ergänzung der Regelung in § 30 VwVfG durch eine verfahrensrechtliche Sicherung der Betriebs- und Geschäftsgeheimnisse dienen;[195] denn ohne eine entsprechende Kennzeichnung sind der staatlichen Stelle Kenntnis und Bewertung der Geheimniseigenschaft als solcher sowie die Abwägung mit gegenläufigen Interessen oftmals nicht möglich.[196]

Zugleich haben nach einigen gesetzlichen Vorschriften die Privaten eine Fassung der erteilten Informationen vorzulegen, die aus ihrer Sicht ohne Preisgabe von Betriebs- oder Geschäftsgeheimnissen eingesehen werden kann.[197] Erfolgt dies nicht, kann die zuständige staatliche Stelle „von ihrer Zustimmung zur Einsicht ausgehen, es sei denn, ihr sind besondere Umstände bekannt, die eine solche Vermutung nicht rechtfertigen".[198] Dies bedeutet allerdings nicht, dass eine Unterlassung der Kennzeichnung als fingierte Zustimmung angesehen werden kann; wenn sich der staatlichen Stelle aufdrängt, dass erteilte Informationen Geschäfts- oder Betriebsgeheimnisse enthalten, muss sie diese trotz der fehlenden Kennzeichnung wahren.[199]

Hält die staatliche Stelle die Kennzeichnung als Geschäfts- oder Betriebsgeheimnis für sachlich unzutreffend, darf sie sich erst darüber hinwegsetzen, nachdem sie den Betroffenen

---

[192] § 7 Abs. 2 S. 2 AÜG; § 36a Abs. 1 S. 1 KrW-/AbfG; § 20 Abs. 1 S. 3 FernUSG.

[193] Ausdrücklich etwa § 113 Abs. 1 S. 1 TKG. Nach *Scholl*, Behördliche Prüfungsbefugnisse im Recht der Wirtschaftsüberwachung, S. 116, soll sich die Rechtzeitigkeit der Auskunft im Einzelfall nach Umfang und Schwierigkeit der verlangten Auskunft und ihrer Eilbedürftigkeit bestimmen. Diese Kriterien sind aber auch für die Beurteilung, was „unverzüglich" ist, maßgebend, so dass sich zur hier vertretenen Auffassung keine wesentlichen Differenzen ergeben dürften.

[194] § 136 S. 1 TKG; § 44 S. 2 PostG i.V. m. § 75a S. 1 TKG a. F.; § 71 S. 1 EnWG; § 17a Abs. 1 S. 3 GenTG.

[195] Ausdrücklich § 71 EnWG; vgl. auch *Badura*, in: ders. u. a., Beck'scher PostG-Kommentar, § 46 Rdn. 32.

[196] Vgl. *Schoch/Kloepfer*, Informationsfreiheitsgesetz (IFG-ProfE), § 8 Rdn. 21.

[197] § 136 S. 2 TKG; § 44 S. 2 PostG i.V. m. § 75a S. 2 TKG a. F.; § 71 S. 2 EnWG.

[198] § 136 S. 3 TKG; § 44 S. 2 PostG i.V. m. § 75a S. 3 TKG a. F.; § 71 S. 3 EnWG.

[199] Vgl. *Badura*, in: ders. u. a., Beck'scher PostG-Kommentar, § 46 Rdn. 32.

IV. Aktualisierung und Erfüllung staatlicher Informationsansprüche   239

hierzu angehört hat.[200] § 17a Abs. 1 S. 3 GenTG normiert zudem eine Unterrichtungspflicht der zuständigen Behörde über ihre auf dieser Grundlage getroffene Entscheidung.

4. Zwangsweise Durchsetzung staatlicher Informationsansprüche

Wenn ein Privater zur Informationserteilung gegenüber dem Staat verpflichtet ist, die Informationserteilung aber unberechtigterweise verweigert, stellt sich der zuständigen staatlichen Stelle die Frage der zwangsweisen Durchsetzung ihres Informationsanspruchs.

Die zwangsweise Durchsetzung ist bei Informationspflichten Privater besonders bedeutend, weil die informationsberechtigte Stelle zur Wahrnehmung ihrer Aufgaben oftmals auf die Informationserteilung durch den Verpflichteten zwingend angewiesen ist. Alternativen hierzu wie etwa die Inanspruchnahme anderer Privater, sonstige eigene Ermittlungen oder gar die Schätzung des Ergebnisses der Informationserteilung[201] sind nur in Ausnahmefällen vorhanden, so dass die effektive Wahrnehmung der staatlichen Aufgabe mit der Preisgabe der benötigten Information im Regelfall steht und fällt.[202]

Nur selten enthält bereits die spezialgesetzliche Ermächtigungsgrundlage eine Äußerung zur zwangsweisen Durchsetzung der Informationspflicht, die in der eigenständigen Normierung eines Vollstreckungsverfahrens[203] ebenso bestehen kann wie im ausdrücklichen Ausschluss des Verwaltungszwangs insgesamt.[204] Damit sind weitgehend die allgemeinen Verwaltungsvollstreckungsgesetze des Bundes und der Länder für die zwangsweise Durchsetzung der staatlichen Informationsansprüche maßgeblich.[205] Lediglich im allgemeinen Gefahrenabwehrrecht treten in vielen Bundesländern weitere vollstreckungsrechtliche Vorschriften des Polizei- und Ordnungsrechts neben das allgemeine Verwaltungsvollstreckungsrecht oder sogar an dessen Stelle.[206]

Als Mittel der Verwaltungsvollstreckung kennen die angeführten Vorschriften bei nicht vertretbaren Handlungen wie der Informationserteilung grundsätzlich das

---

[200] § 136 S. 4 TKG; § 44 S. 2 PostG i.V. m. § 75a S. 4 TKG a. F.; § 71 S. 4 EnWG; § 17a Abs. 1 S. 3 GenTG.

[201] Eine Schätzung bei unterlassener Informationserteilung durch den Privaten ermöglichen aber beispielsweise § 162 Abs. 2 AO, § 87 Abs. 1 S. 2 TKG und § 17 Abs. 1 S. 2 PostG.

[202] Siehe bereits *Stohrer*, BayVBl 2005, 489 (491).

[203] So § 138 Abs. 4 S. 1 BauGB, der für die Durchsetzung des Auskunftsanspruchs aus § 138 Abs. 1 BauGB auf die Möglichkeit der Androhung und Festsetzung eines Zwangsgelds nach § 208 S. 2–4 BauGB verweist.

[204] So § 57d S. 2 WPO.

[205] Ausdrücklich bestimmt durch § 14c Abs. 4 AEG.

[206] Im Einzelnen zur Rechtslage in den Bundesländern *Stohrer,* BayVBl 2005, 489 (491). Praktisches Beispiel für die zwangsweise Durchsetzung einer Meldepflicht bei *OVG NW,* DÖV 2005, 745 f.

Zwangsgeld, die (ersatzweise) Zwangshaft sowie den unmittelbaren Zwang.[207] Bei der Auswahl des richtigen Zwangsmittels hat die vollstreckende Stelle Ermessen,[208] das nach Maßgabe des § 40 VwVfG pflichtgemäß und damit insbesondere unter Wahrung des Übermaßverbots auszuüben ist.[209] Bereits das Übermaßverbot führt dazu, dass in der Praxis der Verwaltungsvollstreckung regelmäßig nur das Zwangsgeld und – bei dessen Uneinbringlichkeit – unter Umständen die ersatzweise Zwangshaft in Betracht kommen. Durch die Anwendung dieser Vollstreckungsmittel, die bei Bedarf beliebig oft wiederholt werden können, wird es in fast allen Fällen zu einer Durchsetzung der Informationspflicht kommen.[210]

Nur in besonders eiligen Fällen oder bei Informationspflichtigen, die sich durch Zwangsgeld bzw. Zwangshaft auf Dauer nicht beeindrucken lassen, stellt sich auf dieser Grundlage die Frage, ob auch der unmittelbare Zwang als „ultima ratio" des Verwaltungsvollstreckungsrechts[211] in Betracht kommen kann. Die Anwendung unmittelbaren Zwangs bedeutete bei der Vollstreckung von Informationspflichten Privater die Ausübung körperlicher Gewalt – anders gewendet: staatliche Folter.[212] Ob diese im Ausnahmefall zur Erzwingung einer Aussage verfassungsrechtlich zulässig sein kann, wird in der Literatur kontrovers diskutiert, insbesondere, seitdem ein realer Entführungsfall konkreten Anlass hierfür gegeben hat.[213] Überwiegend wird dabei vertreten, dass staatliche Folter einen Eingriff in die Menschenwürdegarantie des Art. 1 Abs. 1 GG darstellt, der niemals gerechtfertigt werden kann.[214] Weniger Augenmerk wird dabei allerdings auf die gesetzesrechtlichen Vorschriften gelegt,[215] die sich hierzu eindeutig verhalten: Das Gefahrenabwehrrecht schließt

---

[207] Siehe nur § 9 Abs. 1 VwVG; die landesrechtlichen Vorschriften sind angeführt bei *Stohrer*, BayVBl 2005, 489 (492 Fn. 49).

[208] *App/Wettlaufer*, Verwaltungsvollstreckungsrecht, § 32 Rdn. 16; *Maurer*, Allgemeines Verwaltungsrecht, § 20 Rdn. 19.

[209] Die meisten Vollstreckungsgesetze halten das Übermaßverbot als Grenze der Verwaltungsvollstreckung sogar ausdrücklich fest; siehe § 9 Abs. 2 VwVG sowie *Stohrer*, BayVBl 2005, 489 (492 Fn. 57), zu den landesrechtlichen Vorschriften.

[210] Ausführlich *Stohrer*, BayVBl 2005, 489 (492 f.).

[211] Vgl. *OVG Berlin*, NVwZ-RR 1998, 412 (413); *Erichsen*, in: ders./Ehlers, Allgemeines Verwaltungsrecht, § 21 Rdn. 14.

[212] Vgl. *Guckelberger*, VBlBW 2004, 121; *Jerouschek/Kölbel*, JZ 2003, 613 f.; *Welsch*, BayVBl 2003, 481 f.; *Wittreck*, DÖV 2003, 873 f.

[213] Zu den tatsächlichen Hintergründen *Hilgendorf*, JZ 2004, 331 f.; *Welsch*, BayVBl 2003, 481 (482).

[214] So *Gebauer*, NVwZ 2004, 1405 (1409); *Guckelberger*, JZ 2004, 121 (127); *Haurand/Vahle*, NVwZ 2003, 513 (518); *Hilgendorf*, JZ 2004, 331 (338); *Jerouschek/Kölbel*, JZ 2003, 613 (618 f.); *Welsch*, BayVBl 2003, 481 (484 f.); siehe auch *BVerfG*, NJW 2005, 656 (657); *LG Frankfurt*, NJW 2005, 692 (693 f.). Für die Zulässigkeit staatlicher Folter in Ausnahmefällen demgegenüber *Brugger*, JZ 2000, 165 (168 ff.); *Wittreck*, DÖV 2003, 873 (881 f.).

[215] Siehe bereits *Stohrer*, BayVBl 2005, 489 (493 f.). Ebenfalls hinreichende Berücksichtigung findet das Gesetzesrecht bei *Haurand/Vahle*, NVwZ 2003, 513 (518); *Welsch*, BayVBl 2003, 481 (486 f.). Siehe auch den zutreffenden Hinweis auf § 12 Abs. 4 und § 52 Abs. 2 HessSOG bei *LG Frankfurt*, NJW 2005, 692 (693).

die Anwendung unmittelbaren Zwangs durchweg aus,[216] das allgemeine Verwaltungsvollstreckungsrecht in etlichen Bundesländern ebenfalls;[217] in den anderen Ländern ergibt sich dasselbe Ergebnis aus einer analogen Anwendung der gefahrenabwehrrechtlichen Vorschriften auch im allgemeinen Verwaltungsvollstreckungsrecht.[218]

Daher lautet die verfassungsrechtliche Frage lediglich, ob der Ausschluss unmittelbaren Zwangs durch das Verwaltungsvollstreckungsrecht in jedem Fall mit dem Grundgesetz in Einklang steht.[219] Angesichts der Menschenwürdeberührung durch jedwede Art staatlicher Folter und der unaufgebbaren Unantastbarkeit der Menschenwürde gemäß Art. 1 Abs. 1 S. 1 GG ist dies eindeutig zu beantworten: Der Ausschluss unmittelbaren Zwangs zur Durchsetzung von Informationspflichten Privater in den verwaltungsvollstreckungsrechtlichen Vorschriften des Bundes und der Länder steht mit dem Grundgesetz in Einklang.[220]

Damit lässt sich für die zwangsweise Durchsetzung von Informationspflichten Privater gegenüber dem Staat aus Sicht des geltenden Rechts festhalten, dass fast ausschließlich die verwaltungsvollstreckungsrechtlichen Vorschriften des Gefahrenabwehrrechts und des allgemeinen Verwaltungsvollstreckungsrechts anwendbar sind. Diese ermöglichen die Verwaltungsvollstreckung im Wege des Zwangsgeldes und der Ersatzzwangshaft, soweit das Übermaßverbot im Einzelfall gewahrt bleibt. Die Anwendung unmittelbaren Zwangs ist demgegenüber ausgeschlossen.

5. Kosten der Informationserteilung

Schließlich stellt sich die Frage, wer die Kosten der Informationserteilung zu tragen hat. Einige Rechtsnormen enthalten nähere Regelungen hierzu, die in ihrer sachlichen Aussage differieren. Es finden sich sowohl Spezialgesetze, die die Unentgeltlichkeit der Informationserteilung festhalten,[221] als auch solche, die einen Kostenersatz für den informationspflichtigen Privaten vorschreiben.[222] Existiert eine derartige Regelung, so steht fest, wer die Kosten der Informationserteilung zu tragen hat.

---

[216] Etwa § 22 Abs. 4 BPolG; Nachweise zum Landesrecht bei *Stohrer,* BayVBl 2005, 489 (493 f.).

[217] § 22 Abs. 2 BbgVwVG; § 70 Abs. 1 NdsVwVG i.V.m. § 69 Abs. 7 NdsSOG; § 62 Abs. 2 VwVG NW; § 65 Abs. 3 VwVG RP; § 22 Abs. 1 S. 2 SaarlVwVG; § 71 Abs. 1 VwVG LSA i.V.m. § 58 Abs. 7 SOG LSA; § 51 Abs. 3 S. 2 ThürVwZVG.

[218] Näher *Stohrer,* BayVBl 2005, 489 (494).

[219] Zutreffend insoweit *Brugger,* JZ 2000, 165 (169 ff.), der allerdings für eine teleologische Reduktion der gesetzesrechtlichen Vorschriften aus verfassungsrechtlichen Gründen plädiert.

[220] Umfassend dazu bereits *Stohrer,* BayVBl 2005, 489 (494 ff.).

[221] § 7 Abs. 2 S. 2 AÜG; § 17 Abs. 4 HwO; § 18 Abs. 3 BerBiFG; § 29 Abs. 1 GewO; § 62 Abs. 2 Nr. 3 BPolG; § 15 Abs. 1 S. 4 HeimG; § 20 Abs. 1 S. 3 FernUSG; vgl. auch § 107 S. 2, § 147 Abs. 6 S. 3 AO.

[222] § 107 S. 1 AO i.V.m. §§ 19 ff. JVEG; § 69 Abs. 1 IfSG.

Problematischer ist demgegenüber die Frage der Kostenverteilung, wenn das geltende Recht hierzu – wie in den weitaus überwiegenden Fällen – schweigt. Als Grundsatz dürfte dabei gelten, dass die Information unentgeltlich zu erteilen ist, wenn der Gesetzgeber einen Kostenersatz nicht ausdrücklich vorgeschrieben hat.[223] Es gibt keinen allgemeinen Grundsatz, nach dem öffentlich-rechtliche Pflichten im Zweifel gegen Kostenerstattung zu erfüllen sind.[224] In den gesetzlich nicht geregelten Fällen hat damit der Informationspflichtige mangels Anspruchsgrundlage für eine Erstattung der Kosten diese selbst zu tragen.

V. Richtigkeitsgewähr

Vielfach begnügt sich der Gesetzgeber nicht damit, Private zur Informationserteilung gegenüber staatlichen Stellen zu verpflichten, sondern will auch die Richtigkeit der erteilten Informationen sicherstellen. Hintergrund dieser Bestrebungen ist, dass der externe Informationsbedarf des Staates nur dann sachgerecht befriedigt werden kann, wenn die von Privaten benötigten Informationen von diesen auch wahrheitsgemäß zur Verfügung gestellt werden.[225] Deshalb enthalten etliche Vorschriften Regelungen, die den informationell in Anspruch genommenen Privaten nicht nur zur Erteilung der Information, sondern auch zum *Nachweis* deren Wahrheitsgehalts verpflichten. Das Mittel, das der Gesetzgeber zu diesem Zweck verwendet, ist (wiederum) nicht einheitlich. Der Richtigkeitsgewähr können sowohl Vorschriften über die Art der Erfüllung der Informationspflicht als auch gesondert normierte Nachweispflichten dienen.

1. Richtigkeitsgewähr durch Formulierung der Informationspflicht

Teilweise enthält bereits die Informationspflicht selbst Vorkehrungen zur Richtigkeitsgewähr. Hierunter fallen zum einen die „isolierten Nachweispflichten", bei denen die Verpflichtung zur Informationserteilung selbst als Pflicht zum Nachweis formuliert wird.[226]

---

[223] Vgl. auch *Bär,* MMR 2000, 472 (479); *Jarass,* Bundes-Immissionsschutzgesetz, § 52 Rdn. 50; *Metzner,* Gaststättengesetz, § 22 Rdn. 6; *Michel/Kienzle/Pauly,* Das Gaststättengesetz, § 22 Rdn. 10.

[224] So aber für Auskunftspflichten *LG Oldenburg,* ArchivPT 1997, 230 (231), wenn es um die Mitwirkung eines Zeugen oder Sachverständigen sowie einer Person in vergleichbarer Position geht. Zustimmend *Simon,* ArchivPT 1997, 232 (233), unter Berufung auf einen in der Wirtschaftsordnung geltenden Grundsatz „Leistung gegen Entgelt". Übersehen wird hier, dass das Verhältnis zwischen Bürger und Staat vielfach gerade nicht rein ökonomischen Grundsätzen folgt oder gar folgen muss, vgl. nur *Kupfer,* Die Verteilung knapper Ressourcen im Wirtschaftsverwaltungsrecht, S. 87 f.

[225] Siehe bereits oben E. IV. 2. a).

Als Beispiel kann wiederum der bereits näher behandelte § 12 Abs. 6 S. 2 KrWaffG dienen.[227] Durch die Verpflichtung, das Schicksal der Kriegswaffe nachzuweisen, gelangt mit einer höheren Wahrscheinlichkeit die Wahrheit zur Kenntnis der zuständigen Behörde als bei einer bloßen Anzeigepflicht. Die isolierte Nachweispflicht dient damit neben der Information der Behörde auch der Richtigkeitsgewähr.

Weiter zu nennen sind in diesem Zusammenhang die Pflichten zur Vorlage bestimmter Unterlagen oder Dokumente, die oben bereits im Einzelnen behandelt und aufgelistet worden sind.[228] Diese stellen ebenfalls einen höheren Wahrheitsgehalt der erteilten Informationen sicher als eine bloße Mitteilung nicht anderweitig fixierten Wissens des Betroffenen, die einerseits nicht so zuverlässig ist und andererseits nicht gleichermaßen auf ihre Authentizität überprüft werden kann. Unter der Perspektive der Richtigkeitsgewähr zu erteilender Informationen stellen Vorlagepflichten damit Erscheinungsformen der Informationspflichten Privater gegenüber dem Staat dar, deren vorgeschriebene Art der Erfüllung den Wahrheitsgehalt der erteilten Information sichern soll. Gleiches gilt für die inhaltlich gleichgelagerten Verpflichtungen, die als Einsendungspflicht, Übersendungspflicht, Übermittlungspflicht, Einreichungspflicht, Vorzeigepflicht, Aushändigungspflicht oder Überlassungspflicht formuliert sind.[229]

Beispiel: Wenn nach § 48 Abs. 1 AufenthG ein Ausländer verpflichtet ist, „seinen Pass, seinen Passersatz oder seinen Ausweisersatz und seinen Aufenthaltstitel oder eine Bescheinigung über die Aussetzung der Abschiebung auf Verlangen den mit der Ausführung dieses Gesetzes betrauten Behörden vorzulegen, auszuhändigen und vorübergehend zu überlassen", soll diese Verpflichtung der zuständigen staatlichen Stelle Informationen über die Identität und den Aufenthaltsstatus des Ausländers vermitteln.[230] Der Gesetzgeber begnügt sich aber nicht damit, den Ausländer zur Erteilung von Informationen hierüber zu verpflichten, sondern die Informationsübermittlung hat durch Vorlage der genannten Informationsträger zu erfolgen, um sicherzustellen, dass der Staat auch zutreffende Informationen erhält. Hier enthält also die Informationspflicht selbst Mechanismen der Richtigkeitsgewähr.

2. Richtigkeitsgewähr durch gesonderte Nachweispflichten

Häufig wird aber auch eine *gesonderte* Verpflichtung des Privaten normiert, die diesem über die Erteilung der Informationen hinaus zudem auferlegt, die Richtigkeit dieser Information nachzuweisen.[231] Diese Verpflichtungen sind nicht als

---

[226] Zum Begriff siehe oben E. II. 11.
[227] Oben E. II. 11.
[228] Oben E. II. 9.
[229] Im Einzelnen oben E. II. 8 und 10.
[230] Vgl. *Renner,* Ausländerrecht, § 48 AufenthG Rdn. 2.
[231] Siehe bereits oben E. II. 11.

Informationspflichten anzusehen, sondern als zu diesen hinzu tretende Pflichten eigener Art. Sie verpflichten nicht zur Erteilung einer Information an den Staat, sondern vielmehr als Annex einer Informationspflicht dazu, Nachweise für die Richtigkeit der erteilten Information zu liefern. Solche Pflichten treten im geltenden Recht in verschiedenen Erscheinungsformen auf.

Teilweise erfolgt die Richtigkeitsgewähr durch die Statuierung einer allgemein gehaltenen Verpflichtung zum Nachweis bestimmter Umstände, die im Gesetz neben die anderweitig normierte Informationspflicht tritt.[232] Diese Art einer Annex-Nachweispflicht ist die am weitesten formulierte, weil sie die Art des Nachweises offen lässt. Sie eröffnet der zuständigen staatlichen Stelle die Möglichkeit, das Erfordernis eines Nachweises und dessen Art in jedem Einzelfall sachgerecht zu bestimmen.

Beispiel: § 5a Abs. 5 Nr. 1 AEG verpflichtet die Eisenbahnen und für diese tätige Personen dazu, den Eisenbahnaufsichtsbehörden alle für die Durchführung der Eisenbahnaufsicht erforderlichen Auskünfte zu erteilen.[233] Hinzu tritt die gesondert formulierte Pflicht aus § 5a Abs. 5 Nr. 2 AEG, alle für die Durchführung der Eisenbahnaufsicht erforderlichen Nachweise zu erbringen.

Etwas konkreter sind Vorlagepflichten, die keinen Informationsträger zum Gegenstand haben und deshalb selbst keine Informationspflichten sind, aber dennoch die Richtigkeit anderweitig erteilter Informationen belegen können. Anders als die allgemein gehaltenen Nachweispflichten geben derartige Vorschriften die Art des Nachweises näher vor.

Hierunter fällt etwa die Pflicht zur Vorlage einer Stichprobe gemäß § 2 Abs. 1 S. 1 SprengG.[234] Danach hat der zur Anzeige der Einfuhr bestimmter explosionsgefährlicher Stoffe Verpflichtete (Informationspflicht) der Bundesanstalt für Materialforschung und -prüfung auf Verlangen eine Stichprobe vorzulegen (Nachweispflicht).

Schließlich gibt es gesetzliche Regelungen, in denen die Richtigkeit der erteilten Informationen durch eine Verpflichtung zur Versicherung an Eides statt[235] oder eine Verpflichtung zur Glaubhaftmachung der Angaben gewährleistet wird,[236] die analog § 294 Abs. 1 ZPO mittels sämtlicher Beweismittel, aber auch durch die Versicherung an Eides statt erfüllt werden kann.

---

[232] Nachweise oben Fn. 54.
[233] Siehe näher D. IV. 4. b) bb).
[234] Ebenso § 22 Abs. 7 S. 3 AMG.
[235] § 95 Abs. 1 AO.
[236] § 7 Abs. 2 S. 3 AÜG.

VI. Pflichten zur privaten Informationsvorsorge

Eng mit den Nachweispflichten verbunden sind Vorschriften, die Pflichten zur privaten Informationsvorsorge normieren. Hierunter werden vorliegend Verpflichtungen zur Sammlung, Aufbewahrung oder Bereithaltung von Informationen im Vorfeld einer Informationspflicht verstanden. Wie bei den Pflichten über die Richtigkeitsgewähr soll der hierdurch entstandene Fundus an Informationen sicherstellen, dass dem Staat zutreffende Informationen erteilt werden und dies gegebenenfalls durch die Vorlage der vorhandenen Unterlagen nachgewiesen werden kann. Darüber hinaus – und damit weitergehend als bei den Nachweispflichten – sollen Informationsvorsorgepflichten aber auch gewährleisten, dass die betreffenden Informationen überhaupt zur Verfügung stehen, dass also ein privater Informationsbestand entsteht, auf den der Staat bei Bedarf zugreifen kann.

In der Gesetzessprache werden derartige Verpflichtungen als Aufzeichnungspflichten,[237] Aufbewahrungspflichten,[238] Verzeichnisführungspflichten,[239] Nachweisführungspflichten,[240] Dateiführungspflichten,[241] Buchführungspflichten,[242] Dokumentationspflichten,[243] Erstellungspflichten[244] oder Mitführungspflichten[245] bezeichnet.

Zur Einordnung dieser vielfältigen Nomenklatur kann auf den Befund zu den Informationspflichten verwiesen werden:[246] Teilweise ist der Gebrauch unterschiedlicher Begriffe sachlich gerechtfertigt, indem die geschuldete Art der Pflichterfüllung thematisiert wird – die Pflicht zur Aufzeichnung ist auch inhaltlich etwas anderes als die Pflicht zur Mitführung, die Pflicht zur Aufbewahrung äußert sich zur zeitlichen Reichweite der Verpflichtung zur Informationsvorsorge. Häufig

---

[237] Zum Beispiel § 59 Abs. 4 AMG; § 17 Abs. 1 BtMG; § 6 Abs. 3 S. 1 GenTG; § 18 Abs. 1 S. 1, Abs. 2 S. 1, § 28 Abs. 1 FahrlG; § 9a S. 1, § 11a Abs. 1 S. 1 TierSchG; § 143, § 144 AO; § 13 Abs. 1 HeimG; § 9 Abs. 1 S. 1 FeuerschStG.

[238] Etwa § 7 Abs. 2 S. 4 AÜG; § 9 Abs. 3 S. 1 HAG; § 50 Abs. 2 JArbSchG; § 19 Abs. 2 MuSchG; § 17 Abs. 3 BtMG; § 16 Abs. 2 S. 1 GÜG; § 18 Abs. 3, § 28 Abs. 2 S. 2 FahrlG; § 9a S. 5, § 11a Abs. 1 S. 1 TierSchG; § 147 AO; § 31 S. 1 BImSchG; § 6b Abs. 3 StVG; § 42 Abs. 3 KrW-/AbfG; § 13 Abs. 2 HeimG; umfassend zum Ganzen *Rudolph,* Aufbewahrungspflichten in Betrieb und Verwaltung.

[239] § 80 Abs. 1 SGB IX; § 21 Abs. 1 Nr. 2 LadSchlG; § 16 Abs. 1 S. 1 SprengG; § 16 Abs. 2 S. 2 MRRG; § 142 AO.

[240] § 47 Abs. 1b, § 76 Abs. 2 AMG; § 42 Abs. 1 KrW-/AbfG; § 6b Abs. 3 StVG.

[241] § 24c Abs. 1 KWG.

[242] § 12 Abs. 2 S. 1 KrWaffG; § 140, § 141 AO; § 238 Abs. 1 HGB; § 42 Abs. 1 KrW-/AbfG.

[243] § 16 Abs. 1 S. 1 GÜG; § 13 Abs. 1 S. 1 HeimG.

[244] § 19 Abs. 1 S. 1, § 20 Abs. 1 KrW-/AbfG.

[245] § 60c Abs. 1 S. 1 GewO; § 7 Abs. 1–3 GüKG; § 15 Abs. 1 BJagdG; § 6 Abs. 5 S. 1 BliwaG.

[246] Siehe oben E. II.

allerdings korrespondiert mit der Vielfalt der Begriffe keine entsprechende inhaltliche Bedeutung; der Gesetzgeber nennt dann vergleichbare Verpflichtungen bei unterschiedlichen Namen,[247] was im schlechtesten Fall sogar zu Missverständnissen und Unklarheiten bei dem Informationsvorsorgepflichtigen führen kann.

Der vorliegend als Oberbegriff für diese Verpflichtungen verwendete Terminus „Informationsvorsorgepflicht" korrespondiert mit dem Phänomen der staatlichen Informationsvorsorge[248] und erfasst alle in der Gesetzgebung verwendeten Begriffe; sowohl die Pflicht zur Informationsgewinnung bzw. -sammlung als auch die – nachfolgende – Pflicht zur Informationsaufbewahrung lassen sich als Pflichten zur Informationsvorsorge begreifen. Gleichzeitig macht der Begriff „Informationsvorsorgepflicht" den Zweck entsprechender Verpflichtungen deutlich, die zukünftige Informationsversorgung des Staates bereits heute und damit präventiv sicher zu stellen. Der hier vorgeschlagene Terminus ist damit vorzugswürdig gegenüber den anderen Begriffen, die in Gesetzgebung und Literatur für entsprechende Pflichten verwendet werden. Die „kombinierte Informationspflicht"[249] sowie die „mittelbare Offenbarungspflicht"[250] sind abstrakte und wenig aussagekräftige Bezeichnungen. Die „Aufzeichnungspflicht"[251] ist als Oberbegriff zu eng, weil die Verpflichtung zur Sammlung von Informationen nicht zwingend in Gestalt deren Aufzeichnung erfüllt werden muss (und kann).

Zudem lassen die Begriffe „kombinierte Informationspflichten" und „mittelbare Offenbarungspflichten" außer Acht, dass Informationsvorsorgepflichten selbst keine Informationspflichten sind, da keine Verpflichtung des Privaten zur *Erteilung* vor Informationen besteht.[252] Vielmehr stellen sie Verpflichtungen im *Vorfeld* einer anderweitig normierten und hiervon zu trennenden Informationspflicht dar. Sie stehen im engen Zusammenhang mit Informationspflichten, sind aber dennoch eine inhaltlich andere Pflichtenkategorie und müssen von Informationspflichten auch terminologisch unterschieden werden.[253]

VII. Unzulänglichkeiten und Ungereimtheiten des geltenden Rechts

Im vorliegenden Abschnitt ist eine umfassende Bestandsaufnahme des geltenden Rechts in Bezug auf Informationspflichten Privater gegenüber dem Staat unternommen worden. Diese hat eine große Heterogenität der aktuellen Gesetzgebungs-

---

[247] So dürften beispielsweise zwischen Aufzeichnungspflichten, Verzeichnisführungspflichten und Buchführungspflichten in der Praxis keine sachlichen Unterschiede festzustellen sein.
[248] Dazu oben C. I. 2.
[249] *Herrmann*, Informationspflichten gegenüber der Verwaltung, S. 11.
[250] *Hahn*, Offenbarungspflichten im Umweltschutzrecht, S. 99.
[251] *Gröschner*, Das Überwachungsrechtsverhältnis, S. 251 ff.
[252] Siehe oben C. III. 2. d) ee).
[253] Ausführlich unten G. I. 2. d).

praxis ergeben, für die sachliche Gründe weitgehend nicht ersichtlich sind, sondern die sich nur durch die Unabgestimmtheit im Lauf der Zeit gewachsener bereichsspezifischer Regelungen erklären lässt.

So arbeitet der Gesetzgeber bei der Normierung von Informationspflichten Privater gegenüber dem Staat bereits mit einer terminologischen Vielfalt, die in ihrem Ausmaß bei weitem nicht durch inhaltliche Gesichtspunkte gerechtfertigt werden kann. Nur selten legt der Gesetzgeber in diesem Zusammenhang von Amts wegen zu beachtende Grenzen der Informationspflichten fest und verlässt sich überwiegend auf das subsidiäre Eingreifen allgemeiner öffentlich-rechtlicher Grundsätze; Gründe für das eine oder das andere Vorgehen sind jeweils nicht ersichtlich. Informationsverweigerungsrechte finden sich fast ausschließlich bei staatlichen Auskunftsansprüchen, dort allerdings nicht durchgehend und (nur) teilweise unter Statuierung von Gegenausnahmen. Auch Vorgaben zur Erfüllung der Informationspflichten finden sich sehr verschiedene, insgesamt sind sie aber selten, wodurch Fragen nach der Lückenfüllung durch allgemeine Grundsätze aufgeworfen werden, die nicht selten umstritten sind.

Diese Heterogenität des geltenden Gesetzesrechts ist nicht nur aus rechtsästhetischer Sicht bedauerlich. Sie führt zu einem nicht zu unterschätzenden Maß an *Rechtsunsicherheit* im Bereich der Informationspflichten Privater gegenüber dem Staat, die angesichts der vielfältigen Möglichkeiten allgemeingültiger oder zumindest abgestimmter Regelungen ohne weiteres vermeidbar wäre und daher besonders ärgerlich ist. Zudem lassen sich aber auch *inhaltliche Disparitäten* feststellen, deren Berechtigung nur schwer ersichtlich ist.[254]

Als augenfälligstes Beispiel mag insoweit der Bereich der Informationsverweigerungsrechte dienen, der beispielsweise folgende Fragen aufwirft: Warum werden in diesem Bereich vor allem zivilprozessuale Grundsätze offenbar reflektionslos oder sogar reflexartig in das Besondere Verwaltungsrecht übernommen, obwohl die Zwecke des Zivilprozesses und etwa des gefahrenabwehrrechtlichen Verwaltungsverfahrens vollkommen unterschiedlich sind? Warum stehen Informationspflichtigen bei Auskunftspflichten – unter Berufung auf verfassungsrechtliche Determinanten – vielfach Verweigerungsrechte bei der Gefahr einer Selbstbelastung zu, während bei Informationspflichten unmittelbar kraft Gesetzes keine entsprechenden Verweigerungsrechte normiert werden, ohne dass auch nur eine verfassungsrechtliche Problematisierung stattfindet? Warum ist teilweise eine Belehrung über ein Informationsverweigerungsrecht vorgeschrieben, während dies überwiegend nicht der Fall ist?

Insgesamt scheint es dem Gesetzgeber bei der Normierung von Informationspflichten Privater gegenüber dem Staat bisher nicht nur an systematisierender Kraft, sondern bereits an einem entsprechenden Problembewusstsein zu fehlen. Die daraus resultierende Vielfalt der Regelungen über Informationspflichten Privater, die nicht auf einer bewussten gesetzgeberischen Willensentscheidung beruht,

---

[254] Sehr kritisch zum bestehenden Recht der Eigenüberwachung im Umweltrecht auch *Mäder*, Betriebliche Offenbarungspflichten und Schutz vor Selbstbelastung, S. 223: „verfassungsrechtlich lückenhaft, praktisch ineffektiv".

führt zu einer Vielfalt von Rechtsfragen, die den Rechtsanwender mit eigentlich überflüssigen Unzulänglichkeiten und Ungereimtheiten des geltenden Rechts konfrontieren.

VIII. Folgerungen

Sind damit – ausgehend von der Bestandsaufnahme des geltenden Rechts – dessen Mängel benannt, stellt sich die Frage nach den rechtspolitischen Folgerungen aus dieser Diagnose. Sicher ist das geltende Recht in der Praxis (noch) handhabbar. Dies bedeutet jedoch bei weitem nicht, dass es nicht verbesserungsbedürftig oder sogar nicht verbesserungsfähig wäre.[255] Ziel einer Optimierung der Rechtslage muss eine Regelung der Informationspflichten Privater gegenüber dem Staat als Teil einer rechtlich verfassten Informationsordnung sein,[256] die zwar die Flexibilität des Gesetzgebers bei der Normierung von Informationspflichten Privater gegenüber dem Staat erhält, unter dieser Prämisse aber verallgemeinerungsfähige Grundsätze niederlegt. Angesichts der ständigen Bedeutungszunahme dieses Rechtsinstituts in Zeiten von Privatisierung, Liberalisierung und Deregulierung gilt diese Forderung umso dringlicher.

Die vorliegende Untersuchung will sich dieser Aufgabe stellen und im Folgenden Überlegungen zu den Möglichkeiten und Grenzen einer allgemeingültigen Normierung von Vorschriften über Informationspflichten Privater gegenüber dem Staat unternehmen. Im Einzelnen muss es dabei um die Beseitigung der unabgestimmten bereichsspezifischen Regelungen gehen, soweit sie einer Verallgemeinerung zugänglich sind. Ausgangspunkt dieses Unterfangens muss die Auflösung der terminologischen Verwirrungen durch eine klare Begriffsbildung sein. Hieran kann sich die sachgerechte und abgestimmte Normierung der Grenzen und der Erfüllungsmodalitäten staatlicher Informationsansprüche einschließlich der Informationsvorsorgepflichten Privater anschließen.

Bevor diese Aufgabe jedoch konkret angegangen werden kann, hat eine Vergewisserung über die Determinanten des höherrangigen Rechts zu erfolgen, das rechtspolitischen Überlegungen von vornherein Grenzen setzt. Der folgende Abschnitt behandelt daher die verfassungsrechtlichen Rahmenbedingungen für staatliche Informationsansprüche und lässt auch die europarechtlichen Vorgaben, die bei deren Normierung zu beachten sind, nicht außer Acht. Auf dieser Grundlage kann dann anschließend ein in jeder Hinsicht tragfähiges Konzept zur Normierung staatlicher Informationsansprüche entwickelt werden.

---

[255] Siehe auch *Bundesministerium der Justiz / Bundesministerium für Umwelt, Naturschutz und Reaktorsicherheit,* Bericht der Interministeriellen Arbeitsgruppe „Umwelthaftungs- und Umweltstrafrecht" – Arbeitskreis Umweltstrafrecht, Bonn 19. 12. 1988, S. 71, wo ein „Regelungsbedürfnis" in Bezug auf die umweltrechtlichen Auskunftpflichten bejaht wird; ähnlich *Mäder,* Betriebliche Offenbarungspflichten und Schutz vor Selbstbelastung, S. 222, 224 f.

[256] Siehe auch bereits B. II. 2.

F. Verfassungs- und europarechtliche Rahmenbedingungen staatlicher Informationsansprüche

Als Grundlage für ein Konzept zur Normierung staatlicher Informationsansprüche gegenüber Privaten, das sich im Rahmen der Vorgaben des höherrangigen Rechts hält, sind im Folgenden also die verfassungs- und europarechtlichen Grundlagen dieses Rechtsinstituts in den Blick zu nehmen.

Hierbei werden zunächst die im informationellen Verhältnis zwischen Staat und Bürger gegenläufigen verfassungsrechtlich untermauerten Interessen dargestellt. Einerseits geht es dabei um die verfassungsrechtliche Legitimation der staatlichen Inanspruchnahme des Bürgers im informationellen Bereich, um die Notwendigkeit von Informationspflichten Privater gegenüber dem Staat nicht nur aus tatsächlicher,[1] sondern auch aus verfassungsrechtlicher Sicht begründen zu können (I.). Andererseits – und gegenläufig – geht es um die verfassungsrechtlich geschützten Interessen Privater daran, von einer informationellen Inanspruchnahme durch den Staat möglichst verschont zu werden (II.). Beide Zielrichtungen müssen bei der Normierung eines allgemeinen Konzepts für staatliche Informationsansprüche gegenüber Privaten beachtet und so weit wie möglich zum Ausgleich gebracht werden. Darüber hinausreichende rechtspolitische Entscheidungen sind nur zulässig, wenn die verfassungsrechtlichen Vorgaben den erforderlichen Spielraum hierfür belassen. Zudem sind die Determinanten des Europäischen Gemeinschaftsrechts für die Normierung staatlicher Informationsansprüche gegenüber Privaten zu beachten, die anschließend näher erörtert werden (III.).

I. Verfassungsrechtliche Legitimation staatlicher Informationsgewinnung bei Privaten

In einem ersten Schritt ist die staatliche Informationsgewinnung bei Privaten generell auf ihre verfassungsrechtliche Legitimation hin zu untersuchen. Dabei kann bei genauer Betrachtung noch weiter differenziert werden. Zunächst ist nämlich nach der verfassungsrechtlichen Legitimation des staatlichen Informationsbedarfs überhaupt zu fragen (1.), und erst danach kann die Frage nach der verfassungsrechtlichen Legitimation gerade der Inanspruchnahme Privater zur Befriedigung dieses Informationsbedarfs beantwortet werden (2.).

---

[1] Hierzu oben C. III. 2., insbesondere lit. d.

1. Verfassungsrechtliche Legitimation des staatlichen Informationsbedarfs

In dieser Arbeit ist der Informationsbedarf des Staates für die Erfüllung aller seiner Aufgaben, zu denen auch die staatliche Informationsvorsorge zählt, bereits näher begründet worden.[2] Im Folgenden geht es darum, diese umfassende Informationsabhängigkeit des Staates auf ihre verfassungsrechtliche Untermauerung hin zu überprüfen. Hierfür lassen sich das Rechtsstaatsprinzip, die Staatszielbestimmungen des Grundgesetzes sowie die aus den Grundrechten folgenden staatlichen Schutzpflichten nutzbar machen.

a) Rechtsstaatsprinzip

Die am weitesten reichende verfassungsrechtliche Begründung für den staatlichen Informationsbedarf und daher im vorliegenden Zusammenhang zuvörderst zu nennen ist das Rechtsstaatsprinzip.[3] Dieses elementare Prinzip des Grundgesetzes,[4] das in Art. 20 Abs. 2 S. 2 und Abs. 3 GG, aber auch in weiteren Spezialregelungen des Grundgesetzes verankert ist,[5] entfaltet für den vorliegenden Untersuchungsgegenstand vor allem zwei wesentliche Stoßrichtungen, indem es einerseits das Gesetz als zentrales Steuerungsmedium des Staates und andererseits die Gesetzesbindung von Exekutive und Judikative bestimmt.

aa) Das Gesetz als Steuerungsmedium des Staates

Es ist zwangsläufige Folge der Entscheidung des Verfassungsgebers für den Rechtsstaat, also den rechtlich verfassten Staat, dass das Gesetz als das zentrale Steuerungsmedium des Staates fungiert.[6] Wenn und weil die „Herrschaft des Gesetzes" Grundbedingung einer rechtsstaatlichen Verfassung ist,[7] fordert das verfassungsrechtliche Rechtsstaatsprinzip den Erlass von Gesetzen und macht den

---

[2] Siehe oben C. I.

[3] Siehe auch *Decker*, Die externe Informationsgewinnung in der deutschen öffentlichen Verwaltung, S. 32 ff.; *Herrmann*, Informationspflichten gegenüber der Verwaltung, S. 54 f.

[4] So BVerfGE 20, 323 (331); siehe auch *Hofmann*, in: Schmidt-Bleibtreu/Klein, Kommentar zum Grundgesetz, Art. 20 Rdn. 57; *Maurer*, Staatsrecht I, § 8 Rdn. 1; *Stern*, Das Staatsrecht der Bundesrepublik Deutschland, Bd. I, § 20 V. 1. (S. 867).

[5] Überblick bei *Görisch*, JuS 1997, 988 ff.; *Sachs*, in: ders., Grundgesetz, Art. 20 Rdn. 77; ausführlich *Sobota*, Das Prinzip Rechtsstaat, S. 27 ff.

[6] *Hesse*, Grundzüge des Verfassungsrechts der Bundesrepublik Deutschland, Rdn. 194 f.; *v. Münch*, Staatsrecht I, Rdn. 329; *Schulze-Fielitz*, in: Dreier, Grundgesetz, Bd. II, Art. 20 Rdn. 50; vgl. auch *Schmidt-Aßmann*, in: Isensee/Kirchhof, Handbuch des Staatsrechts, Bd. II, § 26 Rdn. 58.

[7] Vgl. bereits *Mayer*, Deutsches Verwaltungsrecht, Bd. I, S. 65.

Rechtsstaat zugleich zum „Gesetzgebungsstaat".[8] Wie an anderer Stelle bereits ausführlich begründet,[9] setzt jedoch der Erlass jedes konkreten Gesetzes zwingend voraus, dass der Gesetzgeber über die Kenntnisse verfügt, die Voraussetzung für den (sachgerechten) Erlass des betreffenden Gesetzes sind. Diese Zusammenhänge stellen den Ansatz für die Herleitung eines mittelbaren verfassungsrechtlichen Auftrags zur Informationsgenerierung durch die gesetzgebenden Organe aus dem Rechtsstaatsprinzip dar.[10]

Freilich genügt der Verweis auf das Rechtsstaatsprinzip nicht als alleinige verfassungsrechtliche Begründung für jedweden Akt staatlicher Informationsbeschaffung, der sich auf das Erfordernis der Information für den Erlass eines Gesetzes beruft. Es bedarf der weitergehenden und *materiellen* Untermauerung dahingehend, dass auch das konkret zu erlassende Gesetz aus verfassungsrechtlicher Sicht zu den *Aufgaben des Staates* zählt. Nur in diesem Fall kann das Rechtsstaatsprinzip als tragfähige verfassungsrechtliche Begründung des gesetzgeberischen Informationsbedarfs herangezogen werden. Schließlich fordert das Rechtsstaatsprinzip den Erlass von Gesetzen nicht schlechthin und gleichsam als Selbstzweck, sondern statuiert das Gesetz vielmehr als zentrales Steuerungsmedium zur Erfüllung der staatlichen Aufgaben, ohne sich zu diesen auch inhaltlich zu äußern.

Die sich zwangsläufig anschließende Frage, der Erlass welcher Gesetze zu den staatlichen Aufgaben zählt und bei welchen dies umgekehrt zu verneinen wäre, führt – außerhalb der seltenen speziellen Verfassungsaufträge zum Erlass bestimmter Gesetze beispielsweise in Art. 6 Abs. 5 GG[11] – zur allgemeinen Frage nach dem Begriff der *Staatsaufgabe,* den auch das Grundgesetz – namentlich in Art. 30 GG – voraussetzt.[12] Bei der Bestimmung der staatlichen Aufgaben im Einzelnen hilft die isolierte Feststellung, Staatsaufgaben seien alle Tätigkeitsfelder, die vom Staat zulässigerweise wahrgenommen würden,[13] angesichts des völligen Fehlens normativer Maßstäbe zunächst nur wenig weiter.[14] Bemüht man sich daher um eine Einbeziehung inhaltlicher Gesichtspunkte, die von den Aussagen des Grundgesetzes ausgehen muss,[15] so lassen sich namentlich aus den Grundrechten und den Staatszielbestimmungen, aber auch aus Kompetenznormen und haushaltsverfassungsrechtlichen Vorgaben sowie ausdrücklichen Aufgabenzuweisungsnormen der Verfassung Anhaltspunkte für die Aufgaben

---

[8] *Eichenberger,* VVDStRL 40 (1982), 7 (9 ff.).

[9] Siehe oben C. I. 1. a).

[10] Ebenso *Herrmann,* Informationspflichten gegenüber der Verwaltung, S. 55, die allerdings den Schwerpunkt nicht auf den Neuerlass von Gesetzen, sondern auf die ständige Überprüfung der Rechtsordnung legt, die ohne Informationen nicht möglich sei.

[11] Vgl. hierzu *Herzog,* in: Isensee/Kirchhof, Handbuch des Staatsrechts, Bd. III, 2. Aufl., § 58 Rdn. 29.

[12] Hierzu *Pernice,* in: Dreier, Grundgesetz, Bd. II, Art. 30 Rdn. 26.

[13] So etwa *Isensee,* in: ders./Kirchhof, Handbuch des Staatsrechts, Bd. III, 2. Aufl., § 57 Rdn. 137; *Osterloh,* VVDStRL 54 (1995), 204 (207).

[14] Zutreffend *Gramm,* Privatisierung und notwendige Staatsaufgaben, S. 31; *Weiß,* Privatisierung und Staatsaufgaben, S. 54.

[15] *Bull,* Die Staatsaufgaben nach dem Grundgesetz S. 99 ff.; *Häberle,* AöR (111) 1986, 595 (604); *Pernice,* in: Dreier, Grundgesetz, Art. 30 Rdn. 26.

des Staates auf dem Boden des Grundgesetzes gewinnen.[16] Im Interesse des Gemeinwohls als der (vor)verfassungsmäßigen Idee des richtigen staatlichen Handelns[17] und auf dem Boden der Unantastbarkeit der Menschenwürde (Art. 1 Abs. 1 GG), die den Vorrang des Menschen vor dem Staat begründet,[18] lässt sich so eine (nur) grundsätzliche Allzuständigkeit des sektoralen Verfassungsstaates begründen, der sich zwar allen denkbaren Lebensbereichen zuwenden kann, dabei aber die Grenzen der Virtualität der Allzuständigkeit, der staatlichen Säkularität, der staatlichen Organisierbarkeit sowie des Subsidiaritätsprinzips zu beachten hat.[19]

Will der Staat eine staatliche Aufgabe in diesem Sinne wahrnehmen und sich dazu des rechtsstaatlich determinierten Mittels des Gesetzes bedienen, so kann sich der Gesetzgeber bei der hierzu erforderlichen Informationsgenerierung auf das grundgesetzliche Rechtsstaatsprinzip berufen.

Ob er hierbei auch Private in Anspruch nehmen kann oder auf andere Mittel der Informationsermittlung zurückgreifen muss,[20] ist damit freilich noch nicht entschieden; die Beantwortung dieser Frage hängt von den spezifischen verfassungsrechtlichen Vorgaben für eine informationelle Inpflichtnahme von Privatpersonen ab.[21]

bb) Gesetzesbindung von Exekutive und Judikative

Hinzu tritt die *Gesetzesbindung der Exekutive und der Judikative* (Art. 20 Abs. 3 GG). Diese Staatsgewalten haben bei ihrer Tätigkeit neben dem Vorbehalt des Gesetzes auch dessen Vorrang zu beachten, müssen sich also an geltende Gesetze halten.[22] Die Tätigkeit von Behörden und Gerichten stellt sich daher überwiegend als Prozess der Rechtsanwendung und Gesetzesausführung im weiteren Sinne dar, bei der ein Lebenssachverhalt und eine Rechtsnorm zueinander in Bezug gebracht werden müssen.[23] Die gesetzeskonforme Verwaltungs- bzw. Gerichtsentscheidung, die Art. 20 Abs. 3 GG fordert, ist dabei nur möglich, wenn der zutreffende Lebenssachverhalt zugrunde gelegt werden kann.[24] Damit folgt aus dem Rechtsstaatsprinzip zugleich eine verfassungsrechtliche Verpflichtung von Exekutive und Judikative, die entsprechenden Tatsachen zu ermitteln; beide Staatsgewalten haben

---

[16] Ausführlich *Bull,* Die Staatsaufgaben nach dem Grundgesetz, S. 149 ff.; *Weiß,* Privatisierung und Staatsaufgaben, S. 97 ff.

[17] *Isensee,* in: ders./Kirchhof, Handbuch des Staatsrechts, Bd. III, 2. Aufl., § 57 Rdn. 2.

[18] Hieraus ein Primat der Eigenverantwortung des Menschen ableitend *Weiß,* Privatisierung und Staatsaufgaben, S. 112 f.

[19] Ausführlich *Isensee,* in: ders./Kirchhof, Handbuch des Staatsrechts, Bd. III, 2. Aufl., § 57 Rdn. 156 ff.; vgl. auch *Weiß,* Privatisierung und Staatsaufgaben, S. 113 ff.

[20] Zu den Möglichkeiten staatlicher Informationsgewinnung oben C. III.

[21] Hierzu sogleich unten F. II.

[22] Ausführlich zum Vorrang des Gesetzes *Ossenbühl,* in: Isensee/Kirchhof, Handbuch des Staatsrechts, Bd. III, 2. Aufl., § 62 Rdn. 1 ff.; *Wehr,* JuS 1997, 231 ff.

[23] *Brühl,* JA 1992, 193.

[24] Ausführlich zur Informationsabhängigkeit der zweiten und dritten Gewalt bereits oben C. I. 1. b) und c).

sich – im Rahmen des tatsächlich Möglichen und (verfassungs)rechtlich Zulässigen – Informationen zu verschaffen und auf staatlicherseits vorhandene Informationen zurückzugreifen, um eine (gesetzes)richtige Entscheidung treffen zu können.[25]

Einfachrechtlicher Ausdruck dieser Pflicht und daher ebenfalls verfassungsrechtlich determiniert ist der *Untersuchungsgrundsatz* im Verfahren etwa der Straf- und Verwaltungsgerichte sowie der Verwaltungsbehörden, der diese zur Ermittlung des zutreffenden Lebenssachverhalts verpflichtet.[26] Der zivilprozessuale *Beibringungsgrundsatz* steht dazu nur in einem scheinbaren Widerspruch: Auch hiernach sind die Gerichte zur Informationsgenerierung als Grundlage ihrer Tätigkeit verpflichtet. Diese Verpflichtung besteht lediglich nicht von Amts wegen, sondern setzt die Initiative einer Prozesspartei voraus.[27]

Damit kann sich der Staat nicht nur bei der Schaffung von gesetzlichen Vorschriften, sondern auch bei der Rechtsanwendung im Einzelfall auf das Rechtsstaatsprinzip berufen, wenn er seinen diesbezüglichen Informationsbedarf befriedigen will.

Wiederum beantwortet diese Feststellung jedoch nicht abschließend die Frage, ob zu diesem Zwecke gerade Privatpersonen in Anspruch genommen werden dürfen. Die (weiteren) verfassungsrechtlichen Vorgaben hierfür werden an späterer Stelle in den Blick genommen.[28]

b) Staatszielbestimmungen

Neben dem Rechtsstaatsprinzip lassen sich auch aus den Staatszielbestimmungen konkretere Folgerungen für die staatliche Informationsgewinnung ziehen.[29] Indem das Grundgesetz nämlich in Art. 20 Abs. 1 GG und Art. 20a GG vorschreibt, dass staatliches Handeln (unter anderem) von den Zielen der sozialen Sicherheit und sozialen Gerechtigkeit bzw. dem Schutz der natürlichen Lebensgrundlagen und der Tiere geleitet sein soll,[30] wird auch die Informationsgewinnung zur Verfol-

---

25 Zur verfassungsrechtlichen Verpflichtung der Gerichte bzw. Verwaltungsbehörden zur Ermittlung zutreffender Lebenssachverhalte *Bonk*, NVwZ 2001, 636 (639); *Decker*, Die Informationsgewinnung in der deutschen öffentlichen Verwaltung, S. 32 ff.; *Kopp*, Verfassungsrecht und Verwaltungsverfahrensrecht, S. 62; *Papier*, in: Isensee/Kirchhof, Handbuch des Staatsrechts, Bd. VI, § 153 Rdn. 16.

26 Näher *Brühl*, JA 1992, 193; *Herrmann*, Informationspflichten gegenüber der Verwaltung, S. 54; *Kopp/Ramsauer*, Verwaltungsverfahrensgesetz, § 24 Rdn. 1; *Stelkens/Kallerhoff*, in: Stelkens/Bonk/Sachs, Verwaltungsverfahrensgesetz, § 24 Rdn. 1.

27 Zur Einordnung des zivilprozessualen Beibringungsgrundsatzes in den vorliegenden Zusammenhang siehe auch *Decker*, Die Informationsgewinnung in der deutschen öffentlichen Verwaltung, S. 33 f.; *Willms*, in: Jescheck/Lüttger, Festschrift für Eduard Dreher zum 70. Geburtstag, S. 137 ff.

28 Siehe unten F. II.

29 Siehe auch *Hahn*, Offenbarungspflichten im Umweltschutzrecht, S. 117 ff.; *Herrmann*, Informationspflichten gegenüber der Verwaltung, S. 55 ff.

30 Vgl. *Degenhart*, Staatsrecht I – Staatsorganisationsrecht, Rdn. 566, 587; *Schulze-Fielitz*, in: Dreier, Grundgesetz, Bd. II, Art. 20a Rdn. 20 ff.

gung dieser Ziele verfassungsrechtlich anerkannt.[31] Zwar werden sich aus den Staatszielbestimmungen in der Regel keine konkreten Pflichten zur Informationsbeschaffung herleiten lassen,[32] wohl aber kann sich umgekehrt die Informationsbeschaffung durch den Staat auf die Verfolgung der verfassungsrechtlich vorgegebenen Staatsziele berufen.[33]

Eine Rechtfertigung staatlicher Informationsbeschaffung mit Hilfe des Sozialstaatsprinzips findet sich beispielsweise im „Volkszählungsurteil" des Bundesverfassungsgerichts, wo die Erhebung von Daten für statistische Zwecke wie folgt begründet wird:[34] „Die Statistik hat erhebliche Bedeutung für eine staatliche Politik, die den Prinzipien und Richtlinien des Grundgesetzes verpflichtet ist. Wenn die ökonomische und soziale Entwicklung nicht als unabänderliches Schicksal hingenommen, sondern als permanente Aufgabe verstanden werden soll, bedarf es einer umfassenden, kontinuierlichen sowie laufend aktualisierten Information über die wirtschaftlichen, ökologischen und sozialen Zusammenhänge. Erst die Kenntnis der relevanten Daten ... schafft die für eine am Sozialstaatsprinzip orientierte staatliche Politik unentbehrliche Handlungsgrundlage."

Entsprechend lässt sich auch die Erhebung von für den Umwelt- oder Tierschutz relevanten Informationen mit Hilfe von Art. 20a GG begründen. Aus dieser Verfassungsnorm resultiert beispielsweise eine permanente (objektivrechtliche) Nachbesserungspflicht des Gesetzgebers bezüglich der Anpassung des Umweltrechts an die neuesten Erkenntnisse in Wissenschaft und Technik.[35] Diese kann jedoch nur erfüllt werden, wenn dem Staat die betreffenden Erkenntnisse auch zugänglich sind. Daher ist auch die staatliche Beschaffung und Verwaltung von Umweltinformationen von Art. 20a GG erfasst.[36]

c) Grundrechtliche Schutzpflichten des Staates

aa) Informationsbedarf zur Erfüllung staatlicher Schutzpflichten im Allgemeinen

Die Schutzpflichtdimension der Grundrechte drückt über die (klassische) Grundrechtsfunktion der Abwehr staatlicher Eingriffe hinaus die Verpflichtung des Staates aus, sich „schützend und fördernd" vor die grundrechtlich geschützten Güter zu stellen und ihrer Verletzung und Gefährdung durch Dritte vorzubeugen.[37]

---

[31] Siehe auch *Herrmann*, Informationspflichten gegenüber der Verwaltung, S. 55, 62.

[32] Insoweit zutreffend *Hahn*, Offenbarungspflichten im Umweltschutzrecht, S. 120. Allgemein zum breiten Gestaltungsspielraum des Gesetzgebers bei der Umsetzung der Staatszielbestimmungen *Brugger*, NJW 1989, 2425 (2428).

[33] Vgl. zur Bedeutung des Sozialstaatsprinzips als „Eingriffslegitimation" auch *Degenhart*, Staatsrecht I – Staatsorganisationsrecht, Rdn. 577, und allgemein für Staatszielbestimmungen *Brugger*, NJW 1989, 2425 (2429).

[34] *BVerfGE* 65, 1 (47).

[35] *Kloepfer*, in: Dolzer/Vogel/Graßhof, Bonner Kommentar zum Grundgesetz, Art. 20a Rdn. 51; *Schulze-Fielitz*, in: Dreier, Grundgesetz, Bd. II, Art. 20a Rdn. 59.

[36] Für die staatliche Umweltforschung auch *Sommermann*, in: v. Münch/Kunig, Grundgesetz-Kommentar, Bd. 2, Art. 20a Rdn. 12. Vgl. ferner *Berg*, WiVerw 1996, 171.

I. Legitimation staatlicher Informationsgewinnung bei Privaten

Diese Verpflichtung besteht nicht nur in den im Grundgesetz ausdrücklich erwähnten Fällen der Art. 1 Abs. 1 S. 2 sowie Art. 6 Abs. 1, Abs. 4 GG, sondern betrifft alle vom Grundgesetz geschützten Freiheiten.[38] Schutzpflichten wirken nicht nur objektiv-rechtlich, sondern die betroffenen Grundrechtsträger können – im Rahmen eines weiten Gestaltungs- und Einschätzungsspielraums insbesondere des Gesetzgebers[39] – einen verfassungsrechtlichen Anspruch auf Erfüllung der Schutzpflicht geltend machen.[40]

Wendet man diese Grundsätze auf den Bereich der staatlichen Informationsbeschaffung und -vorhaltung an, so kann sich der Staat hierbei vielfach darauf berufen, einen Schutzauftrag des Grundgesetzes umsetzen zu wollen. Aus den grundrechtlichen Schutzpflichten wird angesichts des weiten Gestaltungsspielraums zwar nur selten eine konkrete staatliche Verpflichtung zur Informationssammlung und -vorhaltung folgen,[41] umgekehrt werden diese aber häufig ein *zulässiges* Mittel zur Erfüllung von Schutzpflichten sein.[42] Die Abwehr von Gefahren für grundrechtlich geschützte Rechtsgüter setzt nämlich stets die Informiertheit der zuständigen staatlichen Stelle voraus, ohne die ein gefahrenabwehrrechtliches Tätigwerden, das verfassungsrechtlich der Erfüllung der Schutzpflicht entspricht, nicht vorstellbar ist.[43] Für die entsprechende informationelle Tätigkeit kann sich der Staat also (auch) auf die Schutzpflichtdimension der Grundrechte berufen.

---

37 *BVerfGE* 35, 79 (114); 96, 56 (64); *Badura,* Staatsrecht, C Rdn. 22; *Gostomzyk,* JuS 2004, 949 (952); *Klein,* in: Merten / Papier, Handbuch der Grundrechte, Bd. I, § 6 Rdn. 66 ff.; *v. Münch,* Staatsrecht II, Rdn. 149 ff.

38 Siehe nur *BVerfGE* 92, 26 (46); 102, 370 (393); *Dreier,* in: ders., Grundgesetz, Bd. I, Vorb. Rdn. 104; *Isensee,* in: ders. / Kirchhof, Handbuch des Staatsrechts, Bd. V, § 111 Rdn. 93; umfassende Nachweise zur Rechtsprechung des Bundesverfassungsgerichts bei *Szczekalla,* Die sogenannten grundrechtlichen Schutzpflichten im deutschen und europäischen Recht, S. 103 f.

39 (Auch justitiable) Grenze des legislativen Gestaltungsspielraums ist lediglich das sogenannte „Untermaßverbot", das eine „sorgfältige Tatsachenermittlung" und „vertretbare Einschätzungen" fordert; vgl. *BVerfGE* 88, 203 (254); *Brüning,* JuS 2000, 955 (957); *Epping,* Grundrechte, Rdn. 115 ff.; *Isensee,* in: ders. / Kirchhof, Handbuch des Staatsrechts, Bd. V, § 111 Rdn. 184.

40 *Klein,* NJW 1989, 1633 (1637); *Klein,* in: Merten / Papier, Handbuch der Grundrechte, Bd. I, § 6 Rdn. 68; *Maurer,* Staatsrecht I, § 9 Rdn. 24; *Pieroth / Schlink,* Grundrechte – Staatsrecht II, Rdn. 94; vgl. auch *Stern,* Das Staatsrecht der Bundesrepublik Deutschland, Bd. III / 1, § 69 VI. 3. b) (S. 984 ff.). Umfassend zur Diskussion um die Subjektivierung der Schutzpflichten *Unruh,* Zur Dogmatik der grundrechtlichen Schutzpflichten, S. 58 ff.

41 Siehe auch *Herrmann,* Informationspflichten gegenüber der Verwaltung, S. 73.

42 Zur Bedeutung der staatlichen Schutzpflichten für die Rechtfertigung von Grundrechtseingriffen *Jarass,* in: Badura / Dreier, Festschrift 50 Jahre Bundesverfassungsgericht, 2. Bd., S. 35 (40); siehe auch *Wahl / Masing,* JZ 1990, 553 (557 ff.), mit besonderer Betonung des Erfordernisses „rechtsstaatlichen Vollzugs grundrechtlicher Schutzpflichten" durch den Gesetzgeber.

43 Vgl. auch *Berg,* WiVerw 1996, 171; *Hahn,* Offenbarungspflichten im Umweltschutzrecht, S. 126 ff. (mit konkreten Beispielen); *Herrmann,* Informationspflichten gegenüber der Verwaltung, S. 70 ff.

Beispiel: Wenn der Gesetzgeber die Verpflichtung der Wissenschaftler an Universitäten normiert, Gremien der Universität über gefährliche Forschungsergebnisse zu unterrichten (§ 6 S. 2 HessUG a. F.), kann er sich darauf berufen, hierdurch seiner Schutzpflicht aus Art. 2 Abs. 2 GG nachzukommen.[44]

Diese Dienstbarmachung der Schutzpflichtdimension der Grundrechte für die verfassungsrechtliche Begründung des staatlichen Informationsbedarfs, dessen Steigerung Ausdruck der Entwicklung einer Informationsgesellschaft ist,[45] fügt sich nahtlos in die allgemeine Beobachtung ein, dass dem „Schutzpflichtkonzept" in der *Informationsgesellschaft* insgesamt eine immer größere Bedeutung zukommt.[46] Mit deren bereits ausführlich dargestellten Voraussetzungen und Folgen insbesondere in Gestalt von privatisierenden, liberalisierenden und deregulierenden Prozessen nimmt die Bedeutung der Grundrechte als Abwehrrechte zugunsten der Schutzpflichtdimension der Grundrechte tendenziell ab; der Staat erfüllt die einschlägigen Aufgaben nicht mehr selbst (und als Grundrechtsverpflichteter) – Abwehrdimension der Grundrechte –, sondern gewährleistet nunmehr die Aufgabenerfüllung durch (selbst nicht grundrechtsverpflichtete) Private, was grundrechtsdogmatisch durch die Schutzpflichtdimension der Grundrechte zu erklären ist.

Beispielsweise verschiebt sich die Bedeutung des Post- und Fernmeldegeheimnisses mit der Privatisierung der Post ganz entscheidend weg vom Abwehrrecht gegen den Staat hin zu dessen Schutzpflicht, der beispielsweise durch §§ 88 ff. TKG Rechnung getragen wird.[47] Im vorliegenden Zusammenhang bedeutet dies, dass sich der Staat, soweit er zum Schutz des Fernmeldegeheimnisses Informationen benötigt,[48] zur Rechtfertigung seiner informationellen Tätigkeit in diesem Bereich (auch) auf die Schutzpflichtdimension des Art. 10 Abs. 1 GG berufen kann.

bb) Zur informationellen Schutzpflicht des Staates
in der Informationsgesellschaft

In der Informationsgesellschaft wird man auf der dargestellten Grundlage sogar noch einen Schritt weiter gehen und von einer „*informationellen Schutzpflicht*" des Staates sprechen können. Dieser Begriff soll eine Schutzpflicht kennzeichnen, die gerade durch die Bereitstellung von Informationen und Informationsstrukturen erfüllt wird, bei der also ein *unmittelbarer* Zusammenhang zwischen Schutzpflichterfüllung und staatlichem Informationsbedarf besteht. Ausgangspunkt einer Begründung von informationellen Schutzpflichten ist dabei die Verpflichtung des Staates in der Informationsgesellschaft, eine informationelle Grundversorgung der

---

[44] Vgl. *BVerfGE* 47, 327 (382).
[45] Siehe oben B. I. 1. b).
[46] Grundlegend zum Folgenden *Schoch*, VVDStRL 57 (1998), 158 (206 ff.).
[47] *Groß*, JZ 1999, 326 (332 ff.); *Schoch*, VVDStRL 57 (1998), 158 (207).
[48] Siehe ausführlich oben D. IV. 2. b) bb) δ) (2).

I. Legitimation staatlicher Informationsgewinnung bei Privaten

Bevölkerung sicherzustellen.[49] Der Staat hat die Voraussetzungen für eine freiheitliche Kommunikation auch durch Informationsoffenheit zu schaffen,[50] wenn und weil diese Bedingung namentlich für die Wahrnehmung der Kommunikationsgrundrechte aus Art. 5 Abs. 1 GG sowie der freien Persönlichkeitsentfaltung (Art. 2 Abs. 1 i.V.m. Art. 1 Abs. 1 GG) ist.[51] Aus dieser informationellen Schutzpflicht des Staates mit dem Ziel eines Grundrechtsvoraussetzungsschutzes ergibt sich die Aufgabe staatlicher „*Informationsvorsorge*", die sowohl durch die unmittelbare staatliche Gestaltung der Voraussetzungen für freie Information als auch – in der Informationsgesellschaft zunehmend wichtig – durch die Wahrnehmung eines staatlichen Gewährleistungsauftrags erfolgen kann.[52] Wenn sich der Staat in diesem Rahmen zulässigerweise dafür entscheidet, seiner informationellen Schutzpflicht durch das Bereithalten einer eigenen Informationsinfrastruktur für den Bürger nachzukommen,[53] kann die staatliche Informationsbeschaffung zu diesem Zweck (auch) hiermit verfassungsrechtlich untermauert werden.

Die Begründung einer informationellen Schutzpflicht bedeutet im Regelfall und angesichts des generell weiten staatlichen Gestaltungsspielraums des Staates bei der Erfüllung von Schutzpflichten allerdings kein konkretes Teilhabe- oder Leistungsrecht des Grundrechtsträgers.[54] Ein Anspruch auf Erteilung einer bestimmten Information durch den Staat lässt sich unmittelbar aus dem Verfassungsrecht grundsätzlich nicht herleiten.[55] Lediglich im Ausnahmefall kann sich die staatliche Schutzpflicht zu einem konkreten verfassungsrechtlichen Anspruch auf Sicherung eines Mindeststandards an Information im staatlichen Bereich verdichten.[56] Im Übrigen kommt ein Informationszugangsanspruch des Bürgers gegen den Staat nur auf der Grundlage – in jüngerer Zeit häufiger werdender – gesetzesrechtlicher Vorschriften in Betracht.[57]

---

[49] Dazu näher *Trute*, VVDStRL 57 (1998), 216 (249 f.); vgl. auch *Roßnagel*, in: Hoffmann-Riem / Schmidt-Aßmann, Verwaltungsrecht in der Informationsgesellschaft, S. 257 (273).

[50] *Degenhart*, in: Dolzer / Vogel / Graßhof, Bonner Kommentar zum Grundgesetz, Art. 5 Abs. 1 und 2 Rdn. 360; *Schulze-Fielitz*, in: Dreier, Grundgesetz, Bd. I, Art. 5 I, II Rdn. 221.

[51] Siehe auch *Schoch*, VVDStRL 57 (1998), 158 (187 f.); *Trute*, VVDStRL 57 (1998), 216 (249); *Wendt*, in: v. Münch / Kunig, Grundgesetz-Kommentar, Bd. 1, Art. 5 Rdn. 28.

[52] Siehe bereits oben C. I. 2.

[53] Siehe oben C. I. 2.

[54] So auch der ausdrückliche Hinweis von *Schoch*, VVDStRL 57 (1998), 158 (187).

[55] *Degenhart*, in: Dolzer / Vogel / Graßhof, Bonner Kommentar zum Grundgesetz, Art. 5 Art. 1 und 2 Rdn. 359; *Schoch / Kloepfer*, Informationsfreiheitsgesetz (IFG-ProfE), Einleitung Rdn. 12; *Schulze-Fielitz*, in: Dreier, Grundgesetz, Bd. I, Art. 5 I, II Rdn. 242 ff.; vgl. auch *Schröer-Schallenberg*, Informationsansprüche der Presse gegenüber Behörden, S. 35 f.

[56] Siehe auch *Degenhart*, in: Dolzer / Vogel / Graßhof, Bonner Kommentar zum Grundgesetz, Art. 5 Abs. 1 und 2 Rdn. 360; vgl. auch BVerfG, NJW 1999, 1777; BVerwGE 82, 45 (48), die in bestimmten Fallkonstellationen einen verfassungsunmittelbaren Anspruch auf Akteneinsicht aus Art. 2 Abs. 1 i.V.m. Art. 1 Abs. 1 GG in Bezug auf Krankenunterlagen herleiten.

[57] Dazu bereits oben C. IV.

2. Verfassungsrechtliche Legitimation der staatlichen Informationsgewinnung bei Privaten

Ist damit der staatliche Informationsbedarf verfassungsrechtlich unter Rückgriff auf das Rechtsstaatsprinzip, die Staatszielbestimmungen sowie die Schutzpflichtdimension der Grundrechte begründet, stellt sich in einem zweiten Schritt die Frage, wie die staatliche Informationsgewinnung gerade bei Privaten verfassungsrechtlich gerechtfertigt werden kann. Dies ist im Ausgangspunkt sowohl unter dem Gesichtspunkt verfassungsrechtlicher Grundpflichten als auch unter Rückgriff auf die Grundrechtsschranken als Anknüpfungspunkt denkbar.

a) Informationserteilung als verfassungsrechtliche Grundpflicht?

In der die Informationspflichten Privater gegenüber dem Staat näher thematisierenden Literatur wird teilweise erwogen, Informationspflichten Privater unter Rückgriff auf verfassungsrechtliche Grundpflichten des Bürgers zur Information des Staates zu begründen.[58] Hiergegen sprechen jedoch bereits die allgemeinen Einwände gegen die Ableitung verfassungsrechtlicher Grundpflichten der Bürger aus dem Grundgesetz, dem dieser Begriff – anders als der Weimarer Reichsverfassung[59] – fremd ist: Soweit das Grundgesetz an einigen Stellen (zum Beispiel Art. 6 Abs. 2 S. 2, Art. 14 Abs. 2 GG) von „Pflichten" Privater spricht, stellen diese lediglich Programmsätze dar, die der gesetzlichen Aktualisierung bedürfen und deswegen wie Grundrechtsschranken wirken.[60] Erst recht existieren unter der Geltung des Grundgesetzes keine ungeschriebenen und der Verfassung vorgelagerten quasi naturrechtlichen Pflichten des Bürgers gegenüber dem Staat.[61] Aber selbst wenn man demgegenüber eine Kategorie grundgesetzlicher Grundpflichten akzeptieren wollte,[62] gehörten hierzu keineswegs konkrete Pflichten zur Information des Staates über bestimmte Umstände.[63] Aus dem Modell verfassungsrechtlicher Grundpflichten kann daher in keinem Fall eine Begründung für die informationelle Inanspruchnahme gewonnen werden.

---

[58] Vgl. *Hahn,* Offenbarungspflichten im Umweltschutzrecht, S. 105 ff.; *Herrmann,* Informationspflichten gegenüber der Verwaltung, S. 83 ff.

[59] Zur Geschichte der Grundpflichten *Hofmann,* in: Isensee/Kirchhof, Handbuch des Staatsrechts, Bd. V, § 114 Rdn. 1 ff.; *Zippelius/Würtenberger,* Deutsches Staatsrecht, § 20 I. (S. 196 f.).

[60] Zutreffend *Dreier,* in: ders., Grundgesetz, Bd. I, Vorb. Rdn. 5; *Pieroth/Schlink,* Grundrechte – Staatsrecht II, Rdn. 193 f.; *Sachs,* in: ders., Grundgesetz, Vor Art. 1 Rdn. 59.

[61] Zutreffend *Hahn,* Offenbarungspflichten im Umweltschutzrecht, S. 114 f.; vgl. auch *Pieroth/Schlink,* Grundrechte – Staatsrecht II, Rdn. 194, gegen die Annahme einer Gehorsamspflicht als verfassungsrechtliche Grundpflicht.

[62] So etwa *Zippelius/Würtenberger,* Deutsches Staatsrecht, § 20 II. (S. 198 ff.).

[63] So auch *Hahn,* Offenbarungspflichten im Umweltschutzrecht, S. 115 f.; *Herrmann,* Informationspflichten gegenüber der Verwaltung, S. 97 f.

b) Grundrechtsschranken als Anknüpfungspunkt

Zutreffend und auch dem heutigen Stand der Grundrechtsdogmatik entsprechend ist es daher, die Schranken der Grundrechte als Anknüpfungspunkt privater Informationspflichten gegenüber dem Staat heranzuziehen.[64] Soweit – wie in aller Regel – die informationelle Inanspruchnahme Privater durch den Staat einen Eingriff in die Grundrechte des Informationsverpflichteten darstellt,[65] entsteht der Bedarf einer verfassungsrechtlichen Rechtfertigung des staatlichen Eingriffs. Die (geschriebenen oder ungeschriebenen) Schranken der Grundrechte sind damit der verfassungsrechtliche Maßstab, an dem sich die Informationspflichten Privater gegenüber dem Staat messen lassen müssen. Die konkret in Rede stehende informationelle Inanspruchnahme des Grundrechtsträgers ist folglich verfassungsrechtlich legitimiert, wenn sie den (formellen und materiellen) Anforderungen der einschlägigen Grundrechtsschranke entspricht. Danach muss zunächst dem grundrechtlichen Gesetzesvorbehalt genügt sein, also eine gesetzliche Ermächtigungsgrundlage bestehen. Diese muss zudem etwaigen inhaltlichen Anforderungen der Grundrechtsschranke genügen und auch die Grenzen der Einschränkbarkeit wahren.[66] Damit ist bereits zur Darstellung der verfassungsrechtlichen Anforderungen an die staatliche Informationsbeschaffung bei Privaten im Einzelnen übergeleitet, die sich insbesondere auch mit der Grundrechtsrelevanz der staatlichen Informationsansprüche gegenüber Privaten zu befassen hat.

II. Verfassungsrechtliche Anforderungen an die staatliche Informationsbeschaffung bei Privaten

Soweit der Informationsverpflichtete grundrechtsberechtigt ist, stellen seine Informationspflichten gegenüber staatlichen Stellen einen Eingriff in seine Grundrechte dar.[67] Abhängig von dem einschlägigen Grundrecht ergeben sich hieraus unterschiedliche Anforderungen an die Normierung staatlicher Informationsansprüche. Diese Gesichtspunkte sind im Folgenden einer eingehenden Untersuchung zu unterziehen.

1. Grundrechtsberechtigung informationspflichtiger Privater

Informationspflichten Privater gegenüber dem Staat zeichnen sich bereits begrifflich dadurch aus, dass der Informationspflichtige grundsätzlich als Grund-

---

[64] Vgl. auch *Pieroth/Schlink*, Grundrechte – Staatsrecht II, Rdn. 193.

[65] Näher sogleich F. II.

[66] Allgemein zu den Voraussetzungen der Einschränkbarkeit von Grundrechten vgl. nur *Dreier*, in: ders., Grundgesetz, Bd. I, Vorb. Rdn. 134 ff.; *Ipsen*, Staatsrecht II, Rdn. 158 ff.

[67] Zu den möglicherweise betroffenen Grundrechten näher unten F. II. 2.

rechtsträger in Frage kommt. Problematisch ist die Grundrechtsberechtigung „Privater"[68] lediglich für *juristische Personen* sowie sonstige Personenvereinigungen des Privatrechts,[69] für die Art. 19 Abs. 3 GG einen inländischen Sitz sowie die wesensmäßige Anwendbarkeit des einschlägigen Grundrechts verlangt.[70] Damit scheiden Personenvereinigungen mit einem Sitz außerhalb der Europäischen Union[71] aus dem Kreis der Grundrechtsberechtigten aus.[72] Hinsichtlich der wesensmäßigen Anwendbarkeit der Grundrechte, die insbesondere die mögliche Grundrechtsträgerschaft der betreffenden Personenvereinigung voraussetzt,[73] verdienen im vorliegenden Kontext *staatlich beherrschte juristische Personen des Privatrechts* eine besondere Beachtung. Ist die juristische Person vollständig in der Hand des Staates (sogenannte *„Eigengesellschaft"*), besteht weitgehend Einigkeit darüber, dass sie nicht grundrechtsfähig sein kann, da sie zwar privatrechtlich organisiert, nicht aber Ausdruck der freiheitlichen Betätigung Privater ist.[74] Einen Grenzfall bilden insoweit *gemischt-wirtschaftliche Unternehmen,* deren Anteile sowohl von Privaten als auch von Hoheitsträgern gehalten werden und deren Grundrechtsfähigkeit umstritten ist. Während teilweise die Grundrechtsfähigkeit erst bejaht wird, wenn sich die juristische Person überwiegend in der Hand Privater befindet,[75] ist nach zutreffender Auffassung jedes gemischt-wirtschaftliche Unternehmen grundrechtsberechtigt; dieses ist – für die privaten Teilhaber – Ausdruck

---

[68] Zum Begriff näher oben C. III. 2. d) aa).

[69] „Juristische Person" i. S. v. Art. 19 Abs. 3 GG meint jede Personenvereinigung mit der Fähigkeit zu eigenständigem Handeln und einer gewissen organisatorischen Verfestigung; vgl. *BVerfGE* 10, 89 (99); *Pieroth/Schlink,* Grundrechte – Staatsrecht II, Rdn. 147; *Schoch,* Jura 2001, 201 (202).

[70] Natürliche Personen sind stets grundrechtsberechtigt. Sind sie keine Deutschen i. S. v. Art. 116 Abs. 1 GG, so können sie sich jedenfalls auf das „Auffanggrundrecht" des Art. 2 Abs. 1 GG berufen, siehe nur *Rüfner,* in: Isensee/Kirchhof, Handbuch des Staatsrechts, Bd. V, § 116 Rdn. 10; *Sachs,* in: ders., Grundgesetz, Vor Art. 1 Rdn. 72. Dies gilt auch für Unionsbürger i. S. v. Art. 17 Abs. 1 EGV, zutreffend etwa *Bauer/Kahl,* JZ 1995, 1077 (1081 ff.); *Epping,* Grundrechte, Rdn. 542; anders demgegenüber *Ehlers,* JZ 1996, 776 (781); *Wernsmann,* Jura 2000, 657 (662), die die „Deutschengrundrechte" auch auf „EG-Ausländer" anwenden wollen.

[71] Zur Grundrechtsberechtigung von juristischen Personen mit Sitz im EG-Ausland *Dreier,* in: ders., Grundgesetz, Art. 19 III Rdn. 83; *Schoch,* Jura 2001, 201 (203); zurückhaltender *Krebs,* in: v. Münch/Kunig, Grundgesetz-Kommentar, Bd. 1, Art. 19 Rdn. 33a ff.

[72] Eine Ausnahme stellen lediglich die „Prozessgrundrechte" dar, vgl. *BVerfGE* 21, 362 (373); 64, 1 (11).

[73] Vgl. *Dreier,* in: ders., Grundgesetz, Art. 19 III Rdn. 29; *Schoch,* Jura 2001, 201 (203).

[74] *BVerfGE* 45, 63 (80); 68, 193 (213); *Gersdorf,* in: v. Mangoldt/Klein/Starck, Das Bonner Grundgesetz, Bd. 3, Art. 87e Rdn. 53; anders jedoch *Lang,* NJW 2004, 3601 (3603), der bei einer „grundrechtstypischen Gefährdungslage" auch staatlichen Eigengesellschaften die Grundrechtsfähigkeit zubilligen will; ähnlich *Pieroth,* NWVBl 1992, 85 (87 f.).

[75] *BVerfG,* NJW 1990, 1783; *Epping,* Grundrechte, Rdn. 150. Ähnlich *Windthorst,* VerwArch 95 (2004), 377 (396 f.), nach dem (unabhängig von der Beteiligungsquote) bei „beherrschendem Einfluss" des Staates keine Grundrechtsfähigkeit der juristischen Person besteht.

ihrer freiheitlichen Betätigung, so dass eine Versagung der Grundrechtsberechtigung inakzeptable Lücken im Grundrechtsschutz zur Folge hätte.[76]

Diese allgemeinen Erkenntnisse lassen sich in einen deutlichen Bezug zu der Entstehung von Informationspflichten Privater als *Privatisierungsfolgenrecht* setzen.

So sind in Zeiten der monopolisierten *Staatswirtschaft* die staatlichen Unternehmen nicht grundrechtsberechtigt, sondern Teil des Staates und Verpflichtete der Grundrechte. In der Regel gibt es angesichts der „informationellen Autarkie" des Staates auch keine Informationspflichten, bei denen als „Private" zu bezeichnende Personen informationsverpflichtet sind. Zumal wenn die Staatswirtschaft durch öffentlich-rechtliche Rechtsträger geleistet wird, findet ein ausschließlich staatsinterner Informationsfluss und -austausch nach den Grundsätzen der Amtshilfe statt.[77] An der fehlenden Grundrechtsberechtigung ändert sich auch in den Fällen der rein *formellen Privatisierung* nichts; selbst wenn Eigengesellschaften im Einzelfall wie (andere) Private gegenüber dem Staat zur Informationserteilung verpflichtet sein können und dann Verpflichtete von Informationspflichten Privater gegenüber dem Staat sind,[78] ist ihre wirtschaftliche Betätigung nicht Ausdruck freiheitlicher Betätigung Privater, sondern (aus grundrechtsdogmatischer Sicht) staatliche Tätigkeit.[79]

Sobald allerdings im Wege der *Vermögensprivatisierung* Anteile der dann gemischt-wirtschaftlichen Unternehmen in die Hände Privater gelangen, wird die juristische Person nach der hier vertretenen Auffassung Grundrechtsträgerin.[80] Derartige Prozesse führen also dazu, dass ein vormals nicht grundrechtsberechtigter Rechtsträger die Grundrechtsträgerschaft erlangt. Vergleichbares gilt, wenn durch *materielle Privatisierungen* Staatsmonopole beseitigt und private Wettbewerber auf dem Markt zugelassen werden. Auch diese sind – im Gegensatz zum monopolistischen Staatsunternehmen – grundrechtsberechtigt. Durch materielle Privatisierungen wird zwar kein schon vorhandener Rechtsträger grundrechtsfähig wie bei der Vermögensprivatisierung, aber neben das – nicht grundrechtsberechtigte – Staatsunternehmen treten neue private Rechtsträger, denen selbstverständlich die Fähigkeit zukommt, Träger von Grundrechten zu sein. Häufig werden die beschriebenen Prozesse auch miteinander einhergehen, da mit der Marktöffnung der vormalige Staatsmonopolist ebenfalls privatisiert wird. Zugleich kommt es – wie ausführlich belegt – zu einer deutlichen Ausweitung des Rechtsinstituts der Informationspflicht Privater gegenüber dem Staat.[81]

Vor diesem Hintergrund lässt sich festhalten, dass nicht nur Informationspflichten Privater eine typische Folge von privatisierenden Maßnahmen sind, sondern dass dies zugleich für die Entstehung von Grundrechtsberechtigung zutrifft.

---

[76] *v. Arnauld,* DÖV 1998, 437 (450 f.); *Jarass,* in: ders./Pieroth, Grundgesetz Art. 19 Rdn. 15; wohl auch *BVerwG,* NVwZ 2004, 105 (107).

[77] Siehe oben C. II.

[78] Siehe oben C. III. 2. d) aa).

[79] Zutreffend – für die Deutsche Bahn AG – *Battis/Kersten,* WuW 2005, 493 (495 ff.); *Gersdorf,* in: v. Mangoldt/Klein/Starck, Das Bonner Grundgesetz, Bd. 3, Art. 87e Rdn. 53; anders *Lang,* NJW 2004, 3601 (3604 f.); vgl. auch die Nachweise oben Fn. 74.

[80] Siehe auch *BVerwG,* NVwZ 2004, 105 (107), zur Privatisierung der Deutschen Telekom AG.

[81] Siehe D. V. 1.

Ebenso wie die Informationspflichten Privater[82] sind die Ausweitung der Grundrechtsberechtigung und die hieraus resultierenden Folgen vor dieser Perspektive ein Gegenstand des *Privatisierungsfolgenrechts*.[83] Zwischen der Privatisierungsfolge Grundrechtsberechtigung und den Informationspflichten Privater gegenüber dem Staat besteht aber noch eine über diese Beobachtung hinaus reichende Wechselwirkung: Da der Staat mit der Privatisierung gegenüber den privatisierten Rechtsträgern an die Grundrechte gebunden wird, hat er diese bei der weiteren Schaffung eines Privatisierungsfolgenrechts zu beachten. Dies gilt auch bei der Normierung von Informationspflichten der Privaten. Mit der erforderlichen Veränderung des Informationsflusses, der zukünftig zwischen dem Staat und den privatisierten Rechtsträgern und nicht mehr rein staatsintern stattfindet, tritt damit zugleich die Bindung an die Grundrechte in diesem Bereich in Kraft, deren Vorgaben im Folgenden näher zu erörtern sind.

Eine gewisse Ausnahme ist allerdings für das Rundfunkwesen zu konzedieren. Auch hier hat die Privatisierung des Rundfunkwesens zwar mit den privaten Rundfunkveranstaltern neue und ebenfalls grundrechtsberechtigte Akteure hervorgebracht. Von einer *Entstehung* von Grundrechtsberechtigung wird man jedoch in diesem Zusammenhang nicht sprechen können, da auch die zuvor allein tätigen öffentlich-rechtlichen Rechtsträger und (vor dem Hintergrund der Staatsferne des Rundfunks nur im weiteren Sinne) „Staatsunternehmen" ausnahmsweise bereits Grundrechtsträger waren und sind.[84]

2. Betroffene Grundrechte

Welche Grundrechte von der Normierung von Informationspflichten Privater gegenüber dem Staat betroffen sind, lässt sich allgemein nur begrenzt sagen. In erster Linie kommt es auf den jeweiligen Grundrechtsschutz im Bereich der in Rede stehenden Informationspflicht oder sogar auf den konkret betroffenen Lebenssachverhalt an.[85] Dennoch haben das Grundrecht der (negativen) Meinungsfreiheit sowie das Allgemeine Persönlichkeitsrecht hierbei eine hervorgehobene Bedeutung. Sie verdienen daher eine gesonderte Betrachtung, bevor auf andere möglicherweise betroffene Freiheitsrechte sowie den allgemeinen Gleichheitssatz, der ebenfalls Vorgaben für die Normierung von Informationspflichten Privater gegenüber dem Staat enthalten kann, eingegangen wird.

---

[82] Siehe oben D. III. 1.

[83] Siehe allgemein auch *Kämmerer*, Privatisierung, S. 449; ferner am Beispiel von Postwesen und Telekommunikation *v. Arnauld*, DÖV 1998, 437 (450).

[84] Vgl. nur *v. Münch*, Staatsrecht II, Rdn. 133; *Schoch*, Jura 2001, 201 (205 f.).

[85] Ähnlich *Holznagel*, Die Erhebung von Marktdaten im Wege des Auskunftsersuchens nach dem TKG, 2001, S. 7.

II. Anforderungen an die staatliche Informationsbeschaffung bei Privaten 263

a) **Negative Meinungsfreiheit**

Das Grundrecht auf freie Meinungsäußerung aus Art. 5 Abs. 1 S. 1 GG schützt auch die sogenannte *negative Meinungsfreiheit*, also die Freiheit, eine Meinungsäußerung zu unterlassen.[86] In den Schutzbereich der negativen Meinungsfreiheit greifen Informationspflichten Privater gegenüber dem Staat folglich ein, soweit sie zur Äußerung einer *Meinung* verpflichten. Das verfassungsrechtliche Verständnis dieses Begriffs entscheidet damit über die Reichweite des Schutzes vor Informationspflichten Privater durch Art. 5 Abs. 1 S. 1 GG.

Im Ansatz herrscht über den Begriff der Meinung Einigkeit in Rechtsprechung und Literatur: Entscheidende Voraussetzung für eine „Meinung" und damit die Eröffnung des Schutzbereichs von Art. 5 Abs. 1 S. 1 GG ist ein Element der Wertung und der Stellungnahme im Rahmen einer geistigen Auseinandersetzung, wobei es auf den Gegenstand, den Wert, die Richtigkeit oder die Vernünftigkeit der Äußerung nicht ankommt.[87] Umstritten ist demgegenüber, ob und inwieweit auch *Tatsachenäußerungen* vom Grundrechtsschutz des Art. 5 Abs. 1 S. 1 GG erfasst werden. Diese Frage ist vorliegend von besonderer Relevanz, da Informationspflichten Privater gegenüber dem Staat häufig zur Kundgabe von Tatsachen und nicht von wertenden Stellungnahmen (im engeren Sinne) verpflichten.

Vor dem Hintergrund, dass Tatsachenäußerungen vielfach Voraussetzung für die Bildung von Meinungen sind,[88] wird nur selten einer vollständigen Herausnahme von Tatsachenbehauptungen aus dem Schutzbereich von Art. 5 Abs. 1 S. 1 GG das Wort geredet.[89] Im Gegenteil wird teilweise sogar vertreten, dass jede Tatsachenbehauptung als „Meinung" anzusehen sei und demzufolge jedwede Informationspflicht eines (grundrechtsberechtigten) Privaten gegenüber dem Staat einen Eingriff in das von Art. 5 Abs. 1 S. 1 GG geschützte Grundrecht auf negative Meinungsfreiheit bedeute.[90] Hierfür wird namentlich angeführt, dass das Grundrecht der Meinungsfreiheit dogmengeschichtlich das Recht der freien Rede umfassend schütze,[91] eine trennscharfe Abgrenzung zwischen Tatsachenäußerungen und Mei-

---

[86] Dazu *BVerfGE* 57, 170 (192); 65, 1 (40); *Hellermann*, Die sogenannte negative Seite der Freiheitsrechte, S. 29 f.; *Herzog*, in: Maunz/Dürig, Grundgesetz, Art. 5 Abs. I, II Rdn. 40; *Jarass*, in: ders./Pieroth, Grundgesetz, Art. 5 Rdn. 6b; *Schulze-Fielitz*, in: Dreier, Grundgesetz, Bd. I, Art. 5 I, II Rdn. 74; *Wachovius*, BayVBl 2005, 615 (618).

[87] *BVerfGE* 61, 1 (8); 65, 1 (41); *Bethge*, in: Sachs, Grundgesetz, Art. 5 Rdn. 25; *Schulze-Fielitz*, in: Dreier, Grundgesetz, Bd. I, Art. 5 I, II Rdn. 62; *Starck*, in: v. Mangoldt/Klein/Starck, Das Bonner Grundgesetz, Bd. 1, Art. 5 Abs. 1, 2 Rdn. 22.

[88] Vgl. *BVerfGE* 65, 1 (41); 85, 1 (15); *Bethge*, in: Sachs, Grundgesetz, Art. 5 Rdn. 27; *Kannengießer*, in: Schmidt-Bleibtreu/Klein, Kommentar zum Grundgesetz, Art. 5 Rdn. 3.

[89] In diese Richtung aber *Huster*, NJW 1996, 487 (490 f.).

[90] So ausdrücklich in Bezug auf Auskunftspflichten *Herzog*, in: Maunz/Dürig, Grundgesetz, Art. 5 Abs. 1, 2 Rdn. 43; *Schulze-Fielitz*, in: Dreier, Grundgesetz, Bd. I, Art. 5 I, II Rdn. 74 mit Verweis auf Rdn. 65 in Fn. 320.

[91] *Erichsen*, Jura 1996, 84 (85); vgl. auch *Wendt*, in: v. Münch/Kunig, Grundgesetz-Kommentar, Bd. 1, Art. 5 Rdn. 9.

nungen praktisch kaum zu leisten sei[92] und jeder Tatsachenmitteilung ein wertender Prozess der äußernden Person zugrunde liege.[93]

Die herrschende, auch vom Bundesverfassungsgericht vertretene Auffassung plädiert demgegenüber für eine (nur) *eingeschränkte* Erstreckung des Schutzbereichs der Meinungsfreiheit auf Tatsachenäußerungen. Diese sind danach nur dann von Art. 5 Abs. 1 S. 1 GG geschützt, wenn sie tatsächlich Voraussetzungen für die Meinungsbildung sein können.[94] Aus dem Schutzbereich heraus fallen so einerseits bewusst oder erwiesen unwahre Tatsachenmitteilungen, denen keine verfassungsrechtlich geschützte Bedeutung für den Meinungsbildungsprozess zukommen kann.[95] Zum anderen sind Angaben im Rahmen rein statistischer Erhebungen sowie vergleichbare Tatsachenäußerungen ohne jedes Moment wertender Stellungnahme nicht von Art. 5 Abs. 1 S. 1 GG geschützt.[96] Dass diese vermittelnde Auffassung zutrifft, wird auch und gerade vor dem Hintergrund der negativen Meinungsfreiheit deutlich. Eine Differenzierung zwischen (reinen) Tatsachen und Meinungen wird nicht nur der Schutzbedürftigkeit des Grundrechtsträgers gerecht, dessen geistige Persönlichkeit bei einer Pflicht zur Mitteilung reiner Tatsachen regelmäßig weniger stark betroffen ist als bei einer Verpflichtung zur Abgabe einer wertenden Stellungnahme, sondern ist auch durch das unterschiedliche Zugangsinteresse des Staates gerechtfertigt, dessen Aufgabenerfüllung ohne vielfältige Informationspflichten in Bezug auf Tatsachen vielfach unmöglich wäre.[97] Demzufolge sind Informationspflichten Privater gegenüber dem Staat, die zur Offenbarung reiner Tatsachen verpflichten, keine Eingriffe in das Grundrecht der (negativen) Meinungsfreiheit. Art. 5 Abs. 1 S. 1 GG ist demgegenüber betroffen, wenn der Grundrechtsträger zur Äußerung von Stellungnahmen mit (auch) wertendem Charakter verpflichtet wird.

Verpflichtungen zur Äußerung einer „Meinung" sind auf der Grundlage dieser vermittelnden Auffassung in der Rechtspraxis eher die Ausnahme als die Regel.[98] Insbesondere sind zahlreiche Informationspflichten des Statistikrechts sowie des Wirtschafts- und Gewerbe-

---

[92] *Herzog*, in: Maunz/Dürig, Grundgesetz, Art. 5 Abs. I, II Rdn. 51; *Ipsen*, Staatsrecht II, Rdn. 388; *Schmitt Glaeser*, AöR 113 (1988), 52 (75); *Schulze-Fielitz*, in: Dreier, Grundgesetz, Bd. I, Art. 5 I, II Rdn. 65 f.; ausführlich zum Problem der Abgrenzung von Tatsachen und Meinungen *Wolter*, Der Staat 36 (1997), 426 (439 ff.).

[93] *Schmidt-Jorzig*, in: Isensee/Kirchhof, Handbuch des Staatsrechts, Bd. VI, § 141 Rdn. 19 f.; *Stein/Frank*, Staatsrecht, § 38 III 1 a).

[94] So BVerfGE 54, 208 (219); 61, 1 (8); 90, 1 (15); *Epping*, Grundrechte, Rdn. 193; *Jarass*, in: ders./Pieroth, Grundgesetz, Art. 5 Rdn. 2; *Manssen*, Staatsrecht II, Rdn. 338.

[95] BVerfGE 90, 241 (247); 99, 185 (197); *Hoffmann-Riem*, in: Denninger/Hoffmann-Riem/Schneider/Stein, Kommentar zum Grundgesetz für die Bundesrepublik Deutschland, Art. 5 Abs. 1, 2 Rdn. 30.

[96] BVerfGE 65, 1 (40 f.); *Clemens*, in: Umbach/Clemens, Grundgesetz, Bd. I, Art. 5 Rdn. 64; *Jarass*, in: ders./Pieroth, Grundgesetz, Art. 5 Rdn. 2.

[97] Überzeugend *Merten*, DÖV 1990, 761 (763).

[98] Vgl. auch *Merten*, DÖV 1990, 761 (763); *Pieroth/Schlink*, Grundrechte – Staatsrecht II, Rdn. 559.

rechts hiernach keine Eingriffe in die negative Meinungsfreiheit, da der zu erteilenden Information keinerlei wertendes Element innewohnt.[99] Demzufolge misst auch das Bundesverfassungsgericht solche Informationspflichten Privater grundsätzlich nicht an Art. 5 Abs. 1 S. 1 GG, sondern an anderen Grundrechten.[100] Als Beispiel für eine Informationspflicht, die die negative Meinungsfreiheit berührt, mag demgegenüber etwa die ärztliche Meldepflicht bestimmter Infektionskrankheiten dienen (§ 6 InfSG). Die Meldung hat die Diagnose bzw. Verdachtsdiagnose des Arztes zu enthalten (§ 9 Abs. 1 Nr. 7 InfSG), die – im Sinne der Rechtsprechung des Bundesverfassungsgerichts – keine reine Tatsachenäußerung ohne jedes Moment der Stellungnahme, sondern vielmehr eine wertende Beurteilung der bei dem Patienten festgestellten Symptome durch den Arzt darstellt.[101]

Greift eine Informationspflicht Privater gegenüber dem Staat in Art. 5 Abs. 1 S. 1 GG ein, so tritt als qualifiziertes Rechtfertigungserfordernis das Vorliegen eines *allgemeinen Gesetzes* (Art. 5 Abs. 2 GG) hinzu; die danach erforderliche Meinungsneutralität[102] weisen die vorhandenen gesetzlichen Informationspflichten jedoch durchgängig auf.[103] Sie müssen zusätzlich die allgemeinen Grenzen der Einschränkbarkeit von Grundrechten, namentlich das Übermaßverbot und den Bestimmtheitsgrundsatz wahren, um den verfassungsrechtlichen Anforderungen zu genügen.[104]

b) Allgemeines Persönlichkeitsrecht

Auch das Allgemeine Persönlichkeitsrecht aus Art. 2 Abs. 1 i.V.m. Art. 1 Abs. 1 GG hat eine übergreifende Bedeutung für die Normierung von Informationspflich-

---

[99] So *Merten,* DÖV 1990, 761 (763 f.); *Pieroth/Schlink,* Grundrechte – Staatsrecht II, Rdn. 559; vgl. auch *BVerfGE* 65, 1 (41).

[100] Siehe etwa *BVerfGE* 47, 327 (366 ff.); 65, 1 (40); *BVerfG,* NJW 2001, 811.

[101] Vgl. auch *Schroeder,* EuZW 2001, 489 (494), zur gemeinschaftsrechtlichen Verpflichtung von Zigarettenherstellern, den Warnhinweis „Rauchen tötet" auf Zigarettenverpackungen abzudrucken. Hierbei handelt es sich allerdings nicht um eine Informationspflicht Privater *gegenüber dem Staat.*

[102] Zum Begriff des „allgemeinen Gesetzes" näher *Clemens,* in: Umbach/Clemens, Grundgesetz, Bd. I, Art. 5 Rdn. 120 ff.; *Schmidt-Jorzig,* in: Isensee/Kirchhof, Handbuch des Staatsrechts, Bd. VI, § 141 Rdn. 41.

[103] Informationspflichten Privater gegenüber dem Staat fordern zwar die Erteilung näher bezeichneter Informationen und so unter Umständen auch die Äußerung einer „bestimmten Meinung". Die entsprechenden Gesetze knüpfen aber nicht an bestimmte innere Einstellungen oder Ansichten, sondern an andere, meinungsneutrale Aspekte an, wenn sie zur Informationserteilung verpflichten. Sie dienen damit nicht im Sinne eines „Sonderrechts" der staatlichen Bekämpfung einer speziellen geistigen Zielrichtung und können daher als allgemeine Gesetze eingeordnet werden; vgl. auch *Schmidt-Jortzig,* in: Isensee/Kirchhof, Handbuch des Staatsrechts, Bd. VI, § 141 Rdn. 27. Anderer Ansicht offenbar *Pohl,* Informationsbeschaffung beim Mitbürger, S. 193, der Auskunfts- und Anzeigepflichten als „besondere Gesetze" im Sinne der Sonderrechtslehre bezeichnet; unklar bleibt allerdings, warum dann ebendort auf S. 194 von der Möglichkeit einer Rechtfertigung des Eingriffs „im Interesse höherrangiger Gemeinschaftsgüter" ausgegangen wird.

[104] Siehe dazu gerade in Bezug auf Informationspflichten *Pohl,* Informationsbeschaffung beim Mitbürger, S. 193.

ten Privater gegenüber dem Staat. Dies gilt sowohl für die Erhebung personenbezogener Daten, vor der das Recht auf informationelle Selbstbestimmung schützt, als auch für den verfassungsrechtlichen Schutz vor einer Pflicht zur Selbstbelastung. Vor der Erörterung dieser Einzelfragen sind jedoch einige grundlegende Bemerkungen zur Herleitung und zum Inhalt des Allgemeinen Persönlichkeitsrechts angezeigt.

aa) Grundsätze des Allgemeinen Persönlichkeitsrechts

Das Allgemeine Persönlichkeitsrecht ist als Grundrechtsgarantie im Grundgesetz nicht ausdrücklich vorgesehen, wenn und weil das in Art. 2 Abs. 1 GG geschützte „Recht auf die freie Entfaltung seiner Persönlichkeit" über diesen Wortlaut weit hinaus als umfassende Gewährleistung der Allgemeinen Handlungsfreiheit verstanden wird.[105] Das Allgemeine Persönlichkeitsrecht, das einen *engeren Bereich personaler Autonomie* im Sinne eines Integritätsschutzes sichert,[106] ist auf dieser Grundlage ein Produkt richterlicher Rechtsfortbildung, das seinen Ausgangspunkt im zivilgerichtlichen Ehrenschutz hatte[107] und erst später auch vom Bundesverfassungsgericht anerkannt wurde.[108]

Als *Gegenstand* des durch das Allgemeine Persönlichkeitsrecht gewährleisteten Schutzes werden üblicherweise mehrere Schutzgehalte aufgeführt; diese deutlich kasuistische Herausbildung ist typisches Spezifikum der richterrechtlichen Genese des (Grundrechts-)Schutzes des Allgemeinen Persönlichkeitsrechts.[109] Als von diesem gewährleistet anzusehen sind danach insbesondere das Recht der Selbstbestimmung, das Recht der Selbstbewahrung, das Recht der Selbstdarstellung und das Recht auf informationelle Selbstbestimmung.[110]

Das *Recht der Selbstbestimmung* gewährleistet dem Einzelnen die „Grundbedingungen" der Persönlichkeitsentfaltung, die eine autonome Stellung der Person im Leben und in der Gesellschaft erst sichern.[111] Hierzu zählen etwa die Kenntnis der eigenen Abstam-

---

[105] Grundlegend *BVerfGE* 6, 32 (36); zu den hieraus resultierenden Folgen für den grundrechtlichen Schutz des Kernbereichs der Persönlichkeit *Kunig*, in: v. Münch/Kunig, Grundgesetz-Kommentar, Bd. 1, Art. 2 Rdn. 30.

[106] *Dreier*, in: ders., Grundgesetz, Bd. I, Art. 2 I Rdn. 68; vgl. auch *Schmitt Glaeser*, in: Isensee/Kirchhof, Handbuch des Staatsrechts, Bd. VI, § 129 Rdn. 27.

[107] Ausgangspunkt der zivilgerichtlichen Anerkennung des Allgemeinen Persönlichkeitsrechts war die „Schachtbrief-Entscheidung" des BGH, *BGHZ* 13, 334 (338 f.). Einen Überblick zur Entwicklung der zivilgerichtlichen Rechtsprechung liefert *Ehmann*, JuS 1997, 193 (195).

[108] Erstmals in der „1. Tagebuch-Entscheidung", *BVerfGE* 18, 146 (147); Überblick zur Entwicklung des Allgemeinen Persönlichkeitsrechts bei *Degenhart*, JuS 1992, 361 (362 f.).

[109] Vgl. auch *Kunig*, in: v. Münch/Kunig, Grundgesetz-Kommentar, Bd. 1, Art. 2 Rdn. 31.

[110] Siehe etwa *Dreier*, in: ders., Grundgesetz, Bd. I, Art. 2 I Rdn. 70 ff.; *Pieroth/Schlink*, Grundrechte – Staatsrecht II, Rdn. 373 ff.; vgl. auch die Auflistung bei *Sachs*, Verfassungsrecht II, Grundrechte, B 2 Rdn. 53.

II. Anforderungen an die staatliche Informationsbeschaffung bei Privaten

mung[112] und Biographie,[113] der Bestand des eigenen Namens[114] sowie die Bestimmung der eigenen Geschlechtsrolle[115] und Fortpflanzung;[116] Jugendliche haben einen Anspruch auf schuldenfreien Eintritt in die Volljährigkeit,[117] Straftäter ein Recht auf Wiedereingliederung in die Gesellschaft nach Verbüßung ihrer Strafe.[118] Das Recht der Selbstbestimmung wird von Informationspflichten Privater gegenüber dem Staat schwerlich betroffen.

Hinzu tritt das *Recht der Selbstbewahrung*. Dieses schützt einen persönlichen „Rückzugsbereich" des Einzelnen,[119] in dem dieser unbeobachtet sich selbst überlassen ist und vertrauliche Kontakte mit Familie und Freunden oder sonstigen Vertrauenspersonen wie etwa Ärzten pflegen kann.[120] Jeder Grundrechtsträger ist dazu berechtigt, eine Sphäre der Privatheit zu begründen und diese dem Einblick und dem Zugriff anderer zu entziehen.[121] Für Informationspflichten Privater gegenüber dem Staat hat dieser Schutzgehalt des Allgemeinen Persönlichkeitsrechts zwar keine allgemeine Bedeutung, er löst jedoch für Verpflichtungen zur Preisgabe von Informationen aus dem beschriebenen Rückzugsbereich des Individuums einen besonderen Rechtfertigungsbedarf aus.[122]

Das *Recht der Selbstdarstellung* betrifft demgegenüber die Wahrnehmung des Einzelnen in der Öffentlichkeit. Jeder soll „selbst darüber befinden dürfen, wie er sich gegenüber Dritten oder der Öffentlichkeit darstellen will, was seinen sozialen Geltungsanspruch ausmachen soll und ob oder inwieweit Dritte über seine Persönlichkeit verfügen können, indem sie diese zum Gegenstand öffentlicher Erörterung machen".[123] Konkretisiert wird diese Befugnis durch das Recht am eigenen Bild,[124] das Recht am eigenen Wort[125] sowie den Schutz vor

---

[111] *BVerfGE* 72, 155 (170); 79, 256 (268); *Di Fabio,* in: Maunz/Dürig, Grundgesetz, Art. 2 Abs. 1 Rdn. 207; *Dreier,* in: ders., Grundgesetz, Bd. I, Art. 2 I Rdn. 77; *Pieroth/Schlink,* Grundrechte – Staatsrecht II, Rdn. 374.

[112] *BVerfGE* 90, 263 (270 f.); 96, 56 (63); siehe auch *Enders,* NJW 1989, 881 ff.

[113] *Di Fabio,* in: Maunz/Dürig, Grundgesetz, Art. 2 Abs. 1 Rdn. 215; *Trute,* JZ 1992, 1043 (1044 f.).

[114] *BVerfGE* 78, 38 (49).

[115] *BVerfGE* 47, 46 (73).

[116] *BVerfGE* 88, 203 (254).

[117] *BVerfGE* 72, 155 (170 ff.).

[118] *BVerfGE* 35, 202 (235 f.).

[119] Vgl. *Di Fabio,* in: Maunz/Dürig, Grundgesetz, Art. 2 Abs. 1 Rdn. 149; *Schmitt Glaeser,* in: Isensee/Kirchhof, Handbuch des Staatsrechts, Bd. VI, § 129 Rdn. 30.

[120] Vgl. *BVerfG,* NJW 1995, 1477; *Dreier,* in: ders., Grundgesetz, Art. 2 I Rdn. 70; *Murswiek,* in: Sachs, Grundgesetz, Art. 2 Rdn. 69; *Pieroth/Schlink,* Grundrechte – Staatsrecht II, Rdn. 375.

[121] Vgl. *BVerwG,* NJW 2004, 2462 (2464); *Jarass,* in: ders./Pieroth, Grundgesetz, Art. 2 Rdn. 35; *Kunig,* in: v. Münch/Kunig, Grundgesetz-Kommentar, Bd. 1, Art. 2 Rdn. 32; *Murswiek,* in: Sachs, Grundgesetz, Art. 2 Rdn. 69.

[122] Näher dazu unten F. II. 2. b) bb).

[123] *BVerfGE* 63, 131 (142); *Jarass,* in: ders./Pieroth, Grundgesetz, Art. 2 Rdn. 31.

[124] *BVerfGE* 34, 238 (246 f.); 54, 148 (154); 87, 334 (340); *Kunig,* in: v. Münch/Kunig, Grundgesetz-Kommentar, Bd. 1, Art. 2 Rdn. 35; *Kupfer,* Jura 2001, 169 (172 f.).

[125] *BVerfGE* 54, 208 (217); 82, 236 (269); 106, 28 (39 f.); *BGH,* NJW 2003, 1727 (1728); *Di Fabio,* in: Maunz/Dürig, Grundgesetz, Art. 2 Abs. 1 Rdn. 196 ff.; *Starck,* in: v. Mangoldt/Klein/Starck, Das Bonner Grundgesetz, Bd. 1, Art. 2 Abs. 1 Rdn. 92 ff.

Verfälschungen des Persönlichkeitsbildes.[126] Verstärkt wird der Selbstdarstellungsschutz bei Angriffen auf die persönliche Ehre.[127] In den Zusammenhang der Selbstdarstellung gehört auch das *Recht auf informationelle Selbstbestimmung,* das die Befugnis des Einzelnen schützt, selbst über die Preisgabe und Verwendung seiner persönlichen Daten zu bestimmen.[128] Das Recht auf informationelle Selbstbestimmung ist aber gegenüber dem Selbstdarstellungsrecht verselbständigt und hier wegen seiner besonderen Bedeutung für Informationspflichten Privater gegenüber dem Staat Gegenstand eines eigenen Abschnitts.[129]

Als *verfassungsrechtliche Grundlage* des Allgemeinen Persönlichkeitsrechts wird üblicherweise „Art. 2 Abs. 1 GG i. V. m. Art. 1 Abs. 1 GG" genannt.[130] Hierdurch soll deutlich werden, dass es im Unterschied zu der fast uferlosen Weite der Allgemeinen Handlungsfreiheit aus Art. 2 Abs. 1 GG um den Schutz eines engeren Kernbestands der Persönlichkeit gehen soll, der einen deutlichen Bezug zur Menschenwürdegarantie aus Art. 1 Abs. 1 GG aufweist.[131] Die Anknüpfung an Art. 1 Abs. 1 GG darf allerdings nicht in dem Sinne verstanden werden, dass ein Eingriff in das Allgemeine Persönlichkeitsrecht zugleich einen Eingriff in die Menschenwürde der betroffenen Person bedeutet, was angesichts deren Unantastbarkeit mit einem Verfassungsverstoß gleichzusetzen wäre.[132] Der eigentliche Schutz des Allgemeinen Persönlichkeitsrechts erfolgt vielmehr durch Art. 2 Abs. 1 GG, zu dem Art. 1 Abs. 1 GG als programmatische Leit- und Auslegungsrichtlinie hinzutritt.[133]

Die Verortung des Allgemeinen Persönlichkeitsrechts im Grenzbereich zwischen Art. 2 Abs. 1 GG und Art. 1 Abs. 1 GG lässt unschwer verstehen, warum die Anwendbarkeit des Grundrechts auf *juristische Personen* gemäß Art. 19 Abs. 3 GG noch nicht abschließend geklärt ist. Wohl überwiegend wird insoweit vertreten, dass auch juristischen Personen ein Allgemeines Persönlichkeitsrecht zustehen

---

[126] Hierzu zählen insbesondere Falschzitate (*BVerfGE* 34, 269 [282 ff.]; 54, 208 [218 f.]) und die Verbreitung von Lügen über eine Person (*BVerfGE* 99, 185 [193 f.]); siehe auch *Dreier,* in: ders., Grundgesetz, Bd. I, Art. 2 I Rdn. 74.

[127] *Di Fabio,* in: Maunz/Dürig, Grundgesetz, Art. 2 Abs. 1 Rdn. 169; zum Ehrenschutz siehe auch *BVerfGE* 54, 208 (217); *Degenhart,* JuS 1992, 361 (365); *Murswiek,* in: Sachs, Grundgesetz, Art. 2 Rdn. 123 ff.; *Tettinger,* JuS 1997, 769 ff.

[128] Nachweise unten Fn. 143.

[129] Siehe sogleich F. II. 2. b) bb).

[130] Etwa *BVerfGE* 65, 1 (41); 67, 100 (142); 75, 201 (217); 101, 361 (371); *Pieroth/Schlink,* Grundrechte – Staatsrecht II, Rdn. 373; *Podlech,* in: Denninger/Hoffmann-Riem/Schneider/Stein, Kommentar zum Grundgesetz für die Bundesrepublik Deutschland, Art. 2 Abs. 1 Rdn. 20a.

[131] Siehe auch *Kunig,* in: v. Münch/Kunig, Grundgesetz-Kommentar, Bd. 1, Art. 2 Rdn. 30.

[132] Zur Unmöglichkeit einer verfassungsrechtlichen Rechtfertigung von Eingriffen in die Menschenwürdegarantie siehe bereits ausführlich *Stohrer,* BayVBl 2005, 489 (495 f.).

[133] Überzeugend *Dreier,* in: ders., Grundgesetz, Bd. I, Art. 2 I Rdn. 68; *Kunig,* in: v. Münch/Kunig, Grundgesetz-Kommentar, Bd. 1, Art. 2 Rdn. 30; vgl. auch *BVerfG,* NJW 2005, 1917 (1918).

II. Anforderungen an die staatliche Informationsbeschaffung bei Privaten

könne,[134] teilweise mit den Einschränkungen, dass das Schutzniveau im Vergleich zu natürlichen Personen abgesenkt sei,[135] nur Personenvereinigungen mit ideeller Zielsetzung grundrechtsberechtigt sein könnten[136] oder die jeweils betroffene Ausprägung des Allgemeinen Persönlichkeitsrechts für dessen Anwendbarkeit entscheidend sei.[137] Berücksichtigt man jedoch, dass das Allgemeine Persönlichkeitsrecht in Abgrenzung zur Allgemeinen Handlungsfreiheit des Art. 2 Abs. 1 GG gerade den durch die Menschenwürde des Art. 1 Abs. 1 GG mit geprägten Kernbereich der Persönlichkeitsentfaltung schützt, lässt sich eine Grundrechtsträgerschaft juristischer Personen über Art. 19 Abs. 3 GG schwerlich vermitteln; juristische Personen haben keine (Menschen-)Würde, die den Schutz aus Art. 2 Abs. 1 GG verstärken könnte, und können damit nach zutreffender Ansicht auch nicht Träger eines mit dem Zusammenspiel von Art. 2 Abs. 1 und Art. 1 Abs. 1 GG begründeten Allgemeinen Persönlichkeitsrechts sein.[138] Im Übrigen besteht für die Anwendung des Allgemeinen Persönlichkeitsrechts auf juristische Personen auch kein praktisches Bedürfnis,[139] da andere Grundrechte ausreichend eingreifen, soweit der soziale Geltungsanspruch von juristischen Personen im Einzelfall schutzbedürftig ist.[140] Jedenfalls die Allgemeine Handlungsfreiheit aus Art. 2 Abs. 1 GG kann den erforderlichen Grundrechtsschutz bieten, wenn juristische Personen von Eingriffen betroffen sind, die bei natürlichen Personen den Schutzbereich des Allgemeinen Persönlichkeitsrechts eröffnen würden.[141]

---

134 Etwa *BGHZ* 81, 75 (78); 98, 94 (97 f.); *BVerwGE* 82, 76 (78); *Ehmann*, JuS 1997, 193 (201 f.); *Weiß*, JZ 1998, 289 (294); *Wilms/Roth*, JuS 2004, 577 (578 ff.).

135 *Di Fabio*, in: Maunz/Dürig, Grundgesetz, Art. 2 Abs. 1 Rdn. 224; in diese Richtung auch *BVerfG*, NJW 2005, 883.

136 So *Dreier*, in: ders., Grundgesetz, Art. 2 I Rdn. 82; *Podlech*, in: Denninger/Hoffmann-Riem/Schneider/Stein, Kommentar zum Grundgesetz für die Bundesrepublik Deutschland, Art. 2 Abs. 1 Rdn. 62.

137 So offensichtlich das Bundesverfassungsgericht, siehe *BVerfGE* 95, 220 (242) einerseits, *BVerfGE* 106, 28 (42 f.) andererseits; vgl. auch *BVerfG*, NJW 2005, 883; zur Kritik siehe unten Fn. 141.

138 *Herrmann*, Informationspflichten gegenüber der Verwaltung, S. 345; *Jarass*, in: ders./Pieroth, Grundgesetz, Art. 2 Rdn. 39; *Kloepfer*, Informationsrecht, § 3 Rdn. 56; *Kunig*, Jura 1993, 595 (599); *Lehner*, Der Vorbehalt des Gesetzes für die Übermittlung von Informationen im Wege der Amtshilfe, S. 38 f.; *Reinhardt*, AöR 118 (1993), 617 (659); *Schmitt Glaeser*, in: Isensee/Kirchhof, Handbuch des Staatsrechts, Bd. VI, § 129 Rdn. 88.

139 So aber *Dreier*, in: ders., Grundgesetz, Art. 2 I Rdn. 82: „unentbehrlich".

140 *Kau*, Vom Persönlichkeitsschutz zum Funktionsschutz, S. 105 ff.; *Kunig*, in: v. Münch/Kunig, Grundgesetz-Kommentar, Bd. 1, Art. 2 Rdn. 39; vgl. auch *Breuer*, in: Isensee/Kirchhof, Handbuch des Staatsrechts, Bd. VI, § 148 Rdn. 26 f.

141 Vgl. *BVerfGE* 106, 28 (43), wo der Schutz des Rechts am gesprochenen Wort für juristische Personen zutreffend (nur) mit Art. 2 Abs. 1 GG begründet wird. Inkonsequent und abzulehnen ist an dieser Entscheidung lediglich die Terminologie des Bundesverfassungsgerichts, das dennoch von einem Eingriff in das Allgemeine Persönlichkeitsrecht spricht. Richtigerweise ist aus der Einschlägigkeit von Art. 2 Abs. 1 GG ohne Art. 1 Abs. 1 GG nicht abzuleiten, dass juristische Personen in dieser Konstellation ebenfalls Träger des Allgemeinen Persönlichkeitsrechts sein können. Im Gegenteil ist dessen Anwendbarkeit zu verneinen

bb) Schutz personenbezogener Daten durch das Recht auf informationelle Selbstbestimmung

Die Vorgaben für den verfassungsrechtlichen Schutz vor der Preisgabe von Daten durch Art. 2 Abs. 1 i.V. m. Art. 1 Abs. 1 GG hat das Bundesverfassungsgericht insbesondere im *Volkszählungsurteil* des Jahres 1983 formuliert.[142] Danach schützt das Allgemeine Persönlichkeitsrecht auch das Recht auf informationelle Selbstbestimmung, das heißt die Befugnis des Einzelnen, grundsätzlich selbst zu entscheiden, wann und innerhalb welcher Grenzen er persönliche Lebenssachverhalte offenbart.[143] Hierdurch werden die selbstbestimmte Planung und Entscheidung des Einzelnen gewährleistet, die voraussetzen, dass Kenntnis über die Verbreitung der die eigene Person betreffenden Informationen in der sozialen Umwelt und unter möglichen Kommunikationspartnern besteht.[144] Soweit *personenbezogene Daten* betroffen sind, stellen damit auch staatliche Informationseingriffe etwa in Gestalt einer Verpflichtung Privater zur Preisgabe von Sachverhalten, Daten oder Unterlagen einen Eingriff in das Allgemeine Persönlichkeitsrecht dar.[145]

Seit dem Volkszählungsurteil messen die Gerichte Verpflichtungen zur Offenbarung von Daten, die auf natürliche Personen bezogen sind,[146] durchweg am Recht auf informationelle Selbstbestimmung aus Art. 2 Abs. 1 i.V. m. Art. 1

---

und von einem Eingriff in die Allgemeine Handlungsfreiheit der juristischen Person gemäß Art. 2 Abs. 1 GG auszugehen. Ebenso *Jarass*, in: ders. / Pieroth, Grundgesetz, Art. 2 Rdn. 39.

[142] *BVerfGE* 65, 1 ff.; dazu näher *Albers*, Informationelle Selbstbestimmung, S. 152 ff.; *Faber*, RDV 2003, 278 f.; *Kunig*, Jura 1993, 595 f.; *Rogall*, Informationseingriff und Gesetzesvorbehalt im Strafprozessrecht, S. 41 ff.; *Schlink*, Der Staat 25 (1986), 233 ff.

[143] *BVerfGE* 65, 1 (42); siehe auch *BVerfGE* 103, 21 (32 f.); *BVerfG*, NJW 2005, 1917 (1918); *BVerwG*, NJW 2004, 2462 (2464); *Di Fabio*, in: Maunz / Dürig, Grundgesetz, Art. 2 Abs. 1 Rdn. 173 ff.; *Kunig*, Jura 1993, 595 ff.; *Schlink*, Der Staat 25 (1986), 233 ff.

[144] *BVerfGE* 65, 1 (42 f.); *Di Fabio*, in: Maunz / Dürig, Grundgesetz, Art. 2 Abs. 1 Rdn. 175; *Heußner*, in: Hohmann, Freiheitssicherung durch Datenschutz, S. 110 (116 f.); *Hoffmann-Riem*, AöR 123 (1998), 513 (521); *Hufen*, in: Badura / Dreier, Festschrift 50 Jahre Bundesverfassungsgericht, 2. Bd., S. 105 (117).

[145] *BVerfGE* 65, 1 (42 f.); 78, 77 (84); *Di Fabio*, in: Maunz / Dürig, Grundgesetz, Art. 2 Abs. 1 Rdn. 176; *Dreier*, in: ders., Grundgesetz, Art. 2 I Rdn. 83; *Göres*, NJW 2005, 253 (256); *Kunig*, Jura 1993, 595 (600); *Reinhardt*, AöR 118 (1993), 617 (659).

[146] Beziehen sich die Daten auf juristische Personen, auf die das Allgemeine Persönlichkeitsrecht nach hier vertretener Auffassung nicht anwendbar ist (siehe oben F. II. 2. b) aa)), können andere Grundrechte – insbesondere Art. 12 Abs. 1 GG (siehe unten F. II. 2. c) aa)) und Art. 14 Abs. 1 GG (siehe unten F. II. 2. c) bb)) – den erforderlichen Grundrechtsschutz gewährleisten; siehe etwa *BVerfGE* 67, 100 (142 f.); 77, 1 (46); 84, 239 (279); *BVerwGE* 115, 319 (325); ausdrücklich offengelassen von *BVerfG*, NJW 2001, 811. Hiervon zu unterscheiden ist der Fall, dass juristische Personen zur Offenbarung von Daten verpflichtet sind, die natürliche Personen betreffen. Derartige Informationspflichten können durchaus einen mittelbaren Eingriff in das allgemeine Persönlichkeitsrecht der natürlichen Person darstellen; vgl. etwa *BVerfGE* 81, 70 (95 f.); *Holznagel*, Die Erhebung von Marktdaten im Wege des Auskunftsersuchens nach dem TKG, S. 7; *Schmitt Glaeser*, in: Isensee / Kirchhof, Handbuch des Staatsrechts, Bd. VI, § 129 Rdn. 88; *Tiedemann*, CR 2004, 95 (96).

Abs. 1 GG.[147] Neben den allgemeinen Schranken-Schranken der Grundrechte[148] sind als besondere *Rechtfertigungsvoraussetzungen* dieser Eingriffe die sogenannte „Sphärentheorie" des Bundesverfassungsgerichts sowie die Pflicht zur Benennung des Zweckes, zu dem die personenbezogenen Daten erhoben werden, in den Blick zu nehmen.[149]

Die *Sphärentheorie* geht davon aus, dass Eingriffe in das Allgemeine Persönlichkeitsrecht in drei verschiedenen Sphären denkbar sind, und hat hieraus unterschiedliche Rechtfertigungsvoraussetzungen entwickelt:[150] Die „Intimsphäre" als Kernbereich genießt absoluten Schutz und ist keiner relativierenden Abwägung zugänglich;[151] Eingriffe in die engere „Privatsphäre" unterliegen höheren Anforderungen als solche in die bloße „Sozialsphäre".[152] Die Bedeutung der Sphärentheorie darf jedoch nicht überschätzt werden:[153] Angesichts der Unmöglichkeit einer strikten Abgrenzung der Sphären ist sie nichts anderes als eine besondere Ausprägung des Übermaßverbots und kann eine typisierende Groborientierung für eine unterschiedlich intensive Prüfung der Verhältnismäßigkeit des Eingriffs bieten.[154] In diesen Zusammenhang sind auch die Äußerungen des Bundesverfassungsgerichts im Volkszählungsurteil zu stellen, nach denen es für die Rechtfertigung von Informationseingriffen weniger auf die Art der Angaben als auf deren Nutzbarkeit und Verwendungsmöglichkeit ankomme, im Rahmen der Prüfung des Übermaßverbots aber wiederum zwischen Daten mit Sozialbezug und intimen Angaben zu unterscheiden sei.[155]

Das Erfordernis, den *Zweck* der Datenerhebung zu benennen, geht wiederum auf das Volkszählungsurteil zurück: Das Bundesverfassungsgericht hat dort festgehalten, dass die Frage einer zulässigen Beschränkung des Rechts auf informationelle Selbstbestimmung nur

---

[147] Siehe etwa *BVerfGE* 92, 191 (197 ff.); *BVerwG,* NJW 1991, 1246 (1247); *BFH,* NJW 2001, 245 (246); *FG Münster,* NJW 2000, 3375. Alle diese Entscheidungen haben jedoch im Ergebnis einen Verstoß gegen das Allgemeine Persönlichkeitsrecht verneint.

[148] Dazu unten F. II. 3.

[149] Allgemein zur verfassungsrechtlichen Rechtfertigung von Eingriffen in das Recht auf informationelle Selbstbestimmung *Di Fabio,* in: Maunz/Dürig, Grundgesetz, Art. 2 Abs. 1 Rdn. 179 ff.; *Dreier,* in: ders., Grundgesetz, Bd. I, Art. 2 I Rdn. 86 ff.

[150] Überblick bei *Degenhart,* JuS 1992, 361 (363 f.); *Geis,* JZ 1991, 112 f.; *Herrmann,* Informationspflichten gegenüber der Verwaltung, S. 349 f.; *Pieroth/Schlink,* Grundrechte – Staatsrecht II, Rdn. 376; *Schmitt Glaeser,* in: Isensee/Kirchhof, Handbuch des Staatsrechts, Bd. VI, § 129 Rdn. 34 ff.

[151] *BVerfGE* 6, 32 (41); 34, 238 (245); 80, 367 (373 f.); 103, 21 (31 f.); *Jarass,* in: ders./Pieroth, Grundgesetz, Art. 2 Rdn. 47. Zum Gehalt dieses Kernbereichs näher *BVerfGE* 109, 279 (313 f.); hierzu *Kutscha,* NJW 2005, 20 (21).

[152] *BVerfGE* 6, 389 (433); 33, 367 (377).

[153] Vollständig ablehnend sogar *Ehmann,* JuS 1997, 193 (197); *Kunig,* Jura 1993, 595 (602).

[154] Vgl. *Degenhart,* JuS 1992, 361 (364); *Di Fabio,* in: Maunz/Dürig, Grundgesetz, Art. 2 Abs. 1 Rdn. 181; *Dreier,* in: ders., Grundgesetz, Art. 2 I Rdn. 88; *Kunig,* Jura 1993, 595 (602 f.); *Hufen,* in: Badura/Dreier, Festschrift 50 Jahre Bundesverfassungsgericht, 2. Bd., S. 105 (114 ff.).

[155] *BVerfGE* 65, 1 (45 f.). Daher ist es überzogen, von einer „Aufgabe der Sphärentheorie" durch das Bundesverfassungsgericht zu sprechen; so aber *Geis,* JZ 1991 12 (113 f.); ähnlich *Schlink,* Der Staat 25 (1986), 233 (241 f.); wie hier etwa *Di Fabio,* in: Maunz/Dürig, Grundgesetz, Art. 2 Abs. 1 Rdn. 162.

dann beantwortet werden könne, wenn Klarheit über den Zweck der Angaben und der Verknüpfungs- und Verwendungsmöglichkeiten bestehe. Deshalb müsse der Gesetzgeber den Verwendungszweck bereichsspezifisch und präzise bestimmen, wenn er Informationspflichten Privater über personenbezogene Daten normiere.[156]

Wenn nicht „nur" personenbezogene Daten, sondern sogar Daten aus der *Privatsphäre* betroffen sind, tritt neben den Schutz des Rechts auf informationelle Selbstbestimmung das Recht der Selbstbewahrung als weitere Schutzrichtung des Allgemeinen Persönlichkeitsrechts,[157] die durch die Statuierung des Rechts auf informationelle Selbstbestimmung nicht verdrängt worden ist, sondern neben diesem fortbesteht und den Grundrechtsschutz noch verstärkt.[158] Informationspflichten Privater gegenüber dem Staat über Daten aus der Privatsphäre unterliegen dadurch einem zusätzlichen Rechtfertigungsbedarf: Sie setzen voraus, dass überwiegende Interessen der Allgemeinheit die Informationserteilung unter strikter Wahrung des Übermaßverbots gebieten.[159] Vertrauenspersonen kann unter diesem Gesichtspunkt ein Informationsverweigerungsrecht zustehen.[160]

Geschriebene Informationsverweigerungsrechte, die (auch) dem Schutz der Privatsphäre dienen, finden sich etwa in §§ 52, 55 StPO zugunsten von Angehörigen[161] sowie in § 53 Abs. 1 Nrn. 1–3b StPO zum Schutz bestimmter Berufsgeheimnisse.[162] Fehlen derartige Regelungen, kann aus dem Allgemeinen Persönlichkeitsrecht unter Umständen sogar ein verfassungsunmittelbares Zeugnisverweigerungsrecht folgen.[163]

Soweit die Informationspflicht lediglich die Offenbarung *sachbezogener Daten* betrifft, liegt demgegenüber kein Eingriff in den Schutzbereich des Rechts auf informationelle Selbstbestimmung aus Art. 2 Abs. 1 i. V. m. Art. 1 Abs. 1 GG vor.

---

[156] *BVerfGE* 65, 1 (45 f.); siehe dazu auch *Albers*, Informationelle Selbstbestimmung, S. 166 ff.; *Di Fabio*, in: Maunz/Dürig, Grundgesetz, Art. 2 Abs. 1 Rdn. 182; *Seidl*, RDV 1994, 71 (72); *Tiedemann*, CR 2004, 95 (96).

[157] Siehe dazu allgemein oben F. II. 2. b) aa).

[158] Ausführlich *Pohl*, Informationsbeschaffung beim Mitbürger, S. 156 ff.; siehe auch *Albers*, Informationelle Selbstbestimmung, S. 252 f.; *Jarass*, in: ders./Pieroth, Grundgesetz, Art. 2 Rdn. 49; *Schmitt Glaeser*, in: Isensee/Kirchhof, Handbuch des Staatsrechts, Bd. VI, § 129 Rdn. 30.

[159] *BVerfGE* 33, 367 (375); *BSGE* 59, 172 (181); vgl. auch *BVerfGE* 90, 255 (259 ff.); *Di Fabio*, in: Maunz/Dürig, Grundgesetz, Art. 2 Abs. 1 Rdn. 156; *Huber*, ThürVBl 2005, 1 (4 ff.).

[160] *Di Fabio*, in: Maunz/Dürig, Grundgesetz, Art. 2 Abs. 1 Rdn. 153; *Jarass*, in: ders./Pieroth, Grundgesetz, Art. 2 Rdn. 49; *Starck*, in: v. Mangoldt/Klein/Starck, Das Bonner Grundgesetz, Bd. 1, Art. 2 Abs. 1 Rdn. 104; kritisch zur Herleitung von Zeugnisverweigerungsrechten aus dem Allgemeinen Persönlichkeitsrecht demgegenüber *Pohl*, Informationsbeschaffung beim Mitbürger, S. 169 f.

[161] Dazu noch unten F. II. 2. b) cc) α) (4).

[162] Näher dazu oben E. III. 2. b); siehe auch *Starck*, in: v. Mangoldt/Klein/Starck, Das Bonner Grundgesetz, Bd. 1, Art. 2 Abs. 1 Rdn. 104.

[163] Vgl. *BVerfGE* 33, 367 (374 f.); 38, 312 (325); *BayObLG*, NJW 1979, 2624 (2625); *LG Freiburg*, NJW 1997, 813 f.

Entsprechende Informationspflichten sind unter Umständen an der negativen Meinungsfreiheit oder anderen besonderen Freiheitsrechten, subsidiär jedenfalls an der allgemeinen Handlungsfreiheit zu messen.[164]

cc) Verfassungsrechtlicher Schutz vor Selbstbelastungspflichten

Eine bedeutsame Rolle spielt das Allgemeine Persönlichkeitsrecht in Bezug auf etwaige Pflichten des Betroffenen, sich bei der Erfüllung einer Informationspflicht selbst zu belasten und damit der Gefahr sanktionsrechtlicher Verfolgung auszusetzen. Der damit angesprochene Satz „nemo tenetur se ipsum accusare", der sich in der Rechtsgeschichte bis zum jüdischen Talmud zurückverfolgen lässt,[165] zählt heute zum Fundamentalbestand rechtsstaatlicher Gewährleistungen.[166] Die Selbstbelastungsfreiheit gewährleistet die Freiheit von *aktiven* Mitwirkungspflichten an der Überführung der eigenen Person; zulässig sind lediglich *passive* Duldungs- und Verhaltenspflichten.[167]

Die Aussage, niemand dürfe in diesem Sinne dazu verpflichtet werden, sich selbst zu belasten, bedarf jedoch der näheren Konkretisierung. Ausgehend von der Frage, welche Verfassungsnorm genau den „nemo tenetur"-Satz verbürgt (α), ist dessen genauer Inhalt (und sind seine Grenzen) näher zu erörtern (β). Schließlich sind die Auswirkungen der gewonnenen Erkenntnisse auf Informationspflichten Privater gegenüber dem Staat festzuhalten (γ).

α) Verfassungsrechtliche Verortung des „nemo tenetur"-Satzes

Über die Tatsache, dass der Schutz vor Selbstbelastungspflichten verfassungsrechtlich verbürgt ist, besteht in Rechtsprechung und Literatur fast durchweg Einigkeit. Durchaus umstritten ist demgegenüber die Frage, an welche Verfassungsnorm dieser Schutz anknüpft.[168]

---

164 Dazu F. II. 2. a) und c).

165 Rechtshistorischer Überblick bei *Nothhelfer*, Die Freiheit vom Selbstbezichtigungszwang, S. 3 ff.; *Mäder*, Betriebliche Offenbarungspflichten und Schutz vor Selbstbelastung, S. 50 ff.; *Rogall*, Der Beschuldigte als Beweismittel gegen sich selbst, S. 67 ff.

166 Vgl. nur BVerfGE 38, 105 (113); 55, 144 (150).

167 Näher *Mäder*, Betriebliche Offenbarungspflichten und Schutz vor Selbstbelastung, S. 100 ff.; siehe auch BGHSt 34, 39 (45 f.); *Rogall*, in: Rudolphi u. a., SK StPO, Vor § 133 Rdn. 141.

168 Umfassend zum Meinungsstreit *Kerbein*, Individuelle Selbstbelastungsfreiheit versus parlamentarisches Aufklärungsinteresse, S. 36 ff.; *Mäder*, Betriebliche Offenbarungspflichten und Schutz vor Selbstbelastung, S. 67 ff. Eine ausdrückliche *landes*verfassungsrechtliche Normierung findet sich lediglich in Art. 52 Abs. 5 BbgLV.

(1) Vertretene Lösungsansätze im Überblick

In der *Literatur* finden sich eine Fülle unterschiedlicher Lösungsansätze zu der Frage, welche Verfassungsvorschrift den „nemo tenetur"-Grundsatz gewährleistet. Genannt werden etwa das Allgemeine Persönlichkeitsrecht,[169] die Menschenwürdegarantie[170] sowie das Rechtsstaatsprinzip.[171] Hinzu treten kumulative Nennungen dieser Verfassungsnormen zur Herleitung des „nemo tenetur"-Satzes, etwa des Allgemeinen Persönlichkeitsrechts i.V. m. der Menschenwürdegarantie,[172] des Allgemeinen Persönlichkeitsrechts i.V. m. dem Rechtsstaatsprinzip[173] oder des Rechtsstaatsprinzips i.V. m. der Menschenwürdegarantie.[174]

Auch in der *Rechtsprechung* werden verschiedene Verfassungsgüter zur Begründung dafür genannt, dass niemand sich selbst belasten müsse. Wiederum finden sich das Allgemeine Persönlichkeitsrecht,[175] die Menschenwürdegarantie[176] sowie eine Kumulation des Allgemeinen Persönlichkeitsrechts mit der Menschenwürdegarantie.[177] Letzteren Ansatz wählt auch die maßgebliche „Leitentscheidung" des Bundesverfassungsgerichts, die wegen ihrer besonderen Bedeutung im Folgenden einer eingehenden Analyse zu unterziehen ist.

---

[169] *Amelung*, Informationsbeherrschungsrechte im Strafprozess, S. 35; *Di Fabio*, in: Maunz/Dürig, Grundgesetz, Art. 2 Abs. 1 Rdn. 187; *Jarass*, in: ders./Pieroth, Grundgesetz, Art. 2 Rdn. 34; *Mäder*, Betriebliche Offenbarungspflichten und Schutz vor Selbstbelastung, S. 83; *Pieroth/Schlink*, Grundrechte – Staatsrecht II, Rdn. 377; *Rengier*, Die Zeugnisverweigerungsrechte im geltenden und künftigen Strafverfahrensrecht, S. 54; *Scholl*, Behördliche Prüfungsbefugnisse im Recht der Wirtschaftsüberwachung, S. 125; *Starck*, in: v. Mangold/Klein/Starck, Bonner Grundgesetz, Bd. 1, Art. 2 Abs. 1 Rdn. 99.

[170] *Baumann* u. a., Alternativ-Entwurf Zeugnisverweigerungsrechte und Beschlagnahmefreiheit (AE-ZVR), S. 64; *Decker*, Die externe Informationsgewinnung in der deutschen öffentlichen Verwaltung, S. 140; *Dreier*, in: ders., Grundgesetz, Art. 1 I Rdn. 140; *Hohnel*, NZI 2005, 152 (154); *Kunig*, in: v. Münch/Kunig, Grundgesetz-Kommentar, Art. 1 Rdn. 36; *Sautter*, NVwZ 1988, 487 (488).

[171] *Stern*, Das Staatsrecht der Bundesrepublik Deutschland, Bd. I, § 20 IV. 5. d) (S. 848).

[172] *Hillgruber*, in: Umbach/Clemens, Grundgesetz, Bd. I, Art. 2 I Rdn. 65; *Michalke*, NJW 1990, 417 (418); *Nothhelfer*, Die Freiheit von Selbstbezichtigungszwang, S. 77, 83; *Rogall*, in: Rudolphi u. a., SK StPO, Vor § 133 Rdn. 132.

[173] *Hahn*, Offenbarungspflichten im Umweltschutzrecht, S. 159 f.

[174] *Bärlein/Pananis/Rehmsmeier*, NJW 2002, 1825.

[175] BVerfG, NJW 1993, 3315 (3316); NJW 2000, 3556 f.

[176] BVerfGE 55, 144 (150); BGHSt 14, 358 (364).

[177] BVerfGE 38, 105 (114 f.); 56, 37 (41 f.); wohl auch BVerfGE 95, 220 (241 f.), wo zunächst nur das Allgemeine Persönlichkeitsrecht genannt (S. 241), dann aber auch die Menschenwürdegarantie mit herangezogen wird (S. 242).

II. Anforderungen an die staatliche Informationsbeschaffung bei Privaten 275

(2) Die Gemeinschuldnerentscheidung des Bundesverfassungsgerichts

Das Bundesverfassungsgericht hat sich in der „Gemeinschuldnerentscheidung" des Jahres 1981[178] grundlegend mit dem verfassungsrechtlichen Verbot einer Selbstbelastungspflicht befasst.

Anlass der Entscheidung war eine in § 100 KO bestimmte Verpflichtung des Gemeinschuldners, „dem Verwalter, dem Gläubigerausschusse und auf Anordnung des Gerichts der Gläubigerversammlung über alle das Verfahren betreffende Verhältnisse Auskunft zu geben".[179] Das Bundesverfassungsrecht hielt diese Vorschrift für verfassungsgemäß, auch soweit sie eine Pflicht des Gemeinschuldners zur Selbstbezichtigung normierte. Zwar sei ein Zwang verfassungsrechtlich unzulässig, durch eigene Aussagen die Voraussetzungen für eine Sanktion liefern zu müssen. Hieraus folge jedoch nicht automatisch auch die Verfassungswidrigkeit entsprechender Informationsverpflichtungen. Diese seien vielmehr zulässig, wenn ein überwiegendes Informationsinteresse des Staates oder Dritter bestehe und sichergestellt sei, dass eine erzwungene Selbstbezichtigung nicht gegen den Willen des Informationspflichtigen zum Zwecke der Sanktionierung des preisgegebenen Verhaltens verwendet werden könne. Dieses Verwertungsverbot müsse nicht ausdrücklich in der Ermächtigungsgrundlage enthalten sein, sondern könne ihr auch im Wege der (verfassungskonformen) ergänzenden Gesetzesauslegung entnommen werden.[180]

Zur *Begründung* dieses Ergebnisses greift das Bundesverfassungsgericht auf verschiedene Verfassungsnormen zurück. Genannt werden die allgemeine Handlungsfreiheit ebenso wie das Allgemeine Persönlichkeitsrecht und die Menschenwürdegarantie, deren Verhältnis zueinander jedoch nicht eindeutig aufgedeckt wird:[181]

„Durch rechtlich vorgeschriebene Auskunftspflichten kann die Auskunftsperson in die Konfliktsituation geraten, sich entweder selbst einer strafbaren Handlung zu bezichtigen oder durch eine Falschaussage gegebenenfalls ein neues Delikt zu begehen oder aber wegen ihres Schweigens Zwangsmitteln ausgesetzt zu werden. Wegen dieser Folgen ist die erzwingbare Auskunftspflicht als Eingriff in die Handlungsfreiheit sowie als Beeinträchtigung des Persönlichkeitsrechts im Sinne des Art. 2 Abs. 1 GG zu beurteilen. Ein Zwang zur Selbstbezichtigung berührt zugleich die Würde des Menschen, dessen Aussage als Mittel gegen ihn selbst verwendet wird."[182]

---

[178] *BVerfGE* 56, 37 ff.

[179] Die entsprechende Verpflichtung findet sich heute in § 97 Abs. 1 S. 1 InsO. Allerdings greift § 97 Abs. 1 S. 2, S. 3 InsO die Folgen der Gemeinschuldnerentscheidung auf und bestimmt, dass eine Pflicht auch zur Offenbarung selbstbelastender Umstände besteht, eine Aussage in einem straf- und ordnungswidrigkeitenrechtlichen Verfahren aber nur mit Zustimmung des Schuldners verwendet werden darf.

[180] *BVerfGE* 56, 37 (49 ff.).

[181] Vgl. insoweit auch die Kritik von *Nothhelfer,* Die Freiheit von Selbstbezichtigungszwang, S. 78.

[182] *BVerfGE* 56, 37 (41 f.).

Während die Nennung der allgemeinen Handlungsfreiheit an die Informationspflicht als (unspezifische) Handlungspflicht anknüpfen dürfte und nicht die Pflicht zur Selbstbezichtigung als solche betrifft,[183] sind *inhaltlich* das Allgemeine Persönlichkeitsrecht und die Menschenwürde als (spezifische) Garantien eines Schutzes vor Selbstbelastungspflichten für den vorliegenden Zusammenhang besonders interessant. Das Bundesverfassungsgericht geht insoweit davon aus, dass die Verpflichtung, sich selbst einer strafbaren Handlung zu bezichtigen (oder zu unzumutbaren Alternativen hierzu veranlasst zu sein), stets in das Allgemeine Persönlichkeitsrecht eingreife, während eine Berührung der Menschenwürde nur dann vorliege, wenn die Aussage auch tatsächlich als Mittel gegen die aussagende Person selbst verwendet werde bzw. werden könne. Bestätigt wird diese Analyse, wenn es an späterer Stelle in der Gemeinschuldnerentscheidung heißt:

> „Die durch Art. 2 Abs. 1 GG gewährleistete Rechtsposition findet ihre Grenze an den Rechten anderer. Das Grundrecht gebietet daher keinen lückenlosen Schutz gegen Selbstbezichtigungen ohne Rücksicht darauf, ob dadurch schutzwürdige Belange Dritter beeinträchtigt werden. ... Unzumutbar und mit der Würde des Menschen unvereinbar wäre ein Zwang, durch eigene Aussagen die Voraussetzungen für eine strafgerichtliche Verurteilung oder die Verhängung entsprechender Sanktionen liefern zu müssen."[184]

Das Bundesverfassungsgericht legt damit in der Gemeinschuldnerentscheidung einen doppelten Ansatz für die verfassungsrechtliche Verortung des „nemo tenetur"-Satzes zugrunde. Danach schützt das *Allgemeine Persönlichkeitsrecht* umfassend (aber mit der Möglichkeit der verfassungsrechtlichen Rechtfertigung von Eingriffen) davor, selbstbelastende Informationen preisgeben zu müssen. Die *Menschenwürde* tritt unterstützend hinzu, wenn die dergestalt erteilten Informationen die Grundlage für die Sanktionierung der informationspflichtigen Person liefern sollen und enthält einen absoluten Schutz, der die Verwertung der erlangten Informationen zu diesem Zweck gegen den Willen des Informationsverpflichteten untersagt.

(3) Allgemeines Persönlichkeitsrecht und Menschenwürdegarantie als Anknüpfungspunkte des Schutzes vor Selbstbelastungszwang

Bei einer genauen Betrachtung der Situation des Informationspflichtigen bestätigt sich die vom Bundesverfassungsgericht in der Gemeinschuldnerentscheidung zumindest angedeutete *doppelte* Verankerung in der Verfassung als der zutreffende Ansatz für die verfassungsrechtliche Verortung des „nemo tenetur"-Grundsatzes. In der Tat stellt sich für eine Person, die dazu verpflichtet werden soll, Informationen preiszugeben, die sie selbst einer Straftat bezichtigen, eine zweifache Problematik, die aus verfassungsrechtlicher Sicht unterschiedlich zu bewältigen ist.[185]

---

[183] Vgl. auch *Bosch*, Aspekte des nemo-tenetur-Prinzips aus verfassungsrechtlicher und strafprozessualer Sicht, S. 47; *Mäder*, Betriebliche Offenbarungspflichten und Schutz vor Selbstbelastung, S. 72.

[184] *BVerfGE* 56, 37 (49).

II. Anforderungen an die staatliche Informationsbeschaffung bei Privaten

Einerseits muss die informationspflichtige Person befürchten, erst aufgrund ihrer Angaben mit der *Sanktion* belastet zu werden, die an ihr verbotenes Verhalten anknüpft. Eine derartige Informationspflicht verpflichtete dazu, mit der Informationserteilung sich zugleich „selbst ans Messer zu liefern". Dies ignorierte den naturrechtlichen Gedanken des Selbstschutzes und verstieße gegen die psychologischen Gesetze des Selbsterhaltungstriebes.[186] Die betroffene Person würde durch den Staat als bloßes Mittel gegen sich selbst genutzt, der staatliche Strafanspruch würde mittels des Informationspflichtigen als *Objekt* des Strafverfahrens verwirklicht.[187] Die stete Anerkennung der Subjektsqualität des einzelnen Menschen ist aber entscheidendes Merkmal der verfassungsrechtlichen *Menschenwürdegarantie*.[188] Diese verbietet es daher, dass ein Zwang zur aktiven Selbstbelastung besteht, der im Anschluss zu einer Sanktionierung des Betroffenen führen kann.

Andererseits wird die derart informationspflichtige Person dazu verpflichtet, unmittelbar oder mittelbar eine Tatsache preiszugeben, mit der sie – auch unabhängig von einer eventuell drohenden Sanktion – offenbart, dass sie sich eines strafgesetz- oder ordnungswidrigen Verhaltens schuldig gemacht hat. Indem der Staat dies verlangt, stellt er nicht die Subjektsqualität des Menschen in Frage, sondern verpflichtet diesen zur *Preisgabe einer personenbezogenen Information*,[189] die außerordentlich sensibel ist: Es ist sehr unangenehm, wenn nicht sogar peinlich, ein eigenes Fehlverhalten dieser Qualität einräumen zu müssen, und kann das Bild der Öffentlichkeit in Bezug auf die eigene Person sehr negativ belasten. Betroffen ist das *Allgemeine Persönlichkeitsrecht*, und zwar in seinen Dimensionen des *Rechts auf informationelle Selbstbestimmung*, das die Herrschaft über die auf die eigene Person bezogenen Daten betrifft, sowie des *Rechts auf Selbstdarstellung*, das die Darstellung des Einzelnen in der Öffentlichkeit schützt.[190]

Der Ansatz des Bundesverfassungsgerichts im Gemeinschuldnerbeschluss verdient folglich den Vorzug vor den übrigen in Rechtsprechung und Literatur vertretenen Ansichten: Die

---

[185] Vgl. auch *Nothhelfer*, Die Freiheit von Selbstbezichtigungszwang, S. 77; *Rogall*, in: Rudolphi u. a., SK StPO, Vor § 133 Rdn. 132. Ähnlich *Mäder*, Betriebliche Offenbarungspflichten und Schutz vor Selbstbelastung, S. 92 f., der aber insgesamt von einer Berührung des Allgemeinen Persönlichkeitsrechts ausgeht, das bei Gefahr der Strafverfolgung im abwägungsfreien, durch die Menschenwürde geprägten Kernbereich und im Übrigen in seinem (der Abwägung offenen) Außenbereich betroffen sei.

[186] *Rogall*, in: Rudolphi u. a., SK StPO, Vor § 133 Rdn. 132.

[187] Ähnlich *Nothhelfer*, Die Freiheit von Selbstbezichtigungszwang, S. 77; *Schohe*, NJW 2002, 492; kritisch zu diesem Ansatz aber *Bosch*, Aspekte des nemo-tenetur-Prinzips aus verfassungsrechtlicher und strafprozessualer Sicht, S. 38 ff.

[188] Siehe nur BVerfGE 30, 1 (26); *Dreier*, in: ders., Grundgesetz, Bd. I, Art. 1 I Rdn. 60; *Kunig*, in: v. Münch / Kunig, Grundgesetz-Kommentar, Bd. 1, Art. 1 Rdn. 22 ff.

[189] Vgl. auch BVerfGE 96, 171 (181); *Nothhelfer*, Die Freiheit von Selbstbezichtigungszwang, S. 82 f.; *Rogall*, Der Beschuldigte als Beweismittel gegen sich selbst, S. 146 f.

[190] Vgl. auch *OLG Düsseldorf*, StV 1992, 503 (505); *Di Fabio*, in: Maunz / Dürig, Grundgesetz, Art. 2 Abs. 1 Rdn. 187; *Rogall*, in: Rudolphi u. a., SK StPO, Vor § 133 Rdn. 132, 138. Näher zu den genannten Aspekten des Allgemeinen Persönlichkeitsrechts oben F. II. 2. b) aa).

Anführung der allgemeinen Handlungsfreiheit wird den Spezifika des Schutzes vor Selbstbelastung nicht gerecht, die Nennung nur von Allgemeinem Persönlichkeitsrecht oder Menschenwürde berücksichtigt nicht die verfassungsrechtlich erforderliche Differenzierung zwischen Selbstbelastungspflichten mit und ohne Verwertungsmöglichkeit in einem sanktionsrechtlichen Verfahren. Schließlich überzeugt auch die besondere Betonung des Rechtsstaatsprinzips (allein oder in Verbindung mit anderen Verfassungsnormen) nicht: Sicherlich ist der „nemo tenetur"-Satz (auch) rechtsstaatlicher Grundsatz, er folgt aber nicht (erst) aus dem Rechtsstaatsprinzip, sondern das Allgemeine Persönlichkeitsrecht und die Menschenwürdegarantie sind die insoweit spezielleren Schutzgüter des Grundgesetzes und zur verfassungsrechtlichen Herleitung des Schutzes vor Selbstbelastungspflichten vorrangig heranzuziehen.[191]

(4) Zur Ausweitung des „nemo tenetur"-Schutzes auf enge Angehörige

Bisher sind die Gesichtspunkte des Allgemeinen Persönlichkeitsrechts und der Menschenwürdegarantie nur hinsichtlich eines Zwangs der informationspflichtigen Person zur Belastung ihrer selbst herangezogen worden. Es bleibt jedoch die Frage, ob auch die Schweigerechte verfassungsrechtlich fundiert werden können, die bei drohender Belastung nahestehender Personen einfachgesetzlich stets zum entsprechenden Schutz vor Selbstbelastung hinzutreten.[192]

Kaum möglich ist insoweit eine unbesehene Übertragung der zum Schutz vor *Selbst*belastung entwickelten Grundsätze. Insbesondere scheidet ein Verstoß gegen die Menschenwürdegarantie aus; auch wenn man einen Menschen dazu verpflichtete, durch seine Aussagen die Sanktionierung eines nahen Angehörigen zu ermöglichen, wäre weder die Subjektsqualität des Aussagepflichtigen noch die des Angehörigen grundsätzlich in Frage gestellt, da niemand zur Auslieferung seiner selbst an die Justiz gezwungen wird:[193] Wenn man nicht sein eigenes, sondern „nur" das Schicksal eines Angehörigen „besiegeln" muss, bedarf die verfassungsrechtliche Rückkoppelung des Schweigerechts daher einer gesonderten Begründung. Diese findet sich im Schutz des familiären Vertrauensverhältnisses als Teil des Allgemeinen Persönlichkeitsrechts (Art. 2 Abs. 1 i.V.m. Art. 1 Abs. 1 GG) ebenso wie im verfassungsrechtlichen Schutz von Ehe und Familie (Art. 6 Abs. 1 GG).[194]

Art. 2 Abs. 1 i.V.m. Art. 1 Abs. 1 GG schützt – wie bereits behandelt – als Recht der Selbstbewahrung einen persönlichen Rückzugsbereich des Einzelnen und kann

---

[191] Überzeugend *Stürner,* NJW 1981, 1757 f.; ähnlich auch *Mäder,* Betriebliche Offenbarungspflichten und Schutz vor Selbstbelastung, S. 83; *Nothhelfer,* Die Freiheit von Selbstbezichtigungszwang, S. 32; *Rogall,* Der Beschuldigte als Beweismittel gegen sich selbst, S. 138.

[192] Dazu siehe oben E. III. 2. a).

[193] Anders aber – ohne jede Begründung – *Herrmann,* Informationspflichten gegenüber der Verwaltung, S. 422.

[194] Ebenso *Rengier,* Die Zeugnisverweigerungsrechte im geltenden und künftigen Strafverfahrensrecht, S. 9 ff.; *Rogall,* Der Beschuldigte als Beweismittel gegen sich selbst, S. 150 f.

II. Anforderungen an die staatliche Informationsbeschaffung bei Privaten

unter diesem Gesichtspunkt Informationsverweigerungsrechte vermitteln.[195] Der in diesem Zusammenhang geschützte Bereich der räumlichen und persönlichen Privatsphäre findet sich ganz typischerweise im Kreis der Familie und Verwandtschaft, in dem private Sorgen und Nöte offengelegt und besprochen werden.[196] Diese Vertrauensbeziehung schützt das Allgemeine Persönlichkeitsrecht und streitet daher dafür, dass dem Staat die dort offenbarten Informationen nicht bekannt werden dürfen.[197] Andernfalls wäre die Möglichkeit einer unbefangenen innerfamiliären Kommunikation erheblich beschränkt, die Art. 2 Abs. 1 i.V.m. Art. 1 Abs. 1 GG schützen möchte.[198] Auf diesen Schutz kann sich sowohl der Informationspflichtige als auch der andernfalls zu beschuldigende Angehörige berufen.[199] Dass der Gesetzgeber kein tatsächliches Näheverhältnis voraussetzt, sondern ein solches unter engen Angehörigen vermutet, liegt im Rahmen der zulässigen Typisierung, die bei der Normsetzung unentbehrlich ist.[200]

Soweit das persönliche Näheverhältnis von Art. 6 Abs. 1 GG geschützt, also namentlich das Verhältnis von Ehegatten und zwischen Eltern und Kindern betroffen ist,[201] tritt der Schutzauftrag des Staates zugunsten von Ehe und Familie hinzu und verstärkt den verfassungsrechtlichen Schutz des Angehörigenverhältnisses durch das Allgemeine Persönlichkeitsrecht noch.[202] Dies bedeutet, dass die Rechtfertigung von Belastungspflichten gegenüber Ehegatten, Kindern und Eltern erschwert wird und nur zum Schutz besonders gewichtiger Verfassungsgüter gelingen kann.[203] Hinsichtlich sonstiger Angehöriger besteht dieser verstärkte Schutz des Schweigerechts demgegenüber nicht.

---

[195] Siehe oben F. II. 2. b) bb).

[196] *Rengier,* Die Zeugnisverweigerungsrechte im geltenden und künftigen Strafverfahrensrecht, S. 10; *Schmitt,* Die Berücksichtigung der Zeugnisverweigerungsrechte nach §§ 52, 53 StPO bei den auf Beweisgewinnung gerichteten Zwangsmaßnahmen, S. 58 f.

[197] Vgl. auch *BVerfGE* 35, 35 (39 f.); 42, 234 (236 f.).

[198] Vgl. *Schmitt,* Die Berücksichtigung der Zeugnisverweigerungsrechte nach §§ 52, 53 StPO bei den auf Beweisgewinnung gerichteten Zwangsmaßnahmen, S. 61.

[199] *Rengier,* Die Zeugnisverweigerungsrechte im geltenden und künftigen Strafverfahrensrecht, S. 11.

[200] Ebenso *Rengier,* Die Zeugnisverweigerungsrechte im geltenden und künftigen Strafverfahrensrecht, S. 105 ff.; *Schmitt,* Die Berücksichtigung der Zeugnisverweigerungsrechte nach §§ 52, 53 StPO bei den auf Beweisgewinnung gerichteten Zwangsmaßnahmen, S. 62.

[201] Vgl. *BVerfGE* 59, 52 (63); *Hofmann,* in: Schmidt-Bleibtreu/Klein, Kommentar zum Grundgesetz, Art. 6 Rdn. 9; *Schmitt-Kammler,* in: Sachs, Grundgesetz, Art. 6 Rdn. 16.

[202] Ebenso *Amelung,* Informationsbeherrschungsrechte im Strafprozess, S. 35; *Fuchs,* NJW 1959, 14 (18); *Rogall,* Der Beschuldigte als Beweismittel gegen sich selbst, S. 151. Allgemein zur Verstärkung des grundrechtlichen Persönlichkeitsschutzes von Eltern und Kindern durch Art. 6 Abs. 1, Abs. 2 GG *Di Fabio,* in: Maunz/Dürig, Grundgesetz, Art. 2 Abs. 1 Rdn. 165.

[203] Zu den Anforderungen an Eingriffe in Art. 6 GG näher *Pieroth,* in: Jarass/Pieroth, Grundgesetz, Art. 6 Rdn. 15; *Schmitt-Kammler,* in: Sachs, Grundgesetz, Art. 6 Rdn. 21.

β) Inhalt und Reichweite des „nemo tenetur"-Satzes

Mit der Feststellung, dass die Menschenwürdegarantie vor der Sanktionierung einer Person aufgrund einer verpflichtenden selbstbelastenden Aussage schützt und das Allgemeine Persönlichkeitsrecht jede Pflicht zur Selbstbelastung oder zur Belastung einer nahestehenden Person dem Bedarf einer verfassungsrechtlichen Rechtfertigung aussetzt, ist bereits einiges über Inhalt und Reichweite eines entsprechenden Schweigerechts gesagt. Dennoch sind etliche Einzelfragen in diesem Bereich noch ungeklärt geblieben und bedürfen im Folgenden der genaueren Betrachtung aus verfassungsrechtlicher Perspektive. Im Einzelnen geht es dabei um die (verfassungsrechtliche) Geltung des „nemo tenetur"-Grundsatzes auch hinsichtlich einer ordnungswidrigkeitenrechtlichen Sanktionierung sowie in Bezug auf Anzeige- und Vorlagepflichten, um die Kriterien, die im Einzelfall für bzw. gegen eine (im sanktionsrechtlichen Verfahren unverwertbare) Selbstbelastungspflicht sprechen können, um eine staatliche Hinweispflicht auf ein bestehendes Informationsverweigerungsrecht sowie um die Geltung des „nemo tenetur"-Grundsatzes auch für juristische Personen.

(1) „Nemo tenetur" im ordnungswidrigkeitenrechtlichen Verfahren

Die verfassungsrechtliche Garantie des „nemo tenetur"-Prinzips ist im Hinblick auf das strafrechtliche Verfahren – soweit ersichtlich – unbestritten. Durchaus unterschiedlich wird demgegenüber die Frage beurteilt, ob dieser Grundrechtsschutz auch dann besteht, falls „lediglich" die Verhängung einer ordnungswidrigkeitenrechtlichen Sanktion droht, wenn der Informationspflichtige sich oder eine ihm nahestehende Person belasten muss. Teilweise wird dies verneint und darauf verwiesen, dass zumindest in Bagatellverfahren kaum jemals der „schwere innere Konflikt" drohe, der Prämisse für die Annahme einer Menschenwürdeberührung bei Verwertung einer verpflichtenden selbstbelastenden Aussage sei.[204] Überzeugen kann dies nicht. Abgesehen davon, dass Bagatellverfahren auch im Bereich des Strafrechts vorkommen und eine Abgrenzung zu anderen Verfahren kaum trennscharf zu leisten ist, ist die Menschenwürdeberührung der Pflicht zur Belastung der eigenen Person, an die die Verhängung einer Sanktion geknüpft ist, weniger eine quantitative als eine qualitative Frage: Dass die Pflicht zur Selbstbelastung im sanktionsrechtlichen Verfahren den Betroffenen zum Objekt des staatlichen Sanktionsverfahrens machte, weil sich das Individuum selbst dem Staat ausliefern müsste,[205] ist letztlich von der Schwere der im Raum stehenden Sanktion unabhängig. Daher muss der absolute Schutz vor einer Pflicht zur (straf- oder ordnungswidrigkeitenrechtlich) verwertbaren Selbstbelastung aus der verfassungsrechtlichen Menschenwürdegarantie auch für das ordnungswidrigkeitenrechtliche Verfahren

---

[204] In diese Richtung etwa *Bosch*, Aspekte des nemo-tenetur-Prinzips aus verfassungsrechtlicher und strafprozessualer Sicht, S. 33 f.; *Stürner*, NJW 1981, 1757 (1759).

[205] Dazu näher oben F. II. 2. b) cc) α) (3).

II. Anforderungen an die staatliche Informationsbeschaffung bei Privaten   281

angenommen werden.[206] Dem entspricht die Wertung des Gesetzgebers, der Informationsverweigerungsrechte stets bei der Gefahr einräumt, wegen einer Straftat *oder* Ordnungswidrigkeit verfolgt zu werden.[207]

Hiergegen lässt sich auch nicht einwenden, dass in anderen als sanktionsrechtlichen Verfahren der Grundsatz des „nemo tenetur" nicht eingreift. Etwa im Verfahren der Verwaltungsvollstreckung oder Insolvenz besteht niemals die Gefahr, dass sich ein Betroffener aufgrund einer Pflicht zur Offenbarung nachteiliger Informationen der staatlichen *Sanktionierung* aussetzt, wenn die Informationspflicht durch ein entsprechendes Verwertungsverbot flankiert wird. Die „bloße" Informationspflicht, die zwar zu anderen Nachteilen führen kann, nicht aber zu dem mit einer staatlichen Sanktionsmaßnahme verbundenen Unwerturteil, stellt die Eigenständigkeit der betroffenen Person nicht in Frage und betrifft als solche niemals deren Menschenwürde.[208] Hierin liegen der entscheidende Unterschied zu ordnungswidrigkeitenrechtlichen Verfahren und zugleich die Begründung dafür, (nur) diese in den Schutz des „nemo-tenetur"-Satzes mit einzubeziehen.

(2) „Nemo tenetur" für Informationspflichten unmittelbar kraft Gesetzes

Bei der Darstellung des einfachen Rechts wurde im Hinblick auf Pflichten zur Selbstbelastung bereits auf die Diskrepanz zwischen Auskunftspflichten einerseits, bei denen der Gesetzgeber überwiegend Informationsverweigerungsrechte bei drohender Selbstbelastung vorsieht, und Informationspflichten unmittelbar kraft Gesetzes andererseits, bei denen nahezu keine gesetzlichen Informationsverweigerungsrechte bestehen, hingewiesen.[209]

Aus verfassungsrechtlicher Sicht ist diese unterschiedliche Behandlung der verschiedenen Arten von Informationspflichten durch die Buchstaben des geltenden Gesetzesrechts nicht begründbar.[210] Die inhaltlichen Vorgaben der Menschenwürdegarantie (Art. 1 Abs. 1 GG) und des Allgemeinen Persönlichkeitsrechts

---

[206] So auch *BVerfGE* 55, 144 (150); *Mäder*, Betriebliche Offenbarungspflichten und Schutz vor Selbstbelastung, S. 118; *Rogall*, in: Rudolphi u. a., SK StPO, Vor § 133 Rdn. 133, 148; *Sautter*, NVwZ 1988, 487 (488); *Seebode*, JA 1980, 493 (497); vgl. auch *Baumann* u. a., Alternativ-Entwurf Zeugnisverweigerungsrechte und Beschlagnahmefreiheit (AE-ZVR), S. 70; *Zippelius*, in: Dolzer/Vogel/Graßhof, Bonner Kommentar zum Grundgesetz, Art. 1 Abs. 1 u. 2 Rdn. 86. Dementsprechend gilt der „nemo tenetur"-Grundsatz auch für andere vergleichbare Verfahren wie etwa Disziplinarverfahren oder berufsgerichtliche Verfahren, so ausdrücklich *BVerfGE* 56, 37 (43).

[207] Nachweise zum Gesetzesrecht oben E. III. 2. a) aa).

[208] *BVerfGE* 56, 37 (49 f.); *Mäder*, Betriebliche Offenbarungspflichten und Schutz vor Selbstbelastung, S. 117, 130 ff.; *Rogall*, in: Rudolphi u. a., SK StPO, Vor § 133 Rdn. 132, 150; vgl. auch *Sautter*, NVwZ 1988, 487 (488); *Stürner*, NJW 1981, 1757 (1761).

[209] Oben E. III. 2. c).

[210] Ebenso *Breuer*, AöR 115 (1990), 448 (484); *Hahn*, Offenbarungspflichten im Umweltschutzrecht, S. 168 f.; *Mäder*, Betriebliche Offenbarungspflichten und Schutz vor Selbstbelastung, S. 207; *Nobbe/Vögele*, NuR 1988, 313 (316); vgl. auch *Herrmann*, Informationspflichten gegenüber der Verwaltung, S. 427; *Michalke*, NJW 1990, 417 (419); *Streinz*, ZLR 2003, 11 (22).

(Art. 2 Abs. 1 i.V.m. Art. 1 Abs. 1 GG) als die verfassungsrechtlichen Hintergründe des „nemo tenetur"-Satzes bestehen unabhängig davon, ob eine Informationserteilung ohne weiteres oder erst nach staatlicher Aufforderung zu erfolgen hat: In jedem Fall verbietet es die Menschenwürdegarantie, dass sich der Informationspflichtige „selbst ans Messer liefern" muss und untersagt so die Verwertbarkeit aufgrund einer Rechtspflicht offenbarter Tatsachen im sanktionsrechtlichen Verfahren absolut; zudem gebietet das Allgemeine Persönlichkeitsrecht, dass eine Pflicht zur Offenbarung personenbezogener Tatsachen auch unabhängig davon nur unter Wahrung des Übermaßverbots bestehen kann.[211] Die Erfüllung dieser verfassungsrechtlichen Vorgaben muss auch im Hinblick auf Informationspflichten unmittelbar kraft Gesetzes sichergestellt werden. Dies bedeutet, dass das geltende Gesetzesrecht (auch) im Hinblick auf Verpflichtungen zur Preisgabe personenbezogener Daten dem Übermaßverbot genügen muss, vor allem aber eine Verwertung der so gewonnenen Erkenntnisse in straf- und ordnungswidrigkeitenrechtlichen Verfahren zum Schutze der Menschenwürde des Informationspflichtigen auszuscheiden hat.[212] Legt der Gesetzgeber – wie derzeit ganz überwiegend – ein solches Verwertungsverbot nicht ausdrücklich fest, so ist es im Wege verfassungskonformer Auslegung in das geltende Recht hineinzulesen.[213]

Auf dieser Grundlage ist es beispielsweise verfassungsrechtlich unbedenklich, wenn § 19 Abs. 1 12. BImSchV (sogenannte „Störfall-Verordnung")[214] den Betreiber zur Mitteilung eines Störfalls gegenüber der zuständigen Behörde verpflichtet. Unzulässig ist es jedoch, wenn diese Mitteilung des Betreibers dazu verwendet wird, diesen wegen einer Straftat, die zu dem Störfall geführt hat (etwa § 325 Abs. 1, Abs. 3 StGB), sanktionsrechtlich zu verfolgen. Ein entsprechendes Verwertungsverbot ist in der Störfall-Verordnung nicht vorhanden und muss daher unmittelbar der Verfassung entnommen werden.

(3) „Nemo tenetur" in Bezug auf Nachweispflichten und Informationsvorsorgepflichten

Außerordentlich problematisch ist die Geltung des „nemo tenetur"-Satzes in Bezug auf Verpflichtungen Privater, nicht lediglich Informationen zu erteilen, sondern deren Richtigkeit nachzuweisen, was insbesondere durch Vorlagepflichten sichergestellt werden kann.[215] Derartige Nachweispflichten können sich auf alle Unterlagen und Dokumente beziehen, die beim Verpflichteten vorhanden sind. Dies gilt insbesondere für Unterlagen und sonstige Nachweise, deren Führung dem

---

[211] Oben F. II. 2. b) cc) α) (3).

[212] Ebenso *Hahn*, Offenbarungspflichten im Umweltschutzrecht, S. 168 f.; *Mäder*, Betriebliche Offenbarungspflichten und Schutz vor Selbstbelastung, S. 207; *Nobbe/Vögele*, NuR 1988, 313 (317).

[213] Hierzu bereits ausführlich oben E. III. 2. c) cc).

[214] Zwölfte Verordnung zur Durchführung des Bundes-Immissionsschutzgesetzes in der Fassung der Bekanntmachung vom 8. 6. 2005, BGBl. I, S. 1598.

[215] Siehe oben E. V.

Informationspflichtigen im Wege von Informationsvorsorgepflichten auferlegt ist.[216] Das *einfache Recht* schweigt insoweit ganz überwiegend und normiert weder Vorlageverweigerungsrechte noch Verwertungsverbote neben den regelmäßig bestehenden Auskunftsverweigerungsrechten.[217]

Im Zusammenhang mit den *verfassungsrechtlichen* Beschränkungen von Selbstbelastungspflichten ist jedoch zu untersuchen, ob der Grundsatz des „nemo tenetur" auch für Nachweispflichten gilt oder ob er nur verbale Informationserteilungen erfasst. Hiervon hängt es ab, ob dem Einzelnen die Pflicht zur Vorlage von Unterlagen auferlegt werden kann, aus denen sich die Begehung einer Straftat oder Ordnungswidrigkeit ergibt, und ob diese Unterlagen gegebenenfalls auch im straf- und ordnungswidrigkeitenrechtlichen Verfahren verwertbar sind.

In Rechtsprechung und Literatur wird diesbezüglich häufig behauptet, dass die Pflicht zur Vorlage von Unterlagen etwas anderes als eine Auskunftsverpflichtung sei; daher erfassten Auskunftsverweigerungsrechte die Vorlagepflicht nicht, die verfassungsrechtliche Aussagefreiheit sei nicht berührt.[218] Auch das Bundesverfassungsgericht scheint dieser Ansicht zuzuneigen, wie sich aus den zu dieser Problematik bislang vorliegenden Entscheidungen ergibt.

So hat das Bundesverfassungsgericht bezüglich der Pflicht zur Vorlage von Büchern und Geschäftspapieren gemäß § 31a Abs. 3 des Gesetzes über den gewerblichen Binnenschiffsverkehr festgehalten, dass diese Verpflichtung nicht von der Aussagefreiheit umfasst sei und sich ein Recht, über diese hinaus zur Verdeckung einer Ordnungswidrigkeit die Einsichtnahme in die Bücher und Geschäftspapiere zu untersagen, dem Grundgesetz nicht entnehmen lasse.[219]

Auch die Aufzeichnungspflicht eines Mietwagenunternehmers über den Eingang des Beförderungsauftrags am Betriebssitz oder in der Wohnung des Mietwagenunternehmers gemäß § 49 Abs. 4 S. 4 PBefG berühre den Schutz der Aussagefreiheit nicht: Die Auferlegung einer Aufzeichnungspflicht, die ein rechtstreues Verhalten sichern solle, sei, auch wenn die Aufzeichnungen im Falle der Ahndung von Verstößen als Beweismittel dienen sollten, jedenfalls dann verfassungsrechtlich unbedenklich, wenn diese Funktion der Aufzeichnungen für den Betroffenen von vornherein erkennbar sei.[220]

Diese wohl herrschende Auffassung vermag bei näherer Betrachtung nicht zu überzeugen. Dies gilt schon deshalb, weil sich die Aussage, eine Auskunft sei etwas anderes als eine Vorlage von Urkunden und letztere von der verfassungsrechtlichen Aussagefreiheit nicht umfasst, als Zirkelschluss darstellt: Ob „nur" die *Aussage*freiheit verfassungsrechtlich geboten ist oder auch eine weitergehende

---

[216] Dazu oben E. VI.
[217] Siehe oben E. III. 2. c) bb).
[218] *BVerwG,* DÖV 1984, 73 (74); *Franzheim,* NJW 1990, 2049; für die Vorlagepflicht nach § 44 Abs. 2 KWG auch *VG Berlin,* NJW 1988, 1105 (1107); *Hartung,* NJW 1988, 1070 (1072).
[219] *BVerfGE* 55, 144 (151).
[220] *BVerfGE* 81, 70 (96 f.).

*Selbstbelastungs*freiheit, ist gerade die im Raum stehende Frage und daher als Prämisse für die Lösung des Problems untauglich.

Vor allem aber sprechen die verfassungsrechtlichen Determinanten für die grundsätzliche Erstreckung eines Informationsverweigerungsrechts auch auf die Vorlage von Unterlagen. Nimmt man den Schutzgehalt des verfassungsrechtlichen „nemo tenetur"-Grundsatzes in den Blick, so verstößt *jedwede* Pflicht, sich durch aktives Verhalten selbst der Gefahr einer straf- oder ordnungswidrigkeitenrechtlichen Verfolgung auszusetzen, gegen die Menschenwürdegarantie des Grundgesetzes. Wenn und weil der staatliche Strafanspruch nicht mittels einer Informationspflicht des Betroffenen verwirklicht werden darf, um diesen nicht zum Objekt des Strafverfahrens herabzusetzen,[221] muss das verfassungsrechtliche Verbot einer Pflicht zur Selbstbelastung unabhängig von der Form der Informationspflicht bestehen. Daher kann es für die verfassungsrechtliche Beurteilung keinen entscheidenden Unterschied machen, ob der Bürger zur verbalen Preisgabe einer selbstbezichtigenden Information verpflichtet wird oder ob er diese zunächst schriftlich fixiert und das Schriftstück dann später den zuständigen Stellen auszuhändigen hat. Aus diesem Grund sind Vorlagepflichten hinsichtlich selbstbelastender Dokumente aus verfassungsrechtlicher Sicht wie Auskunftspflichten zu beschränken, also insbesondere ein Verwertungsverbot im straf- und ordnungswidrigkeitenrechtlichen Verfahren von Verfassung wegen zu bejahen und darüber hinaus gemäß den Vorgaben des Allgemeinen Persönlichkeitsrechts eine Prüfung des Übermaßverbots vorzunehmen.[222]

In jedem Fall gilt dies, wenn eine Pflicht zur Vorlage von Urkunden statuiert wird, bei denen bereits eine *Rechtspflicht* zu ihrer Erstellung im Sinne einer Informationsvorsorgepflicht bestand.[223] Hier unterscheidet sich die Situation des Dokumentations- und Vorlagepflichtigen in nichts von der Situation, die das Bundesverfassungsgericht in der Gemeinschuldnerentscheidung vorgefunden hat:[224] Im Fall der schrankenlosen Vorlagepflicht und Verwertbarkeit sanktionsrechtlich relevanter Informationen stünde der Betroffene vor der Wahl, seiner Dokumentations- und Vorlagepflicht nachzukommen und sich dadurch der Gefahr der Strafverfolgung auszusetzen oder die Dokumentation oder Vorlage zu verweigern und sich dadurch regelmäßig ebenfalls zumindest ordnungswidrig zu verhalten. Diese innere Zwangslage aufgrund der ohne zumutbare Alternative bestehenden Pflicht, sich „selbst ans Messer zu liefern", verstieße gegen den aus der Menschenwürde folgenden Grundsatz des „nemo tenetur" und wäre nicht verfassungsgemäß.[225] Im Ergeb-

---

[221] Vgl. oben F. II. 2. b) cc) α) (3).

[222] In diese Richtung auch *Herrmann,* Informationspflichten gegenüber der Verwaltung, S. 424; *Sautter,* NVwZ 1988, 487 (492); *Stein,* Die Wirtschaftsaufsicht, S. 156; *Thomä,* Auskunfts- und Betriebsprüfungsrecht der Verwaltung, S. 75.

[223] Zu den Informationsvorsorgepflichten im geltenden Recht oben E. VI.

[224] Ebenso *Michalke,* NJW 1990, 417 (418); vgl. auch *Bärlein/Pananis/Rehmsmeier,* NJW 2002, 1825 (1828); *Stürner,* NJW 1981, 1757 (1761).

[225] Näher oben F. II. 2. b) cc) α) (3).

nis kann der Staat damit zwar die Vorlage von Unterlagen verlangen, soweit die Vorlagepflicht als solche den verfassungsrechtlichen Vorgaben entspricht, also insbesondere verhältnismäßig ist. Vorzulegende Unterlagen, zu deren Erstellung eine Rechtspflicht bestand, dürfen allerdings nicht dazu verwendet werden, den Ersteller wegen einer dort dokumentierten Straftat oder Ordnungswidrigkeit zu verfolgen.[226]

Fraglich bleibt lediglich, ob dieses Ergebnis für jede Nachweispflicht gelten muss oder ob durch den Betroffenen *freiwillig* erstellte Unterlagen aus verfassungsrechtlicher Sicht anders behandelt werden können.[227] Bei diesen besteht im Vergleich zu pflichtig angefertigten Dokumenten die Besonderheit, dass sich ein möglicher staatlicher Zwang von vornherein auf das Herausgabeverlangen beschränkt; schließlich war die Herstellung der Dokumente nicht staatlicherseits angeordnet. Eine verfassungsrechtlich untersagte Pflicht zu einer *aktiven Selbstbelastungshandlung* kann daher in diesem Zusammenhang ausschließlich in der *Herausgabe*pflicht als solcher liegen. Teilweise wird hierin jedoch im Schwerpunkt keine aktive Selbstbelastungspflicht, sondern eine passive Mitwirkungspflicht gesehen, da der Staat ohnehin Duldungspflichten in Bezug auf staatliche Einsichts-, Untersuchungs- oder Beschlagnahmerechte begründen dürfe und die Alternative der Herausgabepflicht sich hiervon eher rechtstechnisch als qualitativ unterscheide.[228] Nach dieser Auffassung bestünde hinsichtlich derartiger Herausgabepflichten kein absoluter Schutz vor einer sanktionsrechtlichen Verwertung durch die Menschenwürdegarantie, sondern der Grundrechtsschutz würde lediglich einschränkbar gewährleistet, nämlich durch das Allgemeine Persönlichkeitsrecht sowie diejenigen speziellen Freiheitsgrundrechte beziehungsweise die Allgemeine Handlungsfreiheit, die die freiwillige Anfertigung und Aufbewahrung von Unterlagen betreffen. Letztlich kann die Differenzierung zwischen freiwillig und pflichtig angefertigten Unterlagen jedoch nicht überzeugen. Zwar mag der Menschenwürdeverstoß bei der Pflicht zur Anfertigung von selbstbelastenden Dokumenten, die anschließend einer staatlichen Stelle vorzulegen sind und zu einer Sanktionierung des Betroffenen führen können, noch klarer auf der Hand liegen als bei der Pflicht zur Vorlage freiwillig erstellter Unterlagen. Dies kann jedoch nicht dazu führen, dass eine ein-

---

[226] Ebenso *Mäder*, Betriebliche Offenbarungspflichten und Schutz vor Selbstbelastung, S. 192 f., 207 f.; *Michalke*, NJW 1990, 417 (418); ähnlich *Nobbe/Vögele*, NuR 1988, 313 (317 f.). Vgl. auch *BVerfG*, NJW 1982, 568, das die Möglichkeit der Verwertung von Eintragungen in ein verpflichtend geführtes Fahrtenbuch ausdrücklich offen lässt; zu dieser Problematik ausführlich, auch unter Hinweise auf wesentliche Besonderheiten der Fahrtenbuchauflage *Mäder*, Betriebliche Offenbarungspflichten und Schutz vor Selbstbelastung, S. 195 ff.; ferner *Rogall*, in: Rudolphi u. a., SK StPO, Vor § 133 Rdn. 146.

[227] Für eine solche Differenzierung *Mäder*, Betriebliche Offenbarungspflichten und Schutz vor Selbstbelastung, S. 147 ff.; *Michalke*, NJW 1990, 417 (418). Ähnlich *Rogall*, in: Rudolphi u. a., SK StPO, Vor § 133 Rdn. 146, allerdings mit der Einschränkung, dass ein Verwertungsverbot nur bestehe, wenn der Verpflichtete zur Dokumentation *bereits begangener* Straftaten verpflichtet war.

[228] *Mäder*, Betriebliche Offenbarungspflichten und Schutz vor Selbstbelastung, S. 166 f.; ebenso im Ergebnis *BVerfGE* 55, 144 (151); *OLG Stuttgart*, VRS 56, Nr. 161 (S. 383 [385 f.]); vgl. auch *Hartung*, NJW 1988, 1070 (1072).

deutig aktive Handlung – die Vorlage von Unterlagen – als passive Mitwirkungspflicht fingiert wird. Wenn und weil die Menschenwürdegarantie *jeden* Zwang zur aktiven Selbstbelastung ausschließt,[229] muss dies einschränkungslos auch für Vorlagepflichten gleich welcher Art gelten.[230]

Die Tatsache, dass dem Staat in Gestalt von Einsichts-, Untersuchungs- oder Beschlagnahmerechten unter Umständen Alternativen zur Informationsgewinnung zur Verfügung stehen, kann an diesem Ergebnis nichts ändern. Sie kann lediglich zur Vergewisserung dienen, dass die Annahme entsprechender Vorlagepflichten auch rechtspraktisch nicht erforderlich ist, da dem Staat andere und verfassungsrechtlich unbedenkliche(re) Wege eröffnet sind, auf denen er die benötigten Informationen erlangen kann.[231]

Damit kann im Ergebnis festgehalten werden, dass der verfassungsrechtliche Grundsatz des „nemo tenetur" Nachweispflichten gleichermaßen beschränkt wie Informationspflichten insgesamt:[232] Nachweispflichten, die sich auf selbstbelastende Informationen beziehen, müssen dem Übermaßverbot genügen; in sanktionsrechtlichen Verfahren besteht ein verfassungsrechtliches Verwertungsverbot. Soweit der Gesetzgeber dies nicht ausdrücklich festhält, ist es im Wege der verfassungskonformen Auslegung in das geltende Recht hineinzulesen.[233]

(4) Kriterien der Abwägung zwischen dem Schweigerecht des Informationspflichtigen und dem Informationsinteresse des Staates

Aus Sicht des Allgemeinen Persönlichkeitsrechts ist eine Verpflichtung zur Erteilung von Informationen, die die informationspflichtige Person oder deren Angehörigen einer Straftat oder Ordnungswidrigkeit bezichtigen, nur zulässig, wenn das verfassungsrechtlich geschützte Interesse am Schweigen gegenüber dem staatlichen Informationsinteresse zurücktreten muss. Außerhalb sanktionsrechtlich verwendbarer Selbstbelastung gewährt der Grundsatz des „nemo tenetur" damit einen *relativen* Schutz vor Selbstbelastung.[234] Die danach erforderliche Abwägung muss in jedem Einzelfall geleistet und kann nicht abstrakt vollzogen werden. Möglich ist jedoch die Anführung von Kriterien, die für beziehungsweise gegen ein Schweigerecht des Betroffenen im Einzelfall sprechen.[235]

---

[229] Näher oben F. II. 2. b) cc) α) (3).

[230] Ebenso im Ergebnis *Herrmann*, Informationspflichten gegenüber der Verwaltung, S. 424; *Rogall*, Der Beschuldigte als Beweismittel gegen sich selbst, S. 157; *Thomä*, Auskunfts- und Betriebsprüfungsrecht der Verwaltung, S. 75.

[231] Zu den Möglichkeiten und Grenzen der Beschlagnahme im vorliegenden Zusammenhang *Dingeldey*, NStZ 1984, 529 (532 ff.); *Mäder*, Betriebliche Offenbarungspflichten und Schutz vor Selbstbelastung, S. 250 f.; *Michalke*, NJW 1990, 417 (420); *Rogall*, in: Rudolphi u. a., SK StPO, Vor § 133 Rdn. 146; *Schroeder*, JuS 2004, 858 (861).

[232] Hierzu oben F. II. 2. b) cc) α) (3).

[233] Siehe bereits oben E. III. 2. c) bb).

[234] *Mäder*, Betriebliche Offenbarungspflichten und Schutz vor Selbstbelastung, S. 132.

[235] Vgl. auch *Nothhelfer*, Die Freiheit von Selbstbezichtigungszwang, S. 87.

II. Anforderungen an die staatliche Informationsbeschaffung bei Privaten

Erster Gesichtspunkt ist insofern die *Schwere* des zu offenbarenden straf- oder ordnungswidrigkeitenrechtlich sanktionierten Verstoßes. Diese spielt im Rahmen der Abwägung, ob eine Pflicht zur Erteilung einer – im sanktionsrechtlichen Verfahren jedenfalls unverwertbaren – Information besteht, eine entscheidende Rolle, weil von der Schwere des gegebenenfalls zu offenbarenden Verstoßes der Grad der Beeinträchtigung des hier allein einschlägigen Allgemeinen Persönlichkeitsrechts abhängt:[236] Je schwerer die Straftat oder Ordnungswidrigkeit ist und je mehr die betreffenden Informationen daher zur Beeinträchtigung des eigenen Bildes in der Öffentlichkeit geeignet sind, um so mehr spricht aus Sicht des Allgemeinen Persönlichkeitsrechts gegen eine Pflicht zur Offenbarung.[237] Umgekehrt ist es eher zumutbar, leichtere Verstöße gegen sanktionsrechtliche Vorschriften zu offenbaren, was im Einzelfall gegen ein Schweigerecht des Betroffenen sprechen kann.[238]

Beispiel: § 40a LMBG verpflichtet den Lebensmittelunternehmer dazu, unverzüglich die für die Überwachung zuständige Behörde zu unterrichten, wenn er Grund zu der Annahme hat, dass ein von ihm in den Verkehr gebrachtes Lebensmittel Vorschriften, die dem Schutz der Gesundheit dienen, nicht entspricht. Der damit verbundene Eingriff in das Allgemeine Persönlichkeitsrecht ist weitaus höher, wenn die Offenbarungspflicht ein jahrelanges und grob fahrlässiges Fehlverhalten eines national tätigen Lebensmittelunternehmers betrifft, als wenn es um das einmalige und nur leicht fahrlässige Versagen eines regionalen Betriebs geht. Die Anforderungen an eine Rechtfertigung des Eingriffs sind demzufolge im ersten Fall größer.

Zweitens ist die *Bedeutung des staatlichen Informationsanspruchs* im Einzelfall zu berücksichtigen. Wenn an der Wahrheitsermittlung ein gewichtiges öffentliches Interesse besteht, die Information etwa zum Schutz von verfassungsrechtlich geschützten Gütern geboten ist, spricht viel für eine Offenbarungspflicht des Bürgers.[239] Ist demgegenüber das staatliche Informationsinteresse weniger gewichtig, ist der Private eher zur Informationsverweigerung berechtigt.[240]

Wiederum am Beispiel des § 40a LMBG: Das Interesse der staatlichen Stellen daran, Kenntnis davon zu erlangen, dass über längere Zeit und bundesweit verdorbene Lebensmittel in den Handel gelangt sind, ist weitaus größer, als wenn es sich „nur" um ein einziges Ex-

---

[236] Insoweit ist die Rechtslage gänzlich anders als bei der Frage, ob der Grundsatz des „nemo tenetur" ordnungswidrigkeitenrechtliche und damit typischerweise „leichte" Verstöße überhaupt betrifft. Für die Bejahung dieser Frage ist der *absolute* Schutz der Menschenwürdegarantie vor jedweder im sanktionsrechtlichen Verfahren verwertbaren Selbstbelastung entscheidender Gesichtspunkt; näher oben F. II. 2. b) β) (1). Demgegenüber geht es vorliegend ausschließlich um den *relativen* und einer Abwägung zugänglichen Schutz des Allgemeinen Persönlichkeitsrechts vor der Pflicht zur Offenbarung (im sanktionsrechtlichen Verfahren unverwertbarer) selbstbelastender Informationen.

[237] Siehe auch *Stürner*, NJW 1981, 1757 (1761).

[238] Vgl. – wenn auch unter anderen Vorzeichen – *Bosch*, Aspekte des nemo-tenetur-Prinzips aus verfassungsrechtlicher und strafprozessualer Sicht, S. 33 f.; *Stürner*, NJW 1981, 1757 (1759).

[239] Vgl. auch *BGH*, NJW 2005, 763 (764).

[240] Vgl. auch *Mäder*, Betriebliche Offenbarungspflichten und Schutz vor Selbstbelastung, S. 184 ff.; *Stürner*, NJW 1981, 1757 (1761).

emplar eines bestimmten Produkts handelt. Hierdurch lässt sich der im ersten Fall – wie gesehen – stärkere Eingriff in das Allgemeine Persönlichkeitsrecht des Lebensmittelunternehmers unschwer rechtfertigen.

Schließlich ist der *Bezug des Informationspflichtigen zum Informationsgegenstand* von Bedeutung für die Zulässigkeit staatlicher Informationsbegehren. Steht der Informationspflichtige in besonderer Nähe zum Gegenstand des Verfahrens, etwa in einem besonderen Pflichtverhältnis, zu dem die betreffende Informationspflicht zählt, ist ihm eine Informationspflicht eher zumutbar.[241] Umgekehrt können nur unter strengen Voraussetzungen Informationen von Personen verlangt werden, die als Außenstehende eher zufällig in die Rolle des Informationsträgers geraten sind und nur im Zuge allgemeiner staatsbürgerlicher Pflichten – etwa als Zeugen im gerichtlichen Verfahren – in Anspruch genommen werden.[242]

Wird der Lebensmittelunternehmer selbst durch § 40a LMBG zur Unterrichtung der zuständigen Behörde verpflichtet, so ist dies durch seine besondere Verantwortung für seine Produkte zu erklären und eher zulässig, als wenn auch seine – am Unternehmen unbeteiligten – Familienmitglieder zu einer entsprechenden Unterrichtung verpflichtet wären. Deshalb ist es nur folgerichtig, dass § 40a LMBG nur den Lebensmittelunternehmer für unterrichtungspflichtig erklärt.

(5) Hinweispflicht auf Informationsverweigerungsrecht

Notwendige Bedingung für eine selbstbestimmte und eigenverantwortliche Entscheidung darüber, von einem bestehenden Informationsverweigerungsrecht Gebrauch zu machen, ist die Kenntnis der informationspflichtigen Person von ihrem Schweigerecht.[243] Hieraus folgt die grundsätzliche (auch verfassungsrechtliche) Verpflichtung zur Belehrung der informationsverweigerungsberechtigten Person.[244] Dem materiellen Schweigerecht des Betroffenen korrespondiert damit im Sinne eines „Grundrechtsschutzes durch Verfahren" die verfahrensrechtliche Absicherung, dass der Betroffene von seinem Recht auch Kenntnis erlangt.[245] Dieses Recht folgt aus denselben Verfassungsnormen und ist unter denselben Voraussetzungen einschränkbar wie das Schweigerecht selbst. Eine Verurteilung aufgrund

---

[241] *BVerfGE* 56, 37 (45).

[242] Vgl. *BVerfGE* 56, 37 (44); *Nothhelfer*, Die Freiheit von Selbstbezichtigungszwang, S. 93.

[243] *Rzepka*, Zur Fairneß im deutschen Strafverfahren, S. 388.

[244] Vgl. auch *BayObLG*, GewArch 1969, 41 (42); *AG Freiburg*, ZLR 2002, 125 (126); *Rengier*, Die Zeugnisverweigerungsrechte im geltenden und künftigen Strafverfahrensrecht, S. 244 f.; *Scholl*, Behördliche Prüfungsbefugnisse im Recht der Wirtschaftsüberwachung, S. 121. Anders *Herrmann*, Informationspflichten gegenüber der Verwaltung, S. 425 f., die eine Belehrung nicht für geboten ansieht, wenn sie nicht gesetzlich ausdrücklich vorgeschrieben ist.

[245] Allgemein dazu *v. Danwitz*, DVBl. 1993, 422 (427 f.); *Gostomzyk*, JuS 2004, 949 (951); *Kahl*, VerwArch 95 (2004), 1 (3 ff.); *Schmidt-Aßmann*, Das allgemeine Verwaltungsrecht als Ordnungsidee, S. 309 f.; *Schoch*, Die Verwaltung 25 (1992), 21 (25 ff.).

II. Anforderungen an die staatliche Informationsbeschaffung bei Privaten

einer selbstbelastenden Aussage ist damit nur zulässig, wenn der Betroffene zuvor über sein Schweigerecht belehrt worden ist (oder es ohnehin bereits kannte), weil andernfalls ein Eingriff in die Menschenwürde vorläge, der nicht gerechtfertigt werden könnte.[246] Im Übrigen verlangt das Allgemeine Persönlichkeitsrecht die Belehrung im Grundsatz und zumindest dann, wenn konkrete Anhaltspunkte für das Bestehen eines Informationsverweigerungsrechts vorliegen. Das Unterlassen der Belehrung kann vor diesem Hintergrund nur gerechtfertigt werden, wenn es zur Verfolgung eines verfassungslegitimen Zwecks geeignet, erforderlich und geboten ist. Dies kann insbesondere dann zu bejahen sein, wenn die Belehrung die Erfüllung der staatlichen Aufgabe, für die die (zügige) Informationserteilung erforderlich ist, erschweren oder gar unmöglich machen würde.[247]

(6) Schutz vor Selbstbelastung für juristische Personen

Mit der Herleitung des „nemo tenetur"-Satzes aus Art. 2 Abs. 1 i.V. m. Art. 1 Abs. 1 GG bzw. Art. 1 Abs. 1 GG ist die Frage der Anwendbarkeit auf juristische Personen – zumindest nach der hier zum persönlichen Schutzbereich des Allgemeinen Persönlichkeitsrechts vertretenen Auffassung[248] – bereits ablehnend beantwortet.[249] Auch das Bundesverfassungsgericht hat insoweit zutreffend festgehalten, dass der Zwiespalt, in den ein Zwang zur Selbstbezichtigung die einzelne Person bringt, bei juristischen Personen von vornherein nicht eintreten kann; diese bildet ihren Willen nur durch Organe und unterliegt im Hinblick auf Straftaten oder Ordnungswidrigkeiten nur einer geringen, nämlich auf die Kompensationsvorschrift des § 30 OWiG beschränkten Verantwortlichkeit.[250]

Davon unberührt bleiben die verfassungsrechtlichen Gesichtspunkte, die dem für die juristische Person informationspflichtigen Organ erlauben können, zum *eigenen* Schutz vor Selbstbelastung zu schweigen. In diesem Fall geht es nicht um den Schutz einer juristischen Person vor Selbstbezichtigung, sondern eine natürliche (und hinsichtlich des Allgemeinen Persönlichkeitsrechts und der Menschenwürdegarantie unproblematisch grundrechtsberechtigte) Person beruft sich auf den Grundsatz des „nemo tenetur".[251]

---

246 So auch die Rechtsprechung des Bundesgerichtshofs zu den Belehrungspflichten nach § 136 Abs. 1 S. 2 und § 243 Abs. 4 S. 1 StPO, siehe nur *BGHSt* 25, 325 (330 f.); 38, 214 (220 ff.).

247 Siehe bereits oben (zum geltenden Recht) E. IV. 1. f).

248 Siehe oben F. II. 2. b) aa).

249 Ebenso *Arzt,* JZ 2003, 456 (457 ff.); *Dreier,* in: ders., Grundgesetz, Bd. I, Art. 19 III Rdn. 35; *Mäder,* Betriebliche Offenbarungspflichten und Schutz vor Selbstbelastung, S. 303. Für eine Erstreckung des „nemo tenetur"-Satzes auch auf juristische Personen demgegenüber *Weiß,* JZ 1998, 289 (296).

250 *BVerfGE* 95, 220 (242).

251 Vgl. auch *Arzt,* JZ 2003, 456 (459); *Reinhardt,* AöR 118 (1993), 617 (659).

γ) Konsequenzen für Informationspflichten Privater gegenüber dem Staat

Gesetzliche Vorschriften über Informationspflichten Privater gegenüber dem Staat und ihre Anwendung in jedem Einzelfall müssen den ausgeführten verfassungsrechtlichten Erfordernissen Rechnung tragen. Wenn der Gesetzgeber sich dafür entscheidet, Informationsverweigerungsrechte zu normieren und Belehrungspflichten hierüber vorzusehen, ist insoweit aus verfassungsrechtlicher Sicht alles getan. Bei Informationspflichten Privater gegenüber dem Staat, die diesem Standard nicht genügen, sind aber die im Einzelnen hergeleiteten verfassungsrechtlichen Vorgaben zu beachten und gegebenenfalls im Wege der ergänzenden Gesetzesauslegung in das geltende Recht einzuführen. Dies bedeutet zum einen, dass Informationen, die ohne das Bestehen einer Informationspflicht oder in Unkenntnis hiervon erteilt wurden, nicht als Grundlage einer sanktionsrechtlichen Verfolgung dienen dürfen; insoweit besteht ein Verwertungsverbot für das straf- und ordnungswidrigkeitenrechtliche Verfahren. Darüber hinaus bedarf es bei fehlenden geschriebenen Informationsverweigerungsrechten der Abwägung zwischen dem Interesse des Informationspflichtigen daran, sich oder eine ihm nahestehende Person nicht belasten zu müssen, und dem Interesse des Staates an der Erteilung dieser Information; nur wenn das staatliche Informationsinteresse überwiegt, ist die uneingeschränkte Verpflichtung zur Informationserteilung verfassungsrechtlich zulässig. Andernfalls besteht auch insoweit ein Informationsverweigerungsrecht, über das der Betroffene grundsätzlich belehrt werden muss.

Nicht erforderlich ist es demgegenüber, neben einem Verwertungsverbot auch ein *Offenbarungsverbot* der informationsberechtigten staatlichen Stelle gegenüber den Strafverfolgungsbehörden anzunehmen, wie es in einem Sondervotum zum „Gemeinschuldnerbeschluss" des Bundesverfassungsgerichts[252] sowie einigen Stimmen in der Literatur[253] als verfassungsrechtlich geboten angesehen wird. Die bloße Weitergabe der entsprechenden Informationen (auch) an Strafverfolgungsbehörden stellt keinen Eingriff in die Menschenwürdegarantie des Grundgesetzes dar, die nur die Verwertung im sanktionsrechtlichen Verfahren verbietet,[254] und ist daher verfassungsrechtlich auch nicht absolut untersagt.[255]

c) Sonstige Freiheitsrechte

Neben den Grundrechten aus Art. 5 Abs. 1 S. 1 GG und Art. 2 Abs. 1 i.V.m. Art. 1 Abs. 1 GG, die für Informationspflichten Privater gegenüber dem Staat eine umfassende und sachverhaltsübergreifende Bedeutung haben, können Informa-

---

[252] *BVerfGE* 56, 37 (54).

[253] *Hahn*, Offenbarungspflichten im Umweltschutzrecht, S. 164 ff.; *Hohnel*, NZI 2005, 152 (154); *Nobbe/Vögele*, NuR 1988, 313 (317).

[254] Siehe oben F. II. 2. b) cc) α) (3).

[255] Ebenso *Mäder*, Betriebliche Offenbarungspflichten und Schutz vor Selbstbelastung, S. 265; siehe auch *BVerfGE* 56, 37 (51 f.).

tionspflichten Privater gegenüber dem Staat noch etliche weitere Freiheitsgrundrechte betreffen. Entscheidend hierfür ist der jeweilige grundrechtlich geschützte Lebensbereich, der durch die Statuierung einer Informationspflicht berührt wird. Die Rechtspraxis zeigt, dass durch Informationspflichten Privater insbesondere in die Grundrechte der Berufsfreiheit, der Eigentumsfreiheit, der Presse- und Rundfunkfreiheit, der Wissenschaftsfreiheit, der Bekenntnisfreiheit und der Versammlungsfreiheit sowie das Fernmeldegeheimnis eingegriffen werden kann.[256] Nur subsidiär kommt auch die Allgemeine Handlungsfreiheit als „Auffanggrundrecht" in Betracht.

aa) Berufsfreiheit

Informationspflichten Privater gegenüber dem Staat, die im Zusammenhang mit der Berufsausübung bestehen, können Eingriffe in das Grundrecht der *Berufsfreiheit* aus Art. 12 Abs. 1 GG darstellen. Dieses schützt in Gestalt der Berufsausübungsfreiheit die gesamte berufliche Betätigung, unter die insbesondere Form, Mittel, Umfang und Inhalt der Betätigung fallen.[257] Hierzu zählt auch die Freiheit von (unter Umständen aufwendig zu erfüllenden) Informationspflichten wegen der Ausübung eines Berufs.[258] Allerdings ist nicht jede Informationspflicht bei der Berufsausübung ein Eingriff in Art. 12 Abs. 1 GG. Voraussetzung für einen Eingriff in den Schutzbereich der Berufsfreiheit ist vielmehr, dass die betreffenden Maßnahmen einen unmittelbaren Berufsbezug haben oder zumindest eine berufsregelnde Tendenz in dem Sinne aufweisen, dass sie „nach Entstehungsgeschichte und Inhalt im Schwerpunkt Tätigkeiten betreffen, die typischerweise beruflich ausgeübt werden".[259] Informationspflichten, die nur „zufällig" bei der Berufsaus-

---

[256] Eingriffe in Art. 11 Abs. 1 oder Art. 13 Abs. 1 GG kommen demgegenüber schwerlich in Betracht, vgl. *Herrmann,* Informationspflichten gegenüber der Verwaltung, S. 413 ff. Ebenfalls berührt die Auferlegung einer Informationspflicht nicht das Verbot von Arbeitszwang und Zwangsarbeit (Art. 12 Abs. 2, Abs. 3 GG), *BVerwG,* NJW 1991, 1246 (1247); *Decker,* Die externe Informationsgewinnung in der deutschen öffentlichen Verwaltung, S. 96.

[257] Siehe nur *Jarass,* in: ders./Pieroth, Grundgesetz, Art. 12 Rdn. 8; *Manssen,* in: von Mangoldt/Klein/Starck, Das Bonner Grundgesetz, Bd. 1, Art. 12 Abs. 1 Rdn. 65 ff.

[258] *BVerwGE* 8, 78 (80); 115, 319 (327); *BVerwG,* NJW 1991, 1246 (1247); *BayObLG,* ZLR 1982, 61 (64); *LG Stuttgart,* NJW 2001, 455 (456); *Bitter,* Spieltheorie und öffentliche Verwaltung, S. 157; *Breuer,* in: Isensee/Kirchhof, Handbuch des Staatsrechts, Bd. VI, § 148 Rdn. 26; *Hahn,* Offenbarungspflichten im Umweltschutzrecht, S. 176 f.; *Herrmann,* Informationspflichten gegenüber der Verwaltung, S. 357; *Holznagel,* Die Erhebung von Marktdaten im Wege des Auskunftsersuchens nach dem TKG, S. 6; *Jarass,* in: ders./Pieroth, Grundgesetz, Art. 12 Rdn. 11; *Pohl,* Informationsbeschaffung beim Mitbürger, S. 189; *Tiedemann,* CR 2004, 95 (96); vgl. auch *BVerfGE* 81, 70 (94 f.), für Aufzeichnungs- und Aufbewahrungspflichten bei der Berufsausübung, sowie *BVerfG,* NJW 2001, 811, das für die Auskunftspflicht eines Energieversorgungsunternehmens gegenüber dem Finanzamt über Kundenkonten die Anwendbarkeit von Art. 12 Abs. 1 GG ebenso offen lässt wie die Anwendbarkeit von Art. 14 Abs. 1 GG sowie Art. 2 Abs. 1 i.V.m. Art. 1 Abs. 1 GG.

[259] Vgl. *BVerfGE* 97, 228 (254); *Holznagel,* Die Erhebung von Marktdaten im Wege des Auskunftsersuchens nach dem TKG, S. 6.

übung bestehen, aber ebenso unabhängig von dieser auftreten können, sind demgegenüber nicht am Maßstab der Berufsfreiheit zu messen.

Eingriffe in die Berufsfreiheit sind demzufolge etwa die Aufzeichnungs- und Aufbewahrungspflichten eines Mietwagenunternehmers gemäß § 49 Abs. 4 S. 3 PBefG.[260] Andererseits ist die Verpflichtung eines Mietwagenchauffeurs gemäß § 138 Abs. 1 StGB, eine geplante schwere Straftat anzuzeigen, auch dann kein Eingriff in Art. 12 Abs. 1 GG, wenn er von diesem Plan aus einem Gespräch zwischen seinen Fahrgästen, also anlässlich seiner Berufsausübung erfährt.

Greifen Informationspflichten Privater gegenüber dem Staat in die Berufsfreiheit ein, müssen sie als Berufsausübungsregeln gemäß der sogenannten „Drei-Stufen-Theorie" „vernünftige Erwägungen des Allgemeinwohls" verfolgen.[261] In der Sache entspricht dies den üblichen Anforderungen des Übermaßverbots,[262] so dass ein Eingriff in Art. 12 Abs. 1 GG sachlich keinen erheblich gesteigerten Rechtfertigungsbedarf im Vergleich mit sonstigen Informationspflichten auslöst.

bb) Eigentumsfreiheit

Daneben kommt ein Eingriff in das Grundrecht auf *Eigentumsfreiheit* gemäß Art. 14 Abs. 1 S. 1 GG in Betracht, wenn und soweit dieses Grundrecht die staatlicherseits verlangten Informationen schützt.[263] Dies ist insbesondere dann der Fall, wenn der Staat Informationen über *Betriebs- und Geschäftsgeheimnisse* eines Unternehmens verlangt.[264] Diese sind durch das Eigentumsgrundrecht geschützt, wenn und weil sie einen „geronnenen", durch den Einsatz von Kapital und Arbeit erwirtschafteten Vermögenswert darstellen und insofern gewerblichen Schutzrechten[265] gleichgestellt werden können.[266] Diese Voraussetzungen sind

---

[260] *BVerfGE* 81, 70 (94 f.).

[261] Siehe *BVerfGE* 7, 377 (405 ff.); *Kimms,* JuS 2001, 664 (669 f.); *Kluth,* Jura 2001, 371 (375 f.); vgl. auch – speziell für Offenlegungspflichten – *v. Danwitz,* DVBl. 2005, 593 (601); *Petersen,* Das Bankgeheimnis zwischen Individualschutz und Institutionsschutz, S. 19.

[262] Vgl. *Epping,* Grundrechte, Rdn. 373; *Stohrer,* Jura Sonderheft Zwischenprüfung (2004), 51 (54 Fn. 39).

[263] Nicht unter Art. 14 Abs. 1 GG, sondern nur unter Art. 12 Abs. 1 GG fallen demgegenüber Informationspflichten bei Ausübung einer beruflichen Betätigung, die keine durch das Eigentumsgrundrecht geschützten Informationen betreffen; wenn es nicht um den Schutz des „Erworbenen", sondern „nur" um den Schutz des „Erwerbs" geht, ist Art. 14 Abs. 1 GG nicht einschlägig; vgl. nur *BVerfGE* 81, 70 (96).

[264] Näher *Bitter,* Spieltheorie und öffentliche Verwaltung, S. 157; *Breuer,* in: Isensee/Kirchhof, Handbuch des Staatsrechts, Bd. VI, § 148 Rdn. 26 f.; *Hahn,* Offenbarungspflichten im Umweltschutzrecht, S. 174; *Haller,* Auskunftsansprüche im Umwelthaftungsrecht, S. 132 ff.; *Ossenbühl,* AöR 115 (1990), 1 (29); *Trantas,* Akteneinsicht und Geheimhaltung im Verwaltungsrecht, S. 325; vgl. auch *v. Danwitz,* DVBl. 2005, 597 (600); *Holznagel,* Die Erhebung von Marktdaten im Wege des Auskunftsersuchens nach dem TKG, S. 5 f. *Stein,* Die Wirtschaftsaufsicht, S. 130, verortet demgegenüber – wenig überzeugend – den Schutz der Betriebsgeheimnisse im verfassungsrechtlichen Sozialstaatsprinzip.

II. Anforderungen an die staatliche Informationsbeschaffung bei Privaten

namentlich für Kundendateien oder Fertigungs- und Produktionsmethoden erfüllt;[267] diese werden durch das Unternehmen wirtschaftlich genutzt und ihre Offenbarung wäre für das Unternehmen nachteilig, wenn und weil Konkurrenten darauf zurückgreifen und ihrerseits wirtschaftliche Vorteile daraus ziehen könnten.[268] Entsprechende Informationspflichten müssen sich auf eine verfassungsmäßige gesetzliche Inhalts- und Schrankenbestimmung gemäß Art. 14 Abs. 1 S. 2 GG stützen lassen, also insbesondere dem Übermaßverbot gerecht werden.[269]

Keinen Schutz durch Art. 14 Abs. 1 S. 1 GG genießen demgegenüber allgemeine Marktdaten wie beispielsweise generelle Informationen über den Umsatz, die Beschäftigtenzahl oder die Kundenzahl, denen kein Vermögenswert zukommt, da der Unternehmer diese Zahlen als solche nicht wirtschaftlich nutzt – und auch ein Konkurrent sie nicht wirtschaftlich nutzen könnte.[270] Aus diesem Grund stellt etwa die bloße Kundenzahl eines Unternehmens – ganz anders als die Daten der Kunden im Einzelnen – gerade keinen Vermögenswert dar,[271] und Informationspflichten hierüber greifen folglich nicht in die Eigentumsfreiheit aus Art. 14 Abs. 1 S. 1 GG ein.[272]

Auf dieser Grundlage ist beispielsweise problematisch, ob die Informationspflicht eines Energieversorgungsunternehmens gegenüber dem Finanzamt über die Kontoverbindung eines Kunden als Eingriff in Art. 14 Abs. 1 S. 1 GG einzustufen ist.[273] Hierfür spricht, dass es sich nicht um ein allgemeines Marktdatum, sondern um eine Angabe aus der Kundendatei handelt, aus der ein Konkurrent durchaus Rückschlüsse auf einen einzelnen Kunden ziehen und

---

[265] Zu deren Schutz durch Art. 14 Abs. 1 GG siehe nur *BVerfGE* 31, 229 (239 f.); 36, 281 (290 f.); *Papier*, in: Maunz/Dürig, Grundgesetz, Art. 14 Rdn. 197 ff.

[266] *Breuer*, in: Isensee/Kirchhof, Handbuch des Staatsrechts, Bd. VI, § 148 Rdn. 26; *Gurlit*, Die Verwaltungsöffentlichkeit im Umweltrecht, S. 119 f.; *Hahn*, Offenbarungspflichten im Umweltschutzrecht, S. 171; *Holznagel*, Die Erhebung von Marktdaten im Wege des Auskunftsersuchens nach dem TKG, S. 5; vgl. auch *Kloepfer*, Informationsrecht, § 3 Rdn. 56. Gegen einen Schutz von Betriebs- und Geschäftsgeheimnissen durch Art. 14 Abs. 1 S. 1 GG jedoch *Wolff*, NJW 1997, 98 (99 ff.).

[267] *Holznagel*, Die Erhebung von Marktdaten im Wege des Auskunftsersuchens nach dem TKG, S. 5 f.

[268] Vgl. zu diesen Kriterien *Gurlit*, Die Verwaltungsöffentlichkeit im Umweltrecht, S. 119 f.; *Schoch/Kloepfer*, Informationsfreiheitsgesetz (IFG-ProfE), § 8 Rdn. 9; *Trantas*, Akteneinsicht und Geheimhaltung, S. 324.

[269] Zu den Rechtmäßigkeitsvoraussetzungen von Einschränkungen des Eigentumsgrundrechts ausführlich *Wieland*, in: Dreier, Grundgesetz, Bd. I, Art. 14 Rdn. 72 ff.; gerade für den vorliegenden Zusammenhang von Informationspflichten Privater siehe auch *v. Danwitz*, DVBl. 2005, 593 (601).

[270] Zu diesem Gesichtspunkt vgl. auch *Breuer*, in: Isensee/Kirchhof, Handbuch des Staatsrechts, Bd. VI, § 148 Rdn. 26.

[271] Ebenso – für den Kundenstamm – *BVerfGE* 77, 84 (118); *Berkemann*, in: Umbach/Clemens, Grundgesetz, Bd. I, Art. 14 Rdn. 196.

[272] *Holznagel*, Die Erhebung von Marktdaten im Wege des Auskunftsersuchens nach dem TKG, S. 6.

[273] Offen gelassen von *BVerfG*, NJW 2001, 811.

diese Kenntnis auch wirtschaftlich nutzen könnte. Geht man deshalb von einem Eingriff in die Eigentumsgarantie aus, so ist dieser jedenfalls verfassungsrechtlich gerechtfertigt, da die Ermächtigungsgrundlage des § 93 AO eine verhältnismäßige und damit rechtswirksame Inhalts- und Schrankenbestimmung ist: Die Vorschrift dient der Ermittlung steuerrelevanter Tatbestände und damit der wirkungsvollen und gleichmäßigen Erfüllung von Steuerschulden; dies ist ein Gemeinwohlbelang, der das Geheimhaltungsinteresse des betroffenen Unternehmens überwiegt.[274]

Zu weitgehend ist es vor diesem Hintergrund jedoch, Art. 14 Abs. 1 S. 1 GG ein *generelles* Recht auf informationelle Selbstbestimmung für juristische Personen zu entnehmen, das vor der Erhebung der auf diese bezogenen individualisierten oder individualisierbaren Daten schützen könnte.[275] Eine solche Interpretation entfernte das Eigentumsgrundrecht vollständig von seinem Bezugspunkt, nämlich den *vermögenswerten Gütern* eines Grundrechtsberechtigten.[276] Es ist eben nicht jede bei einem Unternehmen vorhandene Information ohne weiteres „Eigentum" des Unternehmens i. S. v. Art. 14 Abs. 1 GG, sondern – wie gesehen – nur solche Daten, denen (wie Betriebs- und Geschäftsgeheimnissen) ein aus Arbeit oder Kapital „geronnener" Vermögenswert tatsächlich zukommt.[277]

cc) Presse- und Rundfunkfreiheit

Die *Pressefreiheit* schützt alle wesensmäßig mit der Pressearbeit[278] zusammenhängenden Tätigkeiten „von der Beschaffung der Information bis zur Verbreitung der Nachrichten und Meinungen".[279] Erfasst von diesem Schutz sind auch der Anzeigenteil eines Presseorgans und das Chiffre-Geheimnis.[280] Daher greift die Erzwingung von Aussagen über jegliche Pressetätigkeiten in das Grundrecht aus Art. 5 Abs. 1 S. 2 GG ein.[281] Dies gilt insbesondere, wenn das Vertrauensverhältnis zwischen der Presse und ihren Mitarbeitern und Informanten betroffen ist, das eine

---

[274] Vgl. *BVerfG*, NJW 2001, 811 (812).

[275] So aber *BVerwGE* 115, 319 (325): „Das Recht auf informationelle Selbstbestimmung ergibt sich auch aus Art. 14 Abs. 1 GG"; vgl. ferner – und unklarer – *BVerfGE* 67, 100 (142 f.); 77, 1 (47).

[276] Vgl. nur *Jarass*, in: ders./Pieroth, Grundgesetz, Art. 14 Rdn. 7; *Wendt*, in: Sachs, Grundgesetz, Art. 14 Rdn. 21.

[277] Im Ergebnis ebenso *Herrmann*, Informationspflichten gegenüber der Verwaltung, S. 344 f.; ähnlich *Rosenberger*, Geheimnisschutz und Öffentlichkeitsarbeit in Verwaltungsverfahren und -prozess, S. 31.

[278] Zum verfassungsrechtlichen Begriff der „Presse" siehe nur *Schulze-Fielitz*, in: Dreier, Grundgesetz, Bd. I, Art. 5 I, II Rdn. 89 ff.

[279] *BVerfGE* 20, 162 (176); 91, 125 (134); *Degenhart*, in: Dolzer/Vogel/Graßhoff, Bonner Kommentar zum Grundgesetz, Art. 5 Abs. 1 und 2 Rdn. 417; *Jarass*, in: ders./Pieroth, Grundgesetz, Art. 5 Rdn. 27; *Schulze-Fielitz*, in: Dreier, Grundgesetz, Bd. I, Art. 5 Rdn. 95.

[280] *BVerfGE* 21, 271 (278 ff.); 64, 108 (114 f.).

[281] *Jarass*, in: ders./Pieroth, Grundgesetz, Art. 5 Rdn. 29.

II. Anforderungen an die staatliche Informationsbeschaffung bei Privaten 295

wesentliche Voraussetzung für die Funktionsfähigkeit eines Presseorgans bildet.[282] Namentlich im Prozessrecht wird diesen verfassungsrechtlichen Vorgaben vielfach durch die Normierung von Zeugnisverweigerungsrechten für Presseangehörige Rechnung getragen.[283]

Begehrt der Staat von einem Presseangehörigen oder einer anderen Person[284] von der Pressefreiheit geschützte Informationen und liegt damit ein Eingriff in Art. 5 Abs. 1 S. 2 GG vor, muss sich dieser an der Schrankenregelung des Art. 5 Abs. 2 GG messen lassen.[285] Bei der dabei in der Regel vorzunehmenden Abwägung ist die besondere Bedeutung der Pressefreiheit für die freiheitlich-demokratische Grundordnung zu berücksichtigen, die für den Schutz namentlich des Redaktionsgeheimnisses spricht.[286] Dadurch kann im Einzelfall festgestellt werden, ob das Informationsinteresse der Presse oder das staatliche Aufklärungsinteresse Vorrang genießt.[287]

Verfassungsrechtlich zulässig ist es nach der Rechtsprechung des Bundesverfassungsgerichts etwa, wenn der Verleger einer Tageszeitung dazu verpflichtet wird, die Namen der Inserenten von Chiffreanzeigen der Steuerfahndungsstelle des Finanzamts mitzuteilen. Dieser Eingriff in Art. 5 Abs. 1 S. 2 GG aufgrund der Ermächtigungsgrundlage in § 93 Abs. 1 S. 1 AO kann mit der Begründung gerechtfertigt werden, dass Chiffreanzeigen keinen Beitrag zur öffentlichen Meinungsbildung liefern.[288]

Analog der Pressefreiheit schützt auch die *Rundfunkfreiheit* aus Art. 5 Abs. 1 S. 2 GG alle wesensmäßig mit der Rundfunkveranstaltung zusammenhängenden Tätigkeiten von der Informationsbeschaffung bis zur Produktion und Verbreitung der Sendungen.[289] Informationsbegehren des Staates gegenüber Privaten, die diese Tätigkeiten betreffen, greifen daher in Art. 5 Abs. 1 S. 2 GG ein und müssen ebenfalls der Schrankenregelung des Art. 5 Abs. 2 GG gerecht werden.[290]

---

[282] Vgl. *BVerfGE* 20, 162 (187 f.); 36, 193 (204); *Bullinger*, in: Isensee/Kirchhof, Handbuch des Staatsrechts, Bd. VI, § 142 Rdn. 32; *Pöppelmann/Jehmlich*, AfP 2003, 218 (219 f.).

[283] Dazu siehe oben E. III. 2. b) aa); vgl. auch *BVerfGE* 36, 193 (204); *Degenhart*, in: Dolzer/Vogel/Graßhoff, Bonner Kommentar zum Grundgesetz, Art. 5 Abs. 1 und 2 Rdn. 435 ff.; *Herrmann/Lausen*, Rundfunkrecht, § 22 Rdn. 75; *Pöppelmann/Jehmlich*, AfP 2003, 218 (221 f.).

[284] Dies ist etwa dann der Fall, wenn ein Telekommunikationsunternehmen zur Herausgabe von Verbindungsdaten der Telekommunikation verpflichtet wird, die das Vertrauensverhältnis zwischen einem Presseangehörigen und einem Informanten betreffen; vgl. *BVerfGE* 107, 299 (329 f.); hierzu auch *Janz*, JuS 2003, 1063 ff.

[285] Zu dieser bereits oben D. II. 2. a).

[286] Vgl. *BVerfG*, NJW 1990, 701 (702); *FG Stuttgart*, AfP 1986, 261 (262).

[287] Vgl. *BVerfGE* 64, 108 (116); 107, 299 (331 ff.); *Hoffmann-Riem*, in: Denninger/Hoffmann-Riem/Schneider/Stein, Kommentar zum Grundgesetz für die Bundesrepublik Deutschland, Art. 5 Abs. 1, 2 Rdn. 171.

[288] *BVerfGE* 107, 299 (332 f.); *BVerfG*, NJW 1990, 701 (702).

[289] *BVerfGE* 77, 65 (74); 91, 125 (134); 103, 44 (59); 107, 299 (329); *Bethge*, in: Sachs, Grundgesetz, Art. 5 Rdn. 108; *Jarass*, in: ders./Pieroth, Grundgesetz, Art. 5 Rdn. 39.

Dementsprechend hat das Bundesverfassungsgericht entschieden, dass die Pflicht eines privaten Rundfunkveranstalters, Rundfunksendungen aufzuzeichnen, aufzubewahren und auf Verlangen der Landesmedienanstalt vorzulegen, einen Eingriff in Art. 5 Abs. 1 S. 2 GG darstellt, der jedoch gemäß Art. 5 Abs. 2 GG verfassungsrechtlich zu rechtfertigen ist, da er der wirksamen Rechtsaufsicht über den privaten Rundfunk dient und die Rundfunkveranstalter nicht wesentlich belastet.[291]

dd) Wissenschaftsfreiheit

Die Verpflichtung eines Wissenschaftlers zur Informationserteilung gegenüber dem Staat berührt das Grundrecht der *Wissenschaftsfreiheit* (Art. 5 Abs. 3 S. 1 GG), wenn der Gegenstand der begehrten Information im Zusammenhang mit Forschung oder Lehre steht,[292] und löst dann den entsprechenden Bedarf einer verfassungsrechtlichen Rechtfertigung aus.[293] Aufgrund der vorbehaltlosen Gewährleistung der Wissenschaftsfreiheit im Verfassungstext ist die informationelle Inanspruchnahme von Wissenschaftlern daher nur zum Schutz kollidierenden Verfassungsrechts zulässig.[294]

So greift eine Anzeigepflicht in Art. 5 Abs. 3 GG ein, die Wissenschaftler an Universitäten dazu verpflichtet, ein Universitätsorgan von Erkenntnissen der Forschung zu unterrichten, bei deren Missbrauch eine erhebliche Gefahr für die Gesundheit, das Leben oder das friedliche Zusammenleben der Menschen entstehen kann. Eine entsprechende Vorschrift (hier: § 6 HessUG damaliger Fassung) ist aber nach Ansicht des Bundesverfassungsgerichts verfassungsgemäß, da sie dem Schutz höherrangiger Verfassungsgüter (insbesondere der staatlichen Schutzpflicht aus Art. 2 Abs. 2 S. 1 GG) dient und an diesen gemessen dem Übermaßverbot entspricht.[295]

ee) Bekenntnisfreiheit

Wird der Einzelne dazu verpflichtet, seine religiöse Überzeugung oder Weltanschauung zu offenbaren, liegt ein Eingriff in das Grundrecht der Bekenntnis-

---

[290] *BVerfGE* 95, 220 (234); vgl. auch *BVerfGE* 107, 299 (330); *Clemens,* in: Umbach/Clemens, Grundgesetz, Bd. I, Art. 5 Rdn. 104; *Herrmann/Lausen,* Rundfunkrecht, § 22 Rdn. 77 ff.

[291] Vgl. *BVerfGE* 95, 220 (234 ff.).

[292] Zum Schutzbereich der Wissenschaftsfreiheit im Einzelnen *Pernice,* in: Dreier, Grundgesetz, Bd. I, Art. 5 III (Wissenschaft) Rdn. 24 ff.; *Zöbeley,* in: Umbach/Clemens, Grundgesetz, Bd. I, Art. 5 Rdn. 241 ff.

[293] *Greitemann,* Das Forschungsgeheimnis, S. 266 ff.; *Herrmann,* Informationspflichten gegenüber der Verwaltung, S. 408; *Pernice,* in: Dreier, Grundgesetz, Bd. I, Art. 5 III (Wissenschaft) Rdn. 38; vgl. auch *Ipsen,* VVDStRL 48 (1990), 177 (181 f.).

[294] *Kannengießer,* in: Schmidt-Bleibtreu/Klein, Kommentar zum Grundgesetz, Art. 5 Rdn. 32; *Pieroth/Schlink,* Grundrechte – Staatsrecht II, Rdn. 630; *Zöbeley,* in: Umbach/Clemens, Grundgesetz, Bd. I, Art. 5 Rdn. 255 ff.

[295] *BVerfGE* 47, 327 (366 ff.); vgl. auch *Denninger,* in: ders./Hoffmann-Riem/Schneider/Stein, Kommentar zum Grundgesetz für die Bundesrepublik Deutschland, Art. 5 Abs. 3 I Rdn. 37.

II. Anforderungen an die staatliche Informationsbeschaffung bei Privaten 297

freiheit gemäß Art. 4 Abs. 1 GG vor; diese schützt neben dem Recht, die religiöse oder weltanschauliche Überzeugung (positiv) zu bekennen, auch die *negative* Freiheit, hierüber zu schweigen, wie Art. 140 GG i.V.m. Art. 136 Abs. 3 S. 1 und Art. 137 Abs. 7 WRV besonders zum Ausdruck bringt.[296]

Von der negativen Bekenntnisfreiheit geschützt ist auch das Recht, die eigene *Konfessionszugehörigkeit* nicht aufdecken zu müssen.[297] Informationspflichten Privater gegenüber staatlichen Stellen über die Zugehörigkeit oder Nichtzugehörigkeit zu einer Religionsgesellschaft können allerdings gemäß Art. 140 GG i.V.m. Art. 136 Abs. 3 S. 2 WRV verfassungsrechtlich gerechtfertigt werden, wenn davon Rechte oder Pflichten abhängen oder eine gesetzlich angeordnete statistische Erhebung sie erfordert.[298]

Demgemäß hat das Bundesverfassungsgericht etwa die Verpflichtung zur Angabe der Zugehörigkeit oder Nichtzugehörigkeit zu einer Religionsgesellschaft im Rahmen einer Volkszählung für verfassungsmäßig erachtet.[299] Für zulässig gehalten wird wegen Art. 137 Abs. 6 WRV auch die Frage nach der Religionszugehörigkeit auf der Lohnsteuerkarte.[300]

Vorbehaltlos gewährleistet ist demgegenüber das Recht, *subjektive Glaubensüberzeugungen* nicht offenbaren zu müssen. Zur Rechtfertigung etwaiger Informationspflichten des Bürgers gegenüber dem Staat hierüber, die das geltende Gesetzesrecht – soweit ersichtlich – allerdings nicht kennt, käme allenfalls ein Rückgriff auf kollidierendes Verfassungsrecht in Betracht.[301]

ff) Versammlungsfreiheit

Art. 8 Abs. 1 GG gewährleistet jedem Deutschen das Recht, sich „ohne Anmeldung" zu versammeln,[302] und damit in seinem Anwendungsbereich sogar ausdrücklich die Freiheit von einer bestimmten Informationspflicht gegenüber dem

---

[296] *BVerfGE* 49, 375 (376); 65, 1 (38 f.); *Herrmann*, Informationspflichten gegenüber der Verwaltung, S. 411; *Jarass*, in: ders./Pieroth, Grundgesetz, Art. 140 GG i.V.m. Art. 136 WRV Rdn. 4.

[297] *BVerfGE* 49, 375 (376); 65, 1 (39); *Korioth*, in: Maunz/Dürig, Grundgesetz, Art. 140 GG i.V.m. Art. 136 WRV Rdn. 76 ff.

[298] Zur negativen Bekenntnisfreiheit und ihrer besonderen Grundrechtsschranke siehe ausführlich *Korioth*, in: Maunz/Dürig, Grundgesetz, Art. 140 GG i.V.m. Art. 136 WRV Rdn. 72 ff.

[299] *BVerfGE* 65, 1 (38 ff.).

[300] *BVerfGE* 49, 375 (376 f.); *BVerfG*, NVwZ 2001, 909; siehe auch *Morlok*, in: Dreier, Grundgesetz, Bd. III, Art. 140/136 WRV Rdn. 20.

[301] So *Jarass*, in: ders./Pieroth, Grundgesetz, Art. 140 i.V.m. Art. 136 WRV Rdn. 5; kritisch demgegenüber *v. Campenhausen*, in: Isensee/Kirchhof, Handbuch des Staatsrechts, Bd. VI, § 136 Rdn. 56; *Korioth*, in: Maunz/Dürig, Grundgesetz, Art. 140 GG i.V.m. Art. 136 WRV Rdn. 103.

[302] Zum verfassungsrechtlichen Begriff der „Versammlung" siehe nur *Enders*, Jura 2003, 34 (35 f.); *Kohl*, in: Umbach/Clemens, Grundgesetz, Bd. I, Art. 8 Rdn. 26 ff.

Staat: Jede Pflicht zur Anmeldung einer Versammlung greift in das Grundrecht aus Art. 8 Abs. 1 GG ein.[303] Aber auch sonstige Informationspflichten Privater gegenüber staatlichen Stellen, die im Zusammenhang mit einer Versammlung bestehen, schränken die Versammlungsfreiheit ein und lösen den damit verbundenen Rechtfertigungsbedarf aus.[304] Für Versammlungen unter freiem Himmel gilt insoweit der Gesetzesvorbehalt des Art. 8 Abs. 2 GG, für Versammlungen in geschlossenen Räumen kommt eine Rechtfertigung des Eingriffs nur zum Schutze kollidierenden Verfassungsrechts in Betracht.[305]

§ 14 VersG normiert eine Anmeldepflicht für öffentliche Versammlungen unter freiem Himmel „spätestens 48 Stunden vor der Bekanntgabe". Die Vorschrift greift folglich in Art. 8 Abs. 1 GG ein. Sie entspricht aber grundsätzlich dem Schrankenvorbehalt des Art. 8 Abs. 2 GG, da sie einem störungsfreien Verlauf der Versammlung selbst dient, indem sie dieser einiges an Konfliktpotential nimmt.[306] Für Eil- und Spontanversammlungen ist sie demgegenüber verfassungsrechtlich bedenklich, da der Wortlaut des Gesetzes in diesen Fällen die rechtmäßige Durchführung der Versammlung – wegen der Unmöglichkeit, die Anmeldefrist einzuhalten – ausschließt. Das Bundesverfassungsgericht hat sich mit einer verfassungskonformen Auslegung dahingehend beholfen, dass Eilversammlungen „unverzüglich" anzumelden seien;[307] Spontanversammlungen seien von der Anmeldepflicht ganz suspendiert.[308] Mit dem Wortlaut des § 14 VersG ist dieses Ergebnis jedoch kaum in Einklang zu bringen, so dass mehr für die (zumindest teilweise) Verfassungswidrigkeit dieser Vorschrift spricht.[309]

Ebenfalls verfassungsrechtlich bedenklich ist § 9 Abs. 2 S. 1 VersG, der den Leiter einer öffentlichen Versammlung in geschlossenen Räumen dazu verpflichtet, die Zahl der von ihm bestellten Ordner der Polizei auf Anfordern mitzuteilen. Zur Rechtfertigung durch kollidierendes Verfassungsrecht kann allenfalls der Gedanke herangezogen werden, dass Art. 8 Abs. 1 GG auch seinerseits die Aufrechterhaltung der Friedlichkeit von Versammlungen fordere und § 9 Abs. 2 S. 1 VersG diesem (auch verfassungsrechtlichen) Ziel diene.[310]

---

[303] Siehe auch *Herrmann,* Informationspflichten gegenüber der Verwaltung, S. 413; *Höfling,* in: Sachs, Grundgesetz, Art. 8 Rdn. 58; *Schulze-Fielitz,* in: Dreier, Grundgesetz, Bd. I, Art. 8 Rdn. 60.

[304] Vgl. etwa *Kunig,* in: v. Münch/Kunig, Grundgesetz-Kommentar, Bd. 1, Art. 8 Rdn. 27, in Bezug auf § 9 Abs. 2 S. 1 VersG.

[305] Zur Schrankensystematik des Art. 8 GG siehe auch *Enders,* Jura 2003, 34 (39); *Schulze-Fielitz,* in: Dreier, Grundgesetz, Bd. I, Art. 8 Rdn. 63 ff.

[306] BVerfGE 69, 315 (350); 85, 69 (74); *Enders,* Jura 2003, 103.

[307] BVerfGE 85, 69 (75).

[308] BVerfGE 69, 315 (350 f.); 85, 69 (75).

[309] So auch *Enders,* Jura 2003, 103; *Höfling,* in: Sachs, Grundgesetz, Art. 8 Rdn. 58. Der Rechtsprechung des BVerfG zustimmend aber beispielsweise *Herzog,* in: Maunz/Dürig, Grundgesetz, Art. 8 Rdn. 107; *Schulze-Fielitz,* in: Dreier, Grundgesetz, Bd. I, Art. 8 Rdn. 80 ff.

[310] So *Kunig,* in: v. Münch/Kunig, Grundgesetz-Kommentar, Bd. 1, Art. 8 Rdn. 27; für Verfassungswidrigkeit aber mit guten Gründen *Höfling,* in: Sachs, Grundgesetz, Art. 8 Rdn. 71; siehe auch *Jarass,* in: ders./Pieroth, Grundgesetz, Art. 8 Rdn. 21.

gg) Fernmeldegeheimnis

Ein Eingriff in das Fernmeldegeheimnis aus Art. 10 Abs. 1 GG durch Informationspflichten Privater gegenüber dem Staat liegt dann vor, wenn der Staat Informationen begehrt, die von diesem Grundrecht geschützt sind. Dies betrifft nicht nur die Inhalte der Telekommunikation (Inhaltsdaten), hinsichtlich derer im geltenden Recht (außerhalb von § 138 StGB) keine unmittelbaren Informationspflichten Privater existieren,[311] sondern auch die näheren Kommunikationsumstände (Verkehrsdaten).[312] Für den vorliegenden Zusammenhang bedeutet dies, dass staatliche Informationsersuchen über Verkehrsdaten der Telekommunikation gegenüber Telekommunikationsunternehmen[313] einen (mittelbaren) Eingriff in die Grundrechte der betroffenen Telekommunikationsteilnehmer darstellen und nach Maßgabe von Art. 10 Abs. 2 S. 1 GG gerechtfertigt werden müssen.[314]

Ordnet das Amtsgericht auf Antrag der Staatsanwaltschaft die Herausgabe von Verbindungsdaten der Telekommunikation durch ein (privates) Telekommunikationsunternehmen an, um einen Mordverdächtigen aufzuspüren, wird in die Grundrechte der davon betroffenen Telekommunikationsteilnehmer eingegriffen; der Eingriff entspricht jedoch der Schrankenregelung des Art. 10 Abs. 2 S. 1 GG und ist damit verfassungsgemäß, wenn und weil er zur Verfolgung einer Straftat von erheblicher Bedeutung erforderlich ist, hinsichtlich der ein konkreter Tatverdacht besteht, und wenn eine hinreichend sichere Tatsachenbasis für die Annahme vorliegt, dass der durch die Anordnung Betroffene mit dem Beschuldigten über Telekommunikationsanlagen in Verbindung steht.[315]

hh) Allgemeine Handlungsfreiheit als Auffanggrundrecht

Soweit keines der speziellen Freiheitsrechte einschlägig ist, greifen Informationspflichten grundrechtsberechtigter Privater gegenüber dem Staat jedenfalls in das „Auffanggrundrecht" der Allgemeinen Handlungsfreiheit (Art. 2 Abs. 1 GG) ein.[316]

---

[311] Vgl. oben D. IV. 2. b) bb) γ).

[312] *BVerfGE* 67, 157 (172); *Hermes*, in: Dreier, Grundgesetz, Bd. I, Art. 10 Rdn. 41; *Löwer*, in: v. Münch/Kunig, Grundgesetz-Kommentar, Bd. 1, Art. 10 Rdn. 22. Die Bestandsdaten der Telekommunikation sind demgegenüber nicht von Art. 10 Abs. 1 GG, sondern von Art. 2 Abs. 1 i.V.m. Art. 1 Abs. 1 GG geschützt, siehe *Tiedemann*, CR 2004, 95 (96). Gleiches gilt für nach Abschluss des Übertragungsvorgangs im Herrschaftsbereich des Kommunikationsteilnehmers gespeicherte Verkehrsdaten, *BVerfG*, NJW 2006, 976 (977 f.). Zu den verschiedenen Arten der Daten der Telekommunikation siehe bereits oben D. IV. 2. b) bb).

[313] Zu den telekommunikationsrechtlichen Ermächtigungsgrundlagen näher oben D. IV. 2. b) bb) β).

[314] Vgl. *BVerfGE* 107, 299 (313 f.); *LG Stuttgart*, NJW 2001, 455 (456); *Hermes*, in: Dreier, Grundgesetz, Bd. I, Art. 10 Rdn. 70; *Jarass*, in: ders./Pieroth, Grundgesetz, Art. 10 Rdn. 11.

[315] *BVerfGE* 107, 299 (312 ff.).

[316] So *Herrmann*, Informationspflichten gegenüber der Verwaltung, S. 417; *Pohl*, Informationsbeschaffung beim Mitbürger, S. 189. Geprüft wurde die allgemeine Handlungsfreiheit auch – vor der „Erfindung" des Rechts auf informationelle Selbstbestimmung – von *BVerfGE*

Die Grundrechtsschranke der „verfassungsmäßigen Ordnung" verlangt insoweit eine Ermächtigungsgrundlage, die in formeller und materieller Hinsicht mit dem Grundgesetz vereinbar ist, also insbesondere dem Übermaßverbot genügen muss.[317]

d) Allgemeiner Gleichheitssatz

Neben den Freiheitsgrundrechten enthält auch der Allgemeine Gleichheitssatz (Art. 3 Abs. 1 GG) Vorgaben für die informationelle Inanspruchnahme Privater durch den Staat. Insbesondere darf die Auferlegung von Informationspflichten Privater nicht willkürlich erfolgen.[318] Werden bestimmten Personengruppen Informationspflichten auferlegt, die andere Personengruppen nicht treffen, bedarf diese Differenzierung zudem – und über das Willkürverbot hinaus – eines sachlichen Grundes.[319]

So stellt die Auferlegung einer Aufzeichnungs- und Aufbewahrungspflicht für Mietwagenunternehmer in § 49 Abs. 4 S. 4 PBefG über den Eingang des Beförderungsauftrages am Betriebssitz eine Ungleichbehandlung gegenüber Taxiunternehmern dar, die keine entsprechende Verpflichtung trifft. Diese ist jedoch sachlich gerechtfertigt und verstößt damit nicht gegen den Allgemeinen Gleichheitssatz, da Taxiunternehmer nicht auf die Entgegennahme von Aufträgen am Betriebssitz beschränkt sind und die Beweisfunktion solcher Aufzeichnungen daher bei ihnen keine wesentliche Bedeutung für die behördliche Überwachung hätte.[320]

3. Folgerungen

Bei der Normierung von Informationspflichten Privater gegenüber dem Staat sind die dargestellten gegenläufigen Vorgaben zu beachten. Um den erforderlichen und verfassungsrechtlich legitimierten staatlichen Informationsbedarf extern mittels der Inanspruchnahme Privater zu befriedigen, muss in die Grundrechte der herangezogenen Personen eingegriffen werden. Betroffen sind von Informationspflichten Privater gegenüber dem Staat insbesondere – bei Informationspflichten, die nicht nur (reine) Tatsachenmitteilungen verlangen – das Grundrecht auf (negative) Meinungsfreiheit aus Art. 5 Abs. 1 S. 1 GG sowie – bei der Verpflichtung zur

---

55, 144 (148 ff.); 56, 37 (41 ff.); im Ergebnis hat das Bundesverfassungsgericht einen Verstoß gegen Art. 2 Abs. 1 GG aber stets verneint.

[317] Näher *BVerfGE* 6, 32 (38 f.); *Dreier,* in: ders., Grundgesetz, Bd. I, Art. 2 I Rdn. 54; *Murswiek,* in: Sachs, Grundgesetz, Art. 2 Rdn. 89 f.

[318] *Herrmann,* Informationspflichten gegenüber der Verwaltung, S. 405; *Pohl,* Informationsbeschaffung beim Mitbürger, S. 189; vgl. auch *BayObLG,* ZLR 1982, 61 (68); *Decker,* Die externe Informationsbeschaffung in der deutschen öffentlichen Verwaltung, S. 104.

[319] So die sogenannte „neue Formel" des Bundesverfassungsgerichts, siehe *BVerfGE* 55, 72 (88); 107, 133 (141); *Ipsen,* Staatsrecht II, Rdn. 761 f.; *Kannengießer,* in: Schmidt-Bleibtreu / Klein, Kommentar zum Grundgesetz, Art. 3 Rdn. 17.

[320] *BVerfGE* 81, 70 (96).

II. Anforderungen an die staatliche Informationsbeschaffung bei Privaten

Offenbarung personenbezogener Daten – das Allgemeine Persönlichkeitsrecht aus Art. 2 Abs. 1 i.V. m. Art. 1 Abs. 1 GG. Dieses setzt im Zusammenspiel mit der Menschenwürdegarantie zudem Pflichten zur Selbstbezichtigung verfassungsrechtliche Schranken. Daneben können (je nach dem von der Informationspflicht im Einzelfall betroffenen Lebensbereich) eine Vielzahl weiterer Freiheitsrechte sowie der Allgemeine Gleichheitssatz die Zulässigkeit der informationellen Inanspruchnahme Privater durch den Staat verfassungsrechtlich limitieren.

Aufgrund des zwar unterschiedlichen, aber jedenfalls umfassenden Grundrechtsschutzes des Bürgers vor seiner informationellen Inanspruchnahme bedürfen Informationspflichten Privater gegenüber dem Staat der verfassungsrechtlichen Rechtfertigung. Dies bedeutet zunächst das Erfordernis einer *gesetzlichen Grundlage*, durch die oder aufgrund derer die informationelle Inanspruchnahme für zulässig erklärt werden kann.[321]

Die danach benötigte gesetzliche Ermächtigungsgrundlage muss etwaigen *qualifizierten Schranken* der Grundrechte Rechnung tragen, die bei der Darstellung der jeweiligen Grundrechte im Einzelnen benannt worden sind, aber auch den allgemeinen *„Schranken-Schranken"* der Grundrechte Rechnung tragen.[322] In der Praxis bedeutet dies insbesondere, dass die gesetzliche Grundlage hinreichend bestimmt sein muss[323] und das *Übermaßverbot* zu wahren hat, die informationelle Inanspruchnahme also zum Schutze eines verfassungslegitimen Zwecks geeignet, erforderlich und angemessen sein muss.[324]

Für die *Geeignetheit* genügt es, wenn der angestrebte Zweck mit Hilfe der informationellen Inanspruchnahme Privater überhaupt gefördert werden kann.[325] Maßgeblicher Zeitpunkt für diese Beurteilung ist die Aktualisierung der Informationspflicht; stellen sich die erlangten Informationen bei ihrer Auswertung als untauglich heraus, kann dies daher nichts (mehr) an der Geeignetheit der Informationserhebung ändern.[326]

---

[321] Zum grundrechtlichen Vorbehalt der Gesetzes näher *Maurer*, Allgemeines Verwaltungsrecht, § 6 Rdn. 7; *Ossenbühl*, in: Isensee / Kirchhof, Handbuch des Staatsrechts, Bd. III, 2. Aufl., § 62 Rdn. 16. Speziell für Informationspflichten Privater gegenüber dem Staat *Reinhardt*, AöR 118 (1993), 617 (655).

[322] Zu diesen allgemein *Höfling*, Jura 1994, 169 (171 f.); *Ipsen*, Staatsrecht II, Rdn. 169 ff.; *Pieroth / Schlink*, Grundrechte – Staatsrecht II, Rdn. 274 ff.; *Zippelius / Würtenberger*, Deutsches Staatsrecht, § 19 IV. (S. 189 ff.).

[323] Zum Bestimmtheitserfordernis von Rechtsnormen vgl. BVerfGE 83, 130 (145); *Degenhart*, Staatsrecht I – Staatsorganisationsrecht, Rdn. 356 ff.; *Stern*, Das Staatsrecht der Bundesrepublik Deutschland, Bd. I, § 20 IV. (S. 829 f.).

[324] Siehe nur *Maurer*, Staatsrecht I, § 8 Rdn. 55 ff.; *Michael*, JuS 2001, 654 ff. Speziell in Bezug auf Informationspflichten Privater *Bitter*, Spieltheorie und öffentliche Verwaltung, S. 158; *Decker*, Die externe Informationsgewinnung in der deutschen öffentlichen Verwaltung, S. 48 ff.; *Herrmann*, Informationspflichten gegenüber der Verwaltung, S. 331 ff.; *Scholl*, Behördliche Prüfungsbefugnisse im Recht der Wirtschaftsüberwachung, S. 65 ff.

[325] Siehe nur BVerfGE 19, 119 (127); *Badura*, Staatsrecht, C Rdn. 28; *Dreier*, in: ders., Grundgesetz, Bd. I, Vorb. Rdn. 147; *Michael*, JuS 2001, 654 (656).

[326] *Scholl*, Behördliche Prüfungsbefugnisse im Recht der Wirtschaftsüberwachung, S. 66.

Das Merkmal der *Erforderlichkeit* fordert namentlich die Untersuchung, ob die Informationspflicht des Privaten das mildeste Mittel ist, um eine bestehende Informationsnot der staatlichen Stelle zu befriedigen.[327] Daran fehlt es insbesondere, wenn die notwendigen Informationen auch ohne die Inanspruchnahme des Privaten erlangt werden könnten.[328]

Bei der Prüfung der *Angemessenheit* sind der Zweck der Informationspflicht und der damit verbundene Eingriff in die (Grund-)Rechte des verpflichteten Privaten abzuwägen.[329] Dabei kann namentlich auf die Verfassungsgüter rekurriert werden, die – wie das Rechtsstaatsprinzip, die Staatszielbestimmungen sowie die grundrechtlichen Schutzpflichten – aus verfassungsrechtlicher Sicht für die informationelle Inanspruchnahme des Einzelnen sprechen bzw. diesen – in Gestalt der einschlägigen Grundrechte – vor Informationspflichten gegenüber staatlichen Stellen schützen.[330]

III. Vorgaben des Europäischen Gemeinschaftsrechts für die informationelle Inpflichtnahme Privater

Wegen des Anwendungsvorrangs des Europäischen Gemeinschaftsrechts gegenüber dem Recht der Mitgliedstaaten[331] sind bei der Normierung von Informationspflichten Privater gegenüber dem Staat wie bei der Gesetzesanwendung im Einzelfall auch die Vorgaben des EG-Rechts zu beachten, soweit solche bestehen. Diese können sowohl im primären als auch im sekundären Gemeinschaftsrecht wurzeln.

1. Vorgaben des primären Gemeinschaftsrechts

Anders als das deutsche Verfassungsrecht enthält das primäre Gemeinschaftsrecht sogar eine ausdrückliche Vorgabe für Informationspflichten Privater gegenüber dem Staat, wenn auch nur in Gestalt einer recht speziellen Regelung: Art. 58 Abs. 1 lit. b EGV hält fest, dass die Kapital- und Zahlungsverkehrsfreiheit des Art. 56 EGV das Recht der Mitgliedstaaten nicht berührt, Meldeverfahren zwecks administrativer oder statistischer Information vorzusehen.[332]

---

[327] *Hesse*, in: Benda/Maihofer/Vogel, Handbuch des Verfassungsrechts, § 5 Rdn. 67; *Ipsen*, Staatsrecht II, Rdn. 178; *Stein/Frank*, Staatsrecht, § 30 V. 2.

[328] Vgl. auch *Scholl*, Behördliche Prüfungsbefugnisse im Recht der Wirtschaftsüberwachung, S. 67.

[329] Allgemein *Michael*, JuS 2001, 654 (657); *v. Münch*, Staatsrecht II, Rdn. 267; *Zippelius/Würtenberger*, Deutsches Staatsrecht, § 12 III. 6. (S. 111); siehe auch *Decker*, Die externe Informationsgewinnung in der deutschen öffentlichen Verwaltung, S. 52 f.

[330] Hierzu oben F. II. 1. und 2.

[331] Nachweise oben Fn. 174.

[332] Hierzu näher *Kiemel*, in: v. d. Groeben/Schwarze, EU-/EG-Vertrag, Art. 58 EGV Rdn. 21 f.; *v. Wilmowski*, in: Ehlers, Europäische Grundrechte und Grundfreiheiten, § 12 Rdn. 26. Demgegenüber ist die Verpflichtung des Art. 88 Abs. 3 S. 1 EGV, die Kommission von jeder beabsichtigten Einführung oder Umgestaltung von Beihilfen zu unterrichten, kein

III. Vorgaben für die informationelle Inpflichtnahme Privater   303

Im Übrigen enthält das europäische Primärrecht – entsprechend dem deutschen Grundgesetz – weitere wichtige Rahmenbedingungen für das informationelle Verhältnis zwischen Bürger und Staat. Diese finden sich in den Grundfreiheiten des EGV, den europäischen Grundrechten sowie den Unionsbürgerrechten, soweit diese jeweils auf die konkrete Informationsverpflichtung anwendbar sind.

a) Grundfreiheiten

aa) Grundlagen

Die fünf Grundfreiheiten des EG-Vertrages (Warenverkehrsfreiheit gemäß Art. 23 ff. EGV, Freizügigkeit der Arbeitnehmer gemäß Art. 39 ff. EGV, Niederlassungsfreiheit gemäß Art. 43 ff. EGV, Dienstleistungsfreiheit gemäß Art. 49 ff. EGV sowie Kapital- und Zahlungsverkehrsfreiheit gemäß Art. 56 ff. EGV) stellen die Stützpfeiler der gemeinschaftsrechtlichen Wirtschaftsverfassung dar.[333] Sie beseitigen die Beschränkungen der Wirtschaftsverkehrsströme innerhalb der Europäischen Gemeinschaft und verwirklichen so den europäischen Binnenmarkt, der gemäß Art. 3 Abs. 1 lit. c, Art. 14 Abs. 2 EGV auf einen freien Waren-, Personen-, Dienstleistungs- und Kapitalverkehr zwischen den Mitgliedstaaten gerichtet ist.[334]

Die Grundfreiheiten des EG-Vertrages zeichnen sich dadurch aus, dass sie *unmittelbar* und mit *Anwendungsvorrang* gegenüber dem nationalen Recht (auch)[335] in den Mitgliedstaaten gelten und den einzelnen Wirtschaftsteilnehmern – natürlichen wie juristischen Personen[336] – *subjektive Rechte* vermitteln.[337] Ihnen kommt dadurch eine besondere Wirksamkeit und Durchsetzungskraft bei der Beseitigung der Hemmnisse des zwischenstaatlichen Wirtschaftsverkehrs zu.[338] Dabei wirken die Grundfreiheiten zunächst als die Gleichbehandlung zwischen

---

Fall einer Informationspflicht *Privater;* zur Notifizierung verpflichtet sind danach ausschließlich die Mitgliedstaaten und nicht etwa (auch) die privaten Beihilfeempfänger, siehe nur *Geiger,* EUV/EGV, Art. 88 EGV Rdn. 11; *Koenig/Kühling,* in: Streinz: EUV/EGV, Art. 88 EGV Rdn. 13.

[333] *Ehlers,* in: ders., Europäische Grundrechte und Grundfreiheiten, § 7 Rdn. 1.

[334] *Arndt,* Europarecht, S. 134 f.; *Frenz,* Handbuch Europarecht, Bd. 1, § 1 Rdn. 22; *Streinz,* Europarecht, Rdn. 779.

[335] Neben den Mitgliedstaaten binden die Grundfreiheiten auch die Europäische Gemeinschaft und ihre Organe, siehe nur *Kingreen/Störmer,* EuR 1998, 263 (277); *Koenig/Haratsch,* Europarecht, Rdn. 539.

[336] Zu den Berechtigten der Grundfreiheiten ausführlich *Ehlers,* in: ders., Europäische Grundrechte und Grundfreiheiten, § 7 Rdn. 37 ff.; *Frenz,* Handbuch Europarecht, Bd. 1, Rdn. 218 ff.

[337] Näher zu diesen Charakteristika der Grundfreiheiten *Ehlers,* in: ders., Europäische Grundrechte und Grundfreiheiten, § 7 Rdn. 7 ff.

[338] Voraussetzung für die Anwendung der Grundfreiheiten ist stets ein *grenzüberschreitender Bezug.* Reine Inlandssachverhalten werden nicht erfasst, siehe nur *Jarass,* EuR 2000, 705 (706 f.); *Kilian,* Europäisches Wirtschaftsrecht, Rdn. 238.

Inländern und EG-Ausländern sichernde *Diskriminierungsverbote*, indem sie die Schlechterbehandlung eines EG-Ausländers gegenüber einem Inländer im grenzüberschreitenden Wirtschaftsverkehr untersagen.[339] Untersagt sind dabei nicht nur offene, d. h. ausdrückliche Diskriminierungen aus Gründen der Staatsangehörigkeit, sondern auch *versteckte* Diskriminierungen, die zwar Inländern und EG-Ausländern die gleichen Pflichten auferlegen, EG-Ausländer aber dennoch in ihrer tatsächlichen Wirkung stärker belasten als Inländer.[340] Neben den Diskriminierungsverboten enthalten die Grundfreiheiten aber auch umfassende *Beschränkungsverbote*, die nationale Maßnahmen unabhängig von damit einhergehenden Ungleichbehandlungen unter Rechtfertigungszwang stellen, wenn sie die Ausübung der Grundfreiheiten behindern oder weniger attraktiv machen können.[341]

Liegt eine Diskriminierung oder Beschränkung im Schutzbereich einer Grundfreiheit vor, ist die Beeinträchtigung nur dann gemeinschaftsrechtlich zulässig, wenn sie den Rechtfertigungsanforderungen der jeweiligen Grundfreiheit entspricht. Hierzu muss sich die beeinträchtigende Maßnahme – entsprechend dem Vorbehalt des Gesetzes als allgemeinem Rechtsgrundsatz des Gemeinschaftsrechts[342] – auf eine Ermächtigungsgrundlage stützen lassen, die einer Schrankenregelung der beeinträchtigten Grundfreiheit gerecht wird. Greift keine ausdrückliche Schrankenregelung (Art. 30, Art. 39 Abs. 3, Art. 46 i.V. m. Art. 55, Art. 57 Abs. 1, Art. 58 Abs. 1 EGV) ein,[343] kommt eine Rechtfertigung des Eingriffs durch Beschränkungen oder versteckte Diskriminierungen nur aus *zwingenden* Erfordernissen als ungeschriebene Schranke der Grundfreiheiten in Betracht („Cassis de Dijon"-Formel).[344] Zudem dürfen die Grenzen der Einschränkbarkeit der Grundfreiheiten nicht überschritten werden: Eingriffe in Grundfreiheiten dürfen nicht gegen die Gemeinschaftsgrundrechte und sonstige Bestimmungen des primären Gemeinschaftsrechts,[345] abschließendes sekundäres Gemeinschaftsrecht sowie das Übermaßverbot als allgemeinem Rechtsgrundsatz des Gemeinschaftsrechts verstoßen.[346]

---

[339] *Ehlers*, in: ders., Europäische Grundrechte und Grundfreiheiten, § 7 Rdn. 19; *Jarass*, EuR 2000, 705 (709 f.); *Kingreen*, in: v. Bogdandy, Europäisches Verfassungsrecht, S. 631 (662 ff.); *Streinz*, Europarecht, Rdn. 793.

[340] Vgl. *EuGHE* 1974, 153 (164 Rdn. 11) – Sotgiu; *Arndt*, Europarecht, S. 139; *Frenz*, Handbuch Europarecht, Bd. 1, Rdn.123 f.

[341] So *EuGHE* 1995, 4165 (4197 Rdn. 37) – Gebhardt; grundlegend zu den Grundfreiheiten als Beschränkungsverbote *EuGHE* 1974, 837 (852 Rdn. 5) – Dassonville. Zum Ganzen auch *Arndt*, Europarecht, S. 139 f.; *Ehlers*, in: ders., Europäische Grundrechte und Grundfreiheiten, § 7 Rdn. 24 f.; *Kilian*, Europäisches Wirtschaftsrecht, Rdn. 239; *Steinberg*, EuGRZ 2002, 13 (18 f.); *Streinz*, Europarecht, Rdn. 797 ff.

[342] *EuGHE* 1989, 2859 (2924 Rdn. 19) – Hoechst.

[343] Zu diesen näher *Jarass*, EuR 2000, 705 (716 f.); *Streinz*, Europarecht, Rdn. 820 ff.

[344] Grundlegend *EuGHE* 1979, 649 (662 Rdn. 8) – Cassis de Dijon. Näher zu den ungeschriebenen Schranken der Grundfreiheiten *Ehlers*, in: ders., Europäische Grundrechte und Grundfreiheiten, § 7 Rdn. 83 ff.; *Gundel*, Jura 2001, 79 (82 ff.); *Kilian*, Europäisches Wirtschaftsrecht, Rdn. 243 f.; *Kingreen*, in: v. Bogdandy, Europäisches Verfassungsrecht, S. 631 (670 ff.).

[345] Hierzu noch unten F. III. 1. b) bb).

III. Vorgaben für die informationelle Inpflichtnahme Privater

bb) *Vorgaben der Grundfreiheiten für Informationspflichten Privater*

Informationspflichten Privater gegenüber dem Staat können Grundfreiheiten beeinträchtigen, soweit deren Anwendungsbereich eröffnet ist. Eine derartige Beeinträchtigung kann sowohl in einer (offenen oder versteckten) Diskriminierung als auch in einer Beschränkung der jeweiligen Grundfreiheit liegen.

α) Diskriminierung durch Informationspflichten Privater

Eine Beeinträchtigung der Grundfreiheiten liegt zunächst und unproblematisch vor, wenn Informationspflichten im sachlichen Anwendungsbereich der Grundfreiheiten EG-Ausländer gegenüber Inländern *diskriminieren,* weil sie ausdrücklich nur für EG-Ausländer gelten (offene Diskriminierung) oder diese typischerweise stärker belasten als Inländer (versteckte Diskriminierung). Offene Diskriminierungen durch derartige Informationspflichten sind nur durch die geschriebenen Schranken der Grundfreiheiten zu rechtfertigen, versteckte Diskriminierungen auch durch „zwingende Erfordernisse" gemäß der „Cassis de Dijon"-Formel.[347]

Eine offene Diskriminierung ist etwa die Pflicht zur Vorlage eines gültigen Personalausweises oder Reisepasses für einen Empfänger von Dienstleistungen, wenn diese Verpflichtung nur für Staatsangehörige anderer EG-Mitgliedstaaten, nicht aber auch für die eigenen Staatsangehörigen gilt; hierin liegt ein Verstoß gegen Art. 49 EGV.[348]

Ein Beispiel für eine vor dem Hintergrund des grundfreiheitsrechtlichen Diskriminierungsverbots gemeinschaftsrechtlich problematische Vorschrift des deutschen Rechts stellt die Anzeigepflicht des § 14 Abs. 1 i.V.m. § 42 GewO dar. Das Zusammenspiel dieser Vorschriften erlaubt solchen Personen die Ausübung eines Gewerbes außerhalb der Räume ihrer gewerblichen Niederlassung ohne weiteres (§ 42 Abs. 1 GewO), deren gewerbliche Niederlassung in der Bundesrepublik Deutschland gelegen ist (§ 42 Abs. 2 GewO), während Gewerbetreibende mit Sitz in einem anderen EG-Mitgliedstaat zunächst der Anzeigepflicht des § 14 Abs. 1 GewO unterliegen. Hierin wird teilweise angesichts der Differenzierung zwischen in Deutschland und andernorts Niedergelassenen eine offene Diskriminierung im Bereich der Dienstleistungsfreiheit gemäß Art. 49, 50 EGV gesehen, die durch die geschriebenen Gründe der Art. 55, 46 Abs. 1 EGV nicht zu rechtfertigen sei.[349] Dieser Einschätzung ist jedoch zunächst zu entgegnen, dass keine offene, ausdrücklich an die *Staatsangehörigkeit* anknüpfende Diskriminierung vorliegt. Es handelt sich vielmehr um eine *versteckte Diskriminierung;* die Anknüpfung an die Niederlassung in Deutschland bzw. im Ausland belastet Deutsche faktisch weniger als EG-Ausländer, die ihre Niederlassung weitaus häufiger in ihrem jeweiligen

---

[346] Einzelheiten bei *Ehlers,* in: ders., Europäische Grundrechte und Grundfreiheiten, § 7 Rdn. 93 ff.; *Frenz,* Handbuch Europarecht, Bd. 1, Rdn. 1043 ff.; vgl. auch *Jarass,* EuR 2000, 705 (719 ff.).

[347] Siehe oben F. III. 1. a) aa).

[348] *EuGH,* DVBl. 2005, 495 (496 f. Rdn. 31 ff.) – Oulane.

[349] So *Füßer/Schiedt,* NVwZ 1999, 620 (621 f.); *Schliesky,* Öffentliches Wirtschaftsrecht, S. 200.

Heimatstaat haben als deutsche Staatsangehörige.[350] Eine Rechtfertigung dieser versteckten Diskriminierung von EG-Ausländern kommt nicht nur nach Maßgabe der geschriebenen Rechtfertigungsgründe, sondern auch aus „zwingenden Allgemeininteressen" in Betracht. Für § 14 Abs. 1 i.V. m. § 42 GewO lässt sich insoweit anführen, dass die Vorschriften der wirksamen Überwachung der Gewerbebetriebe dienen sollen, die ohne eine Verpflichtung zur Anzeige des erstmaligen Tätigwerdens in Deutschland kaum zu leisten wäre.[351] Eine Anerkennung der Erfüllung der Erbringungsvoraussetzungen im Herkunftsstaat nach dem Herkunftslandprinzip[352] sowie ein Zusammenwirken der Behörden der Mitgliedstaaten nach dem Kooperationsprinzip[353] könnten schwerlich eine gleichermaßen wirksame Gewerbeüberwachung ermöglichen, zumal der Eingriff durch die Auferlegung einer Anzeigepflicht nur wenig schwer wiegt.[354] Dieser Einschätzung entspricht auch die Rechtsprechung des EuGH zum deutschen Handwerksrecht: Danach ist die Pflicht zur Eintragung in die Handwerksrolle für Handwerksbetriebe aus anderen Mitgliedstaaten europarechtlich nur zulässig, wenn die Eintragung die Erbringung von Dienstleistungen im Aufnahmemitgliedstaat nicht verzögert, erschwert oder verteuert; insbesondere darf keine inhaltliche Prüfung der Eintragungsvoraussetzungen durch die deutschen Behörden erfolgen.[355] Das bloße Erfordernis eines Antrags auf Eintragung in die Handwerksrolle hat der EuGH unter den genannten Voraussetzungen für zulässig erachtet, also nicht als „Erschwerung" der Dienstleistungserbringung in diesem Sinne angesehen. Derartig ausgestaltete Antragspflichten haben aber die gleiche Wirkung wie Anzeigepflichten, für die folglich dieselbe gemeinschaftsrechtliche Beurteilung gelten muss.

β) Beschränkungen durch Informationspflichten Privater

Wesentlich häufiger als diskriminierende Vorschriften sind *unterschiedslos* anwendbare Informationspflichten im Schutzbereich der Grundfreiheiten, die insbesondere an die Aufnahme bestimmter Tätigkeiten anknüpfen.

---

[350] Siehe auch *Frotscher,* Wirtschaftsverfassungs- und Wirtschaftsverwaltungsrecht, Rdn. 254: „gewisse Ungleichbehandlung"; vgl. allgemein zur Anknüpfung an die Niederlassung als versteckte Diskriminierung *EuGHE* 1974, 1299 (1309 ff. Rdn. 10/12) – van Binsbergen; *Kluth,* in: Calliess/Ruffert, Kommentar zu EU-Vertrag und EG-Vertrag, Art. 50 EGV Rdn. 37; *Müller-Graff,* in: Streinz, EUV/EGV, Art. 49 EGV Rdn. 74; *Tiedje/Troberg,* in: v. d. Groeben/Schwarze, EU-/EG-Vertrag, Art. 49 EGV Rdn. 36.

[351] *Frotscher,* Wirtschaftsverfassungs- und Wirtschaftsverwaltungsrecht, Rdn. 254; vgl. auch *VG Lüneburg,* NVwZ-RR 1998, 427 (428); *Fuchs,* in: Robinski, Gewerberecht, P Rdn. 41.

[352] Hierzu *EuGHE* 1999, 8453 (8520 Rdn. 56 ff.) – Arblade; 2002, 1425 (1457 Rdn. 34); *Frenz,* Handbuch Europarecht, Bd. 1, Rdn. 164 ff.; *Kort,* JZ 1996, 132 (139). Allgemein zum Herkunftslandprinzip bereits oben D. I. 3. b) bb).

[353] Dazu für die Warenverkehrsfreiheit *EuGHE* 1983, 203 (239 Rdn. 30); 1983, 1013 (1044 Rdn. 36 f.); zur Übertragung des Grundsatzes auf die Dienstleistungsfreiheit *Müller-Graff,* in: Streinz, EUV/EGV, Art. 49 EGV Rdn. 112.

[354] Vgl. auch *VG Köln,* GewArch 2002, 242 (243); *VG Lüneburg,* NVwZ-RR 1998, 427 (428); anders aber *Füßer/Schiedt,* NVwZ 1999, 620 (621 f.).

[355] *EuGHE* 2000, 7921 (7959 Rdn. 41, 47 f.) – Corsten; *EuGH,* NVwZ 2004, 206 (207 Rdn. 36 f.) – Schnitzer.

III. Vorgaben für die informationelle Inpflichtnahme Privater

Als Beispiel aus dem *deutschen Recht* ist wiederum § 14 Abs. 1 GewO zu nennen, der für die Errichtung einer gewerblichen Zweigniederlassung in Deutschland sowohl für deutsche als auch für Gewerbetreibende aus dem EG-Ausland eine Anzeigepflicht vorsieht.[356] Weitere Beispiele können der obigen Auflistung der im geltenden Recht vorhandenen Anzeigepflichten entnommen werden.[357]

Beispiele des *ausländischen Rechts*, zu denen Entscheidungen des EuGH vorliegen, betreffen insbesondere Grundverkehrsbeschränkungen des Zweitwohnungserwerbs nach österreichischem Recht. So hatte der EuGH über die Vereinbarkeit einer Anzeigepflicht des Eigentumserwerbs, die mit der Pflicht zur Abgabe einer Erklärung gekoppelt ist, dass eine Nutzung als Hauptwohnsitz oder zu gewerblichen Zwecken beabsichtigt sei, mit Art. 56 ff. EGV zu entscheiden.[358]

Schließlich kennt auch das *Europäische Gemeinschaftsrecht* selbst derartige nicht diskriminierende Informationspflichten. In der Rechtsprechungspraxis hat dabei bisher die Pflicht Privater zur Angabe statistischer Daten in Bezug auf Warenströme zwischen den Mitgliedstaaten gemäß Art. 8 Abs. 1 Verordnung (EWG) Nr. 3330/91 eine Rolle gespielt.[359]

Hinsichtlich derartiger Pflichten wird teilweise bereits das Vorliegen einer *Beschränkung* der einschlägigen Grundfreiheit verneint; so sei etwa die Anzeigepflicht des § 14 Abs. 1 GewO angesichts ihrer untergeordneten Bedeutung nicht dazu geeignet, die Erbringung der Dienstleistung zu unterbinden, zu behindern oder in der Attraktivität zu schmälern.[360] Jedoch kommt es bei der Frage der Beschränkung nicht darauf an, dass die Behinderung der Wirtschaftstätigkeit ein bestimmtes Ausmaß in Umfang oder Intensität erreicht, sondern es werden auch Hemmnisse geringer Bedeutung erfasst.[361] Daher muss auch eine verhältnismäßig geringfügige Belastung wie eine Anzeigepflicht als Beschränkung der betroffenen Grundfreiheit angesehen und die Frage nach der *Rechtfertigung* der Beeinträchtigung gestellt werden.[362] Im Ergebnis wird die Rechtfertigung aber regelmäßig möglich sein, weil das Interesse an einer Überwachung der entsprechenden Tätigkeiten durch die staatlichen Behörden mittels des wenig belastenden Instituts der vorherigen Anzeigepflicht gemeinschaftsrechtlich anzuerkennen ist.[363] Die frag-

---

[356] In dieser Hinsicht greift es zu kurz, die europarechtliche Relevanz mit der Feststellung zu verneinen, es liege keine Diskriminierung vor, so aber *Tettinger*, in: ders./Wank, Gewerbeordnung, § 14 Rdn. 6. Auch nicht diskriminierende Beeinträchtigungen der Grundfreiheiten bedürfen – wie oben gesehen – der Rechtfertigung.

[357] Siehe oben E. Fn. 17.

[358] *EuGHE* 2002, 2157 ff. – Reisch u. a.

[359] *EuGHE* 1997, 3629 ff. – Kieffer und Thill.

[360] So *VG Köln*, GewArch, 2002, 242 (243), wohl auch *VG Lüneburg*, NVwZ-RR 1998, 427 (428).

[361] *EuGHE* 1989, 4441 (4456 Rdn. 8) – Corsica Ferries France; *Müller-Graff*, in: Streinz EUV/EGV, Art. 49 EGV Rdn. 88.

[362] Ebenso *EuGHE* 1997, 3629 (3655 Rdn. 28) – Kieffer und Thill; 2002, 2157 (2204 Rdn. 32) – Reisch u. a.; *Ohler*, EuZW 2002, 251 (252); *Stober*, Besonderes Wirtschaftsverwaltungsrecht, 13. Aufl., § 46 I. 2. a) (S. 33).

[363] So auch *VG Köln*, GewArch 2002, 242 (243); *VG Lüneburg*, NVwZ-RR 1998, 427 (428); *Frotscher*, Wirtschaftsverfassungs- und Wirtschaftsverwaltungsrecht, Rdn. 254; (nur)

lichen Informationspflichten dienen in der Praxis ganz überwiegend Zielen, die als „zwingende Interessen der Allgemeinheit" anzusehen sind – etwa und insbesondere dem Verbraucherschutz.[364] Letztlich müssen Informationspflichten Privater gegenüber dem Staat, die die Grundfreiheiten diskriminierungsfrei beschränken, daher dem *Übermaßverbot* genügen, um den gemeinschaftsrechtlichen Anforderungen zu entsprechen. Die Vorgaben der Grundfreiheiten in diesem Bereich decken sich damit weitgehend mit den Anforderungen, die auch das deutsche Verfassungsrecht an die Rechtswirksamkeit von Informationspflichten stellt.[365]

Dementsprechend hat der EuGH in den bislang vorliegenden Entscheidungen entsprechende Informationspflichten ausdrücklich oder in obiter dicta für zulässig erklärt. Die Anzeigepflicht zur Überwachung der Grundstücksverkehrsbeschränkungen nach Salzburger Recht wurde als zulässiges „Minimalerfordernis" der Überwachung bezeichnet, das raumplanerischen Zielen zur Erhaltung einer dauerhaft ansässigen Bevölkerung sowie einer von Tourismus unabhängigen Wirtschaftstätigkeit diene und im Allgemeininteresse liege.[366] In den oben angeführten handwerksrechtlichen Entscheidungen sind Antragspflichten, die Anzeigepflichten in der Wirkung gleichkommen, ebenfalls für zulässig gehalten worden.[367] Auch die Pflicht zur Angabe von Warenbewegungen zu statistischen Zwecken gemäß der VO (EWG) Nr. 3330/91 wurde für verhältnismäßig erachtet.[368]

b) Europäische Grundrechte

aa) Entwicklung und Begründung des europäischen Grundrechtsschutzes

Der geltende Grundrechtsschutz in der Europäischen Gemeinschaft beruhte ursprünglich ausschließlich auf der Rechtsprechung des Europäischen Gerichtshofs. Dieser sieht seit Ende der 1960er-Jahre die (europäischen) Grundrechte als allgemeine Grundsätze der Gemeinschaftsrechtsordnung an.[369] Hergeleitet werden sie

---

i. E. auch *Tettinger*, in: ders./Wank, Gewerbeordnung, § 14 Rdn. 6; vgl. ferner *Stober*, Besonderes Wirtschaftsverwaltungsrecht, 13. Aufl., § 46 I. 2. a) (S. 33).

[364] Zum Verbraucherschutz als „zwingendes Allgemeininteresse" im Sinne der „Cassis de Dijon"-Formel *EuGHE* 1986, 3663 (3709 Rdn. 20); 1986, 3755 (3803 f. Rdn. 30); 1999, 7289 (7314 Rdn. 31) – Zenatti.

[365] Siehe oben F. II. 3. Anders aber *Füßer/Schiedt*, NVwZ 1999, 620 (622), nach denen die gemeinschaftsrechtliche Verhältnismäßigkeitsprüfung strenger als diejenige im Rahmen der Grundrechtsprüfung sei.

[366] *EuGH*, EuZW 2002, 2157 (2205 ff. Rdn. 34 ff.) – Reisch u. a.

[367] Siehe Nachweise oben Fn. 355; vgl. auch *EuGH*, EuZW 2005, 90 (91 Rdn. 31, 46), wo auf die (gemeinschaftsrechtlich als zulässig erachtete) Möglichkeit einer Anzeigepflicht verwiesen wird, die gemeinschaftsrechtlich zulässige Kontrollen ermöglichen soll.

[368] *EuGHE* 1997, 3629 (3655 ff. Rdn. 30 ff.) – Kieffer und Thill.

[369] Erstmals *EuGHE* 1969, 419 (425 Rdn. 7) – Stauder; ausführlich zur Entwicklung der Gemeinschaftsgrundrechte *Kingreen*, in: Calliess/Ruffert, Kommentar zu EU-Vertrag und EG-Vertrag, Art. 6 EUV Rdn. 20 ff.; *Walter*, in: Ehlers, Europäische Grundrechte und Grundfreiheiten, § 1 Rdn. 21 ff.

III. Vorgaben für die informationelle Inpflichtnahme Privater 309

aus den gemeinsamen Verfassungsüberlieferungen der Mitgliedstaaten[370] sowie aus den von den Mitgliedstaaten geschlossenen völkerrechtlichen Verträgen über den Schutz der Menschenrechte,[371] unter denen der EMRK eine besonders wichtige Bedeutung zukommt.[372] Aus diesen Erkenntnisquellen hat der EuGH eine Reihe von Grundrechten entwickelt, die dem deutschen Grundrechtsschutz im Wesentlichen entsprechen.[373] Ausdrücklich anerkannt wurde diese Rechtsprechung des EuGH mit dem Vertrag von Maastricht: Nach Art. 6 Abs. 2 EUV achtet die Union „die Grundrechte, wie sie in der am 4. 11. 1950 in Rom unterzeichneten Europäischen Konvention zum Schutze der Menschenrechte und Grundfreiheiten gewährleistet sind und wie sie sich aus den gemeinsamen Verfassungsüberlieferungen der Mitgliedstaaten als allgemeine Rechtsgrundsätze des Gemeinschaftsrechts ergeben".

Als geschriebener europäischer Grundrechtskatalog existiert seit 2000 zudem der Entwurf einer *Charta der Grundrechte der Europäischen Union,* der aber noch nicht nach Art. 48 EUV im Wege der Vertragsänderung rechtsverbindlich wurde.[374] Indem sie die klassischen Grundrechte der EMRK mit den Grundfreiheiten des EGV sowie wirtschaftlichen und sozialen Gewährleistungen und Zielbestimmungen zusammenfasst,[375] kann die Grundrechtscharta aber dennoch bei der Ermittlung des Grundrechtsschutzes auf europäischer Ebene als zusätzliche Rechtserkenntnisquelle nutzbar gemacht werden.[376] In leicht veränderter Form ist die Grundrechtscharta auch Bestandteil des Entwurfs des *Verfassungsvertrags* für die Europäische Union geworden.[377]

bb) Anwendungsbereich der europäischen Grundrechte

Unproblematisch anwendbar sind die europäischen Grundrechte zunächst auf alle *Rechtshandlungen der Europäischen Gemeinschaft* selbst: Verordnungen, Richtlinien und Entscheidungen müssen mit den europäischen Grundrechten ver-

---

[370] Erstmals *EuGHE* 1970, 1125 (1135 Rdn. 4) – Internationale Handelsgesellschaft.

[371] Erstmals *EuGHE* 1974, 491 (507 Rdn. 13) – Nold.

[372] Vgl. *EuGHE* 1997, 7493 (7509 Rdn. 12) – Annibaldi; zum Ganzen auch *Hobe,* Europarecht, Rdn. 239 f.; *Jarass,* EU-Grundrechte, § 2 Rdn. 17 ff.; *Walter,* in: Ehlers, Europäische Grundrechte und Grundfreiheiten, § 1 Rdn. 24 f.

[373] Auflistung der Grundrechte bei *Beutler,* in: v. d. Groeben / Schwarze, EU- / EG-Vertrag, Art. 6 EUV Rdn. 76 ff.; *Streinz,* Europarecht, Rdn. 773; *Stumpf,* in: Schwarze, Art. 6 EUV Rdn. 20 ff.

[374] Vgl. *Calliess,* EuZW 2001, 261 (267 f.); *Streinz,* Europarecht, Rdn. 754.

[375] Überblick bei *Grabenwarter,* DVBl. 2001, 1 (3 ff.); *Herdegen,* Europarecht, § 9 Rdn. 25 ff.

[376] Siehe auch *Grabenwarter,* DVBl. 2001, 1 (11); *Jarass,* EU-Grundrechte, § 2 Rdn. 4; *Oppermann,* Europarecht, § 6 Rdn. 151; *Schmitz,* EuR 2004, 691 (696 f.); *Walter,* in: Ehlers, Europäische Grundrechte und Grundfreiheiten, § 1 Rdn. 32; speziell zu den wirtschaftsbezogenen Grundrechten *Rengeling,* DVBl. 2004, 453 ff.

[377] Näher *Ruffert,* ThürVBl 2005, 49 (51); *Schmitz,* EuR 2004, 691 (694 f.); *Streinz,* Europarecht, Rdn. 57 ff.; zum (vorläufigen) Scheitern der EU-Verfassung und dessen Folgen *Wuermeling,* ZRP 2005, 149 ff.

einbar sein und sind andernfalls nichtig.[378] Dies hält auch Art. 6 Abs. 2 EUV ausdrücklich fest, wonach die *Union* insgesamt die Grundrechte achtet.

Schwieriger ist demgegenüber die Frage nach der Bindung auch der *Mitgliedstaaten* zu beantworten, die den sensiblen Bereich des Verhältnisses zwischen nationalem und europäischem Grundrechtsschutz berührt.[379] Im Ausgangspunkt gilt dabei, dass die gemeinschaftsrechtlichen Grundrechte – im Gegensatz zu den Grundfreiheiten[380] und den Unionsbürgerrechten[381] – auf das Handeln der Mitgliedstaaten keine Anwendung finden, das grundsätzlich allein an den nationalen Grundrechten zu messen ist.[382] Eine Bindung der Mitgliedstaaten an die Gemeinschaftsgrundrechte kommt nur in Betracht, soweit eine nationale Regelung in den Anwendungsbereich des Gemeinschaftsrechts fällt.[383] Dies betrifft zum einen die *mitgliedstaatliche Durchführung von Gemeinschaftsrecht*: Beim Vollzug von Verordnungen und unmittelbar anwendbaren Richtlinien treten die europäischen Grundrechte an die Stelle des – insoweit (derzeit) nicht anwendbaren[384] – nationalen Verfassungsrechts; bei der Umsetzung von Richtlinien gilt Selbiges für den verbindlichen Teil der Richtlinie, der keinen Umsetzungsspielraum belässt.[385] Zum anderen sind die Mitgliedstaaten bei der *Einschränkung von Grundfreiheiten* auf der Grundlage der Rechtfertigungsgründe des EGV[386] nach herrschender Ansicht an die Gemeinschaftsgrundrechte als Schranken-Schranken gebunden, da die Ausnahmeklauseln der Grundfreiheiten ihrerseits im Lichte der allgemeinen Rechtsgrundsätze und insbesondere der Grundrechte auszulegen sind.[387] (Nur) in diesen

---

[378] Vgl. *Ehlers*, in: ders., Europäische Grundrechte und Grundfreiheiten, § 14 Rdn. 54; *Jarass*, EU-Grundrechte, § 4 Rdn. 3 f.; *Pechstein*, in: Streinz, EUV/EGV, Art. 6 EUV Rdn. 9; *Stumpf*, in: Schwarze, EU-Kommentar, Art. 6 EUV Rdn. 16.

[379] *Kingreen*, in: Calliess/Ruffert, Kommentar zu EU-Vertrag und EG-Vertrag, Art. 6 EUV Rdn. 56.

[380] Siehe obenF. III. 1. a) aa).

[381] Dazu unten F. III. 1. c) aa).

[382] *Kingreen*, in: Calliess/Ruffert, Kommentar zu EU-Vertrag und EG-Vertrag, Art. 6 EUV Rdn. 56; *Streinz*, Europarecht, Rdn. 768.

[383] *EuGHE* 1985, 2605 (2627 Rdn. 26) – Cinéthèque; 1996, 2909 (2919 Rdn. 12) – Maurin; 1997, 7493 (7510 Rdn. 13) – Annibaldi; *Kingreen*, in: Calliess/Ruffert, Kommentar zu EU-Vertrag und EG-Vertrag, Art. 6 EUV Rdn. 56.

[384] Vgl. *BVerfGE* 73, 339 (387); 89, 155 (174 f.); 102, 147 (164).

[385] *Jarass*, EU-Grundrechte, § 4 Rdn. 11 ff.; *Kingreen*, in: Calliess/Ruffert, Kommentar zu EU-Vertrag und EG-Vertrag, Art. 6 EUV Rdn. 57 ff.; *Kühling*, in: v. Bogdandy, Europäisches Verfassungsrecht, S. 583 (607 f.); vgl. auch die Regelung in Art. 51 EU-Grundrechtecharta. Noch weitergehend und für eine umfassende Bindung des nationalen Gesetzgebers bei der Umsetzung von Richtlinien *Ehlers*, in: ders., Europäische Grundrechte und Grundfreiheiten, § 14 Rdn. 34.

[386] Hierzu bereits oben F. III. 1. a) aa).

[387] *EuGHE* 1991, 2925 (2964 Rdn. 43) – ERT; *Beutler*, in: v. d. Groeben/Schwarze, EU-/EG-Vertrag, Art. 6 EUV Rdn. 68; *Kühling*, EuGRZ 1997, 296 (298 f.); *Streinz*, Europarecht, Rdn. 768; anderer Ansicht etwa *Kingreen*, in: Calliess/Ruffert, Kommentar zu EU-Vertrag und EG-Vertrag, Art. 6 EUV Rdn. 61 f.

III. Vorgaben für die informationelle Inpflichtnahme Privater

Bereichen richten sich die inhaltlichen Vorgaben der Gemeinschaftsgrundrechte für Informationspflichten Privater gegenüber dem Staat also auch an die Mitgliedstaaten und müssen von diesen beachtet werden.

cc) Inhaltliche Vorgaben für Informationspflichten Privater im Einzelnen

In der Sache entspricht der Grundrechtsschutz im Europäischen Gemeinschaftsrecht im Wesentlichen dem des deutschen Grundgesetzes,[388] so dass die hierzu getroffenen Aussagen weitgehend übertragen werden können.[389] Insbesondere löst auch die Einschlägigkeit eines europäischen Grundrechts stets den Bedarf der Rechtfertigung aus: Beeinträchtigungen bedürfen einer Rechtsgrundlage und dürfen weder den Wesensgehalt der Gemeinschaftsgrundrechte antasten noch dem Übermaßverbot widersprechen.[390] Inhaltlich haben für Informationspflichten Privater auch gemeinschaftsgrundrechtlich die Meinungsfreiheit und das Recht auf informationelle Selbstbestimmung eine besondere Bedeutung; hinzu treten Determinanten etlicher anderer Grundrechte je nach dem in Rede stehenden Einzelfall.

α) Meinungsfreiheit

Die Meinungs(äußerungs)freiheit ist als Gemeinschaftsgrundrecht vom Gerichtshof seit langem anerkannt[391] und lässt sich auch aus Art. 10 Abs. 1 EMRK (i.V.m. Art. 6 Abs. 2 EUV) sowie Art. 11 Abs. 1 GRCh erschließen. Inwieweit auch Tatsachenäußerungen vom Schutzbereich des europäischen Grundrechts der Meinungsfreiheit erfasst sind, ist dabei weit weniger problematisch als im deutschen Recht:[392] Art. 10 Abs. 1 S. 2 EMRK nennt neben der „Meinungsfreiheit" ausdrücklich die Freiheit, „Informationen und Ideen" weiterzugeben.[393]

---

[388] Vgl. auch *BVerfGE* 73, 339 (387); 89, 155 (174 f.); 102, 147 (164); *Oppermann*, Europarecht, § 6 Rdn. 49.

[389] Dies gilt auch hinsichtlich des *personellen Schutzbereichs* der europäischen Grundrechte. Diese berechtigen natürliche Personen stets und juristische Personen unter der Voraussetzung der wesensmäßigen Anwendbarkeit des jeweiligen Grundrechts; näher *Ehlers*, in: ders., Europäische Grundrechte und Grundfreiheiten, § 14 Rdn. 30; *Stumpf*, in: Schwarze, EU-Kommentar, Art. 6 EUV Rdn. 16.

[390] Zur Rechtfertigung von Beeinträchtigungen der Gemeinschaftsgrundrechte näher *EuGHE* 1992, 2575 (2609 Rdn. 23); 1994, 4737 (4790 Rdn. 18); *Ehlers*, in: ders., Europäische Grundrechte und Grundfreiheiten, § 14 Rdn. 45 ff.; *Kingreen*, JuS 2000, 857 (862 ff.); *Kühling*, in: v. Bogdandy, Europäisches Verfassungsrecht, S. 583 (616 ff.).

[391] Vgl. nur *EuGHE* 1984, 19 (62 Rdn. 34) – VBVB und VBBB; 2001, 1611 (1686 Rdn. 86 ff.) – Conolly.

[392] Hierzu oben F. II. 2. a).

[393] Vgl. *Grabenwarter*, Europäische Menschenrechtskonvention, § 23 Rdn. 3 f.; *Jarass*, EU-Grundrechte, § 16 Rdn. 7; *Marauhn*, in: Ehlers, Europäische Grundrechte und Grundfreiheiten, § 4 Rdn. 5. Etwas einschränkend aber *EGMR*, NJW 2004, 3691 (3692): Kein Schutz

Der Schutz auch der negativen Freiheit, keine Informationen erteilen zu müssen, entspricht allgemeinen Grundsätzen der europäischen Grundrechtsdogmatik.[394] Ausdrücklich anerkannt wurde der Schutz negativer Freiheiten vom EGMR in Bezug auf die Koalitionsfreiheit[395] sowie auf die Religionsfreiheit[396]; dies ist auf die Meinungsfreiheit übertragbar.[397] Im Anwendungsbereich der europäischen Grundrechte besteht daher ein umfassender Schutz vor Informationspflichten Privater gegenüber dem Staat durch das Grundrecht auf Meinungs(äußerungs)-freiheit.

β) Recht auf Achtung des Privatlebens

Das Recht auf Achtung des Privatlebens als europäisches Grundrecht, dessen Schutzgehalt – unter anderem – den des Allgemeinen Persönlichkeitsrechts nach deutschem Verfassungsrecht enthält,[398] leitet der EuGH aus den gemeinsamen Verfassungstraditionen der Mitgliedstaaten sowie aus Art. 8 EMRK her.[399] Demzufolge bestimmt auch Art. 7 GRCh: „Jeder Mensch hat das Recht auf Achtung seines Privat- und Familienlebens, seiner Wohnung sowie seiner Kommunikation." Für das informationelle Verhältnis zwischen Bürger und Hoheitsträger bedeutet dieses Grundrecht einen besonderen Rechtfertigungsbedarf, wenn es um *Informationen aus der Privatsphäre* geht.[400] Ausdrücklich anerkannt hat der EuGH dies bisher für den Schutz der Vertraulichkeit des anwaltlichen Schriftverkehrs[401] sowie den Schutz von Informationen über den Gesundheitszustand einer Person.[402] Informationen hierüber können nur verlangt werden, wenn der Zweck der Informationserhebung den Eingriff in das Recht auf Achtung des Privatlebens rechtfertigen kann. Andernfalls dürften sich (auch) aus den europäischen Grund-

---

aus Art. 10 EMRK, wenn eindeutig feststehende historische Tatsachen in einer Weise bestritten werden, die den Grundwerten der EMRK widerspricht (Leugnung des Holocausts).

[394] Vgl. auch *Ehlers,* in: ders., Europäische Grundrechte und Grundfreiheiten, § 2 Rdn. 39.

[395] *EGMR,* Series A, Vol. 44, Rdn. 52 – Young, James and Webster; Series A, Vol. 264, Rdn. 35 – Sigurdud A. Sigurjónsson; No. 9 (1996/II), 637 (651 ff. – Rdn. 42 ff.) – Gustafsson.

[396] *EGMR,* NJW 2001, 2871 (2872) – Dahlab; ebenso *Uerpmann,* in: Ehlers, Europäische Grundrechte und Grundfreiheiten, § 3 Rdn. 31; *Frowein,* in: ders./Peukert, Art. 9 EMRK Rdn. 2.

[397] So auch *Bernsdorff,* in: Meyer, Kommentar zur Charta der Grundrechte der Europäischen Union, Art. 11 Rdn. 12; *Jarass,* EU-Grundrechte, § 16 Rdn. 10; ebenso für die Informationsfreiheit *Fikentscher/Möllers,* NJW 1998, 1337 (1344); anders aber *Wachovius,* BayVBl 2005, 615 (620 f.).

[398] Vgl. *Grabenwarter,* Europäische Menschenrechtskonvention, § 22 Rdn. 2; *Schorkopf,* in: Ehlers, Europäische Grundrechte und Grundfreiheiten, § 15 Rdn. 20.

[399] *EuGHE* 1992, 2575 (2609 Rdn. 23); 1994, 4737 (4789 Rdn. 17).

[400] Vgl. auch *Frowein,* in: ders./Peukert, Europäische Menschenrechtskonvention, Art. 8 Rdn. 14.

[401] *EuGHE* 1982, 1575 (1610 ff. Rdn. 18 ff.) – AM&S.

[402] *EuGHE* 1994, 4737 (4789 Rdn. 17).

III. Vorgaben für die informationelle Inpflichtnahme Privater 313

rechten Informationsverweigerungsrechte für (Berufs-)Geheimnisträger herleiten lassen.[403]

So wird man aus der Aussage des Europäischen Gerichtshofs, ein Rechtsanwalt dürfe die Vorlage des Schriftverkehrs zwischen ihm und seinem Mandanten verweigern,[404] die Folgerung ziehen können, dass der Rechtsanwalt ebenso zur Informationsverweigerung über Umstände aus dem Mandantenverhältnis berechtigt ist.

Als Unterfall des Rechts auf Achtung des Privatlebens kann auch das europäische Grundrecht auf *informationelle Selbstbestimmung* gelten,[405] das neuerdings in Art. 8 GRCh eine eigenständige Regelung erfahren hat.[406] Dass diese Vorschrift den Schutz personenbezogener Daten an deren „Verarbeitung" knüpft,[407] ändert nichts daran, dass auch Informationspflichten Privater hieran zu messen sind: Entsprechend dem Begriffsverständnis der Europäischen Datenschutzrichtlinie[408] geht auch Art. 8 GRCh von einer weiten Definition der Datenverarbeitung aus, die bereits mit der Datenerhebung beginnt.[409] Auch auf europäischer Ebene ist der Einzelne also vor der Erhebung und Verwendung der auf seine Person bezogenen Daten grundrechtlich geschützt.

γ) Schutz vor Selbstbelastungspflichten

Ein ausdrückliches Grundrecht, das vor Selbstbelastungspflichten schützt, existiert auch im Europäischen Gemeinschaftsrecht – d. h. insbesondere in den Rechtserkenntnisquellen EMRK und GRCh – nicht. Der grundrechtliche Schutz vor Selbstbelastung wird aber als Grundsatz der Wahrnehmung der Verteidigungsrechte sowie als Ausdruck eines fairen Prozesses angesehen und insbesondere auf

---

[403] Zur Rechtslage nach nationalem Verfassungsrecht vgl. oben F. II. 2. b) bb).

[404] Vgl. *EuGHE* 1982, 1575 (1612 f. Rdn. 27 f.) – AM&S.

[405] So *Beutler*, in: v. d. Groeben / Schwarze, EU- / EG-Vertrag, Art. 6 EUV Rdn. 82; *Schorkopf*, in: Ehlers, Europäische Grundrechte und Grundfreiheiten, § 15 Rdn. 40 ff.; vgl. auch *Albers*, Informationelle Selbstbestimmung, S. 293 ff.; *Meyer-Ladewig*, EMRK, Art. 8 Rdn. 11 ff. Ausführlich zum Recht auf informationelle Selbstbestimmung als europäisches Grundrecht *Mähring*, EuR 1991, 369 ff.

[406] Zu den Hintergründen dieser „Innovation" *Bernsdorff*, in: Meyer, Kommentar zur Charta der Grundrechte der Europäischen Union, Art. 8 Rdn. 1 ff.

[407] Art. 8 Abs. 1 GRCh lautet: „Jede Person hat das Recht auf Schutz der sie betreffenden personenbezogenen Daten". Abs. 2 bestimmt: „Diese Daten dürfen nur nach Treu und Glauben für festgelegte Zwecke und mit Einwilligung der betroffenen Person oder auf einer sonstigen gesetzlich geregelten legitimen Grundlage verarbeitet werden. Jede Person hat das Recht, Auskunft über die sie betreffenden erhobenen Daten zu erhalten und die Berichtigung dieser Daten zu erwirken."

[408] Vgl. Art. 2 lit. b Richtlinie 95/46/EG des Europäischen Parlaments und des Rates vom 24. 10. 1995 zum Schutz natürlicher Personen bei der Verarbeitung personenbezogener Daten und zum freien Datenverkehr, ABl EG 1995, Nr. L 281, 31.

[409] *Bernsdorff*, in: Meyer, Kommentar zur Charta der Grundrechte der Europäischen Union, Art. 8 Rdn. 16.

Art. 6 Abs. 1 EMRK als Rechtserkenntnisquelle gestützt.[410] Auch wenn der „nemo tenetur"-Satz dort nicht ausdrücklich genannt ist, „entspricht das Recht, zu schweigen und sich nicht selbst zu beschuldigen, international allgemein anerkannten Grundsätzen und ist ein Kernstück des von Art. 6 Abs. 1 EMRK garantierten fairen Verfahrens."[411] Ebenfalls genannt werden kann in diesem Zusammenhang Art. 48 Abs. 2 GRCh, der jedem Angeklagten die Achtung der Verteidigungsrechte gewährleistet und so (auch) eine spezielle Ausprägung des „nemo tenetur"-Satzes festhält.[412]

Rechtsprechung des EuGH und des EuG zum Grundsatz des „nemo tenetur" ist verhältnismäßig selten und existiert ausschließlich auf wettbewerbsrechtlichem Gebiet. Sie neigt bisher dazu, Informationsverweigerungsrechte wegen drohender Selbstbelastung nur sehr zurückhaltend anzunehmen – und wird dafür teilweise scharf kritisiert.[413] Bei der Würdigung dieser Judikatur ist allerdings zu berücksichtigen, dass Betroffene in den bisherigen Verfahren stets juristische Personen waren, die auch aus Sicht des nationalen Verfassungsrechts nur eingeschränkt einen verfassungsrechtlichen Schutz vor Selbstbelastungspflichten genießen.[414]

So hat der EuGH für das EG-Eigenverwaltungsrecht im Fall *Orkem* ausgesprochen, dass eine *Aktiengesellschaft* im Wettbewerbsrecht nicht generell die Auskunft verweigern dürfe, wenn sie sich andernfalls selbst belasten müsse. Vielmehr sei die Kommission dazu berechtigt, das Unternehmen dazu zu verpflichten, ihr alle erforderlichen Auskünfte über ihm bekannte Tatsachen zu erteilen und die in seinem Besitz befindlichen Schriftstücke vorzulegen, selbst wenn sie dazu verwendet werden könnten, den Beweis für ein wettbewerbswidriges Verhalten des betreffenden Unternehmens zu erbringen. Eine Grenze der Informationsrechte bestehe nur insoweit, als die Kommission nicht die Verteidigungsrechte des Unternehmens verletzen dürfe. Daher dürfe die Kommission keine Auskunftsverpflichtung auferlegen, durch deren Befolgung das Vorliegen einer Zuwiderhandlung eingestanden werden müsste, für die die Kommission den Beweis zu erbringen habe.[415]

Gefolgt ist dieser Rechtsprechung das EuG im Fall *Mannesmannröhrenwerke AG:* Verbotener Absprachen (Art. 81 EGV) verdächtige Unternehmen hätten kein absolutes Auskunftsverweigerungsrecht. Sie seien vielmehr dazu verpflichtet, Auskünfte über Tatsachen zu

---

[410] Vgl. *EuGE* 2001, 729 (758 Rdn. 77) – Mannesmannröhrenwerke AG; *Gundel,* in: Ehlers, Europäische Grundrechte und Grundfreiheiten, § 18 Rdn. 17 ff.

[411] *EGMR,* NJW 2002, 499 (501 Rdn. 64); siehe auch *EuGE* 2001, 729 (757 f. Rdn. 75 ff.) – Mannesmannröhrenwerke AG; *Bärlein / Pananis / Rehmsmeier,* NJW 2002, 1825; *Grabenwarter,* Europäische Menschenrechtskonvention, § 24 Rdn. 119; *Mäder,* Betriebliche Offenbarungspflichten und Schutz vor Selbstbelastung, S. 61 f.; *Weiß,* JZ 1998, 289 (290); anders noch *Rogall,* Der Beschuldigte als Beweismittel gegen sich selbst, S. 116; wohl auch *EuGHE* 1989, 3283 (3350 Rdn. 30) – Orkem.

[412] Art. 48 Abs. 2 GRCh garantiert auch das Schweigerecht des Angeklagten, siehe *Jarass,* EU-Grundrechte, § 41 Rdn. 32; *Pache,* NVwZ 2001, 1342 (1344, 1346).

[413] Siehe vor allem *Schohe,* NJW 2002, 492 (493); ferner *Gundel,* in: Ehlers, Europäische Grundrechte und Grundfreiheiten, § 18 Rdn. 19: „nicht unproblematisch".

[414] Hierzu oben F. II. 2. b) cc) β) (6).

[415] *EuGHE* 1989, 3343 (3351 Rdn. 34 f.).

erteilen und in ihrem Besitz befindliche Unterlagen vorzulegen, auch wenn sie sich dadurch selbst belasten müssten. Vor dem Hintergrund der Wahrnehmung der Verteidigungsrechte und des Rechts auf einen fairen Prozess müssten Auskunftspflichtige jedoch nur Fragen nach rein tatsächlichen Gegebenheiten beantworten und nur die vorhandenen angeforderten Unterlagen übermitteln.[416]

Wegen der Besonderheit, dass es in diesen Fällen stets um Informationsverweigerungsrechte juristischer Personen ging, muss es nicht zwangsläufig einen Widerspruch bedeuten, wenn der EGMR eher als der EuGH dazu zu neigen scheint, Art. 6 Abs. 1 EMRK absolute Schweigerechte bei drohender Selbstbelastung zu entnehmen.[417] Als „Leitfälle" des EGMR können dabei die Entscheidungen *Funke* (1993), *Saunders* (1996) und *J.B. / Schweiz* (2001) angesehen werden,[418] die – im Gegensatz zu den Verfahren vor dem EuGH und dem EuG – sämtlich Informationspflichten natürlicher Personen betreffen.

Im Fall *Funke* hat der EGMR ausgesprochen, dass das Recht auf ein faires Verfahren gemäß Art. 6 Abs. 1 EMRK das Recht eines Verdächtigen enthalte, zu schweigen und sich nicht selbst zu belasten. Die Besonderheiten des Zollverfahrens könnten es nicht rechtfertigen, dass Zollbehörden einen Verdächtigen zur Vorlage von Dokumenten zwängen, die Aufschluss über angebliches Auslandsvermögen geben sollten.[419]

Im Fall *Saunders* hat der EGMR diese Rechtsprechung bestätigt und konkretisiert. Auch im Rahmen einer verwaltungsbehördlichen Ermittlung, die einer strafgerichtlichen Hauptverhandlung gegen den informationell in Anspruch Genommenen vorausgehe, bestehe die Gefahr einer späteren Verwendung zur Unterstützung des Standpunktes der Anklage, selbst wenn die Aussagen auf den ersten Blick nicht belastend erschienen. Daher stellten auch derartige schrankenlose Informationspflichten eine Verletzung von Art. 6 Abs. 1 EMRK dar.[420]

Den Grundsätzen dieser Entscheidungen folgt schließlich das Urteil des EGMR im Fall *J.B. / Schweiz*. In diesem Fall hat der Gerichtshof entschieden, dass ein Verstoß gegen Art. 6 Abs. 1 EMRK vorliege, wenn der Betroffene in einem Steuerverfahren unter Androhung eines Zwangsgeldes zu Angaben gezwungen werde, die im Steuerstrafverfahren verwertbar seien.[421] In solchen Fällen ist also nach Ansicht des EGMR (zumindest) ein entsprechendes Verwertungsverbot erforderlich.

Auf dieser Grundlage lassen sich die bisherige Rechtsprechung von EuGH und EuG einerseits und EGMR andererseits zum grundrechtlich geschützten Schweigerecht bei drohender Selbstbelastung durchaus in derselben Weise in Einklang brin-

---

[416] *EuGE* 2001, 729 (758 Rdn. 77) – Mannesmannröhrenwerke AG; vgl. hierzu auch *Hilf / Hörmann*, NJW 2003, 1 (7).

[417] Hierauf weist auch *Gundel*, in: Ehlers, Europäische Grundrechte und Grundfreiheiten, § 19 Rdn. 19 Fn. 46, ausdrücklich hin. Vgl. ferner den Schlussantrag des Generalanwalts *Darmon* im Fall *Orkem, EuGHE* 1989, 3283 (3337), sowie das Urteil in diesem Fall, *EuGHE* 1989, 3343 (3350 Rdn. 29). Übersicht zur Rechtsprechung des EGMR zum Grundsatz des „nemo tenetur" insgesamt bei *Müller,* EuGRZ 2002, 546 (550 ff.).

[418] Vgl. auch *Müller,* EuGRZ 2002, 546 (550).

[419] *EGMR*, ÖJZ 1993, 532 f.

[420] *EGMR*, ÖJZ 1998, 32 f.

[421] *EGMR*, NJW 2002, 499 ff.; siehe auch *Meyer-Ladewig,* EMRK, Art. 6 Rdn. 52.

gen, die als Aussage des deutschen Verfassungsrechts für dieses Gebiet gefunden worden ist: Hinsichtlich des grundrechtlichen Schutzes vor Selbstbelastungspflichten kann und muss zwischen natürlichen und juristischen Personen differenziert werden, wodurch sich der – vermeintliche – Widerspruch zwischen EuGH / EuG und EGMR beseitigen lässt.[422]

Natürliche Personen haben danach ein absolutes Recht, sich selbst nicht in einer Form belasten zu müssen, die zu einer Sanktionierung des betreffenden Verhaltens führen kann. Hiervor schützt das europäische Grundrecht auf faires Verfahren und Wahrnehmung der Verteidigungsrechte absolut, was ein entsprechendes Informationsverweigerungsrecht zur Folge haben muss.[423] Dieses Ergebnis ist zwangsläufige Konsequenz des (nur) bei natürlichen Personen bestehenden Schutzbedürfnisses der Menschenwürde, das insoweit hinter dem „nemo tenetur"-Prinzip steht und auch bei der Anwendung des Verfahrensgrundrechts aus Art. 6 Abs. 1 EMRK berücksichtigt werden kann und muss.[424] Demgegenüber gibt es keinen Grund, mit einer Selbstbelastung verbundene Informationspflichten für unzulässig zu halten, wenn die Informationserteilung zur Erfüllung höherrangiger Aufgaben erforderlich ist und ein Verwertungsverbot für das anschließende sanktionsrechtliche Verfahren besteht – hierdurch wird das Recht auf ein faires Verfahren nicht beeinträchtigt.[425] Die Rechtslage nach der Europäischen Menschenrechtskonvention ist insoweit mit der nach dem deutschen Grundgesetz identisch.[426]

Juristische Personen genießen demgegenüber keinen absoluten Schutz vor Selbstbelastungspflichten, auch wenn die erteilten Informationen gegen sie verwendet werden können.[427] Da bei ihnen die Menschenwürderelevanz von vornherein fehlt, haben sie lediglich ein (relatives) Recht auf Wahrnehmung ihrer Verteidigungsrechte, das die Bedeutung der Informationserteilung berücksichtigen und unterschiedliche Grenzen von Selbstbelastungspflichten bedingen kann.[428] Ein

---

[422] In diese Richtung auch *Gundel*, in: Ehlers, Europäische Grundrechte und Grundfreiheiten, § 19 Rdn. 19 Fn. 46; vgl. ferner *Pache*, EuZW 2001, 351 (352), nach dem das EuG sich bemühe, „unter Berücksichtigung des Art. 6 EMRK wie der Rechtsprechung des EGMR inhaltliche Differenzen zu vermeiden".

[423] Vgl. auch *EuGHE* 1989, 3283 (3350); *Pernice / Mayer*, in: Grabitz / Hilf, Das Recht der Europäischen Union, nach Art. 6 EUV Rdn. 279.

[424] Vgl. auch *Schohe*, NJW 2002, 492 (493).

[425] Vgl. auch *EGMR*, NJW 2002, 499 (501 Rdn. 63), wo ausdrücklich festgehalten wird, dass nur die Frage der Verhängung eines Bußgeldes bei Weigerung der Auskunftserteilung zu entscheiden sei und nicht die Frage, ob ein Staat einen Steuerschuldner dazu zwingen könne, ausschließlich zu dem Zweck Auskünfte zu geben, eine richtige Steuerfestsetzung sicherzustellen.

[426] Hierzu oben F. II. 2. b) (3).

[427] Anders jedoch *Weiß*, JZ 1998, 289 (291).

[428] Demgegenüber nehmen *Hilf / Hörmann*, NJW 2003, 1 (8), sowie *Weiß*, JZ 1998, 289 (290), an, dass auch juristischen Personen das Recht auf Schutz vor Selbstbelastungspflichten aus Art. 6 Abs. 1 EMRK zustehen müsse. Zwingend ist dies jedoch nicht, da auch die EMRK juristischen Personen den Schutz durch Grundrechte nur bei deren wesensmäßiger Anwend-

Beispiel hierfür bietet die geschilderte Rechtsprechung von EuGH und EuG zum Wettbewerbsrecht, nach der nur tatsächliche Angaben gemacht und nur vorhandene Unterlagen vorgelegt werden müssen.

Durch diese Sichtweise des europäischen Grundrechtsschutzes vor Selbstbelastungspflichten lassen sich sowohl das Informationsinteresse des Hoheitsträgers, insbesondere der Europäischen Kommission, als auch das (unterschiedliche) Schutzbedürfnis von natürlichen sowie juristischen Personen zu einem angemessenen Ausgleich bringen.[429] Es bleibt zu hoffen, dass auch der EuGH dieser differenzierenden Ansicht folgen wird, sollte er einmal den Fall zu entscheiden haben, dass eine natürliche Person zur Selbstbelastung verpflichtet ist.

δ) Sonstige Grundrechte

Im Übrigen können – wie im deutschen Verfassungsrecht – je nach konkretem Sachverhalt weitere Grundrechte Vorgaben enthalten. Die Grundrechte der Berufsfreiheit, Eigentumsfreiheit, Presse- und Rundfunkfreiheit, Wissenschaftsfreiheit, Bekenntnisfreiheit und Versammlungsfreiheit sowie das Fernmeldegeheimnis und der allgemeine Gleichheitssatz sind auch als europäische Grundrechte anerkannt.[430] Hinsichtlich des durch die genannten Grundrechte im Einzelfall vermittelten Grundrechtsschutzes kann auf die Ausführungen zu den nationalen Grundrechten verwiesen werden.[431] Eine generelle Bedeutung als Rahmenbedingungen für die Normierung allgemeiner Regeln für staatliche Informationsansprüche haben diese europäischen Grundrechte nicht.

---

barkeit gewährleistet (*Hilf/Hörmann,* NJW 2003, 1 [7]), an der es bei juristischen Personen nach hier vertretener Ansicht fehlt (siehe oben F. II. 2. b) aa)).

[429] Vgl. auch die Bewertung des eingeschränkten Schutzes juristischer Personen bei *Crones,* Grundrechtlicher Schutz von juristischen Personen im europäischen Gemeinschaftsrecht, S. 136; *Pache,* EuZW 2001, 351 (352).

[430] Berufsfreiheit: *EuGHE* 1987, 2289 (2338 Rdn. 15) – Rau/BALM, Art. 15 GRCh; Eigentumsfreiheit: *EuGHE* 1979, 3727 (3745 Rdn. 17) – Liselotte Hauer, Art. 17 GRCh, Art. 1 1. ZP EMRK; Presse- und Rundfunkfreiheit: *EuGHE* 1984, 19 (62 Rdn. 34) – VBVB und VBBB, bzw. 1991, 2925 (2964 Rdn. 45) – ERT (beide unter dem Stichwort der Meinungsfreiheit, vgl. *Schorkopf,* in: Ehlers, Europäische Grundrechte und Grundfreiheiten, § 15 Rdn. 69 f.), Art. 11 Abs. 2 GRCh, Art. 10 Abs. 1 EMRK; Wissenschaftsfreiheit: Art. 13 GRCh; Bekenntnisfreiheit: Art. 10 Abs. 1 GRCh, Art. 9 EMRK; Versammlungsfreiheit: Art. 12 Abs. 1 GRCh, Art. 11 EMRK; Fernmeldegeheimnis: Art. 7 GRCh, Art. 10 Abs. 1 EMRK; Allgemeiner Gleichheitssatz: *EuGHE* 1977, 1753 (1770 Rdn. 7) – Ruckdeschel, Art. 20 GRCh, Art. 14 EMRK.

[431] Siehe oben F. II. 2. c).

c) Unionsbürgerrechte

aa) Grundlagen und dogmatische Einordnung der Unionsbürgerrechte

Mit dem Diskriminierungsverbot aus Gründen der Staatsangehörigkeit (Art. 12 EGV),[432] dem Recht auf Freizügigkeit (Art. 18 EGV), dem Wahlrecht auf europäischer und kommunaler Ebene (Art. 19 EGV), dem Recht auf diplomatischen und konsularischen Schutz (Art. 20 EGV), dem Petitionsrecht (Art. 21 Abs. 1, Abs. 2 EGV), dem Informationsrecht (Art. 21 Abs. 3 EGV) sowie dem Recht auf Zugang zu Dokumenten (Art. 255 EGV) werden den Unionsbürgern (Art. 17 Abs. 1 EGV) grundlegende Rechte durch das europäische Primärrecht und demzufolge Grundrechte (in einem weiteren Sinne) gewährt.[433] Anders als die soeben behandelten europäischen Grundrechte (im engeren Sinne) richten sich die Unionsbürgerrechte aber nicht primär gegen die Europäischen Gemeinschaften, sondern sind auch für die Mitgliedstaaten grundsätzlich verbindlich.[434] Wegen dieses Unterschieds ist ihre Behandlung unter einer eigenständigen Bezeichnung und nicht als Unterfall der europäischen Grundrechte (im engeren Sinne) gerechtfertigt und sachgemäß.[435]

bb) Vorgaben der Unionsbürgerrechte für Informationspflichten Privater gegenüber dem Staat

Vorgaben für die gemeinschaftsrechtliche Zulässigkeit von Informationspflichten Privater gegenüber dem Staat enthalten insbesondere das Unionsbürgerrecht auf Freizügigkeit (Art. 18 Abs. 1 EGV) sowie das allgemeine Diskriminierungsverbot (Art. 12 Abs. 1 EGV).

---

[432] Auch das allgemeine Diskriminierungsverbot des Art. 12 EGV ist als Unionsbürgerrecht einzustufen. Es zählt zu den Rechten und Pflichten gerade der Unionsbürger gemäß Art. 17 Abs. 2 EGV, auch ohne im Teil des EGV über die Unionsbürgerschaft zu stehen; vgl. auch *Holoubek,* in: Schwarze, EU-Kommentar, Art. 12 EGV Rdn. 31; *Kadelbach,* in: Ehlers, Europäische Grundrechte und Grundfreiheiten, § 21 Rdn. 84 f.

[433] Vgl. *Hilf,* in: Grabitz/Hilf, Das Recht der Europäischen Union, Art. 18 EGV Rdn. 1; *Kadelbach,* in: Ehlers, Europäische Grundrechte und Grundfreiheiten, § 21 Rdn. 40; *Kluth,* in: Calliess/Ruffert, Kommentar zu EU-Vertrag und EG-Vertrag, Art. 18 EGV Rdn. 9; *Pernice,* in: Dreier, Grundgesetz, Bd. I, Art. 11 Rdn. 5; *Rossi,* AöR 127 (2002), 612 (619), zum „Grundrecht" aus Art. 18 EGV. Von einem „grundrechtsähnlichen Charakter" des allgemeinen Diskriminierungsverbots spricht *Epiney,* in: Calliess/Ruffert, Kommentar zu EU-Vertrag und EG-Vertrag, Art. 12 EGV Rdn. 2.

[434] *Kadelbach,* in: Ehlers, Europäische Grundrechte und Grundfreiheiten, § 21 Rdn. 37; siehe auch *Haag,* in: v. d. Groeben/Schwarze, EU-/EG-Vertrag, Art. 18 EG Rdn. 7 ff.; *Kluth,* in: Calliess/Ruffert, Kommentar zu EU-Vertrag und EG-Vertrag, Art. 18 EGV Rdn. 8.

[435] Vgl. auch *Ehlers,* in: ders., Europäische Grundrechte und Grundfreiheiten, § 13 Rdn. 33, der die Unionsbürgerrechte (wie die Grundfreiheiten) ebenfalls zu den „geschriebenen Gemeinschaftsgrundrechten (iwS)" zählt, sowie *Bieber/Epiney/Haag,* Die Europäische Union, § 2 Rdn. 7; *Kadelbach,* in: v. Bogdandy, Europäisches Verfassungsrecht, S. 539 (566 ff.).

Das *Freizügigkeitsrecht* aus Art. 18 Abs. 1 EGV räumt jedem Unionsbürger das Recht ein, sich im Hoheitsgebiet aller Mitgliedstaaten frei zu bewegen und aufzuhalten. Einschränkungen dieses Rechts durch Meldepflichten sind als zulässige „Bedingungen und Beschränkungen" gemäß Art. 18 Abs. 1 EGV nicht grundsätzlich untersagt, sie dürfen das Freizügigkeitsrecht aber nicht unzumutbar beschränken und sind andernfalls wegen des Vorrangs des Art. 18 Abs. 1 EGV gegenüber dem nationalen Recht nicht anwendbar.

Eine unzulässige Beschränkung der Freizügigkeit (in casu: für Arbeitnehmer) hat der EuGH hinsichtlich einer italienischen Bestimmung bejaht, wonach Unionsbürger unter Androhung einer Freiheitsstrafe dazu verpflichtet waren, binnen drei Tagen nach ihrer Einreise in das italienische Hoheitsgebiet eine Aufenthaltsanzeige zu erstatten. Einerseits sei die Frist unangemessen kurz, andererseits stehe die Androhung einer Freiheitsstrafe außer Verhältnis zu dem Verstoß und stelle ein unzulässiges Hindernis für die Freizügigkeit dar.[436]

Das *allgemeine Diskriminierungsverbot* des Art. 12 Abs. 1 EGV verbietet im Anwendungsbereich des EG-Vertrages und „unbeschadet besonderer Bestimmungen" jede Diskriminierung aus Gründen der Staatsangehörigkeit. Daher ist es grundsätzlich unzulässig, wenn ein Mitgliedstaat EG-Ausländern Informationspflichten auferlegt, die Inländer nicht treffen, und der Anwendungsbereich des EGV betroffen ist.[437] Art. 12 Abs. 1 EGV ist aber nur anwendbar, soweit keine speziellen Diskriminierungsverbote – insbesondere die der Grundfreiheiten – einschlägig sind.[438]

2. Vorgaben des sekundären Gemeinschaftsrechts

Allgemeine Vorgaben des sekundären Gemeinschaftsrechts, die bei der allgemeingültigen Normierung von Grundsätzen zu Informationspflichten Privater gegenüber dem Staat zu beachten wären, existieren – soweit ersichtlich – nicht. Allerdings enthalten viele Rechtsakte der Europäischen Gemeinschaften einzelne Informationspflichten Privater gegenüber dem Staat. Diese finden sich zum Teil in Verordnungen und gelten damit unmittelbar in den Mitgliedstaaten, teilweise sind sie in Richtlinien enthalten und von den Mitgliedstaaten in das nationale Recht umzusetzen bzw. bereits umgesetzt.[439]

Verordnungsrechtliche Informationspflichten finden sich beispielsweise in den auf der Basis von Art. 83 EGV erlassenen Anwendungsverordnungen zum EG-

---

[436] *EuGHE* 1989, 4209 (4224 f. Rdn. 9) – Messner.

[437] Hierzu *Epiney*, in: Calliess/Ruffert, Kommentar zu EU-Vertrag und EG-Vertrag, Art. 12 EGV Rdn. 17 ff.; *Koenig/Haratsch*, Europarecht, Rdn. 719; *Streinz*, in: ders., EUV/EGV, Art. 12 EGV Rdn. 18 ff.

[438] *Geiger*, EUV/EGV, Art. 12 EGV Rdn. 1; *Zuleeg*, in: v. d. Groeben/Schwarze, EU-/EG-Vertrag, Art. 12 EGV Rdn. 18.

[439] Vgl. auch die Beispiele bei *Herrmann*, Informationspflichten gegenüber der Verwaltung, S. 78 ff.

Wettbewerbsrecht der Art. 81, 82 EGV, und zwar in Gestalt von Anmeldepflichten und Auskunftspflichten.

Art. 4 Abs. 1 Fusionskontrollverordnung[440] enthält die Verpflichtung, „Zusammenschlüsse von gemeinschaftsweiter Bedeutung" bei der Kommission anzumelden.

Art. 11 Abs. 1 Fusionskontrollverordnung erlaubt der Kommission zusätzlich, Auskünfte zu verlangen, soweit dies zur Erfüllung ihrer Aufgaben nach der Fusionskontrollverordnung erforderlich ist.[441] Abs. 2 und Abs. 3 enthalten die damit einhergehende Pflicht der Kommission zur Angabe der Rechtsgrundlagen und des Zwecks des Auskunftsverlangens, der Art der benötigten Auskünfte, der Frist für die Erteilung der Auskünfte sowie der Sanktionen für den Fall der Erteilung einer unrichtigen oder irreführenden Auskunft. Abs. 4 bestimmt die genau auskunftspflichtige Person sowie die Zulässigkeit einer Bevollmächtigung zur Auskunftserteilung.

Art. 18 Abs. 1 VO (EG) Nr. 1/2003[442] normiert ein Auskunftsrecht der Kommission gegenüber Unternehmen und Unternehmensvereinigungen zur Erfüllung ihrer durch die Verordnung übertragenen Aufgaben, also zur Unterbindung von wettbewerbsbeschränkenden Vereinbarungen und Verhaltensweisen gemäß Art. 81 EGV sowie des Missbrauchs einer marktbeherrschenden Stellung gemäß Art. 82 EGV. Abs. 2–4 enthalten nähere Bestimmungen zur Informationsanforderung und -erteilung, die den Regelungen in Art. 11 Abs. 1–4 Fusionskontrollverordnung entsprechen.

Als weitere Informationspflichten in Verordnungen können exemplarisch Art. 22 Abs. 2 Beihilfeverfahrensverordnung, Art. 20 Abs. 3 Lebensmittelbasisverordnung, Art. 8 Warenverkehrsstatistikverordnung sowie Art. 46 Abs. 1 lit. c VO 1592/2002 angeführt werden.

Art. 22 Abs. 2 Beihilfeverfahrensverordnung[443] erlaubt es den von der Kommission beauftragten Bediensteten, zur Überprüfung der Einhaltung einer Entscheidung „mündliche Erklärungen an Ort und Stelle" anzufordern, die Bücher und sonstigen Geschäftsunterlagen zu prüfen sowie Kopien anzufertigen oder zu verlangen. Gemäß Abs. 3 S. 3 haben die mit der Nachprüfung vor Ort beauftragten Bediensteten und Sachverständigen einen schriftlichen Prüfungsauftrag vorzulegen, in dem Gegenstand und Zweck der Nachprüfung bezeichnet werden.

Art. 20 Abs. 3 Lebensmittelbasisverordnung[444] enthält eine Mitteilungspflicht gegenüber den zuständigen (nationalen) Behörden für den Futtermittelunternehmer, der erkennt oder

---

[440] Verordnung (EG) Nr. 139/2004 des Rates vom 20. Januar 2004 über die Kontrolle von Unternehmenszusammenschlüssen („EG-Fusionskontrollverordnung"), ABl EU 2004, Nr. L 24, 1.

[441] Näher zu diesen Informationspflichten *Klees*, EuZW 2003, 197 (200 ff.).

[442] Verordnung (EG) des Rates vom 16. 12. 2002 zur Durchführung der in den Art. 81 und 82 des Vertrags niedergelegten Wettbewerbsregeln, ABl EG 2003, Nr. L 1, 1. Diese Verordnung hat die Verfahrensbestimmungen der zuvor existierenden Durchführungsverordnungen 17/62, 1017/68, 4056/86 sowie 3975/87 mit Wirkung zum 1. 5. 2004 aufgehoben; vgl. *Reidlinger*, in: Streinz, EUV/EGV, Art. 83 EGV Rdn. 41.

[443] Verordnung (EG) Nr. 659/1999 des Rates vom 22. 3. 1999 über besondere Vorschriften für die Anwendung von Art. 93 des EG-Vertrags, ABl EG 1999, Nr. L 259, 27.

[444] Verordnung (EG) Nr. 178/2002 des Europäischen Parlaments und des Rates vom 28. 1. 2002 zur Festlegung der allgemeinen Grundsätze und Anforderungen des Lebensmittelrechts, zur Errichtung der Europäischen Behörde für Lebensmittelsicherheit und zur Festlegung von Verfahren zur Lebensmittelsicherheit, ABl EG 2002, Nr. L 31, 1.

Grund zu der Annahme hat, dass ein von ihm in Verkehr gebrachtes Futtermittel möglicherweise die Anforderungen an die Futtermittelsicherheit nicht erfüllt, sowie eine Unterrichtungspflicht des Unternehmers über die Maßnahmen, die getroffen worden sind, um eine Gefährdung durch die Verwendung des Futtermittels zu verhindern.

Art. 8 Warenverkehrsstatistikverordnung[445] bestimmt die Pflicht der an einem Warenverkehr beteiligten natürlichen und juristischen Personen zur Erteilung der vom INTRASTAT-System verlangten Informationen.

Art. 46 Abs. 1 lit. c VO (EG) 1592/2002[446] erlaubt der Europäischen Agentur für Flugsicherheit, Untersuchungen von Unternehmen durchzuführen und bei dieser Gelegenheit „mündliche Erklärungen an Ort und Stelle" anzufordern. Abs. 2 ergänzt, dass die zu diesen Untersuchungen bevollmächtigten Personen ihre Befugnisse unter Vorlage einer schriftlichen Vollmacht auszuüben haben, die den Gegenstand und Zweck der Untersuchung angeben muss.

Vorschriften des *Richtlinienrechts,* die die Mitgliedstaaten zur Statuierung von Informationspflichten Privater gegenüber dem Staat verpflichten, sind etwa in der Produktsicherheitsrichtlinie und in der Richtlinie über den elektronischen Geschäftsverkehr enthalten.

Art. 5 Abs. 3 Produktsicherheitsrichtlinie[447] verpflichtet Hersteller und Händler zur unverzüglichen Information der zuständigen Behörden der Mitgliedstaaten, wenn sie anhand der ihnen vorliegenden Informationen und als Gewerbetreibende wissen oder wissen müssen, dass ein Produkt, das sie in Verkehr gebracht haben, für den Verbraucher eine Gefahr darstellt, die mit der allgemeinen Sicherheitsanforderung unvereinbar ist.[448] Umgesetzt ins deutsche Recht ist diese Regelung durch § 5 Abs. 2 S. 1 GPSG.[449]

Art. 5 Abs. 1 Richtlinie über den elektronischen Geschäftsverkehr[450] schreibt vor, dass die Mitgliedstaaten sicherzustellen haben, dass die Anbieter von Diensten der Informationsgesellschaft i. S. v. Art. 2 lit. a der Richtlinie (auch) den zuständigen Behörden bestimmte Informationen verfügbar machen müssen, etwa den Namen des Diensteanbieters, die Anschrift des Diensteanbieters und seine Handelsregisternummer. Ins deutsche Recht umgesetzt wurden diese Informationspflichten mit § 6 S. 1 TDG sowie § 10 Abs. 2 MDStV.[451]

---

[445] Verordnung (EWG) Nr. 3330/91 des Rates vom 7. 11. 1991 über die Statistiken des Warenverkehrs zwischen den Mitgliedstaaten, ABl EG 1991, Nr. L 316, 1.

[446] Verordnung (EG) Nr. 1592/2002 des Europäischen Parlaments und des Rates vom 15. 7. 2002 zur Festlegung gemeinsamer Vorschriften für die Zivilluftfahrt und zur Errichtung einer Europäischen Agentur für Flugsicherheit, ABl EG 2002, Nr. L 240, 1.

[447] Richtlinie 2001/95/EG des Europäischen Parlaments und des Rates vom 3. 12. 2001 über die allgemeine Produktsicherheit, ABl EG 2001, Nr. L 11, 4.

[448] Hierzu *Falke,* ZUR 2002, 388 (393).

[449] Dazu näher *Klindt,* NJW 2004, 465 (469); *Wilrich,* Geräte- und Produktsicherheitsgesetz (GPSG), § 5 Rdn. 23 ff.

[450] Richtlinie 2000/31/EG des Europäischen Parlaments und des Rates vom 8. 6. 2000 über bestimmte rechtliche Aspekte der Dienste der Informationsgesellschaft, insbesondere des elektronischen Geschäftsverkehrs, im Binnenmarkt („Richtlinie über den elektronischen Geschäftsverkehr"), ABl EG 2000, Nr. L 178, 1.

[451] Vgl. *Kloepfer,* Informationsrecht, § 13 Rdn. 80.

Die Beispiele zeigen, dass auch das Europäische Gemeinschaftsrecht wichtige Vorgaben enthält, die *einzelne* Informationspflichten Privater gegenüber dem Staat (bzw. der Europäischen Gemeinschaft) betreffen. *Allgemeingültige* Erkenntnisse über die einzelne Informationspflicht hinaus, die für das Ziel der Arbeit, einen Beitrag zur Systematisierung und Vereinheitlichung des Rechts des informationellen Verhältnisses zwischen Bürger und Staat zu leisten, weiterführend wären, lassen sich aus den gemeinschaftsrechtlichen Informationspflichten als solchen jedoch nicht gewinnen. Umgekehrt führt auch die Auflistung der europarechtlichen Informationspflichten im Hinblick auf die Nomenklatur zu demselben Befund, der schon für das deutsche Gesetzesrecht festzustellen war: Eine begriffliche Systematisierung der Informationspflichten Privater gegenüber dem Staat (bzw. gegenüber der Gemeinschaft) ist auch im Europäischen Gemeinschaftsrecht nicht erkennbar. Vielmehr benutzt das europäische Sekundärrecht die Termini Anmeldepflicht, Auskunftspflicht, Erklärungspflicht, Mitteilungspflicht sowie Informationspflicht, ohne dass dieser Vielzahl von Begriffen in jedem Fall auch eine inhaltliche Relevanz zukäme. Wie im deutschen Gesetzesrecht fehlt bisher bei der Bezeichnung von Informationspflichten eine ordnende Hand; im geltenden Gemeinschaftsrecht lassen sich aus der Bezeichnung von Informationspflichten jedenfalls keine wesentlichen Erkenntnisse erzielen. Vielmehr könnte eine auf nationaler Ebene geleistete begriffliche Systematisierung auch auf die europäische Ebene übertragen und dort zukünftig nutzbar gemacht werden.

Immerhin helfen einige der gemeinschaftsrechtlichen Regelungen zu den Einzelheiten der Informationsanforderung bei der Schaffung eines „Allgemeinen Teils" für das Recht der Informationspflichten Privater gegenüber dem Staat durchaus weiter. Im Vergleich zum nationalen Recht[452] sind Vorgaben dazu im Gemeinschaftsrecht üblicher und zudem in der Regel auch detaillierter. Mit der Pflicht zur Angabe eventuell vorgesehener Sanktionen bei der Verletzung von Informationspflichten enthält das Europarecht zudem einen Aspekt, den das deutsche Gesetzesrecht bislang nicht kennt.[453]

3. Folgerungen

Aus der Sicht dessen, der Informationspflichten Privater gegenüber dem Staat systematisieren und die damit verbundenen Rechtsfragen – soweit möglich – einheitlich beantworten will, bringt die Analyse der Vorgaben des Europäischen Gemeinschaftsrechts nichts wesentlich Neues im Vergleich zu den Determinanten des nationalen Verfassungsrechts. Über diese hinaus geht vor allem die Erkenntnis, dass ein allgemeines Recht der Informationspflichten Privater gegenüber dem Staat Inländer und EG-Ausländer grundsätzlich nicht ungleich behandeln darf, soweit die Grundfreiheiten einschlägig sind oder sein können – allerdings werden grund-

---

[452] Siehe oben E. IV. 1.
[453] Vgl. oben E. IV. 1. h).

III. Vorgaben für die informationelle Inpflichtnahme Privater 323

legende und als allgemeingültig konzipierte Regeln derartige Differenzierungen auch schwerlich enthalten. Im Übrigen bestätigt das Europäische Gemeinschaftsrecht die Vorgaben des nationalen Verfassungsrechts in wichtigen Bereichen: Auch aus Sicht der europäischen Grundrechte und Grundfreiheiten stellen Informationspflichten Privater Eingriffe in die jeweiligen Schutzgüter dar, die rechtfertigungsbedürftig sind, was insbesondere zu den Erfordernissen einer gesetzlichen Grundlage und der Wahrung des Übermaßverbots führt. Wie die Grundrechte des Grundgesetzes im nationalen Recht bieten in ihrem Anwendungsbereich auch die europäischen Grundrechte einen relativen Schutz vor Selbstbelastungspflichten, mit dem ein absoluter Schutz vor einer Verwertung von pflichtig erteilten Informationen in sanktionsrechtlichen Verfahren einhergeht.

In Ergänzung zur Bestandsaufnahme des nationalen *Gesetzes*rechts liefern einzelne Vorschriften des europäischen Sekundärrechts, die die Art und Weise der Informationsanforderung sowie der Informationserteilung regeln, zudem Erkenntnisse, die bei der Erstellung eines Konzepts zur Normierung staatlicher Informationsansprüche Anregungen liefern können und insofern im Folgenden Berücksichtigung zu finden haben.

G. Konzept zur Normierung staatlicher Informationsansprüche

Mit der Ermittlung der verfassungs- und europarechtlichen Determinanten von Informationspflichten Privater gegenüber dem Staat ist der letzte Schritt der Vorarbeit auf dem Weg zum Ziel dieser Untersuchung gegangen, die in Zeiten von Privatisierung, Liberalisierung und Deregulierung immer dringlicher werdende Systematisierung und Vereinheitlichung des Allgemeinen Informationsrechts voranzubringen. Wendet man sich dieser Aufgabe nunmehr im Einzelnen zu, muss zunächst Gewissheit über eine unter systematischen Gesichtspunkten überzeugende und vor allem einheitliche Nomenklatur hergestellt werden (I.). Anschließend lassen sich die einzelnen Gesichtspunkte des vereinheitlichten Rechts der Informationspflichten Privater gegenüber dem Staat erörtern: Namentlich geht es dabei um die Voraussetzungen staatlicher Informationsansprüche (II.) und deren Aktualisierung (III.), die Grenzen staatlicher Informationsansprüche (IV.), die Art und Weise der Informationsgewährung (V.), die Pflichten zu privater Informationsvorsorge (VI.), die zwangsweise Durchsetzung der Informationsansprüche durch den Staat (VII.) sowie sonst zu treffende Regelungen (VIII.). Von diesen Erörterungen ausgehend lässt sich ein geschlossener Regelungsvorschlag für das vereinheitlichte Recht der Informationspflichten Privater gegenüber dem Staat unterbreiten (IX.). Abschließend ist die Verortung dieses Regelungsvorschlags in der Rechtsordnung zu thematisieren (X.).

I. Systematisierung und Nomenklatur

Geht es um die Kodifikation des (allgemeinen) Rechts der Informationspflichten Privater gegenüber dem Staat, muss der erste Schritt der Systematisierung die Etablierung einer allgemeingültigen Nomenklatur sein. Die einzelnen Begriffsmerkmale der Informationspflicht Privater gegenüber dem Staat (Privater, Staat, Verpflichtung, Information, Erteilung) sind bei der Eingrenzung des Gegenstands der vorliegenden Untersuchung bereits definiert worden.[1] Noch zu leisten sind jedoch eine weiter ausdifferenzierte Systematisierung der Informationspflichten Privater gegenüber dem Staat und die Überführung der gefundenen Definitionen in für eine Kodifikation geeignete Formulierungen.

---

[1] Oben C. III. 2. d).

1. Möglichkeiten der Systematisierung

Eine Systematisierung der Informationspflichten Privater gegenüber dem Staat als Basis einer vereinheitlichten Nomenklatur ist theoretisch in verschiedener Hinsicht denkbar. Im Einzelnen bieten sich Einteilungen an, die vom Zweck der Informationspflicht, vom Regelungsbereich der Informationspflicht, von der Art der Erfüllung sowie von der Art der Aktivierung der Informationspflicht ausgehen. Die Tauglichkeit dieser Differenzierungsmöglichkeiten wird im Folgenden einer näheren Überprüfung unterzogen, um das zutreffende und der Systematisierung im Rahmen dieser Untersuchung zugrunde zu legende Kriterium zu ermitteln.

a) Differenzierung nach dem Zweck der Informationspflicht

Als mögliches Unterscheidungskriterium bei der Systematisierung der Informationspflichten Privater gegenüber dem Staat kommt zunächst der Zweck der Informationspflicht in Betracht. In der Literatur haben namentlich *Thomä* und *Herrmann* entsprechende Systematisierungsversuche unternommen, die an den Gegenstand des staatlichen Handelns anknüpfen.[2]

Thomä orientiert sich – für die Informationsgewinnung der öffentlichen Verwaltung – an den drei Staatsgewalten und nennt als Kategorien von Auskunftspflichten erstens Auskünfte zur Vorbereitung von Gesetzentwürfen im Rahmen der legistischen Hilfstätigkeit der Verwaltung, zweitens Auskünfte für Zwecke der Verwaltung im engeren Sinne, die er zusätzlich nach den Zwecken der Gesetzesdurchführung und der Gesetzesüberwachung im Rahmen reiner Verwaltungstätigkeit differenziert, sowie drittens Auskünfte für Zwecke der Ermittlung von Gesetzwidrigkeiten im Rahmen justizähnlicher Tätigkeit.[3]

Herrmann nimmt – nach einer Unterscheidung nach der Art der Aktualisierung der Informationspflicht – eine „Zweite Systematisierung"[4] der gefahrenabwehrrechtlichen Informationspflichten vor, bei der sie zwischen Informationspflichten zum Zwecke der Überwachung, zum Zwecke der Informationsgewinnung, zur Beschleunigung von Verfahren sowie zur Informationssammlung unterscheidet.[5]

Die Orientierung am Zweck der Informationsgewinnung ist anschaulich und eignet sich zur Beschreibung unterschiedlicher Arten von Informationspflichten im Sinne einer phänomenologischen Einteilung. Für eine rechtsdogmatische Differenzierung ist das Kriterium des Zwecks der Informationspflicht demgegenüber wenig tauglich. Für die Verallgemeinerung von Regeln der Informationspflicht Privater gegenüber dem Staat ist es unwichtig, zu welchem Zweck die Informationen erhoben werden. Es geht vorliegend vielmehr um die Ermittlung abstrakter Gemein-

---

[2] Zu diesem Differenzierungskriterium allgemein *Ehlers*, in: Erichsen/Ehlers, Allgemeines Verwaltungsrecht, § 1 Rdn. 44; *Maurer*, Allgemeines Verwaltungsrecht, § 1 Rdn. 14.
[3] *Thomä*, Auskunfts- und Betriebsprüfungsrecht der Verwaltung, S. 25.
[4] So *Herrmann*, Informationspflichten gegenüber der Verwaltung, S. 202.
[5] *Herrmann*, Informationspflichten gegenüber der Verwaltung, S. 149 ff.

samkeiten und Unterschiede, die gerade von der konkreten Informationspflicht und dem mit ihr verfolgten Zweck absehen. Auch aus verfassungsrechtlicher Sicht spielt der Zweck der Informationsgewinnung erst bei der Prüfung eine Rolle, ob die *konkrete* Informationspflicht und deren Anwendung dem Übermaßverbot entsprechen.[6] Daher kann der Zweck der informationellen Inpflichtnahme des Privaten seine Bedeutung nicht bereits bei der systematischen Kategorisierung der Informationspflichten entfalten.

b) Differenzierung nach der Aufgabenstellung des Staates

Etwas abstrakter als die Orientierung am Zweck der Informationspflicht wäre eine Kategorisierung nach der Aufgabenstellung, die der Staat mittels der informationellen Inpflichtnahme Privater erfüllen will, und zwar in dem Sinne, ob ein Fall der Ordnungsverwaltung, der Leistungsverwaltung, der Gewährleistungsverwaltung oder der Abgabenverwaltung vorliegt.[7]

Informationspflichten des *Ordnungs(verwaltungs)rechts* wären demnach Informationspflichten Privater gegenüber dem Staat, die dieser als Voraussetzung namentlich für gefahrenabwehrrechtliche Maßnahmen benötigt. Hierunter fallen insbesondere sämtliche Anzeigevorbehalte, bei denen eine grundsätzlich (und grundrechtlich) erlaubte Tätigkeit nur zulässig ist, wenn sie der zuständigen staatlichen Stelle zuvor angezeigt wird,[8] aber auch damit in Verbindung stehende Auskunfts- und Informationsvorsorgepflichten. Als Beispiele aus dem riesigen, oben im Einzelnen nachgewiesenen Fundus des geltenden Rechts[9] können etwa die Anzeigepflicht des § 14 Abs. 1 GewO oder die Auskunftspflicht gemäß § 29 Abs. 1 GewO angeführt werden.

Informationspflichten des *Leistungs(verwaltungs)rechts* treten insbesondere im Zusammenhang mit der gezielten Förderung einzelner Personen auf,[10] wenn die Rechtmäßigkeit der Förderung überprüft werden soll. Als Beispiel derartiger Informationspflichten kann etwa § 47 Abs. 2 BAFöG dienen.

Das *Gewährleistungsverwaltungsrecht* knüpft an die im Zeitalter der Privatisierung an die Stelle der Erfüllungsverantwortung tretende Gewährleistungsverantwortung an[11] und befasst sich mit dem dies kennzeichnenden arbeitsteiligen Prozess zwischen Staat und Privaten.[12] Hierzu zählt auch und insbesondere die Gewährleistungsaufsicht durch den Staat, die sich

---

6 Siehe oben F. II. 3.

7 Allgemein *Ehlers,* in: Erichsen / Ehlers, Allgemeines Verwaltungsrecht, § 1 Rdn. 35 ff.; *Maurer,* Allgemeines Verwaltungsrecht, § 1 Rdn. 15 ff.

8 Vgl. *Ehlers,* in: Erichsen / Ehlers, Allgemeines Verwaltungsrecht, § 1 Rdn. 36; *Stober,* Allgemeines Wirtschaftsverwaltungsrecht, § 29 III. 1. (S. 266); siehe auch *Gröschner,* Das Überwachungsrechtsverhältnis, S. 244 ff.

9 Oben D. II.

10 Vgl. *Ehlers,* in: Erichsen / Ehlers, Allgemeines Verwaltungsrecht, § 1 Rdn. 38.

11 Hierzu näher oben D. II. 1. b).

12 Ausführlich *Voßkuhle,* VVDStRL 62 (2003), 266 (304 ff.); siehe auch *Schmidt-Aßmann,* Das allgemeine Verwaltungsrecht als Ordnungsidee, S. 174.

I. Systematisierung und Nomenklatur

namentlich Publizitätsgeboten sowie Dokumentations-, Informations- und Berichtspflichten bedient.[13] Beispiele für solche Pflichten sind im Kapitel über die staatliche Informationsbeschaffung in Zeiten von Privatisierung, Liberalisierung und Deregulierung ausführlich nachgewiesen worden.[14]

Informationspflichten des *Abgaben(verwaltungs)rechts* schließlich dienen den zuständigen staatlichen Stellen zur Ermittlung und Berechnung der privaten Abgabenzahlungspflichten. Exemplarisch ist § 93 AO anzuführen.

Eine derartige Differenzierung nach der Aufgabenstellung des Staates, dem die jeweilige Informationspflicht dient, verfügt auf den ersten Blick über erheblichen Reiz. Dies gilt umso mehr, wenn Informationspflichten vor dem Hintergrund der Tendenzen von Privatisierung, Liberalisierung und Deregulierung behandelt werden, also typischen Anwendungsfeldern des Gewährleistungsverwaltungsrechts, für dessen möglichen Regelungsgehalt Informationspflichten – wie gesehen – ein prominentes Beispiel sind. Die Befassung mit ihnen ist für die Erarbeitung eines Gewährleistungsverwaltungsrechts daher unabdingbar. Hieraus zu folgern, die Kategorisierung der Informationspflichten müsste anhand der Aufgabenstellung des Staates erfolgen, hieße jedoch, Ursache und Wirkung zu verwechseln und dem Ziel der vorliegenden Untersuchung auch darüber hinaus nicht gerecht zu werden. Vorliegend geht es um die abstrakte Systematisierung und Verallgemeinerung des Rechts der Informationspflichten Privater gegenüber dem Staat, was voraussetzt, soweit wie möglich von dem mit der Informationspflicht verfolgten Ziel zu abstrahieren und weniger die gemeinsamen Inhalte als die gemeinsamen Strukturen zu erfassen. Die Ausführungen zur Differenzierung nach dem Zweck der Informationspflicht gelten insoweit entsprechend.[15] Aus Sicht des Allgemeinen Informationsrechts ist das Gewährleistungsverwaltungsrecht ebenso wie das Ordnungsverwaltungs-, das Leistungsverwaltungs- und das Abgabenverwaltungsrecht daher nicht Kategorie, sondern Querschnittsmaterie des Rechts der Informationspflichten Privater gegenüber dem Staat.[16] Umgekehrt können die Ergebnisse der abstrakten Systematisierung und Verallgemeinerung des Rechts der Informationspflichten Privater gegenüber dem Staat für die Erfassung des Gewährleistungsverwaltungsrechts aber in hohem Maße nutzbar sein und hierfür eine wertvolle Vorarbeit bedeuten.

---

[13] *Hoffmann-Riem*, DÖV 1997, 433 (442); *Voßkuhle*, VVDStRL 62 (2003), 266 (321 ff.); vgl. auch *Schuppert*, DÖV 1998, 831 (835).

[14] Oben D. IV.

[15] Soeben G. I. 1. a).

[16] Gleiches gilt im Übrigen für die Begriffe Privatisierungsfolgenrecht, Liberalisierungsfolgenrecht und Deregulierungsfolgenrecht (dazu oben D. III.), die in engem Bezug zum Gewährleistungsverwaltungsrecht stehen. Dass Informationspflichten Privater gegenüber dem Staat vielfach Folge von privatisierenden, liberalisierenden oder deregulierenden Maßnahmen sind, zeigt deutlich die Bedeutungszunahme des Rechtsinstituts und die Dringlichkeit der rechtsdogmatischen Befassung damit (oben D. V.). Entscheidende Anknüpfungspunkte für die *Systematisierung* des Rechts der Informationspflichten können aus dieser Erkenntnis jedoch nicht gewonnen werden.

c) Differenzierung nach der Art der Erfüllung der Informationspflicht

Als abstrakteres und damit für eine allgemeingültige Systematisierung besser geeignetes Kriterium als die bisher erörterten kommt eine Differenzierung danach in Betracht, auf welche Art die Informationspflicht zu erfüllen ist. Bei der Darstellung des geltenden Rechts ist bereits ausgeführt worden, dass die vorhandenen gesetzlichen Vorschriften teilweise Aussagen hierzu enthalten. Die Begriffe Einsendungspflicht, Übersendungspflicht, Übermittlungspflicht, Einreichungspflicht, Vorlagepflicht, Vorzeigepflicht, Aushändigungspflicht, Überlassungspflicht sowie Nachweispflicht nehmen (auch) auf die Art und Weise der Informationserteilung Bezug.[17] Hinzu treten Vorschriften, die sich zur Form der Informationserteilung äußern und insoweit die Art der Erfüllung der Informationspflicht bestimmen.[18]

Die danach unterschiedlich geregelte Art und Weise, in der die Informationen zu erteilen sind, ist ein denkbares Kriterium für die Ordnung der Informationspflichten Privater gegenüber dem Staat und jedenfalls bei der Systematisierung dieses Rechtsbereichs zu berücksichtigen. Allerdings ist es angesichts der eher untergeordneten Bedeutung der Art der Informationserteilung sowohl für den Staat als auch für den verpflichteten Privaten sehr zweifelhaft, ob dieser Gesichtspunkt auch als *primärer* Anknüpfungspunkt für die Differenzierung taugt. Dies gilt umso mehr, als mit der Art der Aktivierung der Informationspflicht ein Merkmal zur Verfügung steht, das sowohl sachlich als auch rechtsstrukturell bedeutsamer ist und sich daher besser als Differenzierungskriterium eignet.[19] Die Art und Weise der Informationserteilung ist angesichts dessen eher als sekundäres Unterscheidungskriterium bei der Systematisierung der Informationspflichten Privater gegenüber dem Staat einzustufen.

d) Differenzierung nach der Art der Aktivierung der Informationspflicht

Nachdem die Anknüpfung an den Zweck der Informationspflicht bzw. die mit dieser verfolgten Staatsaufgabe als wenig tauglich für eine abstrakte Systematisierung des gesamten Rechtsinstituts erkannt worden sind und sich die Art der Erfüllung der Informationspflicht eher als sekundäres Unterscheidungskriterium eignet, bietet sich als viertes Kriterium die bereits mehrfach als wesentlich angedeutete Differenzierung nach der Art der Aktivierung der Informationspflicht an. Dieses Unterscheidungsmerkmal wird auch in der Literatur ganz überwiegend herangezogen, soweit eine Systematisierung von Informationspflichten Privater gegenüber

---

[17] Siehe oben E. II. 8.–11.
[18] Oben E. IV. 2. b).
[19] Sogleich G. I. 1. d).

dem Staat versucht wird:[20] Entscheidend ist danach, ob die Informationspflicht unmittelbar kraft Gesetzes oder erst auf staatliche Anforderung besteht; hinzu tritt unter Umständen die Frage, ob eine Pflicht zur vorherigen Informationssammlung durch den Privaten existiert oder nicht.

Das Kriterium der Art der Aktivierung der Informationspflicht ist für die strukturelle Kategorisierung dieses Rechtsinstituts in hohem Maße geeignet, weil hiervon Rechtsfragen abhängen, die einer abstrakten und verallgemeinernden Regelung zugänglich sind.

So ist es etwa bei den Informationspflichten unmittelbar kraft Gesetzes klärungsbedürftig, wie sichergestellt werden kann, dass der Informationspflichtige von seiner bei der Verwirklichung des gesetzlichen Tatbestands ohne weiteres eintretenden Informationspflicht erfährt – bei der Informationspflicht kraft staatlicher Anforderung stellt sich diese Frage nicht, da die Anforderung naturgemäß zur Kenntnis des Betroffenen von seiner Informationspflicht führt. Anders als bei der Informationspflicht unmittelbar kraft Gesetzes können hier jedoch hinsichtlich des informationsanfordernden Aktes allgemeingültige Regeln aufgestellt werden.

Ein weiteres Beispiel: Bei der Informationspflicht auf Anforderung kann der Betroffene ein etwaiges Informationsverweigerungsrecht unschwer geltend machen, und die staatliche Stelle erfährt wenigstens von dem Ausbleiben der Information – bei Informationspflichten unmittelbar kraft Gesetzes ist dieser Komplex schwieriger und regelungsbedürftig, weil schon die Mitteilung der Geltendmachung eines Informationsverweigerungsrechts dieses konterkarieren kann, wenn bereits hierdurch eine Selbstbelastung möglich ist.

Schon diese Beispiele zeigen, dass eine Differenzierung nach der Art der Aktivierung der Informationspflicht der richtige Ansatz ist, der daher im Folgenden zugrunde gelegt und im Einzelnen ausgeführt wird.

2. Nomenklatur bei Systematisierung nach der Art der Informationspflicht

Ist damit die Art der Aktivierung der Informationspflicht als das taugliche und im Folgenden zugrunde zu legende Systematisierungskriterium identifiziert worden, können die nomenklatorischen Klärungen, die mit dieser Differenzierung verbunden sind, vorgenommen werden.

---

20 Diese Unterscheidung findet sich etwa bei *Bitter,* Spieltheorie und öffentliche Verwaltung, S. 48 f.; *Decker,* Die externe Informationsgewinnung in der deutschen öffentlichen Verwaltung, S. 132, 144; *Hahn,* Offenbarungspflichten im Umweltschutzrecht, S. 97 ff.; *Herrmann,* Informationspflichten gegenüber der Verwaltung, S. 10 ff.; *Mäder,* Betriebliche Offenbarungspflichten und Schutz vor Selbstbelastung, S. 13 f.; *Nobbe/Vögele,* NuR 1988, 313 (314); *Pohl,* Informationsbeschaffung beim Mitbürger, S. 24.

a) Ausgangslage: Bezeichnungen im geltenden Recht und Vorschläge der Literatur

Dass die Bezeichnungen im *geltenden Gesetzesrecht* für die betreffenden Informationspflichten vielfältig und in hohem Maße uneinheitlich sind, ist bereits ausführlich dargelegt worden:[21] Informationspflichten unmittelbar kraft Gesetzes heißen in der Sprache des Gesetzgebers Anzeigepflicht, Meldepflicht, Anmeldepflicht, Abmeldepflicht, Benachrichtigungspflicht, Erklärungspflicht, Unterrichtungspflicht, Mitteilungspflicht, Angabepflicht, Informationspflicht, Einsendungspflicht, Übersendungspflicht, Übermittlungspflicht, Einreichungspflicht, Vorlagepflicht sowie Nachweispflicht. Für Informationspflichten nach Anforderung finden sich die Begriffe Auskunftspflicht, Aufklärungspflicht, Mitteilungspflicht, Angabepflicht, Informationspflicht, Einsendungspflicht, Übermittlungspflicht, Einreichungspflicht, Vorlagepflicht, Vorzeigepflicht, Aushändigungspflicht, Überlassungspflicht und Nachweispflicht.

Betrachtet man Systematisierungsversuche in der *Literatur*, so zeigt sich kaum ein anderes Bild: Die Informationspflicht unmittelbar kraft Gesetzes wird in der Wissenschaft als Anzeigepflicht,[22] Mitteilungspflicht,[23] Meldepflicht,[24] aktive Informationspflicht,[25] selbständige Offenbarungspflicht[26] oder selbständige Auskunftspflicht[27] bezeichnet. Für die Informationspflicht Privater, die eine staatliche Aufforderung voraussetzt, finden sich die Begriffe Auskunftspflicht,[28] reaktive Informationspflicht,[29] unselbständige Offenbarungspflicht[30] sowie unselbständige Auskunftspflicht.[31]

b) Kriterien für eine einheitliche Begrifflichkeit

Um Klarheit in diesen begrifflichen Wirrwarr zu bringen, ist die Festlegung eindeutiger Bezeichnungen für Informationspflichten unmittelbar kraft Gesetzes

---

[21] Oben E. II.
[22] *Pohl*, Informationsbeschaffung beim Mitbürger, S. 24; siehe auch § 68 UGB-ProfE.
[23] § 147 UBG-KomE.
[24] *Decker*, Die externe Informationsbeschaffung in der deutschen öffentlichen Verwaltung, S. 132.
[25] *Herrmann*, Informationspflichten gegenüber der Verwaltung, S. 10.
[26] *Hahn*, Offenbarungspflichten im Umweltschutzrecht, S. 97.
[27] *Mäder*, Betriebliche Offenbarungspflichten und Schutz vor Selbstbelastung, S. 13; *Schink*, DVBl. 1989, 1182 (1186).
[28] *Pohl*, Informationsbeschaffung beim Mitbürger, S. 24; vgl. auch § 67 UGB-ProfE sowie § 141 UGB-KomE.
[29] *Herrmann*, Informationspflichten gegenüber der Verwaltung, S. 11.
[30] *Hahn*, Offenbarungspflichten im Umweltschutzrecht, S. 98.
[31] *Mäder*, Betriebliche Offenbarungspflichten und Schutz vor Selbstbelastung, S. 13; *Schink*, DVBl. 1989, 1182 (1186).

einerseits und Informationspflichten nach staatlicher Anforderung andererseits erforderlich. Wie alle Begriffsbestimmungen ist diese Festlegung in erster Linie eine durch Zweckmäßigkeitsgesichtspunkte gesteuerte, aber bei weitem nicht zwingende Willensentscheidung.[32] Als deren bestimmende Grundlage gibt es vorliegend zwei entscheidende Gesichtspunkte.

Einerseits sollten – im Interesse der *Kontinuität der Rechtsordnung* – die gefundenen Begriffe der vorgefundenen Gesetzessprache so weit wie möglich entsprechen. Vorgaben des geltenden Gesetzesrechts sollten daher, soweit vertretbar, aufgegriffen werden; unbekannte oder gar im geltenden Recht mit einem anderen sachlichen Inhalt belegte Bezeichnungen sind nach Möglichkeit zu vermeiden.

Andererseits ist es – wie immer bei Rechtsbegriffen – wünschenswert, wenn die gefundenen Bezeichnungen dem *allgemeinen Sprachverständnis* entsprechen. Bezeichnungen, die für den Laien unverständlich sind oder bei diesem eine andere Assoziation als die beabsichtigte wecken, sind bei der Konzeption gesetzlicher Vorschriften – bei aller Akzeptanz des Erfordernisses juristischer Fachsprache – zu unterlassen, soweit dies möglich erscheint.[33]

c) Vorschlag: Anzeigepflicht und Auskunftspflicht

Diese Kriterien führen dazu, dass vorliegend die Bezeichnungen „*Anzeigepflicht*" für die Informationspflicht unmittelbar kraft Gesetzes und „*Auskunftspflicht*" für die Informationspflicht auf staatliche Anforderung vorgeschlagen werden. Anders als die Begriffspaare aktive und reaktive Informationspflicht sowie selbständige und unselbständige Offenbarungs- bzw. Auskunftspflicht sind diese vorgeschlagenen Begriffe anschaulich. Gleichzeitig werden Termini verwendet, die in der Praxis der Gesetzgebung für entsprechende Pflichten bereits vielfach gebraucht worden sind. Der Vorschlag entspricht zudem der Nomenklatur, die in §§ 67, 68 UGB-ProfE[34] für umweltrechtliche Informationspflichten vorgeschlagen worden ist.[35]

Hinsichtlich der *Informationspflicht unmittelbar kraft Gesetzes* erscheint dabei der Begriff der Anzeigepflicht vorzugswürdig gegenüber den im geltenden Recht

---

[32] Vgl. allgemein *Rüthers*, Rechtstheorie, Rdn. 202; *Zippelius*, Juristische Methodenlehre, S. 45; siehe auch *Schoch/Kloepfer*, Informationsfreiheitsgesetz (IFG-ProfE), § 4 Rdn. 4.

[33] Hierzu allgemein *Rüthers*, Rechtstheorie, Rdn. 207 ff.; *Larenz/Canaris*, Methodenlehre der Rechtswissenschaft, S. 141; *Schneider*, Gesetzgebung, Rdn. 451 ff.; *Weber-Lejeune*, Legaldefinitionen unter besonderer Berücksichtigung des Umweltrechts, S. 165; zurückhaltender *Mußgnug*, in: Hill, Zustand und Perspektiven der Gesetzgebung, S. 23 (32 f.).

[34] *Kloepfer/Rehbinder/Schmidt-Aßmann*, Umweltgesetzbuch Allgemeiner Teil, S. 65.

[35] Anders allerdings § 147 UGB-KomE, der den Begriff der Mitteilungspflicht gegenüber der Anzeigepflicht vorzieht, ohne dass dies besonders begründet würde, siehe *Bundesministerium für Umwelt, Naturschutz und Reaktorsicherheit*, Umweltgesetzbuch (UBG-KomE), S. 727.

ansonsten verwendeten Begriffen. Dem Begriff „Anzeigepflicht" kommt einerseits eine inhaltliche Weite zu, die ihn als Oberbegriff für die große Vielfalt von Informationspflichten unmittelbar kraft Gesetzes prädestiniert, während er gleichzeitig in Abgrenzung zur Auskunftspflicht verdeutlicht, dass eine *unmittelbar* gesetzliche Pflicht zur Informationserteilung besteht; eine „Anzeige" setzt nach allgemeinem Sprachgebrauch gerade keine Aufforderung voraus, sondern erfolgt aus eigener Initiative des Anzeigenden.[36] Zudem ist die Anzeigepflicht im geltenden Recht der gängigste Begriff für Informationspflichten unmittelbar kraft Gesetzes und seine Bedeutung auch insoweit eindeutig, als de lege ferenda ausschließlich Informationspflichten unmittelbar kraft Gesetzes mit diesem Terminus belegt werden.[37]

Alle anderen zur Verfügung stehenden Begriffe können diese Vorzüge nicht sämtlich auf sich vereinen. Die Termini Anmeldepflicht, Abmeldepflicht, Einsendungspflicht, Übersendungspflicht, Übermittlungspflicht, Einreichungspflicht, Vorlagepflicht und Nachweispflicht haben eine über die bloße Bezeichnung einer Informationspflicht unmittelbar kraft Gesetzes hinausgehende zusätzliche Bedeutung und eignen sich schon deshalb nicht als Grundbegriff. Die Bezeichnungen Mitteilungspflicht, Angabepflicht und Informationspflicht weisen zwar die erforderliche begriffliche Weite auf, ihnen kommt allerdings nicht die gleiche Bedeutungsklarheit wie der Anzeigepflicht zu, da sie im geltenden Recht auch für Informationspflichten nach staatlicher Anforderung verwendet werden. Die Begriffe Benachrichtigungspflicht, Erklärungspflicht, Meldepflicht sowie Unterrichtungspflicht schließlich haben den Nachteil, im geltenden Recht nur selten vorzukommen, und müssten daher als Grundbegriffe für unmittelbar kraft Gesetzes bestehende Informationspflichten erst etabliert werden.

Hinsichtlich der *Informationspflicht nach staatlicher Anforderung* gibt es gegenüber dem Begriff der Auskunftspflicht keine ernsthafte Alternative. Diese Bezeichnung findet sich ganz überwiegend im geltenden Recht für das entsprechende Phänomen,[38] und sie entspricht dem allgemeinen Sprachgebrauch, der als Auskunft eine Informationserteilung auf Anfrage bzw. Aufforderung versteht.[39]

d) Systematische Bedeutung von Informationsvorsorgepflichten

Manche Stimmen in der Literatur führen als dritte Kategorie der Informationspflicht die „kombinierte Informationspflicht"[40] oder die „mittelbare Offenbarungspflicht"[41] ein, die zwischen den bereits genannten Pflichtenkategorien stehen soll;

---

[36] Siehe *Herder-Verlag,* Der Große Herder, 1. Bd., S. 455: Anzeigepflicht als „Pflicht zur Mitteilung tatsächlicher Vorgänge oder Zustände an andere oder an Behörden"; *Wahrig/Krämer/Zimmermann,* Brockhaus Wahrig, Deutsches Wörterbuch, 1. Bd., S. 282: Anzeigepflicht als „Pflicht zur Meldung bestimmter Sachverhalte an Behörden, zum Beispiel Geburten, Todesfälle u. a.".

[37] Siehe oben E. II. 3.

[38] Siehe oben E. II. 1.

[39] Nachweise oben E. II 1. mit Fn. 16.

[40] *Herrmann,* Informationspflichten gegenüber der Verwaltung, S. 11.

[41] *Hahn,* Offenbarungspflichten im Umweltschutzrecht, S. 99.

sie zeichne sich dadurch aus, dass der Private bestimmte Informationen beschaffen und diese bereithalten müsse, die staatliche Stelle aber selbst entscheiden könne, ob, wann und wie sie diese Informationen wolle.[42] Vorliegend sind derartige Verpflichtungen bereits an anderer Stelle unter den Topos „Informationsvorsorgepflichten" gefasst und näher beschrieben worden; insbesondere wurde im Einzelnen nachgewiesen, dass das geltende Recht für diese Pflichtengruppe die Bezeichnungen Aufzeichnungspflicht, Aufbewahrungspflicht, Verzeichnisführungspflicht, Nachweisführungspflicht, Dateiführungspflicht, Buchführungspflicht, Dokumentationspflicht, Sammlungspflicht, Verfügbarhaltungspflicht, Erstellungspflicht oder Mitführungspflicht kennt.[43]

Aus der Existenz des Phänomens von Informationsvorsorgepflichten kann jedoch nicht geschlossen werden, dass diese auch – auf der Basis einer Systematisierung nach der Art der Aktualisierung der Informationspflicht – eine dritte Pflichtenkategorie sind, die neben die Anzeige- und die Auskunftspflicht treten. Im Gegenteil sind Informationsvorsorgepflichten schon deshalb keine Informationspflichten im Sinne des hier vorgeschlagenen Begriffsverständnisses, weil keine Verpflichtung zur *Erteilung* einer Information besteht.[44] Es handelt sich vielmehr um eine Pflicht eigener Art im Vorfeld einer Informationspflicht (in Gestalt der Anzeige- oder Auskunftspflicht), bei der der Private zur Sammlung, Aufbewahrung oder sonstigen Bereithaltung von Informationen verpflichtet wird. Die Verpflichtung zur Informationsvorsorge stellt in diesem Rahmen die Vollständigkeit und Richtigkeit der zu gewährenden Information sicher. Informationsvorsorgepflichten können angesichts dieses engen Zusammenhangs mit Informationspflichten daher vorliegend (selbstverständlich) nicht außer Acht gelassen werden, sondern sind bei der Schaffung allgemeiner Rechtssätze über Informationspflichten Privater gegenüber dem Staat zu berücksichtigen.[45] Dies kann allerdings wegen der Andersartigkeit im Vergleich zur Anzeige- und Auskunftspflicht nicht als dritter Unterfall der Informationspflicht erfolgen, sondern muss unter einer gesonderten Überschrift „Informationsvorsorgepflicht" geschehen, also als Verpflichtungstyp eigener Art, der der Vorbereitung der Erfüllung der beiden Kategorien Anzeigepflicht und Auskunftspflicht dient.[46]

---

42 *Herrmann*, Informationspflichten gegenüber der Verwaltung, S. 11 f.
43 Siehe oben E. VI.
44 Hierzu näher C. III. 2. d) ee).
45 Zu den Gemeinsamkeiten von Informationspflichten und Informationsvorsorgepflichten vgl. auch *Gröschner*, Das Überwachungsrechtsverhältnis, S. 253.
46 Vgl. auch *Gröschner*, Das Überwachungsrechtsverhältnis, S. 251, der auf die Selbständigkeit der Aufzeichnungspflicht gegenüber der Anzeigepflicht hinweist, sowie *Mäder*, Betriebliche Offenbarungspflichten und Schutz vor Selbstbelastung, S. 14, nach dem die Aufzeichnungspflicht „im weiteren Zusammenhang" mit der Informationsverpflichtung steht. Ähnlich § 69 UGB-ProfE, wonach die Aufzeichnungspflicht „für künftige Überwachungsmaßnahmen" besteht.

3. Konsequenzen für eine Kodifikation

Die Herstellung einer einheitlichen Nomenklatur ist eines der Ziele, die die vorliegende Untersuchung verfolgt. Will man dies in ein Konzept zur Normierung staatlicher Informationsansprüche gegenüber Privaten umsetzen, müssen in der zu diesem Zwecke zu entwerfenden Kodifikation entsprechende Begriffsbestimmungen enthalten sein. Dies entspricht im Übrigen auch der modernen Gesetzgebungslehre, nach der zu Beginn eines Gesetzes (unter anderem) Begriffsbestimmungen zu treffen sind.[47] Im Einzelnen erscheint es dabei in Umsetzung der gefundenen nomenklatorischen Systematik ratsam, den Begriff der *Informationspflicht* als Oberbegriff der *Anzeigepflicht* sowie der *Auskunftspflicht* zu bestimmen, die ihrerseits einer Legaldefinition auf Grundlage der gewonnenen Erkenntnisse zuzuführen sind. Da der Anwendungsbereich[48] der zu entwerfenden Kodifikation lediglich Informationspflichten *Privater* gegenüber dem *Staat* umfasst, sollten auch diese Begriffe konkreter beschrieben werden, da ihr Gehalt nicht ohne weiteres erschlossen werden kann. Hierbei kann auf insoweit bereits angestellte Überlegungen in dieser Untersuchung zurückgegriffen werden.[49]

Die weiteren Begriffsmerkmale der Informationspflicht Privater gegenüber dem Staat, nämlich „Verpflichtung", „Information" sowie „Erteilung",[50] müssen demgegenüber keine Legaldefinition erfahren. Diese Bezeichnungen sind in der Gesetzessprache und im allgemeinen Sprachgebrauch gängig und ohne weiteres verständlich; es genügt die Erörterung in einer Gesetzesbegründung. Andernfalls bestünde die Gefahr, in die Begriffsbestimmungen Triviales aufnehmen zu müssen und diese zudem zu sperrig und abstrakt werden zu lassen.

a) Legaldefinition der „Informationspflicht"

Die Bestimmung der Informationspflicht als Oberbegriff der Anzeigepflicht und Auskunftspflicht kann im Gesetzestext knapp gehalten werden. Der nähere sachliche Gehalt des Begriffs der Informationspflicht ist unschwer den nachfolgenden Definitionen der Anzeigepflicht sowie der Auskunftspflicht zu entnehmen. Die Verweisung hierauf macht zugleich das Verhältnis der Begriffe deutlich – Informationspflicht als Oberbegriff, Anzeigepflicht und Auskunftspflicht als deren Unterfälle. Sie stellt im Wege einer ausschließlich zu verstehenden Aufzählung dieser Unterfälle zudem klar, dass weitere Verpflichtungstypen, die nicht die Erteilung von Informationen zum Gegenstand haben – insbesondere also die Informationsvorsorgepflichten[51] – nicht unter den Begriff der Informationspflicht fallen, son-

---

[47] *Lücke,* in: Arndt u. a., Völkerrecht und deutsches Recht, Festschrift für Walter Rudolf zum 70. Geburtstag, S. 325 (336); *Weber-Lejeune,* Legaldefinitionen unter besonderer Berücksichtigung des Umweltrechts, S. 208.
[48] Zu dessen Bestimmung unten G. VIII.
[49] Oben C. III. 2. d) aa) und bb).
[50] Siehe oben C. III. 2. d) cc), dd) und ee).
[51] Siehe soeben G. I. 2. d).

dern lediglich Annexregelungen hierzu treffen. Nicht erforderlich ist demgegenüber die Aufnahme der Bestimmung, dass Berechtigter des Informationsanspruchs gemäß dem Untersuchungsgegenstand der Staat und Verpflichteter ein Privater ist; dies ergibt sich bereits aus dem Anwendungsbereich des Gesetzes, auf den an anderer Stelle näher eingegangen wird.[52]

Hieraus ergibt sich folgender kurzer Formulierungsvorschlag für die Legaldefinition der Informationspflicht:

Informationspflichten sind Anzeigepflichten und Auskunftspflichten.

b) Legaldefinition der „Anzeigepflicht"

Das Charakteristikum der Anzeigepflicht in Abgrenzung zur Auskunftspflicht ist nach der hier vorgeschlagenen Systematik, dass die zuerst genannte automatisch entsteht, wenn die Tatbestandsmerkmale der sie anordnenden Rechtsvorschrift vorliegen, und keine Anforderung der Information durch die zuständige staatliche Stelle erforderlich ist.[53] Die hierzu zu entwickelnde Legaldefinition muss diese Charakteristika nennen, indem sie sowohl auf die *Maßgaben einer Rechtsvorschrift* als auch darauf verweist, dass *keine gesonderte Anforderung* erforderlich ist, um die Pflicht entstehen zu lassen. Zudem muss der Inhalt der Verpflichtung, die *Erteilung einer Information*, genannt werden, um andersartige Pflichten auszunehmen.

Hieraus lässt sich folgende Fassung entwickeln:

Anzeigepflichten sind alle Verpflichtungen, Informationen nach Maßgabe einer Rechtsvorschrift ohne weitere Aufforderung zu erteilen.

c) Legaldefinition der „Auskunftspflicht"

Als Korrespondenzvorschrift zur Legaldefinition der Anzeigepflicht dient die Begriffsbestimmung der Auskunftspflicht. Auskunftspflichten unterscheiden sich – wie gesehen[54] – dadurch von Anzeigepflichten, dass sie erst zur Informationserteilung verpflichten, wenn der Verpflichtete vom Berechtigten hierzu aufgefordert wird. Für die Definition muss dieses Merkmal der *Aufforderung* aufgenommen werden, um die Abgrenzung zu den Anzeigepflichten zu verdeutlichen. Wie bei der Anzeigepflicht ist zudem festzuhalten, dass der Inhalt der Verpflichtung in der *Erteilung einer Information* liegt.

Folgender Vorschlag wird diesen Anforderungen gerecht:

Auskunftspflichten sind alle Verpflichtungen, Informationen auf Aufforderung zu erteilen.

---

[52] Siehe unten G. VIII.
[53] Siehe oben G. I. 2. c).
[54] Siehe oben G. I. 2. c).

d) Legaldefinition des „Privaten"

Zum inhaltlichen Gehalt des Begriffs des *Privaten*[55] als dem Anspruchsverpflichteten der hier in Rede stehenden Informationsverpflichtungen wurde bereits Stellung genommen. Als denkbare Verpflichtete der Informationspflicht Privater gegenüber dem Staat kommen danach in Betracht: natürliche Personen, juristische Personen des Privatrechts (unabhängig von den Beteiligungsverhältnissen) sowie sonstige zumindest teilrechtsfähige Personenvereinigungen.[56]

Als Vorschlag für eine Legaldefinition des *Privaten* lässt sich hieraus ableiten:

Private sind natürliche Personen, juristische Personen des Privatrechts sowie sonstige Personenvereinigungen, soweit ihnen ein Recht zustehen kann.

e) Legaldefinition der „staatlichen Stelle"

Der „Staat" als Berechtigter der hier behandelten Informationspflichten Privater taugt angesichts seiner Heterogenität nicht als Gesetzesbegriff. Zu präferieren ist vielmehr der Begriff der *staatlichen Stelle* als der im Einzelfall den Informationsanspruch geltend machenden Einheit. Der Begriff der „staatlichen" Stelle ist dabei (im Bereich der Informationspflichten Privater) zudem sachrichtiger als der Terminus der „öffentlichen" Stelle, der im Informationszugangsrecht Privater (vgl. § 4 Abs. 3 IFG-ProfE[57]) sowie im Datenschutzrecht (vgl. § 2 BDSG) Anwendung findet. „Öffentliche Stellen" müssen nicht zwingend hoheitliche Macht ausüben, sondern können auch Privatpersonen sein, die öffentliche Aufgaben wahrnehmen, ohne hoheitlich tätig zu werden. Derartige Einrichtungen, zu denen etwa staatliche Eigengesellschaften zählen,[58] können aber keine (öffentlich-rechtlichen) Informationsansprüche geltend machen und fallen daher aus dem Kreis der möglichen Berechtigten der hier behandelten Informationsansprüche heraus.[59] Der Begriff der staatlichen Stelle weist demgegenüber die notwendige Enge auf um klarzustellen, dass hierunter nur Einrichtungen fallen, die *in Ausübung ihnen zustehender hoheitlicher Macht handeln*. Diese Formulierung erfasst auch Beliehene, die zwar Privatpersonen sind, aber dennoch hoheitliche Macht ausüben[60] und daher bei dem hier vorgeschlagenen funktionalen Verständnis unter den Begriff der staatlichen Stelle fallen.[61]

---

[55] Die Bezeichnung „Privater" ist dabei vorzugswürdig gegenüber der geschlechtsneutralen Bezeichnung „Privatperson"; letztere legt nahe, dass es sich beim Anspruchsverpflichteten um eine *Person* handeln muss, was aber für teilrechtsfähige Personenvereinigungen, die ebenfalls anspruchsverpflichtet sein können, nicht zutrifft. Allgemein kritisch zur expansiven Verwendung geschlechtsneutraler Gesetzesbegriffe *Schneider*, Gesetzgebung, Rdn. 449.

[56] Siehe oben C. III. 2. d) aa).

[57] Näher *Schoch/Kloepfer*, Informationsfreiheitsgesetz (IFG-ProfE), § 4 Rdn. 10.

[58] Vgl. *Schoch/Kloepfer*, Informationsfreiheitsgesetz (IFG-ProfE), § 3 Rdn. 6.

[59] Siehe oben . III. 2. d) bb).

[60] Siehe bereits oben C. III. 2. d) bb) mit Fn. 137.

Hieraus folgt als Formulierungsvorschlag für eine gesetzliche Begriffsbestimmung:

Staatlich sind alle Stellen, die in Ausübung ihnen zustehender hoheitlicher Macht handeln.

II. Voraussetzungen staatlicher Informationsansprüche

Nach der Vereinheitlichung und Klarstellung der Nomenklatur stellt sich bei der Erstellung eines Konzepts zur Normierung staatlicher Informationsansprüche gegenüber Privaten die Frage, ob und inwieweit die Voraussetzungen dieser Ansprüche einer allgemeingültigen Regelung zugänglich sind.

Klar ist dabei im Ausgangspunkt, dass auf die spezialgesetzliche Normierung der Voraussetzungen einzelner Informationsansprüche nicht verzichtet werden kann. Als Alternative stünde lediglich eine vollkommen konturenlose informationsrechtliche Generalklausel zur Verfügung, die etwa lauten könnte: „Die zuständige staatliche Stelle kann Private zur Informationserteilung verpflichten, soweit dies zur Erfüllung ihrer Aufgaben erforderlich ist." Solch eine Vorschrift würde jedoch dem Bestimmtheitsgrundsatz bei weitem nicht gerecht; dies gilt um so mehr, als Informationspflichten Privater gegenüber dem Staat eine erhebliche Grundrechtsrelevanz haben können[62] und Rechtsnormen desto bestimmter sein müssen, je stärker sie in Grundrechte eingreifen.[63] Eine Abschaffung der oben im Einzelnen nachgewiesenen spezialgesetzlichen Vorschriften[64] zugunsten einer allumfassenden Generalklausel kommt daher schon aus rechtsstaatlichen Gründen nicht in Betracht. Aus denselben Gründen scheidet die Statuierung einer (subsidiären) Generalklausel als Auffangnorm aus.[65] Sollte die Erteilung einer Auskunft im Einzelfall zur Gefahrenabwehr geboten sein und hierfür keine Ermächtigungsgrundlage zur Verfügung stehen, ist ohnehin im Regelfall ein Rückgriff auf die Generalklauseln der Polizeigesetze der Länder möglich.[66]

---

[61] Siehe auch *Burgi,* in: Erichsen / Ehlers, Allgemeines Verwaltungsrecht, § 54 Rdn. 24; *Maurer,* Allgemeines Verwaltungsrecht, § 23 Rdn. 56, nach denen auch Beliehene in die (mittelbare) *staatliche* Verwaltung einbezogen sind.

[62] Im Einzelnen oben F. II. 2.

[63] Siehe nur *BVerfGE* 52, 1 (41); *Papier / Möller,* AöR 122 (1997), 177 (187 f.). Allgemein zum Bestimmtheitsgrundsatz vgl. die Nachweise oben F. Fn. 323.

[64] Siehe oben E. II.

[65] Vgl. auch *Warg,* MMR 2006, 77 (78), für den Bereich der Auskunftsbefugnisse der Strafverfolgungsbehörden im Zusammenhang mit der Telekommunikationsüberwachung.

[66] Vgl. *Drews / Wacke / Vogel / Martens,* Gefahrenabwehr, S. 193; *Götz,* Allgemeines Polizei- und Ordnungsrecht, Rdn. 284. In der Praxis ist dieser Rückgriff jedoch nicht sehr bedeutsam, da die Polizeigesetze der Länder ganz überwiegend ausreichende spezielle Auskunftspflichten vorsehen; instruktiver Überblick hierzu bei *Pohl,* Informationsbeschaffung beim Mitbürger, S. 47 ff. Lediglich für den (engen) Bereich der Zuständigkeit von Bundesbehörden führt das Fehlen einer informationellen Generalklausel zu möglichen Lücken bei der Befrie-

Diese Feststellung bedeutet jedoch nicht im Umkehrschluss, dass ein Konzept zur Normierung staatlicher Informationsansprüche überhaupt keine Aussagen zu den Voraussetzungen staatlicher Informationsansprüche enthalten kann. Vielmehr lassen sich die soeben zur Ablehnung einer Generalklausel herangezogenen Umstände dahingehend verwenden, dass der *Vorbehalt des (speziellen) Gesetzes* in die (allgemeine) Kodifikation des Rechts der Informationspflicht Privater gegenüber dem Staat aufgenommen wird. Dies kann angesichts der unabänderlichen verfassungsrechtlichen Vorgaben sowie des „lex specialis"-Grundsatzes zwar nur deklaratorischen Charakter haben, ist aber im Sinne der Klarstellung dennoch sachdienlich. Eine entsprechende Vorschrift, die ausspricht, dass Informationspflichten Privater gegenüber dem Staat nur durch oder aufgrund Gesetzes[67] zulässig sind, könnte etwa folgenden Wortlaut haben:

Informationspflichten gegenüber staatlichen Stellen dürfen Privaten nur durch Gesetz oder aufgrund eines Gesetzes auferlegt werden.

Bei der Darstellung der verfassungs- und europarechtlichen Determinanten wurde im Einzelnen erörtert, welchen Anforderungen dieses Gesetz darüber hinaus genügen muss; dabei wurde ermittelt, dass (insbesondere) etwaige qualifizierte Gesetzesvorbehalte der betroffenen Grundrechte geachtet sowie das Übermaßverbot und die sonstigen allgemeinen Grenzen der Einschränkbarkeit gewahrt werden müssen.[68] Diese verfassungsrechtlichen „Binsenweisheiten" bedürfen jedoch keiner klarstellenden Niederschrift im Gesetz. Anders stellt sich die Situation aber in Bezug auf die vom Bundesverfassungsgericht zusätzlich bei der Pflicht zur Offenbarung *personenbezogener* Informationen aufgestellte Voraussetzung dar, dass entsprechende gesetzliche Ermächtigungsgrundlagen den *Zweck der Informationserhebung* zu benennen haben.[69] Es spricht sogar einiges dafür, diese Pflicht des Gesetzgebers auszuweiten und auf *jede* Informationspflicht zu erstrecken. Bei der Schaffung von Ermächtigungsgrundlagen, die Informationspflichten gegenüber dem Staat enthalten, ist es dem Gesetzgeber angesichts der generellen Grundrechtsrelevanz solcher legislatorischen Entscheidungen insgesamt zumutbar, sich über den Sinn der Regelung klar zu werden und Rechenschaft über die staatliche Aufgabe, deren Erfüllung die Informationspflicht dienen soll, abzulegen. Eine entsprechende Vorschrift hat zwar angesichts des Vorrangs des Spezialgesetzes ebenfalls nur deklaratorischen Charakter, kann aber dennoch den Gesetzgeber disziplinieren und insoweit Wirkungen entfalten. Sie könnte lauten:

Das Gesetz muss den Zweck bestimmen, dem die Informationspflicht dient.

---

digung des staatlichen Informationsbedarfs, die jedoch durch spezialgesetzliche Ermächtigungsgrundlagen hinreichend gefüllt werden (können).

[67] Dies erfasst sowohl die Schaffung von Anzeigepflichten und Auskunftspflichten durch Rechtsverordnung, der eine Art. 80 Abs. 1 GG entsprechende gesetzliche Ermächtigung zugrunde liegt, als auch die Realisierung von in Gesetzen und Rechtsverordnungen enthaltenen Auskunftspflichten durch Verwaltungsakt.

[68] Oben F. II. 3.

[69] Näher F. II. 2. b) bb).

III. Aktualisierung staatlicher Informationsansprüche

Ohne weiteres einer allgemeinen Regelung zugänglich sind die näheren Modalitäten der Aktualisierung staatlicher Informationsansprüche gegenüber Privaten. Da sich Anzeigepflichten und Auskunftspflichten gerade hinsichtlich ihrer Aktualisierung unterscheiden, muss zwischen beiden Pflichtenkategorien im Folgenden strikt unterschieden werden. Begonnen wird dabei mit der Aktualisierung von Auskunftspflichten, die mittels der staatlichen Aufforderung zur Informationserteilung im Einzelfall geschieht und deshalb besser fassbar ist als die eher automatische Aktivierung von Anzeigepflichten durch den Eintritt deren gesetzlich bestimmten Voraussetzungen.

1. Aktualisierung von Auskunftspflichten

Auskunftspflichten zeichnen sich in Abgrenzung zu den Anzeigepflichten dadurch aus, dass sie eine Informationsanforderung durch die zuständige staatliche Stelle voraussetzen. Dieses Charakteristikum enthält bereits die Legaldefinition der Auskunftspflicht,[70] so dass eine bloße Wiederholung in den Bestimmungen zu ihrer Aktualisierung auf den ersten Blick entbehrlich erscheint. Nimmt man allerdings die Begriffsbestimmungen auch nur als solche wahr, haben die Legaldefinitionen darüber hinaus keine Aufgabe und wollen insbesondere keinerlei Rechte und Pflichten formulieren. Daher ist es durchaus sachgerecht, in einer gesonderten Vorschrift zur Auskunftspflicht und aus Sicht des verpflichteten Privaten festzuhalten, dass dieser beim Bestehen einer Auskunftspflicht erst auf staatliche Aufforderung Informationen zu erteilen hat:

Soweit durch Gesetz oder aufgrund eines Gesetzes die Auskunftspflicht eines Privaten besteht, hat dieser nach Aufforderung durch die zuständige staatliche Stelle die angeforderten Informationen zu erteilen.

In Bezug auf die weiter zu regelnden Anforderungen an die staatliche *Aufforderung* zur Auskunftserteilung kann auf einige der Regelungen zurückgegriffen werden, die das geltende Recht – wenn auch selten – enthält und die oben im Einzelnen nachgewiesen sind.[71] Konkret betrifft dies die Form der Auskunftsanforderung, die Möglichkeit einer Fristsetzung zur Auskunftserteilung sowie Informations- und Hinweispflichten der staatlichen Stelle bei der Auskunftsanforderung.

---

[70] Siehe oben G. I. 3. c).
[71] Siehe oben E. IV. 1.

a) Form der Auskunftsanforderung

Das geltende Recht enthält überwiegend keine spezialgesetzlichen Vorschriften zur Form der Auskunftsanforderung, sondern es gilt der in § 37 Abs. 2 VwVfG niedergelegte Grundsatz der Formfreiheit. Nur manche Spezialgesetze enthalten strengere Formanforderungen an das staatliche Auskunftsersuchen.[72]

Normiert man ein allgemeines Recht der Informationspflichten Privater gegenüber dem Staat, existiert gegenüber der Beibehaltung dieser Rechtslage keine ernsthafte Alternative. Der Vielfalt der spezialgesetzlichen Ermächtigungsgrundlagen und deren praktischen Anwendungsbereichen kann man nur gerecht werden, wenn das Auskunftsersuchen grundsätzlich in jeder (im Einzelfall) sachgerechten Form gestellt werden kann. Wenn demgegenüber bei einzelnen Auskunftsbeziehungen die generelle Statuierung einer strengeren Form rechtspolitisch wünschenswert ist, ist das jeweilige Spezialgesetz weiterhin der richtige Ort der entsprechenden Regelung.

Diese inhaltliche Entscheidung für die grundsätzliche Formfreiheit des staatlichen Auskunftsersuchens beantwortet jedoch noch nicht die Frage, ob ein allgemeines Recht der Informationspflichten Privater gegenüber dem Staat diese auch explizit regeln muss. Dies könnte man deshalb für entbehrlich erachten, weil ein Recht der Informationspflichten Privater gegenüber dem Staat, das das Ziel der Vereinheitlichung und Zusammenführung der allgemeinen Regeln im Dienste der Verschlankung des Rechts verfolgt, gegen die eigenen Leitlinien verstieße, wenn es Vorschriften enthielte, die gleichlautend in noch allgemeineren Regelwerken enthalten sind. Für die Formfreiheit von Verwaltungsakten und damit zusammenhängende Fragen liegt es nahe, dies in Anbetracht der Regelungen in § 37 Abs. 2–5 VwVfG (sowie den entsprechenden Vorschriften der § 33 Abs. 2–4 SGB X und § 119 Abs. 2 und Abs. 3 AO)[73] zu bejahen. Anderseits soll die hier zu entwerfende Kodifikation auch für etliche Auskunftspflichten außerhalb des Anwendungsbereichs von VwVfG, SGB X und AO gelten, die jedenfalls einer entsprechenden Normierung bedürfen.[74] Aber auch abgesehen davon ist eine spezielle Regelung der Form des Auskunftsverlangens sachgerecht, da vorliegend auch weitere und über die Vorgaben der allgemeinen Verfahrensgesetze hinausgehende Vorschriften zum Verfahren der Auskunftsanforderung normiert werden sollen. Eine abgeschlossene und aus sich heraus verständliche Regelung der Anforderungen an staatliche Auskunftsersuchen kann daher auf die Normierung der Formerfordernisse schwerlich verzichten. In der Sache kann sich die zu treffende Regelung aber durchaus an § 37 VwVfG halten und auch hinsichtlich der Einzelheiten hierauf verweisen:

---

[72] Siehe oben E. IV. 1. a).

[73] Siehe oben E. IV. 1. a).

[74] So etwa für die Auskunftspflichten Privater gegenüber dem Staat, die in der StPO enthalten sind und für die das VwVfG gemäß dessen § 2 Abs. 2 Nr. 2 nicht gilt.

III. Aktualisierung staatlicher Informationsansprüche 341

Soweit gesetzlich nichts anderes bestimmt ist, kann die Aufforderung zur Erteilung einer Auskunft schriftlich, elektronisch, mündlich oder in anderer Weise erfolgen. Eine mündliche Aufforderung zur Erteilung einer Auskunft ist schriftlich oder elektronisch zu bestätigen, wenn hieran ein berechtigtes Interesse besteht und der Betroffene dies unverzüglich verlangt. Ein elektronischer Verwaltungsakt ist unter denselben Voraussetzungen schriftlich zu bestätigen. § 37 Abs. 3 bis Abs. 5 VwVfG gilt entsprechend.

b) Fristsetzung zur Auskunftserteilung

Anknüpfend an einige Vorschriften des geltenden Rechts[75] ist es des Weiteren sinnvoll, wenn ausdrücklich festgeschrieben wird, dass die auskunftsbegehrende staatliche Stelle eine Frist setzen kann, innerhalb derer der Auskunftspflichtige die Information zu erteilen hat. Dies ist – auch wenn die Befugnis zur Fristbestimmung andernfalls ohnehin aus der Verfahrensherrschaft der staatlichen Stelle folgt[76] – zur Klarstellung für Bürger und Staat und zur Schaffung von Rechtssicherheit geboten. Dies gilt auch für das (an sich selbstverständliche) Erfordernis, dass die gesetzte Frist *angemessen* sein muss.[77] Es kann jedoch davon abgesehen werden, eine Fristsetzung nicht nur zu ermöglichen, sondern sogar verbindlich vorzuschreiben;[78] eine Fristsetzung dürfte zwar in der Praxis hilfreich sein (und regelmäßig erfolgen), sie auch zur Rechtmäßigkeitsvoraussetzung der Auskunftsanforderung zu machen, ist aber nicht erforderlich.

Selbst eine „Soll-Vorschrift" ginge zu weit und ließe der informationssuchenden Stelle zu wenig Spielraum für eine sachgerechte Informationsanforderung im Einzelfall. Denkt man etwa an den Fall mündlicher Auskunftsverlangen, erscheint es nicht nur in atypischen Ausnahmefällen[79] sinnvoll zu sein, von einer Fristsetzung abzusehen.

Die Vorschrift zur Fristsetzung kann danach folgenden Wortlaut erhalten:

Die zuständige staatliche Stelle kann für die Erteilung der Auskunft eine angemessene Frist setzen.

c) Informationspflichten bei Auskunftsanforderung

Bei der Darstellung des geltenden nationalen Rechts konnten Vorschriften nachgewiesen werden, die die zuständige staatliche Stelle bei der Aufforderung zur

---

[75] Oben E. IV. 1. g).
[76] Oben E. IV. 1. g).
[77] Siehe etwa *Stelkens/Kallerhoff*, in: Stelkens/Bonk/Sachs, Verwaltungsverfahrensgesetz, § 31 Rdn. 27; vgl. auch *BVerwGE* 16, 289 (294).
[78] Anders aber die oben E. IV. 1. g) Fn. 151 genannten Vorschriften.
[79] Zu diesen als Voraussetzung für die Abweichung von einer „Soll-Vorschrift" siehe nur *Maurer*, Allgemeines Verwaltungsrecht, § 7 Rdn. 11.

Auskunftserteilung zur Angabe der Rechtsgrundlage, des Gegenstands des Informationsverlangens, des Zwecks des Informationsverlangens, der Reichweite der Informationsverpflichtung sowie über etwaige Informationsverweigerungsrechte verpflichten.[80] Im europäischen Recht existieren zudem Rechtsnormen, die auch die Belehrung über Sanktionen einer (unberechtigten) Informationsverweigerung vorsehen.[81] Die überwiegende Zahl der bestehenden spezialgesetzlichen Auskunftsrechte enthält derartige Vorschriften demgegenüber nicht (ausdrücklich). Dies führt namentlich im Bereich der Informationsverweigerungsrechte zu Schwierigkeiten bei der Anwendung des geltenden Rechts: Es ist umstritten, ob beim Fehlen einer gesetzlichen Vorschrift eine ungeschriebene Verpflichtung zum Hinweis auf ein Informationsverweigerungsrecht existiert; jedenfalls besteht bei fehlender Belehrung ein Verwertungsverbot im sanktionsrechtlichen Verfahren.[82] Diese Erfahrungen mit dem bisherigen Recht zeigen, dass die Schaffung allgemeiner Regeln für die staatliche Aufforderung zur Auskunftserteilung dringend erforderlich ist, um Rechtssicherheit herzustellen und sowohl dem Informationsinteresse des Staates als auch etwaigen Interessen des Privaten am Unterlassen der Auskunftserteilung gerecht werden zu können.[83] Aus Sicht des auskunftsverpflichteten Privaten sind dabei möglichst weitreichende und ausnahmslose Belehrungspflichten wünschenswert. Dabei darf aber auch der gegenläufige Aspekt nicht vernachlässigt werden, dass nämlich umfangreiche Hinweispflichten bei jeder Auskunftsanforderung insbesondere bei Gefahr in Verzug die Erfüllung der staatlichen Aufgabe erschweren oder gar verhindern könnten. Umfangreiche Belehrungspflichten dürfen daher keinesfalls ausnahmslos vorgesehen werden.

Bei der Lösung dieses Interessenkonflikts kann die Erkenntnis weiterführen, dass die in Rede stehenden Informationspflichten der staatlichen Stelle bei der Auskunftsanforderung letztlich das *allgemeine Begründungserfordernis* aus § 39 VwVfG konkretisieren. Diese Vorschrift differenziert zunächst nach der Form des Verwaltungsakts und schreibt in Absatz 1 eine Begründung nur für schriftliche oder elektronische sowie schriftlich oder elektronisch bestätigte Verwaltungsakte vor, während mündliche Verwaltungsakte grundsätzlich ohne Begründung ergehen dürfen. In einem zweiten Schritt sieht § 39 Abs. 2 VwVfG Ausnahmen vom allgemeinen Begründungserfordernis vor. Beide Gesichtspunkte werden im Folgenden aufgegriffen. Zunächst ist zwischen mündlichen und sonstigen Verwaltungsakten zu unterscheiden; innerhalb dieser Kategorien kann dann mit Regeln und Ausnahmen zu den staatlichen Angabepflichten gearbeitet werden.

---

[80] Oben E. IV. 1. b) – f).
[81] Oben F. III. 2.
[82] Ausführlich oben E. IV. 1. f).
[83] Vgl. auch *Mäder*, Betriebliche Offenbarungspflichten und Schutz vor Selbstbelastung, S. 266 ff., mit entsprechenden rechtspolitischen Vorschlägen für den Bereich des Umweltrechts.

aa) Schriftliche oder elektronische sowie schriftlich oder elektronisch bestätigte Auskunftsverlangen

Bei schriftlichen oder elektronischen sowie schriftlich oder elektronisch bestätigten Auskunftsverlangen ist kein Grund dafür ersichtlich, der in § 39 Abs. 1 VwVfG formulierten Regel nicht zu folgen. Wenn der die Information begehrenden staatlichen Stelle die Zeit verbleibt, ihr Auskunftsersuchen in diesen Formen zu stellen, stehen auch keine Gründe des öffentlichen Interesses dagegen, den Auskunftsverpflichteten über die (rechtlichen) Hintergründe des Auskunftsersuchens zu unterrichten.[84] Es erscheint dabei sachgerecht, die Angabe sämtlicher Gesichtspunkte zu verlangen, die auch in einzelnen Vorschriften des geltenden Rechts erwähnt sind:

In einer schriftlichen oder elektronischen sowie schriftlich oder elektronisch bestätigten Aufforderung zur Erteilung einer Auskunft sind der Gegenstand und der Zweck sowie die Rechtsgrundlagen des Auskunftsverlangens, der Umfang der Auskunftspflicht, die Voraussetzungen eines Informationsverweigerungsrechts und die für den Fall der Verletzung der Auskunftspflicht vorgesehenen Sanktionen anzugeben.

Fraglich bleibt, ob demgegenüber *Ausnahmen* – dem Vorbild des § 39 Abs. 2 VwVfG folgend – normiert werden sollten. Betrachtet man die dort geregelten Fallgruppen näher, so reduziert sich eine mögliche Ausnahme jedoch auf die Konstellation des § 39 Abs. 2 Nr. 2 VwVfG, dass die in der Begründung zu nennenden Gesichtspunkte dem Betroffenen zumindest „ohne weiteres erkennbar" sind: § 39 Abs. 1 Nr. 1 VwVfG gilt nur für begünstigende Verwaltungsakte, Nr. 3 wird eine eigenständige Bedeutung ohnehin weitgehend abgesprochen,[85] Nr. 4 bestimmt lediglich (nachrichtlich), was schon der „lex specialis"-Grundsatz besagt,[86] und eine Anwendbarkeit von Nr. 5 auf Auskunftsersuchen ist nicht vorstellbar.[87] Der Gedanke der Nr. 2 kann allerdings für Auskunftspflichten durchaus aufgegriffen und nutzbar gemacht werden; wie bei der allgemeinen Begründungspflicht ist es unter den in § 39 Abs. 2 Nr. 2 VwVfG formulierten engen Voraussetzungen auch bei Auskunftsverlangen sachgerecht, von der grundsätzlichen Pflicht zur Angabe der genannten Gesichtspunkte absehen zu können, wenn diese – in Anbetracht einer

---

[84] Vgl. allgemein zur Begründungspflicht nach § 39 Abs. 1 VwVfG die Nachweise oben E. IV. 1. b); zurückhaltender jedoch *Scholl*, Behördliche Prüfungsbefugnisse im Recht der Wirtschaftsüberwachung, S. 64, der für eine Verpflichtung zur Angabe des Zwecks einer staatlichen Überprüfungsmaßnahme plädiert, die Angabe der Rechtsgrundlage jedoch nicht für erforderlich hält.

[85] Näher *Stelkens/Stelkens*, in: Stelkens/Bonk/Sachs, Verwaltungsverfahrensgesetz, § 39 Rdn. 63.

[86] Vgl. *Meyer*, in: ders./Borgs-Maciejewski, Verwaltungsverfahrensgesetz, § 39 Rdn. 23; *Stelkens/Stelkens*, in: Stelkens/Bonk/Sachs, Verwaltungsverfahrensgesetz, § 39 Rdn. 64.

[87] „Öffentlich bekanntgegebene Allgemeinverfügungen" i. S. v. § 39 Abs. 2 Nr. 5 VwVfG sind namentlich Anstalts- und Benutzungsordnungen sowie Verkehrszeichen, vgl. *Stelkens/Stelkens*, in: Stelkens/Bonk/Sachs, Verwaltungsverfahrensgesetz, § 39 Rdn. 71.

ohnehin bestehenden Kenntnis des Verpflichteten oder ihrer Offenkundigkeit – lediglich eine bloße „Förmelei" wäre.[88]

Diese Einschätzung entspricht auch der Rechtsprechung der Strafgerichte, wonach ausnahmsweise kein Beweisverwertungsverbot besteht, wenn eine Belehrung über ein Aussageverweigerungsrecht unterblieben ist, der Betreffende aber in Kenntnis seines Verweigerungsrechts ausgesagt hat.[89]

Eine diese Überlegungen aufgreifende Ausnahmevorschrift könnte folgenden Wortlaut haben:

Dies kann unterbleiben, soweit derjenige, an den das Auskunftsverlangen gerichtet ist, die genannten Gesichtspunkte kennt oder ohne weiteres erkennen kann.

bb) Mündliche Auskunftsverlangen

Gemäß § 39 Abs. 1 VwVfG müssen mündliche Verwaltungsakte nicht begründet werden. Hiervon abweichend schreiben einige der spezialgesetzlichen Auskunftspflichten Privater gegenüber dem Staat die Verpflichtung der staatlichen Stelle zum Hinweis auf ein Informationsverweigerungsrecht auch bei mündlichen Auskunftsverlangen vor.[90] § 21 Abs. 4 BPolG verpflichtet darüber hinaus „auf Verlangen" des Betroffenen zum Hinweis auf den Umfang der Auskunftspflicht und auf die Rechtsgrundlagen der Datenerhebung, wenn durch den Hinweis die Aufgabenerfüllung nicht gefährdet oder erheblich erschwert wird.

Diese Vorschriften zeigen, dass es nicht sachgerecht ist, bei mündlichen Auskunftsverlangen von vornherein und gänzlich auf Belehrungspflichten zu verzichten. Es lässt sich keineswegs die Regel aufstellen, dass die staatliche Aufgabenerfüllung durch entsprechende Angabepflichten bei mündlichen Auskunftsverlangen stets gefährdet wäre, und auch bei mündlichen Auskunftsverlangen kann ein erhebliches Interesse des Auskunftsverpflichteten an der Kenntnis der genannten Gesichtspunkte bestehen. Andererseits wird der Betroffene bei mündlichen Auskunftsverlangen – angesichts deren typischerweise gegenüber schriftlichen Auskunftsverlangen geringeren Bedeutung – häufig keinen Wert auf eine umfangreiche Belehrung legen, so dass ihm auferlegt werden kann, ein etwaiges Interesse hieran selbst zu artikulieren; dies gilt umso mehr, als bei mündlichen Auskunftsverlangen die unmittelbare Kommunikation zwischen staatlicher Stelle und betroffenem Bürger ohne weiteres möglich ist.[91]

---

[88] Vgl. auch *Schwab*, Die Begründungspflicht nach § 39 VwVfG, S. 103.

[89] Siehe nur *BGH*, NJW 2002, 975 (976); *Boujong*, in: Pfeiffer, Karlsruher Kommentar zur Strafprozessordnung, § 136 Rdn. 28; vgl. auch *Stürner*, NJW 1981, 1757 (1758).

[90] Nachweise oben E. IV. 1. f) Fn. 139.

[91] Überzeugend insoweit die Gesetzesbegründung zum BPolG, wo (am Beispiel der Kontrolle des grenzüberschreitenden Verkehrs) darauf hingewiesen wird, dass insbesondere bei Massenvorgängen Belehrungen von Amts wegen nicht praktikabel seien und von den Aus-

Auf dieser Grundlage wird die in § 21 Abs. 4 BPolG getroffene Regelung den beiderseitigen Interessen bei mündlichen Auskunftsverlangen am besten gerecht und ist daher verallgemeinerungsfähig, was zu folgender Lösung der Problematik führt: Hinweispflichten bestehen von Amts wegen nicht, auf Nachfrage wird aber die staatliche Stelle zur Angabe der Gesichtspunkte verpflichtet, die sie auch in schriftlichen Auskunftsverlangen anzugeben hat; dies gilt jedoch nicht, wenn durch die Angabe die Aufgabenerfüllung der staatlichen Stelle gefährdet oder erheblich erschwert wird. In den Worten einer Rechtsnorm und unter Bezugnahme auf die oben für schriftliche Auskunftsanforderungen entwickelte Regelung:

Die Sätze 1 und 2 gelten für mündliche Auskunftsverlangen entsprechend, soweit die zur Auskunft verpflichtete Person die Angabe verlangt und die Erfüllung der Aufgabe der zuständigen staatlichen Stelle dadurch nicht gefährdet oder erheblich erschwert wird.

Die Zulässigkeit entsprechender Angaben ohne Verlangen des Betroffenen bleibt davon selbstverständlich unberührt, die Vorschrift schränkt lediglich die Hinweis*pflichten* der staatlichen Stelle gegenüber den bei förmlichen Auskunftsverlangen bestehenden ein. Eine Belehrung über Informationsverweigerungsrechte auch bei mündlichen Auskunftsverlangen kann insbesondere zur Vermeidung von Verwertungsverboten im sanktionsrechtlichen Verfahren angeraten erscheinen.

Gleichermaßen zulässig bleibt eine anderweitige spezialgesetzliche Regelung, soweit in Bezug auf bestimmte Auskunftspflichten abweichende Gesichtspunkte für weitergehende oder eingeschränkte staatliche Belehrungspflichten sprechen.

2. Aktualisierung von Anzeigepflichten

Anzeigepflichten zeichnen sich in Abgrenzung zu den soeben behandelten Auskunftspflichten dadurch aus, dass sie keines gesonderten Aktes zur Aktualisierung bedürfen, sondern unmittelbar entstehen, wenn die gesetzlichen Tatbestandsvoraussetzungen erfüllt sind. Obwohl dies in der Legaldefinition der Anzeigepflicht bereits festgehalten wurde, ist es – entsprechend deren Funktion als reiner Begriffsbestimmung und den dazu bei der Auskunftspflicht angestellten Erwägungen[92] – sinnvoll, dies aus Sicht der anzeigepflichtigen Privaten nochmals zu betonen:

Soweit durch Gesetz oder aufgrund eines Gesetzes die Anzeigepflicht eines Privaten besteht, hat dieser der zuständigen staatlichen Stelle die anzuzeigenden Informationen ohne besondere Aufforderung zu erteilen.

Die Entbehrlichkeit einer gesonderten Aufforderung durch die staatliche Stelle zur Aktualisierung der Informationspflicht wirft bei Anzeigepflichten die gegen-

---

kunftspflichtigen eher als Belästigung empfunden würden, BT-Drs 12/7562, S. 51; vgl. auch *Heckmann*, VBlBW 1992, 164 (170).

[92] Siehe oben G. III. 1. vor a).

über den Auskunftspflichten zusätzliche Problematik auf, dass der Private von seiner Verpflichtung, deren Voraussetzungen und deren Umfang überhaupt Kenntnis haben muss, um die Anzeigepflicht erfüllen zu können. Dies ist einerseits unentbehrlich, damit der staatliche Informationsbedarf befriedigt werden kann, andererseits schützt es den Privaten vor einer (möglicherweise sanktionierten) Pflichtverletzung aus Unkenntnis. Deshalb ist es sinnvoll, die staatliche Stelle, gegenüber der die Anzeigepflicht besteht, dahingehend in die Pflicht zu nehmen, dass sie den von bestehenden Anzeigepflichten möglicherweise betroffenen Personenkreis im Vorfeld *aufklärt*. Eine derartige Verpflichtung kann naturgemäß nicht absolut, sondern nur *im Rahmen des Möglichen* bestehen; während die Verbreitung des Wissens um Anzeigepflichten, die nur einen eng begrenzten Personenkreis treffen können, noch verhältnismäßig einfach sein dürfte,[93] können „Jedermannspflichten", etwa die Pflicht zur Anzeige geplanter schwerer Straftaten aus § 138 StGB, allenfalls im Wege der Öffentlichkeitsarbeit innerhalb der Bevölkerung verbreitet werden. Was die Einzelheiten einer solchen staatlichen Aufklärungspflicht betrifft, müssen die betroffenen Privaten zunächst vom *Bestehen* der Anzeigepflicht überhaupt, das heißt von deren *Voraussetzungen* und deren *Inhalt* wissen. Wichtig ist jedoch auch die Kenntnis von den *Grenzen* der Anzeigepflicht, insbesondere von etwaigen *Informationsverweigerungsrechten,* damit sich der Betroffene nicht irrtümlich zur Anzeige verpflichtet fühlen muss; die Verpflichtung zur Aufklärung hierüber entspricht in der Sache der Belehrungspflicht über Informationsverweigerungsrechte, die für Auskunftspflichten vorgesehen worden ist. Schließlich ist es – ebenfalls an die zur Auskunftspflicht angestellten Erwägungen anknüpfend[94] – sinnvoll, wenn die verpflichteten Privaten auch Kenntnis von den *Sanktionen* bei einer Verletzung ihrer Anzeigepflicht haben.

Eine entsprechende Vorschrift könnte folgenden Wortlaut haben:

Im Rahmen des Möglichen hat die zuständige staatliche Stelle sicherzustellen, dass dem anzeigepflichtigen Privaten bekannt sind

1. die Voraussetzungen und der Inhalt der Anzeigepflicht,

2. die Grenzen der Anzeigepflicht, insbesondere die Voraussetzungen eines Informationsverweigerungsrechts,

3. die für den Fall der Verletzung der Anzeigepflicht vorgesehenen Sanktionen.

---

[93] Beispiel: Dass der Inhaber einer Kernanlage den zuständigen Stellen gemäß § 34 Abs. 2 Nr. 1 AtG anzuzeigen hat, wenn nach einem nuklearen Ereignis mit einer Inanspruchnahme der Freistellungsverpflichtung gemäß § 34 Abs. 1 AtG zu rechnen ist, dürfte unter dem sehr überschaubaren Kreis der potentiell Verpflichteten ohne weiteres verbreitet werden können.

[94] Oben G. III. 1. c) aa).

IV. Grenzen staatlicher Informationsansprüche

Bei der Normierung der Grenzen staatlicher Informationsansprüche ist – wie bei der Darstellung des geltenden Rechts – zunächst zwischen den von Amts wegen zu berücksichtigenden Schranken, also namentlich dem Übermaßverbot, und den vom Informationspflichtigen geltend zu machenden Informationsverweigerungsrechten, die ihn vor einer Pflicht zur Selbstbelastung schützen, zu unterscheiden. Innerhalb dieser Kategorien stellt sich wiederum die Frage, inwieweit Anzeige- und Auskunftspflichten gleich behandelt werden können bzw. inwieweit berücksichtigungsbedürftige Unterschiede vorliegen. Zudem ist die Frage zu beantworten, ob und gegebenenfalls wie auch das Recht des Geheimnisschutzes eine Berücksichtigung im vorliegenden Regelungsvorschlag finden kann.

1. Übermaßverbot

Die Darstellung des geltenden Rechts hat gezeigt, dass das Übermaßverbot als wichtigste von Amts wegen zu berücksichtigende Grenze staatlicher Informationsansprüche nur selten ausdrücklich gesetzlich normiert ist. Seine Wahrung ist überwiegend der Rechtsanwendung im Einzelfall überlassen und dort in der Regel auch durchaus leistbar.[95] Dennoch ist es zur Klarstellung und Schaffung von Rechtssicherheit wünschenswert, die aus dem Übermaßverbot folgenden und als allgemeingültig erkannten Grenzen staatlicher Informationsansprüche einer ausdrücklichen Regelung zuzuführen, wenn eine entsprechende informationsrechtliche Kodifikation geschaffen wird.

Dabei kann *inhaltlich* grundsätzlich auf den Fundus des geltenden Rechts zurückgegriffen werden, indem die vorhandenen Vorschriften zur Erforderlichkeit und Angemessenheit für alle Informationspflichten verallgemeinert werden. Informationspflichten Privater gegenüber dem Staat bestehen danach zunächst nicht, wenn die Informationserteilung zur Wahrnehmung der Aufgaben der zuständigen staatlichen Stelle nicht *erforderlich* ist.[96] Als Unterfall hiervon kann die Regelung des § 65 Abs. 1 Nr. 3 SGB I[97] aufgenommen werden, wonach eine Informationsobliegenheit nach § 60 Abs. 1 SGB I nicht besteht, wenn sich die staatliche Stelle die erforderlichen Kenntnisse durch einen geringeren Aufwand als der Betroffene selbst beschaffen kann.[98] Das ist insbesondere dann der Fall, wenn der Zugriff auf einen vorhandenen staatlichen Informationsbestand möglich (und rechtlich zulässig) ist.[99]

---

[95] Vgl. oben E. III. 1.
[96] Vorbilder: siehe oben E. III. 1. Fn. 60.
[97] Hierzu oben E. III. 1.
[98] Ähnlich (unter umgekehrten Vorzeichen) auch § 6 Abs. 2 S. 2 IFG-ProfE, näher *Schoch/Kloepfer*, Informationsfreiheitsgesetz (IFG-ProfE), § 6 Rdn. 16.
[99] Näher oben E. III. 1.

Ebenfalls anknüpfend an § 65 Abs. 1 SGB I kann zudem das Erfordernis der *Angemessenheit* der Informationserhebung bestimmt werden; unangemessen ist ein Informationsverlangen danach im Einzelfall, wenn die Informationserteilung nicht in einem angemessenen Verhältnis zu dem verfolgten Zweck steht (§ 65 Abs. 1 Nr. 1 SGB I) oder wegen besonderer Umstände ausnahmsweise unzumutbar ist (§ 65 Abs. 1 Nr. 2 SGB I). Um das Übermaßverbot umfassend aufzunehmen, erscheint es zudem sachgerecht, vorab auch die *Geeignetheit* der Informationserteilung zur Wahrnehmung der Aufgaben der zuständigen staatlichen Stelle als Voraussetzung einer Informationspflicht zu bestimmen; Vorbilder im geltenden Recht finden sich insoweit allerdings nicht.

Bei der *Normierung* dieser inhaltlichen Grundsätze muss zwischen Anzeigepflichten und Auskunftspflichten differenziert werden.

Bei *Auskunftspflichten* reicht es ohne weiteres aus, diese unter den genannten Voraussetzungen als ausgeschlossen zu bezeichnen, was die staatliche Stelle vor dem Erlass einer die Auskunft anfordernden Verfügung prüfen kann und zu prüfen hat. Die entsprechende Vorschrift könnte lauten:

Eine Auskunftspflicht besteht nicht, soweit

1. *die Erteilung der Information die Wahrnehmung der Aufgaben der zuständigen staatlichen Stelle nicht fördern kann,*

2. *die Erteilung der Information zur Wahrnehmung der Aufgaben der zuständigen staatlichen Stelle nicht erforderlich ist; dies ist auch der Fall, wenn sich die zuständige staatliche Stelle die erforderlichen Kenntnisse durch einen geringeren Aufwand als die betroffene Person selbst beschaffen kann,*

3. *ihre Erfüllung nicht in einem angemessenen Verhältnis zu dem mit ihr verfolgten Zweck steht,*

4. *ihre Erfüllung der betroffenen Person aus einem wichtigen Grund nicht zugemutet werden kann.*

Ganz anders ist die Konstellation bei *Anzeigepflichten*, die nicht an eine behördliche Ermessensentscheidung gekoppelt sein können, sondern beim Vorliegen der Tatbestandsvoraussetzungen kraft Gesetzes eintreten und daher einer Prüfung der Sach- und Rechtslage im konkreten Einzelfall weit weniger zugänglich sind. Unproblematisch ist dabei noch der Fall, in dem die gesetzliche Anzeigepflicht als solche unverhältnismäßig ist; dies führt bereits zur Nichtigkeit der spezialgesetzlichen Rechtsnorm, und zwar unabhängig von der hier zu treffenden Regelung, die von der Erfüllung an sich unbedenklicher Anzeigepflichten wegen deren Unverhältnismäßigkeit im Einzelfall suspendieren will. In den Blick zu nehmen sind daher vorliegend von vornherein nur die Konstellationen, in denen sich die Erfüllung einer grundsätzlich verfassungskonformen Anzeigepflicht *ausnahmsweise* als unverhältnismäßig erweist, was nach der Rechtsprechung des Bundesverfassungsgerichts nicht zwingend zur Verfassungswidrigkeit der gesamten Norm führen muss, sondern auch durch eine verfassungskonforme Auslegung gelöst werden kann.[100] Eine ausdrückliche und allgemeingültige Regelung, wie derartige Konstellationen im Einzelnen zu behandeln sind, könnte auch (nicht unberechtigte) Bedenken gegen die dogmatische Haltbarkeit dieser verfassungsgerichtlichen Rechtsprechung zu beseitigen helfen.[101] Problematisch wäre es, die Anzeigepflicht in solchen Fällen schlicht als nicht bestehend zu betrachten. Schließlich weiß die staatliche Stelle bei Anzeigepflichten – anders als bei Auskunftspflichten, die erst auf Anforderung der staatlichen Stelle entstehen – unter Umständen gar nichts davon, dass die tatsächlichen Voraussetzungen vorliegen, die die Anzeigepflicht eines Privaten auslösen können. Sie kann dann ihre jeweilige Aufgabe überhaupt nicht wahrnehmen, weil ihr jedwede Kenntnis von der Existenz bestimmter Tatsachen fehlt. Dieser Gesichtspunkt kann bei der Frage, ob die Anzeige erforderlich und angemessen ist, teilweise berücksichtigt werden und unter Umständen zur Verhältnismäßigkeit der Erfüllung der Anzeigepflicht führen. Für den Fall jedoch, dass auch unter Berücksichtigung dieser Gegebenheiten die Erfüllung der Anzeigepflicht unverhältnismäßig ist, muss im Rahmen des Möglichen zumindest sichergestellt sein, dass die staatliche Stelle wenigstens vom Vorliegen der Tatsachen Kenntnis erlangt, die die betreffende Anzeigepflicht erst auslösen. Für die Lösung dieser Problematik finden sich im geltenden Recht keinerlei Anhaltspunkte. Erwägenswert ist insoweit ein an die Stelle der Anzeigepflicht tretendes *Feststellungsverfahren*, in dem die Unverhältnismäßigkeit der Erfüllung der (grundsätzlich) verfassungsmäßigen Anzeigepflicht von der zuständigen staatlichen Stelle auf Antrag des Betroffenen festgestellt werden muss. Diese Lösung stellt einerseits sicher, dass die staatliche Stelle Kenntnis vom grundsätzlichen Vorliegen der anzeigepflichtigen Situation erlangt, ohne den Betroffenen zur Anzeige der Situation selbst zu verpflichten; andererseits liegt sie auch im Interesse des informationspflichtigen Privaten, der nicht selbst feststellen (und verantworten) muss, ob der Fall vorliegt, in dem ausnahmsweise keine Anzeigepflicht besteht, und schafft so die nötige Rechtssicherheit. Wegen dieser Schutzrichtung der Feststellung für den Privaten ist es sachgerecht, wenn in der gesetzlichen Norm festgehalten wird, dass der Betroffene einen *Rechtsanspruch* auf die Feststellung hat und diese nicht etwa im Ermessen der zuständigen staatlichen Stelle steht. Auch für ein so gestaltetes Feststellungsverfahren sind allerdings *Ausnahmen* vorzusehen. Zum einen ist auf Fälle Rücksicht zu nehmen, in denen die vorherige Feststellung nicht rechtzeitig erreicht werden kann; hier ist eine nachträgliche Feststellung als ausreichend zu erachten. Zum anderen kann nicht nur die Erfüllung der Anzeigepflicht, sondern auch die Durchführung eines – gegebenenfalls nachträglichen – Feststellungsverfahrens unzumutbar sein; in diesem Fall muss von dem Erfordernis des Feststel-

---

[100] Als Beispiel für diese Konstellation kann etwa die Pflicht zur Versammlungsanmeldung aus § 14 Abs. 1 VersG genannt werden, die nach der Rechtsprechung des Bundesverfassungsgerichts grundsätzlich verfassungskonform ist, jedoch bei sogenannten „Spontanversammlungen" (ausnahmsweise) nicht besteht, siehe *BVerfGE* 69, 315 (350 f.), sowie oben F II. 2. c) ff).

[101] Hierzu oben F. II. 2. c) ff) mit weiteren Nachweisen.

lungsverfahrens zwangsläufig vollständig abgesehen werden. Eine derart differenzierte Lösung kann die komplizierte Interessenlage, wenn eine Anzeigepflicht besteht, die im konkreten Einzelfall nicht zumutbar ist oder nicht rechtzeitig erfüllt werden kann, wohl am besten zum Ausgleich bringen. Die entsprechende Vorschrift zu den Grenzen der Anzeigepflicht könnte daher – unter Bezugnahme auf die Norm zu den Auskunftspflichten – lauten:

Eine Anzeigepflicht besteht nicht, wenn die Voraussetzungen vorliegen, unter denen eine Auskunftspflicht nicht besteht, und die zuständige staatliche Stelle dies auf Antrag der betroffenen Person feststellt. Die betroffene Person hat einen Anspruch auf diese Feststellung. Wenn die Feststellung nach Satz 1 nicht rechtzeitig herbeigeführt werden kann, genügt die nachträgliche Feststellung durch die zuständige staatliche Stelle. Einer Feststellung nach Satz 1 und Satz 3 bedarf es nicht, wenn ihre Herbeiführung für die betroffene Person unzumutbar ist.

2. Informationsverweigerungsrechte zum Schutz vor Selbstbelastungspflichten

Im Hinblick auf die Informationsverweigerungsrechte zum Schutz vor Selbstbelastungspflichten finden sich im geltenden Recht verhältnismäßig viele Regelungen, die allerdings fast ausschließlich Auskunftspflichten betreffen, während Anzeigepflichten regelmäßig nicht durch Informationsverweigerungsrechte beschränkt sind.[102]

Beim Versuch, das Recht der Informationspflichten Privater gegenüber dem Staat einer allgemeingültigen Regelung zuzuführen, muss sich in diesem Zusammenhang über verschiedene Fragen Klarheit verschafft werden. Zunächst stellt sich die Frage, ob die im geltenden Recht vorherrschende Übernahme des „nemo tenetur"-Grundsatzes unter Bezugnahme auf prozessuale Vorschriften als genereller Anknüpfungspunkt überhaupt tauglich ist oder inwieweit Alternativen hierzu existieren, die die Befriedigung des staatlichen Informationsbedarfs besser gewährleisten können (a). Ein Augenmerk ist des Weiteren auf Gesichtspunkte der Geltendmachung eines bestehenden Informationsverweigerungsrechts zu legen (b). Schließlich muss geklärt werden, ob die erhebliche Ungleichbehandlung von Auskunftspflichten und Anzeigepflichten im geltenden Recht sachgerecht ist oder ob eine überzeugende Möglichkeit besteht, eine Anpassung des Rechts der Informationsverweigerungsrechte in diesem Bereich herzustellen (c).

---

[102] Oben E. III. 2.

a) Informationsverweigerungsrecht oder Verwertungsverbot bei Selbstbelastungspflichten?

Dass das geltende Recht bei der Normierung von Auskunftsverweigerungsrechten zum Schutz vor Selbstbelastungspflichten überwiegend auf § 383 Abs. 1 Nrn. 1–3 ZPO oder auf § 55 StPO verweist,[103] überrascht bei unbefangener Betrachtungsweise. Schließlich unterscheidet sich die Zeugenaussage vor Gericht funktionell erheblich von der Interessenlage, die beim Eingreifen von (sonstigen) Informationspflichten Privater gegenüber dem Staat anzutreffen ist:[104] Geht es vor Gericht häufig um die (vornehmlich) retrospektive Klärung eines Rechtsstreits bzw. die Bestrafung des Angeklagten, bezwecken andere Informationspflichten Privater gegenüber dem Staat die Sicherstellung dessen zukünftiger Aufgabenerfüllung[105] und können deshalb sogar ihrerseits verfassungsrechtlich geboten sein.[106] Namentlich die Erteilung von Informationen von existentieller Bedeutung muss gewährleistet sein.[107] Die bloße Übertragung des Auskunftsverweigerungsrechts aus dem Strafrecht etwa in das Überwachungsrecht ist daher nicht zu Unrecht als „Systembruch" bezeichnet worden, der „mit rechtsstaatlichen Argumenten nicht zu rechtfertigen" sei; rechtspolitisch richtig sei es, den Schutz vor einer Verurteilung aufgrund einer erzwungenen Auskunft durch ein strafrechtliches Verwertungsverbot sicherzustellen.[108]

Auch aus verfassungsrechtlicher Sicht greift die vom Gesetzgeber häufig gegebene Begründung nicht durch, die entsprechenden Auskunftsverweigerungsrechte trügen dem rechtsstaatlichen Grundsatz Rechnung, dass niemand sich selbst oder bestimmte Angehörige der Begehung einer straf- oder ordnungswidrigkeitsrechtlich verbotenen Handlung bezichtigen müsse.[109] Ein absoluter verfassungsrechtlicher Schutz besteht – wie ausführlich begründet – nur vor der *Verwertung* der entsprechenden Angaben in einem sanktionsrechtlichen Verfahren, während die *Informationserhebung* lediglich relativ, nämlich durch das Übermaßverbot geschützt ist.[110] Dieser relative Schutz des Allgemeinen Persönlichkeitsrechts darf allerdings ebenfalls nicht vernachlässigt werden, so dass auch die generelle Normierung von

---

[103] Näher oben E. III. 2. a) aa).

[104] Vgl. auch *Gröschner*, Das Überwachungsrechtsverhältnis, S. 321; *Scholl*, Behördliche Prüfungsbefugnisse im Recht der Wirtschaftsüberwachung, S. 126 ff.; *Stein*, Die Wirtschaftsaufsicht, S. 142.

[105] Näher oben C. I. 1.

[106] Oben F. I.

[107] Vgl. zu dieser Abwägung zwischen dem öffentlichen Informationsinteresse und dem Schutz vor Selbstbelastungspflichten *Stürner*, NJW 1981, 1757 (1761).

[108] So *Gröschner*, Das Überwachungsrechtsverhältnis, S. 321; vgl. auch *Scholl*, Behördliche Prüfungsbefugnisse im Recht der Wirtschaftsüberwachung, S. 132; *Thiel*, GewArch 2001, 404 (405).

[109] Etwa BT-Drs 2/2466, S. 33; 3/1285, S. 260; 3/1589, S. 23; 3/2563, S. 15.

[110] Oben F. II. 2. b) cc) α) (3).

schrankenlosen Informationspflichten, die lediglich mit Verwertungsverboten flankiert sind, nicht überzeugen kann. Der Schlüssel für die Lösung der Problematik liegt daher nicht in der Entscheidung für eine der Alternativen „Informationsverweigerungsrecht" und „Verwertungsverbot", sondern in deren Zusammenführung zu einem abgestimmten Regelungskonzept, das durch die angesprochenen Determinanten des Verfassungsrechts bereits vorgezeichnet ist.

Einerseits muss sichergestellt sein, dass aufgrund einer Informationspflicht übermittelte Informationen niemals zur sanktionsrechtlichen Verfolgung des Informationspflichtigen (oder einer ihm nahestehenden Person) verwendet werden dürfen, also der *absolute* Schutz der Menschenwürdegarantie gewahrt wird. Dies bedeutet für den hier zu unterbreitenden Regelungsvorschlag, dass *jedenfalls* ein entsprechendes *Verwertungsverbot* vorzusehen ist.

Demgegenüber ist es nicht nur verfassungsrechtlich nicht geboten,[111] sondern auch rechtspolitisch abzulehnen, ein darüber hinausgehendes Offenbarungsverbot in Bezug auf entsprechende Informationen gegenüber den Strafverfolgungsbehörden zu statuieren. Hiergegen sprechen bereits Aufgabenüberschneidungen in der bestehenden Behördenstruktur, die zu erheblichen praktischen Schwierigkeiten bei der Umsetzung eines Offenbarungsverbots führen würden.[112] Auch der Schutz des Informationspflichtigen erfordert kein Offenbarungsverbot: Dass Strafverfolgungsbehörden und -gerichte mit nicht verwertbaren Beweismitteln konfrontiert werden, ist alltäglich und schränkt – wie die Erfahrung lehrt – weder ihre Arbeit noch berechtigte Interessen von Beschuldigten übermäßig ein.[113] Die Gefahr der mittelbaren Beweismittelerlangung auf der Basis von durch die übermittelten Informationen angestoßenen anderweitigen Ermittlungen kann so lange kein Argument für ein Offenbarungsverbot sein, wie die „fruit of the poisonous tree-doctrine", also die Fernwirkung von Beweisverwertungsverboten, im deutschen Strafprozessrecht nicht anerkannt ist.[114]

In einem zweiten Schritt muss aber auch der *relative* Schutz vor der Pflicht zur Preisgabe selbstbelastender Informationen gewährt werden, wenn und soweit er auf der abstrakten Ebene eines allgemeinen Rechts der Informationspflichten Privater gegenüber dem Staat geleistet werden kann; Mittel hierzu ist die Statuierung eines Informationsverweigerungsrechts, auf das daher nicht zugunsten eines umfassenden Verwertungsverbots verzichtet werden kann.[115] Bei der Umsetzung die-

---

[111] Oben F. II. 2. c) cc) γ).

[112] Überzeugend *Mäder,* Betriebliche Offenbarungspflichten und Schutz vor Selbstbelastung, S. 268.

[113] Allgemeiner Überblick zu den strafprozessualen Beweisverwertungsverboten bei *Schroth,* JuS 1998, 969 ff.; *Senger,* in: Pfeiffer, Karlsruher Kommentar zur Strafprozessordnung, Vorbemerkungen § 48 Rdn. 27 ff.

[114] So auch *Mäder,* Betriebliche Offenbarungspflichten und Schutz vor Selbstbelastung, S. 269. Allgemein zum Problem der Fernwirkung von strafprozessualen Beweisverwertungsverboten *Neuhaus,* NJW 1990, 1221 f.; *Rogall,* JZ 1996, 944 (948 f.).

[115] Anders aber *Scholl,* Behördliche Prüfungsbefugnisse im Recht der Wirtschaftsüberwachung, S. 132, der auf Informationsverweigerungsrechte vollständig verzichten und den Schutz der Betroffenen allein durch ein Verwendungs- und Weitergabeverbot gewährleisten will; dem folgend *Gröschner,* Das Überwachungsrechtsverhältnis, S. 321; prinzipielle Beden-

ser Konzeption kann auf Vorgaben des geltenden Rechts zurückgegriffen werden, die Entsprechendes bereits heute leisten.[116]

Zu erinnern ist etwa an die insofern mustergültige Vorschrift des § 22 Abs. 3 BPolG, der in Satz 1 die grundsätzliche gesetzliche Informationspflicht des § 22 Abs. 2 BPolG zunächst durch die Ausnahme eines Informationsverweigerungsrechts unter den Voraussetzungen der §§ 52–55 StPO beschränkt. Die Vorschrift bleibt hierbei jedoch nicht stehen, sondern sieht in Satz 2 eine Ausnahme zum Informationsverweigerungsrecht vor, wenn „die Auskunft zur Abwehr einer Gefahr für Leib, Leben oder Freiheit einer Person erforderlich ist". Satz 4 normiert entsprechend den Vorgaben des Bundesverfassungsgerichts[117] für diesen Fall ein Verwertungsverbot für andere Zwecke.[118]

Ein derartiger *gestufter Persönlichkeitsschutz* des Informationspflichtigen entspricht strukturell zudem einem Vorschlag, den ein Arbeitskreis von Strafrechtslehrern zu den Zeugnisverweigerungsrechten nach der StPO (AE-ZVR) unterbreitet hat und der bei dem Entwurf einer Rechtsvorschrift im vorliegenden Zusammenhang ebenfalls nutzbar gemacht werden kann.[119]

Nach diesem Alternativentwurf gibt es im Kernbereich der Menschenwürdegarantie absolute Zeugnisverweigerungsrechte (erste Stufe), zum Schutze „fundamentaler Grundrechte" in der „Nähe dieses Kernbereichs" relative Zeugnisverweigerungsrechte, bei denen die Justiz nur unter besonderen Voraussetzungen ein Informationsrecht hat (zweite Stufe), sowie außerhalb dieser Bereiche eine unbeschränkte Zeugnispflicht, sofern eine parlamentsgesetzliche Grundlage besteht (dritte Stufe).[120] Diese grundsätzliche Aussagepflicht als Ausgangspunkt des Regelungskonzepts wird in § 48 Abs. 1 S. 2 StPO AE-ZVR ausdrücklich bestimmt.[121]

Absolute Zeugnisverweigerungsrechte werden vor dem Hintergrund des „nemo tenetur"-Satzes wegen persönlicher Bindungen zum Beschuldigten (§ 52 StPO AE-ZVR)[122] sowie wegen beruflicher Vertrauensbeziehungen (§ 53 StPO AE-ZVR)[123] anerkannt; diese Vorschläge entsprechen (mit Abweichungen im Einzelnen) im Ausgangspunkt dem geltenden Recht der §§ 52, 53 StPO. Des Weiteren enthält § 55 Abs. 1 StPO AE-ZVR absolute Zeugnisverweigerungsrechte, wenn die Aussage zu einer Lebensgefahr für den Zeugen oder eine andere Person führte (Nr. 1), für ihn oder einen Angehörigen die Gefahr der sanktionsrechtlichen Verfol-

---

ken gegen Auskunftsverweigerungsrechte im Recht der Wirtschaftsüberwachung auch bei *Stein*, Die Wirtschaftsaufsicht, S. 145 ff.

116 Nachweise oben E. III. 2. a) bb).

117 *BVerfGE* 56, 37 (48 ff.); näher oben F. II. 2. b) cc) α) (2).

118 Vgl. BT-Drs 12/7562, S. 52.

119 Hierzu *Baumann* u. a., Alternativ-Entwurf Zeugnisverweigerungsrechte und Beschlagnahmefreiheit (AE-ZVR).

120 Zum Konzept *Baumann* u. a., Alternativ-Entwurf Zeugnisverweigerungsrechte und Beschlagnahmefreiheit (AE-ZVR), S. 30 f.

121 *Baumann* u. a., Alternativ-Entwurf Zeugnisverweigerungsrechte und Beschlagnahmefreiheit (AE-ZVR), S. 34 ff.

122 *Baumann* u. a., Alternativ-Entwurf Zeugnisverweigerungsrechte und Beschlagnahmefreiheit (AE-ZVR), S. 36 ff.

123 *Baumann* u. a., Alternativ-Entwurf Zeugnisverweigerungsrechte und Beschlagnahmefreiheit (AE-ZVR), S. 40 ff.

gung mit sich brächte (Nr. 2) oder zur Offenbarung von Informationen aus dem Kernbereich der Persönlichkeitssphäre des Zeugen oder einer anderen Person führen würde (Nr. 3).[124]

Hinzu treten *relative Zeugnisverweigerungsrechte* bei besonders schutzwürdigen Grundrechten; im Einzelnen nennt der einschlägige § 55 Abs. 2 StPO AE-ZVR dabei die Fälle, in denen die Aussage für den Zeugen oder einen nahen Angehörigen eine dringende Gefahr für die körperliche Freiheit oder wirtschaftliche Lebensgrundlage mit sich brächte bzw. ihn selbst durch Offenbarung besonders schutzwürdiger (insbesondere: die Gesundheit oder das Sexualleben betreffende oder ehrenrührige) Informationen bloßstellen würde. Relativ sind diese Zeugnisverweigerungsrechte deshalb, weil § 55 Abs. 3 AE-ZVR dem Gericht die Möglichkeit einräumt, die Aussage anzuordnen, wenn sie dem Zeugen im Hinblick auf die Bedeutung der Sache zugemutet werden kann und wenn die Erforschung des Sachverhalts auf andere Weise aussichtslos oder wesentlich erschwert wäre.[125]

§ 55 Abs. 4 StPO AE-ZVR setzt ein *Verwertungsverbot* hinzu: Die durch die Aussage nach § 55 Abs. 3 StPO AE-ZVR erlangten Informationen dürfen in anderen Strafverfahren nur verwendet werden, soweit auch dort die Voraussetzungen des Absatzes 3 vorliegen.

An dieses Konzept, das das Aufklärungsinteresse der Allgemeinheit und die Interessen des Betroffenen, keine Informationen zu erteilen, aus verfassungsrechtlicher Sicht zu einem inhaltlich ausgewogenen Einklang bringt, lässt sich bei der hier zu findenden Norm zu den Informationsverweigerungsrechten anknüpfen. In der Sache sind dabei allerdings die bereits angedeuteten Unterschiede zwischen den Funktionen des Strafprozesses im Vergleich zur sonstigen informationellen Inpflichtnahme Privater zu beachten. Diese zwingen – wie gesehen – nicht zur Etablierung eines absoluten Informationsverweigerungsrechts bei der Gefahr der Selbstbelastung, weil der erforderliche Schutz auch durch ein Verwertungsverbot gewährt werden kann.[126] Vielmehr ist es verfassungsrechtlich jedenfalls zulässig – wenn in Anbetracht der staatlichen Schutzpflichten[127] nicht sogar geboten –, Ausnahmen vom Informationsverweigerungsrecht vorzusehen, wenn die Erteilung der Information zur Abwehr von Gefahren für *höchstpersönliche Rechtsgüter* erforderlich ist, und hiermit an die Wertung des § 22 Abs. 3 S. 2 BPolG anzuknüpfen. In den Fällen der Gefährdung von Leib, Leben oder Freiheit einer Person ist es stets angemessen, den Schutz des Allgemeinen Persönlichkeitsrechts vor Pflichten zur Erteilung selbstbelastender Informationen zurücktreten zu lassen und den erforderlichen Persönlichkeitsschutz durch ein Verwertungsverbot sicherzustellen.[128]

---

[124] Handelt es sich bei der „anderen Person" um den Beschuldigten, besteht allerdings gemäß § 55 Abs. 3 S. 2 StPO AE-ZVR lediglich ein relatives Zeugnisverweigerungsrecht. Zu den absoluten Zeugnisverweigerungsrechten nach § 55 Abs. 1 StPO AE-ZVR insgesamt *Baumann* u. a., Alternativ-Entwurf Zeugnisverweigerungsrechte und Beschlagnahmefreiheit (AE-ZVR), S. 57 ff.

[125] Hierzu näher *Baumann* u. a., Alternativ-Entwurf Zeugnisverweigerungsrechte und Beschlagnahmefreiheit (AE-ZVR), S. 57 ff.

[126] Vgl. auch den Regelungsvorschlag für den Bereich der umweltrechtlichen Eigenüberwachung bei *Mäder*, Betriebliche Offenbarungspflichten und Schutz vor Selbstbelastung, S. 267.

[127] Oben F. I. 1. c).

[128] Vgl. auch *Stürner*, NJW 1981, 1757 (1761).

IV. Grenzen staatlicher Informationsansprüche

Aber auch aus anderen Gründen kann die staatliche Informationserhebung trotz eines Zwangs zur Selbstbelastung für die informationspflichtige Person verfassungsrechtlich mindestens zulässig sein, um die staatliche Aufgabenerfüllung sicherzustellen. Dies gilt um so mehr in einer Zeit, in der sich der Staat im Zuge von Privatisierung, Liberalisierung und Deregulierung immer mehr aus der Rolle des selbst handelnden Akteurs zurückzieht und auf die Überwachung der nunmehr tätigen Privaten beschränkt, wozu eine Fülle von Informationen erforderlich sind. Mit der geänderten Rolle des Staates, die rechtlich in der Entstehung eines Privatisierungs-, Liberalisierungs- und Deregulierungsfolgenrechts zum Ausdruck gekommen ist, wozu auch Informationspflichten Privater gegenüber dem Staat gehören,[129] ist es unvereinbar, an der unbesehenen Übertragung strafprozessualer Grundsätze im Bereich der Informationsverweigerungsrechte festzuhalten. Geboten ist vielmehr insgesamt ein differenzierter Ausgleich zwischen dem staatlichen Informationsinteresse und dem Allgemeinen Persönlichkeitsrecht informationspflichtiger Privater mittels eines gestuften Systems von unbeschränkten Informationspflichten, Informationspflichten mit Verwertungsverboten und Informationsverweigerungsrechten. Aus welchen Gründen im Einzelnen Informationsverweigerungsrechte bei Gefahr der Selbstbelastung durch Verwertungsverbote zu ersetzen sind, wird sich dabei außerhalb der Abwehr von Gefahren für höchstpersönliche Rechtsgüter auf abstrakter Ebene kaum regeln lassen. Es erscheint daher sinnvoll, einen Vorbehalt für entsprechende *spezialgesetzliche Regelungen* vorzusehen. Diese existieren heute schon – etwa in Gestalt von § 97 InsO[130] – und sind auch nach der Normierung eines allgemeinen Rechts der Informationspflichten Privater gegenüber dem Staat nicht verzichtbar.

Bei dem *Personenkreis,* zu dessen Schutz ein Informationsverweigerungsrecht bzw. Verwertungsverbot aus Gründen des „nemo tenetur"-Satzes vorzusehen ist, kann an das geltende Recht angeknüpft werden. An die Stelle des üblichen Verweises auf § 383 Abs. 1 Nrn. 1–3 ZPO oder § 52 Abs. 1 StPO sollten allerdings die dort genannten, dem Informationspflichtigen nahestehenden Personen ausdrücklich benannt werden, um das Ziel der Entwicklung einer abgeschlossenen, aus sich heraus verständlichen Regelung verwirklichen zu können.

Eine Erweiterung des geschützten Personenkreises über das geltende Recht hinaus, wie es etwa § 52 Abs. 1 Nr. 4 StPO AE-ZVR im Hinblick auf Personen vorschlägt, die „mit dem Beschuldigten in ehe- oder familienähnlicher oder sonst vergleichbar enger Lebensgemeinschaft" leben,[131] ist dabei abzulehnen. Zwar kann auch innerhalb solcher Lebensgemeinschaften die Konfliktsituation zwischen Wahrheitspflicht und Angst vor Nachteilen für eine nahestehende Person bestehen, die durch das Informationsverweigerungsrecht verhindert werden soll. Es ist jedoch erforderlich, bei der Abgrenzung des informationsverweigerungs-

---

[129] Ausführlich dazu oben D. III.–V.

[130] Hierzu näher *Mäder,* Betriebliche Offenbarungspflichten und Schutz vor Selbstbelastung, S. 226 ff.; *Mußgnug,* JuS 1993, 48 (51).

[131] Zur Begründung *Baumann* u. a., Alternativ-Entwurf Zeugnisverweigerungsrechte und Beschlagnahmefreiheit (AE-ZVR), S. 37 ff.

berechtigten Personenkreises auf objektiv bestimmbare Kriterien abzustellen und dadurch das nötige Maß an Rechtssicherheit zu gewährleisten, zumal sich die nichtehelichen Lebensgefährten ohne weiteres durch ein Verlöbnis oder eine Heirat unter den Schutz der Rechtsordnung begeben können, wenn sie dies wünschen.[132] Auch aus verfassungsrechtlicher Sicht ist die Zubilligung eines Informationsverweigerungsrechts (bzw. Verwertungsverbots) bei Gefahr der Belastung eines nichtehelichen Lebensgefährten nicht geboten.[133]

Die Umsetzung dieses Regelungskonzepts in eine Gesetzesnorm könnte etwa folgenden Wortlaut erhalten:

Die Informationserteilung kann verweigert werden, soweit sie die zur Informationserteilung verpflichtete Person oder

1. ihren Verlobten,

2. ihren Ehegatten, auch wenn die Ehe nicht mehr besteht,

3. ihren Lebenspartner, auch wenn die Lebenspartnerschaft nicht mehr besteht,

4. eine Person, die mit ihr in gerader Linie verwandt oder verschwägert, in der Seitenlinie bis zum dritten Grad verwandt oder bis zum zweiten Grad verschwägert ist oder war,

der Gefahr zuziehen würde, wegen einer Straftat oder Ordnungswidrigkeit verfolgt zu werden.

Ein Informationsverweigerungsrecht besteht nicht, soweit dies gesetzlich ausdrücklich bestimmt ist oder die Informationserteilung zur Abwehr einer Gefahr für Leib, Leben oder Freiheit einer Person erforderlich ist. Informationen, die danach erlangt wurden, dürfen ohne Zustimmung der betroffenen Person nur für den Zweck verwendet werden, zu dem sie erhoben worden sind.

b) Geltendmachung von Informationsverweigerungsrechten

Informationsverweigerungsrechte zeichnen sich dadurch aus, dass sie gegenüber der zuständigen staatlichen Stelle geltend gemacht werden müssen und nicht von Amts wegen zu beachten sind.[134] Zur Klarstellung erscheint es sachgerecht, dies mittels folgender Formulierung in den Regelungsvorschlag aufzunehmen:

---

[132] Vgl. auch *BSG*, NJW 1991, 447 (448); *Damrau*, in: Lüke/Wax, Münchener Kommentar zur Zivilprozessordnung, Bd. 2, § 383 Rdn. 15; *Greger*, in: Zöller, Zivilprozessordnung, § 383 Rdn. 9; *Senge*, in: Pfeiffer, Karlsruher Kommentar zur Strafprozessordnung, § 52 Rdn. 11. Die familienrechtliche Literatur hingegen tendiert überwiegend dazu, den Partnern einer nichtehelichen Lebensgemeinschaft ein Zeugnisverweigerungsrecht zuzugestehen, vgl. zum Beispiel *Wacke*, in: Rebmann/Säcker/Rixecker, Münchener Kommentar zum Bürgerlichen Gesetzbuch, Bd. 7, Anh. zu § 1302 Rdn. 60; *Gernhuber/Coester-Waltjen*, Lehrbuch des Familienrechts, § 42 I. 2.

[133] Vgl. auch *BVerfGE* 105, 313 (353); *BVerfG*, NJW 1999, 1622.

[134] Oben E. III. 2. vor a).

Die betroffene Person hat das Informationsverweigerungsrecht gegenüber der zuständigen staatlichen Stelle geltend zu machen.

c) Inhaltliche Gleichbehandlung von Auskunftspflichten und Anzeigepflichten

Mit der Verwendung des Begriffs „Informationsverweigerungsrecht" ist bereits bisher und ohne nähere Erläuterung dieses Vorgehens von der Terminologie des geltenden Rechts abgewichen worden, das fast ausschließlich „Auskunftsverweigerungsrechte" kennt.[135] Der inhaltliche Unterschied der Termini besteht darin, dass das „Informationsverweigerungsrecht" als umfassenderer Begriff keinen Unterschied zwischen Auskunftspflichten und Anzeigepflichten macht, während das „Auskunftsverweigerungsrecht" Anzeigepflichten von vornherein nicht betrifft. Durch diese Terminologie ist bereits angedeutet worden, dass der vorliegend zu entwerfende Regelungsvorschlag sich für eine weitgehende Gleichbehandlung von Anzeigepflichten und Auskunftspflichten bei der Frage der Informationsverweigerungsrechte ausspricht. Warum diese Lösung gewählt wird, ist allerdings im Folgenden noch näher zu begründen.

Entscheidender Gesichtspunkt ist dabei, dass die Ungleichbehandlung der Informationsverweigerung bei Anzeigepflichten und Auskunftspflichten im geltenden Recht aus *verfassungsrechtlicher* Perspektive nicht nachvollziehbar ist. Aus dieser Sicht besteht kein Unterschied zwischen Auskunftspflichten und Anzeigepflichten. Auch (unbeschränkte) Anzeigepflichten können zu einer Selbstbelastung verpflichten, die in das Allgemeine Persönlichkeitsrecht eingreift und im Falle der Verwertbarkeit im sanktionsrechtlichen Verfahren stets verfassungswidrig ist.[136] Der Gesetzgeber hat die Unhaltbarkeit seiner bisherigen Praxis neuerdings erkannt und sieht in einigen der jüngeren Anzeigepflichten des geltenden Rechts zumindest Verwertungsverbote bei selbstbelastenden Anzeigepflichten vor.[137] Hierdurch soll den verfassungsrechtlichen Grundlagen des „nemo tenetur"-Grundsatzes Genüge getan werden.[138] In der Literatur werden Vorschriften des geltenden Rechts, die unbeschränkte Anzeigepflichten enthalten und deshalb nach ihrem Wortlaut gegebenenfalls auch zur Selbstbelastung verpflichten, zu Recht als verfassungsrechtlich bedenklich kritisiert.[139] Die verfassungsrechtlichen Vorgaben sprechen daher für eine Erstreckung von Informationsverweigerungsrechten und Verwertungsverboten auch auf Anzeigepflichten,[140] und zwar nach

---

135 Nachweise oben E. III. 2.
136 Vgl. die ausführliche verfassungsrechtliche Erörterung oben F. II. 2. b) cc) β) (2).
137 Nachweise oben E. III. 2. c) cc).
138 Vgl. *Streinz,* ZLR 2003, 11 (22), zu § 40a S. 3 LMBG a. F.
139 So etwa *Bickel,* Kommentar zum Hessischen Wassergesetz, § 26 Rdn. 20; *Werner,* Bekämpfung der Geldwäsche in der Kreditwirtschaft, S. 113.

demselben gestuften Persönlichkeitsschutz, wie er für Auskunftspflichten entwickelt worden ist.[141]

Aus Sicht der informationsbedürftigen staatlichen Stelle stellt sich die Situation auf den ersten Blick dagegen nicht ganz so eindeutig dar. Die unterschiedliche Behandlung von Auskunftspflichten und Anzeigepflichten erscheint unter dem Gesichtspunkt der *Praktikabilität* zunächst nicht vollständig unverständlich. Wenn auch Informationspflichten Privater insgesamt unentbehrlich sind, um dem Staat die Erfüllung seiner Aufgaben zu ermöglichen, so ist dieser im Fall der Verweigerung einer Auskunft im Vergleich zum Fall der Verweigerung einer Anzeige in der Tendenz doch noch besser gestellt. Bei einer Auskunftsverweigerung, der ein staatliches Auskunftsersuchen vorausging, weiß die zuständige staatliche Stelle in der Regel wenigstens, dass sie die betreffenden Informationen benötigt, und kennt auch die Auskunftsverweigerung des Privaten. Dies ermöglicht ihr eine angemessene Reaktion auf die Informationsverweigerung, etwa das Beschreiten anderer Wege der Informationsgenerierung. Demgegenüber hat die staatliche Stelle bei Anzeigepflichten häufig gar keine Kenntnis vom Bestehen einer anzeigepflichtigen Situation und sieht sich daher auch nicht zu alternativem Handeln veranlasst.

Beispiel: Gemäß § 57 Abs. 1 S. 2 BBergG hat der Unternehmer eine Anordnung unverzüglich anzuzeigen, nach der von einem zugelassenen Betriebsplan abgewichen wird, um eine Gefahr für Leben oder Gesundheit Beschäftigter abzuwenden. Beruht diese Gefahr für Leben oder Gesundheit der Beschäftigten auf einer schuldhaften Fehlorganisation des Unternehmers (und ist es unter Umständen sogar zu einem Schadensfall gekommen), läuft der Unternehmer hierbei jedoch Gefahr, sich aufgrund seiner Anzeige und deren näheren Inhalts der sanktionsrechtlichen Verfolgung auszusetzen. Folgte nun hieraus, dass der Unternehmer nicht zur Anzeige verpflichtet wäre, so erhielte die zuständige Behörde keinerlei Informationen über die Abweichung vom Betriebsplan und die eingetretene Lebensgefahr, könnte also auch keine gegebenenfalls erforderlichen Maßnahmen der Gefahrenabwehr ergreifen und hätte keinen Anlass, anderweitige Ermittlungen anzustellen. Bei einer Auskunftspflicht, bei der die Behörde beispielsweise Informationen über die Ursachen eines Schadensfalles begehrt, ist die informationelle Situation der Behörde bei einer Informationsverweigerung demgegenüber weit weniger dramatisch: Sie hat sowohl Kenntnis davon, dass überhaupt gefahrenabwehrrechtliche Maßnahmen erforderlich sein könnten, als auch davon, dass der an sich Informationspflichtige die Information verweigert, und folglich Anlass, sich um andere Informationsquellen zu bemühen.

Die Folgen einer Informationsverweigerung scheinen vor diesem Hintergrund typischerweise gravierender zu sein als bei einer Auskunftspflicht,[142] wodurch sich die

---

[140] Für die Einführung von Anzeigeverweigerungsrechten auch § 68 Abs. 2 UGB-ProfE, vgl. *Kloepfer/Rehbinder/Schmidt-Aßmann*, Umweltgesetzbuch Allgemeiner Teil, S. 319. Im Kommissionsentwurf zum UGB findet sich demgegenüber kein Anzeigeverweigerungsrecht; begründet wird dies mit der „hohen Wertigkeit der zu schützenden Rechtsgüter", vgl. *Bundesministerium für Umwelt, Naturschutz und Reaktorsicherheit*, Umweltgesetzbuch (UGB-KomE), S. 716.

[141] Soeben G. IV. 2. a).

[142] Vgl. auch *Herrmann*, Informationspflichten gegenüber der Verwaltung, S. 425; *Mäder*, Betriebliche Offenbarungspflichten und Schutz vor Selbstbelastung, S. 270.

im geltenden Recht vorgefundene Ungleichbehandlung von Anzeigepflichten und Auskunftspflichten (auch verfassungsrechtlich) möglicherweise rechtfertigen ließe.

Zur Lösung der aufgezeigten Problematik bietet sich ein Rückgriff auf das Erfordernis der *Geltendmachung* des Informationsverweigerungsrechts an. Erstreckt man die Pflicht zur Geltendmachung auch auf Anzeigepflichten, so ist das Problem, dass die staatliche Stelle von der Anzeigeverweigerung keine Kenntnis erlangt, zunächst ausgeräumt. Mit der Geltendmachung des Informationsverweigerungsrechts weiß die staatliche Stelle zumindest, dass ein anzeigepflichtiger Sachverhalt vorliegt, und kann Konsequenzen für ihre weitere Arbeit aus dieser Kenntnis ziehen. Sie steht dann der auskunftsberechtigten staatlichen Stelle gleich, auf deren Auskunftsverlangen hin ein Informationsverweigerungsrecht geltend gemacht wird. Die Bedenken gegen die Erstreckung des Informationsverweigerungsrechts bzw. sanktionsrechtlichen Verwertungsverbots auch auf Anzeigepflichten sind von daher ausgeräumt.[143]

Allerdings darf der Regelungsvorschlag nicht bei dieser Erkenntnis verharren, sondern muss in einem nächsten Schritt die Bedeutung der Geltendmachung des Informationsverweigerungsrechts für den Betroffenen in den Blick nehmen. Für diesen ist nämlich in den nicht seltenen Fällen nichts gewonnen, in denen die Geltendmachung des Informationsverweigerungsrechts in der Sache der Erteilung der Anzeige gleichkommt, da aus der anzeigepflichtigen Tatsache unschwer auf ein sanktionsrechtlich relevantes Verhalten des Informationspflichtigen geschlossen werden kann. In derartigen Fällen müssen für die Geltendmachung des Informationsverweigerungsrechts dieselben Regeln wie für die Erteilung der Anzeige selbst gelten: Das Informationsverweigerungsrecht muss nicht geltend gemacht werden, wenn bereits durch die Geltendmachung die Gefahr der strafrechtlichen oder ordnungswidrigkeitenrechtlichen Verfolgung entsteht.

Ausnahmen hiervon müssen – anders als bei der Anzeigepflicht selbst – nicht vorgesehen werden. Wenn nämlich die Anzeigepflicht trotz der Gefahr einer Selbstbelastung besteht, da das Informationsinteresse des Staates Vorrang hat und dem Allgemeinen Persönlichkeitsrecht durch ein Verwertungsverbot Genüge getan werden kann, kommt es auf die Geltendmachung nicht mehr an. Können umgekehrt übergeordnete Gründe ein Absehen von dem Informationsverweigerungsrecht nicht rechtfertigen, spricht auch nichts gegen die Unterlassung seiner Geltendmachung wegen der Gefahr der Selbstbelastung.

Im Ergebnis ist damit ein Informationsverweigerungsrecht bzw. Verwertungsverbot zu statuieren, das auf Anzeigepflichten und Auskunftspflichten gleichermaßen Anwendung findet.[144] In Bezug auf die Geltendmachung des Anzeigeverweigerungsrechts ist die Vorschrift zur Geltendmachung des Informationsverweigerungsrechts jedoch um folgenden Satz zu ergänzen:

---

[143] Gegen die Einführung von Informationsverweigerungsrechten in Bezug auf Anzeigepflichten aber *Mäder*, Betriebliche Offenbarungspflichten und Schutz vor Selbstbelastung, S. 270; siehe auch *Werner*, Bekämpfung der Geldwäsche in der Kreditwirtschaft, S. 113 f.

[144] Hierfür auch *Hahn*, Offenbarungspflichten im Umweltschutzrecht, S. 169.

Im Falle der Anzeigepflicht gilt dies nicht, soweit die Gefahr der Verfolgung wegen einer Straftat oder einer Ordnungswidrigkeit bereits durch die Geltendmachung entsteht.

3. Geheimnisschutz

Dass der Schutz vor Selbstbelastungspflichten in der geschilderten Form Aufnahme in ein allgemeingültiges Recht der Informationspflichten Privater gegenüber dem Staat finden muss, ist angesichts der Bestandsaufnahme des geltenden Rechts (und der verfassungsrechtlichen Vorgaben) unzweifelhaft. Nicht so eindeutig fällt dagegen die Antwort auf die Frage aus, ob daneben bestehende, aber wesentlich seltenere Vorschriften, die Informationsverweigerungsrechte aus anderen Gründen enthalten, ebenfalls verallgemeinerungsfähig und -bedürftig sind. Angesprochen sind damit insbesondere Informationsverweigerungsrechte zum Schutz von Berufs- und Geschäftsgeheimnissen, die die bestehenden Informationspflichten nur ausnahmsweise ausdrücklich beschränken, so dass der entsprechende Geheimnisschutz auf der Basis des geltenden Rechts in der Regel nur auf der Ebene der Ermessensausübung zu verwirklichen ist.[145]

Der deutlich schwächere Schutz dieser Geheimnisse im Vergleich zu dem Schutz vor Selbstbelastung ist aus verfassungsrechtlicher Sicht verständlich und zulässig. Berufs- und Geschäftsgeheimnisse unterliegen zwar ebenfalls grundrechtlichem Schutz,[146] sie betreffende Informationspflichten sind aber dennoch in der Regel nur durch die allgemeine grundrechtliche Schranken-Schranke des Übermaßverbots beschränkt.[147] Ein absolutes Verbot, wie es das Allgemeine Persönlichkeitsrecht im Hinblick auf die Verwertung selbstbelastender Informationen vermittelt, existiert im Bereich der Berufs- und Geschäftsgeheimnisse – mangels Menschenwürdebezugs – von vornherein nicht.[148] Daher bietet sich auch keine allgemeingültige Normierung des Schutzes dieser Geheimnisse durch ein generelles Informationsverweigerungsrecht an; die Reichweite des Schutzes ist vielmehr eine Frage der im Einzelfall in Rede stehenden Informationspflicht und des im Einzelfall mit der Informationserhebung verfolgten Zwecks.[149] Der Konflikt zwischen dem öffentlichen Informationsinteresse und dem Geheimhaltungsinteresse des Privaten kann nur bereichsspezifisch und im Wege gestufter Abwägungen ausgetragen werden.[150] Er kann nicht durch die Normierung eines Informationsverweigerungs-

---

[145] Ausführlich oben E. III. 2. b).

[146] Welches Grundrecht diesen Schutz gewährt, ist dabei eine Frage der Konstellation im Einzelfall, siehe oben F. II. 2. c).

[147] Oben F. II. 3.

[148] Vgl. auch *Breuer*, in: Isensee/Kirchhof, Handbuch des Staatsrechts, Bd. VI, § 148 Rdn. 27; *Herrmann*, Informationspflichten gegenüber der Verwaltung, S. 403.

[149] So auch *Herrmann*, Informationspflichten gegenüber der Verwaltung, S. 402: „Angesichts der unterschiedlichen Interessen und betroffenen Rechtsgüter ist ein einheitliches Lösungskonzept schwer vorstellbar".

rechts, sondern nur im Zuge der bereits behandelten Anwendung des Übermaßverbots auf Informationspflichten Privater gegenüber dem Staat gelöst werden.[151]

Noch nicht beantwortet ist damit freilich die Frage, ob das Recht des Geheimnisschutzes im vorliegenden Regelungsvorschlag überhaupt keine ausdrückliche Berücksichtigung finden kann. Angesichts der großen praktischen Bedeutung im Bereich der Informationspflichten Privater gegenüber dem Staat[152] erscheint es im Gegenteil durchaus sachgerecht, die besondere Relevanz des Schutzes von Betriebs- und Geschäftsgeheimnissen im Rahmen der Anwendung des Übermaßverbots auch im Gesetzestext (deklaratorisch) zu verdeutlichen. Vorbilder für eine derartige Regelung finden sich zwar nicht im geltenden Recht der Informationspflichten Privater gegenüber dem Staat, wohl aber im komplementären Bereich der Informationszugangsansprüche Privater gegenüber dem Staat.[153]

So bestimmt § 8 Abs. 1 S. 1 IFG-ProfE: „Der Anspruch auf Informationszugang besteht nicht, soweit durch das Bekanntwerden der Informationen ein Betriebs- oder Geschäftsgeheimnis offenbart würde und das Interesse Betroffener an der Geheimhaltung das Offenbarungsinteresse Dritter oder der Öffentlichkeit überwiegt." Anliegen dieser Vorschrift ist es, die konfligierenden Interessen in einer Weise auszutarieren, die den Grundsatz des freien Informationszugangs wahrt und dennoch legitimen wirtschaftlichen Interessen Rechnung trägt.[154]

Hieran lässt sich vorliegend anknüpfen und im Zusammenhang mit dem Ausschluss der Informationspflicht aus Gründen des Übermaßverbots eine ausdrückliche Konkretisierung für Betriebs- und Geschäftsgeheimnisse in den Regelungsvorschlag aufnehmen:

Eine Auskunftspflicht besteht insbesondere nicht, soweit Betriebs- oder Geschäftsgeheimnisse offenbart werden müssten und das Interesse der betroffenen Person an der Geheimhaltung das Offenbarungsinteresse der zuständigen staatlichen Stelle überwiegt.

Für Anzeigepflichten gilt diese Vorschrift aufgrund des hierfür vorgesehenen Verweises auf die Regelungen über Auskunftspflichten unter der Prämisse des hier vorgeschlagenen Feststellungsverfahrens entsprechend.[155]

---

150 Ebenso *Ossenbühl*, AöR 115 (1990), 1 (30); vgl. auch *Breuer*, in: Isensee/Kirchhof, Handbuch des Staatsrechts, Bd. VI, § 148 Rdn. 27; *v. Danwitz*, DVBl. 2005, 593 (602 ff.); *Hahn*, Offenbarungspflichten im Umweltschutzrecht, S. 174 f.; ferner *Pohl*, Informationsbeschaffung beim Mitbürger, S. 171, zum Schutz von Vertrauensverhältnissen durch das Allgemeine Persönlichkeitsrecht.

151 Siehe oben G. IV. 1.; vgl. auch zum Geheimnisschutz speziell durch das Merkmal der Erforderlichkeit *Berg*, WiVerw 1996, 171 (178).

152 Ausführlich oben E. III. 2. b) bb).

153 Siehe etwa § 8 Abs. 1 IFG-ProfE; *Schoch/Kloepfer*, Informationsfreiheitsgesetz (IFG-ProfE), S. 17.

154 *Schoch/Kloepfer*, Informationsfreiheitsgesetz (IFG-ProfE), § 8 Rdn. 11. § 6 IFG bestimmt demgegenüber schlicht einen Ausschluss des Anspruchs auf Informationszugang zu Geschäftsgeheimnissen ohne Einwilligung des Betroffenen.

155 Siehe oben G. IV. 1.

Besteht nach dieser Vorschrift eine Pflicht zur Offenbarung von Betriebs- und Geschäftsgeheimnissen, so wird der weitergehende Geheimnisschutz durch die Vorschriften des geltenden Rechts gewährt, die der informationsberechtigten staatlichen Stelle die Weitergabe der Informationen untersagen.[156] Im vorliegenden Zusammenhang kann dieser an anderer Stelle geregelte Geheimnisschutz verfahrensrechtlich flankiert werden, indem den Informationspflichtigen entsprechende Kennzeichnungsobliegenheiten auferlegt werden.[157]

V. Erfüllung staatlicher Informationsansprüche

Nach den Voraussetzungen und der Aktualisierung staatlicher Informationsansprüche sowie deren Grenzen sind in einem nächsten Schritt die Anforderungen an die Erfüllung der danach bestehenden Informationspflicht durch den Privaten näher in den Blick zu nehmen. Bei der Erörterung dieser Erfüllungsvoraussetzungen geht es zum einen um die Erfüllungsvoraussetzungen der Informationspflicht im engeren Sinne, also um inhaltliche und formelle Anforderungen an die Informationserteilung als solche (1.). Davon zu unterscheiden sind Pflichten des Privaten, die Richtigkeit der erteilten Information auch nachzuweisen, die sich als zusätzliche – auch materielle – Anforderungen an die Erfüllung der Informationspflicht deuten lassen (2.).

1. Informationserteilung

Bei der Normierung der genauen Erfüllungsvoraussetzungen staatlicher Informationsansprüche kann auf die wenigen, aber doch vorhandenen Vorgaben des geltenden Rechts zurückgegriffen werden. Sämtliche in den bestehenden Gesetzen[158] nachgewiesenen Anforderungen an die Informationserteilung sind zumindest in einem gewissen Umfang der Verallgemeinerung zugänglich, die jedenfalls zum Zwecke der Klarstellung und damit der Rechtssicherheit auch geboten ist. Im Einzelnen betrifft dies die Wahrheitsmäßigkeit und Vollständigkeit der Informationen, die Form, den Zeitpunkt sowie die Kosten der Informationserteilung.

---

[156] Insbesondere § 30 VwVfG; näher oben E. III. 2. b) bb).
[157] Hierzu unten G. V. 2.
[158] Oben E. IV. 2.

V. Erfüllung staatlicher Informationsansprüche

a) Wahrheitsmäßigkeit und Vollständigkeit der Informationen

Die Aussage in einigen gesetzlichen Vorschriften, dass die geschuldete Information wahrheitsgemäß und vollständig zu erteilen ist,[159] trifft auf sämtliche Informationspflichten zu und kann deshalb mit allgemeiner Gültigkeit normiert werden:

Die Information ist wahrheitsgemäß und vollständig zu erteilen.

Im Zusammenhang mit der Wahrheitsmäßigkeit und Vollständigkeit der Informationserteilung steht auch die in § 93 Abs. 3 S. 2 AO bestimmte Verpflichtung des Privaten, im Vorfeld der Informationserteilung ihm zur Verfügung stehende Urkunden einzusehen, wenn er nicht aus dem Gedächtnis Auskunft geben kann.[160] Dieser Gedanke ist ebenfalls verallgemeinerungswürdig: Wenn eine Person wegen Gedächtnislücken die beanspruchte Information nicht erteilen kann und ihr Aufzeichnungen zur Verfügung stehen, denen sie die Informationen entnehmen kann, ist ihr dies im Interesse der Wahrnehmung der staatlichen Aufgaben, die unter Umständen an der Informationserteilung hängen kann, zuzumuten.[161] Im Anschluss an § 93 Abs. 3 S. 2 AO ist folglich zu bestimmen:

Kann der Private die Information nicht aus dem Gedächtnis erteilen, hat er Bücher, Aufzeichnungen, Geschäftspapiere und andere Urkunden, die ihm zur Verfügung stehen, einzusehen und, soweit nötig, Aufzeichnungen daraus zu entnehmen.

b) Form der Informationserteilung

Zur Form der Informationserteilung enthält das geltende Recht eine Vielzahl von unterschiedlichen Vorschriften.[162] Eine allgemeingültige Norm, die diesem vorgefundenen Zustand gerecht werden will, kann nicht umhin, vom Grundsatz der Formfreiheit der Informationserteilung auszugehen und für strengere Vorgaben auf die Spezialgesetze zu verweisen. Als Vorbild einer derartigen Norm im geltenden Recht kann § 93 Abs. 4 S. 1 AO dienen, der die Formfreiheit der Auskunftspflicht im Steuerverfahren bestimmt. Hieran anknüpfend kann für ein allgemeines Recht der Informationspflichten Privater gegenüber dem Staat bestimmt werden:

Soweit nichts anderes bestimmt ist, kann die Information schriftlich, elektronisch, mündlich oder fernmündlich erteilt werden.

Ebenfalls verallgemeinerungsfähig erscheint in diesem Zusammenhang die Regelung in § 93 Abs. 4 S. 2 AO, wonach die Finanzbehörde verlangen kann, dass die Auskunft schriftlich erteilt wird, wenn dies – insbesondere zum Zwecke der

---

[159] Nachweise oben E. IV. 2. a).
[160] Näher oben E. IV. 2. a).
[161] Vgl. auch *Scholl*, Behördliche Prüfungsbefugnisse im Recht der Wirtschaftsüberwachung, S. 118.
[162] Nachweise oben E. IV. 2. b).

Beweissicherung oder wegen des komplexen Gegenstands der Informationspflicht
– sachdienlich ist.[163] Entsprechende Vorschriften sind auch in den Entwürfen eines
Umweltgesetzbuchs enthalten,[164] und bereits de lege lata hat die informationsberechtigte Stelle dieses Recht zumindest ungeschrieben.[165] Aus der Möglichkeit,
Informationen schriftlich zu verlangen, folgt zugleich, dass die Benutzung von
amtlichen Vordrucken verlangt werden kann, da es sich insoweit um ein Minus
handelt.[166] Es spricht allerdings nichts dagegen, dies – ebenfalls an Vorbilder des
geltenden Rechts anknüpfend[167] – zur Klarstellung auch ausdrücklich festzuschreiben. Im Zuge der technologischen Entwicklung gilt das Gleiche für die elektronische Form. An die soeben formulierte Vorschrift zur grundsätzlichen Formfreiheit der Informationserteilung ist also der Passus anzuhängen:

Die zuständige staatliche Stelle kann verlangen, dass die Information schriftlich, elektronisch oder unter Verwendung amtlicher Formblätter erteilt wird, wenn dies sachdienlich ist.

c) Zeitpunkt der Informationserteilung

Zum Zeitpunkt der Informationserteilung enthält das geltende Recht ebenfalls
unterschiedliche Vorschriften: Während die Anzeigepflichten sich hierzu regelmäßig bereits im gesetzlichen Tatbestand äußern, ist eine Auskunft fristgerecht
und in Ermangelung einer Frist üblicherweise unverzüglich zu erteilen.[168] Die Umsetzung dieser Vorgaben in eine allgemeingültige Bestimmung führt zunächst zur
– eigentlich selbstverständlichen – Feststellung, dass die Information nach Maßgabe eines durch Rechtsvorschrift oder die zuständige staatliche Stelle bestimmten
Zeitpunkts bzw. innerhalb einer entsprechenden Frist zu erteilen ist:

Ist durch Rechtsvorschrift oder durch die zuständige staatliche Stelle eine Frist zur Informationserteilung gesetzt oder ein Zeitpunkt hierfür bestimmt, ist die Information nach dieser Maßgabe zu erteilen.

Fehlen derartige Bestimmungen, ist entsprechend den Vorgaben des geltenden
Rechts eine unverzügliche Informationserteilung vorzusehen.[169] Der Begriff der
Unverzüglichkeit eignet sich dabei besonders gut als abstrakter Gesetzesbegriff, da

---

[163] Vgl. hierzu *Wünsch*, in: Pahlke / Koenig, Abgabenordnung, § 93 Rdn. 19.

[164] § 67 Abs. 1 S. 2 UGB-ProfE; § 141 Abs. 2 UGB-KomE. Zur Begründung *Kloepfer / Rehbinder / Schmidt-Aßmann*, Umweltgesetzbuch Allgemeiner Teil, S. 318.

[165] Oben E. IV. 2. b).

[166] Siehe Begründung zu § 67 UGB-ProfE bei *Kloepfer / Rehbinder / Schmidt-Aßmann*, Umweltgesetzbuch Allgemeiner Teil, S. 318.

[167] Nachweise oben E. Fn. 171.

[168] Näher oben E. IV. 2. c).

[169] Dies entspricht auch dem Vorschlag in § 67 Abs. 1 S. 1 UGB-ProfE und § 141 Abs. 1 S. 1 UGB-KomE, vgl. zur Begründung *Kloepfer / Rehbinder / Schmidt-Aßmann*, Umweltgesetzbuch Allgemeiner Teil, S. 318 f.

er angesichts seiner Relativität und der daraus folgenden Ausfüllungsbedürftigkeit[170] im konkreten Einzelfall den wechselseitigen Interessen optimal gerecht werden kann:

Andernfalls ist die Information unverzüglich zu erteilen.

d) Kosten der Informationserteilung

Zu den Kosten der Informationserteilung hat die Betrachtung des geltenden Rechts ergeben, dass nur selten ausdrückliche Regelungen enthalten sind und beim Schweigen des Gesetzes die Informationserteilung in der Regel unentgeltlich erfolgen muss.[171] Dieses Regel-Ausnahme-Verhältnis zwischen Unentgeltlichkeit der Informationserteilung und Kostenerstattung ist vorliegend aufzugreifen. Als Grundsatz ist die Unentgeltlichkeit zur Klarstellung ausdrücklich zu normieren; will der Gesetzgeber einen Kostenersatz vorsehen, muss er dies spezialgesetzlich normieren. Hieraus resultiert folgender Formulierungsvorschlag:

Soweit nichts anderes bestimmt ist, ist die Information unentgeltlich zu erteilen.

2. Kennzeichnung von Betriebs- und Geschäftsgeheimnissen

Anknüpfend an einige Vorschriften des geltenden Rechts[172] erscheint es sachgerecht, den weiteren Schutz von Betriebs- und Geschäftsgeheimnissen, die der Informationspflichtige zu offenbaren hat, durch eine Kennzeichnungsobliegenheit des Betroffenen sicherzustellen. Diese kann der zuständigen staatlichen Stelle Kenntnis davon vermitteln, dass die Vorschriften des geltenden Rechts über den Schutz dieser Geheimnisse im staatlichen Bereich[173] einschlägig werden können. Die Aufnahme einer entsprechenden Regelung stützt sich zudem auf Vorschläge aus der Wissenschaft: § 225 Abs. 2 UGB-KomE sowie – daran anknüpfend – § 8 Abs. 2–4 IFG-ProfE enthalten ebenfalls derartige Bestimmungen.[174]

In einem allgemeinen Recht der Informationspflichten Privater gegenüber dem Staat führte es angesichts der sehr unterschiedlichen Einzelfallgestaltungen allerdings zu weit, an das Unterlassen einer Kennzeichnung durch den Informationspflichtigen auch generelle Sanktionen zu knüpfen, etwa der staatlichen Stelle die

---

170 Hierzu näher oben E. IV. 2. c).
171 Oben E. IV. 5.
172 Siehe oben E. IV. 3.
173 Insbesondere § 30 VwVfG; näher oben E. III. 2. b) bb).
174 Zur Begründung *Bundesministerium für Umwelt, Naturschutz und Reaktorsicherheit*, Umweltgesetzbuch (UBG-KomE), S. 843; *Schoch/Kloepfer*, Informationsfreiheitsgesetz (IFG-ProfE), § 8 Rdn. 21 f.

Offenbarung der betreffenden Informationen zu erleichtern; derartige Regelungen sollten in den einschlägigen Spezialgesetzen verbleiben, die solche Konsequenzen bereits heute vorsehen.[175]

Die vorliegend zu entwerfende Norm hat sich daher auf die Sicherung der Geheimniswahrung zu beschränken, indem sie sich darum bemüht, der zuständigen staatlichen Stelle überhaupt Kenntnis vom Vorliegen eines Betriebs- oder Geschäftsgeheimnisses zu verschaffen. Dies geschieht, indem sie dem informationspflichtigen Privaten die Kennzeichnung der Informationen aufgibt, die der Private als vertraulich ansieht. Allerdings muss in diesem Zusammenhang sichergestellt werden, dass der Betroffene sich nicht auf pauschale Hinweise und bloße Behauptungen zurückzieht;[176] insoweit bietet sich die Normierung einer entsprechenden Darlegungspflicht für den betroffenen Privaten an.

Schließlich ist es sinnvoll, ebenfalls in Anknüpfung an die Vorbilder im geltenden Recht[177] ein Anhörungsrecht des Betroffenen vorzusehen, wenn sich die staatliche Stelle über dessen Einschätzung hinwegsetzen will, es liege ein Betriebs- oder Geschäftsgeheimnis vor. Eine derartige Vorschrift dient zum einen der Gewährung rechtlichen Gehörs für den Betroffenen und stellt zum anderen klar, dass letztlich nicht dieser, sondern die zuständige staatliche Stelle darüber entscheidet, ob ein Betriebs- oder Geschäftsgeheimnis vorliegt.[178] Zudem erscheint es sachgerecht, eine Unterrichtungspflicht des Betroffenen über die nachfolgende Entscheidung der staatlichen Stelle über die Geheimniseigenschaft vorzusehen, um dem Betroffenen die Möglichkeit eines effektiven Rechtsschutzes zu eröffnen.[179]

Im geltenden Recht enthält § 17a Abs. 1 S. 1–3 GenTG eine Regelung, die den soeben entwickelten Anforderungen an eine allgemeingültige Vorschrift zur Kennzeichnung der Betriebs- und Geschäftsgeheimnisse gerecht wird. Sie kann dem hier zu entwickelnden Regelungsvorschlag wie folgt zugrunde gelegt werden:

Informationen, die ein Betriebs- oder Geschäftsgeheimnis darstellen, sind von der zur Informationserteilung verpflichteten Person als vertraulich zu kennzeichnen. Die zur Informationserteilung verpflichtete Person hat begründet darzulegen, dass eine Verbreitung der Betriebs- oder Geschäftsgeheimnisse ihr betrieblich oder geschäftlich schaden könnte. Hält die zuständige staatliche Stelle die Kennzeichnung für unberechtigt, so hat sie vor der Entscheidung, welche Informationen vertraulich zu behandeln sind, die betroffene Person zu hören und diese über ihre Entscheidung zu unterrichten.

---

[175] Nachweise oben E. Fn. 198.
[176] Vgl. *Schoch/Kloepfer*, Informationsfreiheitsgesetz (IFG-ProfE), § 8 Rdn. 21 Fn. 74.
[177] Nachweis oben E. Fn. 200.
[178] Siehe auch *Schoch/Kloepfer*, Informationsfreiheitsgesetz (IFG-ProfE), § 8 Rdn. 24 f.
[179] Eine entsprechende Regelung enthält im geltenden Recht (soweit ersichtlich) nur § 17a Abs. 1 S. 3 GenTG; siehe oben E. IV. 3.

3. Richtigkeitsgewähr

Verschieden bezeichnete und strukturierte Vorschriften sind bei der Darstellung des geltenden Rechts unter dem Gesichtspunkt der Richtigkeitsgewähr beschrieben worden; es wurde nachgewiesen, dass das geltende Recht eine Vielzahl von Rechtsnormen unterschiedlichen Zuschnitts enthält, die dem Informationspflichtigen über die Pflicht zur Erteilung zutreffender Informationen hinaus auferlegen, die Wahrheitsmäßigkeit der von ihm offenbarten Informationen gesondert zu belegen.[180] Außerhalb dieser ausdrücklich normierten Vorschriften zur Richtigkeitsgewähr ist es bei der Anwendung des geltenden Rechts durch die Rechtsprechung häufiger problematisiert worden, ob Informationspflichten automatisch auch zur Vorlage von Unterlagen verpflichten.[181] Diese in der Praxis augenscheinlich vorhandene Rechtsunsicherheit über die Reichweite von Informationspflichten Privater gegenüber dem Staat sollte der vorliegende Gesetzentwurf zu beseitigen helfen.

a) Grundsätzliche Überlegungen

Bei der Berücksichtigung von Vorschriften zur Richtigkeitsgewähr in einem allgemeinen Recht der Informationspflichten Privater gegenüber dem Staat bestehen im Ausgangspunkt zwei Alternativen. Entweder belässt man es bei der bisherigen Rechtslage, die diese Frage den jeweiligen spezialgesetzlichen Informationspflichten vorbehält, oder man trifft eine generelle Entscheidung für oder gegen eine Verpflichtung (auch) zum Nachweis der Wahrheit der erteilten Information und setzt diese im hier zu entwerfenden Gesetzentwurf um.

Der vorliegende Regelungsentwurf entscheidet sich für den zweiten Weg und betritt insoweit Neuland. Er verpflichtet jeden Informationspflichtigen grundsätzlich dazu, nicht nur aufgrund einer Anordnung durch Rechtsvorschrift, sondern auch auf Verlangen der zuständigen staatlichen Stelle Nachweise vorzulegen, aus denen sich die Richtigkeit der erteilten Information ergibt. Damit wird das praktische Erfordernis aufgenommen, dass sich die staatlichen Stellen auf die erteilten Informationen auch verlassen können müssen.[182] Die Statuierung einer derartigen allgemeinen Nachweispflicht korrespondiert demgemäß mit der expliziten Verpflichtung des Informationspflichtigen, nur *wahrheitsgemäße* Informationen zu erteilen;[183] nur diese vermögen es schließlich, den Informationsbedarf des Staates zur Erfüllung seiner Aufgaben wirksam zu befriedigen.[184]

---

[180] Oben E. V.

[181] Dazu *BayObLG*, GewArch 1983, 387; *OVG RP*, GewArch 1986, 136 f.; *NdsOVG*, GewArch 1996, 75; *VG Oldenburg*, GewArch 1997, 345 f.

[182] Zum Erfordernis von Vorschriften über die Richtigkeitsgewähr bezüglich der staatlichen Informationsbeschaffung siehe auch *Albers*, Informationelle Selbstbestimmung, S. 535.

[183] Siehe oben G. V. 1. a).

[184] Siehe oben C. I.

Im Bereich des Umweltrechts ist aus diesen Gründen in § 67 Abs. 1 S. 1 UGB-ProfE sowie § 141 Abs. 1 S. 1 UGB-KomE ebenfalls eine allgemeine Pflicht zur Vorlage der „erforderlichen Unterlagen" vorgesehen worden.[185]

Bei der Formulierung dieser allgemeinen Nachweispflicht des Informationspflichtigen muss allerdings Raum dafür gelassen werden, die Besonderheiten der anwendbaren Ermächtigungsgrundlage sowie des zugrunde liegenden Sachverhalts zu berücksichtigen und die Form der Nachweiserbringung daran auszurichten. Deshalb ist vorzusehen, dass die Nachweise entweder *vorzulegen* oder zu *übermitteln* sind.[186] Hierdurch wird an Vorbilder des geltenden Rechts angeknüpft, das ebenfalls verschiedene Arten von Vorschriften zur Richtigkeitsgewähr kennt.[187]

Soweit dem Informationspflichtigen keine Nachweise vorliegen, die staatliche Stelle aber dennoch eine möglichst weitgehende Richtigkeitsgewähr erreichen möchte, ist eine zusätzliche Verpflichtung des Privaten zur *Glaubhaftmachung* seiner Angaben vorzusehen; eine entsprechende Bestimmung kann sich § 7 Abs. 2 S. 3 AÜG zum Vorbild nehmen.[188]

Zur *Art und Weise* der Nachweiserbringung kann im Übrigen auf die entsprechenden Überlegungen zur Art und Weise der Erfüllung von Informationspflichten verwiesen werden.[189] Auch der Nachweis muss wahr und vollständig sein. Er kann grundsätzlich formfrei erbracht werden, soweit keine anderslautenden spezialgesetzlichen Vorgaben existieren oder die zuständige staatliche Stelle eine besondere Form vorgibt, was insbesondere bei der Vorlage von Unterlagen der Fall sein kann. Auch ist der Nachweis vorbehaltlich einer besonderen Bestimmung im Spezialgesetz fristgemäß und unentgeltlich zu erteilen.

Hieraus ergibt sich der folgende Formulierungsvorschlag:

Aufgrund einer Anordnung durch Rechtsvorschrift oder auf Verlangen der zuständigen staatlichen Stelle hat die zur Informationserteilung verpflichtete Person Nachweise vorzulegen oder zu übermitteln, aus denen sich die Richtigkeit ihrer Angaben ergibt, oder ihre Angaben auf sonstige Weise glaubhaft zu machen. Die Vorschriften zur Informationserteilung finden auf die Nachweiserbringung entsprechende Anwendung.

---

[185] Vgl. *Bundesministerium für Umwelt, Naturschutz und Reaktorsicherheit*, Umweltgesetzbuch (UGB-KomE), S. 715.

[186] Vgl. auch § 141 Abs. 1 UGB-KomE, wonach der Verpflichtete die „erforderlichen Unterlagen in seinen Räumen oder in den Amtsräumen der Überwachungsbehörde vorzulegen" hat; vgl. zur Begründung *Bundesministerium für Umwelt, Naturschutz und Reaktorsicherheit*, Umweltgesetzbuch (UGB-KomE), S. 725.

[187] Vgl. oben E. V.

[188] Näher oben E. V. 2.

[189] Oben G. V. 1.

b) Arten der Nachweise

In einem zweiten Schritt erscheint es – auch als Vorbereitung einer Normierung der Grenzen der Nachweispflichten – sachgerecht, sich mit den unterschiedlichen Arten der von der generellen Nachweispflicht erfassten Nachweise zu befassen und diese beispielhaft aufzuführen. Hierdurch kann insbesondere die Verbindung zu den Informationsvorsorgepflichten hergestellt werden, die gerade der zukünftigen fundierten Informationserteilung dienen und deshalb für die Nachweispflichten naturgemäß von prominenter Bedeutung sind.[190] Das Gegenstück hierzu stellen sonstige Informationsträger dar, die die betroffene Person zwar nicht vorzuhalten verpflichtet ist, auf die sie aber dennoch eine Zugriffsmöglichkeit besitzt.

Damit ist im Gesetzestext festzuhalten:

Nachweise in diesem Sinne sind insbesondere

1. *Informationsträger, die die betroffene Person in Erfüllung von Informationsvorsorgepflichten vorzuhalten hat,*
2. *sonstige Informationsträger, auf die die betroffene Person zugreifen kann.*

c) Grenzen der Nachweispflichten

Eine generelle Nachweispflicht Privater bei der Erfüllung von Informationspflichten ist (auch verfassungsrechtlich) nur haltbar, wenn die entgegenstehenden Rechte des Betroffenen gewahrt werden. Die damit erforderlichen Grenzen sind nach Grund und Inhalt dieselben, die auch für die Informationspflichten selbst vorgesehen worden sind.

Insoweit sind zunächst die Regelungen zum Ausschluss der Informationspflichten mit den dort im Einzelnen erwähnten Ausprägungen des *Übermaßverbots*[191] auf die Nachweispflichten übertragbar. Auch diese sind unverhältnismäßig, wenn die Erbringung des Nachweises nicht zur Wahrnehmung der Aufgaben der staatlichen Stelle erforderlich ist, die Nachweiserbringung nicht in einem angemessenen Verhältnis zu dem mit ihr verfolgten Zweck steht oder der betroffenen Person aus einem wichtigen Grund nicht zugemutet werden kann. Bei unmittelbar kraft Gesetzes bestehenden Nachweispflichten ist – wie bei Anzeigepflichten – eine Feststellung der zuständigen staatlichen Stelle, dass die Nachweispflicht nicht besteht, vorzusehen.

Aber auch hinsichtlich der verfassungsrechtlichen Vorgaben des *„nemo tenetur"*-Grundsatzes kann auf die Regelung zu den Informationsverweigerungsrechten[192] verwiesen werden. In dieser Untersuchung ist ausführlich begründet worden,

---

[190] Vgl. oben E. VI.; die gesetzliche Regelung der Informationsvorsorgepflichten wird an späterer Stelle erörtert, siehe unten G. VI.
[191] Oben G. IV. 1.
[192] Oben G. IV. 2.

370   G. Konzept zur Normierung staatlicher Informationsansprüche

dass die verfassungsrechtlichen Determinanten des Verbots einer Pflicht zur Selbstbelastung für Informationspflichten und für Nachweispflichten identisch ist: Nachweispflichten, die mit einer Pflicht zur Selbstbelastung einhergehen, unterliegen ebenfalls den Anforderungen des Übermaßverbotes; ihre Verwertung im sanktionsrechtlichen Verfahren muss ausgeschlossen sein.[193]

Daher kann hinsichtlich der Grenzen der Nachweispflichten in vollem Umfang auf die Vorschriften zu den Grenzen der Informationspflichten verwiesen werden:

Die Vorschriften über den Ausschluss der Informationspflichten und die Informationsverweigerungsrechte finden entsprechende Anwendung.

d) Anfertigung von Abschriften und Ablichtungen

Im Zusammenhang mit den Nachweispflichten erscheint es auch sachgerecht, ein Recht der informationsberechtigten staatlichen Stelle vorzusehen, Abschriften oder Ablichtungen vorgelegter Urkunden anzufertigen. Hierdurch wird der Beweiswert der Unterlagen dauerhaft fixiert.

Entsprechende Befugnisse sind bereits im geltenden Recht mehrfach normiert, allerdings nicht im Zusammenhang mit Informationspflichten im engeren Sinne, sondern in Bezug auf Vorschriften, die staatliche Stellen zur Einsichtnahme in Unterlagen berechtigen.[194] Unter umgekehrten Vorzeichen enthält auch § 12 Abs. 3 IFG-ProfE ein Recht zur Anfertigung von Abschriften oder Ablichtungen in Bezug auf den Informationszugang Privater gegenüber staatlichen Stellen.[195]

Aus Gründen der Verhältnismäßigkeit ist jedoch einschränkend vorzusehen, dass einerseits die Anfertigung von Abschriften oder Ablichtungen zur Wahrnehmung der Aufgaben der staatlichen Stelle erforderlich sein muss und andererseits schutzwürdige Interessen der betroffenen Person nicht entgegenstehen dürfen.

Eine entsprechende Regelung könnte folgendermaßen lauten:

Die zuständige staatliche Stelle darf Abschriften oder Ablichtungen von Unterlagen anfertigen, soweit dies zur Wahrnehmung ihrer Aufgaben erforderlich ist und schutzwürdige Interessen der betroffenen Person nicht entgegenstehen.

e) Verhältnis zu sonstigen Überprüfungsrechten

Im Zusammenhang mit der Normierung von Nachweispflichten bietet sich abschließend und zur Klarstellung noch die Abgrenzung zu den an anderer Stelle bereits erwähnten „Annex-Überprüfungsrechten" an, die staatliche Stellen etwa

---

[193] Siehe oben F. II. 2. b) cc) β) (3).
[194] § 22 Abs. 1 Nr. 1 BtMG; § 20 Abs. 1 Nr. 1 GÜG; § 25 Abs. 3 Nr. 3 GenTG; § 26 Abs. 3 S. 1 Nr. 3 MPG.
[195] Hierzu näher *Schoch/Kloepfer*, Informationsfreiheitsgesetz (IFG-ProfE), § 12 Rdn. 18.

zum Betreten und Besichtigen von Räumlichkeiten, der Vornahme bestimmter Untersuchungen oder zum Verlangen der Herausgabe von Gegenständen berechtigen.[196] Bei diesen Regelungen des geltenden Rechts handelt es sich nicht um Informationspflichten, so dass sie vom vorliegenden Entwurf unberührt bleiben. Insbesondere will die Statuierung einer allgemeinen Nachweispflicht nicht das Recht der staatlichen Stellen beschränken, weiterhin andere Überprüfungsrechte wahrzunehmen. Dies könnte durch folgenden Absatz sicher- und klargestellt werden:

Besondere gesetzliche Vorschriften über das Recht der zuständigen staatlichen Stelle, Räumlichkeiten eines Privaten zu betreten oder zu besichtigen, Untersuchungen vorzunehmen oder die Überlassung von Gegenständen zu verlangen, bleiben unberührt.

VI. Informationsvorsorgepflichten

Die Pflichten zur privaten Informationsvorsorge sind vorliegend als ein besonderer Verpflichtungstyp im Vorfeld von Informationspflichten erkannt worden, der die zukünftige Informationsversorgung des Staates durch die Inpflichtnahme Privater sicherstellen soll, indem diesen die Vorhaltung bestimmter Informationen oder Informationsträger auferlegt wird.[197] Die Zusammenführung der heterogenen Vielfalt der insoweit bestehenden Rechtsnormen unter eine gemeinsame Grundnorm, die bereits für die Anzeige- und Auskunftspflichten vorgeschlagen wurde, erscheint auch für diese Informationsvorsorgepflichten sinnvoll, um die angestrebte Systematisierung und Vereinheitlichung des Rechts der Informationspflichten Privater gegenüber dem Staat insgesamt zu verwirklichen.

Wie bei den Anzeige- und Auskunftspflichten auch müssen die Voraussetzungen, unter denen Informationsvorsorgepflichten bestehen, jedoch der Regelung im Spezialgesetz vorbehalten bleiben; eine abstrakte Grundnorm (auch) hierfür müsste sich auf eine (zu) weitreichende Generalklausel beschränken.[198] Für die hier zu entwerfende Regelung bleibt demnach die in ihrer Bedeutung nicht zu unterschätzende Aufgabe der Systematisierung dieser spezialgesetzlichen Vorgaben.

In einer allgemeinen Rechtsnorm über Informationsvorsorgepflichten ist der Vorbehalt des (speziellen) Gesetzes zunächst zur Klarstellung festzuhalten. Eine Informationsvorsorgepflicht kann nur mittels einer gesetzlichen Grundlage statuiert werden, die entweder die Verpflichtung selbst enthält oder zum Erlass einer entsprechenden untergesetzlichen Norm oder eines Verwaltungsaktes ermächtigt.

---

[196] Oben C. III. 2. d) ee).
[197] Oben E. VI. sowie G. I. 2. d).
[198] Vgl. die Überlegungen oben G. II.

Danach könnte unter abstrakter Beschreibung des Gehalts von Informationsvorsorgepflichten – Vorhaltung von Informationen oder Informationsträgern – zunächst normiert werden:

Privaten kann durch Gesetz oder aufgrund eines Gesetzes auferlegt werden, näher bezeichnete Informationen oder Informationsträger vorzuhalten.

In einem zweiten Schritt kann der so bezeichnete abstrakte Gehalt der Informationsvorsorgepflichten verdeutlicht werden, indem die bestehenden Informationsvorsorgepflichten betrachtet und systematisiert werden. Dabei lassen sich als Unterarten der Informationsvorsorgepflicht die Verpflichtungen festhalten, Informationsträger zu führen, diese aufzubewahren sowie diese mitzuführen.[199] „Informationsträger" ist dabei der Oberbegriff gegenüber den weiteren im geltenden Recht enthaltenen Begriffen „Bücher", „Listen" oder „Verzeichnisse", die vorliegend jedoch beispielhaft aufgeführt werden können.

Die erstgenannte Verpflichtung zur *Führung von Informationsträgern* kann dabei unter Anknüpfung an Vorbilder des geltenden Rechts noch konkretisiert werden. § 146 Abs. 1 S. 1 AO kann die verallgemeinerungsfähige Verpflichtung entnommen werden, die Informationsträger vollständig, richtig, zeitgerecht und geordnet zu führen.[200] Die (untergesetzliche) Regelung in § 10 Abs. 1 S. 2 MaBV[201] bestimmt daneben, dass „zeitgerecht" in der Regel unverzüglich bedeutet und dass – wie auch § 23 Abs. 1 VwVfG vorgibt – die Informationsträger in deutscher Sprache zu führen sind; auch diese Vorgabe kann auf sämtliche Verpflichtungen zur Führung von Informationsträgern übertragen werden.

Hinsichtlich der Verpflichtung zur *Aufbewahrung von Informationsträgern* kann in den Gesetzestext zunächst der Hinweis aufgenommen werden, dass die Aufbewahrung nach den spezialgesetzlichen Vorschriften in der Regel nur für einen bestimmten Zeitraum geschuldet ist.[202] Zudem ist es im Interesse der jederzeitigen Zugriffsmöglichkeit auf die Informationsträger sachgerecht, die Vorgaben in § 146 Abs. 1 S. 1 AO sowie § 257 Abs. 1 HGB aufzunehmen, wonach die Aufbewahrung geordnet zu erfolgen hat.

Die Verpflichtung zur *Mitführung von Informationsträgern* betrifft insbesondere amtliche Dokumente,[203] was besonders hervorgehoben werden sollte.

---

[199] Zu diesen unterschiedlichen Arten von Informationsvorsorgepflichten siehe bereits oben E. VI.

[200] Hierzu näher *Cöster*, in: Pahlke/König, Abgabenordnung, § 146 Rdn. 6 ff.; *Mösbauer*, in: Koch/Scholtz, Abgabenordnung, § 146 Rdn. 7 ff.

[201] Verordnung über die Pflichten der Makler, Darlehens- und Anlagenvermittler, Bauträger und Baubetreuer (Makler- und Bauträgerverordnung – MaBV –), BGBl. I 1990, S. 2479.

[202] Aufbewahrungsfristen regeln beispielsweise § 50 Abs. 2 JArbSchG; § 19 Abs. 2 MuSchG; § 17 Abs. 3 BtMG; § 257 Abs. 4 HGB; § 147 Abs. 3 AO. Ausführliche Nachweise zu Aufbewahrungsfristen bei *Rudolph*, Aufbewahrungspflichten in Betrieb und Verwaltung, S. 33 ff.

[203] Vgl. die Nachweise oben E. Fn. 245.

Aus diesen Erwägungen lässt sich folgende Formulierung einer Rechtsnorm ableiten:

Insbesondere kann Privaten die Verpflichtung auferlegt werden,

1. näher bezeichnete Aufzeichnungen, Bücher, Listen, Verzeichnisse oder sonstige Informationsträger vollständig, richtig, zeitgerecht und geordnet zu führen; soweit nichts anderes bestimmt ist, ist diese Verpflichtung unverzüglich und in deutscher Sprache zu erfüllen,

2. näher bezeichnete Aufzeichnungen, Bücher, Listen, Verzeichnisse oder sonstige Informationsträger für einen bestimmten Zeitraum übersichtlich geordnet aufzubewahren,

3. näher bezeichnete amtliche Dokumente oder sonstige Informationsträger mitzuführen.

Abschließend kann noch der Zweck der Informationsvorsorgepflichten aufgenommen werden, (insbesondere) der Wahrheitsmäßigkeit und dem Nachweis von Informationen zu dienen, die nach anderen Vorschriften zu leisten sind. Hierdurch wird die Verknüpfung der Vorschriften innerhalb des vorliegenden Regelungsentwurfs gefördert und klargestellt, dass Informationsvorsorgepflichten keine Informationspflichten sind, sondern deren (spätere) Erfüllung fördern sollen:

Informationsvorsorgepflichten dienen insbesondere dazu, die Wahrheitsmäßigkeit und den Nachweis von zu erteilenden Informationen sicherzustellen.

VII. Zwangsweise Durchsetzung staatlicher Informationsansprüche

Die zwangsweise Durchsetzung staatlicher Informationsansprüche folgt im geltenden Recht den Regeln des Verwaltungsvollstreckungsrechts.[204] Hierauf kann der vorliegende Regelungsvorschlag verweisen. In Anbetracht der neueren Diskussion um die Anwendung unmittelbaren Zwangs bei der Vollstreckung von Informationspflichten Privater[205] erscheint es allerdings sachgerecht, den aus verfassungsrechtlicher Sicht zwingenden Ausschluss dieses Vollstreckungsmittels ausdrücklich aufzunehmen.

Die entsprechende Vorschrift könnte folgenden Wortlaut erhalten:

Die zwangsweise Durchsetzung von Informationspflichten Privater gegenüber staatlichen Stellen bestimmt sich nach den Vorschriften des Verwaltungsvollstreckungsrechts. Die Anwendung unmittelbaren Zwangs ist ausgeschlossen.

---

[204] Oben E. IV. 4.
[205] Zum Ganzen oben E. IV. 4.

VIII. Weitere Regelungen

Die im geltenden Gesetzesrecht und im höherrangigen Recht gefundenen Vorgaben sowie die (nur) innerhalb des durch diese gesetzten Rahmens zulässigen rechtspolitischen Erwägungen sind bei der Erarbeitung der einzelnen Normen eines Rechts der Informationspflichten Privater gegenüber dem Staat bisher im Wesentlichen berücksichtigt worden. Um einen abgeschlossenen und abgerundeten Regelungskomplex zu erhalten, fehlen lediglich noch Bestimmungen zu dessen Anwendungsbereich und Zweck. Die ausdrückliche Formulierung dieser Gesichtspunkte in sogenannten „Leitvorschriften" entspricht der Praxis moderner Gesetzgebung und wird auch von der Gesetzgebungslehre ausdrücklich gefordert.[206]

Bei der Bestimmung des *Anwendungsbereichs* kann auf die Grundbegriffe rekurriert werden, die durch Legaldefinitionen bereits konkretisiert worden sind. Dies sind die Begriffe „Informationspflicht", Private" sowie „staatliche Stellen":[207]

Dieses Gesetz regelt Informationspflichten Privater gegenüber staatlichen Stellen.

Zum *Gesetzeszweck* ist es wichtig, die dienende Funktion von Informationspflichten Privater gegenüber dem Staat festzuhalten. Diese sind kein Selbstzweck, die dem Staat einen unbegrenzten Fundus an Informationen verschaffen sollen, sondern sie sollen gewährleisten, dass den staatlichen Stellen diejenigen Informationen zur Verfügung stehen, die sie zur Wahrnehmung ihrer Aufgaben und zur Informationsvorsorge benötigen.[208] Indem dies festgehalten wird, wird die Auslegung und Anwendung spezialgesetzlicher Informationspflichten Privater erleichtert.[209] Damit ist insoweit zu bestimmen:

Informationspflichten Privater gegenüber staatlichen Stellen bezwecken die Befriedigung des Informationsbedarfs dieser Stellen zur Erfüllung ihrer Aufgaben und zur staatlichen Informationsvorsorge.

IX. Regelungsvorschlag im Gesamtüberblick

Die nunmehr vollständig entwickelten Rechtsvorschriften bedürfen abschließend der Zusammenführung in einem gesamten Regelungswerk.

---

[206] Vgl. *Höger*, Die Bedeutung von Zweckbestimmungen in der Gesetzgebung der Bundesrepublik Deutschland, S. 13 ff.; *Müller*, Handbuch der Gesetzgebungstechnik, S. 140 ff.; *Schneider*, Gesetzgebung, § 11 Rdn. 327 f.

[207] Oben G. I. 3. a), d), e).

[208] Hierzu ausführlich oben C. I.

[209] Vgl. dazu auch *Höger*, Die Bedeutung von Zweckbestimmungen in der Gesetzgebung der Bundesrepublik Deutschland, S. 59 ff.; *Schoch/Kloepfer*, Informationsfreiheitsgesetz (IFG-ProfE), § 1 Rdn. 6.

IX. Regelungsvorschlag im Gesamtüberblick   375

Hinsichtlich ihrer *Reihenfolge* gebührt dem Anwendungsbereich des Gesetzes, dessen Zweckbestimmung und den Begriffsbestimmungen in Übereinstimmung mit den Erkenntnissen der Gesetzgebungslehre der Vorrang.[210] Als verfassungsrechtlich determinierte Grundnorm, die zudem die Beschränkungen des Regelungsentwurfs klarstellt, der selbst keine Informationspflichten normiert, sondern diese voraussetzt, hat die Vorschrift zum Gesetzesvorbehalt nachzufolgen. Anschließend sind die Regelungen über die Anzeigepflicht einerseits und die Auskunftspflicht andererseits aufzunehmen und so die verschiedenen Arten der Informationspflichten ihrer genaueren Regelung zuzuführen. Beiden gemeinsam und damit anschließend für beide Pflichtentypen zu treffen sind die Bestimmungen zu den Grenzen der Informationspflichten in Gestalt des Übermaßverbots einerseits und der Informationsverweigerungsrechte andererseits. Greift keine dieser Grenzen ein, besteht also eine Informationspflicht, stellt sich die Frage nach deren Erfüllung, die mittels der Vorschrift zur Informationserteilung zu beantworten ist. In diesen Kontext fallen auch die Pflichten zur Kennzeichnung von Betriebs- und Geschäftsgeheimnissen sowie zur Erbringung von Nachweisen für die Richtigkeit der erteilten Informationen. Nur in einen weiteren Zusammenhang mit den Informationspflichten Privater gehören die Informationsvorsorgepflichten, die deshalb ans Ende des Regelungsvorschlags zu stellen sind. Ihnen folgt nur noch die lediglich klarstellenden Norm zur zwangsweisen Durchsetzung von Informationspflichten, die den Regelungsentwurf abschließt.

Inhaltlich können die oben formulierten Regelungen weitgehend unverändert bleiben. Jedoch bietet sich an einigen Stellen, wo in der Sache auf andere Normen verwiesen worden ist, an, dies auch durch Nennung der entsprechenden Paragraphen kenntlich zu machen. Im folgenden Gesamtentwurf wird dies jeweils berücksichtigt.

Die Kodifikation eines Allgemeinen Teils des Rechts der Informationspflichten Privater gegenüber dem Staat könnte danach im Gesamtüberblick wie folgt lauten:

§ 1 Anwendungsbereich

Dieses Gesetz regelt Informationspflichten Privater gegenüber staatlichen Stellen.

§ 2 Zweck von Informationspflichten Privater gegenüber staatlichen Stellen

Informationspflichten Privater gegenüber staatlichen Stellen bezwecken die Befriedigung des Informationsbedarfs dieser Stellen zur Erfüllung ihrer Aufgaben und zur staatlichen Informationsvorsorge.

---

[210] Vgl. zu dem Standort der sogenannten „Leitvorschriften" am Beginn eines Gesetzes auch *Schneider*, Gesetzgebung, § 11 Rdn. 327 f.

§ 3 Begriffsbestimmungen

(1) Informationspflichten sind Anzeigepflichten und Auskunftspflichten.

(2) Anzeigepflichten sind alle Verpflichtungen, Informationen nach Maßgabe einer Rechtsvorschrift ohne weitere Aufforderung zu erteilen.

(3) Auskunftspflichten sind alle Verpflichtungen, Informationen auf Aufforderung zu erteilen.

(4) Private sind natürliche Personen, juristische Personen des Privatrechts sowie sonstige Personenvereinigungen, soweit ihnen ein Recht zustehen kann.

(5) Staatlich sind alle Stellen, die in Ausübung ihnen zustehender hoheitlicher Macht handeln.

§ 4 Gesetzesvorbehalt

(1) Informationspflichten gegenüber staatlichen Stellen dürfen Privaten nur durch Gesetz oder aufgrund eines Gesetzes auferlegt werden.

(2) Das Gesetz muss den Zweck bestimmen, dem die Informationspflicht dient.

§ 5 Anzeigepflicht

(1) Soweit durch Gesetz oder aufgrund eines Gesetzes die Anzeigepflicht eines Privaten besteht, hat dieser der zuständigen staatlichen Stelle die anzuzeigenden Informationen ohne besondere Aufforderung zu erteilen.

(2) Im Rahmen des Möglichen hat die zuständige staatliche Stelle sicherzustellen, dass dem anzeigepflichtigen Privaten bekannt sind

1. die Voraussetzungen und der Inhalt der Anzeigepflicht,

2. die Grenzen der Anzeigepflicht, insbesondere die Voraussetzungen eines Informationsverweigerungsrechts,

3. die für den Fall der Verletzung der Anzeigepflicht vorgesehenen Sanktionen.

§ 6 Auskunftspflicht

(1) Soweit durch Gesetz oder aufgrund eines Gesetzes die Auskunftspflicht eines Privaten besteht, hat dieser nach Aufforderung durch die zuständige staatliche Stelle die angeforderten Informationen zu erteilen.

(2) Soweit gesetzlich nichts anderes bestimmt ist, kann die Aufforderung zur Erteilung einer Auskunft schriftlich, elektronisch, mündlich oder in anderer Weise erfolgen. Eine mündliche Aufforderung zur Erteilung einer Auskunft ist schriftlich oder elektronisch zu bestätigen, wenn hieran ein berechtigtes Interesse besteht und der Betroffene dies unverzüglich verlangt. Ein elektronischer Verwaltungsakt ist unter denselben Voraussetzungen schriftlich zu bestätigen. § 37 Abs. 3 bis 5 VwVfG gilt entsprechend.

(3) Die zuständige staatliche Stelle kann für die Erteilung der Auskunft eine angemessene Frist setzen.

(4) In einer schriftlichen oder elektronischen sowie schriftlich oder elektronisch bestätigten Aufforderung zur Erteilung einer Auskunft sind der Gegenstand und der Zweck sowie die Rechtsgrundlagen des Auskunftsverlangens, der Umfang der Auskunftspflicht, die Voraussetzungen eines Informationsverweigerungsrechts und die für den Fall der Verletzung der Auskunftspflicht vorgesehenen Sanktionen anzugeben. Dies kann unterbleiben, soweit derjenige, an den das Auskunftsverlangen gerichtet ist, die genannten Gesichtspunkte kennt oder ohne weiteres erkennen kann. Die Sätze 1 und 2 gelten für mündliche Auskunftsverlangen entsprechend, soweit die zur Auskunft verpflichtete Person die Angabe verlangt und die Erfüllung der Aufgabe der zuständigen staatlichen Stelle dadurch nicht gefährdet oder erheblich erschwert wird.

§ 7 Ausschluss der Informationspflicht

(1) Eine Auskunftspflicht besteht nicht, soweit

1. die Erteilung der Information die Wahrnehmung der Aufgaben der zuständigen staatlichen Stelle nicht fördern kann,

2. die Erteilung der Information zur Wahrnehmung der Aufgaben der zuständigen staatlichen Stelle nicht erforderlich ist; dies ist auch der Fall, wenn sich die zuständige staatliche Stelle die erforderlichen Kenntnisse durch einen geringeren Aufwand als die betroffene Person selbst beschaffen kann,

3. ihre Erfüllung nicht in einem angemessenen Verhältnis zu dem mit ihr verfolgten Zweck steht,

4. ihre Erfüllung der betroffenen Person aus einem wichtigen Grund nicht zugemutet werden kann.

Eine Auskunftspflicht besteht insbesondere nicht, soweit Betriebs- oder Geschäftsgeheimnisse offenbart werden müssten und das Interesse der betroffenen Person an der Geheimhaltung das Offenbarungsinteresse der zuständigen staatlichen Stelle überwiegt.

(2) Eine Anzeigepflicht besteht nicht, wenn die Voraussetzungen vorliegen, unter denen eine Auskunftspflicht nicht besteht, und die zuständige staatliche Stelle dies auf Antrag der betroffenen Person feststellt. Die betroffene Person hat einen Anspruch auf diese Feststellung. Wenn die Feststellung nach Satz 1 nicht rechtzeitig herbeigeführt werden kann, genügt die nachträgliche Feststellung durch die zuständige staatliche Stelle. Einer Feststellung nach Satz 1 und Satz 3 bedarf es nicht, wenn ihre Herbeiführung für die betroffene Person unzumutbar ist.

§ 8 Informationsverweigerungsrecht

(1) Die Informationserteilung kann verweigert werden, soweit sie die zur Informationserteilung verpflichtete Person oder

1. ihren Verlobten,

2. ihren Ehegatten, auch wenn die Ehe nicht mehr besteht,

3. ihren Lebenspartner, auch wenn die Lebenspartnerschaft nicht mehr besteht,

4. eine Person, die mit ihr in gerader Linie verwandt oder verschwägert, in der Seitenlinie bis zum dritten Grad verwandt oder bis zum zweiten Grad verschwägert ist oder war,

der Gefahr zuziehen würde, wegen einer Straftat oder Ordnungswidrigkeit verfolgt zu werden.

(2) Ein Informationsverweigerungsrecht besteht nicht, soweit dies gesetzlich ausdrücklich bestimmt ist oder die Informationserteilung zur Abwehr einer Gefahr für Leib, Leben oder Freiheit einer Person erforderlich ist. Informationen, die danach erlangt wurden, dürfen ohne Zustimmung der betroffenen Person nur für den Zweck verwendet werden, zu dem sie erhoben worden sind.

(3) Die betroffene Person hat das Informationsverweigerungsrecht gegenüber der zuständigen staatlichen Stelle geltend zu machen. Im Falle der Anzeigepflicht gilt dies nicht, soweit die Gefahr der Verfolgung wegen einer Straftat oder einer Ordnungswidrigkeit bereits durch die Geltendmachung entsteht.

§ 9 Informationserteilung

(1) Die Information ist wahrheitsgemäß und vollständig zu erteilen. Kann der Private die Information nicht aus dem Gedächtnis erteilen, hat er Bücher, Aufzeichnungen, Geschäftspapiere und andere Urkunden, die ihm zur Verfügung stehen, einzusehen und, soweit nötig, Aufzeichnungen daraus zu entnehmen.

(2) Soweit nichts anderes bestimmt ist, kann die Information schriftlich, elektronisch, mündlich oder fernmündlich erteilt werden. Die zuständige staatliche Stelle kann verlangen, dass die Information schriftlich, elektronisch oder unter Verwendung amtlicher Formblätter erteilt wird, wenn dies sachdienlich ist.

(3) Ist durch Rechtsvorschrift oder durch die zuständige staatliche Stelle eine Frist zur Informationserteilung gesetzt oder ein Zeitpunkt hierfür bestimmt, ist die Information nach dieser Maßgabe zu erteilen. Andernfalls ist die Information unverzüglich zu erteilen.

(4) Soweit nichts anderes bestimmt ist, ist die Information unentgeltlich zu erteilen.

§ 10 Kennzeichnung von Betriebs- und Geschäftsgeheimnissen

Informationen, die ein Betriebs- oder Geschäftsgeheimnis darstellen, sind von der zur Informationserteilung verpflichteten Person als vertraulich zu kennzeichnen. Die zur Informationserteilung verpflichtete Person hat begründet darzulegen, dass eine Verbreitung der Betriebs- oder Geschäftsgeheimnisse ihr betrieblich oder geschäftlich schaden könnte. Hält die zuständige staatliche Stelle die Kennzeichnung für unberechtigt, so hat sie vor der Entscheidung, welche Informationen vertraulich zu behandeln sind, die betroffene Person zu hören und diese über ihre Entscheidung zu unterrichten.

§ 11 Nachweispflicht

(1) Aufgrund einer Anordnung durch Rechtsvorschrift oder auf Verlangen der zuständigen staatlichen Stelle hat die zur Informationserteilung verpflichtete Person Nachweise vorzulegen oder zu übermitteln, aus denen sich die Richtigkeit ihrer Angaben ergibt, oder ihre Angaben auf sonstige Weise glaubhaft zu machen.

(2) Nachweise in diesem Sinne sind insbesondere

    1. Informationsträger, die die betroffene Person gemäß § 12 Abs. 1 vorzuhalten hat,

    2. sonstige Informationsträger, auf die die betroffene Person zugreifen kann.

(3) §§ 7 bis 9 finden entsprechende Anwendung.

(4) Die zuständige staatliche Stelle darf Abschriften oder Ablichtungen von Unterlagen anfertigen, soweit dies zur Wahrnehmung ihrer Aufgaben erforderlich ist und schutzwürdige Interessen der betroffenen Person nicht entgegenstehen.

(5) Besondere gesetzliche Vorschriften über das Recht der zuständigen staatlichen Stelle, Räumlichkeiten eines Privaten zu betreten oder zu besichtigen, Untersuchungen vorzunehmen oder die Überlassung von Gegenständen zu verlangen, bleiben unberührt.

§ 12 Informationsvorsorgepflichten

(1) Privaten kann durch Gesetz oder aufgrund eines Gesetzes auferlegt werden, näher bezeichnete Informationen oder Informationsträger vorzuhalten. Insbesondere kann Privaten die Verpflichtung auferlegt werden,

    1. näher bezeichnete Aufzeichnungen, Bücher, Listen, Verzeichnisse oder sonstige Informationsträger vollständig, richtig, zeitgerecht und geordnet zu führen; soweit nichts anderes bestimmt ist, ist diese Verpflichtung unverzüglich und in deutscher Sprache zu erfüllen,

    2. näher bezeichnete Aufzeichnungen, Bücher, Listen, Verzeichnisse oder sonstige Informationsträger für einen bestimmten Zeitraum übersichtlich geordnet aufzubewahren,

3. näher bezeichnete amtliche Dokumente oder sonstige Informationsträger mitzuführen.

(2) Informationsvorsorgepflichten nach Abs. 1 dienen insbesondere dazu, die Erfüllung der Verpflichtungen gemäß § 9 Abs. 1 und § 11 Abs. 1 sicherzustellen.

§ 13 Durchsetzung der Informationspflichten

Die zwangsweise Durchsetzung von Informationspflichten Privater gegenüber staatlichen Stellen bestimmt sich nach den Vorschriften des Verwaltungsvollstreckungsrechts. Die Anwendung unmittelbaren Zwangs ist ausgeschlossen.

X. Zur Verortung des Regelungsvorschlags

Zu beantworten bleibt die Frage nach der *Verortung* dieses Regelungsvorschlags in der bestehenden Rechtsordnung. Dabei ist zu berücksichtigen, dass der unterbreitete Vorschlag nicht abschließend in dem Sinne ist (und sein kann), dass er das gesamte Recht der Informationspflichten Privater gegenüber dem Staat regeln könnte. Hinsichtlich der Voraussetzungen, unter denen Private zur Informationserteilung verpflichtet sind, muss es vielmehr bei der spezialgesetzlichen Regelung in einer Vielzahl von Einzelvorschriften bleiben; die Alternative einer informationellen Generalklausel war schon aus verfassungsrechtlichen Gründen zu verwerfen.[211] Es geht daher vorliegend bei präziser Betrachtung nicht um die Verortung des Rechts der Informationspflichten Privater gegenüber dem Staat insgesamt, sondern um die Frage, wo die allgemeinen Regeln für die Aktualisierung, die Erfüllung und die zwangsweise Durchsetzung andernorts dem Grunde nach bestimmter staatlicher Informationsansprüche sowie die Informationsvorsorgepflichten Privater am besten normiert werden können. Hierfür kommen mehrere Möglichkeiten in Betracht.

Zum einen ließe sich der hier gemachte Vorschlag als bloßes *Mustergesetz* verstehen, das nicht als solches in Kraft tritt, aus dessen Fundus sich der Gesetzgeber aber bedient, wenn er Informationspflichten Privater gegenüber dem Staat in den jeweiligen Spezialgesetzen normiert. Solche Musterentwürfe von Rechtsnormen sind insbesondere im kommunalen Satzungsrecht, wo die obersten Landesbehörden und die kommunalen Spitzenverbände vielfach Mustersatzungen entwickelt haben,[212] sowie im Bereich des kooperativen Föderalismus, also bei der Zusammenarbeit der Bundesländer zur Vorbereitung von Landesgesetzen,[213] bekannt. Sie

---

[211] Oben G. II.

[212] Hierzu *Schink*, ZG 1986, 33 ff.; *Schneider*, Gesetzgebung, Rdn. 284.

[213] Vgl. *Schneider*, Gesetzgebung, Rdn. 170. Beispiele für Mustergesetzesentwürfe der Länder sind etwa der Musterentwurf eines einheitlichen Polizeigesetzes (*Heise / Riegel*, Musterentwurf eines einheitlichen Polizeigesetzes; vgl. auch *Knemeyer*, LKV 1991, 321 [322 f.]),

dienen der Harmonisierung von Rechtsvorschriften auf kommunaler bzw. Landesebene und wollen den jeweiligen Normgeber bei seiner Arbeit unterstützen, beschränken sich aber auch hierauf und sind rechtlich unverbindlich.[214] Diese rechtliche Unverbindlichkeit ist zugleich entscheidender Nachteil eines Mustergesetzes. Akzeptiert man die Dringlichkeit eines allgemeinen Rechts der Informationspflichten Privater gegenüber dem Staat in Zeiten fortschreitender Privatisierung, Liberalisierung und Deregulierung, so muss das Ziel die Schaffung allgemeiner Vorschriften sein, die die Rechtsfragen dieses Instituts verbindlich regeln. Ein Mustergesetz wäre nur ein Schritt in diese Richtung – nicht mehr, aber immerhin auch nicht weniger.

Aus rechtspolitischer Sicht spricht daher mehr dafür, den vorliegenden Gesetzentwurf als „*Allgemeinen Teil*" des Rechts der Informationspflichten Privater gegenüber dem Staat zu verstehen und als solchen in Kraft treten zu lassen. Entsprechend ihrer Konzeption als abstrakter Regelungsvorschlag, der allgemeine Grundsätze „vor die Klammer" zieht, werden die hier unterbreiteten Vorschriften dadurch räumlich von den spezialgesetzlichen Informationspflichten Privater separiert. Wie stets bei der Normierung eines „Allgemeinen Teils" spricht hiergegen zwar die Abstraktion der Vorschriften und die erschwerte Verständlichkeit der Gesetze namentlich für den juristischen Laien; diese Nachteile werden aber durch die Vermeidung von Wiederholungen und Verweisungen sowie die verbindliche Vereinheitlichung des geltenden Rechts deutlich aufgewogen.[215]

Entscheidet man sich für die verbindliche Normierung der hier entwickelten Vorschriften im Ganzen, so gibt es mehrere Möglichkeiten, die Regelung zu verorten. Da der hier unterbreitete Regelungsvorschlag als abschließend konzipiert und daher aus sich heraus verständlich ist, bestehen zunächst keine inhaltlichen Bedenken dagegen, ihn nicht in eine größere Kodifikation einzufügen, sondern als eigenständiges „*Gesetz über die Informationspflichten Privater gegenüber dem Staat*" in Kraft treten zu lassen. Als zivilrechtliches Vorbild für diesen Weg könnte die BGB-InfoV[216] angesehen werden, die alle im Vollzug von EG-Richtlinien erlassenen sondergesetzlich geregelten Informationspflichten in einem Regelungswerk zusammengefasst hat.[217] Systematisch vorzugswürdig gegenüber einer isolierten Normgebung wäre allerdings die Eingliederung des Regelungsvorschlags in eine größere Kodifikation, die den erforderlichen Sachzusammenhang mit der hier geregelten Materie aufweist.

---

die Musterbauordnung (vgl. *Brohm*, Öffentliches Baurecht, § 4 Rdn. 1; *Jäde*, WiVerw 2005, 1 ff.) sowie der Musterentwurf für ein Landesstraßengesetz (vgl. *Brenner*, LKV 1998, 369).

214 Vgl. *Knemeyer*, ZG 1987, 228 ff.

215 Zu den Vor- und Nachteilen eines „Allgemeinen Teils" grundsätzlich *Schneider*, Gesetzgebung, Rdn. 337; *Wieacker*, Privatrechtsgeschichte der Neuzeit, S. 486 ff.

216 Verordnung über Informations- und Nachweispflichten nach bürgerlichem Recht (BGB-Informationspflichten-Verordnung – BGB-InfoV) in der Fassung vom 5. 8. 2002 (BGBl. I, S. 3002).

217 Siehe auch *Heinrichs*, in: Palandt, BGB-InfoV Einführung Rdn. 1.

Da der hier gemachte Vorschlag (auch) Vorschriften des Verfahrensrechts oder mit Bezug hierzu enthält, könnte insoweit zunächst über eine Eingliederung in die bestehenden *allgemeinen Verfahrensgesetze* nachgedacht werden, also insbesondere in das VwVfG, die AO und das SGB X. Diese Gesetze weisen bereits heute Regelungen auf, die einen gewissen Bezug zur hier behandelten Materie und damit hinreichende Anknüpfungspunkte für die Einfügung des allgemeinen Rechts der Informationspflichten Privater gegenüber dem Staat haben.[218] In dieses bestehende, aber derzeit sehr rudimentäre Gefüge ließen sich etliche der hier entwickelten Vorschriften durchaus einpassen.[219] Angesichts des engen Verfahrensbegriffs in § 9 VwVfG und § 8 SGB X gilt dies allerdings nicht ausnahmslos. Der Anwendungsbereich dieser Verfahrensgesetze beschränkt sich grundsätzlich auf die behördliche Tätigkeit, die auf den Erlass eines Verwaltungsaktes sowie den Abschluss eines verwaltungsrechtlichen Vertrages gerichtet ist; das gesetzlich geregelte Verwaltungsverfahren beginnt erst mit der darauf bezogenen Verfahrenseinleitung durch die Behörde und endet, sobald der Verwaltungsakt erlassen bzw. der verwaltungsrechtliche Vertrag abgeschlossen ist.[220] Dies führt dazu, dass nicht alle Regelungen des vorliegenden Regelungsvorschlags als verfahrensrechtliche Bestimmungen gedeutet werden können.

Unproblematisch verfahrensrechtlich sind noch die Vorschriften zu Entstehung, Inhalt und Grenzen von *Auskunftspflichten*. Diese werden stets durch Verwaltungsakt aktualisiert,[221] setzen also ein Verwaltungsverfahren i. S. v. § 9 VwVfG bzw. § 8 SGB X voraus. Schwieriger fällt die Beurteilung jedoch bereits im Hinblick auf die Normen aus, die Entstehung, Inhalt und Grenzen von *Anzeigepflichten* bestimmen; diese können allenfalls als verfahrensrechtlich eingestuft werden, soweit sie der Informationsgenerierung durch eine Verwaltungsbehörde dienen, die zum Erlass eines Verwaltungsakts bzw. dem Abschluss eines verwaltungsrechtlichen Vertrages führen soll.[222] Dies ist jedoch bei weitem nicht bei allen Anzeigepflichten der Fall; beispielsweise ziehen statistikrechtliche Anzeigepflichten kaum jemals (unmittelbar) den Erlass eines Verwaltungsakts bzw. den Abschluss eines verwaltungsrechtlichen Vertrags nach sich. Auch *Informationsvorsorgepflichten* bestehen in der Regel – insbesondere, wenn sie durch Gesetz angeordnet sind – unabhängig von einem Verwaltungsverfahren; sie sollen allenfalls im Vorfeld die sachgerechte Durchführung eines noch nicht eingeleiteten Verwaltungsverfahrens sicherstellen.

---

[218] Zu denken ist insbesondere an die Vorschriften des § 26 VwVfG, des § 21 SGB X (vor allem i. V. m. §§ 60 ff. SGB I) sowie der §§ 93 ff. AO.

[219] Hierfür in Bezug auf das Gewährleistungsverwaltungsrecht, das auch Vorschriften über Informationspflichten Privater gegenüber dem Staat enthalten soll (siehe oben G. I. 1. b)), *Voßkuhle,* VVDStRL 62 (2003), 266 (327).

[220] Zu Gegenstand, Beginn und Ende des Verwaltungsverfahrens siehe auch *Badura,* in: Erichsen/Ehlers, Allgemeines Verwaltungsrecht, § 34 Rdn. 1; *Ehlers,* Jura 2003, 30 (34); *Kopp/Ramsauer,* VwVfG, § 9 Rdn. 24 ff.; *Weides,* Verwaltungsverfahren und Widerspruchsverfahren, S. 9 f.

[221] Siehe oben E. IV. 1.

[222] Zur Informationsgenerierung als Teil des Verwaltungsverfahrens i. S. v. § 9 VwVfG vgl. *Clausen,* in: Knack, Verwaltungsverfahrensgesetz, § 9 Rdn. 16; *Riedl,* in: Obermayer, Kommentar zum Verwaltungsverfahrensgesetz, § 9 Rdn. 10; *Stelkens/Schmitz,* in: Stelkens/Bonk/Sachs, Verwaltungsverfahrensgesetz, § 9 Rdn. 124.

Ein Verständnis des vorliegenden Regelungsvorschlags als (zur Gänze) verfahrensrechtlich scheidet demnach aus. Wollte man ihn dennoch in die bestehenden Verfahrensgesetze einfügen, so ließe sich dies nur realisieren, wenn man entweder lediglich den (potentiell) das Verwaltungsverfahren betreffenden Teil normierte oder aber vom Begriff des Verwaltungs*verfahrens* absähe. Beide Lösungswege sind nicht sonderlich überzeugend: Im ersten Fall würde das eigentliche Ziel, das Recht der Informationspflichten Privater *zur Gänze* allgemeingültig zu normieren, aufgegeben. Im zweiten Fall würden in das VwVfG und das SGB X etliche Vorschriften aufgenommen, die nicht zum Verfahrensrecht im engeren Sinne zählten und so auf der Basis des geltenden Rechts einen gewissen *Systembruch* bedeuteten.[223] Solange die (allerdings ohnehin kritikwürdige[224]) „Selbstbeschränkung" der Verfahrensgesetze auf die Rechtsformen des Verwaltungsakts und des Verwaltungsvertrags nicht insgesamt beseitigt ist, ist daher von einer Aufnahme des Rechts der Informationspflichten Privater gegenüber dem Staat in das VwVfG bzw. das SGB X Abstand zu nehmen.

Misst man den aktuellen Entwicklungen einer Informationsgesellschaft mit ihren privatisierenden, liberalisierenden und deregulierenden Tendenzen das gebotene Gewicht bei, ist aber ohnehin eine Verortung des hier unterbreiteten Regelungsvorschlags in einer umfassenden *Kodifikation des Informationsrechts* näher in den Blick zu nehmen. Schließlich folgt das besondere Regelungsbedürfnis der Informationspflichten Privater gegenüber dem Staat aus neuen und weitreichenden tatsächlichen Entwicklungen, bei denen es fraglich ist, ob eine Reaktion der Rechtsordnung ausschließlich mit ihren konventionellen Antworten ausreichend ist. Informationspflichten Privater gegenüber dem Staat sind vor diesem Hintergrund weniger klassisches Verwaltungsverfahrensrecht als Allgemeines Informationsrecht. Sie geben daher – neben vielem anderen – Anlass, über die Schaffung eines *Informationsgesetzbuchs* nachzudenken. Auf die entsprechenden Bestrebungen, die sich auch mit Informationspflichten Privater gegenüber dem Staat befassen, wurde an anderer Stelle bereits hingewiesen.[225] Die Einpassung des hier unterbreiteten Regelungsvorschlags in eine solche allgemeine Kodifikation des Informationsrechts, die auf die revolutionäre Modernisierung vieler Lebenssachverhalte mit einer neuen Systematik der rechtlichen (Informations-)Ordnung reagiert,[226] würde den aktuellen Herausforderungen der Informationsgesellschaft und dem Charakter vieler Informationspflichten Privater als Privatisierungs-, Liberalisie-

---

[223] Möglich wäre dies trotz des engen Verfahrensbegriffs des VwVfG und des SGB X. Denn der jeweilige erste Abschnitt des ersten Kapitels dieser Gesetze knüpft an die Verwaltungs*tätigkeit* der Behörden an, und erst die nachfolgenden Regelungen setzen den Begriff des Verwaltungs*verfahrens* voraus; vgl. auch *Schoch,* Die Verwaltung 25 (1992), 21 (34).

[224] Siehe etwa *Borgs,* in: Meyer / Borgs, Verwaltungsverfahrensgesetz, § 9 Rdn. 2; *Schoch,* Die Verwaltung 25 (1992), 21 (33 f., 50).

[225] Siehe oben B. II. 1.

[226] Zur Modernisierung von Lebenssachverhalten als Motiv der Kodifizierung vgl. *König,* VerwArch 96 (2005), 44.

rungs- und Deregulierungsfolgenrecht am besten gerecht.[227] Sie könnte insoweit Bestandteil einer planvollen Zusammenführung des derzeit zersplitterten Informationsrechts in einem Gesetzeswerk sein, das neben einer umfassenden Systematisierung des Informationsrechts zugleich dessen Weiterentwicklung bewirken könnte.[228] Die Einbettung in eine Gesamtkodifikation des Allgemeinen Informationsrechts wäre vor diesem Hintergrund die optimale Lösung für die Verortung des hier unterbreiteten Regelungsvorschlags.

---

[227] Vgl. auch *Schmidt-Aßmann*, Das allgemeine Verwaltungsrecht als Ordnungsidee, S. 278.

[228] Vgl. zu diesem Verständnis des Begriffs der Kodifikation *Sommermann*, DÖV 2002, 133 (137).

H. Ausblick

Ausgangspunkt des hier unterbreiteten Regelungsvorschlags für ein modernes Recht der Informationspflichten Privater gegenüber dem Staat war der Befund, dass das geltende Recht der stark gewachsenen Bedeutung dieses Rechtsinstituts in der Informationsgesellschaft nur unzureichend Rechnung trägt. In einer Epoche, die durch den „Rohstoff" Information geprägt wird und in der der Bedeutungszuwachs privater Wirtschaftssubjekte im Zuge von Maßnahmen der Privatisierung, Liberalisierung und Deregulierung zu einer ständig wachsenden Relevanz der informationellen Inpflichtnahme Privater durch den Staat führt, stellt das geltende – unsystematische, unvollständige und inhaltlich inkonsistente – Recht der Informationspflichten Privater gegenüber dem Staat geradezu einen Anachronismus dar. Dies zeigt sich (nicht nur) an einer Fülle von durch das geschriebene Recht unbeantwortet bleibenden Fragen, die zu wissenschaftlichem Disput und gerichtlichen Streitigkeiten geführt haben und führen.[1] Folge dieses status quo ist eine weitgehende Rechtsunsicherheit sowohl der staatlichen Stelle als auch der informationspflichtigen Privaten über die wechselseitigen Rechte und Pflichten im Bereich der informationellen Inanspruchnahme Privater durch den Staat. Damit korrespondiert einerseits die weitreichende Ungewissheit darüber, ob der externe staatliche Informationsbedarf in jedem Fall hinreichend befriedigt werden kann, und andererseits die greifbare Gefahr übermäßiger (Grund-)Rechtseingriffe bei den betroffenen Bürgern. Vor diesem Hintergrund hatte die vorliegende Untersuchung das Ziel, eine Regelung des Rechts der Informationspflichten Privater gegenüber dem Staat vorzuschlagen, die allgemeingültige Vorschriften zu den rechtlichen Grundsätzen, der Aktualisierung, dem Inhalt sowie den Grenzen dieses Rechtsinstituts schafft. Vorgaben hierfür waren die Bewahrung der notwendigen Flexibilität des Gesetzgebers hinsichtlich der Normierung der inhaltlichen Voraussetzungen konkreter Informationspflichten, die Beachtung der Bedürfnisse der Praxis und – vor allem – die Anknüpfung an die maßgeblichen Determinanten des nationalen Verfassungs- wie des Europäischen Gemeinschaftsrechts.

Dieses Ziel ist nunmehr erreicht: Die Entwicklung eines in sich geschlossenen Entwurfs für die Normierung allgemeiner Regeln für Informationspflichten Privater gegenüber dem Staat in Zeiten von Privatisierung, Liberalisierung und Deregulierung ist abgeschlossen. Der hier vorgelegte Regelungsvorschlag normiert sowohl systematisch als auch inhaltlich stimmig das allgemeine Recht der Informationspflichten Privater gegenüber dem Staat in zeitgemäßer Weise, als es das

---

[1] Ausführlicher zusammenfassend oben E. VII.

geltende Recht zu leisten im Stande ist. Sowohl staatliche als auch private Belange werden dabei benannt, in der erforderlichen Weise gewichtet und zu einem Ausgleich gebracht, der den gewachsenen Bedarf externer staatlicher Informationsgewinnung in der Informationsgesellschaft ebenso berücksichtigt wie den notwendigen Schutz des Bürgers vor übermäßigen informationellen Eingriffen in seine Rechtssphäre durch den Staat.

Nicht zu unterschätzen ist insoweit bereits die Einführung einer einheitlichen Nomenklatur der Informationspflichten Privater gegenüber dem Staat (§ 3), die eine wesentlich einfachere Vergewisserung über den im Einzelfall erörterten Informationstatbestand ermöglicht als das in den Bezeichnungen außerordentlich uneinheitliche geltende Recht.[2] Insbesondere aber werden die vorhandenen Informationspflichten Privater gegenüber dem Staat in Voraussetzungen, Inhalt und Grenzen konkretisiert und ergänzt, ohne (in der Sache) grundlegend angetastet zu werden. Hierdurch werden – unter Anerkennung des Erfordernisses bereichsspezifischer Informationstatbestände – etliche der Rechtsfragen gelöst, die auf der Basis des geltenden Rechts immer wieder zu Schwierigkeiten führen.

Dies gilt namentlich für die Grenzen der Informationspflichten Privater gegenüber dem Staat. Insoweit enthält der vorliegende Entwurf zunächst eine (eher deklaratorische) Regelung des Übermaßverbots (§ 7 Abs. 1) mit der Einführung eines innovativen Feststellungsverfahrens für Anzeigepflichten (§ 7 Abs. 2) und besonderen Vorschriften zum Schutz von Betriebs- und Geschäftsgeheimnissen (§ 7 Abs. 1 S. 2, § 10) und geht damit weit über die derzeitige Gesetzeslage hinaus, die zu diesen Problemfeldern fast ausnahmslos schweigt.

Insbesondere aber führen die hier entwickelten Rechtsnormen die Informationsverweigerungsrechte einer einheitlichen und inhaltlich konsistenten Regelung zu. Insoweit wird die zum geltenden Recht umstrittene Frage, ob ein Auskunftsverweigerungsrecht auch dann besteht, wenn es nicht ausdrücklich im Gesetz normiert ist,[3] durch die grundsätzliche Einführung eines allgemeinen Informationsverweigerungsrechts (§ 8) hinfällig. Zugleich wird die Frage der Erstreckung des Informationsverweigerungsrechts auf Nachweispflichten und Anzeigepflichten[4] (bejahend) beantwortet (§ 8 Abs. 1, § 11 Abs. 3), und zwar im Sinne der insoweit eindeutigen verfassungsrechtlichen Determinanten. Umgekehrt erkennt der Regelungsentwurf an, dass ein besonders qualifiziertes Informationsinteresse des Staates eine Pflicht zur Selbstbelastung Privater rechtfertigen kann und unter Umständen sogar gebietet, wenn ein flankierendes Verwertungsverbot im sanktionsrechtlichen Verfahren hinzutritt (§ 8 Abs. 2). Durch diesen Regelungskomplex wird ein schwieriger, grundrechtssensibler und praktisch äußerst bedeutsamer Bereich des Rechts der Informationspflichten Privater gegenüber dem Staat einer allgemeingültigen und ausgewogenen Lösung zugeführt, der die Rechtspraxis dringend bedarf.

Neben der Herstellung inhaltlicher Konsistenz des Rechts der Informationspflichten Privater gegenüber dem Staat zielen die hier vorgeschlagenen Regelungen zugleich auf die Herstellung des erstrebenswerten rechtssicheren Zustands in

---

[2] Oben E. I.
[3] Hierzu oben E. III. 2. c) aa).
[4] Zum Problem oben E. IV. 2. c) bb) und cc).

H. Ausblick

diesem Bereich, und zwar sowohl für den Rechtsanwender als auch für die betroffenen Privaten.

Dies gilt insbesondere für die Vorschriften zur Aktualisierung der Informationspflichten und betrifft namentlich die Regelungen zur staatlichen Auskunftsanforderung (§ 6 Abs. 2–4). Anders als bisher (fast ausnahmslos) im geltenden Recht[5] stellen diese Vorschriften eindeutige und räumlich zusammengefasste Regeln für die zuständigen staatlichen Stellen auf, in welcher Form und in welchem Verfahren, etwa unter welchen Begründungserfordernissen, eine Aufforderung zur Erteilung einer Auskunft zu ergehen hat. Umgekehrt sind auch Normen zur Informationserteilung durch den verpflichteten Privaten enthalten, die unmissverständlich vorgeben, welche materiellen und formellen Anforderungen an die Erfüllung der Informationspflichten zu stellen sind (§ 9 Abs. 1–3) und wer die Kosten der Informationserteilung zu tragen hat (§ 9 Abs. 4). Auch hierdurch können etliche der de lege lata bestehenden Unklarheiten[6] beseitigt werden.

Eine weitere wesentliche Neuerung, die namentlich auf die gestiegene Bedeutung der externen Informationsgewinnung durch den Staat in Zeiten von Privatisierung, Liberalisierung und Deregulierung zurückgeht, stellt die Berücksichtigung von mit den eigentlichen Informationspflichten im engen Zusammenhang stehenden Pflichtenkategorien dar, die die (zutreffende) Erteilung der geschuldeten Informationen sicherstellen sollen. Diese sind im geltenden Recht zwar zum Teil der Sache nach, aber ebenfalls weder rechtsdogmatisch noch inhaltlich konsistent enthalten. Durch den vorliegenden Regelungsvorschlag werden sie – in Gestalt von Nachweispflichten sowie Informationsvorsorgepflichten – als besondere Pflichtenkategorien erkannt, in systematischer Form erfasst und einer allgemeingültigen und einheitlichen Regelung zugeführt.

Insbesondere im Bereich der Nachweispflichten enthält der hier unterbreitete Vorschlag auch eine wesentliche inhaltliche Änderung der bisherigen Rechtslage, indem er an die Pflicht zur Erteilung einer Information auch ohne ausdrückliche bereichsspezifische Regelung eine Nachweispflicht koppelt und so dem besonderen Interesse des Staates an zutreffenden Informationen in der Informationsgesellschaft gerecht wird (§ 11). Eng damit verknüpft ist die Regelung zu den Informationsvorsorgepflichten (§ 12), die namentlich dazu dienen sollen, die Erfüllung der Nachweispflichten sicherzustellen (§ 12 Abs. 2).

Dringend zu wünschen bleibt, dass auch der Gesetzgeber die Zeichen des Informationszeitalters und damit den Regelungsbedarf für allgemeine Vorschriften über Informationspflichten Privater gegenüber dem Staat erkennt. Dass eine solche Regelung erfolgt, ist dabei wichtiger als die Frage, an welcher Stelle der Rechtsordnung sie verortet wird.[7] Am zukunftsträchtigsten wäre es allerdings, Informationspflichten Privater gegenüber dem Staat nicht als bloßes Handlungsinstrument des Staates (unter vielen anderen) anzusehen, sondern den Kontext, aus der die Aktualität des Themas folgt, mit zu bedenken: Vorliegend konnte nachgewiesen werden,

---

5 Näher oben E. IV. 1.
6 Hierzu oben E. IV. 2.-4.
7 Ausführlich zu dieser Frage oben G. X.

dass die Informationsgesellschaft mit ihren Tendenzen der Privatisierung, Liberalisierung und Deregulierung zu einer erheblichen Bedeutungszunahme an sich altbekannter Rechtsinstitute geführt hat – Informationspflichten Privater gegenüber dem Staat sind nur ein Beispiel dafür. Diesen Herausforderungen sollte sich der Gesetzgeber auch konzeptionell umfassend stellen und um die (Weiter-)Entwicklung und Normierung eines umfassenden und grundlegenden Informationsrechts bemüht sein. Die vorliegende Untersuchung versteht sich in diesem Zusammenhang als Beitrag zu dieser Systematisierung und Vereinheitlichung des Allgemeinen Informationsrechts und damit zugleich als Beitrag zur Erarbeitung eines Informationsgesetzbuchs.

J. Ergebnisse

1. Informationspflichten Privater gegenüber dem Staat sind kein isoliert zu betrachtendes Rechtsinstitut, sondern vor dem größeren Hintergrund der Entwicklung einer *Informationsgesellschaft* zu sehen. Die Informationsgesellschaft ist eine Wirtschafts- und Gesellschaftsform, in der der produktive Umgang mit Informationen als ihrem „Rohstoff" eine herausragende Rolle spielt. Ihre Entwicklung gründet auf umwälzenden technologischen Entwicklungen im Bereich der Information und Kommunikation sowie dem Bedeutungszuwachs privater Wirtschaftssubjekte in Folge von Privatisierungen, Liberalisierungen und Deregulierungen.

2. *Information* ist zu definieren als geordnete Datenmenge mit einem bestimmten Sinngehalt für einen potentiellen Empfänger, die geeignet ist, dessen Verhalten oder Zustand zu beeinflussen, und Grundlage für die Entstehung von Wissen sein kann.

3. Die spezifische Rechtsdisziplin der Informationsgesellschaft ist das *Informationsrecht*, das sich als Querschnittsmaterie mit Fragen der Informationsbeziehungen und deren Gerechtigkeitsgehalt befasst. Im Besonderen behandelt es spezifische Rechtsfragen insbesondere des Internets, der Telekommunikation oder des Rundfunks. Hinzu tritt das Allgemeine Informationsrecht, das einzelfachübergreifende Themen umfasst und sich insbesondere mit dem Datenrecht, dem Geheimnisschutz, staatlichen Informationen sowie Informationspflichten Privater beschäftigt.

4. Der *Informationsbedarf des Staates* ist immens. Bereits die Wahrnehmung aller Aufgaben der drei Staatsgewalten setzt deren Wissen um die tatsächlichen Grundlagen voraus und führt so zu einem Bedarf des Staates an Informationen. Unter dem Aspekt der *staatlichen Informationsvorsorge* werden das Sammeln und das Vorhalten von Informationen zur Gewährleistung einer informationellen Grundversorgung aber auch selbst zur Aufgabe des Staates. Die staatliche Informationsvorsorge dient einerseits der Schaffung einer Informationsbasis des Staates im Vorfeld späterer regulierender Tätigkeit, andererseits aber auch – als spezielle Ausprägung der Daseinsvorsorge – der Versorgung der Allgemeinheit mit Informationen.

5. Zur Befriedigung seines Informationsbedarfs ist es dem Staat häufig möglich, auf seinen eigenen und äußerst umfangreichen *Informationsbestand* zuzugreifen. Ist der Staat dennoch auf die Generierung von Informationen angewiesen, so tritt neben die Möglichkeit der unmittelbaren Informationsgewinnung der *Rückgriff auf das Wissen Privater*. Dieses kann sich der Staat nutzbar machen,

indem er externen unabhängigen Sachverstand heranzieht, die Öffentlichkeit, Interessengruppen oder Einzelpersonen am Verfahren beteiligt oder Private informationell in die Pflicht nimmt. Hierzu dient insbesondere das Rechtsinstitut der Informationspflicht Privater gegenüber dem Staat.

6. *Privatisierung* ist ein Sammelbegriff, der Vorgänge beschreibt, bei der Staatlichkeit durch Privatheit ersetzt wird; Erscheinungsformen der Privatisierung sind die Organisationsprivatisierung, die Aufgabenprivatisierung, die funktionale Privatisierung sowie die Vermögensprivatisierung. Kennzeichen der *Liberalisierung* ist die Befreiung des Wettbewerbs von Marktzugangsbeschränkungen. *Deregulierung* bezeichnet jeglichen Abbau staatlicher Intervention in einem qualitativ verstandenen Sinne; Mittel der Deregulierung sind insbesondere der Abbau von Wettbewerbsbeschränkungen, die Übertragung staatlicher Aufgaben auf Private, der Abbau und die Beschleunigung präventiver Kontrolle sowie die Vereinfachung von Rechtssätzen.

7. Privatisierung, Liberalisierung und Deregulierung sind als aktuelle Tendenzen der Politik zunächst auf eine Neuausrichtung der *nationalen Wirtschafts- und Wettbewerbspolitik* zurückzuführen, die die Überforderung des Staates erkannt hat und ihr durch eine Verschlankung des Staates begegnen will. Vielfältige Anstöße für Privatisierungen, Liberalisierungen und Deregulierungen in den Mitgliedstaaten hat dabei das *Europäische Gemeinschaftsrecht* geliefert, insbesondere mittels des EG-Wettbewerbsrechts sowie der Grundfreiheiten. Eine – wenn auch schwächere – Relevanz kommt Vorgaben des *internationalen Rechts* zu. Wichtiger Impulsgeber für Maßnahmen der Privatisierung, Liberalisierung und Deregulierung ist schließlich die Entwicklung der *Informationsgesellschaft,* da die Globalisierung des Informationsflusses starren Staatsmonopolen widerspricht.

8. Privatisierung, Liberalisierung und Deregulierung führen zu einer *Steigerung des externen Informationsbedarfs* des Staates. Durch *Privatisierungen* gehen unmittelbare staatliche Informationsquellen verloren, während die betreffenden Informationen für den Staat nicht im gleichen Maße verzichtbar sind; an die Stelle der vormaligen Erfüllungsverantwortung tritt nach der Privatisierung die Gewährleistungsverantwortung des Staates, für deren Wahrnehmung er häufig Zugang zu den jetzt privatisierten Informationen benötigt. Durch Privatisierungen und *Liberalisierungen* entsteht darüber hinaus ein Bedarf des Staates an zusätzlichen Informationen, die für die Herstellung bzw. Sicherung des neu entstandenen Wettbewerbs unter Privatrechtssubjekten erforderlich sind. Anderweitige *Deregulierungen* erhöhen den Informationsbedarf des Staates zumindest in der Fallgruppe des Abbaus präventiver Kontrolle, da mit der Abschaffung von Genehmigungsverfahren die in deren Rahmen anfallenden Informationen verloren gehen.

9. Vor diesem Hintergrund sind Informationspflichten Privater gegenüber dem Staat eine häufige Erscheinungsform des *Privatisierungsfolgenrechts.* Sie er-

J. Ergebnisse

möglichen es dem Staat auch nach der Privatisierung, auf vormals unmittelbar verfügbare und nun bei Privaten vorhandene Informationen zuzugreifen, wenn er diese für die Erfüllung anderer Aufgaben oder zur Überwachung des Wettbewerbs auf den von der Privatisierung betroffenen Märkten benötigt. Beispiele für diesen Zusammenhang finden sich im Rundfunkwesen, im Telekommunikationswesen, im Postwesen, im Eisenbahnwesen, im Versicherungswesen und im Recht der Arbeitsvermittlung.

10. Informationspflichten Privater gegenüber dem Staat treten oft als Folge von liberalisierenden Maßnahmen auf und sind in diesen Fällen *Liberalisierungsfolgenrecht*. Sie gewährleisten den Zugang des Staates zu Informationen, die dieser in Folge der Marktöffnung benötigt, um wirtschaftlichen Wettbewerb auf dem liberalisierten Markt zu etablieren und dauerhaft zu sichern. Verdeutlichen lässt sich dies wiederum anhand der Bedeutungszunahme von Informationspflichten Privater gegenüber dem Staat im Bereich des Rundfunks, der Telekommunikation, der Post, der Eisenbahn, der Versicherungen sowie der Arbeitsvermittlung.

11. Informationspflichten Privater gegenüber dem Staat sind vielfach auch *Deregulierungsfolgenrecht*. Dies gilt schon deshalb, weil Privatisierung und Liberalisierung Unterfälle der Deregulierung sind und das aus ihnen folgende Recht stets auch Deregulierungsfolgenrecht ist. Es gilt darüber hinaus für den Bereich des Abbaus präventiver Kontrolle, wie sich anhand der Entwicklung des Versicherungsaufsichtsrechts und des Rechts der privaten Arbeitsvermittlung erkennen lässt. Dennoch ist das Verhältnis zwischen Informationspflichten Privater und Deregulierungen ambivalent: So kann eine Deregulierung auch in Gestalt der Abschaffung von Informationspflichten Privater gegenüber dem Staat erfolgen – Beispiele hierfür liefern das Arbeitsvermittlungsrecht sowie das Gentechnikrecht, das Öffentliche Baurecht und das Immissionsschutzrecht –, und umgekehrt muss die Einführung von Informationspflichten keine Folge einer Deregulierung sein, sondern kann auch im Zuge einer „Re-Regulierung" oder einer „regulierten Selbstregulierung" geschehen, wie das Recht der Versicherungsaufsicht sowie das Immissionsschutzrecht verdeutlichen.

12. Das geltende Recht spiegelt bereits in seiner *Nomenklatur* die Bedeutungszunahme des Rechtsinstituts der Informationspflicht Privater gegenüber dem Staat in keiner Weise wider. Es kennt fast ausschließlich bereichsspezifische Regelungen, die Informationspflichten Privater mit einer Vielzahl von Begriffen belegen. Den unterschiedlichen Bezeichnungen kommt nur teilweise auch eine inhaltliche Relevanz zu.

13. *Von Amts wegen zu beachtende Grenzen* staatlicher Informationsansprüche gegenüber Privaten sind im geltenden Recht uneinheitlich und nur unvollständig geregelt. Wenn überhaupt, werden Elemente des Übermaßverbots (Erforderlichkeit bzw. Angemessenheit der Informationserteilung) normiert.

14. *Informationsverweigerungsrechte*, die vom Privaten geltend zu machen sind, kennen die bestehenden Normen häufig in Gestalt von Auskunftsverweigerungsrechten, wenn der auskunftspflichtigen oder einer ihr nahestehenden Person die Gefahr der straf- oder ordnungswidrigkeitenrechtlichen Verfolgung droht. Insbesondere im Gefahrenabwehrrecht sind diese Auskunftsverweigerungsrechte ihrerseits begrenzt, wenn die Auskunftserteilung für den Schutz gewichtiger Rechtsgüter erforderlich ist. Nur selten sind demgegenüber Auskunftsverweigerungsrechte aus Gründen des Geheimnisschutzes normiert, dem überwiegend im Rahmen der Ermessensausübung Rechnung zu tragen ist. Einige Auskunftspflichten sowie die weit überwiegende Zahl der Vorlagepflichten und der Informationspflichten unmittelbar kraft Gesetzes kennen überhaupt keine Informationsverweigerungsrechte.

15. Vorschriften zur *Aktualisierung* staatlicher Informationsansprüche gibt es de lege lata nur wenige. Immerhin schreiben einige Normen die Form der Informationsanforderung sowie Informationspflichten des Staates über die Rechtsgrundlage, den Gegenstand und den Zweck des Informationsverlangens, die Reichweite der Informationsverpflichtung sowie etwaige Informationsverweigerungsrechte vor. Einige Vorschriften befassen sich zudem mit der Setzung einer Frist zur Informationserteilung.

16. Das geltende Recht enthält nur selten nähere Vorschriften zu den *Erfüllungsvoraussetzungen* staatlicher Informationsansprüche gegenüber Privaten. Sind solche vorhanden, befassen sie sich mit der Wahrheitsmäßigkeit und Vollständigkeit der Informationen sowie der Form und dem Zeitpunkt der Informationserteilung. In wenigen Fällen wird der informationspflichtigen Person zudem auferlegt, Betriebs- und Geschäftsgeheimnisse zu kennzeichnen.

17. Die *zwangsweise Durchsetzung* staatlicher Informationsansprüche richtet sich nach den Vorschriften des Verwaltungsvollstreckungsrechts. Wegen der verfassungsrechtlich garantierten Unantastbarkeit der Menschenwürde ist der unmittelbare Zwang jedoch ein ausnahmslos verbotenes Vollstreckungsmittel.

18. Nur wenige Rechtsnormen befassen sich mit den *Kosten* der Informationserteilung. Fehlt eine Regelung, ist die Information unentgeltlich zu erteilen.

19. Verhältnismäßig häufig normiert der Gesetzgeber über die reine Pflicht zur Informationserteilung hinaus Vorschriften zur *Richtigkeitsgewähr*. Dies geschieht entweder durch die Formulierung der betreffenden Informationspflichten als isolierte Nachweispflichten oder Vorlagepflichten etc., der Richtigkeitsgewähr können aber auch gesonderte Nachweispflichten dienen, die neben die Informationspflichten treten.

20. *Pflichten zur privaten Informationsvorsorge* verlangen von dem Privaten die Sammlung, Aufbewahrung oder Bereithaltung von Informationen bereits im Vorfeld der eigentlichen Informationserteilung. Sie wollen sicherstellen, dass ein privater Informationsbestand existiert, auf den der Staat bei Bedarf mittels seiner Informationsansprüche zugreifen kann.

J. Ergebnisse

21. Aufgrund der Ungereimtheiten und Unzulänglichkeiten des geltenden Rechts ist die *Systematisierung* und *Vereinheitlichung* des Rechts der Informationspflichten Privater gegenüber dem Staat anzustreben. Gefordert sind eine klare Begriffsbildung sowie eine sachgerechte und abgestimmte Normierung der Grenzen und der Erfüllungsmodalitäten staatlicher Informationsansprüche einschließlich der Informationsvorsorgepflichten Privater unter Beachtung der verfassungsrechtlichen und europarechtlichen Vorgaben.

22. Die *verfassungsrechtliche Legitimation* des staatlichen Informationsbedarfs ergibt sich aus dem Rechtsstaatsprinzip, den Staatszielbestimmungen sowie der Schutzpflichtdimension der Grundrechte inklusive der generellen informationellen Schutzpflicht, die den Staat in der Informationsgesellschaft trifft. Anknüpfungspunkt für die *verfassungsrechtliche Zulässigkeit der informationellen Inanspruchnahme Privater* sind die Schranken der jeweils betroffenen Grundrechte.

23. Wenn die Anspruchsverpflichteten – wie in aller Regel – grundrechtsberechtigt sind, greifen Informationspflichten Privater gegenüber dem Staat in die von Art. 5 Abs. 1 S. 1 GG gewährleistete *negative Meinungsfreiheit* ein, wenn eine Verpflichtung zur Abgabe von Äußerungen mit (auch) wertendem Charakter und nicht nur zur Offenbarung reiner Tatsachen besteht. Gerechtfertigt ist dieser Eingriff, wenn eine gesetzliche Grundlage besteht, die der qualifizierten Schrankenregelung des Art. 5 Abs. 2 GG gerecht wird und auch die Grenzen der Einschränkbarkeit – insbesondere das Übermaßverbot – wahrt.

24. Informationspflichten Privater gegenüber dem Staat hinsichtlich personenbezogener Informationen betreffen das *Recht auf informationelle Selbstbestimmung* als Teil des Allgemeinen Persönlichkeitsrechts aus Art. 2 Abs. 1 i. V. m. Art. 1 Abs. 1 GG. Auch hieraus folgt das Erfordernis einer gesetzlichen Grundlage, die neben den allgemeinen Grenzen der Einschränkbarkeit auch der „Sphärentheorie" als besonderer Ausprägung des Übermaßverbots genügen muss und den Zweck der Datenerhebung zu benennen hat. Werden sogar Informationen aus der Privatsphäre verlangt, wird der Grundrechtsschutz durch das *Recht auf Selbstbewahrung* als weiterer Schutzrichtung des Allgemeinen Persönlichkeitsrechts noch verstärkt.

25. Der *Schutz vor Selbstbelastungspflichten* („nemo tenetur") ist in der Verfassung doppelt verankert. Die Menschenwürdegarantie aus Art. 1 Abs. 1 GG verbietet es absolut, dass ein Zwang zur aktiven Selbstbelastung besteht, der zu einer straf- oder ordnungswidrigkeitenrechtlichen Sanktionierung des Betroffenen führen kann. Hinzu tritt der relative Schutz durch das Allgemeine Persönlichkeitsrecht davor, unabhängig von einer sanktionsrechtlichen Folge überhaupt selbstbelastende Angaben machen zu müssen. Im Interesse höherrangiger Rechtsgüter kann danach die Pflicht zur Erteilung selbstbelastender Informationen bestehen, wenn der Menschenwürdegarantie durch die Statuie-

rung eines Verwertungsverbots für sanktionsrechtliche Verfahren Rechnung getragen wird.

26. Die Erstreckung des „nemo tenetur"-Grundsatzes auf nahe Angehörige findet seine verfassungsrechtliche Begründung einerseits im Schutz des familiären Vertrauensverhältnisses als Teil des Allgemeinen Persönlichkeitsrechts aus Art. 2 Abs. 1 i.V. m. Art. 1 Abs. 1 GG, andererseits im verfassungsrechtlichen Schutz von Ehe und Familie gemäß Art. 6 Abs. 1 GG.

27. Aus verfassungsrechtlicher Sicht gibt es bei der Beurteilung von Selbstbelastungspflichten *keine Unterschiede zwischen den verschiedenen Arten von Informationspflichten.* Der grundrechtliche Schutz vor Selbstbelastungspflichten besteht für Auskunftspflichten und Informationspflichten unmittelbar kraft Gesetzes ebenso wie für Nachweispflichten.

28. Je nach dem konkreten Lebenssachverhalt schützen unter Umständen *weitere Freiheitsgrundrechte* vor Informationspflichten Privater gegenüber dem Staat. Insbesondere können die Berufsfreiheit, die Eigentumsfreiheit, die Presse- und Rundfunkfreiheit, die Wissenschaftsfreiheit, die Bekenntnisfreiheit, die Versammlungsfreiheit sowie das Fernmeldegeheimnis und – subsidiär – die Allgemeine Handlungsfreiheit betroffen sein. Zudem sind die Vorgaben des *Allgemeinen Gleichheitssatzes* zu wahren.

29. Das *Europäische Primärrecht* enthält Vorgaben für Informationspflichten Privater gegenüber dem Staat zunächst in Gestalt der *Grundfreiheiten,* die in ihrem Anwendungsbereich die Diskriminierung von EG-Ausländern gegenüber Inländern ebenso unter Rechtfertigungszwang stellen wie Beschränkungen eines von ihnen geschützten grenzüberschreitenden Wirtschaftsverkehrs. Die europäischen *Grundrechte* enthalten in ihrem Anwendungsbereich Vorgaben für die Normierung von Informationspflichten Privater gegenüber dem Staat, die denen des deutschen Verfassungsrechts in der Sache weitgehend entsprechen. Schließlich sind staatliche Informationsansprüche an dem *Unionsbürgerrecht* auf Freizügigkeit bzw. dem allgemeinen Diskriminierungsverbot zu messen.

30. Das *Europäische Sekundärrecht* enthält keine allgemeingültigen Vorgaben für Informationspflichten Privater gegenüber dem Staat. Allerdings existieren im Verordnungs- und im Richtlinienrecht einzelne Bestimmungen über staatliche Informationsansprüche, denen es ebenfalls an einer einheitlichen Nomenklatur und einer sonstigen systematischen Durchdringung fehlt.

31. Ein Konzept zur Normierung staatlicher Informationsansprüche muss mit der Schaffung einer einheitlichen Systematik und *Nomenklatur* beginnen. Vorzugswürdiges Differenzierungskriterium ist dabei die Art der Aktivierung der Informationspflicht. Auf dieser Grundlage sind Informationspflichten unmittelbar kraft Gesetzes als *Anzeigepflichten* und Informationspflichten nach staatlicher Anforderung als *Auskunftspflichten* zu bezeichnen. *Informations-*

J. Ergebnisse

vorsorgepflichten sind demgegenüber kein dritter Unterfall der Informationspflichten, sondern eine Pflichtenkategorie eigener Art in deren Vorfeld.

32. Eine allgemeine Regelung der *Voraussetzungen* staatlicher Informationsansprüche in einer informationellen Generalklausel wäre verfassungsrechtlich unzulässig. Auf die spezialgesetzliche Normierung der Voraussetzungen von Informationspflichten Privater gegenüber dem Staat kann nicht verzichtet werden. Allgemeingültig festhalten lässt sich jedoch das Erfordernis einer spezialgesetzlichen Grundlage.

33. Eine Kodifikation des allgemeinen Rechts der Informationspflichten Privater gegenüber dem Staat sollte Vorschriften zur *Aktualisierung* staatlicher Informationsansprüche enthalten. Eine *Auskunftsanforderung* hat grundsätzlich formfrei möglich zu sein, für sie sollte die Möglichkeit der Fristsetzung ausdrücklich bestimmt werden. Bei schriftlichen Auskunftsverlangen sollten grundsätzliche Belehrungspflichten über die rechtlichen Hintergründe des Auskunftsverlangens vorgesehen sein. Für mündliche Auskunftsverlangen gilt dies demgegenüber nur, wenn der Informationspflichtige entsprechende Angaben verlangt. Zudem ist den zuständigen staatlichen Stellen aufzugeben, das Wissen um das Bestehen, die Grenzen und die Modalitäten von *Anzeigepflichten* in der Bevölkerung zu verbreiten.

34. Zur Klarstellung sollte der Regelungsvorschlag für allgemeine Vorschriften über Informationspflichten Privater gegenüber dem Staat die wichtigste *von Amts wegen beachtliche Grenze* der staatlichen Informationsansprüche in Gestalt des *Übermaßverbots* und dessen Ausprägungen ausdrücklich festhalten. Bei *Anzeigepflichten* ist insoweit ein Feststellungsverfahren vorzusehen, in dessen Rahmen die zuständige staatliche Stelle über die Unverhältnismäßigkeit der Informationserteilung befindet.

35. Es sind klare und inhaltlich konsequente Regelungen über *Informationsverweigerungsrechte* zu treffen. Diese sollten von einem grundsätzlichen Informationsverweigerungsrecht ausgehen, wenn die Gefahr droht, dass der Informationspflichtige sich oder eine ihm nahestehende Person eines sanktionsrechtlich relevanten Verhaltens bezichtigen muss. Ausnahmen von diesem Informationsverweigerungsrecht sind für die Fälle der spezialgesetzlichen Normierung sowie zur Abwehr von Gefahren für höchstpersönliche Rechtsgüter vorzusehen. Insoweit muss allerdings ein *Verwertungsverbot* für sanktionsrechtliche Verfahren statuiert werden. Sonstige Gründe der Informationsverweigerung sind nicht verallgemeinerungsfähig. Es ist sicherzustellen, dass Auskunftspflichten und Anzeigepflichten inhaltlich weitgehend gleichbehandelt werden; hierzu gehört insbesondere eine Vorschrift, die zur grundsätzlichen Geltendmachung des Informationsverweigerungsrechts auch bei Anzeigepflichten verpflichtet und so der staatlichen Stelle Kenntnis vom Vorliegen eines anzeigepflichtigen Sachverhalts verschafft.

36. Der Schutz von *Betriebs- und Geschäftsgeheimnissen* kann nicht allgemeingültig durch die Zubilligung von Informationsverweigerungsrechten, sondern nur im Einzelfall durch Anwendung des Übermaßverbots gewährt werden. Besteht danach eine Informationspflicht, ist der Geheimnisschutz verfahrensrechtlich durch eine Obliegenheit des Privaten zur Kennzeichnung der Betriebs- und Geschäftsgeheimnisse sicherzustellen.

37. Ein Konzept für die allgemeingültige Normierung von Informationspflichten Privater gegenüber dem Staat muss Vorschriften über die *Erfüllung* staatlicher Informationsansprüche vorsehen. Dabei ist das Erfordernis der Wahrheitsmäßigkeit und Vollständigkeit der erteilten Informationen aufzunehmen. Die Informationserteilung kann grundsätzlich formfrei erfolgen. Die Information muss zu einem ausdrücklich bestimmten Zeitpunkt oder in Ermangelung eines solchen unverzüglich und, soweit nichts anderes bestimmt ist, unentgeltlich erteilt werden.

38. Jeder Informationspflichtige ist zum *Richtigkeitsnachweis* in Bezug auf die erteilten Informationen zu verpflichten. Als Nachweise kommen dabei Informationsträger, die der Private aufgrund von Informationsvorsorgepflichten vorzuhalten hat, sowie sonstige Informationsträger in Betracht. Als Grenzen der Nachweispflichten sind das Übermaßverbot sowie ein grundsätzliches Nachweisverweigerungsrecht bei der Gefahr der Selbstbelastung vorzusehen.

39. Ein allgemeines Recht der Informationspflichten Privater gegenüber dem Staat muss eine Vorschrift zu den *Informationsvorsorgepflichten* enthalten. Die Norm sollte zum einen auf das Erfordernis einer spezialgesetzlichen Grundlage hinweisen und zum anderen die Verpflichtungen zur Führung, zur Aufbewahrung sowie zur Mitführung von Informationsträgern als Unterfälle der Informationsvorsorgepflichten nennen.

40. Gemeinsam mit weiteren Bestimmungen über die zwangsweise Durchsetzung von Informationspflichten Privater gegenüber dem Staat, den Anwendungsbereich und den Zweck des Regelungsvorschlags lassen sich auf dieser Grundlage Rechtsnormen entwickeln, die in sich geschlossen und klar verständlich das allgemeine Recht der Informationspflichten Privater gegenüber dem Staat umfassend regeln. Dieser *Regelungsvorschlag* sollte nicht nur als Mustergesetzentwurf verstanden werden, sondern in das geltende Recht umgesetzt werden. Dabei ist es gegenüber der Schaffung eines eigenständigen Gesetzes oder der Einbettung der Vorschriften in die allgemeinen Verfahrensgesetze vorzugswürdig, das Recht der Informationspflichten Privater gegenüber dem Staat als Teil des Allgemeinen Informationsrechts zu begreifen und demzufolge in ein umfassendes *Informationsgesetzbuch* aufzunehmen.

Literaturverzeichnis

Albers, Marion: Information als neue Dimension im Recht, Rechtstheorie 33 (2002), 61 ff.

– Informationelle Selbstbestimmung, Baden-Baden 2005

– Zur Neukonzeption des grundrechtlichen „Daten"schutzes, in: Haratsch, Andreas / Kugelmann, Dieter / Repkewitz, Ulrich (Hrsg.): Herausforderungen an das Recht der Informationsgesellschaft, Stuttgart u. a. 1996, S. 113 ff.

Albert, Reinhold: Entwicklung der Privatisierung und Regulierung im Bereich des Rundfunks, in: König, Klaus / Benz, Angelika (Hrsg.): Privatisierung und staatliche Regulierung, Baden-Baden 1997, S. 347 ff.

Alvaro, Alexander: Positionspapier zur Einführung einer Vorratsspeicherung von Daten, RDV 2005, 47 ff.

Ambs, Friedrich u. a.: Gemeinschaftskommentar zum Arbeitsförderungsrecht – GK-SGB III, Loseblattsammlung, Stand: 94. Ergänzungslieferung, Neuwied / Kriftel 2005

Amelung, Knut: Informationsbeherrschungsrechte im Strafprozess, Berlin 1990

Ann, Christoph: Vertragsschluss in der Welt des Virtuellen – Neues Recht für neue Technik?, in: Leipold, Dieter (Hrsg.): Rechtsfragen des Internet und der Informationsgesellschaft, Heidelberg 2002, S. 175 ff.

App, Michael / *Wettlaufer,* Arno: Verwaltungsvollstreckungsrecht, 4. Auflage, Köln / Berlin / München 2005

Arbeitsgemeinschaft der Landesmedienanstalten in Deutschland (Hrsg.): Privater Rundfunk in Deutschland 2003, Berlin 2003

Arnauld, Andreas von: Grundrechtsfragen im Bereich von Postwesen und Telekommunikation, DÖV 1998, 437 ff.

Arndt, Hans-Wolfgang: Europarecht, 7. Auflage, Heidelberg 2004

Arzt, Gunther: Schutz juristischer Personen gegen Selbstbelastung, JZ 2003, 456 ff.

Au, Ingolf: Namen und Anschriften von Patienten in steuerlichen Fahrtenbüchern, NJW 1999, 340 ff.

Aubert, Joachim: Fernmelderecht, 2. Auflage, Hamburg / Berlin 1962

Aulehner, Josef: Polizeiliche Gefahren- und Informationsvorsorge, Berlin 1998

Badura, Peter: Staatsrecht, 3. Auflage, München 2003

Badura, Peter / *Danwitz,* Thomas von / *Herdegen,* Matthias / *Sedemund,* Joachim / *Stern,* Klaus (Hrsg.): Beck'scher PostG-Kommentar, 2. Auflage, München 2004

Bähre, Inge Lore / *Schneider,* Manfred: KWG-Kommentar, 3. Auflage, München 1986

Bär, Wolfgang: Aktuelle Rechtsfragen bei strafprozessualen Eingriffen in die Telekommunikation, MMR 2000, 472 ff.

– Auskunftsanspruch über Telekommunikationsdaten nach den neuen §§ 100g, 100h StPO, MMR 2002, 358 ff.

Bärlein, Michael / *Pananis,* Panos / *Rehmsmeier,* Jörg: Spannungsverhältnis zwischen der Aussagefreiheit im Strafverfahren und den Mitwirkungspflichten im Verwaltungsverfahren, NJW 2002, 1825 ff.

Basedow, Jürgen: Mehr Freiheit wagen, Tübingen 2002

Battis, Ulrich: Anforderungen an ein modernes Bauordnungsrecht, DVBl. 2000, 1557 ff.

Battis, Ulrich / *Kersten,* Jens: Die Deutsche Bahn AG als staatliches Wirtschaftsunternehmen zwischen Grundrechtsverpflichtung, Gemeinwohlauftrag und Wettbewerb, WuW 2005, 493 ff.

Bauer, Hartmut: Privatisierung von Verwaltungsaufgaben, VVDStRL 54 (1995), 243 ff.

Bauer, Hartmut / *Kahl,* Wolfgang: Europäische Unionsbürger als Träger von Deutschen-Grundrechten?, JZ 1995, 1077 ff.

Bauer, Jobst-Hubertus / *Krets,* Jérôme: Gesetz für moderne Dienstleistungen am Arbeitsmarkt, NJW 2003, 537 ff.

Baumann, Fabian: § 40a LMBG, ZLR 2003, 27 ff.

Baumann, Jürgen u. a.: Alternativ-Entwurf Zeugnisverweigerungsrechte und Beschlagnahmefreiheit (AE-ZVR), München 1996

Baumann, Karsten: Private Sicherheitsgewähr unter staatlicher Gesamtverantwortung, DÖV 2003, 790 ff.

Beck, Heinz (Begr.) / *Samm,* Carl-Theodor (Hrsg.): Gesetz über das Kreditwesen, Loseblattsammlung, Stand: 95. Ergänzungslieferung, Heidelberg 2002

Becker, Jürgen: Informales Verwaltungshandeln zur Steuerung wirtschaftlicher Prozesse im Zeichen der Deregulierung, DÖV 1985, 1003 ff.

Benda, Ernst / *Maihofer,* Werner / *Vogel,* Hans-Jochen (Hrsg.): Handbuch des Verfassungsrechts, 2. Auflage, Berlin 1994

Bender, Denise: Grenzen der Schweigepflicht des Arztes bei Kenntnis von Misshandlungen oder entwürdigenden Behandlungen durch Eltern, MedR 2002, 626 ff.

Benz, Angelika: Privatisierung und Deregulierung – Abbau von Staatsaufgaben?, Die Verwaltung 28 (1995), 337 ff.

– Privatisierung und Regulierung im Rundfunk, in: König, Klaus / Benz, Angelika (Hrsg.): Privatisierung und staatliche Regulierung, Baden-Baden 1997, S. 419 ff.

– Veränderung staatlicher Aufgabenwahrnehmung durch Privatisierung – das Beispiel Telekommunikation, in: Gusy, Christoph (Hrsg.): Privatisierung vom Staatsaufgaben: Kriterien – Folgen – Grenzen, Baden-Baden 1998, S. 129 ff.

Berendes, Konrad: Die Staatsaufsicht über den Rundfunk, Berlin 1973

Berg, Winfried: Daten- und Geheimnisschutz als Schranke von Betrugsbekämpfung und Kontrollen, insbesondere im Agrar- und Lebensmittelbereich, WiVerw 1996, 171 ff.

Berschin, Felix: Zur Trennung von Netz und Betrieb der Deutschen Bahn AG aufgrund des europäischen Eisenbahnpakets, DVBl. 2002, 1079 ff.

Berthold, Norbert / *Gundel,* Elke (Hrsg.): Theorie der sozialen Ordnungspolitik, Stuttgart 2003

Beuthien, Volker: Zur Begriffsverwirrung im deutschen Gesellschaftsrecht, JZ 2003, 715 ff.

Bickel, Christian: Kommentar zum Hessischen Wassergesetz, Baden-Baden 1987

Bieber, Roland / *Epiney,* Astrid / *Haag,* Marcel: Die Europäische Union, 6. Auflage, Baden-Baden 2005

Birkert, Eberhard / *Reiter,* Hans J. / *Scherer,* Frank: Landesmediengesetz Baden-Württemberg, 2. Auflage, Stuttgart / Berlin / Köln 2001

Bischopink, Olaf: Das Gesetz über die Freiheit des Zugangs zu Informationen für das Land Nordrhein-Westfalen vom 27. 11. 2001 (IFG NRW), NWVBl 2003, 245 ff.

Bitter, Melanie: Spieltheorie und öffentliche Verwaltung, Baden-Baden 2005

Bittmann, Folker / *Rudolph,* Carolin: Das Verwendungsverbot gemäß § 97 Abs. 1 Satz 3 InsO, wistra 2001, 81 ff.

Bizer, Johann: Vom Eros der Fragestellung: Die Rechtsinformatik auf der Suche nach ihrem Gegenstand, in: Taeger, Jürgen / Wiebe, Andreas (Hrsg.): Informatik – Wirtschaft – Recht, Regulierung in der Wissensgesellschaft, Festschrift für Wolfgang Kilian zum 65. Geburtstag, Baden-Baden 2004, S. 39 ff.

Blaue, Andreas: Meinungsrelevanz und Mediennutzung, ZUM 2005, 30 ff.

Bock, Wolfgang: Die Verfahrensbeschleunigung im Baurecht und der Nachbarschutz, DVBl. 2006, 12 ff.

Boehme-Neßler, Volker: CyberLaw, München 2001

Boente, Walter / *Riehm,* Thomas: Besondere Vertriebsformen im BGB, Jura 2002, 222 ff.

Böge, Ulf / *Lange,* Markus: Die zukünftige Energiemarkt-Regulierung im Lichte der Erfahrungen und der verfassungsrechtlichen Vorgaben, WuW 2003, 870 ff.

Böhmann, Kirsten: Privatisierungsdruck des Europarechts, Stuttgart u. a. 2001

Bolay, Martin / *Eisenreich,* Albrecht / *Isele,* Markus: Die neue Arbeitsförderung, 2. Auflage, Baden-Baden 2005

Bonk, Heinz Joachim: 25 Jahre Verwaltungsverfahrensgesetz, NVwZ 2001, 636 ff.

Bosch, Nikolaus: Aspekte des nemo-tenetur-Prinzips aus verfassungsrechtlicher und strafprozessualer Sicht, Berlin 1998

Boss, Alfred / *Laaser,* Claus-Friedrich / *Schatz,* Klaus-Werner u. a.: Deregulierung in Deutschland, Tübingen 1996

Braum, Stefan: Expansive Tendenzen der Telekommunikations-Überwachung?, JZ 2004, 128 ff.

Brenner, Michael: Das Thüringer Straßengesetz, LKV 1998, 369 ff.

Breuer, Rüdiger: Probleme der Zusammenarbeit zwischen Verwaltung und Strafverfolgung auf dem Gebiet des Umweltschutzes, AöR 115 (1990), 448 ff.

Breyer, Patrick: Bürgerrechte und TKG-Novelle – Datenschutzrechtliche Auswirkungen der Neufassung des Telekommunikationsgesetzes, RDV 2004, 147 ff.

Britz, Gabriele: „Kommunale Gewährleistungsveranwortung" – Ein allgemeines Element des Regulierungsrechts in Europa?, Die Verwaltung 37 (2004), 145 ff.

Brohm, Winfried: Öffentliches Baurecht, 3. Auflage, München 2002

Brosius-Gersdorf, Frauke: Wettbewerb auf der Schiene?, DÖV 2002, 275 ff.

Brox, Hans: Allgemeiner Teil des BGB, 29. Auflage, Köln / Berlin / München 2005

Brugger, Winfried: Staatszwecke im Verfassungsstaat, NJW 1989, 2425 ff.

– Vom unbedingten Verbot der Folter zum bedingten Recht auf Folter?, JZ 2000, 165 ff.

Brühl, Raimund: Die Sachverhaltsermittlung im Verwaltungsverfahren und ihre Bedeutung für den Entscheidungsprozeß, JA 1992, 193 ff.

Brüning, Christoph: Voraussetzungen und Inhalt eines grundrechtlichen Schutzanspruchs – BVerwG, NVwZ 1999, 1234, JuS 2000, 955 ff.

– Der informierte Abgeordnete, Der Staat 43 (2004), 513 ff.

Bruns, W. / *Andreas,* M. / *Debong* B.: Ärztliche Schweigepflicht im Krankenhaus, ArztR 1999, 32 ff.

Buchner, Herbert: Reform des Arbeitsmarkts – Was brauchen und was können wir?, DB 2001, 1510 ff.

Büchner, Wolfgang / *Ehmer,* Jörg / *Geppert,* Martin / *Kerkhoff,* Bärbel / *Piepenbrock,* Hermann-Josef / *Schütz,* Raimund / *Schuster,* Fabian (Hrsg.): Beck'scher TKG-Kommentar, 2. Auflage, München 2000

Budäus, Dietrich / *Finger,* Stefanie: Stand und Perspektiven der Verwaltungsreform in Deutschland, Die Verwaltung 32 (1999), 313 ff.

Büdenbender, Ulrich: Möglichkeiten und Grenzen einer Deregulierung in der leitungsgebundenen Energiewirtschaft, DÖV 2002, 375 ff.

Bull, Hans Peter: Bürokratieabbau – Richtige Ansätze unter falscher Flagge, Die Verwaltung 38 (2005), 258 ff.

– Die Staatsaufgaben nach dem Grundgesetz, 2. Auflage, Kronberg 1977

– Vom Datenschutz zum Informationsrecht – Hoffnungen und Enttäuschungen, in: Hohmann, Harald (Hrsg.): Freiheitssicherung durch Datenschutz, Frankfurt am Main 1987, S. 173 ff.

Büllingen, Franz: Vorratsdatenspeicherung von Telekommunikationsdaten im internationalen Vergleich, DuD 2005, 349 ff.

Bullinger, Martin: Multimediale Kommunikation in Wirtschaft und Gesellschaft, ZUM 1996, 749 ff.

– Regulierung als modernes Instrument zur Ordnung liberalisierter Wirtschaftszweige, DVBl. 2003, 1355 ff.

Bund, Elmar: Einführung in die Rechtsinformatik, Berlin u. a. 1991

Bundesministerium der Justiz / Bundesministerium für Umwelt, Naturschutz und Reaktorsicherheit (Hrsg.): Bericht der Interministeriellen Arbeitsgruppe „Umwelthaftungs- und Umweltstrafrecht" – Arbeitskreis Umweltstrafrecht, Bonn 1989

Bundesministerium des Innern (Hrsg.): Unabhängige Kommission für Rechts- und Verwaltungsvereinfachung des Bundes 1983–1987, Eine Zwischenbilanz, Bonn 1987

Bundesministerium für Umwelt, Naturschutz und Reaktorsicherheit (Hrsg.): Umweltgesetzbuch (UGB-KomE), Berlin 1998

Bundesministerium für Wirtschaft (Hrsg.): Investitionsförderung durch flexible Genehmigungsverfahren, Baden-Baden 1994

Bundesministerium für Wirtschaft und Arbeit (Hrsg.): Jahreswirtschaftsbericht 2004, Berlin

Burger, Benedikt: Zuständigkeit und Aufgaben des Bundes für den öffentlichen Personenverkehr nach Art. 87e GG, Baden-Baden 1998

Burgi, Martin: Das subjektive Recht im Energie-Regulierungsverwaltungsrecht, DVBl. 2006, 269 ff.

– Die öffentlichen Unternehmen im Gefüge des primären Gemeinschaftsrechts, EuR 1997, 261 ff.

– Funktionale Privatisierung und Verwaltungshilfe, Tübingen 1999

– Kommunales Privatisierungsfolgenrecht: Vergabe, Regulierung und Finanzierung, NVwZ 2001, 601 ff.

Burkert, Herbert: Noch ein Beitrag zum Goethe-Jahr: Mehr Licht! Oder: Wieviel Informationen brauchen die europäischen Bürger, MMR 6/1999, V f.

Bürkle, Jürgen: Mandatsbegrenzung für Bedingungsänderungstreuhänder durch die VAG-Novelle 2003, VersR 2004, 826 ff.

Büschgen, Hans E./*Ergenzinger,* Till: Privatwirtschaftliche Finanzierung und Erstellung von Verkehrsinfrastruktur-Investitionen, Frankfurt am Main 1993

Busse, Volker: Bundeskanzleramt und Bundesregierung, 4. Auflage, Heidelberg 2005

– Verfahrenswege zu einem „schlankeren Staat", DÖV 1996, 389 ff.

Calliess, Christian: Die Charta der Grundrechte der Europäischen Union – Fragen der Konzeption, Kompetenz und Verbindlichkeit, EuZW 2001, 261 ff.

Calliess, Christian/*Ruffert,* Matthias (Hrsg.): Kommentar zu EU-Vertrag und EG-Vertrag, 2. Auflage, Neuwied/Kriftel 2002

Castenholz, Frank: Informationszugangsfreiheit im Gemeinschaftsrecht, Baden-Baden 2004

Classen, Claus Dieter: Gefahrerforschung und Polizeirecht, JA 1995, 608 ff.

Crones, Luisa: Grundrechtlicher Schutz von juristischen Personen im europäischen Gemeinschaftsrecht, Baden-Baden 2001

Danckwerts, Rolf: Funkzellenabfrage gem. § 100h Abs. 1 S. 2 StPO, CR 2002, 539 ff.

Danwitz, Thomas von: Alternative Zustelldienste und Liberalisierung des Postwesens, Köln/Berlin/Bonn/München 1999

– Der Schutz von Betriebs- und Geschäftsgeheimnissen im Recht der Regulierungsverwaltung, DVBl. 2005, 597 ff.

– Was ist eigentlich Regulierung?, DÖV 2004, 977 ff.

– Zum Anspruch auf Durchführung des „richtigen" Verwaltungsverfahrens, DVBl. 1993, 422 ff.

Dauses, Manfred A. (Hrsg.): Handbuch des EU-Wirtschaftsrechts, Loseblattsammlung, Stand: 15. Ergänzungslieferung, München 2005

Decker, Friedrich: Die externe Informationsgewinnung in der deutschen öffentlichen Verwaltung, o. O. 1975

Deeke, Axel: Öffentliche und private Arbeitsvermittlung, in: Seifert, Hartmut (Hrsg.): Reform der Arbeitsmarktpolitik, Köln 1995, S. 276 ff.

Degenhart, Christoph: Das allgemeine Persönlichkeitsrecht, Art. 2 I i.V. m. Art. 1 I GG, JuS 1992, 361 ff.

– Staatsrecht I – Staatsorganisationsrecht, 21. Auflage, Heidelberg 2005

Delbanco, Heike: Die Bahnstrukturreform – Europäische Vorgaben und deren Umsetzung in nationales Recht, in: Foos, Christoph Roland (Hrsg.): Eisenbahnrecht und Bahnreform, 2. Auflage, Minfeld 2002, S. 21 ff.

Denninger, Erhard: Das Recht auf informationelle Selbstbestimmung, in: Hohmann, Harald (Hrsg.): Freiheitssicherung durch Datenschutz, Frankfurt am Main 1987, S. 127 ff.

Denninger, Erhard / *Hoffmann-Riem,* Wolfgang / *Schneider,* Hans-Peter / *Stein,* Ekkehart (Hrsg.): Kommentar zum Grundgesetz für die Bundesrepublik Deutschland (Reihe Alternativkommentare), Loseblattsammlung, 3. Auflage, Neuwied / Kriftel 2001, Stand: 2. Ergänzungslieferung 2002

Deregulierungskommission: Marktöffnung und Wettbewerb, Stuttgart 1991

Di Fabio, Udo: Integratives Umweltrecht: Bestand, Ziele, Möglichkeiten, NVwZ 1998, 329 ff.

– Privatisierung und Staatsvorbehalt, JZ 1999, 585 ff.

– Verwaltungsentscheidung durch externen Sachverstand, VerwArch 81 (1990), 193 ff.

Dicke, Klaus / *Hummer,* Waldemar / *Girsberger,* Daniel / *Boele-Woelki,* Katharina / *Engel,* Christoph / *Frowein,* Jochen A.: Völkerrecht und Internationales Privatrecht in einem sich globalisierenden internationalen System – Auswirkungen der Entstaatlichung transnationaler Rechtsbeziehungen, Heidelberg 2000

Diederichsen, Lars: Abgrenzung zwischen Abfall zur Beseitigung und Abfall zur Verwertung mit Hilfe von Auskunftsverpflichtungen?, VBlBW 2000, 461 ff.

Dingeldey, Thomas: Der Schutz der strafprozessualen Aussagefreiheit durch Verwertungsverbote bei außerstrafrechtlichen Aussage- und Mitwirkungspflichten, NStZ 1984, 529 ff.

Dirks, Gudrun: Die Umweltschutzbeauftragten im Betrieb, DB 1996, 1021 ff.

Dißars, Ulf-Christian: Im Blickpunkt: Umsatzsteuer-Nachschau gemäß § 27 UStG nach dem Steuerverkürzungsbekämpfungsgesetz, BB 2002, 759 ff.

Doehring, Karl: Allgemeine Staatslehre, 3. Auflage, Heidelberg 2004

Doerfert, Carsten: Daseinsvorsorge – eine juristische Entdeckung und ihre heutige Bedeutung, JA 2006, 316 ff.

Dohms, Rüdiger: Die Vorstellungen der Kommission zur Daseinsvorsorge, in: Schwarze, Jürgen (Hrsg.): Daseinsvorsorge im Lichte des Wettbewerbsrechts, Baden-Baden 2001, S. 41 ff.

Doll, Roland / *Nigge,* Ralf: Die Prüfung des Regulierungsbedarfs auf TK-Märkten nach dem neuen TKG, MMR 2004, 519 ff.

Dolzer, Rudolf / *Vogel,* Klaus / *Graßhof,* Karin (Hrsg.): Bonner Kommentar zum Grundgesetz, Loseblattsammlung: Stand: 120. Ergänzungslieferung, Heidelberg 2005

Dörr, Dieter / *Zorn,* Nicole: Die Entwicklung des Medienrechts, NJW 2001, 2837 ff.

Dowe, Christoph / *Märker,* Alfredo: Der UNO-Weltgipfel zur Wissens- und Informationsgesellschaft, Aus Politik und Zeitgeschichte B 49 – 50 / 2003, 5 ff.

Dreier, Horst (Hrsg.): Grundgesetz, Band I, 2. Auflage, Tübingen 2004

– (Hrsg.): Grundgesetz, Band II, Tübingen 1998

– (Hrsg.): Grundgesetz, Band III, Tübingen 2000

Dreier, Thomas: Informationsrecht in der Informationsgesellschaft, in: Bizer, Johann / Lutterbeck, Bernd / Rieß, Joachim (Hrsg.): Umbruch von Regelungssystemen in der Informationsgesellschaft – Freundesgabe für Alfred Büllesbach, http: // www.alfred-buellesbach. de, S. 65 ff.

Drews, Bill / *Wacke,* Gerhard (Begr.) / *Vogel,* Klaus / *Martens,* Wolfgang: Gefahrenabwehr, 9. Auflage, Köln / Berlin / Bonn / München 1986

Drömann, Dietrich / *Tegtbauer,* Tatjana: Rechtsfragen der Mautgebühr nach dem Gesetz über den Bau und die Finanzierung von Bundesstraßen durch Private, NVwZ 2004, 296 ff.

Druey, Jean Nicolas: Information als Gegenstand des Rechts, Zürich / Baden-Baden 1995

Dübbers, Robert / *Jo,* Soi: Die Deregulierung des Gaststättenrechts, NVwZ 2006, 301 ff.

Eberle, Carl-Eugen: Informationsrecht – der große Wurf?, CR 1992, 757 ff.

– Zum Verwertungsverbot für rechtswidrig erlangte Informationen im Verwaltungsrecht, in: Selmer, Peter / Münch, Ingo v. (Hrsg.): Gedächtnisschrift für Wolfgang Martens, Berlin / New York 1987, S. 351 ff.

Eberspächer, Jörg / *Ziemer,* Albrecht: Digitale Medien und Konvergenz, Heidelberg 2001

Ebsen, Ingwer: Öffentlich-rechtliche Rahmenbedingungen einer Informationsordnung, DVBl. 1997, 1039 ff.

Eckhard, Jens: Neue Regelungen der TK-Überwachung, DuD 2002, 197 ff.

– Datenschutz und Überwachung im Regierungsentwurf zum TKG, CR 2003, 805 ff.

Ehlers, Dirk: Die Weiterentwicklung des Staatshaftungsrechts durch das europäische Gemeinschaftsrecht, JZ 1996, 776 ff.

– Der Anwendungsbereich der Verwaltungsverfahrensgesetze, Jura 2003, 30 ff.

– (Hrsg.): Europäische Grundrechte und Grundfreiheiten, 2. Auflage, Berlin 2005

Ehlers, Jan Philip: Aushöhlung der Staatlichkeit durch die Privatisierung von Staatsaufgaben?, Frankfurt am Main u. a. 2003

Ehmann, Horst: Zur Struktur des Allgemeinen Persönlichkeitsrechts, JuS 1997, 193 ff.

Eichenhofer, Eberhard: Das Arbeitsvermittlungsmonopol der Bundesanstalt für Arbeit und das EG-Recht, NJW 1991, 2857 ff.

– Sozialrecht, 5. Auflage 2004

Eidenmüller, Alfred: Post- und Fernmeldewesen, Loseblattsammlung, Stand: 44. Ergänzungslieferung, Frankfurt am Main 1988

Eifert, Martin: Regulierte Selbstregulierung und die lernende Verwaltung, Die Verwaltung Beiheft 4 (2001): Regulierte Selbstregulierung als Steuerungskonzept des Gewährleistungsstaates, 137 ff.

Eilert, Hergen: Die wichtigsten Änderungen der VAG-Novelle 2003, VW 2004, 907 ff.

Eisenberg, Ulrich / *Nischan,* Anett: Strafprozessualer Zugriff auf digitale multimediale Videodienste, JZ 1997, 74 ff.

Eisenblätter, Tanja: Regulierung in der Telekommunikation, Frankfurt am Main u. a. 2000

Ellinghaus, Ulrich: Der Stand der Telekommunikationsgesetzgebung, MMR 2003, 91 ff.

– Regulierungsverfahren, gerichtlicher Rechtsschutz und richterliche Kontrolldichte im neuen TKG, MMR 2004, 293 ff.

Ellwein, Thomas / *Hesse,* Joachim Jens: Der überforderte Staat, Baden-Baden 1994

Emmerich, Volker / *Steiner,* Udo: Möglichkeiten und Grenzen der wirtschaftlichen Betätigung der öffentlich-rechtlichen Rundfunkanstalten, Berlin 1986

Ende, Lothar / *Kaiser,* Jan: Wie weit ist die Liberalisierung der Schiene?, WuW 2004, 26 ff.

Enders, Christoph: Das Recht auf Kenntnis der eigenen Abstammung, NJW 1989, 881 ff.

– Der Schutz der Versammlungsfreiheit (Teil I), Jura 2003, 34 ff.

– Der Schutz der Versammlungsfreiheit (Teil II), Jura 2003, 103 ff.

Ensthaler, Jürgen / *Funk,* Michael / *Gesmann-Nuissl,* Dagmar / *Selz,* Alexandra: Umweltauditgesetz / EMAS-Verordnung, 2. Auflage, Berlin 2002

Epiney, Astrid: Umgekehrte Diskriminierungen, Köln / Berlin / Bonn / München 1995

Epping, Volker: Grundrechte, 2. Auflage, Berlin / Heidelberg / New York 2005

Erbguth, Wilfried / *Schlacke,* Sabine: Umweltrecht, Baden-Baden 2005

Erdelt, Alexander: Informationszugang und das Recht auf Information, DuD 2003, 465 ff.

Erichsen, Hans-Uwe: Das Grundrecht der Meinungsfreiheit, Jura 1996, 84 ff.

Erichsen, Hans-Uwe / *Ehlers,* Dirk (Hrsg.): Allgemeines Verwaltungsrecht, 12. Auflage, Berlin 2002

Faber, Michael: Verrechtlichung – ja, aber immer noch kein „Grundrecht"! – Zwanzig Jahre informationelles Selbstbestimmungsrecht, RDV 2003, 278 ff.

Fahr, Ulrich / *Kaulbach,* Detlef / *Bähr,* Gunne W.: Versicherungsaufsichtsgesetz, 3. Auflage, München 2003

Falke, Josef: Transparenz beim Umgang mit Lebensmittel- und Futtermittelrisiken, ZUR 2002, 388 ff.

Fastenrath, Ulrich / *Müller-Gerbes,* Maike: Europarecht, 2. Auflage, Stuttgart u. a. 2004

Fechner, Frank: Medienrecht, 7. Auflage, Tübingen 2006

Fechtner, Johannes: Die Aufsicht über den Privatrundfunk in Deutschland, Berlin 2003

Fehling, Michael: Zur Bahnreform, DÖV 2002, 793 ff.

Feldhaus, Gerhard: Umweltschutzsichernde Betriebsorganisation, NVwZ 1991, 927 ff.

Felixberger, Stefan: Staatliche Überwachung der Telekommunikation, CR 1998, 143 ff.

Fengler, Nico: Die Anhörung im europäischen Gemeinschaftsrecht und deutschen Verwaltungsverfahrensrecht, Frankfurt am Main u. a. 2003

Fikentscher, Wolfgang / *Möllers,* Thomas M. J.: Die (negative) Informationsfreiheit als Grenze von Werbung und Kunstdarbietung, NJW 1998, 1337 ff.

Finger, Hans-Joachim: Kommentar zum Allgemeinen Eisenbahngesetz und Bundesbahngesetz, Darmstadt 1982

Finkelnburg, Klaus / *Ortloff,* Karsten-Michael: Öffentliches Baurecht, Band II, 5. Auflage, München 2005

Fisahn, Andreas: Demokratie und Öffentlichkeitsbeteiligung, Tübingen 2002

Fischer, Markus: Formelle und materielle Illegalität?, NVwZ 2004, 1057 ff.

Flechsig, Norbert P. (Hrsg.): SWR-Staatsvertrag, Baden-Baden 1997

Fluck, Jürgen / *Wintterle,* Markus: Zugang zu Umweltinformationen, VerwArch 94 (2003), 437 ff.

Foerster, German: Die Tatsachenfeststellung im Verwaltungsverfahren, VR 1989, 226 ff.

Forsthoff, Ernst: Die Verwaltung als Leistungsträger, Stuttgart / Berlin 1938

Franzheim, Horst: Beweisverbote bei Erkenntnissen der Eigenüberwachung, NJW 1990, 2049

Frenz, Walter: Handbuch Europarecht, Band 1: Europäische Grundfreiheiten, Berlin / Heidelberg 2004

Frenzel, Eike Michael: Die Änderungen des Eisenbahnrechts nach der AEG-Novelle 2005 – Zugleich Anschauungsunterricht zur Gesetzgebungspraxis des Bundes, NZV 2006, 57 ff.

Freund, Matthias: Infrastrukturgewährleistung in der Telekommunikation, NVwZ 2003, 408 ff.

– Die Überbrückung des „Digital Divide", MMR 2002, 666 ff.

Frevert, Tobias: Regelungen des neuen TKG zur Rundfunkübertragung, MMR 2005, 23 ff.

Fricke, Martin: Die VAG-Novelle 2002, VersR 2002, 1078 ff.

– Die VAG-Novelle 2004, VersR 2005, 161 ff.

Friedrich, Dirk: Die Verpflichtung privater Telekommunikationsunternehmen, die staatliche Überwachung und Aufzeichnung der Telekommunikation zu ermöglichen, Aachen 2001

Fromm, Günter: Bundesbahnautonomie und Grundgesetz, DVBl. 1982, 288 ff.

Frotscher, Werner: Wirtschaftsverfassungs- und Wirtschaftsverwaltungsrecht, 4. Auflage, München 2004

Frowein, Jochen Abr. / *Peukert,* Wolfgang: Europäische Menschenrechtskonvention, 2. Auflage, Kehl / Straßburg / Arlington 1996

Frye, Bernhard: Die Staatsaufsicht über die öffentlich-rechtlichen Rundfunkanstalten, Berlin 2001

Fuchs, Bärbel / *Demmer,* Wilfried: Sitzung des Bund-Länder-Ausschusses „Gewerberecht", GewArch 1995, 325 ff.

Fuchs, Erwin: Beweisverbote bei der Vernehmung des Mitbeschuldigten, NJW 1959, 14 ff.

Füßer, Klaus / *Schiedt*, Ulrike: Anzeigepflicht gem. § 14 I GewO im Licht der neueren Rechtsprechung des EuGH zu den Grundfreiheiten, NVwZ 1999, 620 ff.

Gaiser, Anja Sofia: Die Auskunfts- und Mitwirkungspflicht des Schuldners gem. § 97 InsO und die Frage nach alternativen Auskunftsquellen, ZInsO 2002, 472 ff.

Gallandi, Volker: Das Auskunftsverweigerungsrecht nach § 44 Abs. 4 KreditwesenG, wistra 1987, 127 ff.

Garstka, Hansjürgen: Empfiehlt es sich, Notwendigkeit und Grenzen des Schutzes personenbezogener – auch grenzüberschreitender – Informationen neu zu bestimmen?, DVBl. 1998, 981 ff.

Gasser, Urs: Kausalität und Zurechnung von Informationen als Rechtsproblem, München 2002

– Variationen über „Informationsqualität", in: Schweizer, Rainer J. / Burkert, Herbert / Gasser, Urs (Hrsg.): Festschrift für Jean Nicolas Druey zum 65. Geburtstag, Zürich / Basel / Genf 2002, S. 727 ff.

Gebauer, Peer: Zur Grundlage des absoluten Folterverbots, NVwZ 2004, 1405 ff.

Geiger, Andreas / *Santomauro*, Patrizio: Lobbying – Anwaltliches Beratungsfeld der Zukunft?, NJW 2003, 2878 ff.

Geiger, Rudolf: EUV / EGV, 4. Auflage, München 2004

Geis, Max Emanuel: Der Kernbereich des Persönlichkeitsrechts, JZ 1991, 112 ff.

Geiß, Joachim / *Doll*, Wolfgang: Geräte- und Produktsicherheitsgesetz (GPSG), Stuttgart 2005

Gern, Alfons: Deutsches Kommunalrecht, 3. Auflage, Baden-Baden 2003

Gernhuber, Joachim / *Coester-Waltjen*, Dagmar: Lehrbuch des Familienrechts, 4. Auflage, München 1994

Gerpott, Torsten J.: Wettbewerbsstrategien im Telekommunikationsmarkt, 3. Auflage, Stuttgart 1998

Gersdorf, Hubertus: Grundzüge des Rundfunkrechts, München 2003

– Marktöffnung im Eisenbahnsektor, ZHR 168 (2004), 576 ff.

– Rundfunk und E-Commerce, RTkom 1999, 75 ff.

– Verlängerung des Briefmonopols: Der Staat als Hüter oder Antagonist des Gemeinwohls?, DÖV 2001, 661 ff.

Gerstner, Stephan: Die Grenzen des Auskunftsrechts der Regulierungsbehörde für Telekommunikation und Post nach § 4 I Nr. 1 PostG am Beispiel der Teilleistungsverträge, NVwZ 2000, 637 ff.

Glotz, Peter: Wer sind die Verlierer der Vernetzung?, IP 12 / 2003, 1 ff.

Gnirck, Karen / *Lichtenberg*, Jan: Internetprovider im Spannungsfeld staatlicher Auskunftsersuchen, DuD 2004, 598 ff.

Göke, Wolfgang: Staatsverschuldung, ZG 2006, 1 ff.

Gola, Peter / *Schomerus*, Rudolf: BDSG, 8. Auflage, München 2005

Goldberg, Alfred / *Müller*, Helmut: Versicherungsaufsichtsgesetz, Berlin / New York 1980

Göres, Ulrich L.: Zur Rechtmäßigkeit des automatisierten Abrufs von Kontoinformationen – Ein weiterer Schritt zum gläsernen Bankkunden, NJW 2005, 253 ff.

Görisch, Christoph: Die Inhalte des Rechtsstaatsprinzips, JuS 1997, 988 ff.

Görres-Gesellschaft: Staatslexikon, 3. Band, 7. Auflage, Freiburg 1987

Gostomzyk, Tobias: Grundrechte als objektiv-rechtliche Ordnungsidee, JuS 2004, 949 ff.

Götz, Volkmar: Allgemeines Polizei- und Ordnungsrecht, 13. Auflage, Göttingen 2001

Gotzmann, Claudia: Die Staatsaufsicht über die öffentlich-rechtlichen Rundfunkanstalten, München 2003

Gounalakis, Georgios: Konvergenz der Medien – Sollte das Recht der Medien harmonisiert werden?, Gutachten C für den 64. Deutschen Juristentag, München 2002

– Konvergenz der Medien – Sollte das Recht der Medien harmonisiert werden?, NJW-Beilage 23 / 2002, 20 ff.

– Medienkonzentrationskontrolle versus allgemeines Kartellrecht, AfP 2004, 394 ff.

Grabenwarter, Christoph: Die Charta der Grundrechte für die Europäische Union, DVBl. 2001, 1 ff.

– Europäische Menschenrechtskonvention, 2. Auflage, München 2005

Grabitz, Eberhard / *Hilf,* Meinhard (Hrsg.): Das Recht der Europäischen Union, Loseblattsammlung, Stand: 26. Ergänzungslieferung, München 2005

Gramlich, Ludwig: Die Regulierungsbehörde für Telekommunikation und Post im Jahre 2003, CR 2004, 572 ff.

– Ende gut, alles gut? – Anmerkungen zum neuen Postgesetz, NJW 1998, 866 ff.

Gramm, Christof: Privatisierung bei der Bundeswehr, DVBl. 2003, 1366 ff.

– Privatisierung und notwendige Staatsaufgaben, Berlin 2000

Grande, Edgar: Auflösung, Modernisierung oder Transformation? Zum Wandel des modernen Staates in Europa, in: Grande, Edgar / Prätorius, Rainer (Hrsg.): Modernisierung des Staates?, Baden-Baden 1997, S. 45 ff.

– Entlastung des Staates durch Liberalisierung und Privatisierung? Zum Funktionswandel des Staates im Telekommunikationssektor, in: Voigt, Rüdiger (Hrsg.): Abschied vom Staat – Rückkehr zum Staat?, Baden-Baden 1993, S. 371 ff.

– Vom produzierenden zum regulierenden Staat: Möglichkeiten und Grenzen von Regulierung und Privatisierung, in: König, Klaus / Benz, Angelika (Hrsg.): Privatisierung und staatliche Regulierung, Baden-Baden 1997, S. 576 ff.

Greiner, Arved: Die Verhinderung verbotener Internetinhalte im Wege polizeilicher Gefahrenabwehr, Hamburg 2001

Greitemann, Georg: Das Forschungsgeheimnis, Baden-Baden 2001

Grewlich, Klaus W.: „Internet governance" und „völkerrechtliche Konstitutionalisierung" – nach dem Weltinformationsgipfel 2005 in Tunis, K&R 2006, 156 ff.

– Konflikt und Ordnung in der globalen Kommunikation, Baden-Baden 1997

Grigoleit, Hans Christoph: Besondere Vertriebsformen im BGB, NJW 2002, 1151 ff.

Grimm, Dieter: Der Staat in der kontinentaleuropäischen Tradition, in: Voigt, Rüdiger (Hrsg.): Abschied vom Staat – Rückkehr zum Staat?, Baden-Baden 1993, S. 27 ff.

Groeben, Hans von der / *Schwarze,* Jürgen (Hrsg.): Kommentar zum Vertrag über die Europäische Union und zur Gründung der Europäischen Gemeinschaft, Band 1, 6. Auflage, Baden-Baden 2003

– (Hrsg.): Kommentar zum Vertrag über die Europäische Union und zur Gründung der Europäischen Gemeinschaft, Band 2, 6. Auflage, Baden-Baden 2003

Gröschner, Rolf: Das Überwachungsrechtsverhältnis, Tübingen 1992

– Öffentlichkeitsaufklärung als Behördenaufgabe, DVBl. 1990, 619 ff.

Groß, Thomas: Die Schutzwirkung des Brief-, Post- und Fernmeldegeheimnisses nach der Privatisierung der Post, JZ 1999, 326 ff.

Gruber, Joachim: Rechtsfragen des Bankgeheimnisses, BuW 1995, 26 ff.

Grunsky, Wolfgang: Grundlagen des Verfahrensrechts, 2. Auflage, Bielefeld 1974

Grupp, Klaus: Mitwirkungspflichten im Verwaltungsverfahren, VerwArch 80 (1989), 44 ff.

– Rechtsprobleme der Privatfinanzierung von Verkehrsprojekten, DVBl. 1994, 140 ff.

Guckelberger, Annette: Maßnahmen zur Beschleunigung von Planungs- und Genehmigungsverfahren – eine Zwischenbilanz, in: Ziekow, Jan (Hrsg.): Beschleunigung von Planungs- und Genehmigungsverfahren, Berlin 1998, S. 17 ff.

– Zulässigkeit von Polizeifolter?, VBlBW 2004, 121 ff.

Gundel, Jörg: Die Rechtfertigung von faktisch diskriminierenden Eingriffen in die Grundfreiheiten des EGV, Jura 2001, 79 ff.

Gundermann, Lukas: Polizeilicher Zugriff auf Telekommunikationsdaten, DuD 1999, 681 ff.

Gurlit, Elke: Die Verwaltungsöffentlichkeit im Umweltrecht, Düsseldorf 1989

– Konturen eines Informationsverwaltungsrechts, DVBl. 2003, 1119 ff.

Gusy, Christoph: Jenseits von Privatisierung und „schlankem" Staat: Duale Sicherheitsverantwortung, in: Schuppert, Gunnar Folke (Hrsg.): Jenseits von Privatisierung und „schlankem" Staat, Baden-Baden 1999, S. 115 ff.

– Privatisierung als Herausforderung an Rechtspolitik und Rechtsdogmatik, in: ders. (Hrsg.): Privatisierung vom Staatsaufgaben: Kriterien – Folgen – Grenzen, Baden-Baden 1998, S. 330 ff.

Häberle, Peter: Verfassungsstaatliche Staatsaufgabenlehre, AöR 111 (1986), 595 ff.

Habersack, Mathias / *Holznagel,* Bernd / *Lübbig,* Thomas: Behördliche Auskunftsrechte und besondere Missbrauchsaufsicht im Postrecht, München 2002

Hagemeister, Adrian von: Die Privatisierung öffentlicher Aufgaben, München 1992

Hahn, Werner: Offenbarungspflichten im Umweltschutzrecht, Köln / Berlin / Bonn / München 1984

Hahn, Werner / *Vesting,* Thomas (Hrsg.): Beck'scher Kommentar zum Rundfunkrecht, München 2003

Hailbronner, Kay: Rechtsstellung und Tätigkeitsbereich der öffentlich-rechtlichen Pflicht- und Monopolversicherungsanstalten in der Europäischen Gemeinschaft, Baden-Baden 1991

Haller, Robert: Auskunftsansprüche im Umwelthaftungsrecht, Köln / Berlin / Bonn / München 1999

Hardraht, Klaus: Zur Sanierung öffentlicher Haushalte durch Privatisierung öffentlicher Aufgaben, SächsVBl 2003, 53 ff.

Hartstein, Reinhard / *Ring,* Wolf-Dieter / *Kreile,* Johannes / *Dörr,* Dieter / *Stettner,* Rupert: Rundfunkstaatsvertrag, Loseblattsammlung, Stand: 26. Ergänzungslieferung, München / Berlin 2005

Hartung, Markus: Zum Umfang des Auskunftsverweigerungsrechts nach § 44 Abs. 4 KWG, NJW 1988, 1070 ff.

Hasselbach, Kai: Der Vorrang des Gemeinschaftsrechts vor dem nationalen Recht nach dem Vertrag von Amsterdam, JZ 1997, 942 ff.

Hatje, Armin: Die Niederlassungsfreiheit im europäischen Binnenmarkt, Jura 2003, 160 ff.

Haurand, Günter / *Vahle,* Jürgen: Rechtliche Aspekte der Gefahrenabwehr in Entführungsfällen, NVwZ 2003, 513 ff.

Haus, Florian C. / *Cole,* Mark D.: Grundfälle zum Europarecht, JuS 2003, 561 ff.

Heckmann, Dirk: Polizeiliche Datenerhebung und -verarbeitung, VBlBW 1992, 164 ff.

Hedrich, Carl-Christoph: Die Privatisierung der Sparkassen, Baden-Baden 1993

Heertje, Arnold / *Wenzel,* Heinz-Dieter: Grundlagen der Volkswirtschaftslehre, 6. Auflage, Berlin / Heidelberg / New York 2002

Heise, Gerd / *Riegel,* Reinhard: Musterentwurf eines einheitlichen Polizeigesetzes, 2. Auflage, Stuttgart / München / Hannover 1978

Hellermann, Johannes: Die sogenannte negative Seite der Freiheitsrechte, Berlin 1993

Helm, Thorsten Matthias: Rechtspflicht zur Privatisierung, Baden-Baden 1999

Henneberger, Fred / *Sudjana,* Sarah: Arbeitsvermittlung in Deutschland und in der Schweiz: Zum Verhältnis zwischen privater und öffentlich-rechtlicher Vermittlungstätigkeit, RdS 2003, 11 ff.

Henneke, Hans-Günter: Verwaltungszwang mittels Zwangsgeld (I), Jura 1989, 7 ff.

Henssler, Martin / *Prütting,* Hanns (Hrsg.): Bundesrechtsanwaltsordnung, 2. Auflage, München 2004

Herdegen, Matthias: Europarecht, 7. Auflage, München 2005

– Internationales Wirtschaftsrecht, 5. Auflage, München 2005

Herder-Verlag (o. V.): Der Große Herder, Erster Band, Freiburg 1956

Herrmann, Günter / *Lausen,* Matthias: Rundfunkrecht, 2. Auflage, München 2004

Herrmann, Stephanie: Informationspflichten gegenüber der Verwaltung, Frankfurt am Main 1997

Herzog, Roman: Der überforderte Staat, in: Badura, Peter / Scholz, Rupert (Hrsg.): Wege und Verfahren des Verfassungslebens, Festschrift für Peter Lerche zum 65. Geburtstag, München 1993, S. 15 ff.

Heselhaus, Sebastian: Die Welthandesorganisation, JA 1999, 76 ff.

Hess, Wolfgang: Medienkonzentrationsrecht nach dem neuen Rundfunkstaatsvertrag, AfP 1997, 777 ff.

Hesse, Albrecht: Rundfunkrecht, 3. Auflage, München 2003

Hesse, Konrad: Grundzüge des Verfassungsrechts der Bundesrepublik Deutschland, 20. Auflage, Heidelberg 1995

Hett, Frank-Thomas: Öffentlichkeitsbeteiligung bei atom- und immissionsschutzrechtlichen Genehmigungsverfahren, Köln / Berlin / Bonn / München 1994

Hetzel, Hedda / *Bulla,* Simon: Die gesetzliche Exklusivlizenz der Post – BVerfG, NVwZ 2004, 329, JuS 2004, 1048 ff.

Heun, Sven-Erik (Hrsg.): Handbuch Telekommunikationsrecht, Köln 2002

– Der Referentenentwurf zur TKG-Novelle, CR 2003, 485 ff.

– Das neue Telekommunikationsgesetz 2004, CR 2004, 893 ff.

– Die Regulierung der Telekommunikationsmärkte in den letzten 20 Jahren, CR 2005, 725 ff.

Heußner, Hermann: Datenverarbeitung und Grundrechtsschutz, in: Hohmann, Harald (Hrsg.): Freiheitssicherung durch Datenschutz, Frankfurt am Main 1987, S. 110 ff.

Hilf, Meinhard / *Hörmann,* Saskia: Der Grundrechtsschutz von Unternehmen im europäischen Verfassungsverbund, NJW 2003, 1 ff.

Hilgendorf, Eric: Folter im Rechtsstaat?, JZ 2004, 331 ff.

Hippel, Eike von: Herausforderungen der Rechtswissenschaft, JZ 1998, 529 ff.

Hobe, Stephan: Europarecht, 2. Auflage, Köln / Berlin / München 2004

Hoeren, Thomas: Grundzüge des Internetrechts, 2. Auflage, München 2002

– Internet und Recht – Neue Paradigmen des Informationsrechts, NJW 1998, 2849 ff.

– Was Däubler-Gmelin und Hunzinger gemeinsam haben – Die zehn Verfahrensgebote der Informationsgerechtigkeit, NJW 2002, 3303 f.

– Zur Einführung: Informationsrecht, JuS 2002, 947 ff.

Hoeren, Thomas / *Queck,* Robert: Rechtsfragen der Informationsgesellschaft, Berlin 1999

Hoeren, Thomas / *Sieber,* Ulrich (Hrsg.): Handbuch Multimedia-Recht, Loseblattsammlung, Stand: 10. Ergänzungslieferung, München 2004

Hoffmann-Riem, Wolfgang: Ermöglichung von Flexibilität und Innovationsoffenheit im Verwaltungsrecht, in: ders. / Schmidt-Aßmann, Eberhard (Hrsg.): Innovation und Flexibilität des Verwaltungshandelns, Baden-Baden 1994, S. 9 ff.

– Informationelle Selbstbestimmung in der Informationsgesellschaft – Auf dem Weg zu einem neuen Konzept des Datenschutzes, AöR 123 (1998), 513 ff.

– Innovationssteuerung durch die Verwaltung: Rahmenbedingungen und Beispiele, Die Verwaltung 33 (2000), 155 ff.

– Regulierung der dualen Rundfunkordnung, Baden-Baden 2000
– Tendenzen in der Verwaltungsrechtsentwicklung, DÖV 1997, 433 ff.
– Verfahrensprivatisierung als Modernisierung, in: ders./Schneider, Jens-Peter (Hrsg.): Verfahrensprivatisierung im Umweltrecht, Baden-Baden 1996, S. 9 ff.
– Verwaltungsrecht in der Informationsgesellschaft – Einleitende Problemskizze, in: ders./Schmidt-Aßmann, Eberhard (Hrsg.): Verwaltungsrecht in der Informationsgesellschaft, Baden-Baden 2000, S. 9 ff.

Hoffmann-Riem, Wolfgang/*Schulz,* Wolfgang/*Held,* Thorsten: Konvergenz und Regulierung, Baden-Baden 2000

Höfling, Wolfram: Grundrechtstatbestand – Grundrechtsschranken – Grundrechtsschrankenschranken, Jura 1994, 169 ff.

Hofmann, Hans/*Meyer-Teschendorf,* Klaus G.: Modernisierung von Staat und Verwaltung im Zeichen der Globalisierung, ZG 1997, 338 ff.

Höger, Hasso: Die Bedeutung von Zweckbestimmungen in der Gesetzgebung der Bundesrepublik Deutschland, Berlin 1976

Hohnel, Andreas: Selbstbelastungsfreiheit in der Insolvenz, NZI 2005, 152 ff.

Hölscheidt, Sven: Information der Parlamente durch die Regierungen, DÖV 1993, 593 ff.

Holznagel, Bernd: Die Erhebung von Marktdaten im Wege des Auskunftsersuchens nach dem TKG, München 2001
– Konvergenz der Medien, in: Büllesbach, Alfred/Dreier, Thomas (Hrsg.): Konvergenz in Medien und Recht, Köln 2002, S. 1 ff.
– Konvergenz der Medien – Herausforderungen an das Recht, NJW 2002, 2351 ff.
– Recht der IT-Sicherheit, München 2003
– Rechtspolitische Leitlinien für die digitale Kommunikations- und Medienordnung, JZ 2001, 905 ff.

Holznagel, Bernd/*Bysikiewicz,* Axel/*Enaux,* Christoph/*Nienhaus,* Christian: Grundzüge des Telekommunikationsrechts, Münster/Hamburg/London 2000

Holznagel, Bernd/*Schulz,* Christian: Die Auskunftsrechte der Regulierungsbehörde aus § 72 TKG und § 45 PostG, MMR 2002, 364 ff.

Holznagel, Bernd/*Verhulst,* Stefaan/*Grünwald,* Andreas/*Hahne,* Kathrin: Verhinderung des Digital Divide als Zukunftsaufgabe – ein Plädoyer gegen die Errichtung von E-Barriers, K&R 2000, 425 ff.

Honig, Gerhart: Die gesetzlichen Auskunftspflichten des Handwerksbetriebs, GewArch 1979, 187 ff.

Hooren, Thomas Benedikt van: Die Deutsche Bundespost POSTBANK auf dem Weg in die unternehmerische Selbständigkeit, o. O. 1995

Hoppe, Werner: Gerichtliche Kontrolldichte bei komplexen Verwaltungsentscheidungen, in: Bachof, Otto/Heigl, Ludwig/Redeker, Konrad (Hrsg.): Verwaltungsrecht zwischen Freiheit, Teilhabe und Bindung, Festgabe aus Anlass des 25jährigen Bestehens des Bundesverwaltungsgerichts, München 1978, S. 295 ff.

- Rechtsprobleme bei Standortauswahlverfahren für Abfallentsorgungsanlagen durch private Auftragnehmer, DVBl. 1994, 255 ff.

Hoppe, Werner / *Beckmann,* Martin / *Kauch,* Petra: Umweltrecht, 2. Auflage, München 2000

Hoppe, Werner / *Bleicher,* Herbert: Rechtsprobleme bei der Verfahrensprivatisierung von Standortauswahlverfahren im Abfallrecht, NVwZ 1996, 421 ff.

Huber, Bertold: Das neue G 10-Gesetz, NJW 2001, 3296 ff.

Huber, Peter M.: Die Informationstätigkeit der öffentlichen Hand, JZ 2003, 290 ff.

- Verdeckte Datenerhebung, präventive Telekommunikationsüberwachung und der Einsatz technischer Mittel in Wohnungen nach dem Thüringer Verfassungsschutzgesetz und dem Thüringer Polizeiaufgabengesetz, ThürVBl 2005, 1 ff.

Hübner, Ulrich: Die Dienstleistungsfreiheit in der Europäischen Gemeinschaft und ihre Grenzen, JZ 1987, 330 ff.

Hufen, Friedhelm: Gesetzesgestaltung und Gesetzesanwendung im Leistungsrecht, VVD-StRL 47 (1989), 142 ff.

- Schutz der Persönlichkeit und Recht auf informationelle Selbstbestimmung, in: Badura, Peter / Dreier, Horst (Hrsg.): Festschrift 50 Jahre Bundesverfassungsgericht, Zweiter Band, Tübingen 2001, S. 105 ff.

Hummel, Konrad: Lizenz und Frequenzzuteilung beim Unternehmenskauf, K&R 2000, 479 ff.

Husch, Gertrud / *Kemmler,* Anne / *Ohlenburg,* Anna: Die Umsetzung des EU-Rechtsrahmens für elektronische Kommunikation: Ein erster Überblick, MMR 2003, 139 ff.

Huster, Stefan: Das Verbot der „Auschwitzlüge", die Meinungsfreiheit und das Bundesverfassungsgericht, NJW 1996, 487 ff.

Hwang, Giin-Tarng: Anzeigepflichten im Verwaltungsrecht, Tübingen 1989

Ibler, Martin: Zerstören die neuen Informationszugangsgesetze die Dogmatik des deutschen Verwaltungsrechts?, in: Eberle, Carl-Eugen / Ibler, Martin / Lorenz, Dieter (Hrsg.): Der Wandel des Staates vor den Herausforderungen der Gegenwart, Festschrift für Winfried Brohm zum 70. Geburtstag, München 2002, S. 405 ff.

Ipsen, Jörn: Die Bewältigung der wissenschaftlichen und technischen Entwicklungen durch das Verwaltungsrecht, VVDStRL 48 (1990), 177 ff.

- Staatsrecht II, 8. Auflage, München 2005

Isensee, Josef / *Kirchhof,* Paul (Hrsg.): Handbuch des Staatsrechts der Bundesrepublik Deutschland, Band I, 3. Auflage, Heidelberg 2003

- (Hrsg.): Handbuch des Staatsrechts der Bundesrepublik Deutschland, Band II, 3. Auflage, Heidelberg 2004

- (Hrsg.): Handbuch des Staatsrechts der Bundesrepublik Deutschland, Band III, 2. Auflage, Heidelberg 1996

- (Hrsg.): Handbuch des Staatsrechts der Bundesrepublik Deutschland, Band III, 3. Auflage, Heidelberg 2005

- (Hrsg.): Handbuch des Staatsrechts der Bundesrepublik Deutschland, Band V, 2. Auflage, Heidelberg 2000

- (Hrsg.): Handbuch des Staatsrechts der Bundesrepublik Deutschland, Band VI, 2. Auflage, Heidelberg 2001

Jäde, Henning: Bilanz der Bauordnungsreform, WiVerw 2005, 1 ff.

Janz, Norbert: Erteilung von Auskünften über die Verbindungsdaten der Telefongespräche von Journalisten – BVerfGE, NJW 2003, 1787, JuS 2003, 1063 ff.

Jarass, Hans D.: Bundes-Immissionsschutzgesetz, 6. Auflage, München 2005

- Die Grundrechte: Abwehrrechte und objektive Grundsatznormen, in: Badura, Peter / Dreier, Horst (Hrsg.): Festschrift 50 Jahre Bundesverfassungsgericht, Zweiter Band, Tübingen 2001, S. 35 ff.

- Einsatzfelder und Strategien regulativer Politik, Die Verwaltung 20 (1987), 413 ff.

- EMAS-Privilegierungen im Abfallrecht, DVBl. 2003, 298 ff.

- EU-Grundrechte, München 2005

- Wirtschaftsverwaltungsrecht, 3. Auflage, Neuwied / Kriftel / Berlin 1997

- Elemente einer Dogmatik der Grundfreiheiten II, EuR 2000, 705 ff.

Jarass, Hans D. / *Beljin,* Saša: Die Bedeutung von Vorrang und Durchführung des EG-Rechts für die nationale Rechtsetzung und Rechtsanwendung, NVwZ 2004, 1 ff.

Jarass, Hans D. / *Pieroth,* Bodo: Grundgesetz, 7. Auflage, München 2004

Jerouschek, Günter / *Kölbel,* Ralf: Folter von Staats wegen?, JZ 2003, 613 ff.

Jessop, Bob: Veränderte Staatlichkeit, in: Grimm, Dieter (Hrsg.): Staatsaufgaben, Baden-Baden 1994, S. 43 ff.

Jochimsen, Reimut: Regulierung und Konzentration im Medienbereich, AfP 1999, 24 ff.

John, Johannes: Reclams Zitaten-Lexikon, Stuttgart 1992

Junker, Abbo / *Benecke,* Martina: Computerrecht, 3. Auflage, Baden-Baden 2003

Kadelbach, Stefan: Unionsbürgerschaft, in: Bogdandy, Armin von (Hrsg.): Europäisches Verfassungsrecht, Berlin / Heidelberg 2003, S. 539 ff.

Kahl, Wolfgang: Grundrechtsschutz durch Verfahren in Deutschland und in der EU, VerwArch 95 (2004), 1 ff.

- Die Privatisierung der Entsorgungsordnung nach der Kreislaufwirtschafts- und Abfallgesetz, DVBl. 1995, 1327 ff.

Kallmayer, Sonja: Netzzugang in der Telekommunikation, Berlin 2003

Kämmerer, Jörn Axel: Die Verlängerung der Exklusivlizenz der Deutschen Post AG – ein Privatmonopol im Zwielicht, DVBl. 2001, 1705 ff.

- Privatisierung, Tübingen 2001

- Strategien zur Daseinsvorsorge, NVwZ 2004, 28 ff.

- Verfassungsstaat auf Diät?, JZ 1996, 1042 ff.

- Die Umsetzung des Umwelt-Audit-Rechts, Berlin 2001

Karpen, Ulrich: Vom Elend der Bürokratie, NVwZ 1988, 406 ff.

Karpen, Ulrich: Zum Stand der Gesetzgebungswissenschaft in Europa, in: Schreckenberger, Waldemar / Merten, Detlef (Hrsg.): Grundfragen der Gesetzgebungslehre, Berlin 2000, S. 11 ff.

Kau, Wolfgang: Vom Persönlichkeitsschutz zum Funktionsschutz, Freiburg 1986

Kaysers, Hans Henning: Die Unterrichtung Betroffener über Beschränkungen des Brief-, Post- und Fernmeldegeheimnisses, AöR 129 (2004), 121 ff.

Keidel, Theodor (Begr.) / *Krafka,* Alexander / *Willer,* Heinz: Registerrecht, 6. Auflage, München 2003

Keller, Thomas / *Raupach,* Hubert: Informationslücke des Parlaments?, Hannover 1970

Kerbein, Björn: Individuelle Selbstbelastungsfreiheit versus parlamentarisches Aufklärungsinteresse, Frankfurt am Main 2004

Kevenhöster, Paul: Der Einsatz von Computern in der Demokratie, Aus Politik und Zeitgeschichte 19 / 1989, 15 ff.

Kilian, Wolfgang: Europäisches Wirtschaftsrecht, 2. Auflage, München 2003

Kingreen, Thorsten: Die Gemeinschaftsgrundrechte, JuS 2000, 857 ff.

– Grundfreiheiten, in: Bogdandy, Armin von (Hrsg.): Europäisches Verfassungsrecht, Berlin / Heidelberg 2003, S. 631 ff.

Kingreen, Thorsten / *Störmer,* Rainer: Die subjektiv-öffentlichen Rechte des primären Gemeinschaftsrechts, EuR 1998, 263 ff.

Kirchhof, Paul: Staatliche Verantwortlichkeit und privatwirtschaftliche Freiheit, in: Horn, Hans-Detlef (Hrsg.): Recht im Pluralismus, Festschrift für Walter Schmitt Glaeser zum 70. Geburtstag, Berlin 2003, S. 3 ff.

Kirchner, Hildebert: Stufen der Öffentlichkeit richterlicher Erkenntnisse. Zur Geschichte von Entscheidungssammlungen und der Bildung von Leitsätzen, in: Zeidler, Wolfgang / Maunz, Theodor / Roellecke, Gerd (Hrsg.): Festschrift Hans Joachim Faller, München 1984, S. 503 ff.

Klees, Andreas: Der Vorschlag für eine neue EG-Fusionskontrollverordnung, EuZW 2003, 197 ff.

Klein, Eckhart: Grundrechtliche Schutzpflicht des Staates, NJW 1989, 1633 ff.

Klein, Franz (Begr.): Abgabenordnung, 8. Auflage, München 2003

Kleine-Cosack, Michael: Bundesrechtsanwaltsordnung, 4. Auflage, München 2003

– Vom Werbeverbot zum Werberecht des Arztes, NJW 2003, 868 ff.

Kleinwächter, Wolfgang: Der Weltgipfel zur Informationsgesellschaft (WSIS), MMR 2 / 2004, XXXI ff.

Klement, Jan Henrik: Der Vorbehalt des Gesetzes für das Unvorhersehbare, DÖV 2005, 507 ff.

Klesczewski, Diethelm: Die Auskunftsersuchen an die Post: die wohlfeile Dauerkontrolle von Fernmeldeanschlüssen, StV 1993, 382 ff.

Klindt, Thomas: Das neue Geräte- und Produktsicherheitsgesetz, NJW 2004, 465 ff.

Kloepfer, Michael: Grundprobleme der Gesetzgebung zur Informationszugangsfreiheit, K&R 2006, 19 ff.

– Informationsgesetzbuch – Zukunftsvision?, K&R 1999, 241 ff.

– Informationsrecht, München 2002

– Informationszugangsfreiheit und Datenschutz: Zwei Säulen des Rechts der Informationsgesellschaft, DÖV 2003, 221 ff.

– Umweltrecht, 3. Auflage, München 2004

– Umweltrecht als Informationsrecht, UPR 2005, 41 ff.

Kloepfer, Michael / *Lewinski*, Kai von: Das Informationsfreiheitsgesetz des Bundes (IFG), DVBl. 2005, 1277 ff.

Kloepfer, Michael / *Rehbinder*, Eckard / *Schmidt-Aßmann*, Eberhard: Umweltgesetzbuch Allgemeiner Teil, Berlin 1990

Kluge, Friedrich (Begr.) / *Seebold*, Elmar: Etymologisches Wörterbuch der deutschen Sprache, 24. Auflage, Berlin / New York 2002

Knack, Hans Joachim (Begr.): Verwaltungsverfahrensgesetz, 8. Auflage, Köln / Berlin / Bonn / München 2004

Knemeyer, Franz-Ludwig: Datenerhebung, Datenverarbeitung und Datennutzung als Kernaufgaben polizeilicher Vorbereitung auf die Gefahrenabwehr und Straftatenverfolgung (Informationsvorsorge), in: Arndt, Hans-Wolfgang / Knemeyer, Franz-Ludwig / Kugelmann, Dieter / Meng, Werner / Schweitzer, Michael (Hrsg.): Völkerrecht und deutsches Recht, Festschrift für Walter Rudolf zum 70. Geburtstag, München 2001, S. 483 ff.

– Deregulierung, Verfahrensvereinfachung und Verfahrensbeschleunigung, in: Grupp, Klaus / Ronellenfitsch, Michael (Hrsg.): Planung – Recht – Rechtsschutz, Festschrift für Willi Blümel zum 70. Geburtstag, Berlin 1999, S 259 ff.

– Mustergesetzentwürfe als Mittel der Rechts- und Verwaltungsvereinfachung, ZG 1987, 228 ff.

– Rechtsgrundlagen polizeilichen Handelns – Grundlinien einer Polizeigesetzgebung in den neuen Bundesländern, LKV 1991, 321 ff.

Knopp, Lothar: EMAS II – Überleben durch „Deregulierung" und „Substitution"?, NVwZ 2001, 1098 ff.

Knopp, Lothar / *Striegl*, Stefanie: Umweltschutzorientierte Betriebsorganisation zur Risikominimierung, BB 1992, 2009 ff.

Knöringer, Dieter: Die Assessorklausur im Zivilprozess, 11. Auflage, München 2005

Koch, Karl / *Scholtz*, Rolf-Detlev: Abgabenordnung, 5. Auflage, Köln / Berlin / Bonn / München 1996

Kodal, Kurt (Begr.) / *Krämer*, Helmut u. a.: Straßenrecht, 6. Auflage, München 1999

Koenig, Christian: Die öffentlich-rechtliche Verteilungslenkung, Berlin 1994

Koenig, Christian / *Haratsch*, Andreas: Europarecht, 4. Auflage, Tübingen 2003

Koenig, Christian / *Loetz*, Sascha / *Neumann*, Andreas: Telekommunikationsrecht, Heidelberg 2004

Köhler, Markus / *Arndt,* Hans-Wolfgang: Recht des Internet, 4. Auflage, Heidelberg 2003

Kokemoor, Axel: Der automatisierte Abruf von Kontoinformationen nach § 24c KWG, BKR 2004, 135 ff.

Kommission zur Ermittlung der Konzentration im Medienbereich: Fortschreitende Medienkonzentration im Zeichen der Konvergenz, Berlin 2000

König, Klaus: Rückzug des Staates, DÖV 1998, 963 ff.

– Verwaltete Regierung, Köln u. a. 2002

König, Klaus / *Benz,* Angelika: Zusammenhänge von Privatisierung und Regulierung, in: dies. (Hrsg.): Privatisierung und staatliche Regulierung, Baden-Baden 1997, S. 13 ff.

König, Klaus / *Theobald,* Christian: Liberalisierung und Regulierung netzgebundener Güter und Dienste, in: Grupp, Klaus / Ronellenfitsch, Michael (Hrsg.): Planung – Recht – Rechtsschutz, Festschrift für Willi Blümel zum 70. Geburtstag, Berlin 1999, S. 277 ff.

König, Michael: Kodifizierung von Leitlinien der Verwaltungsmodernisierung, VerwArch 96 (2005), 44 ff.

Kopp, Ferdinand: Verfassungsrecht und Verwaltungsverfahrensrecht, München 1971

Kopp, Ferdinand O. / *Ramsauer,* Ulrich: Verwaltungsverfahrensgesetz, 9. Auflage, München 2005

Kort, Michael: Schranken der Dienstleistungsfreiheit im europäischen Recht, JZ 1996, 132 ff.

Kossens, Michael: Neuregelung der privaten Arbeitsvermittlung, DB 2002, 843 ff.

Kramer, Urs: Das Recht der Eisenbahninfrastruktur, Stuttgart / München / Hannover / Berlin / Weimar / Dresden 2002

– Die aktuelle Entwicklung des deutschen Eisenbahnrechts – Auf dem Weg zu einem perfekt regulierten Markt?, NVwZ 2006, 26 ff.

Krebs, Walter: Notwendigkeit und Struktur eines Verwaltungsgesellschaftsrechts, Die Verwaltung 29 (1996), 309 ff.

Kreis, Constanze: Deregulierung und Liberalisierung der europäischen Elektrizitätswirtschaft, Baden-Baden 2004

Kretschmann, Wibke: Versorgungsausgleich auf der Grundlage eines ausländischen Rechts, Aachen 2005

Kröger, Detlef: Rechtssicherheit durch elektronische Signaturen, in: ders. / Nöcker, Gregor / Nöcker, Michael (Hrsg.): Sicherheit und Internet, Heidelberg 2002, S. 67 ff.

Krölls, Albert: Rechtliche Grenzen der Privatisierungspolitik, GewArch 1995, 129 ff.

Kropff, Bruno / *Semler,* Johannes (Hrsg.): Münchener Kommentar zum Aktiengesetz, Band 3, 2. Auflage, München 2004

Kruse, Heinrich Wilhelm: Über das Steuergeheimnis, BB 1998, 2133 ff.

Kudlich, Hans: Strafprozessuale Probleme des Internet, JA 2000, 227 ff.

Kugelmann, Dieter: Das Informationsfreiheitsgesetz des Bundes, NJW 2005, 3609 ff.

– Informationsfreiheit als Element moderner Staatlichkeit, DÖV 2005, 851 ff.

Kühl, Martin / *Breitkreuz,* Tilman: Rechtsbeziehungen bei privater Arbeitsvermittlung, NZS 2004, 568 ff.

Kühling, Jürgen: Freiheitsverluste im Austausch gegen Sicherheitshoffnungen im künftigen Telekommunikationsgesetz?, K&R 2004, 105 ff.

– Grundrechte, in: Bogdandy, Armin von (Hrsg.): Europäisches Verfassungsrecht, Berlin / Heidelberg 2003, S. 583 ff.

– Grundrechtskontrolle durch den EuGH: Kommunikationsfreiheit und Pluralismussicherung im Gemeinschaftsrecht, EuGRZ 1997, 296 ff.

– Sektorspezifische Regulierung in den Netzwirtschaften, München 2004

Kühling, Jürgen / *Ernert*, Alexander: Das neue Eisenbahnwirtschaftsrecht – Hochgeschwindigkeitstrasse für den Wettbewerb?, NVwZ 2006, 33 ff.

Kühling, Jürgen / *Herrmann*, Nikolaus: Fachplanungsrecht, 2. Auflage, Düsseldorf 2000

Kühlwetter, Hans-Jürgen: Privatisierung und Regulierung aus der Sicht des Eisenbahnbundesamtes als Regulierungsbehörde, in: König, Klaus / Benz, Angelika (Hrsg.): Privatisierung und staatliche Regulierung, Baden-Baden 1997, S. 93 ff.

Kulas, Axel: Privatisierung hoheitlicher Verwaltung, 2. Auflage, Köln / Berlin / Bonn / München 2001

Kunig, Philip: Der Grundsatz informationeller Selbstbestimmung, Jura 1993, 595 ff.

Kunig, Philip / *Paetow*, Stefan / *Versteyl*, Ludger-Anselm: Kreislaufwirtschafts- und Abfallgesetz, 2. Auflage, München 2003

Kupfer, Dominik: Der Schutz der Privatsphäre, Jura 2001, 169 ff.

– Die Verteilung knapper Ressourcen im Wirtschaftsverwaltungsrecht, Baden-Baden 2005

Kutscha, Martin: Datenschutz durch Zweckbindung – ein Auslaufmodell?, ZRP 1999, 156 ff.

– Verfassungsrechtlicher Schutz des Kernbereichs privater Lebensgestaltung – nichts Neues aus Karlsruhe?, NJW 2005, 20 ff.

Kuxenko, Michael: Liberalisierung und Deregulierung im Energiewirtschaftsrecht, DÖV 2001, 141 ff.

Lackner, Hendrik: Gewährleistungsverwaltung und Verkehrsverwaltung, Köln / Berlin / München 2004

Ladeur, Karl-Heinz: Privatisierung öffentlicher Aufgaben und die Notwendigkeit der Entwicklung eines neuen Informationsverwaltungsrechts, in: Hoffmann-Riem, Wolfgang / Schmidt-Aßmann, Eberhard (Hrsg.): Verwaltungsrecht in der Informationsgesellschaft, Baden-Baden 2000, S. 225 ff.

Lang, Markus: Die Grundrechtsberechtigung der Nachfolgeunternehmen im Eisenbahn-, Post- und Telekommunikationswesen, NJW 2004, 3601 ff.

Langenfurth, Markus: Der globale Telekommunikationsmarkt, Frankfurt am Main 2000

Langerfeldt, Michael: Das novellierte Umweltauditgesetz, NVwZ 2002, 1156 ff.

Larenz, Karl / *Canaris*, Claus-Wilhelm: Methodenlehre der Rechtswissenschaft, 3. Auflage, Berlin / Heidelberg / New York 1995

Lee, Won-Won: Privatisierung als Rechtsproblem, Köln / Berlin / Bonn / München 1997

Lehner, Dieter: Der Vorbehalt des Gesetzes für die Übermittlung von Informationen im Wege der Amtshilfe, München 1996

Leidinger, Tobias: Hoheitliche Warnungen, Empfehlungen und Hinweise im Spektrum staatlichen Informationshandelns, DÖV 1993, 925 ff.

Leist, Wolfgang: Kooperation bei (rechtsextremistischen) Versammlungen, BayVBl 2004, 489 ff.

Lenk, Klaus: Außerrechtliche Grundlagen für das Verwaltungsrecht in der Informationsgesellschaft, in: Hoffmann-Riem, Wolfgang / Schmidt-Aßmann, Eberhard (Hrsg.): Verwaltungsrecht in der Informationsgesellschaft, Baden-Baden 2000, S. 59 ff.

Lenz, Christoph: Das Recht auf Kurzberichterstattung – Bestätigung und Korrektur aus Karlsruhe, NJW 1999, 757 ff.

Linck, Joachim: Zur Informationspflicht der Regierung gegenüber dem Parlament, DÖV 1983, 957 ff.

Lindner, Josef Franz: Die Deregulierungskommission der Bayerischen Staatsregierung – Mandat, Methode, Empfehlungen, BayVBl 2004, 225 ff.

Lohmeyer, Heinz: Das Auskunftsverweigerungsrecht des Steuerberaters, Der Steuerberater 1989, 289 ff.

Löhr, Franziska Alice: Verschiebungen im Gewaltengefüge durch Privatisierung und Liberalisierung, in: Demel, Michael / Hausotter, Carola / Heibeyn, Claudia / Hendrischke, Oliver / Heselhaus, Sebastian u. a. (Hrsg.): Funktionen und Kontrolle der Gewalten, 40. Tagung der Wissenschaftlichen Mitarbeiterinnen und Mitarbeiter der Fachrichtung „Öffentliches Recht", Stuttgart u. a. 2001, S. 135 ff.

Lorenz, Stephan: Auskunftsansprüche im Bürgerlichen Recht, JuS 1995, 569 ff.

Lorz, Ralph Alexander: Die Erhöhung der verfassungsrechtlichen Kontrolldichte gegenüber berufsrechtlichen Einschränkungen der Berufsfreiheit, NJW 2002, 169 ff.

Lücke, Jörg: Legaldefinitionen und Verfassung, in: Arndt, Hans-Wolfgang / Knemeyer, Franz-Ludwig / Kugelmann, Dieter / Meng, Werner / Schweitzer, Michael (Hrsg.): Völkerrecht und deutsches Recht, Festschrift für Walter Rudolf zum 70. Geburtstag, München 2001, S. 325 ff.

Luhmann, Niklas: Soziale Systeme, 5. Auflage, Frankfurt am Main 1994

– Theorie der Verwaltungswissenschaft, Köln / Bonn 1966

Lüke, Gerhard / *Wax,* Peter (Hrsg.): Münchener Kommentar zur Zivilprozessordnung, Band 1, 2. Auflage, München 2000

– (Hrsg.): Münchener Kommentar zur Zivilprozessordnung, Band 2, 2. Auflage, München 2000

Lyre, Holger: Informationstheorie, München 2002

Mäder, Detlef: Betriebliche Offenbarungspflichten und Schutz vor Selbstbelastung, Freiburg 1997

Mähring, Matthias: Das Recht auf informationelle Selbstbestimmung im europäischen Gemeinschaftsrecht, EuR 1991, 369 ff.

Maier, Martina / *Dopheide,* Jan Hendrik: Europäischer Schienengüterverkehr nach dem Ersten EU-Eisenbahnpaket: Freie Bahn für alle?, EuZW 2003, 456 ff.

Mairgünther, Markus: Die Regulierung von Inhalten in den Diensten des Internet, Frankfurt am Main 2003

Mand, Elmar: Grundrechtspflichtigkeit öffentlich-rechtlicher Rundfunkanstalten, AfP 2003, 289 ff.

Manegold, Bartholomäus: Archivrecht, Berlin 2002

Mangoldt, Hermann von / *Klein,* Friedrich / *Starck,* Christian (Hrsg.): Das Bonner Grundgesetz, Band 1, 5. Auflage, München 2005

– (Hrsg.): Das Bonner Grundgesetz, Band 3, 5. Auflage, München 2005

Manssen, Gerrit: Die Betreiberverantwortlichkeit nach § 52a BImSchG, GewArch 1993, 280 ff.

– Staatsrecht II, 4. Auflage, München 2005

Marsch, Nikolaus: Das Recht auf Zugang zu EU-Dokumenten, DÖV 2005, 639 ff.

Marschner, Andreas: Gesetzliche Neuregelungen im Arbeitsvermittlungsrecht zum 1. 1. 2004, DB 2004, 380 f.

Martens, Joachim: Einführung in die Praxis des Verwaltungsverfahrens, JuS 1978, 99 ff., 247 ff.

Martini, Mario: Baurechtsvereinfachung und Nachbarschutz, DVBl. 2001, 1488 ff.

Masing, Johannes: Grundstrukturen eines Regulierungsverwaltungsrechts, Die Verwaltung 36 (2003), 1 ff.

Mastronardi, Philippe: Recht als Gegenstand der Information, in: Schweizer, Rainer J. / Burkert, Herbert / Gasser, Urs (Hrsg.): Festschrift für Jean Nicolas Druey zum 65. Geburtstag, Zürich / Basel / Genf 2002, S. 833 ff.

Maunz, Theodor / *Dürig,* Günter (Begr.): Grundgesetz, Loseblattsammlung, Stand: 45. Ergänzungslieferung, München 2005

Maurer, Hartmut: Allgemeines Verwaltungsrecht, 15. Auflage, München 2004

– Staatsrecht I, 4. Auflage, München 2004

Mayen, Thomas: Marktregulierung nach dem novellierten TKG, CR 2005, 21 ff.

– Privatisierung öffentlicher Aufgaben: Rechtliche Grenzen und rechtliche Möglichkeiten, DÖV 2001, 110 ff.

– Übergang und Rechtsnachfolge bei Lizenzen nach dem Telekommunikationsgesetz, CR 1999, 690 ff.

Mayer, Otto: Allgemeines Verwaltungsrecht, Band I, 3. Auflage, München / Leipzig 1924

Mayer-Schönberger, Viktor: Information und Recht – Vom Datenschutz bis zum Urheberrecht, Wien / New York 2001

Mecking, Christoph: Zum Umfang des Rechts auf Einsichtnahme in ausgelegte Unterlagen, NVwZ 1992, 316 ff.

Meltzian, Daniel: Das Recht der Öffentlichkeit auf Zugang zu Dokumenten der Gemeinschaftsorgane, Berlin 2004

Merkt, Hanno: Liberalisierung des europäischen Binnenmarktes durch Angleichung des Gesellschaftsrechts, in: Kitagawa, Zentaro / Murakami, Junichi / Nörr, Knut Wolfgang / Oppermann, Thomas / Shiono, Hiroshi (Hrsg.): Regulierung – Deregulierung – Liberalisierung, Tübingen 2001, S. 321 ff.

Merten, Detlef: Zur negativen Meinungsfreiheit, DÖV 1990, 761 ff.

Merten, Klaus: Chancen und Risiken der Informationsgesellschaft, in: Tauss, Jörg / Kollbeck, Johannes / Mönikes, Jan (Hrsg.): Deutschlands Weg in die Informationsgesellschaft, Baden-Baden 1996, S. 82 ff.

– Kommunikation, Opladen 1977

Metzler, Bernd: Die Privatisierung von Personenbahnhöfen, Frankfurt am Main 1999

Metzner, Richard: Gaststättengesetz, 6. Auflage, München 2002

Meyer, Hans / *Borgs-Maciejewski,* Hermann: Verwaltungsverfahrensgesetz, 2. Auflage, Frankfurt am Main 1982

Meyer, Jürgen (Hrsg.): Kommentar zur Charta der Grundrechte der Europäischen Union, 2. Auflage, Baden-Baden 2006

Meyer-Goßner, Lutz: Strafprozessordnung, 48. Auflage, München 2005

Meyer-Ladewig, Jens: EMRK, Baden-Baden 2003

Meyer-Teschendorf, Klaus G. / *Hofmann,* Hans: Zwischenergebnisse des Sachverständigenrats „Schlanker Staat", DÖV 1997, 268 ff.

Michael, Lothar: Grundfälle zur Verhältnismäßigkeit, JuS 2001, 654 ff.

Michalke, Regina: Die Verwertbarkeit von Erkenntnissen der Eigenüberwachung zu Beweiszwecken im Straf- und Ordnungswidrigkeitenverfahren, NJW 1990, 417 ff.

Michel, Elmar / *Kienzle,* Werner / *Pauly,* Renate: Das Gaststättengesetz, 14. Auflage, Köln / Berlin / Bonn / München 2003

Michel, Eva-Maria: Konvergenz der Medien, MMR 2005, 284 ff.

Miebach, Ralf: Das Bankgeheimnis, Köln / Berlin / Bonn / München 1999

Miersch, Gerald: Versicherungsaufsicht nach den Dritten Richtlinien, Karlsruhe 1996

Molitor, Bernhard: Deregulierung in Europa, Tübingen 1996

Möller-Bösling, Ralph: Informelle Auskunftsersuchen der Regulierungsbehörde auf den Märkten der Telekommunikation, Baden-Baden 2001

Morris, Charles William: Grundlagen der Zeichentheorie, Ästhetik der Zeichentheorie, München 1972

Möschel, Wernhard: Privatisierung, Deregulierung und Wettbewerbsordnung, JZ 1988, 885 ff.

Mrozynski, Peter: SGB I, 3. Auflage, München 2003

Müller, Hanswerner: Handbuch der Gesetzgebungstechnik, 2. Auflage, Köln / Berlin / Bonn / München 1968

Müller, Jürgen: Staatliche Überwachung privater Konten – Ein Erfolg für den Datenschutz?, DuD 2002, 601 ff.

Müller, Rolf-Georg: Polizeiliche Datenerhebung durch Befragung, Berlin 1997

Müller, Rudolf: Neue Ermittlungsmethoden und das Verbot des Zwanges zur Selbstbelastung, EuGRZ 2002, 546 ff.

Müller, Wolf: Mitteilungspflichten nach § 52a BImSchG im Lichte der Öko-Audit-Verordnung, VR 1998, 149 ff.

Müller-Buttmann, Heinz E.: Die Verpflichtung des pharmazeutischen Unternehmers zur Anzeige unerwünschter Arzneimittelwirkungen und Fällen des Arzneimittelmissbrauchs, PharmaRecht 1986, 250 ff.

Münch, Ingo von: Staatsrecht I, 6. Auflage, Stuttgart / Berlin / Köln 2000

Münch, Ingo von: Staatsrecht II, 5. Auflage, Stuttgart / Berlin / Köln 2002

Münch, Ingo von (Begr.) / *Kunig,* Philip (Hrsg.): Grundgesetz-Kommentar, Band 1, 5. Auflage, München 2000

– (Hrsg.): Grundgesetz-Kommentar, Band 2, 5. Auflage, München 2001

Mußgnug, Reinhard: Sachverhaltsaufklärung und Beweiserhebung im Besteuerungsverfahren, JuS 1993, 48 ff.

– Zustand und Perspektiven der Gesetzgebung, in: Hill, Hermann (Hrsg.): Zustand und Perspektiven der Gesetzgebung, Berlin 1989, S. 23 ff.

Nacimiento, Grace: Telekommunikationsrecht: Rechtsprechungs- und Praxisübersicht 2003 / 2004, K&R 2005, 1 ff.

Näckel, Antje / *Wasielewski,* Andreas: Das neue Recht auf Zugang zu Umweltinformationen, DVBl. 2005, 1351 ff.

Nahamowitz, Peter: Markt versus Staat: Theoriegeschichtliche Entwicklungen und aktuelle Trends, in: Voigt, Rüdiger (Hrsg.): Abschied vom Staat – Rückkehr zum Staat?, Baden-Baden 1993, S. 231 ff.

Nau, Petra: Verfassungsrechtliche Anforderungen an Archivgesetze des Bundes und der Länder, Kiel 2000

Neuhaus, Ralf: Zur Fernwirkung von Beweisverwertungsverboten, NJW 1990, 1221 f.

Neumann, Andreas / *Wolff,* Reinmar: Informationsermittlung für Anordnungen nach §§ 100a und 100g StPO im Wege telekommunikationsrechtlicher Auskunftsverfahren, TKMR 2003, 110 ff.

Niesel, Klaus (Hrsg.): Arbeitsförderungsgesetz, 2. Auflage, München 1997

Nobbe, U. / *Vögele,* P.: Offenbarungspflichten und Auskunftsverweigerungsrechte, NuR 1988, 313 ff.

Nolte, Martin: Die Anti-Terror-Pakete im Lichte des Verfassungsrechts, DVBl. 2002, 573 ff.

Nolte, Nina: Deregulierung von Monopolen und Dienstleistungen von allgemeinem wirtschaftlichen Interesse, Frankfurt am Main 2004

Nothhelfer, Martin: Die Freiheit von Selbstbezichtigungszwang, Heidelberg 1989

Obermayer, Klaus (Begr.): Kommentar zum Verwaltungsverfahrensgesetz, 3. Auflage, Neuwied / Kriftel 1999

Ohler, Christoph: Anmerkung zu EuGH, Urteil vom 5. 3. 2002 – Rs. C-515 / 99 u. a., EuZW 2002, 251 ff.

Oppermann, Thomas: Europarecht, 3. Auflage, München 2005

Ossenbühl, Fritz: Die Freiheiten des Unternehmers nach dem Grundgesetz, AöR 115 (1990), 1 ff.

– Rundfunk zwischen Staat und Gesellschaft, München 1975

Ossenkamp, Heinz: Verschlankung des Staates heißt vor allem: Reduzierung der Staatsaufgaben, ZG 1996, 160 ff.

Osterloh, Lerke: Privatisierung von Verwaltungsaufgaben, VVDStRL 54 (1995), 204 ff.

Österreichischer Juristentag: Verhandlungen des Zwölften Österreichischen Juristentages Wien 1994, Wirtschaftsrecht, Wien 1995

Ott, Sascha: Information, Konstanz 2004

Pabst, Heinz-Joachim: Verfassungsrechtliche Grenzen der Privatisierung im Fernstraßenbau, Berlin 1997

Pache, Eckhard: Das europäische Grundrecht auf einen fairen Prozess, NVwZ 2001, 1342 ff.

– Anmerkung zum Urteil des EuG v. 20. 2. 2001 – Rs. T-112/98 – Mannesmannröhrenwerke AG/Kommission, EuZW 2001, 351 f.

Pahlke, Armin/*Koenig,* Ulrich (Hrsg.): Abgabenordnung, München 2004

Palandt, Otto (Begr.): Bürgerliches Gesetzbuch, 64. Auflage, München 2005

Papier, Hans-Jürgen/*Möller,* Johannes: Das Bestimmtheitsgebot und seine Durchsetzung, AöR 122 (1997), 177 ff.

Paschke, Marian: Medienrecht, 2. Auflage, Berlin u. a. 2001

Paulweber, Michael/*Weinand,* Armin: Europäische Wettbewerbspolitik und liberalisierte Märkte, EuZW 2001, 232 ff.

Peine, Franz-Joseph: Allgemeines Verwaltungsrecht, 7. Auflage, Heidelberg 2004

– Grenzen der Privatisierung – verwaltungsrechtliche Aspekte, DÖV 1997, 353 ff.

– Verfahrensprivatisierung der Verkehrswegeplanung, in: Hoffmann-Riem, Wolfgang/Schneider, Jens-Peter (Hrsg.): Verfahrensprivatisierung im Umweltrecht, Baden-Baden 1996, S. 95 ff.

Penski, Ulrich: Staatlichkeit öffentlicher Verwaltung und ihre marktmäßige Modernisierung, DÖV 1999, 85 ff.

Pernice, Ina Maria: Die Telekommunikations-Überwachungsverordnung (TKÜV), DuD 2002, 207 ff.

Peters, Heinz-Joachim: Die Sachverhaltsermittlung im Verwaltungsverfahren, JuS 1991, 54 ff.

Petersen, Jens: Das Bankgeheimnis zwischen Individualschutz und Institutionsschutz, Tübingen 2005

– Medienrecht, 2. Auflage, München 2005

Petersen, Jens/*Schoch,* Friedrich: Einführung in das Informationsrecht und das Medienwirtschaftsrecht, Jura 2005, 681 ff.

Petri, Thomas Bernhard: Der Gefahrerforschungseingriff, DÖV 1996, 443 ff.

Pfaff, Richard: Die neue Landesbauordnung für Baden-Württemberg – Ein Fehlgriff des Gesetzgebers?, VBlBW 1996, 281 ff.

Pfeiffer, Gerd (Hrsg.): Karlsruher Kommentar zur Strafprozessordnung, 5. Auflage, München 2003

Pieroth, Bodo: Das Verfassungsrecht der Öffentlichkeit für die staatliche Planung, in: Erbguth, Wilfried / Oebbecke, Janbernd / Rengeling, Hans-Werner / Schulte, Martin (Hrsg.): Planung, Festschrift für Werner Hoppe zum 70. Geburtstag, München 2000, S. 195 ff.

– Die Grundrechtsberechtigung gemischt-wirtschaftlicher Unternehmen, NWVBl 1992, 85 ff.

Pieroth, Bodo / *Schlink,* Bernhard: Grundrechte – Staatsrecht II, 21. Auflage, Heidelberg 2005

Pitschas, Rainer: Allgemeines Verwaltungsrecht als Teil der öffentlichen Informationsordnung, in: Hoffmann-Riem, Wolfgang / Schmidt-Aßmann, Eberhard / Schuppert, Gunnar Folke (Hrsg.): Reform des Allgemeinen Verwaltungsrechts, Baden-Baden 1993, S. 219 ff.

– Das Informationsverwaltungsrecht im Spiegel der Rechtsprechung, Die Verwaltung 33 (2000), 111 ff.

Pohl, Dirk: Die Klassifikation des Steuergeheimnisses, BB 1995, 2093 ff.

Pohl, Joachim: Informationsbeschaffung beim Mitbürger, Berlin 2002

Pöltl, René: Deregulierung im Gaststättenrecht, GewArch 2005, 353 ff.

Pommer, Sophia: Bahnreform und Enteignung, Berlin 2002

Pöppelmann, Benno H. / *Jehmlich,* Katharina: Zum Schutz der beruflichen Kommunikation von Journalisten, AfP 2003, 218 ff.

Präve, Peter: Das Dritte Durchführungsgesetz / EWG zum VAG – Ausgewählte Fragen des neuen Aufsichts- und Vertragsrechts, ZfV 1994, 168 ff., 199 ff., 227 ff., 255 ff.

– Die VAG-Novelle 2000 / 2001, VersR 2001, 133 ff.

Preschel, Christina: Abbau der präventiven bauaufsichtlichen Prüfung und Rechtsschutz, DÖV 1998, 45 ff.

Prölss, Erich R. (Begr.): Versicherungsaufsichtsgesetz, 11. Auflage, München 1997

– (Begr.): Versicherungsaufsichtsgesetz, 9. Auflage, München 1983

Püttner, Günter (Hrsg.): Handbuch der Kommunalen Wissenschaft und Praxis, Band 5, Kommunale Wirtschaft, 2. Auflage, Berlin / Heidelberg / New York / Tokio 1984

– Privatisierung, LKV 1994, 193 ff.

– Verwaltungslehre, 3. Auflage, München 2000

Rabe, Thomas: Liberalisierung und Deregulierung im Europäischen Binnenmarkt für Versicherungen, Berlin 1997

Rebmann, Kurt / *Säcker,* Franz Jürgen / *Rixecker,* Roland (Hrsg.): Münchener Kommentar zum Bürgerlichen Gesetzbuch, Band 7, 4. Auflage, München 2000

Rehm, Hannes: Modelle zur Finanzierung kommunaler Investitionen durch Private, in: Ipsen, Jörn (Hrsg.): Privatisierung öffentlicher Aufgaben, Köln / Berlin / Bonn / München 1994, S. 93 ff.

Reifner, Udo: Bankentransparenz und Bankengeheimnis, JZ 1993, 273 ff.

Reimann, Thomas: Herausgabe von Verbindungs- und Vertragsdaten an die Sicherheitsbehörden, DuD 2001, 601 ff.

Reinhardt, Michael: Die Überwachung durch Private im Umwelt- und Technikrecht, AöR 118 (1993), 617 ff.

Rengeling, Hans-Werner (Hrsg.): Handbuch zum europäischen und deutschen Umweltrecht, Band I: Allgemeines Umweltrecht, 2. Auflage, Köln / Berlin / Bonn / München 2003

– Die wirtschaftsbezogenen Grundrechte in der Europäischen Grundrechtecharta, DVBl. 2004, 453 ff.

Rengier, Rudolf: Die Zeugnisverweigerungsrechte im geltenden und künftigen Strafverfahrensrecht, Paderborn / München / Wien / Zürich 1979

Renner, Günter: Ausländerrecht, 8. Auflage, München 2005

Richardi, Reinhard / *Wlotzke,* Otfried (Hrsg.): Münchener Handbuch zum Arbeitsrecht, Band 1, 2. Auflage, München 2000

Richter, Hans: Auskunfts- und Mitteilungspflichten nach §§ 20, 97 Abs. 1 ff. InsO, wistra 2000, 1 ff.

Ricker, Reinhart / *Schiwy,* Peter: Rundfunkverfassungsrecht, München 1997

Ritgen, Klaus: Die Post-Universaldienstleistungsverordnung, NJW 2000, 1315 ff.

Ritter, Ernst-Hasso: Bauordnungsrecht in der Deregulierung, DVBl. 1996, 542 ff.

Rittner, Fritz: Wettbewerbs- und Kartellrecht, 6. Auflage, Heidelberg 1999

Rixen, Stephan: Personal-Service-Agenturen im Schnittfeld von Sozial-, Haushalts- und Vergaberecht – Strukturen des Arbeitsvermittlungsrechts der §§ 37c, 434 V SGB III, NZS 2003, 401 ff.

Robinski, Severin (Begr.) / *Sprenger-Richter,* Bernhard (Hrsg.): Gewerberecht, 2. Auflage, München 2002

Rogall, Klaus: Der Beschuldigte als Beweismittel gegen sich selbst, Berlin 1977

– Informationseingriff und Gesetzesvorbehalt im Strafprozessrecht, Tübingen 1992

– Über die Folgen der rechtswidrigen Beschaffung des Zeugenbeweises im Strafprozess, JZ 1996, 944 ff.

Röger, Ralf: Die Regulierungsbehörde für Telekommunikation und Post als zukünftiger Energiemarktregulierer, DÖV 2004, 1025 ff.

– Neue Regulierungsansätze im Telekommunikationsrecht – eine erste Analyse des neuen Telekommunikationsgesetzes 2004, DVBl. 2005, 143 ff.

Ronellenfitsch, Michael: Die Entwicklung des Gentechnikrechts – 1. Teil –, VerwArch 93 (2002), 295 ff.

– Die Umsetzung des Eisenbahninfrastrukturpakets, DVBl. 2002, 657 ff.

– Privatisierung und Regulierung des Eisenbahnwesens, DÖV 1996, 1028 ff.

– Selbstverantwortung und Deregulierung im Ordnungs- und Umweltrecht, Berlin 1995

Rosenberg, Leo / *Schwab,* Karl Heinz / *Gottwald,* Peter: Zivilprozessrecht, 16. Auflage, München 2004

Rosenberger, Stefan: Geheimnisschutz und Öffentlichkeit in Verwaltungsverfahren und -prozess, Bayreuth 1988

Rosenbusch, Christopher: Marktliberalisierung durch Europarecht, Regensburg 2001

Rosenthal, Michael: Neue Antworten auf Fragen der Konvergenz, TMR 2002, 181 ff.

Roß, Andreas: Die Auskunftsverweigerungsrechte im Europäischen Wirtschaftsverwaltungsrecht, o. O. 1998

Rossi, Matthias: Beschränkungen der Ausreisefreiheit im Lichte des Verfassungs- und Europarechts, AöR 127 (2002), 612 ff.

Roßnagel, Alexander (Hrsg.): Handbuch Datenschutzrecht, München 2003

– Das neue Recht elektronischer Signaturen – Neufassung des Signaturgesetzes und Änderungen des BGB und der ZPO, NVwZ 2001, 1817 ff.

– Modernisierung des Datenschutzrechts für eine Welt allgegenwärtiger Datenverarbeitung, MMR 2005, 71 ff.

– Möglichkeiten für Transparenz und Öffentlichkeit im Verwaltungshandeln – unter besonderer Berücksichtigung des Internet als Instrument der Staatskommunikation, in: Hoffmann-Riem, Wolfgang / Schmidt-Aßmann, Eberhard (Hrsg.): Verwaltungsrecht in der Informationsgesellschaft, Baden-Baden 2000, S. 257 ff.

– Weltweites Internet – globale Rechtsordnung?, MMR 2002, 67 ff.

Roth, Wulf-Henning: Die Vollendung des europäischen Binnenmarktes für Versicherungen, NJW 1993, 3028 ff.

Rublack, Susanne: Terrorismusbekämpfungsgesetz: Neue Befugnisse für die Sicherheitsbehörden, DuD 2002, 202 ff.

Rudolph, Gerhard: Aufbewahrungspflichten in Betrieb und Verwaltung, 8. Auflage, Hannover 2001

Rudolphi, Hans-Joachim u. a.: SK StPO, Loseblattsammlung, Stand: 42. Ergänzungslieferung, Neuwied / Kriftel / Berlin 2005

Ruegenberg, Guido: Das nationale und internationale Steuergeheimnis im Schnittpunkt von Besteuerungs- und Strafverfahren, Köln 2001

Ruffert, Matthias: Perspektiven der europäischen Verfassungsgebung, ThürVBl 2005, 49 ff.

– Regulierung im System des Verwaltungsrechts, AöR 124 (1999), 237 ff.

Ruge, Reinhard: Die Gewährleistungsverantwortung des Staates und der Regulatory State, Berlin 2004

– Diskriminierungsfreier Netzzugang im liberalisierten Eisenbahnmarkt in Deutschland, AöR 131 (2006), 1 ff.

– Kontinuität und Wandel im eisenbahnrechtlichen Netzzugang: Das 3. Gesetz zur Änderung eisenbahnrechtlicher Vorschriften, DVBl. 2005, 1405 ff.

Ruhle, Ernst-Olav / *Piepenbrock,* Hermann-Josef / *Schmitz,* Peter: Entgeltregulierung als Voraussetzung für Wettbewerb auf den Postmärkten, K&R 2002, 516 ff.

Rüßmann, Helmut: Internationalprozessrechtliche und internationalprivatrechtliche Probleme bei Vertragsschlüssen im Internet unter besonderer Berücksichtigung des Verbraucherschutzes, in: Tauss, Jörg / Kollbeck, Johannes / Mönikes, Jan (Hrsg.): Deutschlands Weg in die Informationsgesellschaft, Baden-Baden 1996, S. 709 ff.

Rüth, Henning H.: Zum sogenannten steuerlichen Bankgeheimnis – 50 Jahre Bankenerlass und § 30a AO, DStZ 2000, 30 ff.

Rüthers, Bernd: Rechtstheorie, 2. Auflage, München 2005

Sachs, Michael (Hrsg.): Grundgesetz, 3. Auflage, München 2003

– Verfassungsrecht II, Grundrechte, 2. Auflage, Berlin / Heidelberg 2003

Säcker, Franz Jürgen: Das Regulierungsrecht im Spannungsfeld von öffentlichem und privaten Recht, AöR 130 (2005), 180 ff.

Saurer, Johannes: Die Ausweitung sicherheitsrechtlicher Regelungsansprüche im Kontext der Terrorismusbekämpfung, NVwZ 2005, 275 ff.

Sautter, Bruno: Zielorientierter Vollzug der Wassergesetze – wasserbehördliche Kontrolle der Abwassereinleitungen, NVwZ 1988, 487 ff.

Schafranek, Frank P.: Die strategische Aufklärung durch den BND nach dem neuen G 10, DÖV 2002, 846 ff.

Schalast, Christoph / *Rößner,* Sören: Entgeltregulierung nach dem TKG, WuW 2004, 595 ff.

Schatzschneider, Wolfgang: Die Neustrukturierung des Post- und Fernmeldewesens, NJW 1989, 2371 ff.

Schaub, Günter / *Koch,* Ulrich / *Linck,* Rüdiger: Arbeitsrechts-Handbuch, 11. Auflage, München 2005

Schenke, Ralf P.: Exekutive Rechtssetzung bei der strafprozessualen Überwachung der Telekommunikation, MMR 2002, 8 ff.

– Verfassungsrechtliche Probleme einer präventiven Überwachung der Telekommunikation, AöR 125 (2000), 1 ff.

Schenke, Wolf-Rüdiger: Polizei- und Ordnungsrecht, 4. Auflage, Heidelberg 2005

Scherer, Joachim: Das neue Telekommunikationsgesetz, NJW 2004, 3001 ff.

– Die Umgestaltung des europäischen und deutschen Telekommunikationsrechts durch das EU-Richtlinienpaket, K&R 2002, 273 ff., 329 ff., 385 ff.

Scherzberg, Arno: Der private Gutachter im Umweltrecht, NVwZ 2006, 377 ff.

– Die Öffentlichkeit der Verwaltung, Baden-Baden 2000

Scheurle, Klaus-Dieter: Grundzüge der Privatisierung und Regulierung im Bereich der Post und der Telekommunikation, in: König, Klaus / Benz, Angelika (Hrsg.): Privatisierung und staatliche Regulierung, Baden-Baden 1997, S. 201 ff.

Scheurle, Klaus-Dieter / *Mayen,* Thomas (Hrsg.): Telekommunikationsgesetz, München 2002

Schick, Rupert / *Hahn,* Gerhard: Wissenschaftliche Dienste des Deutschen Bundestages, 5. Auflage, Berlin 2000

Schickert, Jörg A.: Der Umweltgutachter der EG-Umwelt-Audit-Verordnung, Berlin 2001

Schink, Alexander: Amtsermittlung und Gefahrerforschung, DVBl. 1989, 1182 ff.

– Mustersatzungen – Ihre Entstehung und Umsetzung in der Kommunalverwaltung, ZG 1986, 33 ff.

Schink, Marion A.: Die Informationsgesellschaft, Frankfurt am Main 2004

Schlichter, Otto: Investitionsförderung durch flexible Genehmigungsverfahren, DVBl. 1995, 172 ff.

Schliesky, Utz: Die Privatisierung öffentlicher Aufgaben und ihre Folgen für die kommunale Selbstverwaltung, Der Landkreis 2004, 487 ff.

– Öffentliches Wirtschaftsrecht, 2. Auflage, Heidelberg 2003

Schlink, Bernhard: Das Recht der informationellen Selbstbestimmung, Der Staat 25 (1986), 233 ff.

Schmidt, Christian: Von der RegTP zur Bundesnetzagentur: Der organisationsrechtliche Rahmen der neuen Regulierungsbehörde, DÖV 2005, 1025 ff.

Schmidt, Reiner: Die Liberalisierung der Daseinsvorsorge, Der Staat 42 (2003), 225 ff.

– Die Privatisierung öffentlicher Aufgaben als Problem des Staats- und Verwaltungsrechts, in: Biernat, Stanislaw / Hendler, Reinhard / Schoch, Friedrich / Wasilewski, Andrzej (Hrsg.): Grundfragen des Verwaltungsrechts und der Privatisierung, Stuttgart u. a. 1994, S. 210 ff.

– Öffentliches Wirtschaftsrecht, Allgemeiner Teil, Berlin u. a. 1990

– Privatisierung und Gemeinschaftsrecht, Die Verwaltung 28 (1995), 281 ff.

Schmidt, Reiner / *Vollmöller,* Thomas (Hrsg.): Kompendium Öffentliches Wirtschaftsrecht, 2. Auflage, Berlin / Heidelberg / New York 2004

Schmidt, Susanne K.: Liberalisierung in Europa, Frankfurt am Main / New York 1998

Schmidt-Aßmann, Eberhard: Das allgemeine Verwaltungsrecht als Ordnungsidee, 2. Auflage, Berlin / Heidelberg 2004

– Regulierte Selbstregulierung als Element verwaltungsrechtlicher Systembildung, Die Verwaltung Beiheft 4 (2001): Regulierte Selbstregulierung als Steuerungskonzept des Gewährleistungsstaates, 253 ff.

– Verwaltungsverantwortung und -gerichtsbarkeit, VVDStRL 34 (1976), 221 ff.

Schmidt-Aßmann, Eberhard / *Röhl,* Hans Chr.: Grundpositionen des neuen Eisenbahnverfassungsrechts, DÖV 1994, 577 ff.

Schmidt-Bleibtreu, Bruno / *Klein,* Franz (Begr.): Kommentar zum Grundgesetz, 10. Auflage, München 2004

Schmidt-Jortzig, Edzard: Mehr als ein Schlagwort – Die Beschleunigung von Planungs- und Genehmigungsverfahren als Baustein zum Schlanken Staat, in: Rengeling, Hans-Werner (Hrsg.): Beschleunigung von Planungs- und Genehmigungsverfahren – Deregulierung, Köln / Berlin / Bonn / München 1997, S. 1 ff.

Schmidt-Preuß, Matthias: Verwaltung und Verwaltungsrecht zwischen gesellschaftlicher Selbstregulierung und staatlicher Steuerung, VVDStRL 56 (1997), 160 ff.

Schmitt, Petra: Die Berücksichtigung der Zeugnisverweigerungsrechte nach §§ 52, 53 StPO bei den auf Beweisgewinnung gerichteten Zwangsmaßnahmen, Berlin 1993

Schmitt, Susanne: Bau, Erhaltung, Betrieb und Finanzierung von Bundesfernstraßen durch Private nach dem FStrPrivFinG, Berlin 1999

Schmitt Glaeser, Walter: Die Meinungsfreiheit in der Rechtsprechung des Bundesverfassungsgerichts, AöR 113 (1988), 52 ff.

Schmittmann, Jens M.: Aktuelle Entwicklungen im Fernabsatzrecht, K&R 2004, 361 ff.

Schmitz, Barbara Katharina: Deregulierung und Privatisierung: Theoretische Steuerungskonzepte oder politische Schlagwörter?, Aachen 2002

Schmitz, Heribert: Das Informationsfreiheitsgesetz des Bundes, NVwZ 2005, 984 ff.

– Fortentwicklung des Verwaltungsverfahrensrechts im Schlanken Staat, in: Ziekow, Jan (Hrsg.): Beschleunigung von Planungs- und Genehmigungsverfahren, Berlin 1998, S. 171 ff.

Schmitz, Thomas: Die Grundrechtecharta als Teil der Verfassung der Europäischen Union, EuR 2004, 691 ff.

Schnapp, Friedrich E./ *Henkenötter,* Sandra: Wann ist ein Verwaltungsakt fehlerhaft?, JuS 1998, 524 ff., 624 ff.

Schneider, Hans: Gesetzgebung, 3. Auflage, Heidelberg 2002

Schneider, Hans-Peter/ *Zeh,* Wolfgang (Hrsg.): Parlamentsrecht und Parlamentspraxis, Berlin/New York 1989

Schneider, Volker: Öko-Audit und Deregulierung im Immissionsschutzrecht, Köln/Berlin/Bonn/München 1999

Schoch, Friedrich: Abschied vom Polizeirecht des liberalen Rechtsstaats? – Vom Kreuzberg-Urteil des Preußischen Oberverwaltungsgerichts zu den Terrorismusbekämpfungsgesetzen unserer Tage, Der Staat 43 (2004), 347 ff.

– Das verwaltungsbehördliche Ermessen, Jura 2004, 462 ff.

– Der Professorenentwurf eines Informationsfreiheitsgesetzes, in: Kloepfer, Michael (Hrsg.): Die transparente Verwaltung, Berlin 2003, S. 49 ff.

– Der Verfahrensgedanke im Allgemeinen Verwaltungsrecht, Die Verwaltung 25 (1992), 21 ff.

– Die Rolle des Staates in der Informationsgesellschaft, in: Leipold, Dieter (Hrsg.): Rechtsfragen des Internet und der Informationsgesellschaft, Heidelberg 2002, S. 83 ff.

– Grundrechtsfähigkeit juristischer Personen, Jura 2001, 201 ff.

– Impulse des Europäischen Gemeinschaftsrechts für die Fortentwicklung der innerstaatlichen Rechtsordnung, VBlBW 2003, 297 ff.

– Informationsfreiheitsgesetz für die Bundesrepublik Deutschland, Die Verwaltung 35 (2002), 149 ff.

– Konvergenz der Medien – Sollte das Recht der Medien harmonisiert werden?, JZ 2002, 798 ff.

– Öffentlich-rechtliche Rahmenbedingungen einer Informationsordnung, VVDStRL 57 (1998), 158 ff.

– Privatisierung von Verwaltungsaufgaben, DVBl. 1994, 962 ff.

- Rechtsfragen der Privatisierung von Abwasserbeseitigung und Abfallentsorgung, DVBl. 1994, 1 ff.
- Verantwortungsteilung in einer staatlich zu regelnden Informationsordnung, in: Schuppert, Gunnar Folke (Hrsg.): Jenseits von Privatisierung und „schlankem" Staat, Baden-Baden 1999, S. 221 ff.

Schoch, Friedrich / *Kloepfer*, Michael: Informationsfreiheitsgesetz (IFG-ProfE), Berlin 2002

Schohe, Gerrit: Muss die Berufung auf Grundrechte zweckmäßig sein? Zur Aussageverweigerung im europäischen Kartellrecht, NJW 2002, 492 f.

Scholl, Patrick: Der private Sachverständige im Verwaltungsrecht, Baden-Baden 2005

Scholl, Stefan: Behördliche Prüfungsbefugnisse im Recht der Wirtschaftsüberwachung, Berlin 1989

Scholz, Rupert: Postmonopol und Grundgesetz, Berlin 2001
- Schlankerer Staat tut not!, in: Ruland, Franz / Maydell, Bernd Baron von / Papier, Hans-Jürgen (Hrsg.): Verfassung, Theorie und Praxis des Sozialstaats, Festschrift für Hans F. Zacher zum 70. Geburtstag, Heidelberg 1998, S. 987 ff.

Scholz, Rupert / *Pitschas*, Rainer: Informationelle Selbstbestimmung und staatliche Informationsverantwortung, Berlin 1984

Schönleiter, Ulrich: Deregulierung im Gaststätten- und Gewerberecht, GewArch 2005, 369 ff.

Schreier, Torsten: Das Selbstverwaltungsrecht der öffentlich-rechtlichen Rundfunkanstalten, Frankfurt am Main 2001

Schroeder, Friedrich-Christian: Die Durchsuchung im Strafprozess, JuS 2004, 858 ff.

Schroeder, Werner: Vom Brüsseler Kampf gegen den Tabakrauch – 2. Teil, EuZW 2001, 489 ff.

Schröer-Schallenberg, Sabine: Informationsansprüche der Presse gegenüber Behörden, Berlin 1987

Schröter, Helmuth / *Jakob*, Thinam / *Mederer*, Wolfgang (Hrsg.): Kommentar zum Europäischen Wettbewerbsrecht, Baden-Baden 2003

Schroth, Ulrich: Beweisverwertungsverbote im Strafverfahren – Überblick, Strukturen und Thesen zu einem umstrittenen Thema, JuS 1998, 969 ff.

Schuhmann, Helmut: § 30a AO – Schutz von Bankkunden, wistra 1995, 336 ff.

Schulin, Bertram / *Igl*, Gerhard: Sozialrecht, 7. Auflage, Düsseldorf 2002

Schulte, Bernd H.: Die Reform des Bauordnungsrechts in Deutschland, DVBl. 2004, 925 ff.

Schulze-Fielitz, Helmuth: Der Leviathan auf dem Wege zum nützlichen Handeln, in: Voigt, Rüdiger (Hrsg.): Abschied vom Staat – Rückkehr zum Staat?, Baden-Baden 1993, S. 95 ff.
- Staatsaufgabenentwicklung und Verfassung, in: Grimm, Dieter (Hrsg.): Wachsende Staatsaufgaben – sinkende Steuerungsfähigkeit des Rechts, Baden-Baden 1990, S. 11 ff.

Schuppert, Gunnar Folke: Jenseits von Privatisierung und „schlankem" Staat: Vorüberlegungen zu einem Konzept von Staatsentlastung durch Verantwortungsteilung, in: Gusy, Christoph (Hrsg.): Privatisierung vom Staatsaufgaben: Kriterien – Folgen – Grenzen, Baden-Baden 1998, S. 72 ff.

- Rückzug des Staates?, DÖV 1995, 761 ff.
- Staatsaufsicht im Wandel, DÖV 1998, 831 ff.
- Verwaltungswissenschaft, Baden-Baden 2000

Schütz, Raimund: Kommunikationsrecht, München 2005

Schütz, Raimund / *Attendorn,* Thorsten: Das neue Kommunikationsrecht der Europäischen Union – Was muss Deutschland ändern?, MMR-Beilage 4 / 2002, 1 ff.

Schwab, Siegfried: Die Begründungspflicht nach § 39 VwVfG, Pfaffenweiler 1991

Schwan, Eggert: Datenschutz, Vorbehalt des Gesetzes und Freiheitsgrundrechte, VerwArch 66 (1975), 120 ff.

Schwannecke, Holger / *Heck,* Hans-Joachim: Die Handwerksordnungsnovelle 2004, GewArch 2004, 129 ff.

Schwaratzki, Angelika: Die öffentlichen Register (außer Grundbuch) und ihre Funktion in unserer Rechtsordnung, VR 1991, 163 ff.

Schwarze, Jürgen (Hrsg.): EU-Kommentar, Baden-Baden 2000

Schwintowski, Hans Peter: Europäisierung der Versicherungsmärkte im Lichte der Rechtsprechung des EuGH, NJW 1987, 521 ff.

Seebode, Manfred: Über die Freiheit, die eigene Strafverfolgung zu unterstützen, JA 1980, 493 ff.

Seidel, Achim: Bauordnungsrechtliche Verfahrensprivatisierung und Rechtsschutz des Nachbarn, NVwZ 2004, 139 ff.

Seidl, Franz-Peter: Die Nutzung von Wirtschaftsdaten zwischen Informationsbedürfnis und informellem Selbstbestimmungsrecht, RDV 1994, 71 ff.

Shannon, Claude E. / *Weaver,* Warren: Mathematische Grundlagen der Informationstheorie, München / Wien 1976

Sieber, Ulrich: Informationsrecht und Recht der Informationstechnik, NJW 1989, 2569 ff.
- Rechtsinformatik und Informationsrecht, Jura 1993, 561 ff.

Simitis, Spiros (Hrsg.): Kommentar zum Bundesdatenschutzgesetz, 5. Auflage, Baden-Baden 2003
- Von der Amtshilfe zur Informationshilfe, NJW 1986, 2795 ff.

Simon, Joachim: Anmerkung zu LG Oldenburg, Beschl. vom 10. 2. 1997 – 4 gr. AR 25 / 96, ArchivPT 1997, 232 ff.

Simon, Jürgen / *Weyer,* Anne: Die Novellierung des Gentechnikgesetzes, NJW 1994, 759 ff.

Sobota, Katharina: Das Prinzip Rechtsstaat, Tübingen 1997

Sodan, Helge: Vorrang der Privatheit als Prinzip der Wirtschaftsverfassung, DÖV 2000, 361 ff.

Soltész, Ulrich / *Bielesz,* Holger: Privatisierungen im Licht des Europäischen Beihilferechts, EuZW 2004, 391 ff.

Sommermann, Karl-Peter: Konvergenzen im Verwaltungsverfahrens- und Verwaltungsprozessrecht europäischer Staaten, DÖV 2002, 133 ff.

Sparwasser, Reinhard / *Engel,* Rüdiger / *Voßkuhle,* Andreas: Umweltrecht, 5. Auflage, Heidelberg 2003

Spiecker genannt Döhmann, Indra: Informationsgewinnung im Umweltrecht durch materielles Recht, DVBl. 2006, 278 ff.

Spindler, Gerald: Grenzüberschreitende elektronische Rechtsgeschäfte, in: Hohloch, Gerhard (Hrsg.): Recht und Internet, Baden-Baden 2001, S. 9 ff.

Spinner, Helmut F.: Die Wissensordnung, Opladen 1994

– Ist Wissen analogiefähig?, in: Schweizer, Rainer J. / Burkert, Herbert / Gasser, Urs (Hrsg.): Festschrift für Jean Nicolas Druey zum 65. Geburtstag, Zürich / Basel / Genf 2002, S. 947 ff.

Statistisches Bundesamt (Hrsg.): Datenreport 2002, Bonn 2002

– (Hrsg.): Informationstechnologie in Haushalten, Wiesbaden 2004

Stehlin, Volker: Einschaltung privatrechtlich organisierter Verwaltungseinrichtungen in die Verkehrswegeplanung, Berlin 1997

Stein, Ekkehart: Die Wirtschaftsaufsicht, Tübingen 1967

Stein, Ekkehart / *Frank,* Götz: Staatsrecht, 19. Auflage, Tübingen 2004

Steinbeiß-Winkelmann, Christine: Verfassungsrechtliche Vorgaben und Grenzen der Verfahrensbeschleunigung, in: Ziekow, Jan (Hrsg.): Beschleunigung von Planungs- und Genehmigungsverfahren, Berlin 1998, S. 201 ff.

Steinberg, Philipp: Zur Konvergenz der Grundfreiheiten auf der Tatbestands- und Rechtfertigungsebene, EuGRZ 2002, 13 ff.

Steiner, Udo (Hrsg.): Besonderes Verwaltungsrecht, 7. Auflage, Heidelberg 2003

Steinmüller, Wilhelm: Informationstechnologie und Gesellschaft, Darmstadt 1993

Stelkens, Paul / *Bonk,* Heinz Joachim / *Sachs,* Michael (Hrsg.): Verwaltungsverfahrensgesetz, 6. Auflage, München 2001

Stern, Klaus: Das Staatsrecht der Bundesrepublik Deutschland, Band I, 2. Auflage, München 1984

– Das Staatsrecht der Bundesrepublik Deutschland, Band II, München 1980

– Das Staatsrecht der Bundesrepublik Deutschland, Band III / 1, München 1988

– Postreform zwischen Privatisierung und Infrastrukturgewährleistung, DVBl. 2000, 309 ff.

– (Hrsg.): Postrecht der Bundesrepublik Deutschland, Loseblattsammlung, Stand: 6. Ergänzungslieferung, Heidelberg 2000

Stober, Rolf: Allgemeines Wirtschaftsverwaltungsrecht, 14. Auflage, Stuttgart 2004

– Besonderes Wirtschaftsverwaltungsrecht, 12. Auflage, Stuttgart / Berlin / Köln 2001

– Besonderes Wirtschaftsverwaltungsrecht, 13. Auflage, Stuttgart 2004

– Handlungs- und Verfahrensspielräume der Wirtschaftsverwaltung im deregulierten Rechtsstaat, in: Blümel, Willi / Pitschas, Rainer (Hrsg.): Verwaltungsverfahren und Verwaltungsprozess im Wandel der Staatsfunktionen, Berlin 1997, S. 131 ff.

– Rückzug des Staates im Wirtschaftsverwaltungsrecht, Köln / Berlin / Bonn / München 1997

– Telekommunikation zwischen öffentlich-rechtlicher Steuerung und privatwirtschaftlicher Verantwortung, DÖV 2004, 221 ff.

Stohrer, Klaus: Die zwangsweise Durchsetzung staatlicher Auskunftsansprüche gegenüber Privaten, BayVBl 2005, 489 ff.

– Geschlossene Apotheken an verkaufsoffenen Sonntagen?, Jura Sonderheft Zwischenprüfung (2004), 51 ff.

Stolleis, Michael: Wie entsteht ein Wissenschaftszweig?, in: Bauer, Hartmut / Czybulka, Detlef / Kahl, Wolfgang / Voßkuhle, Andreas (Hrsg.): Umwelt, Wirtschaft und Recht, Tübingen 2002, S. 1 ff.

Storg, Peter / *Vierbach,* Leonhard: Eine kritische Bestandsaufnahme zur Besteuerung der öffentlichen Hand bei Organisationsprivatisierungen, BB 2003, 2098 ff.

Storr, Stefan: Der Staat als Unternehmer, Tübingen 2001

– Medienkonzentrationsrecht im Zeitalter der Medienkonvergenz, ThürVBl 2003, 169 ff.

Stransfeld, Reinhard: Rechtliche Herausforderungen der Informationsgesellschaft, in: Tauss, Jörg / Kollbeck, Johannes / Mönikes, Jan (Hrsg.): Deutschlands Weg in die Informationsgesellschaft, Baden-Baden 1996, S. 684 ff.

Streck, Michael / *Mack,* Alexandra: Banken und Bankkunden im Steuerfahndungsverfahren, BB 1995, 2137 ff.

Streinz, Rudolf (Hrsg.): EUV / EGV, München 2003

– Europarecht, 7. Auflage, Heidelberg 2005

– Meldepflicht nach § 40a LMBG, ZLR 2003, 11 ff.

Stüer, Bernhard: Die Beschleunigungsnovellen 1996, in: Rengeling, Hans-Werner (Hrsg.): Beschleunigung von Planungs- und Genehmigungsverfahren – Deregulierung, Köln / Berlin / Bonn / München 1997, S. 215 ff.

Stürner, Rolf: Strafrechtliche Selbstbelastung und verfahrensförmige Wahrheitsermittlung, NJW 1981, 1757 ff.

– Medien zwischen Regulierung und Reglementierung – Sanktionen gegen Medien?, AfP 2002, 283 ff.

Stürner, Rolf / *Bormann,* Jens: Der Anwalt – vom freien Beruf zum dienstleistenden Gewerbe?, NJW 2004, 1481 ff.

Sudmeyer, Jan: Mitteilungs- und Veröffentlichungspflichten nach §§ 21, 22 WpHG, BB 2002, 685 ff.

Sydow, Gernot: Staatliche Verantwortung für den Schutz privater Geheimnisse, Die Verwaltung 38 (2005), 35 ff.

Szczekalla, Peter: Die sogenannten grundrechtlichen Schutzpflichten im deutschen und europäischen Recht, Berlin 2002

Tauss, Jörg / *Kollbeck,* Johannes / *Mönikes,* Jan (Hrsg.): Deutschlands Weg in die Informationsgesellschaft, Baden-Baden 1996

Tettinger, Peter J.: Das Recht der persönlichen Ehre in der Wertordnung des Grundgesetzes, JuS 1997, 769 ff.

Tettinger, Peter J. / *Wank,* Rolf: Gewerbeordnung, 7. Auflage, München 2004

Theobald, Christian: Aktuelle Entwicklungen des Infrastrukturrechts, NJW 2003, 324 ff.

Thiel, Markus: Auskunftsverlangen und Nachschau als Instrumente der Informationsbeschaffung im Rahmen der Gewerbeaufsicht, GewArch 2001, 403 ff.

Thode, Bernd: Steuerliche Auswirkungen der Umwandlung von Hoheitsbetrieben in Wettbewerbsanstalten oder Kapitalgesellschaften, DB 1996, 2098 ff.

Thomä, Karl Eugen: Auskunfts- und Betriebsprüfungsrecht der Verwaltung, Heidelberg 1955

Tiedemann, Jens: Prepaid-Karten im Mobilfunk: Anonyme Kommunikation versus Strafverfolgungsinteresse, CR 2004, 95 ff.

Tiedemann, Paul: Der Öffentlichkeitsauftrag der Gerichte, NVwZ 1997, 1187 ff.

Tinnefeld, Marie-Theres: Das Erbe Montesquieus, Europäisierung und Informationsgesellschaft, MMR 2006, 23 ff.

– Datenschutz – Lotse in der Informationsgesellschaft, DuD 2005, 328 ff.

Tinnefeld, Marie-Theres / *Ehmann,* Eugen / *Gerling,* Rainer W.: Einführung in das Datenschutzrecht, 4. Auflage, München / Wien 2005

Tipke, Klaus / *Kruse,* Heinrich Wilhelm u. a.: Abgabenordnung, Loseblattsammlung, Stand: 106. Ergänzungslieferung, Köln 2005

Trafkowski, Armin: Medienkartellrecht, München 2002

Trantas, Georgios: Akteneinsicht und Geheimhaltung im Verwaltungsrecht, Berlin 1998

Trute, Hans-Heinrich: Die Regelungen des Umgangs mit den Stasi-Unterlagen im Spannungsfeld vom allgemeinem Persönlichkeitsrecht und legitimen Verwendungszwecken, JZ 1992, 1043 ff.

– Öffentlich-rechtliche Rahmenbedingungen einer Informationsordnung, VVDStRL 57 (1998), 216 ff.

Trute, Hans-Heinrich / *Spoerr,* Wolfgang / *Bosch,* Wolfgang: Telekommunikationsgesetz mit FTEG, Berlin / New York 2001

Tünnesen-Harmes, Christian: Risikobewertung im Gentechnikrecht, Berlin 2000

Ulbrich, Martin: Konvergenz der Medien auf europäischer Ebene, K&R 1998, 100 ff.

Ule, Carl Hermann / *Laubinger,* Hans-Werner: Verwaltungsverfahrensrecht, 4. Auflage, Köln / Berlin / Bonn / München 1995

Ulmer, Claus D. / *Schrief,* Dorothee: Vorratsspeicherung durch die Hintertür, DuD 2004, 591 ff.

Umbach, Dieter C. / *Clemens,* Thomas (Hrsg.): Grundgesetz, Band I, Heidelberg 2002

– (Hrsg.): Grundgesetz, Band II, Heidelberg 2002

Unabhängige Kommission für Rechts- und Verwaltungsvereinfachung des Bundes (Hrsg.): Motor der Entbürokratisierung, Unabhängige Kommission für Rechts- und Verwaltungsvereinfachung des Bundes, 1988 – 1995, Bonn 1995

Unruh, Peter: Zur Dogmatik der grundrechtlichen Schutzpflichten, Berlin 1996

Vassilaki, Irini E.: Die Überwachung des Fernmeldeverkehrs nach der Neufassung der §§ 100a, 100b StPO, JR 2000, 446 ff.

– Telekommunikationsüberwachung – Eine Darstellung der aktuellen Rechtsfragen, RDV 2004, 11 ff.

Vesting, Thomas: Zur Entwicklung einer „Informationsordnung", in: Badura, Peter / Dreier, Horst (Hrsg.): Festschrift 50 Jahre Bundesverfassungsgericht, Zweiter Band, Tübingen 2001, S. 219 ff.

Voigt, Rüdiger: Abschied vom Staat – Rückkehr zum Staat?, in: ders. (Hrsg.): Abschied vom Staat – Rückkehr zum Staat?, Baden-Baden 1993, S. 9 ff.

Voßkuhle, Andreas: „Regulierte Selbstregulierung" – Zur Karriere eines Schlüsselbegriffs, Die Verwaltung Beiheft 4 (2001): Regulierte Selbstregulierung als Steuerungskonzept des Gewährleistungsstaates, 197 ff.

– „Ökonomisierung" des Verwaltungsverfahrens, Die Verwaltung 34 (2001), 347 ff.

– „Schlüsselbegriffe" der Verwaltungsrechtsreform, VerwArch 92 (2001), 184 ff.

– Beteiligung Privater an der Wahrnehmung öffentlicher Aufgaben und staatliche Verantwortung, VVDStRL 62 (2003), 266 ff.

– Der Wandel von Verwaltungsrecht und Verwaltungsprozessrecht in der Informationsgesellschaft, in: Hoffmann-Riem, Wolfgang / Schmidt-Aßmann, Eberhard (Hrsg.): Verwaltungsrecht in der Informationsgesellschaft, Baden-Baden 2000, S. 349 ff.

Wachovius, Martin: Rauchen tötet! Negative Meinungsfreiheit aus nationaler und gemeinschaftsrechtlicher Perspektive, BayVBl 2005, 615 ff.

Wägenbaur, Rolf: EG-Umweltschutz im Zeichen der Deregulierung: verbesserte Rechtsetzung oder Einsatz sonstiger Instrumente, in: Rengeling, Hans-Werner (Hrsg.): Beschleunigung von Planungs- und Genehmigungsverfahren – Deregulierung, Köln / Berlin / Bonn / München 1997, S. 19 ff.

Wahl, Rainer: Internationalisierung und Informationsordnung, in: Leipold, Dieter (Hrsg.): Rechtsfragen des Internet und der Informationsgesellschaft, Heidelberg 2002, S. 37 ff.

Wahl, Rainer / *Masing,* Johannes: Schutz durch Eingriff, JZ 1990, 553 ff.

Wahrig, Gerhard / *Krämer,* Hildegard / *Zimmermann,* Harald (Hrsg.): Brockhaus Wahrig, Deutsches Wörterbuch, Erster Band, Stuttgart 1980

Wallenberg, Gabriela von: Die Regelungen im Rundfunkstaatsvertrag zur Sicherung der Meinungsvielfalt im privaten Rundfunk, ZUM 1992, 387 ff.

Wallerath, Maximilian: Der ökonomisierte Staat, JZ 2001, 209 ff.

Walwei, Ulrich: Arbeitsvermittlung nach der Liberalisierung, in: Keller, Berndt / Seifert, Hartmut (Hrsg.): Deregulierung am Arbeitsmarkt, Hamburg 1998, S. 71 ff.

Wannagat, Georg / *Eichenhofer,* Eberhard (Hrsg.): Sozialgesetzbuch – SGB III Arbeitsförderung, Loseblattsammlung, Stand: 79. Ergänzungslieferung, Köln / Berlin / Bonn / München 2002

Warg, Gunter: Auskunftsbefugnisse der Strafverfolgungsbehörden und Anonymität des E-Mail-Anzeigerstatters, MMR 2006, 77 ff.

Weber, Rolf H. (Hrsg.): Informations- und Kommunikationsrecht, Basel/Frankfurt am Main 1996

Weber-Lejeune, Stefanie: Legaldefinitionen unter besonderer Berücksichtigung des Umweltrechts, Baden-Baden 1997

Wehr, Matthias: Grundfälle zu Vorrang und Vorbehalt des Gesetzes, JuS 1997, 231 ff.

Weides, Peter: Verwaltungsverfahren und Widerspruchsverfahren, 3. Auflage, München 1993

Weisel, Klaus: Das Verhältnis von Privatisierung und Beleihung, Baden-Baden 2003

Weiss, Julian: Das Internet und die klassischen Medien, Frankfurt am Main 2003

Weiß, Wolfgang: Europarecht und Privatisierung, AöR 128 (2003), 91 ff.

– Haben juristische Personen ein Aussageverweigerungsrecht?, JZ 1998, 289 ff.

– Privatisierung und Staatsaufgaben, Tübingen 2002

Weizsäcker, Carl Friedrich von: Die Einheit der Natur, 4. Auflage, München/Wien 1984

Wellenstein, Andreas: Privatisierungspolitik in der Bundesrepublik Deutschland, Frankfurt am Main/Bern/New York/Paris 1992

Welp, Jürgen: Verbindungsdaten – Zur Reform des Auskunftsrechts (§§ 100g, h StPO), GA 2002, 535 ff.

Welsch, Harald: Die Wiederkehr der Folter als das letzte Verteidigungsmittel des Rechtsstaats?, BayVBl 2003, 481 ff.

Welsch, Johann: Globalisierung, neue Technologien und regionale Qualifizierungspolitik, Marburg 2000

Werner, Gerhard: Bekämpfung der Geldwäsche in der Kreditwirtschaft, Freiburg 1996

Wernsmann, Rainer: Die Deutschengrundrechte des Grundgesetzes im Lichte des Europarechts, Jura 2000, 657 ff.

Wewers, Johannes: Das Zugangsrecht zu Dokumenten in der europäischen Rechtsordnung, Frankfurt am Main u. a. 2003

Wieacker, Franz: Privatrechtsgeschichte der Neuzeit, Göttingen 1967

Wieland, Joachim: Der Wandel von Verwaltungsaufgaben als Folge der Postprivatisierung, Die Verwaltung 28 (1995), 315 ff.

– Zinsbesteuerung und Bankgeheimnis, JZ 2000, 272 ff.

Wilke, Jürgen (Hrsg.): Mediengeschichte der Bundesrepublik Deutschland, Bonn 1999

Willms, Günther: Zur Verfassungsgarantie richterlicher Wahrheitsfindung, in: Jescheck, Hans H./Lüttger, Hans (Hrsg,): Festschrift für Eduard Dreher zum 70. Geburtstag, Berlin/New York 1977, S. 137 ff.

Wilms, Jan/*Roth,* Jan: Die Anwendbarkeit des Rechts auf informationelle Selbstbestimmung auf juristische Personen i. S. von Art. 19 III GG, JuS 2004, 577 ff.

Wilrich, Thomas: Geräte- und Produktsicherheitsgesetz (GPSG), Berlin/Heidelberg 2004

Wimmer, Norbert/*Arnold,* Konrad: Optimierung der Staatlichkeit, in: Morscher, Siegbert/Pernthaler, Peter/Wimmer, Norbert (Hrsg.): Recht als Aufgabe und Verantwortung, Festschrift Hans R. Klecatsky zum 70. Geburtstag, Wien 1990, S. 291 ff.

Windthorst, Kay: Von der Informationsvorsorge des Staates zur staatlichen Gewährleistung eines informationellen Universaldienstes, CR 2002, 118 ff.

– Zur Grundrechtsfähigkeit der Deutschen Telekom AG, VerwArch 95 (2004), 377 ff.

Wissing, Gerhard / *Mutschler*, Bernd / *Bartz*, Ralf / *Schmidt-De Caluwe*, Reimund (Hrsg.): Sozialgesetzbuch III, 2. Auflage, Baden-Baden 2004

Wissmann, Martin (Hrsg.): Telekommunikationsrecht, Heidelberg 2003

Wittreck, Fabian: Menschenwürde und Folterverbot, DÖV 2003, 873 ff.

Wolf, Joachim: Umweltrecht, München 2002

Wolf, Manfred: Gerichtliches Verfahrensrecht, Hamburg 1978

Wolff, Heinrich Amadeus: Der verfassungsrechtliche Schutz der Betriebs- und Geschäftsgeheimnisse, NJW 1997, 98 ff.

Woll, Arnold: Allgemeine Volkswirtschaftslehre, 14. Auflage, München 2003

Wollweber, Harald: Verbindungsdaten der Telekommunikation im Visier der Strafverfolgungsbehörden, NJW 2002, 1554 ff.

Wolter, Henner: Meinung – Tatsache – Einstufung – Deutung, Der Staat 36 (1997), 426 ff.

Wuermeling, Joachim: Die Tragische: Zum weiteren Schicksal der EU-Verfassung, ZRP 2005, 149 ff.

Wuermeling, Ulrich / *Felixberger*, Stefan: Staatliche Überwachung der Telekommunikation, CR 1997, 555 ff.

Wulffen, Matthias von (Hrsg.): SGB X, 5. Auflage, München 2005

Wulfhorst, Reinhard: Zwölf Gründe, warum die Deregulierung nicht vorankommt, ZRP 2004, 82 ff.

Würtenberger, Thomas: Wandel des Rechts in der Informationsgesellschaft, in: Leipold, Dieter (Hrsg.): Rechtsfragen des Internet und der Informationsgesellschaft, Heidelberg 2002, S. 3 ff.

Ziekow, Jan: Zügige Verwaltungsverfahren, in: ders. (Hrsg.): Beschleunigung von Planungs- und Genehmigungsverfahren, Berlin 1998, S. 51 ff.

Zipfel, Walter (Begr.) / *Rathke*, Kurt-Dietrich: Lebensmittelrecht, Loseblattsammlung, Stand: 121. Ergänzungslieferung, München 2005

Zippelius, Reinhold: Allgemeine Staatslehre, 14. Auflage, München 2003

– Juristische Methodenlehre, 9. Auflage, München 2005

Zippelius, Reinhold / *Würtenberger*, Thomas: Deutsches Staatsrecht, 31. Auflage, München 2005

Zöller, Mark Alexander: Die Jagd nach den Verbindungsdaten, in: Wolter, Jürgen / Schenke, Wolf-Rüdiger / Rieß, Peter / Zöller, Mark Alexander (Hrsg.): Datenübermittlungen und Vorermittlungen, Festgabe für Hans Hilger, Heidelberg 2003, S. 291 ff.

Zöller, Richard: Zivilprozessordnung, 25. Auflage, Köln 2005

Zöllner, Wolfgang: Informationsordnung und Recht, Berlin / New York 1990

Sachregister

Abbau von Wettbewerbsbeschränkungen 90, 93
Abfallentsorgung 115
Abgabenverwaltung 327
Ablichtungen 370
Abmeldepflichten 208
Abschriften 235, 370
Akteneinsicht 73
Allgemeine Handlungsfreiheit 299
Allgemeines Persönlichkeitsrecht 274 ff., 279, 281, 290, 312, 351
Amtshilfe 59 f., 112, 139, 155, 168, 178, 261
Angabepflichten 210
Angebotsökonomie 99
Angemessenheit 217, 302, 347 f.
Anhörung 64 f., 227, 366
Anmeldepflichten 208, 298
Anwendungsvorrang des Gemeinschaftsrechts 303
Anzeigepflichten 207, 331
- Aktualisierung 345
- Legaldefinition 335
Arbeitnehmergeheimnis 220
Arbeitsvermittlung 115, 184 f., 189
Archive 58
Aufbewahrungspflichten 245, 300, 372
Aufgabenprivatisierung 80, 82 ff., 86, 97, 111 ff., 126, 136, 187
Aufgabenwahrnehmungsprivatisierung 84
Aufklärungspflichten 207
Aufsichtsverantwortung 129, 133
Aufzeichnungspflichten 245 f., 283
Aushändigungspflichten 213, 243
Auskunftspflichten 206, 331
- Aktualisierung 339
- Legaldefinition 335
Auskunftsverweigerungsrechte 205, 218, 351
Ausübungsregulierungen 94, 107, 117 f., 200

Bahnreform 162, 164 f., 168, 171, 402
Bankgeheimnis 221
Baurecht 192
Begründung 227, 229 f., 342
Beibringungsgrundsatz 253
Beihilferecht 104
Beihilfeverfahrensverordnung 320
Bekenntnisfreiheit 296, 317
Belehrung 230 ff., 247, 288, 342, 344 f.
Benachrichtigungspflichten 209
Berufsfreiheit 291 f., 317
Berufsgeheimnisse 219 f., 222, 313, 360
Beschleunigung von Verwaltungsverfahren 95, 108, 118
Beschränkungsverbot 304, 306
Bestandsdaten 138 f., 142, 151, 299
Bestimmtheit 229
Betretensrechte 72
Betriebsgeheimnisse 59, 238, 292
Beweiserhebung 54, 60
Buchführungspflichten 245
Bundesagentur für Arbeit 186
Bundesanstalt für Arbeit 183 ff., 403
Bundesnetzagentur 25, 117, 136, 143, 146, 148 ff., 154, 157 ff., 167, 170, 216, 228, 230

Cassis de Dijon 304
Computerisierung 30
Computerrecht 45

Daseinsvorsorge 55
Dateiführungspflichten 245
Datenschutz 35, 57, 158, 270
Datenschutzrecht 45, 49, 58
Datenschutzrichtlinie 137, 313
Datum 43
Deregulierung
- Arbeitsvermittlung 185
- Begriff 89 ff., 93, 96, 198, 201

- Europarechtliche Hintergründe 108
- Deregulierungsmittel 96
- Gentechnik 189 f.
- Immissionsschutzrecht 193
- Öffentliches Baurecht 191
- qualitative 90, 93, 122
- quantitative 89
- Versicherungsrecht 174

Deregulierungsfolgenrecht 26, 119, 121 ff., 181 ff., 190, 192, 198 f., 201, 327, 355, 384
Deregulierungskommission 100
Deutsche Bundesbahn 162 f., 168 f.
Deutsche Reichsbahn 162
Digital Divide 33, 56
Digitalisierung 29 f., 110
Diskriminierungsverbot 304 f., 318 f.
Dokumentationspflichten 245

E-Commerce 36, 45
E-Commerce-Richtlinie 321
EG-Wettbewerbsrecht 103
Eigengesellschaft 260
Eigentumsfreiheit 292, 317
Einreichungspflichten 211, 243
Einsendungspflichten 211, 243
Eisenbahnbundesamt 165, 170
Eisenbahnmonopol 162
Eisenbahnrecht 171
Eisenbahnrichtlinie 163, 166
EMRK 309, 311
Entgeltregulierung 136, 138, 150, 154, 160
Entmonopolisierung 87, 116, 136, 154, 174, 184, 199 f.
Erforderlichkeit 216, 302, 347
Erfüllungsverantwortung 56, 114 f., 147, 164, 326
Erklärungspflichten 209
Ermessensausübung 221, 240, 360
Erstellungspflichten 245
EU-Eisenbahnpakete 166 f.
Europäische Grundrechte 304, 317

Fernmeldegeheimnis 143, 146 ff., 299, 317
Fernmeldemonopol 134, 152
Feststellungsverfahren 349 f., 361
Finanzierungsprivatisierung 84 f.
Folter 240 f.

Form der Informationsanforderung 228, 340
Form der Informationserteilung 235, 328, 363
Formelle Privatisierung 80 f.
Formfreiheit 228, 340, 363 f.
Freizügigkeit 102, 318 f.
Fristsetzung 232, 236 f., 341, 364
Funktionale Privatisierung 80, 82 ff., 94, 97, 112
Fusionskontrollverordnung 320

GATT 109
Gebäudefeuerversicherung 172, 174
Geeignetheit 217, 301, 348
Gefahrenabwehr 142, 144, 156, 337, 358, 409
Gefahrenvorsorge 55
Geheimnisschutz 35, 49, 59, 219, 360
Geistiges Eigentum 36
Gemeinschaftsgrundrechte 304, 310, 317
Gemeinschuldner-Entscheidung 219, 223, 275 f., 284
Gemischt-wirtschaftliche Unternehmen 260
Genehmigungspflichten 71, 118, 122, 178, 189 ff., 198, 200
Genehmigungsvorbehalte 66
Generalklausel 170, 337 f., 371
Gentechnikrecht 191
Geschäftsgeheimnisse 59, 238, 292, 360
Gesetzesbindung 252
Gesetzesvorbehalt 338
Gewährleistungsverantwortung 114 f., 120, 147 f., 164, 326
Gewährleistungsverwaltungsrecht 326 f.
Gewerbeanmeldung 305, 307
Glaubhaftmachung 244, 368
Gleichheitssatz 300, 317
Globalisierung 61, 77
Grundfreiheiten 104, 107, 303, 310
Grundpflicht zur Informationserteilung 258
Grundrechtecharta 309
Grundrechtsberechtigung 259 ff., 269, 289
Grundrechtsschranken 259, 301
Grundrechtsschutz durch Verfahren 288
Grundversorgung 54, 125, 147, 152, 154, 157 f., 161, 256

Herkunftslandprinzip 106, 175 f., 306

Sachregister

Immissionsschutzrecht 192 ff., 196
Information
– als Differenz 40
– als Rohstoff 23, 28, 198
– als Wirtschaftsgut 32, 42
– Begriff 37 f., 41 ff.
– Dimensionen 38
– Globalisierung 23, 32, 110
– Wirkung 39 f.
Informationelle Schutzpflicht 256 f.
Informationelle Selbstbestimmung 266, 268, 270 ff., 277, 294, 311, 313
Informationsanforderung 207, 210 f., 227, 329, 339 ff., 343 f.
Informationsbedarf
– der Exekutive 52
– der Judikative 54
– der Legislative 51
– des Staates 50 f., 54, 56, 111, 116 ff., 147, 151 f., 171, 187, 196 f., 200, 242, 367
Informationsbestand, staatlicher 57
Informationsfluss 262
Informationsfreiheit 72
Informationsfreiheitsgesetz 74
Informationsgenerierung 48, 113, 115, 119, 358, 382
Informationsgesellschaft
– Begriff 28
– Entwicklung 28 f.
– Privatisierung, Liberalisierung und Deregulierung 32, 109, 198
– Rolle des Staates 50, 61
– Weltgipfel 34
Informationsgesetzbuch 46, 383, 388
Informationshilfe 59
Informationsinhalte 36
Informationskreislauf 48
Informationskrise 61
Informationsordnung 24, 26, 35, 37, 44, 47 f., 248, 403
Informationspflichten 210
Informationspflichten Privater gegenüber dem Staat
– Aktualisierung 233, 328, 339, 341, 343, 345
– Begriff 67 f., 70 f.
– Erfüllung 238, 371
– Erfüllungsvoraussetzungen 328

– Grenzen 226, 362
– Legaldefinition 334
– Nomenklatur 205 ff., 322, 329
– Systematisierung 325
– Zwangsweise Durchsetzung 239, 373
– Zweck 325
Informationspflichten zwischen Privaten 69
Informationsrecht 23 f., 26, 28, 38, 41, 44 ff., 327, 353, 383 f., 388
Informationsrestriktionen 35, 49
Informationssammlungen 49, 55 f.
Informationssicherheit 35
Informationsverantwortung 56
Informationsverarbeitung 49
Informationsverbreitung 49
Informationsverweigerungsrechte 217, 222, 225 f., 230 ff., 247, 272, 279 ff., 288, 290, 313 ff., 329, 342, 344 ff., 350 ff., 359 f.
– Geltendmachung 356, 359
Informationsvorsorge 50, 54 f., 57, 113, 245 f., 257, 333, 371, 374
Informationsvorsorgepflichten 71, 245 f., 282 ff., 326, 332 ff., 369, 371 ff.
Informationszugang 34, 49, 72 ff., 257
Privater 73
Infrastrukturverantwortung 56
Inhaltsdaten 139, 144, 299
Internet 30, 45

Kenntnisgabeverfahren 122, 191 f.
Kennzeichnung von Betriebs- und Geschäftsgeheimnissen 238, 365
Keynesianismus 99
Kodierung 39
Kommunikationstheorie 40
Kommunikationsverantwortung 56
Kontenzugriff 24
Konvergenz der Medien 30, 46, 138
Konzentrationsprozesse 32
Kooperationsprinzip 306
Kosten der Informationserteilung 241, 362, 365
Kundendaten 25, 142, 293

Ländereisenbahnen 162
Landesmedienanstalt 121, 129 ff., 150, 296
Landesverwaltungsverfahrensgesetze 205
Lebensmittelbasisverordnung 320

Leistungsverwaltung 326
Liberalisierung
– Arbeitsvermittlung 184
– Begriff 89
– Eisenbahnwesen 167
– Europarechtliche Hintergründe 107
– Gebäudeversicherung 174
– Post 153 f.
– Telekommunikation 136 ff.
Liberalisierungsfolgenrecht 26, 121, 133, 140, 145, 151, 159, 161, 197 f., 327, 355, 384
Lizenzierung 154
Lobbyismus 64

Marktdaten 293
Marktmodell 32
Marktöffnung 88, 165, 199
Marktüberwachung 159, 200
Marktzugangsbeschränkungen 88, 91, 93, 97, 105
Materielle Privatisierung 80, 83, 261
Medienrecht 45
Meinungsfreiheit 265, 311
Meinungsvielfalt 110, 121, 125 f., 129, 131 f.
Meldepflichten 208
Menschenwürde 240 f., 252, 268 f., 274 ff., 280 ff., 284 ff., 289 f., 316, 352 f.
Mitführungspflichten 245, 372
Mitgliedstaatliche Durchführung von Gemeinschaftsrecht 310
Mitteilungspflichten 210
Mitwirkungslast im Verwaltungsverfahren 70
Monopolisierung 88, 91, 199
Multimedia 30, 45
Multimediarecht 45
Mustergesetz 380

Nachschaurechte 72
Nachweisführungspflichten 245
Nachweispflichten 214 f., 242 ff., 282 f., 285 f., 367 ff.
Negative Meinungsfreiheit 265, 312
Nemo tenetur 218, 226, 232, 273 ff., 278, 280 ff., 289, 313 f., 316 f., 350 f., 353, 355, 357, 360, 369
Netzsicherheit 147 f., 152

Obliegenheit zur Informationserteilung 70, 204
Offenbarungsverbot 290, 352
Öffentliche Stelle 336
Öffentlichkeitsbeteiligung 62 f.
Ordnungsverwaltung 326
Ordnungswidrigkeitenrecht 280
Organisationsprivatisierung 80 ff., 98, 112 f., 136
Organwaltergeheimnis 220

Patentrecht 36
Petitionsrecht 65, 318
Postgeheimnis 155 f., 158, 161
Postmonopol 152 f.
Postrecht 161
Postreform 135 f., 153 f.
Pragmatik 39
Präventive Kontrolle 93, 95, 107 f., 117 f., 175, 185, 198, 200
Pressefreiheit 294, 317
Privatbahn 162 f., 165
Privater
– Begriff 67
– Legaldefinition 336
Privatisierung
– Begriff 86
– des Eisenbahnwesens 167
– Erscheinungsformen 86
– Europarechtliche Hintergründe 105
– Gebäudeversicherung 174
– Post 153 f.
– Rundfunk 126
– Telekommunikation 138
– von Informationen 111 ff., 115, 169, 197
Privatisierung, Liberalisierung und Deregulierung
– Verhältnis 98
Privatisierungsfolgenrecht 26, 83, 96, 119 ff., 140, 145, 151, 161, 197, 261 ff., 327, 355, 383
Privatrundfunk 124, 126
Produktsicherheitsrichtlinie 321

Recht am eigenen Bild 267
Recht am eigenen Wort 267
Recht auf Achtung des Privatlebens 312
Recht auf Zugang zu Dokumenten 318

Rechtliches Gehör 65
Rechtsbereinigung 90, 96, 108
Rechtsinformatik 44
Rechtsstaatsprinzip 250 ff., 274, 278, 302
Rechtsunsicherheit 247
Register 58
Regulierte Selbstregulierung 193 ff., 199 f.
Regulierung 55, 114, 116 f., 138, 147, 149, 154, 157, 173, 178, 196, 198 ff.
Regulierung der Übertragungskapazitäten 130, 132 f.
Regulierungsbegriff 93
Regulierungsbehörde 117, 137
Regulierungsverantwortung 56, 114
Repressive Kontrolle 95, 117 f., 175, 198, 200
Re-Regulierung 122, 177, 181 f.
Richtigkeitsgewähr 211, 214, 242 ff., 367 f.
Rückzug des Staates 24, 26, 93 f., 99, 113, 118
Rundfunkanstalten 124, 127 f.
Rundfunkaufsicht 128
Rundfunkfreiheit 294 f., 317
Rundfunkmonopol 124, 127
Rundfunkordnung 124 ff., 129, 411
Rundfunkrecht 133
Rundfunkurteil 125

Sachverständige 54, 61 f., 131
Sammelauskunftsersuchen 25
Schlanker Staat 75 f., 78 f., 82, 87, 90, 95, 101
Schutz von Ehe und Familie 278 f.
Schutzpflichtdimension der Grundrechte 254, 354
Schutzpflichtkonzept 256
Selbstbestimmung 266
Selbstbewahrung 267, 272
Selbstdarstellung 266 f., 277
Semantik 39
Sonderberufsgeheimnisse 221
Sphärentheorie 271
staatliche Informationstätigkeit 49, 55
Staatliche Stelle
– Begriff 68
– Legaldefinition 336
Staatsaufgaben 251
Staatsbahn 162

Staatsmonopol 125, 134, 152, 172, 183, 200, 261
Staatsunternehmen 104, 261 f.
Staatszielbestimmungen 253
Statistiken 58
Statistikgeheimnis 222
Steuergeheimnis 222
Strafverfolgung 139, 142, 144, 156, 399
Syntax 38

Teilprivatisierung 86
Telekommunikationsrecht 45, 152
Telekommunikationsüberwachung 144 f.
Terrorismusbekämpfung 25

Überforderung des Staates 76 f., 99
Überlassungspflichten 213, 243
Übermaßverbot 216 f., 240, 282, 286, 292, 301, 304, 308, 347 ff., 360, 369
Übermittlungspflichten 211, 243
Überprüfungsrechte 370
Übersendungspflichten 211, 243
Umsatzsteuer-Nachschau 24
Umweltaudit 123, 192 ff.
Umweltinformationsgesetz 73
Unionsbürgerrechte 319
Universaldienstleistung 147 f., 154, 158
Unterrichtungspflichten 209
Untersuchungsgrundsatz 253
Urheberrecht 36

VAG-Novelle 177, 181 f.
Veranstaltungskontrolle 130 f., 133
Verbindungsdaten 25, 139, 144
Verbraucherschutz 36, 308
Vereinfachung von Rechtssätzen 118
Verfahrensgesetze 340, 382 f.
Verfahrensprivatisierung 84
Verfassungsvertrag für die Europäische Union 309
Verkehrsdaten 57, 139, 143 f., 147, 151, 299
Vermögensprivatisierung 80, 85, 98, 113, 123, 136, 141, 261
Versammlungsfreiheit 297, 317
Versammlungsrecht 298
Versicherungsmonopol 172
Versicherungsrecht 183
Versicherungsrichtlinien 175

Verwaltungshelfer 83
Verwaltungsmodell 32, 114
Verwaltungsverfahren 53
Verwaltungsverfahrensrecht 204
Verwaltungsvollstreckung 241, 373
Verwertungsverbot 219, 223 ff., 231 f., 275, 281 ff., 286, 290, 315 f., 342, 351 ff., 359
Verzeichnisführungspflichten 245
Volkszählungsurteil 25, 57, 254, 270 f.
Vollständigkeit der Informationserteilung 234, 363
Vorlagepflichten 212, 243 f., 283
Vorlageverweigerungsrecht 224 f., 283
Vorratsdatenspeicherung 57
Vorzeigepflichten 213, 243

Wahlrecht 318
Wahrheitsmäßigkeit der Informationserteilung 234, 363, 367
Warenverkehrsstatistikverordnung 320

Wettbewerbsaufsicht 116, 200
Wettbewerbsrecht 90, 102, 117, 138, 174, 314, 317, 320
Wettbewerbssicherung 147, 159
Wirtschafts- und Wettbewerbspolitik 99, 101
Wissen 43
Wissenschaftsfreiheit 296, 317
WTO 109

Zeichen 38, 43
Zeitpunkt der Informationserteilung 236, 364
Zeugnisverweigerungsrechte 144, 353 f.
Zugangsregulierung 41, 138
Zügigkeitsprinzip 95
Zulassungsverfahren 130
Zulassungsvorbehalte 66
Zweckbestimmung 338, 374
Zweckbindung 57, 59, 140

Ausgezeichnet mit dem Förderpreis der ESC
Esche Schumann Commichau Stiftung, Hamburg, 2006

Informationspflichten und Informationssystemeinrichtungspflichten im Aktienkonzern

Überlegungen zu einem Unternehmensinformationsgesetzbuch

Von

Sven H. Schneider

Abhandlungen zum Deutschen und Europäischen
Gesellschafts- und Kapitalmarktrecht, Band 4
368 S. 2006 (978-3-428-12002-4) € 79,80

Der Umgang mit Informationen unterliegt zunehmend rechtlichen Regelungen. Daher gilt der bislang gültige Grundsatz, wonach die Geschäftsleitung bei ihrer Informationspolitik ein weites unternehmerisches Ermessen hat, nur noch eingeschränkt. Sie unterliegt im Gegenteil zahlreichen rechtlichen informationellen Pflichten.

Diese informationellen Pflichten stammen aus unterschiedlichen Rechtsgebieten und stehen ungeordnet nebeneinander. Ziel muss es sein, diese in einer „Informationsordnung für Unternehmen" zusammenzufassen. Sven Schneider unterscheidet zu diesem Zweck zwischen Informationspflichten und Informationssystemeinrichtungspflichten und beschreibt beide für Einzelgesellschaft und Konzern. Differenziert wird dabei jeweils nach Informationen bzw. Informationssystemen *für* und *über* ein Unternehmen. Der Autor zeigt die Unterschiede und Zusammenhänge zwischen den Bereichen auf und versucht, diese unter Berücksichtigung des amerikanischen Rechts und der aktuellen Corporate Governance Diskussion harmonisch aufeinander abzustimmen.

Internet: http://www.duncker-humblot.de

Duncker & Humblot · Berlin

Beiträge zum Informationsrecht

Die Informationsgesellschaft befindet sich in einem unumkehrbaren Entwicklungsprozess. Dessen technologische, ökonomische, politische und soziale Bedingungen, Voraussetzungen und Perspektiven werden lebhaft diskutiert und sind vielfach Gegenstand wissenschaftlicher Forschung. Da Information jedoch als moderner „Rohstoff" von Staat, Wirtschaft und Gesellschaft bezeichnet werden kann, sind alle Bereiche der Rechtsordnung gefordert, damit rechtliche Rationalität auch in Zukunft ihre Strukturierungsleistung und Ordnungsfunktion im Gemeinwesen erbringen und erfüllen kann.

1 **Informationsfreiheitsgesetz (IFG-ProfE).** Entwurf eines Informationsfreiheitsgesetzes für die Bundesrepublik Deutschland. Von Friedrich Schoch und Michael Kloepfer unter Mitwirkung von Hansjürgen Garstka. 342 S. 2002 ⟨3-428-10839-6⟩ € 84,–

2 **Öffentlich-rechtlicher Rundfunk: Grenzen des Wachstums.** Programm- und Angebotsdiversifizierung der Rundfunkanstalten der Bundesrepublik Deutschland. Von Andreas Neun. 482 S. 2002 ⟨3-428-10812-4⟩ € 82,– / sFr 138,–

3 **Die Gesetzgebungsgeschichte des Internet.** Die Reaktion des Gesetzgebers auf das Internet unter Berücksichtigung der Entwicklung in den U.S.A. und unter Einbeziehung gemeinschaftsrechtlicher Vorgaben. Von Vanessa Géczy-Sparwasser. 290 S. 2003 ⟨3-428-10853-1⟩ € 78,– / sFr 132,–

4 **Das datenschutzrechtliche Medienprivileg.** Presseprivileg bei Multimediaanwendungen in Deutschland, Griechenland und Großbritannien unter dem Einfluß des Europarechts. Von Grigorios G. Lazarakos. 235 S. 2003 ⟨3-428-10837-X⟩ € 62,– / sFr 105,–

5 **Das europäische Umweltinformationszugangsrecht als Vorbild eines nationalen Rechts der Aktenöffentlichkeit.** Von Jochen Strohmeyer. 336 S. 2003 ⟨3-428-10971-6⟩ € 82,–

6 **Die transparente Verwaltung.** Zugangsfreiheit zu öffentlichen Informationen. Von Michael Kloepfer. 202 S. 2003 ⟨3-428-11101-X⟩ € 68,–

7 **Persönlichkeitsverletzungen durch unverlangte kommerzielle Kommunikation.** Eine Analyse elektronischer Individualkommunikation unter besonderer Berücksichtigung von E-Mail-Werbung. Von Oliver Rothley. 299 S. 2003 ⟨3-428-11211-3⟩ € 76,–

8 **Netzzugang in der Telekommunikation.** Zur Frage der Verfassungsmäßigkeit des § 33 TKG. Von Sonja Kallmayer. 374 S. 2004 ⟨3-428-11253-9⟩ € 92,–